KB108237

행정쟁송법

홍준형

도서출판 오 래

행정쟁송법

홍준형

머 리 말

　한국행정법은 행정쟁송법 분야에서 지속적인 발전을 거듭해왔다. 대법원과 헌법재판소, 서울행정법원과 각급 법원들을 중심으로 행정법판례가 활발히 형성되어 왔고, 행정심판분야에서도 중앙행정심판위원회 등을 중심으로 행정재결례가 차곡차곡 축적되어 왔다. 행정상 권익구제의 확충을 위한 입법적 노력도 꾸준히 진행되었다. 하지만 행정소송법의 경우 30여 년 전에 만들어진 일본의 60년대 법을 모델로 한 낙후된 수준을 벗어나지 못하고 있다. 2004년, 2007년, 2011년 세 차례에 걸친 법 개정 시도가 있었지만 결실을 맺지 못했고, 2011년 11월 11일 발족한 행정소송법 개정위원회에서 회심의 개정법률안을 마련했지만, 아직도 성사되지 못하고 있다. 그동안 학계와 실무계의 오랜 숙원이던 의무이행소송의 도입, 집행정지요건 완화 및 가처분 신설 등 가구제 확충, 당사자소송의 대상 확대, 기관소송법정주의의 폐지, 항고소송의 원고적격 확대, 소 변경 확대 및 관할지정제도 도입, 행정청에 대한 자료제출요구 신설, 화해권고결정제도의 제한적 신설, 결과제거의무규정의 신설 등 가히 행정소송법 혁신이라 불러도 손색이 없을 내용을 담은 개정법률안이었다. 이러한 노력이 아직도 성사되지 못했다는 것은 심히 유감스러운 일이다. 행정소송법 개정위원회 위원으로 참여하며 품었던 기대와 설레임이 다시 또 무산되는 일이 없기를 희구한다.

　행정쟁송법은 법치주의와 국민의 권익보호라는 행정법의 궁극적 목표를 실현시켜 주는 법제도 메커니즘이다. 행정쟁송을 통해 얼마나 신속하고 효과적인, 공백없고 용이한 권익구제를 받을 수 있느냐 하는 것이 우리나라의 법치 수준을 좌우하기 때문이다. 이와 같은 인식에 따라 저자는 1990년대부터 행정구제법을 출간해 왔는데, 이번에는 행정쟁송법을 별도로 다룬 이 책을 내게 되었다. 이 책 또한 행정법 실현에 동참해 온 모든 국가기관, 실무가와 학자들, 학생들 모두가 함께 한국법치행정의 공장을 더욱 번창 발전시켜 나가는 데 도움이 되기를 기대한다.

　　이 책은 2017년 1월말까지의 법제와 판례, 그리고 학설의 변천을 고려하여 집필되었다. 향후 행정소송법 개정이 성사되면 그 개정내용도 신속히 반영할 것이다. 늘 가르침과 교훈을 주신 先輩諸賢들에게 고개숙여 감사를 드린다. 책을 내는 과정에서 색인 작성, 교정 등 일을 도와준 서울대학교 행정대학원 송유경 조교에게도 고마움을 전한다. 노고를 아끼지 않는 도서출판 오래의 황인욱 사장님과 이종운 주간님께도 깊이 감사드린다.

2017 눈내리는 설 봇들에서

홍　준　형

차 례

제1부 행정쟁송법 서론

제2부 행정심판

제1장 개 설

제2장 행정심판법과 행정심판의 종류

제3장 행정심판의 절차구조

제4장 행정심판의 제기

제2절 청구의 변경·취하

제6장 행정심판의 심리 및 재결

제1절 행정심판의 심리

제2절 행정심판의 재결

제7장 전자정보처리조직을 통한 행정심판절차의 특례

제3부 행정소송

제1장 개   설

제2장 항고소송

제1절 취소소송

제3장 당사자소송

제4장 기타 특수한 행정소송

제1부

행정쟁송법 서론

제 1 장

행정상 권리구제와 행정쟁송법

제1절 행정상 권리구제의 개념

행정상 권리구제(Verwaltungsrechtsschutz)는 법치국가원리를 실질적으로 구현하는 제도인 동시에 그 필수적 구성요소이다. 법치국가에서 행정은 적법·타당하게 행해지고 개인의 기본권을 존중하여야 한다. 행정이 이러한 법치국가적 요구에 위배하여 개인의 권리·이익을 침해하였을 때에는 의당 그에 대한 구제가 주어져야 한다. 이러한 권익구제를 가능케 하는 제도가 행정구제제도이다. 행정구제란 행정작용으로 자기의 권리·이익이 침해되었거나 침해될 것이라 주장하는 자가 국가기관(법원, 행정기관, 헌법재판소 등)에게 원상회복, 손해전보 또는 문제된 행정작용의 취소·변경이나 기타 피해구제·예방조치 등을 요구하면 이에 응하여 당해 기관이 심리·판정하는 일련의 절차를 말하며 이에 관한 법을 총칭하여 통상 행정구제법이라 부른다.

행정구제와 행정구제법의 존재이유는 위법·부당한 행정작용으로부터 국민의 권리를 보호하는 데 있다. 행정법 전 체계에서 행정구제법이 차지하는 지위는 특히 "권리구제가 권리에 선행한다"(Remedies precede Right)

는 영국의 법언(法諺)에서 드러나듯이 실제상으로도 중요하고 또 핵심적이다. 사실 역사적으로 볼 때, 행정구제야말로 행정법의 형성을 가져 온 가장 결정적인 메커니즘이었다. 물론 오늘날 이러한 행정법의 병리학적 파악이 갖는 의미는 행정법의 체계적 발전을 통해 많이 완화되고 있다. 그럼에도 불구하고, 행정법이 여전히 그리고 그 중요한 부분에서 행정의 법적 통제에 관한 법이라고 이해되고 있는 이상, 행정구제법이 갖는 중요성은 여전히 강조되지 않을 수 없다. 또 행정구제법을 통하여, 정확히 말하면 행정구제법 분야의 학설과 판례 형성을 통하여, 일반법전의 결여로 대표되는 행정법의 실체법적 불완전성을 보완할 수 있고 또 보완하여야 한다는 점도 유의할 필요가 있다.

제2절 행정쟁송

행정쟁송이란 일반적으로 행정에 관한 분쟁의 법적 심판을 말한다. 행정쟁송은 국민의 권리보호를 궁극적 목적으로 하는 동시에 행정의 법적 통제라는 기능적 목적에도 봉사한다. 이러한 행정쟁송의 양면적 목적은 행정법의 기본원리인 법치행정의 원리, 즉, 법치국가원칙 또는 '법의 지배' 원리와의 관련 하에서 비로소 분명히 위치 지워질 수 있다. 법치국가의 본질이 국가에 대한 법의 지배(Herrschaft des Rechts über den Staat), 행정의 법적 합성과 법률적합성에 있는 것이라면 이러한 질서를 유지하기 위해서 독립된 법원에 의한 감시와 통제가 필요하며 이것은 행정의 법적 통제란 의미에서 법치국가의 필수적인 전제조건을 이룬다고 하지 않을 수 없다. 그러나 법치국가원리의 구성요소로서 행정에 대한 법적 통제가 행해져야 하는 궁극적인 이유는 역시 국민의 권리보호에 있다. 행정의 법적 통제는 법치국가의 수단이며 국민의 권리보호는 법치국가의 목적으로서 상호불가분의 관계에 있는 행정구제제도의 목표를 구성한다. 요컨대 레스(G. Ress)가 적절히 지적한 바와 같이 행정의 적법성원칙이 없는 행정쟁송제도에 대한 요청은 무의미하며 행정쟁송제도 없는 법치행정의 원리에 대한 요청은 비현실적이다.[1]

  그러나 우리는 또한 이 두 가지 목표들간에 공동보조와 대립의 계기가 존재하고 있음을 간과해서는 안 된다. 이 점은 독일의 경우 전통적으로 행정재판의 목적을 주관적 권리보호에 두었던 남독의 제도와 북독, 특히 프로이센을 중심으로 하여 추구되었던 행정통제 중심의 제도사이의 긴장과 대립을 통하여 현실적으로 관측될 수 있었다. 물론 이러한 갈등은 오늘날 기본적으로는 이미 해소된 것으로 받아들여지고 있지만 행정구제의 목적상의 양면성을 보여주는 좋은 비교법적 실례라고 할 수 있다. 우리 행정쟁송법에 관한 한 이러한 행정구제의 양면적 목적은 보다 일반적으로 관철되고 있다. 행정쟁송이란 따라서 행정상의 분쟁을 해결하기 위한 법적 절차를 말한다. 법치행정의 원리는 행정이 헌법과 법률에 구속될 것을 요구한다. 이와 같은 행정의 법에 의한 구속은 단순히 추상적인 규범논리에 머무르지 않고 구체적인 제도를 통하여 실제로 실현되지 않으면 안 된다. 이를 위해서는 주관적인 측면에서 국민의 권리보호와 객관적인 측면에서 행정의 합법성통제를 위한 절차적 보장이 요구되는데, 이러한 목적을 실현하기 위한 제도가 바로 행정쟁송제도이다. 다시 말해서 행정쟁송은 현대법치국가의 불가결한 구성요소로서, 사후적 권리구제절차로서의 측면과 행정통제제도로서의 측면을 아울러 지니고 있다. 이러한 견지에서 헌법은 제101조 제1항에서 행정재판권을 포함한 사법권을 법원에 귀속시키고 제107조 제2항에서는 "명령·규칙 또는 처분이 헌법이나 법률에 위반되는 여부가 재판

---

[1] G. Ress, Die Entscheidungsbefugnis in der Verwaltungsgerichtsbarkeit - eine rechtsvergleichende Studie zum österreichischen und deutschen Recht, 1968, Forschungen aus Staat und Recht, Bd.4, Springer Verlag, 41.

의 전제가 된 경우에는 대법원은 이를 최종적으로 심사할 권한을 가진다"고 규정함으로써 행정작용에 대한 사법적 심사의 헌법적 근거를 마련하는 한편, 제107조 제3항에서는 "재판의 전심절차로서 행정심판을 할 수 있다. 행정심판의 절차는 법률로 정하되, 사법절차가 준용되어야 한다"고 하여 행정심판의 제도화를 헌법적으로 뒷받침하는 규정을 두고 있다.

제2장

행정쟁송의 체계와 유형

제1절 행정쟁송의 지위

행정쟁송은 행정상 손해전보와 함께 현행법상 행정구제의 대표적인 양대 축을 이룬다. 후자는 행정작용으로 인하여 국민이 입은 손해를 전보하는 제도로서 위법한 행정작용으로 인한 권익침해에 대한 구제수단인 행정상 손해배상(국가배상)과 적법한 행정작용으로 인한 권익침해에 대한 이해조정수단인 행정상 손실보상으로 나뉘고, 전자는 행정기관이 행한 행위(또는 부작위)의 효력 내지 법률관계의 당부를 다투는 제도로서 다시 행정심판과 행정소송으로 나뉜다. 전통적인 행정구제법의 내용은 이와 같이 크게 네 가지 전형적인 사후적 구제제도에 대한 법적 규율로 구성되어 왔다.

행정상 손해전보와 행정쟁송 제도는 행정구제제도의 양축을 이루는 가장 기본적인 요소이다. 그러나 양자는 우선 그들이 깃든 법영역이 다르다는 점에서 체계적으로 구별된다. 즉 전자는 실체법적 차원에 속하는 제도인데 비하여 후자는 주로 절차법적·소송법적 차원에 속하는 제도인 것이다.[1] 전자 역시 권리행사를 위한 수단으로 민사소송이나 행정소송과 관련

---

1) 鹽野 宏, 行政法 II, 1992, 有斐閣, 1992, pp.2-3.

을 맺게 되지만 그렇다고 해서 그 실체법적 성격이 달라지는 것은 아니다. 사실 양자를 행정구제법의 주된 내용으로 함께 다루어 온 것은 주로 제도 목적에 대한 고려와 전통적인 이유에 기인하는 것이지, 행정구제법의 체계상 어떤 이론적 필연성에 따른 것은 아니다. 행정구제법은 행정작용으로 인한 권익침해 또는 불이익을 어떻게 구제받을 것이냐, 또는 행정에 대하여 어떻게 다툴 것인가에 관한 법이라는 관점에서 행정상 손해전보제도는 금전적 행정구제수단으로, 행정쟁송은 행정기관의 행위 자체에 대한 다툼을 해결하기 위한 수단으로 각각 자리매김을 받았던 것이다. 그렇지만 공통적으로 중요한 것은 역시 행정작용의 적법성 확보라는 목적이다. 행정쟁송은 행정활동의 적법성을 직접적으로 회복·실현하기 위한 제도이고, 행정상 손해배상은 행정활동의 위법성을, 손실보상은 행위의 적법성을 각각 청구권성립의 요건으로 하고 있기 때문이다.

　　행정쟁송의 의의는 무엇보다도 불량행정(maladministration)으로부터 국민의 권익을 보호하려는 데 있다. 이러한 뜻에서 행정쟁송은 사법상 권리관계에 관한 민사소송, 국가형벌권의 행사 여하에 관한 형사소송, 또는 기타의 권리구제절차들과 구별되는 동시에 이들과 함께 국민의 권익보호를 위한 구제절차로서 공통점을 가진다. 행정쟁송은 행정에 대한 외부적 통제를 통한 사후적 행정구제절차로서 행정내부에서 행해지는 직권재심사·행정감독 등과 구별되며 또한 전형적 구제절차로서 청원·진정 등과 구별된다. 끝으로 행정쟁송은 쟁송을 통한 행정구제의 일반적 절차로서 각개의 단행법에 규정되어 있는 이의신청·심판청구 등의 특별행정쟁송절차와 구별되는 반면 헌법소원과는 행정쟁송 역시 행정작용으로 인한 기본권침해를 구제할 수 있다는 점에서 일부 중첩적인 관계에 서지만 그 한도에서 동시에 헌법소원의 제기요건에 관한 구제전치원칙(헌법재판소법 §68②)에 의하여 선행구제절차로서의 관계에 놓이게 된다.

제2절 행정통제와 행정쟁송

　행정은 공익을 실현함에 있어 합목적적이어야 한다. 이러한 의미에서 행정은 법치행정의 원리에 의해 법의 구속을 받을 뿐만 아니라 그 목적인 공익적합성에 의한 제약을 받는다. 이와 같은 행정의 적법성과 합목적성을 보장하기 위해 행정작용을 심사하고 시정하는 제도를 통틀어 우리는 행정통제제도라고 부른다. 행정쟁송이 이러한 의미의 행정통제에 해당하는 제도임은 물론이다. 그러나 행정통제는 행정쟁송 외에도 다양한 형태의 제도와 절차를 통해 이루어질 수 있으며 행정쟁송이 이러한 행정통제의 전 체계에서 어떤 위상을 차지하고 있는가를 분명히 할 필요가 있다.

　행정통제의 유형은 그 통제의 이니셔티브가 누구에게 있느냐에 따라서 행정내부적인 통제(verwaltungsinterne Kontrolle)와 행정외부적인 통제(verwaltungsexterne Kontrolle)로 나눌 수 있다. 전자는 합법성과 합목적성에 관한 공익에 봉사하는, 행정의 자기정화(Selbst- reinigung)를 위한 통제로서, 통제가 외부로부터의 문제제기 없이 자체적으로(selbstinitiativ) 실시된다는 점에 특징이 있다. 이러한 행정내부적 통제는 직권재심사나 주로 행정조직상의 위계제원칙(hierarchisches Prinzip)에 따른 행정감독권에 의해 실시되며 그 구체적 방법으로는 지시, 하명, 처분의 직권취소 등을 생각할 수 있다. 책임 및 통제가 행정조직의 기초가 되는 행정기능과 필수적 상호연관을 맺고 있다는 행정통제적 관점에서 볼 때, 이러한 행정내부적 통제는 일차적이고 정상적인 통제방식이며, 법원에 의한 통제는 오히려 최후수단(ultima ratio)이라고 할 수 있다.[2] 반면 후자, 즉 행정외부적 통제는, 통제가 외부로부터 유발된다는(fremdinitiativ) 점에서 전자와 구별된다. 행정외부적 통제는 타기관에 의한 통제뿐만 아니라 행정의 자기통제(Selbstkontrolle)

---

2) Schmitt-Glaeser는 이것이 올바르게 이해된 권력분립원칙의 결과라고 한다. W. Schmitt-Glaeser, VVDStRL 31(1973), S.244.

의 계기가 될 수도 있다. 이것은 일차적으로 행정의 적법성과 (또한 부분적으로는) 합목적성에 관한 개인의 이익에 봉사한다. 여기에는 다음에 설명하는 전형적 권익구제방법(förmliche Rechtsbehelfe)인 행정쟁송과 비전형적 구제방법(formlose Rechtsbehelfe)인 청원, 진정 등이 해당된다.

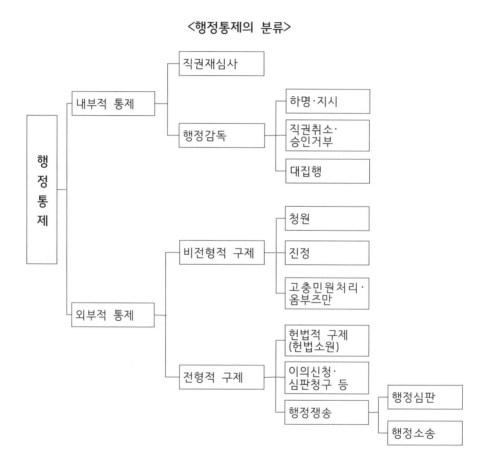

〈행정통제의 분류〉

제3절 행정쟁송의 유형

행정쟁송의 유형은 다음의 몇 가지 기준에 따라 분류될 수 있다.

I. 정식쟁송과 약식쟁송

당사자에게 자기에게 이익되는 주장을 할 수 있는 구술변론의 기회가 주어지고 판정이 독립된 제3자적 기관에 의해 내려진다는 절차적 보장이 있는 경우를 정식쟁송이라 하고 그렇지 못한 경우를 약식쟁송이라고 한다. 사법권의 독립이 보장되는 권력분립 하에서 법원에서 이루어지고 또 당사자에게 구술변론의 기회가 주어지는 제도로서 행정소송은 정식쟁송에 해당된다. 헌법 제107조 제2항이 행정심판에 사법절차가 준용될 것을 규정하는 점을 감안할 때 행정심판은 사법적 절차에 의해 보완된 약식쟁송이라 할 수 있다.

II. 시심적 쟁송과 복심적 쟁송

시심적 쟁송은 행정법관계에 관한 법적 결정이 처음부터 쟁송 형식으로 이루어지는 경우로, 이미 어떤 행정처분등의 행정조치가 행해진 것을 전제로 하지 않는다는 점에서 이미 행해진 행정조치의 위법·부당을 다투는 쟁송인 복심적 쟁송과 구별된다. 당사자쟁송은 전자에, 항고쟁송은 후자에 해당한다.

Ⅲ. 주관적 쟁송과 객관적 쟁송

주로 당사자의 권익보호를 목적으로 하는 쟁송을 주관적 쟁송이라 하며 이에 비해 주로 행정작용의 객관적 적정(적법타당성)을 목적으로 하는 쟁송을 객관적 쟁송이라고 한다. 행정쟁송은 일반적으로 국민의 권리구제를 1차적 목적으로 한다는 점에서 원칙적으로 주관적 쟁송의 성격을 가지며 따라서 쟁송의 대상과 쟁송을 제기하는 자 간에 일정한 이해관계의 관련성이 있을 것을 쟁송제기의 요건으로 하게 된다(원고 또는 청구인이 될 수 있는 자격의 제한). 다시 말해서 주관적 쟁송에 있어서는 권익을 침해받은 자만이 쟁송을 제기할 수 있다는 제기요건상의 제한이 있다. 반면 객관적 쟁송은 개인적 이해관계에 대한 다툼과는 직접적인 관계가 없으므로 이러한 쟁송제기자격의 제한이 없다. 민중쟁송과 기관쟁송이 전형적인 예이다.

Ⅳ. 항고쟁송과 당사자쟁송

항고쟁송은 이미 행해진 처분 등에 대해 그 위법 또는 부당을 다투어 이를 취소·변경하는 쟁송절차이며 당사자쟁송은 대등한 두 당사자 사이의 법률관계에 대한 다툼을 심판하는 쟁송절차를 말한다. 전자에는 이의신청·심사청구·심판청구(국세기본법 §§55 이하), 행정심판(행정심판법 §1), 항고소송(행정소송법 §3 i) 등이 후자에는 토지수용위원회의 재결('공익사업을 위한 토지 등의 취득 및 보상에 관한 법률' §28), 당사자소송(행정소송법 §3 ii) 등이 각각 해당된다.

V. 민중쟁송과 기관쟁송

행정법규의 적정한 적용을 확보하기 위한, 이른바 객관적 쟁송의 구체적 형태로서, 민중쟁송은 예컨대 국민투표에 관한 소송(국민투표법 §92), 선거에 관한 소송(공직선거법 §219) 같이 직접적 이해관계를 갖지 않는 다수인에 의해 제기되는 쟁송유형이며, 기관쟁송은 국가 또는 공공단체 기관 상호간에 제기되는 쟁송으로서 예컨대 지방자치단체장이 지방의회의 의결의 위법을 이유로 제기하는 소송(지방자치법 §172③)이 이에 해당된다.

제4절 우리나라 행정쟁송제도

우리나라의 행정쟁송제도는 기본적으로 행정심판법에 의한 행정심판과 행정소송법에 의한 행정소송으로 나뉜다. 양자는 이미 앞에서 본 바와 같이 각각 약식쟁송과 정식쟁송에 해당된다는 점에서 구별되지만 행정심판에 사법절차를 준용해야 한다는 헌법규정의 취지에 따라 제정된 행정심판법이 구 소원법에 비해 사법절차적 요소를 많이 채용하고 있으므로 그 한도 내에서 또한 공통점도 적지 않게 발견된다. 이를 도표를 통해 알아보면 다음과 같다.

<행정심판과 행정소송의 비교>

구분	비교사항	행정심판	행정소송
공통점	절차개시	당사자의 쟁송제기 (심판청구·소제기)	
	제기권자	"법률상의 이익"이 있는 자	
	절차구조	대심구조; 제3자 판정기관; 판정기관의 심리의무	
	청구변경	가 능	
	집행정지	집행부정지원칙	
	심리원칙	직권심리의 인정; 당사자 및 이해관계인의 참여기회 부여	
	기 타	불이익변경금지, 판정행위의 효력(확정력·기속력 등), 사정재결 및 사정판결 인정	
차이점	쟁송사항	적법성·합목적성	적법성
	판정기관	행정기관(행정심판위원회)	법 원
	심리원칙	서면심리 원칙	구술심리주의
	인정유형	의무이행심판	부작위위법확인소송

제2부

행정심판

제1장

개 설

제1절 행정심판의 개념

헌법은 제107조 제3항에서 "재판의 전심절차로서 행정심판을 할 수 있다. 행정심판절차는 법률로 정하되 사법절차가 준용되어야 한다"고 규정함으로써 행정심판의 헌법적 근거를 분명히 하고 있다. 여기서 말하는 행정심판이란 실질적 의미의 행정심판, 즉 행정기관에 의한 분쟁해결절차 일반을 말한다. 가령 현행법상 행정심판, 이의신청(광업법 §90, 국세기본법 §55), 재결신청, 심사청구·심판청구(국세기본법 §§55 이하) 등 다양한 명칭으로 표현되는 절차이다(광의의 행정심판). 이에 비하여 형식적 의미의 행정심판은 행정심판법 제1조에서 규정하고 있는 바와 같이 "행정청의 위법 또는 부당한 처분(처분)이나 부작위(부작위)로 침해된 국민의 권리 또는 이익을 구제"하는 절차를 말한다(제도적 의미의 행정심판). 여기서 '행정심판'은 일반적으로 후자, 즉 형식적 의미의 행정심판을 말하는 개념으로 사용될 것이다.

▮▮ 행정심판과 사법절차의 준용

헌법 제107조 제3항은 '재판의 전심절차로서 행정심판을 할 수 있다. 행정심판의 절차는 법률로 정하되, 사법절차가 준용되어야 한다'고 규정하고 있다. 이 헌법조항은 행정심판절차의 구체적 형성을 입법자에게 맡기고 있지만, 행정심판은 어디까지나 재판의 전심절차로서만 기능하여야 한다는 점과 행정심판절차에 사법절차가 준용되어야 한다는 점은 헌법이 직접 요구하고 있으므로 여기에 입법적 형성의 한계가 있다. 따라서 입법자가 행정심판을 전심절차가 아니라 종심절차로 규정함으로써 정식재판의 기회를 배제하거나, 어떤 행정심판을 필요적 전심절차로 규정하면서도 그 절차에 사법절차가 준용되지 않는다면 이는 헌법 제107조 제3항, 나아가 재판청구권을 보장하고 있는 헌법 제27조에도 위반된다 할 것이다. 반면 어떤 행정심판절차에 사법절차가 준용되지 않는다 하더라도 임의적 전치제도로 규정함에 그치고 있다면 위 헌법조항에 위반된다 할 수 없다. 그러한 행정심판을 거치지 아니하고 곧바로 행정소송을 제기할 수 있는 선택권이 보장되어 있기 때문이다(헌재 2000.6.1. 98헌바8, 판례집 12-1, 590, 598).

한편, 헌법 제107조 제3항은 사법절차가 '준용'될 것만을 요구하고 있으나 판단기관의 독립성과 공정성, 대심적 심리구조, 당사자의 절차적 권리보장 등의 면에서 사법절차의 본질적 요소를 현저히 결여하고 있다면 '준용'의 요청에 마저 위반된다고 하지 않을 수 없다(헌재 2000.6.1. 98헌바8, 판례집 12-1, 590, 601-602).[1]

제2절 행정심판의 존재이유

행정심판은 행정소송과 관련하여 사전적 구제절차로서 기능을 수행할 뿐만 아니라 그 자체가 또한 독자적인 행정상 불복·구제절차로서 가치를 가지고 있다. 그것은 과거 행정심판전치주의 하에서는 행정소송의 전심절

---

1) 헌법재판소 전원재판부 2001.6.28. 2000헌바30 결정(구 지방세법 제74조 제1항 등 위헌소원).

차(전심절차: Vorverfahren)로서 또는 사실상 행정소송의 제1심으로서 기능을 수행하였으나, 행정심판이 임의절차화함으로써 이러한 기능은 퇴화되고 그 독자적 권익구제절차로서의 기능이 전면에 부상하게 되었다.

　행정심판의 존재이유는 첫째, 자율적 행정통제, 즉 행정의 자기통제 및 행정감독을 가능케 한다는 점, 둘째, 행정의 전문·기술성이 날로 증대됨에 따라 법원의 판단능력의 불충분성이 의문시되는 문제영역들에 있어 행정의 전문지식을 활용할 수 있도록 함으로써 사법기능의 보충을 기대할 수 있다는 점, 셋째, 분쟁을 행정심판 단계에서 해결할 수 있다면 이를 통하여 법원부담의 경감, 행정능률의 고려, 시간과 비용의 절감(쟁송경제)을 기할 수 있다는 점 등에 있다. 여기서 둘째와 셋째의 존재이유는 행정심판이 효과적인 권익구제절차로서 기능을 수행한다는 전제 아래서만 성립될 수 있다. 만일 이러한 전제가 성립되지 않는다면 상대적으로 행정심판은 소송을 통한 권익구제를 지체시키는 장애요인으로 작용할 수도 있다.

제3절 기타 행정상 불복방법과의 구별

　행정심판은 다음과 같은 점에서 기타 행정상 불복수단으로 이용될 수 있는 청원·진정·직권재심사·고충처리 등의 절차들과 구별된다.

Ⅰ. 청원과의 구별

　헌법 제26조와 청원법 제9조의 해석을 통해 이미 지적된 바와 같이, 청원에 의해서도 행정청의 자기반성을 촉구하고 위법·부당한 행정처분 등의 취소·변경을 구할 수 있는 등 청원제도가 지니는 행정구제절차로서의 의미가 절하되지는 않는다. 그러나 양자는 다음과 같은 점에서 차이가 있다. 행정심판은 제기권자·제기기간·대상 등에 관하여 행정심판법에 의한 제한이 가해지고 있으나, 청원은 헌법 및 청원법상 문서요건·청원사항 등에 대한 제한을 제외하고는 대상기관이나 제기권자, 제기기간 등에 관하여 그와 같은 제한을 받지 않는다는 점에서 차이가 있다. 또한 행정심판의 산출인 재결에는 구속력이 인정되는 반면 청원에 대한 결정에는 이렇다 할 법적 구속력이 수반되지 않는다는 점에서도 중요한 차이점이 있다.

Ⅱ. 이의신청과의 구별

이의신청은 위법·부당한 처분등으로 권익을 침해당한 자가 처분청 자신에 대하여 그 재심사를 구하는 쟁송절차로서 행정심판과는 그 대상기관, 허용범위 면에서 차이점을 지니고 있다. 다시 말해 이의신청은 원칙적으로 처분청의 직근상급행정청인 재결청을 상대방으로 하여 제기되는 행정심판과는 달리 처분청에 제기되며 각개의 단행법의 규정에 의하여 일정한 처분등에 대해서만 인정된다는 점(예: 국세기본법 §55① 단서)에서 행정심판과 구별된다.

Ⅲ. 직권재심사·진정 등과의 구별

행정심판이나 직권재심사 모두 행정작용에 대한 통제수단으로 기능한다는 점에서는 공통적이지만, 전자는 개인의 심판제기에 의하여 절차가 개시되는 데 반하여 후자는 행정청 스스로의 판단에 따라 행해질 뿐만 아니라 전자에 비하여 법적·절차적 제한이 엄격하지 않다는 점에 차이가 있다.

한편 행정심판은 법적 절차로서 단순히 사실행위에 불과하고 아무런 법적 효과를 발생하지 않는 진정과 구별된다. 진정에 대하여 어떠한 조치를 취할 것인지는 국가기관의 자유재량에 속한다는 판례[2]는 진정의 이러한 성질을 나타내 주는 예이다. 그러나 진정이란 명칭이 사용되었을지라도 그것이 행정심판으로서의 내용을 갖는 것일 경우에는 행정심판을 제기하는 것으로 처리되어야 한다.[3]

Ⅳ. 고충민원처리절차와의 구별

행정심판은 국민권익위원회에 의한 고충민원처리제도와도 구별된다. 고충민원처리절차는 국무총리 소속으로 설치된 국민권익위원회로 하여금 행정과 관련된 국민의 고충민원을 상담·조사하여 행정기관의 처분 등이 위법·부당하다고 인정할 만한 상당한 이유가 있는 경우에 관계 행정기관의 장에게 적절한 시정조치를 권고하도록 함으로써 국민의 불편과 부담을 시정하기 위한 제도로서, 그 제기권자·제기기간·대상·절차 그리고 고충처리의 법적 효과 등 여러 가지 면에서 행정심판과는 다르다.

> **◢◣ 국민고충처리절차와 행정심판**
>
> 가. 행정규제및민원사무기본법의 관계규정을 종합하여 보면, 국민고충처리제도는 국무총리 소속하에 설치된 국민고충처리위원회로 하여금 행정과 관련된 국민의 고충민원을 상담·조사하여 행정기관의 처분 등이 위법·부당하다고 인정할 만한 상당한 이유가 있는 경우에 관계 행정기관의 장에게 적절한 시정조치를 권고하도록 함으로써 국민의 불편과 부담을 시정하기 위한 제도로서 행정심판법에 의한 행정심판 내지 다른 특별법에 따른 이의신청,

---

2) 대법원 1991.8.9. 선고 91누4195 판결.
3) 대법원 1955.3.25. 선고 4287행상23 판결.

심사청구, 재결의 신청 등의 불복구제절차와는 제도의 취지나 성격을 달리하고 있으므로 국민고충처리위원회에 대한 고충민원의 신청이 행정소송의전치절차로서 요구되는 행정심판청구에 해당하는 것으로 볼 수는 없다.

　나. 다만 국민고충처리위원회에 접수된 신청서가 행정기관의 처분에 대하여 시정을 구하는 취지임이 내용상 분명한 것으로서 국민고충처리위원회가 이를 당해 처분청 또는 그 재결청에 송부한 경우에 한하여 행정심판법 제17조 제2항, 제7항의 규정에 의하여 그 신청서가 국민고충처리위원회에 접수된 때에 행정심판청구가 제기된 것으로 볼 수 있다.4)

---

4) 대법원 1995.9.29. 선고 95누5332 판결(공95.11.15. 1004(37)). 참조판례: 대법원 1985.10.22. 선고 84누724 판결(공보1985, 1560).

제2장

행정심판법과 행정심판의 종류

제1절 행정심판법

행정심판법은 제1조에서 "행정심판절차를 통하여 행정청의 위법 또는 부당한 처분(處分)이나 부작위(不作爲)로 침해된 국민의 권리 또는 이익을 구제하고, 아울러 행정의 적정한 운영을 꾀함"을 목적으로 한다고 규정하고 있다. 행정심판법은 종전의 소원법(1951.8.3. 법률 제221호)을 대체한 것으로 행정심판에 관한 일반법의 지위를 가진다. 행정심판법은 제3조 제1항에서 "행정청의 처분 또는 부작위에 대하여 다른 법률에 특별한 규정이 있는 경우 외에는 이 법에 따라 행정심판을 제기할 수 있다"고 규정하고 제4조 제2항에서 "다른 법률에서 특별행정심판이나 이 법에 따른 행정심판 절차에 대한 특례를 정한 경우에도 그 법률에서 규정하지 아니한 사항에 관하여는 이 법이 정하는 바에 따른다"고 규정함으로써(§4②) 행정심판법의 일반법적 지위와 그 특별행정심판에 대한 보충적 적용을 명시적으로 인정하고 있다.

행정심판법은 나아가 제4조 제1항에서 "사안의 전문성과 특수성을 살리기 위하여 특히 필요한 경우 외에는 이 법에 따른 행정심판을 갈음하는 특별한 행정불복절차(이하 '특별행정심판'이라 한다)나 이 법에 따른 행정심판 절차에 대한 특례를 다른 법률로 정할 수 없다"고 규정하고 있다(§4①).[1]

제2절 행정심판법상 행정심판의 종류

일반적으로 행정심판을 행정심판법에 의한 것과 다른 개별법에 의한 것으로 나누고 후자를 특별행정심판이라고 부른다. 그러나 개정행정심판법 (법률 제9968호, 2010.1.25, 전부개정)은 제4조에서 특별행정심판의 남설을 방지하기 위하여 그 특례의 신설이나 변경을 엄격히 제한하였다. 즉, 사안의 전문성과 특수성을 살리기 위하여 특히 필요한 경우 외에는 이 법에 따른 행정심판을 갈음하는 특별한 행정불복절차나 이 법에 따른 행정심판 절차에 대한 특례를 다른 법률로 정할 수 없고(§4①), 관계 행정기관의 장이 특별행정심판 또는 이 법에 따른 행정심판 절차에 대한 특례를 신설하거나 변경하는 법령을 제정·개정할 때에는 반드시 미리 중앙행정심판위원회와 협의하도록 하고 있다(§4③).

여기서는 행정심판법상 행정심판의 종류로 취소심판, 무효등확인심판 및 의무이행심판 세 가지를 간략히 살펴보기로 한다.

---

1) 다만 제4조 제1항의 법적 효력에 관해서는 의문이 없지 않다. 이를 문리상 무리를 무릅쓰고서 단순한 훈시규정 또는 입법방침규정으로 보지 않는 한, 가령 이 규정에 반하는 특별법이 제정될 경우 이를 법률에 반하는 법률로서 무효라고 볼 것인지가 문제될 것인데 이에 관한 현행법상의 해결기준은 존재하지 않기 때문이다. 현행법상 법원조직법이나 정부조직법과 같은 일반·조직법이나, 일반법으로서 행정소송법·행정심판법 등에 기타 법률에 대한 효력의 우월성을 인정하는 이른바 '기본법 이론'을 도출하는 문제는 우리 행정법학에서는 미답의 영역이다.

Ⅰ. 취소심판

1. 의 의

취소심판이란 '행정청의 위법 또는 부당한 처분을 취소하거나 변경하는 행정심판'을 말한다(§5 ⅰ). 위법 또는 부당한 행정처분으로 인하여 권리나 이익을 침해당한 자가 그 재심사를 청구하는 복심적 항고쟁송절차로서 취소심판은 행정심판의 중심적 유형이라 할 수 있다.

2. 성 질

취소심판의 성질에 관해서는 취소소송에 관해서와 마찬가지로 형성적 쟁송으로 보는 견해와 확인적 쟁송으로 보는 견해가 대립되어 있다. 취소심판은 행정처분의 취소·변경을 통하여 법률관계를 변경 또는 소멸시킨다는 점에서 형성적 쟁송으로 보는 것이 타당하며 또 통설이기도 하다.

3. 심판의 결과

취소심판의 청구가 이유 있다고 인정되면 취소·변경재결이 행해진다. 이 경우 계쟁처분을 직접 취소·변경하거나(형성재결), 처분청에게 처분의 취소·변경을 명할 수 있다(이행재결: §43③). 다만 심판청구가 이유 있다고 인정되는 경우에도 이를 인용하는 것이 현저히 공공복리에 적합하지 아니하다고 인정할 때에는 심판청구를 기각하는, 이른바 사정재결을 할 수도 있다(§44①). 이것은 종래 행정심판(소원)에는 적용되지 않았던 것을 1984년의 행정심판법에서 처음으로 신설된 것으로 오늘날까지 계승되고 있다.

███ 형성적 재결의 효력 및 재결결과통보의 성질

　　[1] 행정심판법 제32조 제3항에 의하면 재결청은 취소심판의 청구가 이유 있다고 인정되는 때에는 처분을 취소 또는 변경하거나 처분청에게 취

소 또는 변경할 것을 명한다고 규정하고 있으므로, 행정심판에 있어서 재결청의 재결 내용이 처분청의 취소를 명하는 것이 아니라 처분청의 처분을 스스로 취소하는 것일 때에는 그 재결의 형성력이 발생하여 당해 행정처분은 별도의 행정처분을 기다릴 것 없이 당연히 취소되어 소멸되는 것이다.

[2] 재결청으로부터 "처분청의 공장설립변경신고수리처분을 취소한다"는 내용의 형성적 재결을 송부받은 처분청이 당해 처분의 상대방에게 재결결과를 통보하면서 공장설립변경신고 수리시 발급한 확인서를 반납하도록 요구한 것은 사실의 통지에 불과하고 항고소송의 대상이 되는 새로운 행정처분이라고 볼 수 없다.[2]

II. 무효등확인심판

1. 의   의

무효등확인심판이란 '행정청의 처분의 효력 유무 또는 존재 여부를 확인하는 행정심판'을 말한다(§5 ii). 이것은 처분이 무효 또는 부존재인 경우에도 처분의 외관으로 말미암아 집행의 우려가 있다는 점, 그리고 유효한 행정처분에 대하여 행정청이 이를 무효 또는 부존재로 간주함으로써 상대방의 법률상 이익을 침해할 가능성이 있다는 점을 고려하여 그 유권적 확인을 받을 수 있게 해 주어야 한다는 취지에서 인정되는 행정심판으로서 그 확인의 대상에 따라 다시 유효확인심판, 무효확인심판, 실효확인심판, 존재확인심판 및 부존재확인심판으로 나뉜다.

2. 성   질

무효등확인심판의 법적 성질에 관해서도 이를 확인적 쟁송으로 보는 견해와 형성적 쟁송으로 보는 견해가 대립되어 있고, 또 실질적으로는 확

---

2) 대법원 1997.5.30. 선고 96누14678 판결(공97.7.1. [37], 1907). 참조판례: 대법원 1994.4.12. 선고 93누1879 판결(공1994상, 1485).

인적 쟁송이지만 형식적으로는 처분의 효력유무를 다투는 준형성적 쟁송으로 보는 견해도 주장되고 있으나, 준형성쟁송설이 통설이다. 그러나 무효등확인심판은 취소심판의 경우와는 달리 심판청구기간의 제한을 받지 않으며 사정재결에 관한 규정도 적용되지 않는다. 무효등확인심판을 준형성적 쟁송으로 보는 경우에도 확인쟁송적 성질이 부인되는 것은 아니므로 특히 확인의 이익이 문제될 것이다.

3. 심판의 결과

심판청구가 이유 있다고 인정되면 위원회는 처분의 효력 유무 또는 존재 여부를 확인하는 재결을 한다. 즉, 유효확인재결, 무효확인재결, 실효확인재결, 존재확인재결 및 부존재확인재결이 행해진다.

Ⅲ. 의무이행심판

1. 의 의

의무이행심판이란 '당사자의 신청에 대한 행정청의 위법 또는 부당한 거부처분이나 부작위에 대하여 일정한 처분을 하도록 하는 행정심판'을 말한다(§5 iii). 이른바 급부행정 등의 영역에서 개인생활의 행정의존성이 증대됨으로 인하여 거부처분이나 부작위와 같은 소극적 행정작용 또한 적극적인 행정작용으로 인한 권익침해 못잖은 침해적 효과를 갖는다는 사실이 인식되게 되었고 이러한 인식의 전환에 따라 현행 행정심판법을 통하여 신설된 행정심판유형이 이 의무이행심판이다.

행정심판법이 거부처분이나 부작위에 대하여 공통적으로 의무이행심판을 인정하고 있는 것은 특기할 만한 점이다. 이것은 거부처분과 부작위에 대한 소송상의 대응을 거부처분취소소송과 부작위위법확인소송으로 차별화시키고 있는 행정소송법의 태도와 대조적일 뿐만 아니라 사실상 반드시 양자를 차별적으로 취급할 필요가 없다는 것을 시사해 주는 점이기도 하다.

반면 행정심판법이 처분의 개념에 거부처분을 포함시키고 있는 이상, 거부처분에 대하여는 취소심판이나 의무이행심판 어느 하나 또는 양자를 병합하여 제기할 수 있다는 결과가 된다.

> **▰▰ 판례**
>
> 가. 행정심판법 제18조 제7항에 부작위에 대한 의무이행심판청구에는 심판청구기간에 관한 같은 조 제1항 내지 제6항의 규정을 적용하지 아니한다고 규정되어 있지만, 위 법조항 소정의 부작위에 대한 의무이행심판청구에 거부처분에 대한 의무이행심판청구도 포함된다고 볼 수 없다.
>
> 나. 행정심판법 제4조 제3호가 의무이행심판청구를 인정하고 있고 항고소송의 제1심 관할법원이 행정청의 소재지를 관할하는 고등법원으로 되어 있다고 하더라도, 행정소송법상 행정청의 부작위에 대하여는 부작위위법확인소송만 인정되고 작위의무의 이행이나 확인을 구하는 행정소송은 허용될 수 없다.[3]

2. 성 질

의무이행심판은 행정청에게 일정한 처분을 할 것을 명하는 재결을 구하는 것이므로 당연히 이행쟁송의 성질을 띤다.

의무이행심판의 이행쟁송으로서의 성질은 거부처분을 통해서든 부작위를 통해서든 이미 발생한 불이행사태 또는 무응답사태를 전제로 하는 것이므로 장래의 의무이행을 구하는 청구는 허용되지 않는다는 점에서 한계를 지닌다.

거부처분에 대한 의무이행심판은 청구기간의 제한을 받지만 부작위에 대한 의무이행심판은 그러한 제한을 받지 않는다(§18⑦).

---

3) 대법원 1992.11.10. 선고 92누1629 판결(공93, 124).

3. 심판의 결과

심판청구가 이유 있다고 인정되면 위원회는 지체없이 신청에 따른 처분을 하거나(형성재결), 처분을 할 것을 피청구인에게 명하는 재결(이행재결)을 한다(§43⑤). 신청에 따른 처분을 할 것을 명하는 이행재결은 그 처분의무의 내용이 기속행위에 대한 것일 경우에는 특정행위의 이행명령이 되지만 처분의무의 내용이 오로지 선택재량만이 부여된 행위에 대한 것일 경우에는 특정행위의 이행명령이 아니라 어떠한 내용의 처분이든 신청을 방치하지 말고 지체없이 재량을 행사하여 처분을 하도록 명하는 재결, 즉 재량행사 명령(Bescheidungsanordnung)이 된다. 이 경우 행정청은 지체없이 이전의 신청에 대하여 그 재결의 취지에 따라 처분을 하여야 한다(§49②). 피청구인이 재결의 취지에 따른 처분을 하지 아니하는 때에는 행정심판위원회는 당사자가 신청하면 기간을 정해 서면으로 시정을 명하고 그 기간 내에 이행하지 아니하면 직접 처분을 할 수 있다(§50① 본문).[4] 다만, 그 처분의 성질이나 그 밖의 불가피한 사유로 위원회가 직접 처분을 할 수 없는 경우에는 그러하지 아니하다(§50① 단서)

행정심판위원회는 제1항 본문에 따라 직접 처분을 하였을 때에는 그 사실을 해당 행정청에 통보하여야 하며, 그 통보를 받은 행정청은 위원회가 한 처분을 자기가 한 처분으로 보아 관계 법령에 따라 관리·감독 등 필요한 조치를 하여야 한다(§50②).

> **▰ 판례**
>
> 행정심판법 규정에 따라 재결청이 직접 처분을 하기 위하여는 처분의 이행을 명하는 재결이 있었음에도 당해 행정청이 아무런 처분을 하지 아니하였어야 하므로, 당해 행정청이 어떠한 처분을 하였다면 그 처분이 재결의 내용에 따르지 아니하였다고 하더라도 재결청이 직접 처분을 할 수는 없다.[5]

---

4) 행정청이 재결의 취지에 따른 처분의무 불이행에 대한 재결청의 시정명령 및 직접처분제도는 1995년의 법개정에서 도입된 것을 2010년 1월 25일의 개정법에서 계승한 것이다. 행정심판법은 종래 그런 경우에 대한 별도의 규정을 두지 않았다.

5) 대법원 2002.7.23. 선고 2000두9151 판결(인용재결직접처분신청거부처분취소).

　　한편 부작위에 대한 의무이행심판의 인용재결은, 후술하는 부작위위
법확인소송의 경우와는 달리, 거부처분에 대한 것과 마찬가지로 '지체없이
신청에 따른 처분을 하거나 이를 할 것을 명하는' 이행재결이지(§43⑤) 단
순한 응답의무의 부과에 국한되는 것은 아니라는 점에 주의를 요한다. 그
러나 이행재결이 있어도 당해 행정청이 지체없이 재결의 취지에 따라 이전
의 신청에 대한 처분을 하지 않는다면 이행재결을 어떻게 관철시킬 것인가
가 문제될 수 있다. 구법 하에서는 이러한 문제를 해결할 수 있는 마땅한
방법이 없었다. 이 같은 문제점을 감안하여 그 경우 위원회로 하여금 당해
행정청이 처분을 하지 아니하는 때에는 당사자의 신청에 따라 기간을 정하
여 서면으로 시정을 명하고 그 기간 내에 이행하지 아니하는 경우에는 당
해 처분을 할 수 있도록 하는 규정을 신설하여 이행재결의 이행을 확보하
고자 한 것이다(§50① 전단).

≪직접처분 재결사례≫

[사례 1]

주　문

신청인이 2009.6.26. 제출한 고압가스제조사업(CNG충전소)허가신청에
대하여 별지 첨부 허가증과 같이 허가한다.

이　유

1. 「행정심판법」 제37조제2항에 의하면 '당사자의 신청을 거부하거나 부
작위로 방치한 처분의 이행을 명하는 재결이 있는 경우에는 행정청은
지체없이 그 재결의 취지에 따라 다시 이전의 신청에 대한 처분을 하
여야 한다. 이 경우 위원회는 당해 행정청이 처분을 하지 아니하는 때
에는 당사자의 신청에 따라 기간을 정하여 서면으로 시정을 명하고,
그 기간내에 이행하지 아니하는 경우에는 당해 처분을 할 수 있다'고
규정하고 있다.

2. 신청인이 2009. 6. 26. 제출한 고압가스제조사업허가(CNG충전소)신
청에 대하여 피신청인은 2009.6.29. 거부처분 하였고, 서울특별시행
정심판위원회가 2009.9.28. 서행심2009-867호로 고압가스제조사업
(CNG충전소)허가를 하라는 취지의 재결을 하였으나, 피신청인은 2009.11.5.

다시 거부처분을 하였으며, 이에 신청인이 2009.11.11. 이 사건 의무
이행심판인용재결이행신청을 하였다.

3. 피신청인에게 2010.2.8, 2010.5.24. 각 서행심2009-867호 이행재
결의 취지에 따라 신청인의 고압가스제조사업(CNG충전소)신청을 허
가하는 내용의 시정명령을 하였음에도 불구하고 피신청인이 현재까지
이를 이행하지 않고 있다.

4. 따라서, 신청인이 2009.6.26. 제출한 고압가스제조사업(CNG충전소)
허가신청에 대하여 서울특별시 맑은환경본부의 "관련시설의 안정성
및 관련법령에 저촉되는 사항이 없어 허가 가능하다"는 의견을 참고
하여 「행정심판법」 제37조제2항에 의하여 주문과 같이 결정한다.6)

[사례 2]

재결 요지

청구인의 이 사건 신청들은 관계 법령에서 정한 요건을 갖춘 것으로 판단
되고, 피청구인으로서는 허가 신청이 관계 법령상의 요건에 충족되는 경
우 특별한 사정이 없는 한 이를 허가해야 할 기속을 받게 된다고 할 것인
데, 이 사건 신청 당시인 2014.4.23. 및 2014.6.23.부터 현재에 이르기
까지 최장 1년 4개월이라는 기간이 경과되어 허가에 일반적으로 필요로
하는 상당한 기간을 초과하였다고 보이며, 피청구인은 주민들의 반대를
이유로 허가를 유보하여 오고 있으며, 주민들의 반대가 극심하다는 사정
을 이 사건 부작위의 사유로 들고 있으나, 단순한 주민들의 반대 자체만
으로는 특별한 사정이 없는 한 공공의 안전과 이익을 저해한다고 볼 수
없을 것이다(대법원 1992.5.8. 선고, 91누13274 판결 참조).

주　문

1. 피청구인은 청구인의 2014.4.23. 액화석유가스충전사업허가 신청에
대하여 이를 허가한다.

2. 피청구인은 청구인의 2014.6.23. 건축허가 신청에 대하여 이를 허가
한다.7)

---

6) 서행심 2010.6.14.자 2009이행01재결(의무이행심판인용재결이행신청).
7) 서행심 2015.8.24.자 2015-464재결(액화석유가스충전사업허가 등 의무이행 청구).

제3장

행정심판의 절차구조

헌법은 제107조 제3항에서 "재판의 전심절차로서 행정심판을 할 수 있다. 행정심판절차는 법률로 정하되 사법절차가 준용되어야 한다"고 규정하고 있다. 이에 따라 제정된 행정심판법이 규정하고 있는 행정심판의 절차구조는 다음 그림에서 보는 바와 같이 청구인과 피청구인을 당사자로 하는 다툼이 청구인의 심판청구에 의하여 개시되고 이에 대한 행정심판위원회가 심리·의결을 거쳐 절차의 최종산물(output)로서 재결을 함으로써 종료되는 일련의 과정으로 이루어져 있다. 이러한 절차적 구조상 행정심판은 크게 청구인에 의한 행정심판의 제기(심판청구)와 행정심판기관의 심리·재결의 두 가지 단계로 나누어 고찰될 수 있다.

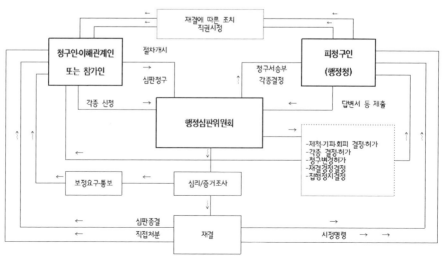

<행정심판의 절차>

제4장

행정심판의 제기

제1절 개   설

Ⅰ. 행정심판절차의 개시

행정심판절차는 앞서 본 바와 같이 오직 청구인의 심판청구에 의해서만 개시될 수 있다. 이것은 행정심판의 분쟁해결절차, 즉 실질적 사법작용을 의미하는 쟁송으로서의 성격에서 연유하는 특성이다. 다시 말해서 행정심판은 그것이 비록 행정통제적 목적에 기여한다 할지라도 수동적 절차이지 능동적 절차는 아니다. 따라서 청구인이 어떠한 조건하에 행정심판을 청구할 수 있느냐를 먼저 밝혀 둘 필요가 있다.

Ⅱ. 불복고지

1. 의   의

행정심판법은 행정청이 처분을 할 때에는 처분의 상대방에게, 행정심판을 제기할 수 있는지, 행정심판을 청구하는 경우의 심판청구절차 및 심판청구기간을 알릴 의무를 행정청에게 부과함으로써 불복고지를 제도화하고 있다. 이것은 종래 교시[1]·교지·고지 등으로 불렸던 제도로서 행정처분에 대한 불복방법에 관하여 있을 수 있는 법적 무지를 절차법적 관점에서 제거함으로써 국민의 권리구제의 충실을 기하려는 것이라 할 수 있다. 불복고지는 행정심판의 제기 이전 단계에서 행해지므로 그 제기요건 중 상당부분이 이를 통하여 명확히 알려질 수 있게 되며 따라서 불복고지제도는 행정상의 권리구제에 매우 중요한 의미를 가진다. 이러한 관점에서 행정심판법의 불복고지에 관한 규정은 강행규정으로 보아야 하며[2] 이것은 후술하는 고지의무위반에 대한 법적 효과를 통해서도 뒷받침될 수 있다.

2. 법적 성질

불복고지는 서면으로 행해지는 행정행위의 경우에만 요구되는 것이며 사실행위의 성질을 띤다. 그것은 구체적 사실에 대한 법집행으로서의 규율을 포함하고 있지 않으므로 행정행위가 아니다. 행정심판법이 이에 일정한 법적 효과를 결부시킬지라도 그것은 어디까지나 규율의 효과로서가 아니라 행정청의 절차상의 의무위반에 대한 불이익부과 또는 금반언의 원칙에 따른 효과일 뿐이다. 그러나 이 점을 들어 "고지 그 자체는 행정쟁송의 대상이 되지 아니 한다"고 하는 것[3]은 타당치 못하다. 고지가 행정쟁송의 대상이 되는지 여부는 고지의무를 부과하는 행정심판법의 규정의 성격과 보호목적을 고려한 후 이를 행정쟁송을 통하여 관철시킬 수 있는지를 검토함

---

1) 이를 독일에서는 Rechtsbehelfsbelehrung, 일본의 행정불복심사법 §§18,19, 46, 57, 50에서는 교시라고 부르고 있다. 당초 행정심판법제정당시 위원회안에는 교지로 되어 있었으나 정부안에서 고지로 바뀌어 규정되게 된 것이다. 다만 단순히 고지라고 할 때에는 무엇을 고지하는지가 명확치 않기 때문에 이 책에서는 불복고지라고 쓴다(김도창, 일반행정법론(상), 710 참조).

2) 김남진, 행정법 I, p.715; 홍정선, 행정법원론(상), p.701; 석종현, 일반행정법(상), p.763; 반대설: 박윤흔, 행정법강의(상), p.839는 이를 훈시규정으로 본다.

3) 김남진, 행정법 I, p.715; 홍정선, 행정법원론(상), p.701.

으로써만 판단될 수 있다. 먼저 고지에 관한 행정심판법의 규정은 강행규정 또는 의무규정이며 또 그 규정의 보호목적은 처분의 상대방의 권리구제를 용이케 하는 데 있다고 볼 때, 처분의 상대방이 행정청의 고지의무에 상응하는 고지를 받을 권리(절차적 공권)를 지닌다는 점은 쉽사리 인정될 수 있다. 이것은 신청에 의한 고지를 규정하고 있는 행정심판법 제42조 제2항만을 보아도 분명하다. 그런데 고지가 사실행위로서의 법적 성질을 갖는 이상 이 절차적 공권의 내용이 사실행위에 대한 것이라는 데 문제가 있다. 이에 대한 행정쟁송이 허용될 것인가의 문제는 행정심판과 행정소송으로 나누어 살펴볼 필요가 있다. 먼저 행정심판에 관해 본다면 일단 고지의무 불이행에 대한 의무이행심판의 허용성이 문제될 수 있다. 여기서 결정적인 관건은 고지가 행정심판법상 처분성을 갖느냐에 있다. 고지는 사실행위이기는 하지만 상대방에게 수인의무를 발생하는 권력적 사실행위는 아니며 처분성 또한 인정될 수 없을 것이다.

> 그러나 고지의무불이행의 양태가 단순한 부고지(부작위)이냐 또는 고지의 명시적 거부이냐에 따라 전자의 경우에는 처분성이 인정되지 않는다고 하더라도 후자에 대하여는 처분성을 인정할 수 있는 것이 아닌가에 관해서는 의문이 있다. 예컨대 독일에서 사실행위와 행정행위의 구분을 둘러싸고 전개된 이론 및 판례발전을 보면, 신청된 수익적 사실행위를 할 것인가에 대한 행정청의 결정은 그 사실행위 자체로부터 법적으로 분리·독립되어 적어도 그 불이행에 관한 결정은 행정행위의 성질을 갖는다는 것이 연방행정법원의 일관된 판례를 통해 인정되어 왔음을 알 수 있다.4) 이렇게 볼 경우에는 적어도 고지의 거부는 거부처분으로서 취소심판의 대상은 된다고도 할 수 있을 것이다. 물론 이에 관해서는 논란의 여지가 있다.5)

그러나 행정소송의 경우에는 후술하는 바와 같이 공법상 당사자소송의 제도가 인정되어 있으므로, 행정심판법 제58조에 의한 고지의무위반의

---

4) Steiner, U., Die allgemeine Leistungsklage im Verwaltungsprozeß, JuS 1984, S.859.
5) 이에 관해서는 Hong, Joon-Hyung, Die Klage zur Durchsetzung von Vornahmepflichten der Verwaltung, S.130을 참조.

효과와 상관없이, 이러한 당사자소송을 통하여 그 고지의무의 이행을 소송상 청구할 수 있다고 보아야 할 것이다.

3. 종 류

행정심판법상 불복고지의 종류로는 직권에 의한 고지(의무적 고지)와 신청에 의한 고지가 있다. 즉, 행정청이 처분을 할 때에는 처분의 상대방에게 해당 처분에 대하여 행정심판을 청구할 수 있는지와 행정심판을 청구하는 경우의 심판청구 절차 및 심판청구 기간을 알려야 하며(§58①), 행정청은 이해관계인이 요구하면 해당 처분이 행정심판의 대상이 되는 처분인지 여부와 행정심판의 대상이 되는 경우 소관 위원회 및 심판청구기간을 지체없이 알려주어야 하며, 그 경우 서면으로 알려줄 것을 요구받은 때에는 서면으로 알려 주어야 한다(§58②). 전자가 직권 고지이고 후자가 신청에 의한 고지이다.

4. 고지의무위반의 효과

4.1. 고지를 하지 않았거나 잘못 고지한 경우

만일 행정청이 제58조에 따른 고지를 하지 아니하거나 잘못 고지하여 청구인이 심판청구서를 다른 행정기관에 제출한 경우에는 그 행정기관은 그 심판청구서를 지체없이 정당한 권한이 있는 피청구인에게 보내야 하며(§23②) 지체없이 그 사실을 청구인에게 알려야 한다(§23③). 이 경우 심판청구기간의 계산에 관해서는 행정기관에 심판청구서가 제출되었을 때에 행정심판이 청구된 것으로 본다(§23④).

> **█/판례**
>
> 행정심판법 제18조 제1항, 제3항, 제6항, 제42조 제1항, 제43조 제2항, 택지개발촉진법 제27조 등의 규정을 종합하면, 택지개발사업의 시행자

가 택지개발촉진법에 의하여 서면으로 처분을 하는 경우에는 그 상대방에게
처분에 관하여 행정심판을 제기할 수 있는지 여부, 제기하는 경우의 재결청,
경유절차 및 청구기간을 알려야 하고 만약 이를 알리지 아니한 경우 상대방
이 그 처분에 대하여 이의가 있는 때에는 당해 처분이 있음을 알았다고 하더
라도 처분이 있은 날로부터 3월내에 행정심판을 제기할 수 있고, 그 기간을
경과하여 제기한 행정심판청구는 부적법한 것이라고 하여야 한다.6)

4.2. 심판청구기간을 법정기간보다 긴 기간으로 잘못 알린 경우

이 경우에는 그 잘못 알린 기간 내에 심판청구가 있으면 그 심판청구
는 법정기간 내에 제기된 것으로 본다(금반언의 원칙에 의한 기간준수의 의
제: §27⑤). 행정기관이 심판청구기간을 알리지 아니한 때에는 처분이 있은
날로부터 180일 이내에 행정심판을 제기할 수 있다(§27⑥③).

4.3. 다른 법령에 따라 행정심판을 거쳐야 함에도 거칠 필요가 없다고 잘못 알린 경우

다른 법률에 당해 처분에 대한 행정심판의 재결을 거치지 아니하면 취
소소송을 제기할 수 없다는 규정이 있어 행정심판을 거쳐야 함에도 처분을
행한 행정청이 상대방에게 행정심판을 거칠 필요가 없다고 잘못 알린 때에
는 행정심판을 제기함이 없이 행정소송을 제기할 수 있다(금반언의 원칙에
의한 예외적 행정심판전치요건의 면제: 행정소송법 §18③ iv).

Ⅲ. 행정심판의 제기요건

행정심판은, 청구인이 될 수 있는 자격, 즉 청구인적격이 있는 자가 심
판청구사항인 행정청의 처분 또는 부작위를 대상으로 소정의 방식에 따라

---

6) 대법원 1995.4.14. 선고 94누11934 판결(공95.5.15. 992).

심판청구기간 내에 피청구인인 행정청을 상대방으로 하여 제기하여야 한다. 이러한 심판청구의 요건들은 행정심판의 본안심리를 위하여 충족되어야 하는 요건으로서 그 중 어느 하나를 결여하면 본안에 들어갈 필요 없이 청구를 각하하는 사유가 된다. 요약하면 다음과 같다.

≪행정심판의 제기요건≫

당사자: 행정심판은 이를 제기할 수 있는 자(자연인·법인; 청구인적격 등)에 의해 올바른 상대방을 피청구인으로 하여 관할 행정심판기관에 제기되어야 한다.

심판사항: 행정심판을 제기할 수 있는 사항에 관한 것이어야 한다.

심판청구 대상: 행정청의 처분 또는 부작위를 대상으로 한 것이어야 한다.

심판청구 방식: 심판청구는 소정의 방식을 따라야 한다.

심판청구 기간: 일정한 행정심판은 소정의 청구기간 내에 청구되어야 한다.

제2절 행정심판의 대상

Ⅰ. 개 설

행정심판법은 제1조에서 "행정심판 절차를 통하여 행정청의 위법 또는 부당한 처분이나 부작위로 침해된 국민의 권리 또는 이익을 구제하고, 아울러 행정의 적정한 운영을 꾀함"을 목적으로 한다고 규정하는 한편, 행정심판의 대상에 관한 제3조 제1항에서 "행정청의 처분 또는 부작위에 대하여는 다른 법률에 특별한 규정이 있는 경우 외에는 이 법에 따라 행정심판을 청구할 수 있다"고 규정하고 있다. 행정심판법은 이른바 행정심판사항에 관한 열기주의(Enumerationsprinzip)를 배제하고 포괄적으로 '위법 또는 부당한 처분이나 부작위'를 행정심판의 대상으로 삼고 있다고 할 수 있다.

한편 대통령의 처분 또는 부작위에 대하여는 다른 법률에서 행정심판을 청구할 수 있도록 정한 경우(예: 소청) 외에는 행정심판을 제기할 수 없도록 되어 있다(§3②). 대통령의 행정수반 및 국가원수로서의 지위를 고려한 때문이라는 것이 일반적인 설명이다.[7]

Ⅱ. 행정청의 처분

행정심판은 무엇보다도 처분을 대상으로 한다. 처분이 무엇인가에 관해서는 행정심판법(§2 ⅰ)이 입법적 정의를 내리고 있다.[8] 즉, 처분이란 '행정청이 행하는 구체적 사실에 관한 법집행으로서의 공권력의 행사 또는 그 거부, 그 밖에 이에 준하는 행정작용'을 말하는 것으로 정의되어 있다(§2 ⅰ). 이것은 종래의 판례에 의한 처분개념을 국민의 권리구제의 폭을 넓히기 위하여 확대한 것이라고 이해되고 있고, 특히 "공권력의 행사 또는 그 거부"뿐만 아니라, "그 밖에 이에 준하는 행정작용"을 포함시키고 있음이 주목되고 있다.[9]

1. 공권력의 행사 또는 그 거부

1.1. 공권력의 행사

구체적 사실에 관한 법집행으로서 공권력의 행사란 권력적 행정작용 중 학문상의 행정행위를 말한다는 데 의문이 없다. 그러나 다수의 견해에 따르면, 이 처분개념은 비단 협의의 '처분', 즉 전통적인 행정행위에 머물지 않고

---

7) 김철용, 행정법 Ⅰ, 제13판, 2010, p.565.
8) 행정소송법(§2① ⅰ) 역시 동일한 처분개념에 입각하고 있다.
9) 김도창, 일반행정법론(상), p.755.

광의의 처분, 즉 공권력의 행사·거부에 해당하는 권력적 사실실행위(예컨대 쓰레기하치장의 설치, 전염병환자의 강제격리, 토지출입조사, 불량식품검사를 위한 수거, 대집행의 실행 등)를 포함하는 넓은 의미의 처분에 해당한다.

1.2. 공권력행사의 거부

이것은 현재의 법률상태를 변동시키지 않으려는 의사의 표현으로서 소극적 공권력행사를 말한다. 여기에는 명시적으로 거부의사를 표시하는 경우(거부처분)와, 신청에 대하여 일정기간 내에 처분이 없으면 이를 거부한 것으로 본다는 법령상 규정에 따라 성립되는 의제거부가 해당된다.

신청에 대한 거부행위가 항고소송의 대상이 되는 처분이 된다고 하려면 '국민이 그 신청에 따른 행정행위를 해 줄 것을 요구할 수 있는 법규상 또는 조리상의 권리가 있어야 하며, 이러한 권리에 의하지 아니한 국민의 신청을 행정청이 받아들이지 아니하고 거부한 경우에는 이로 인하여 신청인의 권리나 법적 이익에 어떤 영향을 주는 것이 아니므로 그 거부행위를 가리켜 항고소송의 대상이 되는 행정처분이라고 할 수 없다'는 판례[10]에 따르면 법규상 또는 조리상신청권을 전제로 하지 않는 신청에 대한 거부는 여기서 말하는 처분에 해당되지 아니 한다.

2. 공권력행사에 준하는 행정작용

행정심판법 제2조는 처분의 개념에 앞에서 본 협의의 처분뿐만 아니라 "공권력의 행사와… 이에 준하는 행정작용"을 포함시키고 있다. 그리하여 이러한 규정을 통해 "앞으로의 시대적 수요에 따라 학설·판례를 통하여… 이른바 형식적 행정처분의 개념 아래 거론되는 행정작용들이 이 범주에서 논의될 수 있을 것"이라고 지적되고 있다.[11] 그 취지의 당부를 떠나,

---

10) 대법원 1991.2.26. 선고 90누5597 판결; 동지: 1991.8.9. 선고 90누428 판결.
11) 김도창 교수(일반행정법론 상, p.756)는 이러한 처분개념을 최광의의 처분이라고 하면

이렇게 본다면 위의 법규정에 따른 처분의 개념은 해석론상 당연히 강학상의 행정행위의 개념보다는 넓은 것이 될 수밖에 없고, 구체적으로 "그 밖에 이에 준하는 행정작용"이 무엇인가는 결국 학설발전과 판례형성을 통하여 밝혀질 수밖에 없다.

Ⅲ. 부작위

부작위란 '행정청이 당사자의 신청에 대하여 상당한 기간 내에 일정한 처분을 하여야 할 법률상 의무가 있는데도 처분을 하지 아니하는 것'을 말한다(§2 ii). 부작위의 개념에 관해서는 뒤에 부작위위법확인소송에서 보는 바와 같이 많은 문제점들이 있다. 여기서 상론하지는 않지만, 일반적으로 부작위가 성립하려면 다음과 같은 요건이 충족되어야 한다고 설명된다.

1. 당사자의 신청

부작위가 성립하려면 당사자의 신청이 있었어야 한다. 여기서 신청은 법규 또는 조리상의 신청권이 있음을 전제로 한 신청을 말한다는 것이 판례의 태도임은 앞서 언급한 거부처분의 경우와 다르지 아니하다. 법령이 명시적으로 신청권을 인정하고 있는 경우뿐만 아니라 법해석상, 예컨대 헌법상 기본권규정으로부터 신청권이 도출되는 경우에도, 이에 의거한 신청이 있으면 그것으로 족하다. 그러나 오로지 행정청의 직권발동을 촉구하는 데 불과한 의미의 신청은 이에 해당되지 않는다.

서 이른바 형식적 행정처분의 개념 아래 거론되는 행정작용들이 이 범주에서 논의될 수 있을 것이라고 한다.

> **▰▰ 판례**
>
> 행정청이 국민으로부터 어떤 신청을 받고서도 그 신청에 따르는 내용의
> 행위를 하지 아니한 것이 항고소송의 대상이 되는 위법한 부작위가 된다고
> 하기 위하여는 국민이 행정청에 대하여 그 신청에 따른 행정행위를 해 줄 것
> 을 요구할 수 있는 법규상 또는 조리상의 권리가 있어야 하며…12)

2. 상당한 기간

당사자의 신청이 있은 후 상당한 기간이 지나도 행정청이 아무런 조치
를 취하지 않았어야 한다. 상당한 기간이란 사회통념상 당해 신청을 처리
하는데 소요될 것으로 판단되는 기간을 말한다. 그것은 일반추상적으로 정
할 수는 없고 법령의 취지나 처분의 성질 등을 고려하여 개별구체적으로
판단할 일이다. 경험칙상 다른 동종의 신청에 소요되는 처리기간은 하나의
기준이 될 수 있다. 처분을 지연시킨 객관적 정당화사유 외에 행정청내의
사무처리 폭주·직원의 휴가 등과 같은 주관적 사정은 참작될 수 없다.

3. 처분의무의 존재

행정청에게 처분을 할 법률상 의무가 있어야 한다. 처분의무는 법령이
명시적으로 신청에 따라 처분을 하여야 한다고 규정하고 있는 경우나 법령
의 취지, 처분의 성질 등에 관한 법해석상 행정청의 처분의무가 인정되는
경우에 존재한다. 행정청에게 재량권이 부여된 경우에도 재량권의 수축이
인정될 때에는 처분의무가 성립될 수 있다.

4. 아무런 처분도 하지 않았을 것

행정청이 어떠한 처분도 하지 않았어야 한다. 즉, 처분으로 볼 만한 외
관이 존재하지 않아야 한다. 이러한 외관을 지니는 무효인 행정행위나 소

---

12) 대법원 1990.5.25. 선고 89누5786 판결.

극적 처분이 있은 것으로 되는 거부간주 또는 의제거부의 경우는 이에 해당되지 않는다.

제3절 행정심판기관

Ⅰ. 개 설

행정심판기관이란 행정심판의 청구를 수리하여 이를 심리·판정할 권한을 가진 기관을 말한다. 일반적으로 행정심판이 제기되어 사건이 행정심판기관으로서 위원회에 계속되면 이때부터 위원회는 일종의 이심효 (Devolutiveffekt)[13]에 따라 절차의 진행, 계쟁행위의 합목적성 및 적법성을 판단함에 있어 원칙적으로 처분청과 동일한 권한을 갖게 된다.[14] 과거의 소원법이 그러한 입장에 서 있었다. 그러나 1984년 12월 15일에 제정된 행정심판법은 예전의 소원법과는 달리, 재결청 대신에 행정심판위원회를 행정심판의 실질적인 주재자로 삼았다. 즉, 행정심판기관으로서 재결청을 두되 각 재결청에 행정심판위원회를 설치하고, 심리·의결기능과 재결기능을 분리시켜 전자를 행정심판위원회에게, 후자를 재결청에게 각각 부여하였던 것이다. 이와 같이 재결청과 행정심판위원회를 분리시킨 것은 우리나라 행정심판제도가 지니는 특징으로서 행정심판의 공정성을 담보하기 위한 취

---

13) 이심효란 원래 심급 이전의 효과를 의미하는 소송법상의 용어이지만, 행정심판의 경우 결정권이 직근상급행정청으로 이전되는 효과를 말한다(Hufen, Verwaltungsprozeßrecht, 6.Aufl., 2005, §8 Rn.4).

14) 독일에서는 재결청은 이심효에 따라 행정청으로서 절차의 주재자(Herrin des Verfahrens)가 되며, 절차 대상의 독자적 지배권(Sachherrschaft)을 가진다고 한다(Hufen, Verwaltungsprzeßrecht, 2005, §7 Rn.6; §8 Rn.4).

지에서 비롯된 것이었다. 재결청이 갖는 재결권은 따라서 행정심판위원회의 의결내용을 대외적으로 표시하는 형식적인 권한에 불과했다. 일종의 행정심판상의 기능분리를 통하여 행정심판위원회가 재결청의 행정심판재결권을 실질적으로 행사하도록 한 것이다. 그리고 1995년의 개정법은 행정각부 장관의 처분에 대한 행정심판의 경우, 재결청은 처분청인 각부 장관이지만 그 심리·의결은 국무총리소속의 행정심판위원회에서 행하도록 하였고(§6① 및 §6의2), 1998년의 개정법은 행정심판의 전문성·객관성·효율성을 제고하기 위하여 정부조직법 제3조 또는 다른 법률의 규정에 의하여 설치된 국가특별지방행정기관(대통령령이 정하는 중앙행정기관에 소속된 국가특별지방행정기관을 제외한다)의 처분 또는 부작위에 대하여는 당해 국가특별지방행정기관이 소속된 중앙행정기관의 장이 재결청이 되도록 하였다(§5⑤).

가장 획기적인 개혁은 2008년의 행정심판법 개정법률(법률 제8871호, 2008.2.29 일부개정)을 통해 단행되었다. 개정법은 제5조에서 아예 재결청의 개념을 없애고 행정심판위원회에 재결권을 부여함으로써 행정심판의 준사법적 절차로서의 위상을 크게 강화했다. 종래에는 처분청, 의결기관인 행정심판위원회, 그 의결에 따라 재결하는 재결청 등 행정심판과 관련된 기관의 구조가 복잡해서 이용자에게 혼선이 생겼고, 처분청의 답변서가 행정심판위원회에 접수되기 전에 반드시 재결청을 경유해야 하고 행정심판위원회에서 의결결과를 청구인에게 직접 통보하지 못함에 따라 행정심판사건의 처리기간이 늘어나 신속한 권리구제라는 행정심판제도의 취지에 부합하지 못하는 등 적지 않은 문제가 있었다. 그리하여 행정심판 관련 기관에 대한 혼선을 해소하고, 행정심판 처리기간을 단축하여 신속한 권리구제에 기여한다는 취지에서 재결청을 없애고 처분청에서 답변서를 행정심판위원회에 바로 송부하도록 하며, 행정심판위원회에서 심리를 마치면 직접 재결을 할 수 있도록 한 것이다.

이 법개정에 대해서는 행정책임과 행정감독의 체제상의 균열 등의 문제점, 특히 형성적 인용재결의 경우 행정심판위원회가 일반 행정조직에서

'벗어난' 조직이어서 그 대집행의 정당성이 약하고 자칫 지방자치단체의 자
치권이나 사물관할과 마찰을 빚을 우려가 있으며, 명령적 재결 역시 직접처
분제도와 관련하여 유사한 문제점이 생긴다는 비판이 제기된 바 있다.[15]

<행정심판위원회 설치현황>

구 분	심리관할(처분청)
중앙행정심판위원회	중앙행정기관(각 부·처·청 등), 특별시, 광역시·도, 중앙행정기관 소속 특별지방행정기관(지방경찰청, 지방병무청, 지방식품의약품안전청, 지방환경청, 지방고용노동청 등)의 처분 또는 부작위에 대한 심판청구사건
17개 시·도 행정심판위원회	시장·군수·구청장의 처분 또는 부작위에 대한 심판청구사건
17개 시·도 교육청 행정심판위원회	소속 교육장 등의 처분 또는 부작위에 대한 심판청구사건
5개 고등검찰청 행정심판위원회	소속 지방검찰청검사장, 지청장의 처분 또는 부작위에 대한 심판청구사건
4개 지방교정청 행정심판위원회	소속 교도소장, 구치소장의 처분 또는 부작위에 대한 심판청구사건
감사원 행정심판위원회	감사원장의 처분 또는 부작위에 대한 심판청구사건
국가정보원 행정심판위원회	국가정보원장의 처분 또는 부작위에 대한 심판청구사건
방송통신위원회 행정심판위원회	방송통신위원회의 처분 또는 부작위에 대한 심판청구사건
국가인권위원회 행정심판위원회	국가인권위원회 사무처장의 처분 또는 부작위에 대한 심판청구사건
국회사무처 행정심판위원회	국회 사무총장의 처분 또는 부작위에 대한 심판청구사건
법원행정처 행정심판위원회	대법원 및 각급법원의 장, 법원행정처장 등의 처분 또는 부작위에 대한 심판청구사건
헌법재판소 행정심판위원회	헌법재판소 사무처장의 처분 또는 부작위에 대한 심판청구사건
중앙선거관리위원회 행정심판위원회	중앙선거관리위원장 등의 처분 또는 부작위에 대한 심판청구사건

자료: 중앙행정심판위원회 홈페이지(https://www.simpan.go.kr/nsph/sph150.do)

---

15) 가령 김중권, 행정법기본연구 II, 법문사, 2009, pp.39, 46을 참조.

Ⅱ. 행정심판위원회

1. 행정심판위원회의 설치

행정심판위원회는 행정심판을 심리·재결하는 행정심판기관으로서 합의제행정청의 지위를 가진다. 행정심판법 제6조는 행정심판위원회를 크게 세 가지 유형으로 나누어 설치하도록 규정하고 있다.

1.1. 중앙행정심판위원회

행정각부의 장 등 중앙행정기관의 장과 그 소속행정청, 시·도지사가 한 처분 또는 부작위에 대한 심판청구를 심리·재결하기 위하여 중앙행정심판위원회가 설치되어 있다. 중앙행정심판위원회는 '부패방지 및 국민권익위원회의 설치와 운영에 관한 법률'에 따른 국민권익위원회에 두며, 다음과 같은 행정청이 한 처분 또는 부작위에 대한 심판청구를 관장한다(§6②).

1. 제6조 제1항에 따른 행정청 외의 국가행정기관의 장 또는 그 소속 행정청
2. 특별시장·광역시장·도지사·특별자치도지사(특별시·광역시·도 또는 특별자치도의 교육감을 포함한다. 이하 '시·도지사'라 한다) 또는 특별시·광역시·도·특별자치도(이하 '시·도'라 한다)의 의회(의장, 위원회의 위원장, 사무처장 등 의회 소속 모든 행정청을 포함한다)
3. '지방자치법'에 따른 지방자치단체조합 등 관계 법률에 따라 국가·지방자치단체·공공법인 등이 공동으로 설립한 행정청. 다만, 제6조 제3항 제3호에 해당하는 행정청은 제외한다.

1.2. 시·도지사 소속 지방행정심판위원회

시·도 소속 행정청 등 다음 지방자치단체의 행정청이 한 처분 또는 부작위에 대한 심판청구는 시·도지사 소속으로 설치된 행정심판위원회가 심리·재결한다(§6③).

1. 시·도 소속 행정청
2. 시·도의 관할구역에 있는 시·군·자치구의 장, 소속 행정청 또는 시·군·자치구의 의회(의장, 위원회의 위원장, 사무국장, 사무과장 등 의회 소속 모든 행정청을 포함한다)
3. 시·도의 관할구역에 있는 둘 이상의 지방자치단체(시·군·자치구를 말한다)·공공법인 등이 공동으로 설립한 행정청

1.3. 대통령 소속기관, 독립기관 등에 설치된 행정심판위원회

행정심판법은 대통령 소속기관, 독립기관 등에도 별도로 행정심판위원회를 설치하도록 하여 다음 각 호의 행정청 또는 그 소속 행정청(행정기관의 계층구조와 관계없이 그 감독을 받거나 위탁을 받은 모든 행정청을 말하되, 위탁을 받은 행정청은 그 위탁받은 사무에 관하여는 위탁한 행정청의 소속 행정청으로 본다. 이하 같다)의 처분 또는 부작위에 대한 행정심판의 청구에 대하여 심리·재결하도록 하였다(§6①).

1. 감사원, 국가정보원장, 그 밖에 대통령령으로 정하는 대통령 소속기관의 장
2. 국회사무총장·법원행정처장·헌법재판소사무처장 및 중앙선거관리위원회사무총장
3. 국가인권위원회, 그 밖에 지위·성격의 독립성과 특수성 등이 인정되어 대통령령으로 정하는 행정청

1.4. 행정청의 직근상급행정기관 소속 행정심판위원회

법 제6조 제2항 제1호에도 불구하고 대통령령으로 정하는 국가행정기관 소속 특별지방행정기관의 장의 처분 또는 부작위에 대한 심판청구에 대하여는 해당 행정청의 직근 상급행정기관에 두는 행정심판위원회에서 심리·재결하도록 되어 있다(§6④).

1.5. 개별법에 따라 설치된 특별행정심판위원회

개별법에 따른 특별행정심판을 심리·재결하기 위하여 설치된 특별행

정심판위원회로 공무원에 대한 징계처분 등 불이익처분에 대한 소청의 재
결청인 소청심사위원회(국가공무원법 §9; 지방공무원법 §13), 조세심판의 조
세심판원(국세기본법 §67①) 등이 있다.

<특별행정심판기관 설치 현황>

구 분	설치근거
조세심판원(국무총리)	국세기본법 제67조
관세심사위원회(세관, 관세청)	관세법 제124조
국세심사위원회(세무서, 지방국세청, 국세청)	국세기본법 제66조의2
지방세심의위원회(지방자치단체)	지방세기본법 제141조
중앙해양안전심판원(해양수산부) 지방해양안전심판원(해양수산부)	해양사고의 조사 및 심판에 관한 법률 제3조, 제8조
특허심판원(특허청)	특허법 제132조의2
소청심사위원회(행정자치부)	국가공무원법 제9조
교원소청심사위원회(교육부)	교원지위향상을 위한 특별법 제7조
중앙군인사소청심사위원회(국방부) 군인사소청심사위원회(각 군 본부) 항고심사위원회(국방부 등)	군인사법 제51조 군인사법 제51조 군인사법 제60조의2
17개 시·도 지방소청심사위원회	지방공무원법 제13조
17개 시·도 교육청 교육소청심사위원회	지방공무원법 제13조
산업재해보상보험심사위원회(근로복지공단)	산업재해보상보험법 제104조
산업재해보상보험재심사위원회(고용노동부)	산업재해보상보험법 제107조
중앙노동위원회(고용노동부)	노동위원회법 제26조
중앙토지수용위원회(국토교통부) 17개 지방토지수용위원회	공익사업을 위한 토지 등의 취득 및 보상에 관한 법률 제49조
고용보험심사위원회(고용노동부)	고용보험법 제99조
중앙선거관리위원회 시·도선거관리위원회	공직선거법 제219조(선거소청)
광업조정위원회(산업통산자원부)	광업법 제92조
건강보험분쟁조정위원회(보건복지부)	국민건강보험법 제89조
국민연금심사위원회(국민연금공단) 국민연금재심사위원회(보건복지부)	국민연금법 제109조 국민연금법 제111조
변호사징계위원회(법무부)	변호사법 제92조
어업재해보상보험심사위원회(해양수산부)	어선원 및 어선재해보상보험법 제60조
공무원연금급여재심위원회(안전행정부)	공무원연금법 제80조
군인연금급여재심위원회(국방부)	군인연금법 제5조

자료: 중앙행정심판위원회 홈페이지(https://www.simpan.go.kr/nsph/sph150.do)

2. 행정심판위원회의 구성과 회의

2.1. 중앙행정심판위원회

2.1.1. 중앙행정심판위원회의 구성

중앙행정심판위원회는 위원장 1명을 포함하여 70명 이내의 위원으로 구성하되, 위원 중 상임위원은 4명 이내로 한다(§8①). 중앙행정심판위원회의 위원장은 국민권익위원회의 부위원장 중 1명이 되며, 위원장이 없거나 부득이한 사유로 직무를 수행할 수 없거나 위원장이 필요하다고 인정하는 경우에는 상임위원(상임으로 재직한 기간이 긴 위원 순서로, 재직기간이 같은 경우에는 연장자 순서로 한다)이 위원장의 직무를 대행한다(§8②).

중앙행정심판위원회의 상임위원은 일반직공무원으로서 '국가공무원법' 제26조의5에 따른 임기제공무원으로 임명하되, 3급 이상 공무원 또는 고위공무원단에 속하는 일반직공무원으로 3년 이상 근무한 사람이나 그 밖에 행정심판에 관한 지식과 경험이 풍부한 사람 중에서 중앙행정심판위원회 위원장의 제청으로 국무총리를 거쳐 대통령이 임명한다(§8③).

중앙행정심판위원회의 비상임위원은 제7조 제4항 각 호의 어느 하나에 해당하는 사람 중에서 중앙행정심판위원회 위원장의 제청으로 국무총리가 성별을 고려하여 위촉한다(§8④).

2.1.2. 중앙행정심판위원회의 회의

중앙행정심판위원회의 회의(제6항에 따른 소위원회 회의는 제외한다)는 위원장, 상임위원 및 위원장이 회의마다 지정하는 비상임위원을 포함하여 총 9명으로 구성하도록 되어 있다(§8⑤). 개정법은 청구인의 신속한 권리구제를 위하여 심판청구사건 중 자동차운전면허 행정처분에 관한 사건(소위원회가 중앙행정심판위원회에서 심리·의결하도록 결정한 사건은 제외한다)은 이를 4명의 위원으로 구성하는 소위원회에서 심리·의결할 수 있도록 하였다(§8⑥).

중앙행정심판위원회 및 소위원회는 각각 제5항 및 제6항에 따른 구성원 과반수의 출석과 출석위원 과반수의 찬성으로 의결하도록 되어 있다(§8⑦).

중앙행정심판위원회는 위원장이 지정하는 사건을 미리 검토하도록 필요한 경우에는 전문위원회를 둘 수 있다(§8⑧).

중앙행정심판위원회, 소위원회 및 전문위원회의 조직과 운영 등에 필요한 사항은 대통령령으로 정한다(§8⑨).

2.2. 그 밖의 행정심판위원회

2.2.1. 행정심판위원회의 구성

중앙행정심판위원회를 제외한 그 밖의 '행정심판위원회'는 위원장 1명을 포함한 50명 이내의 위원으로 구성하도록 되어 있다(§7①). 행정심판위원회의 위원장은 그 행정심판위원회가 소속된 행정청이 되며, 위원장이 없거나 부득이한 사유로 직무를 수행할 수 없거나 위원장이 필요하다고 인정하는 경우에는 다음 각 호의 순서에 따라 위원이 위원장의 직무를 대행한다(§7②).

1. 위원장이 사전에 지명한 위원
2. 제4항에 따라 지명된 공무원인 위원(2명 이상인 경우에는 직급 또는 고위공무원단에 속하는 공무원의 직무등급이 높은 위원 순서로, 직급 또는 직무등급도 같은 경우에는 위원 재직기간이 긴 위원 순서로, 재직기간도 같은 경우에는 연장자 순서로 한다)

그러나 법 제7조 제2항에도 불구하고 제6조 제3항에 따라 시·도지사 소속으로 두는 행정심판위원회의 경우에는 해당 지방자치단체의 조례로 정하는 바에 따라 공무원이 아닌 위원을 위원장으로 정할 수 있으며, 그 경우 위원장은 비상임으로 한다(§7③).

행정심판위원회의 위원은 해당 행정심판위원회가 소속된 행정청이 다음 각 호의 어느 하나에 해당하는 사람 중에서 성별을 고려하여 위촉하거나 그 소속 공무원 중에서 지명한다(§7④).

1. 변호사 자격을 취득한 후 5년 이상의 실무 경험이 있는 사람
2. '고등교육법' 제2조 제1호부터 제6호까지의 규정에 따른 학교에서 조교수 이상으로 재직하거나 재직하였던 사람
3. 행정기관의 4급 이상 공무원이었거나 고위공무원단에 속하는 공무원이었던 사람
4. 박사학위를 취득한 후 해당 분야에서 5년 이상 근무한 경험이 있는 사람
5. 그 밖에 행정심판과 관련된 분야의 지식과 경험이 풍부한 사람

2.2.2. 행정심판위원회의 회의

행정심판위원회의 회의는 위원장과 위원장이 회의마다 지정하는 8명의 위원(그중 제4항에 따른 위촉위원은 6명 이상으로 하되, 제3항에 따라 위원장이 공무원이 아닌 경우에는 5명 이상으로 한다)으로 구성한다(§7⑤ 본문). 중앙행정심판위원회 외에 시·도행정심판위원회 등 이 법에 따른 다른 행정심판위원회의 공정성 제고를 위하여 회의정원을 원칙적으로 7명에서 9명으로 늘리고 회의 시 위촉위원의 비중도 4명 이상에서 6명 이상으로 늘린 것이다.

다만, 국회규칙, 대법원규칙, 헌법재판소규칙, 중앙선거관리위원회규칙 또는 대통령령(제6조 제3항에 따라 시·도지사 소속으로 두는 행정심판위원회의 경우에는 해당 지방자치단체의 조례)으로 정하는 바에 따라 위원장과 위원장이 회의마다 지정하는 6명의 위원(그 중 제4항에 따른 위촉위원은 5명 이상으로 하되, 제3항에 따라 공무원이 아닌 위원이 위원장인 경우에는 4명 이상으로 한다)으로 구성할 수 있다(§7⑤ 단서).

행정심판위원회는 제5항에 따른 구성원 과반수의 출석과 출석위원 과반수의 찬성으로 의결한다(§7⑥).

행정심판위원회의 조직과 운영, 그 밖에 필요한 사항은 국회규칙, 대법원규칙, 헌법재판소규칙, 중앙선거관리위원회규칙 또는 대통령령으로 정한다(§7⑦).

3. 행정심판위원회의 권한 승계

당사자의 심판청구 후 위원회가 법령의 개정·폐지 또는 제17조 제5항에 따른 피청구인의 경정 결정에 따라 그 심판청구에 대하여 재결할 권한을 잃게 된 경우에는 해당 위원회는 심판청구서와 관계 서류, 그 밖의 자료를 새로 재결할 권한을 갖게 된 위원회에 보내야 한다(§12①). 이러한 기록들을 송부 받은 위원회는 지체없이 그 사실을 다음 각 호의 자에게 알려야 한다(§12②).

1. 행정심판 청구인
2. 행정심판 피청구인
3. 제20조 또는 제21조에 따라 심판참가를 하는 자

4. 행정심판위원회 위원의 임기 및 신분보장 등

행정심판법은 행정심판의 준사법적 절차로서의 성격을 보장하기 위하여 행정심판위원회 위원의 임기와 신분보장에 관한 규정을 두고 있다.

4.1. 임 기

행정심판법 제9조에 따르면, 지명직 위원, 즉 법 제7조 제4항에 따라 지명된 위원은 그 직에 재직하는 동안 재임하며(§9①), 위촉직 위원, 즉 법 제7조 제4항 및 제8조 제4항에 따라 위촉된 위원의 임기는 2년으로 하되, 2차에 한하여 연임할 수 있다(§9③). 다만, 제6조 제1항 제2호에 규정된 기관에 두는 행정심판위원회의 위촉위원의 경우에는 각각 국회규칙, 대법원규칙, 헌법재판소규칙 또는 중앙선거관리위원회규칙으로 정하는 바에 따른다(§9③).

법 제8조 제3항에 따라 임명된 중앙행정심판위원회 상임위원의 임기는 3년으로 하며, 1차에 한하여 연임할 수 있다(§9②).

4.2. 신분보장

법 제7조 제4항 및 제8조 제4항에 따라 위촉된 위원은 금고 이상의 형을 선고받거나 부득이한 사유로 장기간 직무를 수행할 수 없게 되는 경우 외에는 임기 중 그의 의사와 다르게 해촉 되지 아니 한다는 신분보장을 받는다(§9⑤). 이는 행정심판의 독립성과 공정성을 확보하기 위한 전제조건으로 매우 중요한 의미를 가진다.

4.3. 결격사유와 공무원의제

행정심판위원회 위원의 자격에 대해 법은 행정심판의 공정성과 독립성을 담보하기 위하여 그리고 행정심판위원회가 재결권을 갖는 행정청의 지위를 가진다는 점을 감안하여 공무원에 준하는 기준을 적용하도록 하였다. 이에 따라 대한민국 국민이 아닌 사람 또는 '국가공무원법' 제33조 각 호의 어느 하나에 해당하는 사람은 행정심판위원회의 위원이 될 수 없고, 위원이 이에 해당하게 된 때에는 당연히 퇴직하도록 되었다(§9④).

그리고 위원 중 공무원이 아닌 위원은 '형법'과 그 밖의 법률에 따른 벌칙을 적용할 때에는 공무원으로 의제하는 규정을 두었다(§11).

5. 행정심판위원회 위원의 제척·기피·회피

위원회에 의한 심판청구사건의 공정한 심리·재결을 보장하기 위하여, 행정심판법은 위원의 제척·기피·회피에 관한 조항을 두고(§10), 이를 직원에게도 준용하고 있다(§10⑦).

5.1. 위원의 제척·기피·회피

5.1.1. 제 척

위원회의 위원은 다음과 같은 제척사유 중 어느 하나에 해당하면 그 사건의 심리·의결에서 제척된다(§10① 제1문). 제척사유의 해당 여부는 제척결정으로 판단하며 제척결정이 있어야 그 제척의 효과가 확정된다. 제척결정은 위원회의 위원장이 직권으로 또는 당사자의 신청에 의하여 한다(§10① 제2문).

1. 위원 또는 그 배우자나 배우자이었던 사람이 사건의 당사자이거나 사건에 관하여 공동 권리자 또는 의무자인 경우
2. 위원이 사건의 당사자와 친족이거나 친족이었던 경우
3. 위원이 사건에 관하여 증언이나 감정(鑑定)을 한 경우
4. 위원이 당사자의 대리인으로서 사건에 관여하거나 관여하였던 경우
5. 위원이 사건의 대상이 된 처분 또는 부작위에 관여한 경우

5.1.2. 기　피

당사자는 위원에게 공정한 심리·의결을 기대하기 어려운 사정이 있으면 위원장에게 기피신청을 할 수 있다(§10②). 기피의 효과는 그 사건의 심리·의결에서 배제되는 것이다. 기피결정이 있어야 그러한 효과가 발생한다.

5.1.3. 회　피

위원회의 회의에 참석하는 위원이 제척사유 또는 기피사유에 해당되는 것을 알게 되었을 때에는 스스로 그 사건의 심리·의결에서 회피할 수 있다(§10⑥ 제1문).

5.2. 제척·기피·회피의 절차

위원에 대한 제척신청이나 기피신청은 그 사유를 소명한 문서로 하도록 되어 있고(§10③), 다만, 불가피한 경우에는 신청한 날부터 3일 이내에 신청 사유를 소명할 수 있는 자료를 제출하여야 한다(§10③ 단서). 제척신청이나 기피신청이 제3항을 위반하였을 때에는 위원장은 결정으로 이를 각하한다(§10④).

위원장은 제척신청이나 기피신청의 대상이 된 위원에게서 그에 대한

의견을 받을 수 있다(§10⑤).

위원회의 회의에 참석하는 위원이 제척사유 또는 기피사유에 해당되는 것을 알게 되었을 때에는 스스로 그 사건의 심리·의결에서 회피할 수 있고(§10⑦ 제1문), 이 경우 회피하고자 하는 위원은 위원장에게 그 사유를 소명하여야 한다(§10⑦ 제2문).

위원장은 제척신청이나 기피신청을 받으면 제척 또는 기피 여부에 대한 결정을 하고, 지체없이 신청인에게 결정서 정본(正本)을 송달하여야 한다(§10⑥).

5.3. 직원의 제척·기피·회피

사건의 심리·의결에 관한 사무에 관여하는 위원 아닌 직원에게도 법 제10조 제1항부터 제7항까지의 규정을 준용한다(§10⑧).

제4절 행정심판의 당사자와 관계인

Ⅰ. 개 설

행정심판법은 행정심판에 당사자개념을 도입하여 이를 대심구조화하는 한편 당사자에게 보충적이나마 구술심리의 기회를 부여함으로써 행정심판의 준사법절차화를 규정한 헌법 제107조 제3항의 취지에 부응하고 있다. 이에 따라 행정심판은 청구인과 피청구인간의 대립당사자구조를 취하게 되며 여기에 다시 참가인 및 대리인과 같은 관계인이 관여하게 된다.

Ⅱ. 행정심판의 당사자와 관계인

1. 행정심판의 당사자

1.1. 청구인

1.1.1. 의 의

행정심판의 청구인이란 심판의 대상인 처분 또는 부작위에 불복하여 그 취소 또는 변경 등을 위하여 행정심판을 제기하는 자로서 원칙적으로 자연인 또는 법인이어야 하나, 법인이 아닌 사단 또는 재단도 그 사단이나 재단의 이름으로 심판청구를 하여 청구인이 될 수 있다(§14).

1.1.2. 청구인적격

청구인적격이란 행정심판을 청구할 수 있는 자격, 즉 청구인으로서 행정심판을 청구하여 재결을 받기에 적합한 자격을 말한다. 행정심판법 제13조는 취소심판, 무효등확인심판 그리고 의무이행심판의 청구인적격을 각각 '처분의 취소 또는 변경을 구할 법률상 이익', '처분의 효력 유무 또는 존재 여부에 대한 확인을 구할 법률상 이익', '처분을 신청한 자로서 거부처분 또는 부작위에 대하여 일정한 처분을 구할 법률상 이익'이 있는 자에게 인정하고 있다. 행정심판법의 이러한 규율태도는 후술하는 행정소송법(§§12, 35, 36)의 그것과 아울러 쟁송법적 차원에서 종래 주관적 공권으로 국한되었던 청구인적격(또는 원고적격)의 범위를 '법률상 이익이 있는 자'로 확대시켜 왔던 학설과 판례의 태도를 명문화한 것이다. 즉, 이 '법률상 이익'의 해석을 통해 본래적 의미의 권리뿐만 아니라 '법적으로 보호되는 이익'에 대한 구제가능성이 열리게 된 것이다.

▮▮ 재결례: 행정심판의 청구인적격

「행정심판법」 제9조 제1항 전단에서는 취소심판은 처분의 취소 또는 변경을 구할 법률상 이익이 있는 자기 제기할 수 있다고 규정되어 있으므로, 행정처분의 상대방이 아닌 제3자의 경우에도 그 법률상 이익이 있는 경우에는 행정심판을 제기할 수 있다고 할 것인바, 이 경우 "법률상 이익"이라 함은 당해 처분의 근거법령이나 관련법령에 의하여 보호되는 직접적·개별적·구체적 이익을 말하고, 다만 공익보호의 결과로 인하여 일반적으로 가지게 되는 추상적·사실적 이익이나 반사적·간접적 이익은 이에 포함되지 아니한다고 할 것이다. 이 사건 처분은 「개발제한구역의 지정 및 관리에 관한 특별조치법」 제1조와 제3조, 같은 법 시행령 제2조 제3항에 따라 도시의 개발을 제한할 필요가 인정되어 이미 개발제한구역으로 지정된 토지에 대하여 이를 해제함으로써 당해 토지의 이용이나 처분에 가하여진 제한에 일정한 법령상의 변동을 초래하는 행정처분이라고 할 것인데, 청구인들 소유의 이 사건 제외토지의 경우에는 비록 이 사건 처분이 있다고 하더라도 종전과 동일하게 개발제한구역으로 유지되고 있을 뿐만 아니라, 이 사건 처분으로 말미암아 이 사건 제외토지들의 이용에 관하여 새로운 공법상의 제한이나 변동이 발생하지는 아니하였다고 할 것이고, 또 가령 이 사건 처분이 취소된다고 하여 청구인들의 이 사건 제외토지가 개발제한구역에서 제외되는 것도 아니다. 따라서, 타인의 토지에 대한 개발제한구역의 해제 등을 그 내용으로 하는 이 사건 처분으로 인하여 청구인들의 구체적·개별적·직접적인 법률상 이익이 침해되었다고 볼 수 없을 뿐만 아니라 설령 개발제한구역에서 해제된 다른 토지소유자들과 비교하여 상대적으로 청구인들이 재산상의 손실을 입었다고 하더라도 이는 공익보호의 결과로 일반적으로 가지게 되는 간접적·사실적 이익 내지는 반사적·경제적 이익의 침해에 불과하다고 할 것이므로, 이 사건 심판청구는 「행정심판법」 제9조 제1항에 위배하여 청구인적격이 없는 자가 제기한 부적법한 청구이다.[16)]

▮▮ 교원소청심사를 청구할 법률상 이익

사립학교 교원이 교원소청심사를 청구하기 전 이미 임용기간이 만료되었다고 하더라도, 임용기간이 만료된 경우에는 사립학교법과 학교법인의 정관 규정에 따라 재임용 여부에 관하여 교원인사위원회의 심의를 받을 권리 및 심의를 거쳐 재임용 여부를 결정해 줄 것을 임면권자에게 요구할 권리가 인정되는 반면, 임용취소통지에 의하여 신규임용이 무효로 인정되는 경우에

---

16) 중앙행정심판위원회 2007.8.24.자 재결 사건번호 200710097(도시관리계획변경결정처분취소청구).

는 그러한 권리가 인정되지 않아 법률상 지위에 차이가 있게 되고, 특히 교원이 임용 후 임용취소통지일까지 기간에 대하여 전혀 교육경력을 인정받지 못하게 됨으로써 대학교원 자격기준 등에 관한 규정 제2조 제1호 및 같은 규정 [별표]에 정해진 자격기준에 필요한 연구실적 연수(年數) 및 교육경력 연수(年數)를 갖추었는지에 영향을 미쳐 교원으로 임용되는 데 법령상 제약으로 작용할 수도 있는 등 불이익을 입을 수 있으므로, 위와 같은 권리 또는 법률상 지위에 대한 위험이나 불안을 제거하기 위하여 임용취소통지에 대한 소청심사를 청구할 법률상 이익이 있다고 보는 것이 타당하다.[17]

(1) 주관적 공권의 확대와 법률상 이익

이미 앞에서 주관적 공권 또는 법률에 의해 보호되는 이익의 범위, 이른바 청구인적격 또는 원고적격의 확대경향이 우리나라에서도 마찬가지로 진행되어 왔음을 살펴본 바 있다. 즉, "공중목욕장 간의 거리제한규정을 위반한 신규 영업허가에 대한 기존업자의 취소청구를 인정하지 아니하는 등, 아직도 반사적 이익관이 온존되어 온 것이 사실이지만, 타면에 있어서 경업자에 의한 신규 인·허가처분 취소청구, 또는 주거지역에서의 연탄공장이나 자동차 LPG충전소의 건축으로 거주상의 부이익(소음·진동·공기오염·폭발화재위험·주택가격하락 등)을 받는 인근주민에 의한 동 건축허가의 취소청구를 인용한 판례를 비롯하여, 반사적 이익의 보호이익화의 추세를 뚜렷이 볼 수 있다"는 사실이 지적되었다.[18] 따라서 여기서 이를 다시금 상론할 필요는 없다. 다만 행정심판과 관련하여 특히 문제되는 다음 몇 가지 사항만을 설명한다.

---

17) 대법원 2012.6.14. 선고 2011두29885 판결(신규임용취소처분무효확인결정취소). 학교법인이 운영하는 대학교의 전임강사로 신규임용되어 근무하던 사람이 학교법인으로부터 신규임용을 취소한다는 내용의 통지를 받자 교원소청심사위원회에 소청심사를 청구하여 임용취소통지가 무효임을 확인하는 결정을 받은 후, 학교법인이 이에 불복 교원소청심사위원회를 피고로 신규임용취소처분무효확인결정의 취소를 구하는 소송을 제기한 사안에서 대법원은 그 신규임용취소통지는 '교원지위향상을 위한 특별법' 제7조 제1항 등에서 정한 '그 밖에 교원의 의사에 반하는 불리한 처분'에 해당한다고 보고 위와 같이 판시하였다.

18) 김도창, 일반행정법론(상), pp.240-241.

(2) 법률상 이익과 행정심판의 이익(협의의 소익)

취소심판의 경우 당해 처분의 직접 상대방인지 여부와 무관하게 그 취소 또는 변경을 구할만한 법률상 이익이 있는 자가 청구인이 될 수 있다. 여기서 "법률상 이익"이란 일반적으로 처분의 근거가 된 실정법규의 해석상 청구인이 주장하는 이익이 당해법규에 의해 보호되고 있는 것으로 인정되는 경우를 말하는 것으로 이해되고 있으며(통설·판례), 따라서 행정심판의 보호대상으로서의 이익이라 할 수 있다. 법률상 이익에 관하여 권리구제설, 법이 보호하는 이익 구제설, 보호가치 있는 이익 구제설 및 행정의 적법성보장설이 대립되고 있는 것도 바로 그러한 의미에서이다.

이것은 거부처분 또는 부작위에 대하여 일정한 처분을 구할 법률상 이익이 있는 자가 청구인적격을 갖는 의무이행심판의 경우(§9③)에도 마찬가지이다. 이 경우에도 '처분을 구할 법률상 이익'의 유무는 주관적 공권의 성립요건, 즉 강행법규성과 사익보호규범성(보호규범설)을 검토함으로써 결정되는 것으로 이해되고 있기 때문이다.

그러나 처분의 효과가 기간경과, 처분의 집행 그 밖의 사유로 인하여 소멸된 뒤에도 그 처분의 취소로 인하여 회복되는 법률상 이익이 있는 자는 취소심판의 청구인적격을 가진다고 하는 행정심판법 제13조 제1항 제2문의 규정은 그와 같은 보호대상으로서의 법률상 이익이 아니라 보호의 필요성 내지 분쟁의 현실성(또는 협의의 소익)에 관한 것이라 할 수 있다.[19] 따라서 이들 두 가지 경우에 있어 '법률상 이익'의 개념이 상이한 것임에도 불구하고 서로 혼동되고 있음을 알 수 있다.

한편 무효등확인심판의 경우 법률상 이익은 확인의 이익 또는 즉시확정의 이익을 의미하는 것으로 파악되고 있었다.[20] 확인의 이익으로서 법률상 이익은 계쟁처분의 효력 또는 존재여부에 대하여 당사자간에 다툼

---

19) 김동희, 행정법 I, pp.564, 634.
20) 김도창, 일반행정법론(상), p.700; 김동희, 행정법 I, pp.701~702.

이 있어서 재결로써 공적 확정을 받는 것이 청구인의 법적 지위의 불안정 상태를 제기하기 위하여 필요한 경우에 인정되는 것이며 따라서 보호대상이 아니라 보호의 필요성이 확인심판의 성질상 특수한 형태로 구체화된 것(besonderes Rechtsschutzbedürfnis)이라 할 수 있다.[21] 다만 행정심판으로서의 무효등확인심판은, 민사소송의 확인의 소와는 달리, 그것이 항고쟁송의 성질을 가진 것이므로, 그 법률상 이익은 그 재결의 결과로서 얻어지는 법적 이익 까지 포괄하여 종합적·입체적으로 판단하여야 한다는 견해[22]에 따르면 이 경우 법률상 이익은 보호대상 및 보호의 필요성이란 양면적 의미를 지니는 것이 될 것이다.

　　요컨대 행정심판법상의 청구인적격의 개념은 문언상 동일하게 표현된, 그러나 '보호의 대상'과 '보호의 필요성'이란 상이한 차원의 요소를 혼동시키는 법률상 이익의 기준에 의해 규정되고 있다. 무효등확인소송에서의 법률상 이익에 관한 이해는, 적어도 행정심판법이 문언상 행정소송법과 동일한 표현을 사용하고 있는 이상, 무효등확인심판의 경우에도 그대로 관철되어야 한다.

　　한편 심판청구의 요건의 하나로 간주되는 청구인적격의 기준으로서 "법률상 이익"이란 '보호의 대상으로서의 법률상 이익'을 의미하지만, 청구인적격의 유무는 청구인이 사실상 이러한 법률상 이익을 가지고 있는지를 기준으로 판단할 것이 아니라, 청구인이 주장하는 바와 같이 법률상 이익이 존재할 가능성이 있는지를 기준으로 판단해야 할 것이다(Möglichkeitstheorie). 반면 보호의 필요성을 의미하는 법률상 이익(§§13①제2문, 13③)은 청구인적격이 아니라 권리보호의 이익으로서 심판청구의 요건에 해당된다고 보아야 할 것이다.

---

21) 김남진, 행정쟁송과 법률상 이익, 남하서원우박사화갑기념론문집, 1991, p.565를 참조.
22) 김도창, 일반행정법론(상), p.700; 이상규, 신행정법론(상), p.634.

(3) 행정심판의 목적과 청구인적격(법률상 이익)

행정심판은 위법한 처분뿐만 아니라 부당한 처분을 대상으로 해서도 제기될 수 있는 것이므로 행정심판의 청구인적격을 '법률상 이익'이 있는 자에 한정하는 행정심판법의 태도가 올바른 것인가에 관하여 최근 심한 논란이 전개되어 왔다. 여기서 이 문제를 상세히 논할 수는 없으므로,[23] 요점만을 간추려 본다면, 우선 문제의 해결책은 행정심판은 부당한 처분에 대해서도 제기될 수 있는 것이라는 데서 출발해야 할 것이다. 부당한 처분이란 사회통념상 공익에 적합하지 않지만 위법하지는 않은 처분을 말한다고 할 수 있다. 가령 재량을 그르치면, 그것이 법이 재량권을 부여한 내적·외적 한계를 넘지 않는 한, 위법이 아니라 부당한 처분이라고 평가되는 바와 같다. 행정심판은 이러한 부당한 처분을 대상으로 하여 제기될 수 있다. 그렇다면 가령 부당한 처분에 대하여 이를 취소·변경할 법률상 이익을 갖는 자만이 행정심판의 청구인이 될 수 있다는 것은 무엇을 뜻하는가? 그것은 무엇보다도 사실상의 이익 또는 반사적 이익을 지니는 데 불과한 자는 행정심판을 제기할 수 없다는 결과가 된다. 이러한 결과는 부당한 처분에 대해서도 제기될 수 있음을 특징으로 하는 행정심판의 본질에 반하는가? 법률상 이익을 앞서 본 바와 같이 보호대상으로 파악한다면 직접 또는 간접적으로 법률상 이익을 침해하는 처분이란, 적어도 그것이 다른 법적 근거에 의해 정당화되지 않는 한, 위법한 처분이라고 보지 않을 수 없다. 법적 정당화근거 없이 권리나 법률상 이익을 침해하는 것은 당연히 위법이란 평가를 받아야 하기 때문이다. 그렇다면 거꾸로 어떤 처분에 의하여 자기의 법률상 이익을 침해당한 자만이 그 처분을 다툴 수 있다고 한다면, 다른 정당화사유가 없는 한, 그 처분은 위법한 처분일 것이므로 행정심판은 위법한 처분에 대해서만 제기될 수 있다는 결과가 된다. 따라서 행정심판의 청구인적격으로 법률상 이익을 요구하는 행정심판법의 태도는 행정심

---

23) 예컨대 김남진, 행정쟁송과 법률상 이익, p.561 이하를 참조.

판의 본질에 반하는 것이라 할 것이므로 정당화될 수 없다는 결론에 이른다. 물론 법률상 이익이 '보호의 필요성'을 의미할 경우에는 부당한 처분의 취소·변경을 구할 법률상 이익이 있는 자에게만 청구인적격을 인정한다고 해서 반드시 행정처분의 대상을 축소함으로써 행정심판의 본질에 반하는 결과가 되지는 않을 것이다. 다만 이러한 가능성은 무효등확인심판의 경우나 의무이행심판의 경우에는 이미 처분의 무효라든지 법적 처분의무의 불이행이란 사태가 이미 그 위법성을 내포하고 있기 때문에 애당초 적용될 여지가 없다. 요컨대 행정심판법이 청구인적격을 '법률상 이익'에 의해 한정한 것은 옳지 못하다. 행정심판은 반사적 이익(사실상 이익)을 침해받았거나 반사적 이익을 향수하기 위해서도 제기될 수 있는 것이다. 설령 위법에 이르지 않는 부당한 처분에 의해서도 법률상 이익을 침해하는 것이 가능하다고 가정하고 또 그러한 처분이 존재한다고 할지라도, 이에 대하여 행정심판을 인정해 봤자 그것은 실질적으로는 위법한 처분에 대해서만 행정심판을 인정하는 것과 크게 차이가 나는 것은 아니기 때문이다. 모처럼 준사법절차화에 대한 헌법적 요구에 따라 권리구제절차로서 개선된 행정심판의 문호를 이렇다 할 이론적 근거 없이 제한하는 것은 어떤 의미에서도 바람직하지 못하다.[24)]

≪독일에서의 문제상황≫

행정소송과 마찬가지로 행정심판에 있어서도, 특별한 법률에 의하여 특수한 행정심판으로서 제한적으로 인정되는 경우를 제외하고는, 만인소송(또는 민중소송[25)]: Popularklage)은 허용되지 않는다고 해야

---

24) 이에 관하여 상세한 것은 홍준형, "행정심판의 청구인적격", 공법학의 제문제: 현재김영훈박사화갑기념론문집, 법문사, 1995, pp.453-484를 참조.

25) Popularklage 또는 actio popularis를 '민중소송'이라고 번역하는 것이 일반이다. 그런데 이 용어는 전통적으로 주관적 권리보호제도로 구성된 행정소송상 누구나 소송을 제기할 수 있도록 해서는 안된다는 부정적인 의미관련하에서 만인소송, 즉 Jedermannsklage를 의미하는 반면, 우리 나라에서는 가령 행정소송법상의 '법률상 이익', 즉 쟁송의 대상과 쟁송제기자간의 주관적 관련으로서 원고적격의 제한을 필요로 하지 않는 객관적 쟁송의 한 종류를 의미하는 것으로 사용되고 있다. 이 양자는 구별되어야 한다. 다만 민중소송이 이미 굳어진 중성적 개념으

할 것이다. 다시 말해서 누구나 행정심판을 제기할 수 있는 결과는 바람직하지 못하다는 것이다. 그렇다면 이러한 만인소송의 불허를 청구인적격에 의하여 어떻게 실현시킬 것인가? 참고로 독일의 예를 보면 행정상 불복 또는 행정심판(Widerspruch)은 누구나 제기할 수 있는 것이 아니라 행정행위나 그 거부로 인하여 자신의 권리에 장해를 받고 있는 자(wer durch den VA oder seine Ablehnung in seinen Rechten 'beschwert' ist)[26]만이 제기할 수 있다고 한다. 그러나 이 '권리의 장해'(Beschwer)가 어떠한 것이어야 하느냐에 관해서는 논란이 있다. 종래 압도적 다수의 견해[27]는 독일 행정법원법 제42조 제1항의 유추 및 행정심판의 전심절차로서의 성격을 근거로 청구인은 - 법률에 다른 특별한 규정이 없는 한 - 행정행위나 그 거부로 인하여 자신의 권리를 침해받았을 것을 요구했었다. 즉 행정심판제기권자의 범위는 행정소송제기권자의 범위와 동일하다는 것이 종래의 입장이었다. 그러나 이러한 견해는 단순한 경제적 불이익 또는 그 밖의 불이익만으로는 충분치 못하다고 하는 점에 있어서는 타당하지만, 이를 넘어서서 권리의 침해(Rechtsverletzung)를 요구하는 것은, 행정심판이란 전심절차에 있어 행정행위의 적법성뿐만 아니라 합목적성(Zweckmäßigkeit)을 심사할 수 있다고 명시적으로 규정하는 행정법원법 제68조 제1항에 반한다고 비판되고 있다. 슈밑글래져(Schmitt Glaeser) 역시 청구인적격이 인정되기 위해서는 행정행위가 부당하고 이를 통하여 심판청구인이 그 권리를 침해당했다고(in seinen Rechten beeinträchtigt sei) 설득력있게 주장하는 것으로 족하며, 반드시 가능한 권리침해(Rechtsverletzung)를 요건으로 하는 것은 아니라고 한다.[28] 재결청은 심판청구된 행정행위가 적법하기 때문에 심판을 권리보호의 대상으로서 이익침해(Beschwer)가 없다는 것을 이유로 각하해서는 안 된다고 한다. 적법한, 그러나 부당한 행정행위는 청구인의 권리침해를 가져올 수는 없는 것이지만 그러한 이익침해(Beschwer)를 초래할 수는 있기 때문이다.[29] 이에 따라 재량행위의 경우 청구인이 행정행위의 부당성

로 사용되고 있는 까닭에 전자, 즉 부정적 의미의 Popularklage의 개념으로서 민중소송이란 용어 대신 '만인소송'이란 용어를 쓰고자 한다.

26) Pietzner/Ronellenfitsch, §35 I, S.333.

27) Buri, DÖV 1962, 930; Menger/Erichsen, VerwArch. 1966, 263; Simon, BayVBl. 1969, 100; Vogel, Verwaltungsrechtsfall, 1980, 62; Drews/Wacke/Vogel/Martens, Gefahrenabwehr, 1986, S.574.

28) Schmitt Glaeser, 13.Aufl., 1994, Rn.187.

29) HessVGH v. 29.5.1972, ESVGH 22, 232(234).

(Zweckwidrigkeit)으로 인하여 자신의 권리를 침해당했다고 주장하는 것만으로도 심판제기권(Widerspruchsbefugnis: 청구인적격)이 인정될 수 있다고 본다.[30]

그러나 위에서 본 바와 같은 논의와는 상관없이 실무상으로는 취소심판, 무효등확인심판 그리고 의무이행심판의 청구인적격을 각각 법률상 이익을 기준으로 한정하고 있는 행정심판법 제13조에 의거하여 청구인적격을 제한해 오고 있다. 실례로 취소심판의 청구인적격이 문제된 사건에서 중앙행정심판위원회는 처분의 취소 또는 변경을 구할 '법률상 이익'을 취소소송의 그것과 동일하게 판단하여 청구를 각하한 바 있고,[31] 또 유사한 맥락에서 대법원도 권리 또는 법률상 지위에 대한 위험이나 불안을 제거하기 위하여 임용취소통지에 대한 소청심사를 청구할 법률상 이익이 있다고 판시한 바 있다."[32]

1.1.3. 선정대표자의 선정

여러 명의 청구인이 공동으로 행정심판을 청구하는 경우 그 중 3명 이하의 선정대표자를 선정할 수 있고, 위원회 역시 필요하다고 인정하면 그 선정을 권고할 수 있도록 되어 있다(§15①②; §19). 이에 따라 선정된 자를 선정대표자라 하며 선정대표자는 청구인들을 위하여, 청구의 취하를 제외하고는 당해 사건에 관한 모든 행위를 할 수 있고(§11③), 청구인들은 그 선정대표자를 통해서만 당해 사건에 관한 행위를 할 수 있다(§11④).

---

30) Bettermann, Staatsbürger und Staatsgewalt, Bd.II, 1963, S.463; Löwer, MDR 1965, S.93f.; v. Mutius, S.214ff.; Wolff/Bachof, III, §161, 16; Kopp, §69 Rn.6; Weides, S.239; Pietzner/Ronellenfitsch, §35 I, S.334 등.

31) 중앙행정심판위원회 2007.8.24.자 재결 사건번호 200710097(도시관리계획변경결정처분취소청구). 한편 행정심판의 청구인적격에 관해서는 홍준형, "행정심판의 청구인적격", 공법학의 제문제: 현재김영훈박사화갑기념논문집, 법문사, 1995, pp.453-484를 참조.

32) 대법원 2012.6.14. 선고 2011두29885 판결(신규임용취소처분무효확인결정취소). 또한 홍준형, "행정판례 30년의 회고와 전망-행정구제법: 한국행정판례의 정체성을 찾아서", 행정판례연구, 한국행정판례연구회, 2014, pp.487-546을 참조.

1.1.4. 청구인의 지위승계

청구인이 사망한 때에는 상속인이나 그 밖에 법령에 따라 심판청구의 대상에 관계되는 권리나 이익을 승계한 자가, 법인인 청구인이 합병에 따라 소멸하였을 때에는 합병 후 존속하는 법인이나 합병에 따라 설립된 법인이 청구인의 지위를 승계한다(§16①②). 그 경우 청구인의 지위를 승계한 자는 위원회에 서면으로 그 사유를 신고하여야 하며, 사망 등에 의한 권리·이익의 승계 또는 합병 사실을 증명하는 서면을 함께 제출하여야 한다(§16③).

위와 같이 청구인의 지위를 승계한 경우 그 신고가 있을 때까지 사망자나 합병 전의 법인에 대하여 한 통지 또는 그 밖의 행위가 청구인의 지위를 승계한 자에게 도달하면 지위를 승계한 자에 대한 통지 또는 그 밖의 행위로서의 효력이 있다(§16④).

한편, 심판청구의 대상과 관계되는 권리나 이익을 양수한 자는 위원회의 허가를 받아 청구인의 지위를 승계할 수 있다(§16⑤). 이러한 지위 승계 신청을 받으면 위원회는 기간을 정하여 당사자와 참가인에게 의견을 제출하도록 할 수 있고, 당사자와 참가인이 그 기간에 의견을 제출하지 아니하면 의견이 없는 것으로 본다(§16⑥). 위원회는 지위 승계 신청에 대하여 허가 여부를 결정하고, 지체없이 신청인에게는 결정서 정본을, 당사자와 참가인에게는 결정서 등본을 송달하여야 하며(§16⑦), 신청인은 위원회가 지위 승계를 허가하지 아니 할 경우 결정서 정본을 받은 날부터 7일 이내에 위원회에 이의신청을 할 수 있다(§16⑧).

1.2. 피청구인

1.2.1. 피청구인적격

피청구인이란 심판청구인의 상대방 당사자를 말한다. 행정심판은 처분을 한 행정청(의무이행심판의 경우에는 청구인의 신청을 받은 행정청)을 피청구인으로 하여 청구하여야 한다(§17① 본문). 다만, 심판청구의 대상과 관계되는 권한, 즉, 처분이나 부작위에 관계되는 권한이 다른 행정청에 승계된 경우에는 권한을 승계한 행정청을 피청구인으로 하여야 한다(§17① 단서). 피청구인을 국가나 지방자치단체 등 행정주체로 하지 않고 행정청으로 한 것은 행정소송의 경우와 마찬가지로 공격·방어상의 용이성이나 절차진행상의 편의 등 쟁송상의 합리적 고려에 따른 것이다. 법령에 의해 행정권한이 다른 행정기관, 공공단체 또는 그 기관, 그리고 사인에게 위임·위탁된 경우, 그 위임·위탁을 받은 자가 행정청이 됨은 당연한 결과라 할 수 있다.

1.2.2. 피청구인 경정

청구인이 심판청구시 피청구인을 잘못 지정한 때에는 위원회는 직권으로 또는 당사자의 신청에 의하여 결정으로써 피청구인을 경정할 수 있다(§17②). 피청구인 경정 결정이 있으면 종전의 피청구인에 대한 심판청구는 취하되고, 종전의 피청구인에 대한 행정심판이 청구된 때에 소급하여 새로운 피청구인에 대한 행정심판이 청구된 것으로 본다(§17④). 이는 기간도과의 불이익이 생기는 것을 방지하기 위한 것이지만 행정심판법이 고지제도를 채택하고 있으므로 피청구인을 잘못 지정하는 경우가 그리 많지는 않을 것이다.

심판청구의 대상과 관계되는 권한이 다른 행정청에게 승계된 때에는 이를 승계한 행정청을 피청구인으로 삼아야 함(§17① 단서)은 당연하지만, 심판청구이후 권한의 승계가 이루어진 경우에는 위원회가 직권으로 또는 당사자의 신청에 의하여 결정으로써 피청구인을 경정하도록 되어 있다. 그 경우 제17조 제3항과 제4항을 준용한다(§17⑤).

당사자는 제2항 또는 제5항에 따른 위원회의 피청구인 경정결정에 대하여 결정서 정본을 받은 날부터 7일 이내에 위원회에 이의신청을 할 수 있다(§17⑥).

2. 행정심판의 관계인

2.1. 대리인

2.1.1. 선　임

행정심판의 당사자는 심판절차상의 편의 등을 위해 대리인을 선임할 수 있다. 그러나 대리인으로 선임될 수 있는 자의 범위는 청구인과 피청구인 간에 차이가 있다.

청구인은 법정대리인 외에 청구인의 배우자, 청구인 또는 배우자의 사촌 이내의 혈족, 청구인이 법인이거나 제14조에 따른 청구인 능력이 있는 법인이 아닌 사단 또는 재단인 경우 그 소속 임직원, 변호사, 다른 법률에 따라 심판청구를 대리할 수 있는 자, 그 밖에 위원회의 허가를 받은 자를 대리인으로 선임할 수 있다(§18①).

피청구인은 변호사, 다른 법률에 따라 심판청구를 대리할 수 있는 자, 그 밖에 위원회의 허가를 받은 자 중 어느 하나에 해당하는 자를 대리인으로 선임할 수 있다(§18②).

2.1.2. 권　한

대리인의 권한의 범위와 대리인의 해임, 변경에 대해서는 선정대표자에 관한 제15조 제3항과 제5항을 준용하도록 되어 있다(§18③). 따라서 대리인은 자신을 선임한 청구인이나 피청구인을 위하여, 청구의 취하를 제외하고는 당해 사건에 관한 모든 행위를 할 수 있고, 대리인을 선임한 청구인이나 피청구인은 필요하다고 인정하면 대리인을 해임하거나 변경할 수 있다. 이 경우 청구인이나 피청구인은 그 사실을 지체없이 위원회에 서면으로 알려야 한다.

2.2. 참가인

2.2.1. 의　의

행정심판의 참가인이란 행정심판절차에 참여하는 이해관계인을 말한다. 행정심판법이 심판참가를 허용한 취지는 행정심판의 결과에 이해관계가 있는 제3자나 행정청이 자신의 이해관계를 옹호할 수 있는 기회를 제공하고 행정심판의 공정성과 쟁송경제를 기하려는 데 있다.

그동안 행정심판절차에 참가하려는 경우 참가절차, 참가인의 권리에 관한 규정이 미비하여 행정심판절차에서 참가가 활성화되지 못했던 것이 사실이다. 이러한 문제점을 해소하기 위하여 개정법은 참가인이 당사자에 준하는 절차적 지위를 갖도록 하고, 관련 서류를 참가인에게도 송달하도록 하는 등 참가인의 절차적 지위를 강화하였다.

2.2.2. 참가인의 범위

심판참가를 할 수 있는 자는 이해관계 있는 제3자나 행정청이다. 이들은 해당 심판청구에 대한 제7조 제6항 또는 제8조 제7항에 따른 위원회나 소위원회의 의결이 있기 전까지 그 사건에 대하여 심판참가를 할 수 있다 (§20①).

한편, 행정심판법은 위원회가 필요하다고 인정하면 그 행정심판 결과에 이해관계가 있는 제3자나 행정청에 그 사건 심판에 참가할 것을 요구할수 있도록 하고(§21①), 그 요구를 받은 제3자나 행정청은 지체없이 그 사건 심판에 참가할 것인지 여부를 위원회에 통지하도록 하여(§21②), 일면행정심판결과에 이해관계를 가진 자가 혹 참가의 기회를 놓치는 일이 없도록 하는 한편, 타면 참가 요구 등으로 행정심판이 지연되는 일이 없도록 배려하였다.

2.2.3. 참가인의 지위

참가인은 행정심판 절차에서 당사자가 할 수 있는 심판절차상의 행위를 할 수 있다(§22①). 당사자가 위원회에 서류를 제출할 때에는 참가인의 수만큼 부본을 제출하여야 하고, 위원회가 당사자에게 통지를 하거나 서류를 송달할 때에는 참가인에게도 통지하거나 송달하여야 한다(§22②). 참가인의 대리인 선임과 대표자 자격 및 서류 제출에 관하여는 법 제18조, 제19조 및 제22조 제2항을 준용한다(§22③).

2.2.4. 참가절차

심판참가를 하려는 자는 참가의 취지와 이유를 적은 참가신청서를 당사자의 수만큼 참가신청서 부본과 함께 위원회에 제출하여야 한다(§20②).

위원회는 참가신청서를 받으면 참가신청서 부본을 당사자에게 송달하여야 하며(§20③), 기간을 정하여 당사자와 다른 참가인에게 제3자의 참가신청에 대한 의견을 제출하도록 할 수 있고, 당사자와 다른 참가인이 그 기간에 의견을 제출하지 아니하면 의견이 없는 것으로 본다(§20④).

위원회는 참가신청을 받으면 허가 여부를 결정하고, 지체없이 신청인에게는 결정서 정본을, 당사자와 다른 참가인에게는 결정서 등본을 송달하여야 하며(§20⑤), 신청인은 송달을 받은 날부터 7일 이내에 위원회에 이의신청을 할 수 있다(§20⑥).

2.3. 대표자·관리인·선정대표자 또는 대리인의 자격의 소명 등

대표자·관리인·선정대표자 또는 대리인의 자격은 서면으로 소명하여야 하며(§19①) 청구인이나 피청구인은 대표자·관리인·선정대표자 또는 대리인이 그 자격을 잃으면 그 사실을 서면으로 위원회에 신고하고, 소명 자료를 함께 제출하여야 한다(§19②).

제5절 심판청구기간

Ⅰ. 심판청구기간의 제한과 그 취지

취소심판과 거부처분에 대한 의무이행심판은 소정의 청구기간 내에 청구해야 한다. 이와 같이 행정심판청구기간을 법정하여 제한한 것은 행정법관계의 신속한 확정을 기함으로써 법적 안정성을 도모하려는 취지에 따른 것이다. 다만 무효등확인심판과 부작위에 대한 의무이행심판은 청구기간의 제한을 받지 않는다. 이는 무효나 부존재, 부작위의 성질을 고려한 결과이다.

한편 각 개별법에 심판청구기간에 관한 특별규정을 두는 경우가 많으므로 이에 유의할 필요가 있다(국가공무원법 §76; 국세기본법 §§61, 68; 관세법 §§119③, 121 등).

Ⅱ. 원 칙

행정심판은 처분이 있음을 알게 된 날부터 90일 이내에 청구하여야 한다(§27①). 그리고 처분이 있었던 날부터 180일이 지나면 청구하지 못한다(§27③ 본문). 다만, 정당한 사유가 있는 경우에는 그러하지 아니하다(§27③ 단서). "처분이 있음을 알게 된 날"이란 처분이 있었음을 실제로 안 날을 말한다. 가령 멀리 떨어져 있는 사람들 사이에 서면으로 하는 경우에는 그 서면이 상대방에게 도달한 날, 공시송달의 경우에는 도달한 것으로 간주되는 날, 그리고 사실행위인 경우에는 그러한 행위가 있고 그것이 자기의 권리·이익을 침해했다는 인식을 한 날이라 할 것이다.

▰▰ 판례

통상 고시 또는 공고에 의하여 행정처분을 하는 경우에는 그 처분의 상대방이 불특정다수인이고, 그 처분의 효력이 불특정다수인에게 일률적으로 똑같이 적용됨으로 인하여 고시일 또는 공고일에 그 행정처분이 있음을 알았던 것으로 의제하여 행정심판청구기간을 기산하는 것이므로, 관리처분계획에 이해관계를 갖는 자는 고시가 있었다는 사실을 현실적으로 알았는지 여부에 관계없이 고시가 효력을 발생하는 날인 고시가 있은 후 5일이 경과한 날에 관리처분계획인가처분이 있음을 알았다고 보아야 하고, 따라서 관리처분계획인가처분에 대한 행정심판은 그날로부터 60일 이내에 제기하여야 한다.[33]

▰▰ 판례

[1] 국세기본법의 적용을 받는 처분과 달리 행정심판법의 적용을 받는 처분인 과징금부과처분에 대한 심판청구기간의 기산점인 행정심판법 제18조 제1항 소정의 '처분이 있음을 안 날'이라 함은 당사자가 통지·공고 기타의 방법에 의하여 당해 처분이 있었다는 사실을 현실적으로 안 날을 의미하고, 추상적으로 알 수 있었던 날을 의미하는 것은 아니라 할 것이며, 다만 처분을 기재한 서류가 당사자의 주소에 송달되는 등으로 사회통념상 처분이 있음을 당사자가 알 수 있는 상태에 놓여진 때에는 반증이 없는 한 그 처분이 있음을 알았다고 추정할 수는 있다.

[2] 아파트 경비원이 관례에 따라 부재중인 납부의무자에게 배달되는 과징금부과처분의 납부고지서를 수령한 경우, 납부의무자가 아파트 경비원에게 우편물 등의 수령권한을 위임한 것으로 볼 수는 있을지언정, 과징금부과처분의 대상으로 된 사항에 관하여 납부의무자를 대신하여 처리할 권한까지 위임한 것으로 볼 수는 없고, 설사 위 경비원이 위 납부고지서를 수령한 때에 위 부과처분이 있음을 알았다고 하더라도 이로써 납부의무자 자신이 그 부과처분이 있음을 안 것과 동일하게 볼 수는 없다.[34]

---

33) 대법원 1995.8.22. 선고 94누5694 판결(공95.9.15., 1000); 동지: 대법원 1993.12.24. 선고 92누17204 판결(공1994상, 547).

34) 대법원 2002.8.27. 선고 2002두3850 판결(과징금부과처분취소 공2002.10.15.[164],2346). 참조판례: 대법원 1964.9.8. 선고 63누196 판결(집12-2, 행18); 대법원 1991.6.28. 선고 90누6521 판결(공1991, 2054); 대법원 1995.11.24.선고 95누11535 판결(공1996상, 247); 대법원 1998.2.24. 선고 97누18226 판결(공1998상, 915); 대법원 1999.12.28. 선고 99두9742 판결(공2000상, 407) 등.

"처분이 있었던 날"이란 처분이 고지에 의하여 외부에 표시되고 (통상 상대방에게 도달되어) 그 효력이 발생한 날을 말하며 이 180일의 기간을 둔 것은 법적 안정성을 고려한 것이다. 두 가지 기간 중 어느 하나를 먼저 경과하면 행정심판의 제기는 불가능하게 된다.

Ⅲ. 예　외

1. 90일에 대한 예외

청구인이 천재지변, 전쟁, 사변, 그 밖의 불가항력으로 인하여 앞에서 본 90일의 기간에 심판청구를 할 수 없었을 때에는, 국내에서는 그 사유가 소멸한 날부터 14일 이내에, 국외에서는 30일 이내에 행정심판을 청구할 수 있다(§27②).

2. 180일에 대한 예외

정당한 사유가 있으면 180일을 경과한 이후에도 행정심판을 제기할 수 있다(§27③ 단서). 무엇이 '정당한 사유'에 해당하는가는 심판기관이 직권으로 조사하여 건전한 사회통념에 입각하여 판단할 것이나 위의 불가항력보다는 넓은 개념이라고 본다. 이러한 '정당한 사유'가 있을 때의 청구기간에 관해서 법이 아무런 규정을 두지 않은 것은 입법적 불비라고 할 수 있지만, 제27조 제2항을 유추하여 사유가 소멸된 때로부터 14일 이내, 국외에서는 30일 이내에 행정심판을 제기할 수 있다고 보는 것이 타당할 것이다.[35]

---

35) 변재옥, 행정법강의 I. p.573.

▰▰ 정당한 사유

1. 도시계획결정을 뒤늦게 안 경우

도시계획결정을 토지소유자에게 개별통지하여야 한다는 규정이 없으므로 개별통지해 주지 아니하여 뒤늦게 도시계획결정 사실을 알고서 행정심판을 제기하였다는 사유만으로는 심판청구기간을 지키지 못한 데에 행정심판법 제18조 제3항 단서에서 규정하는 정당한 사유가 있는 경우에 해당한다고 볼 수 없다.36)

2. 개별토지가격결정에 있어 그 처분의 통지가 없는 경우

개별토지가격결정에 대한 재조사 또는 행정심판의 청구기간은 그 처분의 상대방이 실제로 그 처분이 있음을 안 날로부터 기산하여야 하므로, 개별토지가격합동조사지침(국무총리훈령 제241호, 제248조) 제12조의2 제1항 소정의 '개별토지 가격이 결정된 날로부터'는 위와 같은 의미로 해석하여야 하고, 시장, 군수 또는 구청장이 상대방에 대하여 별도의 고지절차를 취하지 않는 경우에는 원칙적으로 특별히 그 처분을 알았다고 볼 만한 사정이 없는 한 개별토지가격결정에 대한 재조사청구 또는 행정심판청구는 행정심판법 제18조 제3항 소정의 처분이 있은 날로부터 180일 이내에 이를 제기하면 되나, 나아가 개별토지가격결정의 경우에 있어서와 같이 그 처분의 통지가 없는 경우에는 그 개별토지가격결정의 대상토지 소유자가 심판청구기간 내에 심판청구가 가능하였다는 특별한 사정이 없는 한 행정심판법 제18조 제3항 단서 소정의 정당한 사유가 있는 때에 해당한다.37)

3. 복효적 행정행위의 경우

(1) 처분의 상대방이 아닌 제3자가 행정처분이 있음을 모른 경우

행정심판법 제18조 제3항에 의하면 행정처분의 상대방이 아닌 제3자라도 처분이 있은 날로부터 180일을 경과하면 행정심판청구를 제기하지 못하는 것이 원칙이지만, 다만 정당한 사유가 있는 경우에는 그러하지 아니하도록 규정되어 있는바, 행정처분의 직접 상대방이 아닌 제3자는 일반적으로 처분이 있는 것을 바로 알 수 없는 처지에 있으므로, 위와 같은 심판청구기간내에 심판청구를 제기하지 아니하였다고 하더라도, 그 기간내에 처분이 있은 것을 알았거나 쉽게 알 수 있었기 때문에 심판청구를 제기할 수 있었다고 볼만한 특별한 사정이 없는 한, 위 법조항 본문의 적용을 배제할 정당한

---

36) 대법원 1993.3.23. 선고 92누8613 판결(공93, 1305). 참조판례: 대법원 1991.1.11. 선고 90누1717 판결(공1991, 755).

37) 대법원 1995.8.25. 선고 94누13121 판결(공95.10.1. 1001(41)). 참조판례: 대법원 1993.12.14. 선고 92누17204 판결(공1994상, 547); 1995.6.29. 선고 94누13268 판결(공1995하, 2607).

> 사유가 있는 경우에 해당한다고 보아 위와 같은 심판청구기간이 경과한 뒤
> 에도 심판청구를 제기할 수 있다.[38]
>
> **(2) 처분의 상대방이 아닌 제3자가 행정처분이 있음을 안 경우**
> "행정처분의 상대방이 아닌 제3자가 어떤 경위로든 행정처분이 있음을
> 안 이상 행정심판법 제18조 제1항에 의하여 그 처분이 있음을 안 날로부터
> 60일 이내에 심판청구를 하여야 하고, 이 경우 제3자가 그 청구기간을 지키
> 지 못하였음에 정당한 사유가 있는지 여부는 문제가 되지 아니한다."[39]

3. 기타의 경우

90일과 180일의 기간은 불변기간(Notfrist)이다(§27④). 따라서 앞서
본 바와 같은 불가항력 사유(90일의 경우)나 정당한 사유(180일의 경우)가
없는 한, 법원에 의해서도 신축(伸縮)할 수 없다.

Ⅳ. 심판청구기간의 계산

심판청구기간을 계산할 때에는 피청구인이나 위원회에 심판청구서가
제출되었을 때에 행정심판이 청구된 것으로 본다. 만일 행정청이 제58조에
따른 고지를 하지 않았거나 잘못 고지해서, 청구인이 심판청구서를 다른
행정기관에 제출한 때에는 그 행정기관에 심판청구서가 제출된 때에 심판
청구가 제기된 것으로 본다(§27④).

---

38) 대법원 1992.7.28. 선고 91누12844 판결(공92, 2571). 대법원의 확립된 판례: 대법원
1988.9.27. 선고 88누29 판결; 1989.5.9. 선고 88누5150 판결; 1991.5.28. 선고 90누1359 등.
39) 대법원 1995.8.25. 선고 94누12494 판결(공95.10.1. 1001(40)). 동지: 대법원 1995.4.14.
선고 94누11934 판결(공1995상, 1884); 1995.6.29. 선고 94누13268 판결(공1995하, 2607).

제6절 심판청구의 방식과 절차

Ⅰ. 심판청구의 방식

행정심판법은 서면청구주의를 취하고 있다(§§28①, 23①). 심판청구를 서면으로 하게 한 것은 내용을 명확하고 획일적인 방식으로 통일시키며 구술로 하는 경우에 생길 수 있는 번잡을 피하려는데 취지를 둔 것으로 이해된다. 그러나 행정심판법 제28조, 제23조의 규정취지와 행정심판제도 의 목적에 비추어 행정심판청구는 엄격한 형식을 요하지 아니하는 서면행 위로 보아야 할 것이다. 따라서 그 서면의 표제가 반드시 '행정심판청구' 이어야 하는 것은 아니며, 행정심판법 소정의 기재사항이 기재되어 있고 이를 통해 그것이 위법·부당한 처분의 취소·변경 등을 구하는 것임을 알 수 있는 이상 '진정', '불복신청' 등의 명칭에 구애받지 아니한다. 심판청구서 의 기재사항에 관해서는 행정심판법 제28조 제2항 내지 제5항이 규정하고 있다.

▰▰▱ 판례

행정심판법 제19조, 제23조의 규정취지와 행정심판제도의 목적에 비추어 보면 행정소송의 전치요건인 행정심판청구는 엄격한 형식을 요하지 아니하는 서면행위로 해석되므로 위법 부당한 행정처분으로 인하여 권리나 이익을 침해당한 자로부터 그 처분의 취소나 변경을 구하는 서면이 제출되었을 때에는 그 표제와 제출기관의 여하를 불문하고 이를 행정소송법 제18조 소정의 행정심판청구로 보고 불비된 사항이 보정 가능한 때에는 보정을 명하고 보정이 불가능하거나 보정명령에 따르지 아니한 때에는 비로소 부적법 각하를 하여야 할 것이며 이러한 경우 행정청으로서는 그 서면을 가능한 한 제출자의 이익이 되도록 해석하고 처리하여야 하는바, 원고가 피고에게 이 사건 처분을 철회하여 달라는 취지의 진정서는 비록 그 제목이 "진정서"로 되어 있고 심판청구의 취지 및 이유 등 행정심판법 제19조 제2항 소정의 사항 등을 구분하여 기재하고 있지 아니하여 행정심판청구서로서의 형식을 갖추고 있지는 않으나 그 문서에 피청구인인 처분청과 청구인의 이름 및 주소가 기재되어 있고 그 문서의 기재내용에 의하여 심판청구의 대상이 되는 행정처분의 내용과 심판청구의 취지 및 이유를 알 수 있고 거기에 기재되지 아니한 재결청등 불비한 점은 어느 것이나 보정이 가능한 것이므로 위 문서는 이 사건 허가처분에 대한 행정심판청구로 보는 것이 옳다.[40]

국민고충처리위원회에 접수된 신청서가 행정기관의 처분에 대하여 시정을 구하는 취지임이 내용상 분명한 것으로서 국민고충처리위원회가 이를 당해 처분청 또는 그 재결청에 송부한 경우에 한하여 행정심판법 제17조 제2항, 제7항의 규정에 의하여 그 신청서가 국민고충처리위원회에 접수된 때에 행정심판청구가 제기된 것으로 볼 수 있다.[41]

구 하천법(1999.2.8. 법률 제5893호로 전문 개정되기 전의 것) 제74조가 손실보상에 관한 행정소송을 제기하기에 앞서 관할 토지수용위원회의 재결을 거치도록 한 취지는 우선 재결기관(행정청)으로 하여금 재심사를 하도록 함으로써 행정권의 자기통제와 행정감독의 효과를 도모하고, 사건을 전문적·기술적으로 처리함으로써 전체적으로 국민의 권리구제의 철저를 기하려는 데 있다고 보아야 하므로, 그 재결신청은 엄격한 형식을 요하지 아니하는 서면행위로써 그 보정이 가능하다면 보정이 이루어지도록 하여야 하는 것이며, 더욱 전문적 법률지식을 갖지 못한 신청인에 의하여 제출된 재결신청서는 그 취지가 불명인 부분이 적지 아니할 것이고, 이러한 경우 재결기관으로서는 그 서면을 가능한 한 제출자의 이익이 되도록 해석하고 처리하여야 할 필요가 있다.[42]

Ⅱ. 심판청구의 절차: 심판청구서의 제출 등

과거에는 행정심판을 제기함에 있어 반드시 피청구인인 행정청을 거쳐서 제기하도록 했고 이러한 경유절차는 행정청에게 재고려의 기회를 부

---

40) 대법원 1995.9.5. 선고 94누16520 판결(일반목욕장업허가처분취소). 참조판례; 대법원 2000.6.9. 선고 98두2621 판결(건축불허가처분취소 공2000.8.1.(111), 1660) 등.

41) 대법원 1995.9.29. 선고 95누5332 판결(공95.11.15, 1004(37)). 참조판례: 대법원 1985.10.22. 선고 84누724 판결(공보1985, 1560).

42) 대법원 2003.4.25. 선고 2001두1369 판결(재결신청기각처분취소등 공2003.6.15.(180), 1333).

여함으로써 스스로 자신의 과오를 시정할 수 있도록 하고 동시에 신속한 구제효과를 달성하기 위하여 인정된 것으로서 피청구인에게 자기의 처분 등에 대하여 행정심판이 제기되었음을 알리는 절차적 의미도 있다고 이해되고 있었다. 그러나 이러한 경유절차가 그동안 신속하고 효과적인 행정시정 및 구제의 효과를 달성하기 보다는 행정심판을 제기하려는 국민에게 불편을 초래하는 요인으로 작용했다는 현실을 반성하여 국민의 편의를 도모하기 위하여 경유절차를 없앴다. 따라서 행정심판을 청구하는 자는 피청구인인 행정청을 거칠 필요 없이 위원회에 직접 심판청구서를 제출할 수 있게 되었다. 물론 피청구인에게 심판청구서를 제출해도 무방하다(§23①).

▬▬ 행정심판청구서의 해석과 처리

행정심판법 제19조, 제23조의 규정 취지와 행정심판제도의 목적에 비추어 보면, 행정심판청구는 엄격한 형식을 요하지 않는 서면행위로 해석되므로, 위법·부당한 행정처분으로 인하여 권리나 이익을 침해당한 자로부터 그 처분의 취소나 변경을 구하는 서면이 제출되었을 때에는 그 표제와 제출기관의 여하를 불문하고 이를 행정소송법 제18조 소정의 행정심판청구로 보아야 하며, 심판청구인은 일반적으로 전문적 법률지식을 갖지 못하여 제출된 서면의 취지가 불명확한 경우가 적지 않을 것이나, 이러한 경우 행정청으로서는 그 서면을 가능한 한 제출자에게 이익이 되도록 해석하고 처리하여야 한다(대법원 1995.9.5. 선고 94누16250 판결, 2000.6.9. 선고 98두2621 판결 참조).[43]

위원회가 심판청구서를 받으면 지체없이 피청구인에게 심판청구서 부본을 보내고(§26①), 피청구인으로부터 답변서가 제출되면 답변서 부본을 청구인에게 송달하여야 한다(§26②).

---

43) 대법원 2007.6.1. 선고 2005두11500 판결(공장설립허가및제조시설설치승인처분취소).

Ⅲ. 처분청의 구제결정

심판청구서를 받은 피청구인은 그 심판청구가 이유 있다고 인정하면 심판청구의 취지에 따라 직권으로 처분을 취소·변경하거나 확인을 하거나 신청에 따른 처분을 할 수 있다(§25① 제1문). 이 경우 서면으로 청구인에게 알려야 한다(§25① 제2문). 피청구인은 이러한 직권취소등을 하였을 때에는, 청구인이 심판청구를 취하한 경우가 아니면, 심판청구서·답변서를 보낼 때 직권취소등의 사실을 증명하는 서류를 위원회에 함께 제출하여야 한다(§25②). 이것은 종래의 이의신청제도의 취지를 사실상 흡수한 것으로 이 경우 처분청이 내리는 구제결정(Abhilfe)을 통하여 신속하고 효과적인 행정시정 및 구제의 효과를 기할 수 있다는 견지에서 인정된 것이다.

제5장

심판청구의 효과와 청구의 변경·취하

제1절 심판청구의 효과

Ⅰ. 개 설

행정심판절차는 심판청구서가 제출됨으로써 개시된다. 이로써 행정심판위원회에게는 심판의무가, 청구인에게는 심판을 받을 권리가 발생한다. 그 밖에 심판청구의 효과로는 처분의 확정차단효, 이심효(Devolutiveffekt)와 집행정지효(Suspensiveffekt)를 들 수 있다. 이심효와 달리 확정차단효와 집행정지효는 취소심판과 거부처분에 대한 의무이행심판의 경우에만 인정되는 효과이다.

Ⅱ. 심판의무와 심판청구권

심판청구가 있으면 행정심판위원회는 심리·의결을 거쳐 재결을 하지 않으면 안 된다. 이에 따라 청구인은 구체적 사건에 관하여 심판을 받을 절차적 권리를 갖게 된다. 이것은 행정심판제도의 권리구제절차로서의 본질에서 유래하는 당연한 효과이다. 이 경우 심판청구인이 행정심판을 받을 권리는 이미 앞에서 검토한 바 있는 제기요건이 모두 충족된 경우에만 성립하는 것은 아니다. 행정심판의 제기요건은 행정심판청구의 적법요건이므로, 청구인은 그것이 모두 충족된 경우에는 본안심판을, 그렇지 못한 경우에는 부적법각하재결을 받게 될 뿐이다. 행정심판의 제기요건이 언제까지 충족되어야 하는지에 관하여 행정심판법은 명시적 규정을 두지 않고 있으며 이 문제를 다룬 문헌도 찾아볼 수 없다. 행정소송에 있어 소송제기요건이 사실심 변론종결시까지만 충족되면 된다는 점을 유추해볼 여지도 없는 것은 아니지만, 행정심판이 정식쟁송이 아니라는 점이나 행정심판에 있어 소송에서와 같이 사실심 변론종결시를 획정하기가 곤란하다는 점을 고려할 때, 원칙적으로 심판청구서가 제출되어 요건심리가 종결될 때까지 충족되어야 한다고 보되, 행정심판법 제32조에 따른 보정제도를 활용하는 수밖에 없을 것이다. 물론 심판청구기간과 같은 요건은 심판청구서제출시에 준수되면 충족된 것으로 보아야 할 것이다. 그렇게 보더라도 다른 제기요건 중 보정불가능한 부적법사유가 있으면 심판청구는 결국 부적법각하될 것이기 때문에 제기요건이 충족되지 않았음에도 불구하고 심판청구서를 일단 제출해 놓는다 하더라도 문제가 생기지는 않을 것이다.

■■ 행정심판청구와 보정

　　행정심판법 19조, 같은 법 23조의 규정취지와 행정심판제도의 목적에 비추어 보면 행정소송의 전치요건인 행정심판청구는 엄격한 형식을 요하지 아니하는 서면행위라고 볼 것이므로 행정청의 위법 부당한 처분 등으로 인하여 권리나 이익을 침해당한 자로부터 처분의 취소나 변경을 구하는 서면이 제출되었을 때에는 표제와 제출기간의 여하를 불문하고 행정심판청구로 보고 심리와 재결을 하여야 하고, 불비된 사항이 있을 때에는 보정 가능한 때에는 보정을 명하고 보정명령에 따르지 아니하거나 보정이 불가능한 때에는 각하하여야 하며, 제출된 서면의 취지가 불명확한 경우에도 행정청으로서는 그 서면을 가능한 한 제출자의 이익이 되도록 해석하고 처리하여야 한다.[1]

---

1) 대법원 1993.6.29. 선고 92누19194 판결(공93, 2166).

Ⅲ. 취소심판에 있어 처분의 확정차단효

취소심판이 제기되면 계쟁처분의 형식적 확정, 즉 불가쟁력(Unanfecht-barkeit: 또는 존속력)의 발생이 저지된다. 이를 처분의 확정차단효 또는 기한준수효과(fristwahrende Wirkung)라 한다. 이 확정차단효는 취소심판과 거부처분에 대한 의무이행심판의 경우에만 인정되는 효과로서 행정심판전치주의가 적용되는 경우 심판청구가 각하 또는 기각의 재결을 받으면 상실되며, 심판청구인은 다시금 취소소송의 제소기간 내에 소를 제기함으로써 계쟁처분이 불가쟁상태에 돌입하는 것을 막아야 한다. "심판청구에 대한 재결이 있으면 그 재결 및 같은 처분 또는 부작위에 대하여 다시 행정심판을 청구할 수 없다"는 행정심판법 제51조에 따라 재결이 있으면 다시 심판청구를 제기할 수 없으므로, 확정차단효도 재결을 받은 심판청구에 의해서만 일회적으로 발생할 수 있을 뿐이다.

Ⅳ. 이심효

이심효란 원래 심급이전의 효과를 의미하는 소송법상의 용어이지만, 행정심판의 경우 결정권이 직근상급행정청으로 이전되는 효과를 말한다. 원래 행정심판에 있어 이심효는 심판청구가 제기됨으로써 발생하는 것이 아니라 처분청이 심판청구가 제기된 처분등에 대하여 구제결정(Abhilfe)을 내리지 아니하고 사건을 재결청으로 이송했을 때에 발생하는 것이라고 할 수 있다. 그러나 개정행정심판법은 재결청을 없앴기 때문에 위원회가 직접 심판청구서를 접수하거나 피청구인으로부터 심판청구서의 송부를 받은 시점에 이 이심효가 발생한다고 볼 수밖에 없을 것이다. 행정심판에 있어 이심효가 종국적인 것은 아니며 행정심판이 계속되어 있는 동안에도 구제결정을 할 수 있다.[2] 위원회가 계쟁처분의 합목적성 및 적법성을 판단함에 있어 원칙적으로 처분청과 동일한 권한을 갖게 되는 것도 이심효에 따른 결과라 할 수 있다. 원래 행정조직법상 상급행정청은, 법률에 특별한 규정이 없는 한, 하위행정청의 권한을 대행할 수 없는 것이 원칙이다. 즉 상급행정청의 '직접개입권'(Selbsteintrittsrecht der höheren Behörde)은 원칙적으로 인정되지 않는다. 다만 상급행정청은 처분등의 지연의 우려나 하위행정청이 상급행정청의 지시에 따르지 않을 경우 등과 같은 특별한 사정이 있는 경우에는 개입권을 가질 수 있으며, 상급행정청이 하위행정청에 대해 갖는 명령지시권에 의하여 사실상 영향을 미칠 수 있는 것으로 이해되고 있다.[3] 그러나 행정심판의 경우 행정심판위원회는 피청구인인 처분청의 직근상급관청의 관계에 있지 않기 때문에 행정조직의 원리상 계쟁처분에 관하여 처분청의 그것과 동일한 권한을 가지거나 그 권한행사에 관한 명령을 발할 여지가 없지만, 그 경우에도 행정심판위원회에게 행정심판의 심리·의결권과 재결권을 부여한 행정심판법의 규정들의 힘으로(kraft Gesetzes) 그러한 이심효가 발생한다고 볼 수밖에 없다.

V. 집행부정지

1. 집행부정지의 원칙

행정심판법은 '심판청구가 제기되어도 처분의 효력이나 그 집행 또는 절차의 속행에 영향을 주지 아니한다'는 집행부정지를 원칙으로 하고 있다(§30①). 이것은 위법 또는 부당한 처분등에 의한 권익침해를 최소화하려는 권리구제적 관심과 반면 절차남용의 억제 및 처분의 효력·집행의 지속성보

---

2) Hufen, Verwaltungsprzeßrecht, 1994, §8 Rn.4.
3) Maurer, §21 Rn.49.

장 등 원활한 행정운영에 관한 공익의 요청 중 어느 것에 상대적 비중과 우선순위를 두느냐에 따라 결정되는 입법정책의 문제이다.[4] 집행부정지 원칙은 행정행위의 공정력 또는 자력집행력의 결과라기보다는 오히려 이를 전제로 하는 것이라 할 수 있다.

> 가령 각국의 입법례를 보면 행정행위의 공정력이나 자력집행력과는 필연적 관련이 없이 집행부정지의 원칙(Caractère non suspensif)을 채택하고 있는 경우(일본이나 프랑스)와 집행정지의 원칙을 취하여 행정심판 및 행정소송의 제기에 집행정지효(aufschiebende Wirkung)를 인정하는 경우(독일)를 볼 수 있다.

그러나 집행부정지의 원칙은 행정에게 인정된 공권력의 특권이라고 할 것이므로 국민의 권리보호의 견지에서 반드시 바람직한 것이냐에 관해서는 입법론상 의문의 여지가 있다.[5]

2. 예외: 집행정지

집행정지는 예외적으로, 위원회가 처분, 처분의 집행 또는 절차의 속행 때문에 중대한 손해가 생기는 것을 예방할 필요성이 긴급하다고 인정하는 경우, 직권으로 또는 당사자의 신청에 의하여 처분의 효력, 처분의 집행 또는 절차의 속행의 전부 또는 일부의 정지(이하 '집행정지'라 한다)를 결정하는 때에 한하여 인정된다(§30② 본문).

집행정지는 효력정지, 협의의 집행정지와 절차 속행의 정지로 나뉘며 그 범위 면에서 전부정지와 일부정지로 나뉜다. 처분의 효력정지는 처분의 집행 또는 절차의 속행을 정지함으로써 그 목적을 달성할 수 있는 때에는 허용되지 아니한다(§30② 단서).

---

4) 김도창, 일반행정법론(상), p.712.
5) 홍정선 교수는 집행부정지를 지나치게 강조하면 오히려 국민의 권익보호에 침해가 될 수 있음도 고려해야 할 것이라고 한다(홍정선, 행정법원론(상), p.724).

2.1. 집행정지의 요건

2.1.1. 처분의 존재와 심판청구의 계속

처분이 존재하고 심판청구가 계속중이어야 한다. 심판청구가 취하되거나 심판청구가 각하 또는 기각 재결을 받은 경우에는 집행정지를 허용할 여지가 없다.[6] 집행이 이미 완료된 경우처럼 집행정지신청의 이익(필요)이 없는 경우에도 집행정지는 허용되지 아니한다.

무효인 처분도 집행정지의 대상이 될 수 있는지에 대해서는 논란의 여지가 있다. 무효인 경우에도 처분의 외관이 존재하고 또 집행될 우려가 얼마든지 있을 수 있으며, 더욱이 절차속행의 정지 필요성은 단순위법의 경우보다 무효의 경우가 훨씬 더 크다고 볼 수 있고, 또 행정심판법 제30조를 무효인 처분의 경우를 배제하는 의미로 해석해야 할 이유가 없으므로, 집행정지의 대상이 될 수 있다고 보는 것이 옳다.[7]

신청에 대한 거부처분은 집행정지의 대상이 될 수 없다는 것이 통설이주다. 현실적으로 거부처분이 집행되는 경우는 생각하기 어려울 것이다. 그러나 그 거부처분 자체의 효력이나 거부처분에 따른 절차의 속행으로 중대한 손해가 발생하는 경우가 있을 수 있으므로 그 한도 내에서 집행정지가 가능하다고 보아야 할 것이다.

2.1.2. 중대한 손해 예방의 긴급한 필요

중대한 손해가 생기는 것을 예방할 필요성이 긴급한 경우여야 한다. 우선, 처분, 처분의 집행 또는 절차의 속행 때문에 중대한 손해가 생기는 것을 예방할 필요가 있어야 한다. 종래에는 '처분이나 그 집행 또는 절차의 속행으로 인하여 생길 회복하기 어려운 손해를 예방하기 위하여'라고 되어

---

6) 이와 관련하여 취소소송의 집행정지에 관한 것이지만, 대법원 2007.6.15. 선고 2006무89 결정(소각하판결에 따른 소송계속의 해소); 대법원 2007.6.28. 선고 2005무75 결정(소취하로 인한 소송계속의 해소)을 참조.

7) 김철용, 행정법 I, 제13판, 2010, p.589.

있었고 이를 둘러싸고 해석상 논란의 여지가 있었다. '회복하기 어려운 손해'란 사회통념상 원상회복이나 금전보상이 전혀 불능인 경우뿐만 아니라, 금전보상만으로는 행정처분을 받은 당사자가 참고 견딜 수 없거나 또는 참고 견디기가 현저히 곤란하다고 인정되는 경우를 말하며, 가령 원상회복이 전혀 불가능하거나 과다한 노력과 비용을 들여서만 가능한 경우에는 금전배상이 가능하다고 하여도 집행정지를 할 수 있다고 보았다.[8] 그러나 개정법은 '처분, 처분의 집행 또는 절차의 속행 때문에 중대한 손해가 생기는 것을 예방하기 위한 것'일 것만을 요구하고 있으므로 그 한도 내에서 집행정지요건이 다소 완화되었다고 볼 수 있다.

다음으로 손해예방의 긴급한 필요가 있어야 한다. 긴급한 필요가 있는 경우란 시간적으로 급박하거나 본안재결을 기다릴 여유가 없는 경우를 말한다.

2.1.3. 공공복리에 중대한 영향 미칠 우려가 없을 것

집행정지는 공공복리에 중대한 영향을 미칠 우려가 있을 때에는 허용되지 않는다(§30③). 따라서 공공복리에 중대한 영향을 미칠 우려가 없을 것이란 소극적 요건이 성립한다. 공공복리에 중대한 영향을 주는 경우란 처분, 처분의 집행 또는 절차의 속행 때문에 사인이 입게 될 중대한 손해와 이를 예방하기 위해 집행등을 정지할 경우 그로 인해 손상될 공익을 비교형량하여 후자가 압도적으로 우월한 경우, 다시 말해서 집행정지로 회복될 사익에 비해 집행정지로 감소될 공익이 훨씬 더 중대하다고 인정될 때를 말한다.

2.1.4. 심판청구가 이유 있다고 인정되는 경우의 문제

한편 위 2.1.1, 2.1.2, 2.1.3의 요건이 완전히 충족되지 않았더라도 해

---

8) 대법원 1986.3.21.자 86두5 결정; 2003.4.25.자 2003무2 결정 등.

석상 다른 동종사건에 대한 재결이나 판결의 결과 등 제반사정을 고려할 때 심판청구의 내용 자체가 이유있다고 인정되는 경우에는 집행정지를 할 수 있다는 견해가 있었고,[9] 유사한 뉘앙스를 지닌 판례도 나오고 있다.[10] 이 문제는 취소소송에서의 집행정지와 관련하여 상세히 논할 예정이므로 여기서는 생략하지만, 그런 결과를 인정할 경우 자칫하면 본안심리의 선취(Vorgriff)를 초래할 수 있다는 점에서, 청구의 이유유무는 적어도 행정심판법의 규정상 집행정지의 요건으로는 고려될 수 없다는 점만을 지적해 두고자 한다.[11]

반면 집행정지를 원칙으로 할 때 청구의 이유없음이 명백한 경우를 즉시집행 내지 집행부정지의 요건으로 삼을 수는 있겠지만 그 법적 근거 여하가 문제될 것이다.

2.2. 집행정지의 내용

집행정지의 내용은 처분의 효력이나 집행 또는 절차의 속행의 전부 또는 일부를 정지시키는 것이다.

2.2.1. 효력의 전부 또는 일부의 정지

처분의 효력이란 처분의 내용적 구속력·공정력·집행력 등을 포함한다. 효력이 정지되면 잠정적이기는 하지만 이들 행정행위의 효력이 존속되지 않는 결과가 된다. 처분(예컨대 외국인강제퇴거명령 또는 체납처분으로서의 압류)의 효력정지는 처분의 집행(예컨대 강제퇴거조치) 또는 절차의 속행(예컨대 체납처분으로서 매각)을 정지함으로써 그 목적을 달성할 수 있을 때에는 허용되지 않는다(§30② 단서). 이것은 일종의 비례원칙적 고려에 의한 것이다.

---

9) 일본행정사건불복심사법 제34조 제4항은 이를 명문화하고 있다(김도창, 일반행정법론(상), p.714).

10) 가령 대법원 2004.5.12.자 2003무41 결정(집행정지 미간행)을 참조.

11) 박윤흔, 행정법강의(상), p.820; 홍정선, 행정법원론(상), p.724.

2.2.2. 처분의 집행의 전부 또는 일부의 정지

처분의 집행이란 처분내용의 강제적 실현을 위한 집행력의 행사를 말한다. 예컨대 과세처분에 따르는 징세나 영업정지처분에 따른 휴업 등이 그것이다. 처분의 집행정지는 이러한 집행작용을 정지시킴으로써 처분의 내용의 실현을 저지하는 것이다.

2.2.3. 절차의 속행의 전부 또는 일부의 정지

절차속행의 정지란 행정처분이 단계적인 절차에 의해 행해지는 경우 그 후속행위를 정지하는 것을 말한다. 예컨대 토지보상법에 의한 사업인정을 다투는 행정심판이 제기된 경우 집행정지가 행해진다면 후속 수용절차의 진행을 정지시키거나 대집행영장에 의한 통지를 다투는 경우 대집행을 정지하는 것을 말한다.

2.3. 집행정지의 절차

집행정지는 위원회가 직권으로 또는 당사자의 신청에 의하여 결정하게 되어 있다(§30② 본문). 법의 문언은 "결정을 할 수 있다"고 되어 있으나 이것은 집행정지결정권의 소재를 밝힌 권한규정이지 재량권을 부여한 것은 아니라고 해석된다.[12] 이렇게 해석해야만 집행부정지원칙을 취한 현행 행정심판제도 하에서 국민에게 가구제를 받을 수 있는 최소한의 기회를 확보해 줄 수 있기 때문이다.

반면 위원회는 집행정지를 결정한 후에 집행정지가 공공복리에 중대한 영향을 미치거나 그 정지사유가 없어진 경우에는 직권으로 또는 당사자의 신청에 의하여 집행정지 결정을 취소할 수 있다(§30④).

집행정지 및 집행정지의 취소에 관한 결정은 모두 위원회의 심리·의결을 거쳐야 한다. 하지만, 위원회의 심리·결정을 기다릴 경우 중대한 손해

---

12) 동지: 김동희, 행정법 I, p.575.

가 생길 우려가 있다고 인정되면 위원장은 직권으로 위원회의 심리·결정을 갈음하는 결정을 할 수 있다(§30⑥ 제1문). 이 경우 위원장은 지체없이 위원회에 그 사실을 보고하고 추인을 받아야 하며, 위원회의 추인을 받지 못하면 위원장은 집행정지 또는 집행정지 취소에 관한 결정을 취소하여야 한다(§30⑥ 제1문). 이것은 집행정지의 결정이나 그 취소결정이 시급성을 요하는 경우가 많다는 사정을 고려하여 위원회의 의결을 거치면 회복하기 어려운 손해가 발생할 우려가 있을 경우 위원장에게 직권에 의한 결정권을 부여함으로 집행정지 또는 그 취소 결정의 시의성을 확보하려는 데 취지를 둔 것으로 이해된다.

집행정지 신청은 심판청구와 동시에 또는 심판청구에 대한 법 제7조 제6항 또는 제8조 제7항에 따른 위원회나 소위원회의 의결이 있기 전까지, 집행정지 결정의 취소신청은 심판청구에 대한 법 제7조 제6항 또는 제8조 제7항에 따른 위원회나 소위원회의 의결이 있기 전까지 신청의 취지와 원인을 적은 서면을 위원회에 제출하여야 한다(§30⑤ 본문). 다만, 심판청구서를 피청구인에게 제출한 경우로서 심판청구와 동시에 집행정지 신청을 할 때에는 심판청구서 사본과 접수증명서를 함께 제출하여야 한다(§30⑤ 단서).

위원회는 집행정지 또는 집행정지의 취소에 관하여 심리·결정하면 지체없이 당사자에게 결정서 정본을 송달하여야 한다(§30⑦).

2.4. 집행정지의 효과

집행정지의 결정이 있으면 정지된 처분은 그 집행정지의 내용의 범위 내에서는 없는 것과 마찬가지의 상태가 된다(형성적 효과). 이러한 효과는 결정주문에서 특별한 언급이 없다면 심판의 재결이 확정될 때까지 지속된다고 보아야 할 것이며, 그것은 당사자는 물론 관계행정청에도 미친다고 본다.

Ⅵ. 임시처분

개정법은 제31조에서 집행부정지 원칙 하에서 행정심판상 가구제의 기회가 다소 제약될 수 있다는 점을 감안하여 임시처분제도를 도입하였다. 행정심판의 청구인이 처분이나 부작위에 의하여 회복하기 어려운 손해를 입게 되는 경우 종전의 집행정지제도만으로는 청구인의 권익을 구제하기가 어려웠던 것이 사실이다. 이러한 배경에서 행정청의 처분이나 부작위 때문에 발생할 수 있는 당사자의 중대한 불이익이나 급박한 위험을 막기 위하여 당사자에게 임시지위를 부여할 수 있는 임시처분제도를 도입한 것이다.

법 제31조에 따르면, 위원회는 처분 또는 부작위가 위법·부당하다고 상당히 의심되는 경우로서 처분 또는 부작위 때문에 당사자가 받을 우려가 있는 중대한 불이익이나 당사자에게 생길 급박한 위험을 막기 위하여 임시지위를 정하여야 할 필요가 있는 경우에는 직권으로 또는 당사자의 신청에 의하여 임시처분을 결정할 수 있다(§31①). 이 임시처분에 관하여는 집행부정지에 관한 법 제30조 제3항부터 제7항까지를 준용한다. 이 경우 같은 조 제6항 전단 중 '중대한 손해가 생길 우려'는 '중대한 불이익이나 급박한 위험이 생길 우려'로 본다(§31②).

임시처분은 제30조 제2항에 따른 집행정지로 목적을 달성할 수 있는 경우에는 허용되지 아니한다(§31③).

제2절 청구의 변경·취하

Ⅰ. 청구의 변경

1. 의 의

청구의 변경이란 심판청구의 계속중 당초 청구한 심판사항을 변경하는 것을 말한다. 행정심판법은 청구인의 편의와 신속한 절차진행을 위하여 심판청구를 제기한 후 일정한 사유가 발생했을 때에는 새로운 심판을 제기하는 대신 계속중인 심판청구를 변경할 수 있도록 허용하고 있다. 청구의 변경은 두 가지 유형이 있다. 단순한 청구변경과 처분변경으로 인한 청구변경이 그것이다.

2. 허용범위

청구인은 청구의 기초에 변경이 없는 범위에서 청구취지(예컨대 취소심판에서 무효등확인심판 또는 의무이행심판으로)나 청구원인을 변경할 수 있다(§29①). 청구의 변경은 심판청구의 계속중에만 이를 할 수 있다.

처분변경으로 인한 청구변경도 가능하다. 행정심판이 청구된 후에 피청구인이 새로운 처분을 하거나 심판청구의 대상인 처분을 변경한 경우에는 청구인은 새로운 처분이나 변경된 처분에 맞추어 청구의 취지나 이유를 변경할 수 있다(§29②).

3. 절 차

청구의 변경은 서면으로 신청하여야 한다. 이 경우 피청구인과 참가인의 수만큼 청구변경신청서 부본을 함께 제출하여야 하며(§29③), 위원회는 제출된 청구변경신청서 부본을 피청구인과 참가인에게 송달하여야 한다(§29④).

청구변경신청서 부본을 피청구인과 참가인에게 송달할 경우 위원회는 기간을 정하여 피청구인과 참가인에게 청구변경 신청에 대한 의견을 제출하도록 할 수 있고, 피청구인과 참가인이 그 기간에 의견을 제출하지 아니하면 의견이 없는 것으로 본다(§29⑤).

위원회는 청구변경 신청에 대하여 허가할 것인지 여부를 결정하고, 지체없이 신청인에게는 결정서 정본을, 당사자 및 참가인에게는 결정서 등본을 송달하여야 한다(§29⑥).

신청인은 이 송달을 받은 날부터 7일 이내에 위원회에 이의신청을 할 수 있다(§29⑦).

4. 효 과

청구의 변경결정이 있으면 처음 행정심판이 청구되었을 때부터 변경된 청구의 취지나 이유로 행정심판이 청구된 것으로 본다(§29⑧).

Ⅱ. 심판청구의 취하

청구인과 참가인은 심판청구에 대하여 법 제7조 제6항 또는 제8조 제7항에 따른 의결이 있을 때까지 서면으로 각각 심판청구와 참가신청을 취하할 수 있다(§42①②). 이로써 심판청구나 참가는 소급적으로 소멸하게 된다.

청구인이나 참가인은 서명하거나 날인한 심판청구와 참가신청의 취하서(§42③)를 피청구인 또는 위원회에 제출하여야 한다. 이 경우 법 제23조 제2항부터 제4항까지의 규정을 준용한다(§42④).

피청구인 또는 위원회는 계속 중인 사건에 대하여 이러한 심판청구나 참가신청의 취하서를 받으면 지체없이 다른 관계 기관, 청구인, 참가인에게 취하 사실을 알려야 한다(§42⑤).

제6장

행정심판의 심리 및 재결

제1절 행정심판의 심리

행정심판의 심리는 행정심판위원회에서 이루어진다. 행정심판법은 행정심판의 심리절차를 준사법화하도록 규정한 헌법 제107조 제3항의 취지에 따라 구술심리제를 도입하는 등 일련의 절차적 정비를 강화해 왔다.[1] 이에 따라 행정심판의 심리절차는 특히 최근의 법개정에 따라 당사자·이해관계인의 공격·방어, 증거조사 등 일련의 과정으로 이루어지는 대심적 쟁송절차로 발전해 왔다.

Ⅰ. 심리의 단계와 범위

1. 심리의 단계

행정심판의 심리는 요건심리와 본안심리의 두 가지 단계로 이루어진다.

---

1) 행정심판의 심리절차의 문제점에 관하여는 김원주, "행정심판법상의 심리절차의 문제점과 개선방안", 고시연구 1991/3, p.24 이하를 참조.

1.1. 요건심리

이것은 행정심판의 제기요건을 구비하였는지를 심사하여 만약 이를 갖추지 않은 것으로 판명되면, 그 불비된 요건이 보정할 수 있는 것인 경우에는 기간을 정하여 보정을 명하거나 경미한 사항은 직권으로 보정할 수 있으나(§32①), 그러한 경우가 아니라면 청구는 부적법한 것으로 각하되게 된다.

1.2. 본안심리

요건심리의 결과 행정심판의 제기가 적법하다고 판단되면 본안 즉 청구내용에 대한 심리에 들어가게 된다. 내용심리의 결과 심판청구의 취지을 인용하거나 기각하게 된다.

2. 심리의 범위

행정심판의 심리범위는 심판청구의 대상인 처분이나 부작위에 관한 적법성여하의 판단(법률문제)뿐만 아니라 당·부당이란 재량문제를 포함한 사실문제까지 미친다.

항고소송에서 처분청은 당초 처분의 근거로 삼은 사유와 기본적 사실관계가 동일성이 있다고 인정되는 한도 내에서만 다른 사유를 추가 또는 변경할 수 있다는 법리는 행정심판 단계에서도 그대로 적용된다는 것이 판례이다.

▨ 행정심판과 처분사유의 추가변경

행정처분의 취소를 구하는 항고소송에서 처분청은 당초 처분의 근거로 삼은 사유와 기본적 사실관계가 동일성이 있다고 인정되는 한도 내에서만 다른 사유를 추가 또는 변경할 수 있고, 이러한 기본적 사실관계의 동일성 유무는 처분사유를 법률적으로 평가하기 이전의 구체적 사실에 착안하여 그 기초인 사회적 사실관계가 기본적인 점에서 동일한지에 따라 결정되므로, 추가 또는 변경된 사유가 처분 당시에 이미 존재하고 있었다거나 당사자가 그 사실을 알고 있었다고 하여 당초의 처분사유와 동일성이 있다고 할 수 없다(대법원 2011.11.24. 선고 2009두19021 판결 등 참조). 그리고 이러한 법리는 행정심판 단계에서도 그대로 적용된다.[2]

그 밖에 심리범위에 관해서는 불고불리의 원칙과 불이익변경금지의 원칙이 적용되고 있다. 즉, 행정심판법은 위원회는 심판청구의 대상이 되는 처분 또는 부작위 외의 사항에 대해서는 재결하지 못하며(§47①), 심판청구의 대상인 처분보다 청구인에게 불이익한 재결을 할 수 없도록 규정하고 있다(§47②).

Ⅱ. 심리의 절차

위원회에 직접 심판청구서가 제출되거나 피청구인으로부터 송부된 후, 피청구인은 심판청구서를 제출받거나 위원회로부터 송부받은 날부터 10일 이내에 답변서를 위원회에 보내고 위원회는 다시 이를 청구인에게 송달하게 된다. 이것은 심리절차의 신속한 진행뿐만 아니라 답변서제출의무를 통하여 피청구인이 심판청구에 성실히 대응하도록 함으로써 진실발견과 사건의 해결을 용이하게 하기 위하여 1995년의 개정법에서 신설된 내용을 현행법에서 계승한 것이다. 제3자가 심판청구를 한 때에는 위원회는 처분의 상대방에게 그 사실을 알려야 한다(§24②). 이로써 행정심판의 심리절차가 진행된다.

---

2) 대법원 2014.5.16. 선고 2013두26118 판결(기타(시장정비사업추진계획): 공2014상, 1227).

1. 심리절차의 기본원칙

1.1. 대심주의

행정심판법은 심리에 있어 대립하는 당사자 쌍방에게 공격·방어방법을 제출할 대등한 기회를 보장하는 당사자주의적 구조, 즉 대심구조를 바탕을 두고 있다. 이에 따라 청구인과 피청구인이 제3자인 심판기관 앞에서 서로 공격과 방어를 함으로써 심리가 진행되게 된다.

1.2. 직권증거조사 및 직권심리주의

행정심판위원회는 사건을 심리하기 위하여 필요하면 직권으로 또는 당사자의 신청에 의하여 증거조사를 할 수 있고(§28①), 필요하면 당사자가 주장하지 아니한 사실에 대해서도 심리할 수 있다(§39). 이것은 행정심판법이 행정소송법(§26)의 경우와 마찬가지로 증거조사 및 심리에 있어 직권탐지주의(Untersuchungsmaxime)를 채택한 것으로서 행정심판이 주관적 권리보호를 목적으로 하는 절차일 뿐만 아니라 행정의 적법타당성 보장이라는 공익목적을 지닌 절차이기도 하다는 점을 고려한 것이라고 설명되고 있다. 다만 불고불리의 원칙으로 인하여 행정심판의 직권심리도 심판청구의 대상인 처분이나 부작위 이외의 사항에 미칠 수는 없다.

1.3. 서면심리주의와 구술심리주의

행정심판의 심리는 구술심리나 서면심리로 한다(§40① 본문). 다만, 당사자가 구술심리를 신청한 경우에는 서면심리만으로 결정할 수 있다고 인정되는 경우 외에는 구술심리를 하여야 한다(§40① 단서). 위원회는 구술심리 신청을 받으면 그 허가 여부를 결정하여 신청인에게 알려야 한다(§40②). 통지는 간이통지방법으로 할 수 있다(§40③).

1995년의 개정법은 행정심판에 구술심리의 기회를 확대했다. 즉 행정심판의 심리는 구술심리 및 서면심리로 하되, 당사자가 구술심리를 신청한 때에는 서면심리만으로 결정할 수 있다고 인정되는 경우 외에는 구술심리를 하도록 한 것이다(구법 §26②). 이를 계승한 것이 현행법 제40조이다.

그러나 당사자의 구술심리신청에 대한 위원회의 거부재량이 종래의 무제한적인 재량권에서 '서면심리만으로 결정할 수 있다고 인정되는 경우'로 국한됨으로써 당사자에게 원칙적으로 구술심리를 받을 권리가 부여된 것은 진일보한 것이지만, 여전히 위원회가 자신에게 유보된 '서면심리만으로 결정할 수 있다고 인정되는 경우'에 대한 판단권을 어떤 범위에서 어떤 태도로 행사하느냐에 따라 그 구술심리요구권도 제한을 받을 수밖에 없다.

1.4. 비공개주의의 문제

행정심판법은 심판의 공개 여부에 관하여 명문의 규정을 두지 않고 있다. 다만, 현행법 제41조에서 "위원회에서 위원이 발언한 내용이나 그 밖에 공개되면 위원회의 심리·재결의 공정성을 해칠 우려가 있는 사항으로서 대통령령으로 정하는 사항은 공개하지 아니한다"고 규정하여 '발언내용 등의 비공개'만을 명시하고 있을 뿐이다. 물론 심판의 공개여부는 심리방식상 서면심리주의를 취하느냐 구술심리주의를 취하느냐와 논리필연적인 관련을 맺는 것은 아니다. 그러나 구술심리에 관한 법 제40조의 법취지를 감안할 때, 행정심판에서 구술심리가 행해지는 경우에는 당사자가 심판의 공개를 요구하면, 위원회가 심판을 비공개로 할 필요가 있다고 인정하는 경우 외에는 심판을 공개할 수 있다고 해석해야 하지 않을까 생각한다.

한편 1998년의 행정심판법개정법률은 제26조의2를 신설하여 행정심판위원회의 심리·의결의 공정성과 객관성을 보장하기 위하여 위원회에서 위원이 발언한 내용 기타 공개할 경우 위원회의 심리·의결의 공정성을 해할 우려가 있는 사항은 공개하지 아니하도록 하였다. 이 조항에 대해 제기된 위헌소원에 대하여 헌법재판소는 이 조항이 정보공개청구권의 본질적 내용을 침해하지 아니하며 또한 위임입법의 명확성원칙을 위반하지도 않앗다고 판시하여 합헌으로 결정한 바 있다. 이 조항은 현행법 제41조에 거의 그대로 계승되었다.

■■■ 행정심판위원회 위원의 발언 내용 비공개의 합헌성

1. 행정심판위원회에서는 위원회의 최종 의사 형성에 관하여 토의가 이루어지는데 자유롭고 활발하며 공정한 심리·의결이 보장되기 위해서는 심리·의결 과정에서 누가 어떤 발언을 하였는지가 외부에 공개되지 않도록 보장할 필요가 있으므로 행정심판법 제26조의2(이하 '이 사건 조항'이라 한다)가 위원의 발언 내용을 비공개대상으로 하는 것은 입법목적에 합리적인 정당성이 있다.

행정심판회의록을 당해 재결이 확정되었다는 이유만으로 공개하기 시작하면 장래 있게 될 행정심판에서 위원회의 위원은 자신들의 발언도 재결확정 후에는 공개될 것을 우려하여 공정하고 자유로운 토론 및 심리·의결이 방해받을 수 있게 되기 때문에 위원의 발언 내용은 행정심판위원회 재결이 확정 후에도 비공개상태를 유지할 필요가 있고, 위원의 발언내용을 선별하여 그 중 일부를 부분공개하는 형태의 입법을 채택하기도 어렵다.

결국, 이 사건 조항상의 비공개제도 외에 달리 청구인의 알 권리를 덜 제한하는 입법수단이 존재한다고 할 수 없으므로, 이 사건 조항은 피해의 최소성 원칙을 구비하고 있고, 그 밖에 이 사건 조항은 기본권 침해에 있어서 방법의 적정성 및 법익균형성도 갖추고 있으므로, 헌법 제37조 제2항에서 정하는 기본권 제한의 한계를 벗어나 청구인의 정보공개청구권을 침해하였다고 볼 수 없다.

2. 이 사건 조항이 "공개할 경우 행정심판위원회의 심리·의결의 공정성을 해할 우려가 있는 사항"을 비공개대상으로 규정하면서 구체적인 비공개대상의 지정은 대통령령에게 위임하고 있는바, 이 사건 조항의 입법목적 및 위임 기준 그리고 관련 법률조항을 종합하여 판단하면, 이 사건 조항으로부터 대통령령으로 정하여질 비공개대상정보가 무엇인가 하는 대강의 내용을 충분히 예측할 수 있으므로, 이 사건 조항은 입법위임의 명확성을 요청하는 헌법 제75조에 위반되지 않는다.[3]

---

3) 헌법재판소 2004.08.26. 선고 2003헌바81·89(병합) 전원재판부결정(행정심판법 제26조의2 위헌소원 판례집 제16권 2집 상, 284).

2. 당사자의 절차적 권리

행정심판의 준사법적 절차로서의 성격은 당사자에게 어떠한 절차적 권리가 부여되어 있느냐에 크게 의존한다.

2.1. 위원·직원의 기피 신청권

당사자는 행정심판위원회 위원에게 심리·의결의 공정성을 기대하기 어려운 사정이 있는 경우에는 기피신청을 할 수 있다. 이것은 위원회의 직원에 대하여도 마찬가지이다(§10⑦). 이 경우 위원장은 위원회의 의결을 거치지 않고 결정한다(§10⑤).

2.2. 구술심리를 받을 권리

종래의 서면심리주의하에서도 당사자에게는 위원회에 구술심리를 신청할 수 있는 권리는 보장되고 있었다. 다만 그 결정여부가 위원회의 재량적 판단에 맡겨져 있었을 뿐이다. 그러나 현행 행정심판법은 구술심리를 서면심리와 대등한 비중으로 고려하는 한편, 당사자가 구술심리를 신청한 때에는 서면심리만으로 결정할 수 있다고 인정되는 경우 외에는 구술심리를 하도록 함으로써 당사자에게 단순한 신청권이 아니라 '구술심리를 받을 권리'를 인정하고 있다(§40).

2.3. 보충서면 제출권

당사자는 심판청구서·보정서·답변서·참가신청서 등에서 주장한 사실을 보충하고 다른 당사자의 주장을 다시 반박하기 위하여 필요하면 위원회에 보충서면을 제출할 수 있다. 이 경우 다른 당사자의 수만큼 보충서면 부본을 함께 제출하여야 한다. 위원회는 보충서면의 제출기한을 정할 수 있고, 그 경우에는 그 기한 내에 제출하여야 한다(§33①②). 제출은 임의적이며 반드시 1회에 한정되는 것은 아니다. 위원회가 보충서면을 받으면 지체없이 다른 당사자에게 그 부본을 송달하여야 한다(§33③).

2.4. 물적 증거 제출권

당사자는 심판청구서·보정서·답변서·참가신청서·보충서면 등에 덧붙여 그 주장을 뒷받침하는 증거서류나 증거물을 제출할 수 있다(§34①). 증거서류(서증)와 그 이외의 모든 서류·물품을 말하는 증거물을 합쳐 물적 증거라고 한다. 증거서류에는 다른 당사자의 수만큼 증거서류 부본을 함께 제출하여야 하며(§34②), 위원회는 당사자가 제출한 증거서류의 부본을 지체없이 다른 당사자에게 송달하여야 한다(§34③).

2.5. 증거조사 신청권

당사자는 그 주장을 뒷받침하기 위하여 필요하다고 인정할 때에는 위원회에 본인·관계인신문, 증거자료의 제출요구 및 영치, 감정·질문·조사·검증 등 증거조사를 할 것을 신청할 수 있다(§36①). 그러나 행정심판법은 위원회에게 사건 심리에 필요하면 관계 행정기관이 보관 중인 관련 문서, 장부, 그 밖에 필요한 자료를 제출할 것을 요구할 수 있는 권리를 부여할 뿐(§35①), 청구인인 당사자에게는 행정기관이 보유하는 관계자료의 열람·복사를 요구할 권리를 인정하지 않고 있다. 이것은 행정심판절차의 준사법화에 대한 헌법적 요구에 적합치 못한 것이라고 생각된다. 1995년의 법개정은 당사자등에게 위원회의 조사나 요구 등에 성실하게 협조해야 할 의무를 부과함으로써 오히려 위원회의 조사권을 강화하였다(현행법 §36④).

2.6. 처분청의 의견 제출 및 출석진술

중앙행정심판위원회에서 심리·재결하는 심판청구의 경우 소관 중앙행정기관의 장은 의견서를 제출하거나 위원회에 출석하여 의견을 진술할 수 있다(§35④). 이것은 1997년의 개정법에서 신설된 재결청의 의견 제출·진술권에 관한 제28조 제5항의 취지를 계승한 조항이다.

3. 위원회의 자료의 제출 요구 및 증거조사

3.1. 위원회의 자료의 제출 요구

위원회는 사건 심리에 필요하면 관계 행정기관이 보관 중인 관련 문서, 장부, 그 밖에 필요한 자료를 제출할 것을 요구할 수 있고(§35①), 또 필요하다고 인정하면 사건과 관련된 법령을 주관하는 행정기관이나 그 밖의 관계 행정기관의 장 또는 그 소속 공무원에게 위원회 회의에 참석하여 의견을 진술할 것을 요구하거나 의견서를 제출할 것을 요구할 수 있다(§35②).

관계 행정기관의 장은 특별한 사정이 없으면 제1항과 제2항에 따른 위원회의 요구에 따라야 한다(§35③).

3.2. 증거조사

증거조사는 다음과 같이 실시한다. 위원회는 사건을 심리하기 위하여 필요하면 직권으로 또는 당사자의 신청에 의하여 다음 각 호의 방법에 따라 증거조사를 할 수 있다(§36①).

1. 당사자나 관계인(관계 행정기관 소속 공무원을 포함한다. 이하 같다)을 위원회의 회의에 출석하게 하여 신문(訊問)하는 방법
2. 당사자나 관계인이 가지고 있는 문서·장부·물건 또는 그 밖의 증거자료의 제출을 요구하고 영치하는 방법
3. 특별한 학식과 경험을 가진 제3자에게 감정을 요구하는 방법
4. 당사자 또는 관계인의 주소·거소·사업장이나 그 밖의 필요한 장소에 출입하여 당사자 또는 관계인에게 질문하거나 서류·물건 등을 조사·검증하는 방법

위원회는 필요하면 위원회가 소속된 행정청의 직원이나 다른 행정기관에 촉탁하여 제1항의 증거조사를 하게 할 수 있다(§36②). 이에 따라 증

거조사를 수행하는 사람은 그 신분을 나타내는 증표를 지니고 이를 당사자나 관계인에게 내보여야 하며(§36③), 당사자 등은 위원회의 조사나 요구 등에 성실하게 협조하여야 한다(§36④).

4. 심리기일의 지정과 변경

심리기일은 위원회가 직권으로 지정하며(§38①), 심리기일의 변경은 직권으로 또는 당사자의 신청에 의하여 한다(§38②).

위원회는 심리기일이 변경되면 지체없이 그 사실과 사유를 당사자에게 알려야 하며(§38③), 심리기일의 통지나 심리기일 변경의 통지는 서면으로 하거나 심판청구서에 적힌 전화, 휴대전화를 이용한 문자전송, 팩시밀리 또는 전자우편 등 간편한 통지 방법으로 할 수 있다(§38④).

5. 심리의 병합과 분리

행정심판법은 심리의 신속성·경제성을 고려하여 행정심판위원회가 동일하거나 서로 관련된 사안에 관한 수개의 심판청구(관련청구)를 병합하거나 또는 병합된 관련청구를 분리하여 심리할 수 있다.

5.1. 심리의 병합

행정심판위원회는 필요하다고 인정할 때에는 관련되는 심판청구를 병합하여 심리할 수 있다(§37 전단). 이것은 관련청구를 병합심리하는 것이 심판사건의 통일적이고 신속한 해결에 도움이 되는 것이라는 고려에서 인정된 것이다. 이러한 병합심리의 필요성은 행정심판위원회가 개별·구체적으로 판단한다. 가령 증거가 공통되어 있는 경우라든지 동일한 행정청이 행한 유사한 처분에 관한 청구의 경우 병합심리의 필요성이 있다고 할 수 있다. 다만 병합심리는 심판절차에 병합에 그치므로 재결은 각각의 심판청구에 대하여 개별적으로 행해져야 한다.

5.2. 심리의 분리

행정심판위원회는 필요하면 이미 병합된 관련청구를 분리하여 심리할 수 있다. 병합이 당사자의 신청에 의한 것이든 직권에 의한 것이든 불문한다.

제2절 행정심판의 재결

Ⅰ. 의   의

재결이란 행정심판이란 쟁송절차과정의 최종적 산출(output)이다. 즉, 심판청구사건에 대한 위원회의 종국적 판단을 담은 의사표시라 할 수 있다. 이것은 처분·부작위의 위법·부당성에 관한 행정법상의 다툼에 유권적 판정을 내리는 준사법적 행위이자 동시에 확인적 행정행위로서의 성질을 갖는다. 또한 재결은 위원회에게 재량이 허용되지 않는다는 점에서 기속행위이다. 행정심판법은 제2조 제3호에서 "재결"이란 행정심판의 청구에 대하여 법 제6조에 따른 행정심판위원회가 행하는 판단을 말한다고 정의하고 있다.

Ⅱ. 재결의 절차와 형식

행정심판의 재결은 행정심판위원회가 심리·의결을 거쳐 행한다. 재결의 절차와 형식은 다음과 같다.

1. 재결기간

행정심판법은 행정법관계의 조속한 확정과 권리구제 및 심리의 신속성을 도모하기 위하여 재결기간을 명시적으로 한정하고 있다. 이에 따르면 재결은 법 제23조에 따라 피청구인 또는 위원회가 심판청구서를 받은 날부터 60일 이내에 하되 다만, 부득이한 사정이 있는 경우에는 위원장이 직권으로 30일을 연장할 수 있다(§45①). 다만, 위의 재결기간에는 심판청구의 흠결이 있어 그 보정을 명한 경우의 보정기간은 산입되지 않는다. 위원장은 위 단서에 따라 재결 기간을 연장할 경우에는 재결 기간이 끝나기 7일 전까지 당사자에게 알려야 한다(§45②).

2. 재결의 방식

재결은 서면(재결서)으로 하되 재결서에는 다음 각 호의 사항이 포함되어야 한다(§46①).

1. 사건번호와 사건명
2. 당사자·대표자 또는 대리인의 이름과 주소
3. 주문
4. 청구의 취지
5. 이유
6. 재결한 날짜

재결서에 적는 이유에는 주문 내용이 정당하다는 것을 인정할 수 있는 정도의 판단을 표시하여야 한다(§46②).

3. 송달 및 공고

위원회는 재결을 한 때에는 지체없이 당사자에게 재결서의 정본을 송달하여야 한다(§48①). 재결은 청구인에게 송달된 때에 효력을 발생한다

(§48②). 참가인에게는 재결서의 등본을 송달한다(§48③). 처분의 상대방이 아닌 제3자가 심판청구를 한 경우 위원회는 재결서의 등본을 지체없이 피청구인을 거쳐 처분의 상대방에게 송달하여야 한다(§48④).

Ⅲ. 재결의 내용

1. 재결의 범위

재결의 범위는 이미 행정심판의 심리범위에서 본 바와 같이 심판청구의 대상인 처분이나 부작위의 적법성판단(법률문제) 뿐만 아니라 그 당·부당(사실문제)에 미치며 그 밖에 심리범위에 관해서는 불고불리의 원칙과 불이익변경금지의 원칙이 적용되어 위원회는 심판청구의 대상인 처분 또는 부작위 외의 사항에 대해서는 재결을 하지 못하며(§47①), 심판청구의 대상이 되는 처분보다 청구인에게 불이익한 재결을 할 수 없다(§47②).

2. 재결의 종류와 내용

2.1. 재결의 종류

일반적으로 재결은 심판청구요건의 불비를 이유로 한 각하재결, 본안심리의 결과 청구의 이유 없음을 이유로 한 기각재결과 청구가 이유 있다고 인정하여 청구의 취지를 받아들이는 인용재결로 나뉜다.

2.2. 인용재결의 내용

인용재결은 청구 취지를 받아들이는 재결로 그 청구의 내용에 따라 다음 세 가지로 나뉜다.

2.2.1. 취소심판

위원회는 취소심판의 청구가 이유 있다고 인정하면 취소 또는 변경을 내용으로 하는 인용재결을 한다. 이를 통하여 계쟁처분을 직접 취소 또는 다른 처분으로 변경하거나[4](형성재결), 피청구인에게 처분을 취소하거나 다른 처분으로 변경할 것을 명한다(이행재결: §43③). 다만 심판청구가 이유 있다고 인정되는 경우에도 이를 인용하는 것이 현저히 공공복리에 적합하지 아니하다고 인정할 때에는 심판청구를 기각하는, 이른바 사정재결을 할 수 있다(§44①).

2.2.2. 무효등확인심판

무효등확인심판청구가 이유 있다고 인정되면 위원회는 처분의 효력 유무 또는 존재 여부를 확인하는 확인재결을 한다(§43④). 확인재결은 심판청구된 확인의 대상에 따라 다시 유효확인재결, 무효확인재결, 실효확인재결, 존재확인재결 및 부존재확인재결로 나뉜다.

2.2.3. 의무이행심판

의무이행심판청구가 이유 있다고 인정되면 위원회는 지체없이 신청에 따른 처분을 하거나(형성재결), 처분청에게 그 신청에 따른 처분을 하도록 명하는 재결(이행재결)을 한다(§43⑤). 신청에 따른 처분을 할 것을 명하는 이행재결은 그 처분의무의 내용이 기속행위에 대한 것인 경우에는 특정행위의 이행명령이 되지만, 처분의무의 내용이 선택재량만이 부여된 행위에 대한 것일 경우에는 특정행위의 이행명령이 아니라 어떠한 내용의 처분이든 신청을 방치하지 말고 지체없이 재량에 따른 처분을 하도록 명하는 재결, 즉 재량행사명령(Bescheidungsanordnung)이 된다. 이 경우 당해 행정청

---

4) 이 경우 변경의 의미에 관하여는 후술하는 취소소송의 경우와는 달리, 행정심판의 본질상 소극적인 일부취소뿐만 아니라 적극적인 변경을 뜻하는 것으로 해석되고 있다(김동희, 행정법 I, pp.586-587).

은 지체없이 그 재결의 취지에 따라 이전의 신청에 대하여 처분을 하여야 한다(§49②). 부작위에 대한 의무이행심판의 인용재결은, 후술하는 부작위 위법확인소송의 경우와는 달리, 거부처분에 대한 것과 마찬가지로 '지체없이 신청에 따른 처분을 하거나 이를 할 것을 명하는'(§43⑤) 이행재결이지 단순한 응답의무를 부과하는 재결에 국한되는 것은 아니다.[5]

Ⅳ. 사정재결

1. 의 의

사정재결이란, 심판청구가 이유가 있다고 인정하는 경우에도 이를 인용(인용)하는 것이 공공복리에 크게 위배된다고 인정하는 때에 그 심판청구를 기각하는 재결을 말한다(§44① 전단). 사정재결은 취소심판과 의무이행심판에만 인정되고 무효등확인심판에는 인정되지 않는다(§44③).[6] 처분이 취소할 수 있는 것인가 또는 무효인가는 심리의 종료단계에서야 비로소 확정되는 경우가 많으므로 무효인 처분에 대해서도 사정재결의 필요가 생길 수 있다는 견해[7]도 있으나, 처분이 무효라는 사실이 심판의 어느 단계에서 확정되는지에 따라 사정재결의 가능성이 판단될 수 있는 것은 아닐 뿐더러, 어느 때이건 처분이 무효라고 판단되는 이상 행정심판법의 명문규정을 무시하면서까지 이 예외적인 성격을 지닌 재결형태를 허용한다는 것은 타당하지 않다. 또한 이 견해가 이유의 하나로 들고 있는 공법상의 결과

---

5) 물론 후술하는 바와 같이, 부작위위법확인소송에 있어 인용판결의 기속력을 단순한 응답의무의 부과만으로 보는 다수설·판례에 대해서는 의문이 있다.

6) 이러한 결과를 인정하는 것이 또한 통설과 판례의 태도이다.

7) 김남진, 행정법 I, p.706. 김남진 교수는 처분이 취소대상인지 무효인지는 심리종료단계에 가서야 확정되는 경우가 많으므로 무효인 처분에 대해서도 사정재결의 필요는 생길 수 있다고 하면서 '그러한 경우는 이른바 공법상 결과제거청구권의 법리를 참작하여 해결함이 타당시된다'고 기술하고 행정소송법상 사정판결도 마찬가지라고 한다(같은 책, pp.833-834).

제거청구권의 법리는 취소된 처분이든 무효인 처분이든 그 결과 조성된 위법한 상태를 제거하는 데 목적을 지닌 것으로서 그 결과제거의무의 실행이 수인기대가능성(Zumutbarkeit)을 결여한다고 인정되면 바로 그런 이유에서 결과제거청구권에 의한 원상회복이 불가능해질 뿐이지, 이 때 거꾸로 이러한 원상회복의 부정을 위하여 사정재결(행정소송의 경우 사정판결)을 내려야 하거나 내릴 수 있는 것은 아니다. 사정재결은 어디까지나 처분의 취소·변경 또는 의무이행재결에 관련된 것이지 그 결과제거에 관한 것은 아니다.

2. 제도의 취지

사정재결은 사익의 보호가 결과적으로 공익에 중대한 침해를 가져올 경우 사회전체의 공익을 우선시킴으로써 이를 시정하려는 데 그 취지를 두고 있다고 파악된다. 환언하면 사정재결은 공익과 사익을 공익우선의 견지에서 조절하기 위한 예외적인 제도라 할 수 있다. 이것은 종래 행정심판(소원)에는 적용되지 않았던 것을 1984년 개정법에서 신설한 것이다.

3. 사정재결의 요건

3.1. 실질적 요건

사정재결은 심판청구가 이유 있음에도 불구하고 이를 인용하는 것이 공공복리에 크게 위배된다고 인정되어야 한다. 이 경우 처분등을 그 위법·부당에도 불구하고 유지한다는 사정재결제도의 예외적 성격을 고려하여 위법·부당한 처분등의 유지에 따른 사익침해의 정도와 인용재결에 의해 초래될 공익침해의 정도를 적정히 비교형량해야 하며 후자가 전자에 비해 압도적으로 우세한 경우에만 사정재결이 허용된다고 보아야 한다.

3.2. 형식적 요건

위원회가 사정재결을 하고자 할 때에는 재결의 주문에서 그 처분 또는 부작위가 위법하거나 부당하다는 것을 구체적으로 밝혀야 한다(§44① 후단). 이것은 처분 등의 위법·부당성을 전제로 한 공익보호제도로서 사정재결의 성격을 고려하여 후일 청구인이 원처분의 위법·부당을 다시 주장할 필요가 있을 때 이에 대한 유권적 확정사실 또는 일종의 기결력을 원용할 수 있도록 하고 또 사정재결을 통해 위법 또는 부당한 처분등이 적법타당한 처분등으로 전환되는 것이 아님을 명백히 하여 재결서만으로도 당해 처분등의 위법·부당성을 주장할 수 있도록 함과 동시에 그에 따른 구제의 길을 터주기 위한 배려라 할 수 있다.

4. 구제·불복 방법

사정재결이 허용된다고 해서 사익이 무시되어도 좋다는 것은 아니므로 위원회는 사정재결을 할 경우 청구인에 대하여 상당한 구제방법(예컨대 손해배상명령)을 취하거나 피청구인에게 그러한 구제방법을 취하도록 명할 수 있다(§44②). 청구인이 사정재결에 대하여 행정소송을 제기할 수 있음은 물론이다.

Ⅴ. 재결의 효력

재결은 위원회가 청구인에게 지체없이 재결서의 정본을 송달한 때로부터 그 효력을 발생한다. 재결 역시 행정행위로서의 성질을 갖는 이상, 행정행위의 효력 일반에 관한 앞에서의 설명이 그대로 타당하다. 다만 다음과 같은 점에 유의할 필요가 있다.

1. 형성력

취소·변경의 재결이 형성력을 갖는 것은 당연하다. 구법하에서의 판례는 형성력을 부인하는 태도를 취했으나,[8] 현행법은 스스로 취소·변경하거나 처분청에 취소·변경을 명할 수 있다고 규정하므로 더 이상 그 형성력에 관한 의문이 제기될 수 없다.

▨▨ 판례

가. 행정심판에 있어서 재결청의 재결내용이 처분청에 취소를 명하는 것이 아니라 처분청의 처분을 스스로 취소하는 것일 때에는 그 재결에 형성력이 발생하여 당해 행정처분은 별도의 행정처분을 기다릴 것 없이 당연히 취소되어 소멸되는 것이어서 그 후 동일한 사안에 대해 처분청이 또 다른 처분을 하였다면 이는 위 소멸된 처분과는 완전히 독립된 별개의 처분이라 할 것이고, 따라서 새로운 처분에 대한 제소기간 준수여부도 그 새로운 처분을 기준으로 판단하여야 한다.

나. 구 개발이익환수에관한법률(1993.6.11. 법률 제4563호로 개정되기 전의 것) 제10조 제3항, 제1항의 각 규정내용 및 개별토지가격합동조사지침 (1990. 4 .14. 국무총리훈령 제241호 및 1991.4.2. 국무총리훈령 제248호)에 의한 개별 토지가격제도의 취지 등에 비추어 볼 때 행정청이 행정 목적을 위하여 표준지의 공시지가를 기준으로 지가공시및토지등의평가에관한법률 제10조에 의한 비교표를 적용하여 토지가격을 산정하여야 할 경우에 개별토지가격이 결정 공고된 토지에 대해서는 그 개별토지가격결정에 잘못이 있다거나 개별토지가격결정 당시의 토지현황이 현저히 변동되었다는 등의 특별한 사정이 없는 한 원칙적으로 개별토지가격에 의하여야 할 것이고 그와 다른 토지가격은 인정되지 않는다 할 것이어서, 개발부담금산정 기초항목의 하나인 위 개발사업착수시점의 토지가액 역시 그에 의거하여 산정함이 상당하다.[9]

---

8) 대법원 1975.11.25. 선고 74누214 판결.

9) 대법원 1994.4.12. 선고 93누1879 판결(공94.6.1. 969). 참조판례: 나. 대법원 1994.4.12. 선고 93누1237 판결. 동지: 대법원 1994.4.12. 선고 93누2162 판결; 1994.4.12. 선고 93누4557 판결; 1994.4.12. 선고 93누4076 판결; 1994.4.12. 선고 93누12305 판결; 1994.4.12. 선고 93누14189 판결; 1994.4.12. 선고 93누6904 판결.

2. 기속력

2.1. 관계행정청에 대한 기속

심판청구를 인용하는 재결은 피청구인인 행정청과 그 밖의 관계행정청을 기속한다(§49①). 따라서 관계행정청은 당해 재결을 준수해야 하며 아울러 동일한 상황에서 동일한 처분을 할 수 없다는 구속을 받는다. 그러나 재결은 그 밖에 심판청구를 한 상대방이나 제3자에 대하여는 구속력을 갖지 않는다. 이것은 이들이 재결에 대해 행정소송을 제기할 수 있으므로 당연한 결과이다.

> **▮▰ 판례**
>
> [1] 행정심판법 제37조가 정하고 있는 재결은 당해 처분에 관하여 재결 주문 및 그 전제가 된 요건사실의 인정과 판단에 대하여 처분청을 기속하므로, 당해 처분에 관하여 위법한 것으로 재결에서 판단된 사유와 기본적 사실관계에 있어 동일성이 인정되는 사유를 내세워 다시 동일한 내용의 처분을 하는 것은 허용되지 않는다.
>
> [2] 건축허가권자는 건축허가신청이 건축법, 도시계획법 등 관계 법규에서 정하는 어떠한 제한에 배치되지 않는 이상 당연히 같은 법조에서 정하는 건축허가를 하여야 하고, 중대한 공익상의 필요가 없음에도 불구하고, 요건을 갖춘 자에 대한 허가를 관계 법령에서 정하는 제한 사유 이외의 사유를 들어 거부할 수는 없다.10)

법령의 규정에 따라 공고하거나 고시한 처분이 재결로써 취소되거나 변경되면 처분을 한 행정청은 지체없이 그 처분이 취소 또는 변경되었다는 것을 공고하거나 고시하여야 하며(§49④), 법령의 규정에 따라 처분의 상대방 외의 이해관계인에게 통지된 처분이 재결로써 취소되거나 변경되면 처분을 한 행정청은 지체없이 그 이해관계인에게 그 처분이 취소 또는 변경되었다는 것을 알려야 한다(§49⑤).

---

10) 대법원 2003.4.25. 선고 2002두3201 판결(건축불허가처분취소 공2003.6.15. (180),1337).

■■ 재결의 기속력

가. 행정심판법 제37조 제1항의 규정에 의하면 재결은 행정청을 기속하는 효력을 가지므로 재결청이 취소심판의 청구가 이유 있다고 인정하여 처분청에게 처분의 취소를 명하면 처분청으로서는 그 재결의 취지에 따라 처분을 취소하여야 하지만, 그렇다고 하여 그 재결의 취지에 따른 취소처분이 위법할 경우 그 취소처분의 상대방이 이를 항고소송으로 다툴 수 없는 것은 아니다.

나. 재결 취지에 따른 취소처분의 상대방이 재결 자체의 효력을 다투는 별소를 제기하였고 그 소송에서 판결이 확정되지 아니하였다 하여 재결의 취지에 따른 취소처분의 취소를 구하는 항고소송 사건을 심리하는 법원이 그 청구의 당부를 판단할 수 없는 것이라고 할 수 없다.[11]

■■ 재결의 기속력과 처분 결정 지체로 인한 배상책임

[1] 행정심판의 재결은 피청구인인 행정청을 기속하는 효력을 가지므로 재결청이 취소심판의 청구가 이유 있다고 인정하여 처분청에 처분을 취소할 것을 명하면 처분청으로서는 재결의 취지에 따라 처분을 취소하여야 하지만, 나아가 재결에 판결에서와 같은 기판력이 인정되는 것은 아니어서 재결이 확정된 경우에도 처분의 기초가 된 사실관계나 법률적 판단이 확정되고 당사자들이나 법원이 이에 기속되어 모순되는 주장이나 판단을 할 수 없게 되는 것은 아니다.

[2] 행정청의 처분을 구하는 신청에 대하여 상당한 기간 처분 여부 결정이 지체되었다고 하여 곧바로 공무원의 고의 또는 과실에 의한 불법행위를 구성한다고 단정할 수는 없고, 행정처분의 담당공무원이 보통 일반의 공무원을 표준으로 하여 볼 때 객관적 주의의무를 결하여 처분 여부 결정을 지체함으로써 객관적 정당성을 상실하였다고 인정될 정도에 이른 경우에 비로소 국가배상법 제2조가 정한 국가배상책임의 요건을 충족한다. 이때 객관적 정당성을 상실하였는지는 신청의 대상이 된 처분이 기속행위인지 재량행위인지 등 처분의 성질, 처분의 지연에 따라 신청인이 입은 불이익의 내용과 정도, 행정처분의 담당공무원이 정당한 이유 없이 처리를 지연하였는지 등을 종합적으로 고려하되, 손해의 전보책임을 국가 또는 지방자치단체에게 부담시킬 만한 실질적인 이유가 있는지도 살펴서 판단하여야 한다. 여기서 정당한 이유 없이 처리를 지연하였는지는 법정 처리기간이나 통상적인 처리기간을 기초로 처분이 지연된 구체적인 경위나 사정을 중심으로

11) 대법원 1993.9.28. 선고 92누15093 판결(공93, 2978). 참조판례: 대법원 1972.2.29. 선고 71누110 판결(집20,1,행26); 1973.10.10. 선고 72누121 판결; 1993.8.24. 선고 92누17723 판결(공1993, 2636).

살펴 판단하되, 처분을 아니하려는 행정청의 악의적인 동기나 의도가 있었는지, 처분 지연을 쉽게 피할 가능성이 있었는지 등도 아울러 고려할 수 있다.12)

2.2. 재처분의무

당사자의 신청을 거부하거나 부작위로 방치한 처분의 이행을 명하는 재결이 있으면 행정청은 지체없이 이전의 신청에 대하여 재결의 취지에 따라 처분을 하여야 한다(§49②).

> ◢◣ 판례
>
> 당사자의 신청을 거부하는 처분을 취소하는 재결이 있는 경우에는 행정청은 그 재결의 취지에 따라 다시 이전의 신청에 대한 처분을 하여야 하는 것이므로 행정청이 그 재결의 취지에 따른 처분을 하지 아니하고 그 처분과는 양립할 수 없는 다른 처분을 하는 것은 위법한 것이라 할 것이고, 이 경우 그 재결의 신청인은 위법한 다른 처분의 취소를 소구할 이익이 있다 할 것이다.13)

이행재결은 그 처분의무가 기속행위에 대한 것인 경우에는 신청된 대로의 처분, 즉 특정행위의 이행명령이 되지만, 처분의무가 오로지 선택재량만이 부여된 행위에 대한 것일 경우에는 특정행위의 이행명령이 아니라 어떠한 내용의 처분이든 신청을 방치하지 말고 지체없이 재량에 따른 처분을 하도록 명하는 재결, 즉 재량행사명령이 되며, 다만 재량권의 수축이 인정될 경우에는 기속행위와 동일한 처분을 해야 한다. 신청에 따른 처분이 절차의 위법 또는 부당을 이유로 재결에 의하여 취소된 경우에도 재결의 취지에 따라 다시 처분을 하여야 한다(§49③). 만일 그것이 기속행위인 경우에는 사실상 동일한 처분이 이루어지게 될 것이다.

신청에 따른 처분이 절차의 위법 또는 부당을 이유로 재결로써 취소된 경우에는 법 제49조 제2항을 준용한다(§49③).

---

12) 대법원 2015.11.27. 선고 2013다6759 판결(손해배상(기): 공2016상, 17).
13) 대법원 1988.12.13. 선고 88누7880 판결.

3. 결과제거의무

행정청은 재결을 통해 취소·변경된 또는 무효임이 확인된 위법한 처분 또는 부작위에 의해 조성된 위법상태를 공법상 결과제거청구권의 법리에 따라 제거해야 할 의무를 진다.

4. 위원회의 직접 처분

종래 피청구인인 행정청이 재결의 취지에 따른 처분의무를 이행하지 않아도 이를 시정할 방법이 마땅치 않았다는 문제점이 있어 처분청이 재결의 취지에 따른 처분을 하지 않을 경우, 재결청이 당사자의 신청에 따라 기간을 정하여 서면으로 시정을 명하고 그 기간 내에 이행하지 아니하는 경우에는 당해 처분을 할 수 있도록 하고 있었다(구법 §37②). 이러한 규정의 취지를 새로운 행정심판체제에 맞게 변용하여 법은 위원회에게 직접 처분권을 부여하였다.

2010년 1월 25일 개정법에서 신설된 제50조에 따라, 위원회는 피청구인이 제49조 제2항에도 불구하고 처분을 하지 아니하는 경우에는 당사자가 신청하면 기간을 정하여 서면으로 시정을 명하고 그 기간에 이행하지 아니하면 직접 처분을 할 수 있게 되었다(§50① 본문). 다만, 그 처분의 성질이나 그 밖의 불가피한 사유로 위원회가 직접 처분을 할 수 없는 경우에는 그러하지 아니하다(§50① 단서).

위원회는 피청구인인 행정청에 대한 관계에서 직근상급행정청의 지위를 가지지 않으므로 위원회가 법률의 규정에 의하여 직접 처분을 하는 경우 해당 행정청과의 협조가 무엇보다도 중요하다. 따라서 법은 위원회가 직접 처분을 하였을 때에는 그 사실을 해당 행정청에 통보하여야 하며, 그 통보를 받은 행정청은 위원회가 한 처분을 자기가 한 처분으로 보아 관계 법령에 따라 관리·감독 등 필요한 조치를 하여야 한다고 규정하고 있다(§50②).[14]

---

14) 이 또한 1997년의 개정법 제37조 제4항의 취지를 되살린 것이다.

Ⅵ. 재결에 대한 불복

1. 재결에 대한 행정심판

무용한 행정심판의 반복을 막기 위해 법은 행정심판 재청구를 금지하고 있다. 즉, 심판청구에 대한 재결이 있으면 그 재결 및 같은 처분 또는 부작위에 대하여 다시 행정심판을 청구할 수 없다(§51). 물론 개별법(예컨대 국세기본법)에 다단계 행정심판을 인정하는 특별한 규정이 있는 경우에는 그에 의한다.

2. 원처분주의

행정소송은 후술하는 바와 같이 원처분주의를 취하고 있으므로, 재결에 대한 행정소송은 재결자체에 고유한 위법이 있는 경우에 한한다(행정소송법 §19 단서). 이 경우에는 행정심판을 다시 제기할 수 없으므로(행정심판법 §39), 행정심판을 제기하지 않고 직접 취소소송을 제기할 수 있다.

> ■■ **판례**
>
> 가. 행정소송법 제19조는 취소소송은 행정청의 원처분을 대상으로 하되(원처분주의), 다만 '재결 자체에 고유한 위법이 있음을 이유로 하는 경우'에 한하여 행정심판의 재결도 취소소송의 대상으로 삼을 수 있도록 규정하고 있으므로 재결취소소송의 경우 재결 자체에 고유한 위법이 있는지 여부를 심리할 것이고, 재결 자체에 고유한 위법이 없는 경우에는 원처분의 당부와는 상관없이 당해 재결취소소송은 이를 기각하여야 한다.
> 나. 행정심판법 제39조가 심판청구에 대한 재결에 대하여 다시 심판청구를 제기할 수 없도록 규정하고 있으므로, 이 재결에 대하여는 바로 취소소송을 제기할 수 있다.[15]

---

15) 대법원 1994.1.25. 선고 93누16901 판결(공94.3.15.964호(47)). 참조판례: 가. 대법원 1989.1.24. 선고 88누3314 판결(공1989, 316); 1989.10.24. 선고 89누1865 판결(공1989, 1806); 1992.2.28. 선고 91누6979 판결(공1992, 1188).

제7장

전자정보처리조직을 통한 행정심판절차의 특례

제1절 전자정보처리조직을 통한 행정심판의 도입

전자정보처리조직을 통하여 간편하게 행정심판을 청구할 수 있는 시스템이 개발·운영됨에 따라 이와 관련된 법적 근거를 마련해야 한다는 요구가 대두되었고 이에 2010년 1월 25일의 행정심판법개정법률은 제7장(§§52-54)을 신설하여 전자정보처리조직을 통한 행정심판의 근거를 마련하였다. 먼저, 전자문서를 통한 송달에 관한 근거를 두는 등 온라인 행정심판제도의 운용 근거를 마련하는 한편,[1] 전자정보처리조직을 통한 행정심판제도 운영의 법적 근거를 명확히 함으로써 국민의 권리구제 활성화와 행정심판제도 운영의 효율성제고를 도모하였다.

---

[1] 온라인 행정심판에 관해서는 https://www.simpan.go.kr/nsph/sph160.do를 참조.

제2절 전자정보처리조직을 통한 행정심판 절차

행정심판법 제7장에 따른 전자정보처리조직을 통한 행정심판 절차를 살펴보면 다음과 같다.

Ⅰ. 전자정보처리조직을 통한 심판청구 등

행정심판법에 따른 행정심판 절차를 밟는 자는 심판청구서와 그 밖의 서류를 전자문서화하고 이를 정보통신망을 이용하여 위원회에서 지정·운영하는 전자정보처리조직(행정심판 절차에 필요한 전자문서를 작성·제출·송달할 수 있도록 하는 하드웨어, 소프트웨어, 데이터베이스, 네트워크, 보안요소 등을 결합하여 구축한 정보처리능력을 갖춘 전자적 장치를 말한다. 이하 같다)을 통하여 제출할 수 있다(§52①). 이러한 방법으로 제출된 전자문서는 이 법에 따라 제출된 것으로 보며, 부본을 제출할 의무는 면제된다(§52②). 제출된 전자문서는 그 문서를 제출한 사람이 정보통신망을 통하여 전자정보처리조직에서 제공하는 접수번호를 확인하였을 때에 전자정보처리조직에 기록된 내용으로 접수된 것으로 본다(§52③). 또한 전자정보처리조직을 통하여 접수된 심판청구의 경우 제27조에 따른 심판청구 기간을 계산할 때에는 이와 같이 접수된 시점에 행정심판이 청구된 것으로 본다(§52④).

전자정보처리조직의 지정내용, 전자정보처리조직을 이용한 심판청구서 등의 접수와 처리 등에 관하여 필요한 사항은 국회규칙, 대법원규칙, 헌법재판소규칙, 중앙선거관리위원회규칙 또는 대통령령으로 정한다(§52⑤).

Ⅱ. 전자서명등

위원회는 전자정보처리조직을 통하여 행정심판 절차를 밟으려는 자에게 본인(本人)임을 확인할 수 있는 '전자서명법' 제2조 제3호에 따른 공인전자서명이나 그 밖의 인증(이하 이 조에서 '전자서명등'이라 한다)을 요구할 수 있고(§53①), 전자서명등을 한 자는 행정심판법에 따른 서명 또는 날인을 한 것으로 본다(§53②).

전자서명등에 필요한 사항은 국회규칙, 대법원규칙, 헌법재판소규칙, 중앙선거관리위원회규칙 또는 대통령령으로 정한다(§53③).

Ⅲ. 전자정보처리조직을 이용한 송달 등

피청구인 또는 위원회는, 청구인이나 참가인이 동의하지 아니하는 경우를 제외하고는(§54① 단서), 법 제52조 제1항에 따라 행정심판을 청구하거나 심판참가를 한 자에게 전자정보처리조직과 그와 연계된 정보통신망을 이용하여 재결서나 행정심판법에 따른 각종 서류를 송달할 수 있다(§54① 본문). 그 경우 위원회는 송달해야 하는 재결서 등 서류를 전자정보처리조직에 입력하여 등재한 다음 그 등재 사실을 국회규칙, 대법원규칙, 헌법재판소규칙, 중앙선거관리위원회규칙 또는 대통령령으로 정하는 방법에 따라 전자우편 등으로 알려야 한다(§54②).

법 제54조 제1항에 따른 전자정보처리조직을 이용한 서류 송달은 서면으로 한 것과 같은 효력을 가지며(§54③), 청구인이 같은 조 제2항에 따라 등재된 전자문서를 확인한 때에 전자정보처리조직에 기록된 내용으로 도달한 것으로 본다(§54④ 본문). 다만, 같은 조 제2항에 따라 그 등재사실을 통지한 날부터 2주 이내(재결서 외의 서류는 7일 이내)에 확인하지 아니하였을 때에는 등재사실을 통지한 날부터 2주가 지난 날(재결서 외의 서류는 7일이 지난 날)에 도달한 것으로 본다(§54④ 단서).

서면으로 심판청구 또는 심판참가를 한 자가 전자정보처리조직의 이용을 신청한 경우, 그리고 위원회, 피청구인, 그 밖의 관계 행정기관 간의 서류의 송달 등에 관하여는 제52조에서 제54조를 준용한다(§54⑤⑥).

전자정보처리조직과 그와 연계된 정보통신망을 이용한 송달의 방법이나 그 밖에 필요한 사항은 국회규칙, 대법원규칙, 헌법재판소규칙, 중앙선거관리위원회규칙 또는 대통령령으로 정한다(§54⑦).

제8장

행정심판과 불합리한 법령 등의 개선

행정심판법 제59조는 중앙행정심판위원회는 심판청구를 심리·재결할 때에 처분 또는 부작위의 근거가 되는 명령 등(대통령령·총리령·부령·훈령·예규·고시·조례·규칙 등을 말한다. 이하 같다)이 법령에 근거가 없거나 상위법령에 위배되거나 국민에게 과도한 부담을 주는 등 크게 불합리하면 관계 행정기관에 그 명령 등의 개정·폐지 등 적절한 시정조치를 요청할 수 있고(§59① 제1문), 이 경우 중앙행정심판위원회는 시정조치를 요청한 사실을 법제처장에게 통보하여야 한다(§59① 제2문). 이러한 요청을 받은 관계 행정기관은 정당한 사유가 없는 한 이에 따라야 한다고 규정하고 있다(§59②). 이는 1997년의 법개정에서 신설된 조항을 거의 그대로 계승한 것으로서 행정심판제도를 통하여 불합리한 법령 등의 개선이라는 부수적인 효과를 기대한 것이다. 이것은 행정심판제도의 실제 운영과정에서 법령에 근거가 없거나 상위법령에 위배되는 법령이나 국민에게 과도한 부담을 주는 등 현저하게 불합리한 법령이 인지되는 경우가 적지 않았고 또 그러한 불합리한 법령등으로 인하여 심판청구사건의 합당한 해결이 곤란하게 되는 경우가 없지 않았다는 경험을 배경으로 한 것이라고 이해된다.

제3부

행정소송

제1장

개   설

제1절 행정소송의 개념과 행정소송법

Ⅰ. 행정소송의 개념

　　행정소송이란 행정작용으로 인해 위법하게 권익을 침해받은 자가 독립된 제3자기관인 법원에 제기하는 소송, 다시 말해 행정법 분쟁에 대한 재판 형식의 쟁송을 말한다. 행정소송은 일면 행정법적 법률관계에 관한 분쟁해결절차로서 행정쟁송이라는 점에서 같은 사법작용(司法作用)에 속하는 민사소송이나 형사소송과 구별되며, 타면 약식쟁송인 행정심판과 달리, ① 심판기관이 독립된 제3자인 법원이고, ② 당사자대립구조(對審構造: adversary system) 아래 구술변론·증거조사 등 당사자의 공격방어권이 절차적으로 보장된다는 점에서 정식쟁송으로서 특성을 지닌다. 행정소송의 본질에 관하여 종래에는 행정작용설과 사법작용설이 대립되었으나, 오늘날 이 논쟁은 학설사적 의의만을 가질 뿐이다. 행정소송의 사법작용으로서 본질이 더 이상 의문시되지 않기 때문이다.

견해차는 무엇보다 역사적으로 각국에서 행정소송의 제도적 발현형태가 상이했다는 사실에 기인한다. 즉, 과거 공법(公法)과 사법(私法)의 이원적 체계에 입각한 대륙법계 국가 중에는 행정재판소를 행정권 내부에 설치하는 경우(행정제도국가형)가 있었고, 반면 '법의 지배'(rule of law)원리에 터잡은 영미에서는 종래 별도로 행정재판소를 두지 않고 행정사건을 포함한 모든 법적 쟁송을 사법재판소의 관할에 두는 통일관할주의(사법제도국가형)가 지배했다. 오늘날 이러한 역사적·제도적 차이는 행정소송의 본질에 관해 더 이상 영향을 미치지 못한다. 이 점은 프랑스의 경우 예나 지금이나 행정재판소의 기능을 수행하는 '꽁세유 데따'(Conseil d'État)는 조직상 행정부에 속하지만, 행정소송의 본질이 사법작용이라는데 이론의 여지가 없다는 점(김동희, I, 600)을 보아도 충분히 드러난다. 우리나라는 해방후 미국 및 일본의 영향을 받아 통일관할주의를 택했으므로 행정소송의 본질이 사법작용이라는 점에 관해서는 의문의 여지가 없다.[1] 요컨대, 헌법 제101조 제1항이 규정하는 '사법'(司法)은 행정소송 재판을 포함하는 것으로 해석되고 있다.

Ⅱ. 행정소송의 제도적 목적

행정소송의 제도적 목적은 국민의 권리보호와 행정의 법적 통제에 있다. 행정소송의 양면적 목표는 행정법의 기본원리인 법치행정의 원리, 즉, 법치국가원칙 또는 '법의 지배' 원리로부터 도출되는 것이다. 이런 의미에서 행정소송은 현대 법치국가의 불가결한 구성요소로서, 사후적 권리구제 절차의 측면과 행정통제제도의 측면을 아울러 지니고 있다. 그러나 행정소송의 궁극적 목적은 어디까지나 국민의 권익보호에 있다고 보아야 한다. 법치국가원리의 구성요소로서 행정의 법적 통제가 이루어져야 하는 근본적 이유는 역시 국민의 권리보호에 있기 때문이다.

---

1) 우리나라에서도 과거의 행정제도국가적 통설은, 사법에 관한 목적설의 견지에서 사법을 민사재판·형사재판만을 의미하는 것으로 새기고, 행정재판은 성질상 행정권의 작용이라고 보았다. 그리하여 구헌법 아래서 하급심으로 행정재판소의 설치가 가능하다고 보았다(김도창, 일반행정법론(上), p.728 이하를 참조). 그러나 행정소송을 사법작용으로 보는 현행헌법 해석상으로도 대법원의 하급심으로서 특별재판소인 행정재판소를 설치할 수 있는지에 관하여는, 헌법 제107조 제2항이 대법원에게 단지 '최종적으로 심사할 권한'만을 부여하고 있을 뿐이므로 긍정하는 것이 다수설이다(권영성, p.674).

Ⅲ. 행정재판의 헌법적 근거

행정재판권의 헌법적 근거는 무엇보다도 헌법상 법치주의의 요소로 간주되는 법치행정의 원리로부터 도출된다. 재판을 통한 행정상 권리보호의 요청은 법치국가원칙의 당연한 논리적 귀결이기 때문이다. 헌법 제101조 제1항은 "사법권은 법관으로 구성된 법원에 속한다"고 규정하고 있다. '사법'의 개념에 행정소송 재판이 포함되는 것으로 해석되는 이상, 행정재판권의 직접적 근거를 헌법 제101조 제1항에서 찾는 데는 어려움이 없다. 헌법 제101조 제1항은 행정소송의 재판관할을 법원에 부여하는 규정으로 해석된다.

한편 헌법은 헌법재판소의 위헌법률심사권을 인정한 제107조 제1항에 병행하여 제107조 제2항에서 "명령·규칙 또는 처분이 헌법이나 법률에 위반되는 여부가 재판의 전제가 되는 경우에는 대법원은 이를 최종적으로 심사할 권한을 가진다"고 규정하고 있어, 이 조항의 의미가 행정재판의 헌법적 근거와 관련하여 문제될 수 있다.

이제까지 대다수 문헌들은 한편에서는 헌법 제101조 제1항의 '사법권'에는 민사재판권, 형사재판권뿐만 아니라 행정재판권도 포함되는 것으로 해석하고, 다른 한편에서는 헌법 제107조 제2항을 일반법원이 행정재판권을 갖는 헌법의 근거조항이라고 지적하면서도, 그 정확한 해석 근거는 별반 문제삼지 않았던 것이 사실이다. 행정재판권의 근거에 관한 이들 헌법 조항의 의미와 상호관계는 불분명하게만 다루어졌을 뿐이다. 다만, 행정법 문헌 가운데 헌법 제107조 제2항을 헌법 제101조 제1항을 전제로 한 규정이라고 봄으로써,[2] 반드시 명시적이지는 않더라도, 행정재판권의 헌법적 근거를 우선적으로 헌법 제101조 제1항으로부터 도출하여야 한다는 점을 시사하는 견해가 있는데, 결론적으로 이 견해는 타당하다고 판단된다.

---

2) 김도창, 일반행정법론(상), p.730; 김동희, 행정법 I, p.601 등.

한편, 규범통제에 관한 헌법재판소와 대법원의 관할의 한계문제와 관련하여, 법원이 행정재판권을 가지는 근거는 헌법 제107조 제2항이 아니라 제101조 제1항이며, 행정소송에서는 처분이 직접 재판의 대상으로 되기 때문에 행정소송은 헌법 제107조 제2항이 규정하는 경우에 해당되지 않는다는 주장이 제기된 바 있다.3) 즉 행정소송의 구조 내에서는 헌법 제107조 제2항이 규정하는 '처분이 헌법이나 법률에 위반되는 여부가 재판의 전제가 된 경우'를 거의 찾아보기 힘들다는 것이다(같은 글, 74). 이러한 해석에 따를 때 연혁상으로나 해석상 헌법 제107조 제2항을 행정소송에 있어 선결문제에 대한 민사소송 수소법원의 심판권을 인정한 행정소송법 제11조의 근거규정으로 볼 수 없는 이상, 여기서 말하는 '처분'은 행정소송의 대상이 되는 처분과는 별개의 것이 될 수밖에 없다(같은 곳). 이로써 헌법 제107조 제2항의 행정재판과의 관련성은, 규범통제와 관련된 문제는 별론으로 하더라도, 아예 소실되어 버리고 만다. 그러나 이러한 견해는 그 스스로가 상세히 밝힌 바 있는 헌법 제107조 제2항의 연혁(같은 글, 90)을 도외시한 해석으로서 타당하지 않다. 첫째, 건국헌법 이래 변함없는 규정인 헌법 제107조 제2항(건국헌법 제80조 제1항)은 연혁적으로 사법제도국가형, 다시 말해 행정소송에 대한 일반법원의 관할(통일관할주의)을 인정한 것으로 해석되어 오고 있다.4) 둘째, 헌법 제107조 제2항에 규정된 '처분'이란 행정처분을 말하며,5) '재판의 전제가 된 경우'란, 가령 소송법상 선결문제에서와 같이 엄격한 선결관계를 의미하는 것이 아니라,6) 위헌·위법여부의 심판이 구체적 사건과 연관된 경우를 말하며, 따라서 이는 구체적 사건성을 요구하는 취지로 해석된다.7) 셋째, 행정소송에서(엄밀히는 취소소송에서) 다투어지는 처분의 위법·위헌여부는 본안으로서 재판의 대상이 되는 것은 사실이지만, 동시에 원고가 소송에 의하여 추구하는 목적인 취

---

3) 정종섭, "현행명령·규칙위헌심사제도에 대한 비판적 검토", 고시계, 1992/12, p.71 이하.

4) 헌법기초위원으로 건국헌법제정에 주도적 역할을 수행했던 유진오는 건국헌법 제80조 제1항(현행헌법 제107조 제2항에 해당)의 취지를 행정소송에 대하여 대륙식 특별재판소제를 취하지 않고 '영미식제도'를 취해본 것이라고 명시적으로 밝힌 바 있고(국회도서관, 헌법제정회의록(제헌의회), 헌정사자료 제1집, 1967, p.108), 현재 대부분의 헌법학자들도 이러한 연혁을 고려하여 동일한 해석을 보이고 있다. 김철수, 헌법학개론, pp.902, 918-919, 924; 권영성, 헌법학원론, p.673; 구병삭, 신헌법원론, p.1065; 허영, 한국헌법론, p.961 등.

5) 김철수, p.902. 홍정선 교수는 '명령·규칙의 심사가 구체적 규범통제의 문제이고, 처분의 심사가 항고소송의 문제'라고 한다(홍정선, 행정법원론(상), p.870).

6) 이 점은 정종섭, 같은 글, pp.74-75에서도 시인되고 있다.

7) 권영성, pp.687-688, 930. 김철수 교수(헌법학개론, p.921)도 같은 조항의 명령·규칙 심사권에 관해서긴 하지만, '재판의 전제가 된다함은 '구체적으로 사건을 재판할 때에 그 사건에 적용할 명령·규칙의 위헌·위법 여부가 문제됨'을 말하는 것', 즉 곧 헌법상 구체적 규범통제만이 인정된다는 취지로 해석하고 있다.

소판결을 얻기 위한 전제요건(형성요건)인 것이므로 이러한 의미에서는 충분히 헌법 제107조 제2항에서 말하는 '재판의 전제가 된 경우'에 해당된다고 할 수 있다. 따라서 '행정소송에서는 처분이 직접 재판의 대상으로 되기 때문에 행정소송은 헌법 제107조 제2항이 규정하는 경우에 해당되지 않는다'는 진술은 수긍하기 어렵다.

요컨대, 행정재판권의 헌법적 근거는, 법치행정의 원리와 민·형사재판권 뿐만 아니라 행정재판권을 포함한 사법권을 법원에 귀속시키는 취지로 해석되는 헌법 제101조 제1항에서 찾아야 하지만, 이는 다시금 행정처분심사제에 있어 최종심사권을 대법원에 부여한 헌법 제107조 제2항에 의하여 구체화되는 것으로 보아야 할 것이다. 헌법이 같은 조 제3항에서 "재판의 전심절차로서 행정심판을 할 수 있다. 행정심판의 절차는 법률로 정하되, 사법절차가 준용되어야 한다"고 하여 행정심판전치주의의 헌법적 근거를 부여한 것도 헌법 제107조 제2항에 대한 이와 같은 해석론의 타당성을 간접적으로 뒷받침해주는 요인임은 두말할 나위도 없다.

Ⅳ. 행정소송법의 연혁과 지위

1. 행정소송법의 연혁

우리나라 행정소송법은 1948년 건국헌법 제81조 제1항에 의거하여 1951년에 제정되었다. 당초 일본의 行政事件訴訟特例法(1948)을 본받아 본문 14개조의 극히 간략한 내용으로 제정된 이 법률은 자족적(自足的) 법이라기보다는 민사소송법에 대한 특례를 규정한 특별규정 또는 특례법으로서의 성격을 넘지 못했고, 내용적으로나 실제 적용상으로도 적지 않은 문제점을 지니고 있었다.[8] 이 법은 이후 30여 년간 두 차례의 부분개정을 거

---

8) 김도창 교수(상, p.740)은 이 법률의 특징으로 사법제도국가주의를 취한 점, 행정소송의

친 것 외에는 기본골격과 내용을 그대로 유지해 오다가 1980년 이래 추진된 대폭적인 개정작업에 따라 1984년 11월 28일에 가서야 비로소 전면개정을 보았다. 1985년 10월 1일부터 시행된 1984년의 개정법은 1994년 7월 이른바 '사법제도개혁'의 일환으로 다시금 개정을 겪었다. 행정법원을 신설한 법원조직법, 행정소송법 등 행정소송에 관한 개정법률들은 1998년 3월 1일부터 시행되었다.

이후 2000년대에 들어오면서 행정소송법 개정을 위한 노력이 대법원과 법무부를 중심으로 전개되었으나 아직까지 성사되지 못하고 있어 우리 행정소송법은 일본의 1960년 수준을 넘지 못하고 낙후된 상태에 머물러 있다. 행정판례의 지속적인 팽창과 그것이 반영하는 바 날로 증대되는 행정소송을 통한 권리구제의 요구를 감안할 때 행정소송법의 개혁은 이제 더 이상 미룰 수 없는 시대적 과제로 남아 있다.

2. 행정소송법의 지위

행정소송법은 행정소송에 관한 일반법이다. 이러한 견지에서 행정소송법은 제1조에서 "행정소송절차를 통하여 위법한 처분 그 밖의 공권력의 행사·불행사 등으로 인한 국민의 권리 또는 이익의 침해를 구제하고, 공법상의 권리관계 또는 법적용에 관한 다툼을 적정하게 해결함"을 목적으로 천명하고 있다. 또한 행정소송법은 제8조 제1항에서 "행정소송에 대하여는 다른 법률에 특별한 규정이 있는 경우를 제외하고는 이 법이 정하는 바에 의한다"고 규정하는 한편 같은 조 제2항에서 "행정소송에 관하여 이 법에 특별한 규정이 없는 사항에 대하여는 법원조직법과 민사소송법 및 민사집행법의 규정을 준용한다"고 규정하여, 종래 구법이 "본법에 특별한 규정이 없는 사항은 법원조직법과 민사소송법이 정하는 바에 의한다"고 규정했던

특수성을 전제로 일반 민사소송에 대한 특례를 규정한 특별법의 성격을 가진 점(구법 §14)을 들고 있다.

것(구법 §14)과 판이한 태도를 보이고 있다. 그리하여 행정소송법은 행정소송의 특수성을 전제로 하여 '아직 완전한 자족법(自足法)으로서의 면모를 갖추지는 못했다 할지라도, 어느 정도 독자적인 절차법으로서의 구색을 갖추고 있다'는 평가를 받았다.[9] 이 규정들을 근거로 행정소송법의 일반법적 지위와 그 특별행정소송에 대한 보충적 적용이 명시적으로 인정되고 있다.

제2절 행정소송의 특수성과 종류

Ⅰ. 행정소송의 특수성

행정소송 역시 정식소송의 일종인 점에서 민사소송과 공통점을 지닌다. 행정소송법이 특별히 규정하는 사항 이외에 대하여 민사소송법의 규정을 준용하도록 하고 있는 행정소송법 제8조 제2항은 바로 이 점을 전제로 한 것이다. 그러나 행정소송은 권력분립을 전제로 하여, 공익실현을 목적으로 하여 발동되는 공권력행사를 대상으로 하고 있다는 점, 행정소송은 권리구제기능뿐만 아니라 행정통제기능을 수행한다는 점, 나아가 공익과 사익의 조정을 목표로 한다는 점에서, 민사소송과 구별되는 특수성을 지니고 있고 행정소송법은 그런 이유에서 행정소송에 관하여 특수한 규율을 하고 있는 것이다.

> ### ▰▰ 판례
>
> 행정소송법 제14조가 이 법에 특별한 규정이 없는 사항은 민사소송법이 정하는 바에 의한다고 하였어도 이는 특별한 규정이 없는 사항에 대하여

---

9) 김도창, 일반행정법론(상), p.679.

무제한적으로 민사소송법을 적용한다는 취지가 아니라 그 성질이 허용하는 한도 내에서 그 법의 규정에 의한다는 뜻으로 해석하여야 할 것이다.[10]

행정소송법상 행정소송의 특수성을 반영하는 요소로는 일반적으로 피고적격(§13), 단기제소기간(§20), 집행부정지원칙(§23), 관련청구의 병합(§10), 직권탐지 또는 직권조사(§26), 사정판결(§28), 판결의 효력(§§29, 30) 등이 있다.[11]

Ⅱ. 행정소송의 종류

1. 행정소송의 종류와 국민의 재판청구권

행정소송은 개인의 주관적 권리·이익의 보호를 주목적으로 하는 주관적 소송과 행정작용의 적법성·공익적합성유지를 주목적으로 하는 객관적 소송으로 나뉘고, 전자는 다시 항고소송과 당사자소송으로, 후자는 민중소송과 기관소송으로 각각 분류된다. 행정소송법은 전자의 방식을 따르고 있는데 행정소송법상 명문의 규정으로 인정된 소송형태를 법정행정소송이라 한다면 명문의 규정은 없으나 그 인정 여부가 문제되는 그 밖의 행정소송 유형들을 법정외행정소송 또는 무명행정소송이라고 부른다. 또한 행정소송법 이외에 특별법의 규정에 의해 인정된 행정소송의 유형(특별행정소송)이

---

10) 대법원 1962.1.20. 선고 4292행항13 판결. 반면 대법원의 초기 판결중에 '위법한 행정처분에 대하여 그 취소 또는 변경을 법원에 청구하는 행정소송은 그 본질에 있어 일반민사소송에 불과하다'고 본 것(대법원 1954.6.19. 선고 4285행상20 판결)이 있다. 그러나 행정소송은 후술하듯이 민사소송과 다른 특질을 지니고 있고 행정소송법의 존재 자체가 이미 이러한 특수성을 전제로 한다고 볼 수 있다(통설: 김도창, 일반행정법론(상), p.730; 법원행정처, 법원실무제요(행정·소년·비송), 1986, p.55). 한편 이상규 변호사는 이 판결을 행정소송의 사법작용으로서의 성질을 확인한 것으로 본다(이상규, 행정쟁송법, p.224).

11) 1994년 법개정으로 1998년 3월 1일부터 행정심판전치주의는 원칙적으로 폐지되고 행정소송 2심제 역시 3심제로 바뀌게 되었다.

있을 수 있다. 행정소송의 종류를 분명히 하는 것은 행정소송의 각 유형별로 통일된 절차를 마련하고, 적용법조의 명확을 기할 수 있다는 점에서 유용성을 가진다.

행정소송법이 전통적인 분류에 따라 주관적 소송으로 행정소송을 항고소송과 당사자소송으로 양분한 것은 입법론상으로도 문제의 소지가 있지만, 해석론적 차원에서 헌법상의 기본권보장주의와 법치행정의 원리, 그리고 헌법 제27조 제1항이 보장하는 국민의 재판청구권[12] 및 행정소송법 제1조의 취지에 비추어 결코 행정소송의 가능성이나 범위를 제한하는 방향으로 해석되어서는 안 된다(헌법합치적 해석). 따라서 이에 대한 행정소송법 제4조는 법적으로 허용되는 행정소송의 종류를 제한적으로 열거한 것(numerus clausus: 정원개념)이 아니라 주된 행정소송의 유형을 예시한 것으로 해석해야 하며, 따라서 행정상 권익구제의 수단으로 생각할 수 있는 그 밖의 소송가능성을 봉쇄한 것은 아니라고 보아야 할 것이다. 이러한 견지에서 법정외 또는 무명행정소송, '고유한 의미의 소송'(Klageart sui generis)의 법리를 국민의 권익보호에 이익되는 방향에서 적극적으로 모색·형성해 나가는 것은 행정법의 이론과 실무 양자가 공동으로 떠맡아야 할 과제이다.

2. 일반소송법상의 분류

일반소송법에서 통용되는 소송삼분론(Trichotomie der Klagearten)에 따르면 행정소송은 형성의 소, 이행의 소 및 확인의 소로 분류된다.[13] 이

---

12) 우리 헌법에는 독일 기본법 제19조 제4항과 같이 명시적으로 포괄적(공백 없는) 권리보호(umfassender Rechtsschutz)를 명하는 규정은 없다. 그러나 비록 약하기는 하지만 헌법 제27조 제1항으로부터 재판을 통해 공백 없는 권리보호를 받을 수 있는 권리를 도출해 낼 수 있을 것이다. 이에 관한 비교고찰로는 Joon Hyung, Hong, Die Klage zur Durchsetzung von Vornahmepflichten der Verwaltung, S.39ff.를 참조.

13) 민사소송에서 일반화되어 있는 이러한 소송삼분론은 거의 법률이 되다시피 확립되어 있는 것 처럼 보이지만, 원래 민사소송에 있어 권리보호형태에 대한 소송법학적 연구의 소산으로 안출된 것이었다는 점에서 오늘날 여전히 논란의 소지를 안고 있다고 한다. 이에 관하여 상

구분은 일반적으로 소송의 성질에 따른 것이라고 이해된다. 소송의 성질이란 무엇보다도 소송상 청구(Klagebegehren) 또는 소송을 통하여 추구되는 종국목적(das durch die Klage zu erstrebende Endziel)에 의하여 주어진다.[14]

2.1. 형성의 소

형성의 소는 일정한 법률관계의 변동(발생·변경·소멸)을 가져오는 형성판결을 구하는 소송이다.

이러한 형성의 효과는 피고의 행위를 기다리지 않고 판결의 효력에 의하여 직접 발생한다는 점에 특징이 있다. 즉, 형성판결은 형성요건의 충족을 전제로 하지만, 단순한 형성요건사실의 존재를 확인(중간목적)하는 데 그치는 것이 아니라 이를 근거로 직접 법률관계의 형성을 가져온다는 점에서 창설적 효과를 갖는 것이다.

따라서 형성소송은 소송비용의 문제를 제외하고는 집행의 문제를 남기지 않는다는 점에서 이행소송과 구별된다. 항고소송의 기본형이라 할 수 있는 위법한 처분 등의 취소·변경을 구하는 취소소송(Anfechtungsklage)은 가장 전형적인 형성의 소에 해당한다.

2.2. 이행의 소

이행의 소는 원고가 피고에 대한 실체법상의 이행청구권(Leistungsansprüche)의 존재를 전제로, 법원에 대하여 피고에게 일정한 행위(작위·부작위·수인·급부)를 하라고 명하는 이행명령을 발해 줄 것을 구하는 소송이다.

세한 것은 H.-E.Henke, Die Lehre von den Klagetypen der ZPO, JA 1987, S.231을 참조.

14) Bettermann, Über Klage- und Urteilsarten, in: Staatsrecht-Verfahrensrecht Zivilrecht - Schriften aus vier Jahrzehnten(hrsg.v.D.Merten; H.-J.Papier; K.Schmidt; A.Zeuner), 1988, S.466; Hong, aaO, S.52. 반면 소송의 성질이나 판결형태와 같은 요소들은 엄밀히 말하여, 형성소송이나 이행소송 어느 경우에나 소송이 이유없어 기각되는 경우 원칙적으로 소극적 확인판결로 귀결된다는 점에서 소송형태의 분류기준이 될 수 없다.

이 소송은 단순히 이행청구권의 확정에 그치지 아니하고 이를 전제로 이행판결, 즉 이행명령(Leistungsbefehl)의 선고를 목적으로 한다.

이행의 소는 형성의 소와는 달리 직접 법률관계의 변동을 초래하는 것이 아니라 이행명령을 통하여 피고에게 원칙적으로 강제집행가능성을 유보하여 일정한 이행의무를 부과하는 효과를 가져오는 데 불과하다. 이러한 의미에서 원고가 소송을 통하여 추구한 이행명령의 실현은 강제집행등에 의하여 강제적으로 실현되기까지는 일단 피고의 협력 여부에 의존할 수밖에 없다.

따라서 이행소송에서는 이행판결의 집행(실현)을 보장할 수 있는 방안을 모색하는 것이 중요한 의미를 띠고(집행의 문제) 이 점이 특히 현저하게 나타나는 경우가 행정소송이라 할 수 있다.

이행소송에 해당하는 소송유형으로는 독일 행정법원법에서 인정되는 의무이행소송과 일반이행소송을 들 수 있다.[15] 현행 행정소송법상 당사자소송이 '처분등을 원인으로 하는 법률관계에 관한 소송 그 밖에 공법상 법률관계에 관한 소송'으로 정의되고 있는 이상(§4 ii), 이행소송의 성질만을 지니고 있는 것은 아니지만, 그것이 일정한 이행명령을 목적으로 하는 한도 내에서는 이행소송에 해당한다고 볼 수 있다.

2.3. 확인의 소

확인의 소란 특정한 권리 또는 법률관계의 존재 또는 부존재를 확인하는 판결을 구하는 소송이다. 이것은 소송의 가장 기본적 형태이다. 이 점은 가령 형성의 소나 이행의 소가 공통적으로 일정한 형성요건이나 이행청구권의 존재에 대한 확인을 전제로 할 뿐만 아니라, 소송이 이유 없어 기각되는 경우 원칙적으로 소극적 확인판결로 귀결된다는 점에서도 잘 드

---

15) 독일의 경우 행정법원법상 행정행위의 발급을 구하는 의무이행소송(Verpflichtungs-klage)과 행정행위 이외의 행위 또는 급부등을 구하는 일반이행소송(allgemeine Leistungs-klage)이 인정되고 있고 영미에서는 직무집행명령소송(mandamus)이 인정되고 있다.

러나는 사실이다.

확인소송 역시 집행의 문제를 남기지 않는 것은 그 소송목적으로 보아 자명하다. 항고소송중 무효등확인소송·부작위확인소송, 그리고 공법상 권리관계 존부 확인을 구하는 당사자소송이 확인의 소에 속한다.

3. 행정소송법상 행정소송의 종류

행정소송법상 행정소송의 종류는 항고소송, 당사자소송, 민중소송, 기관소송으로 나뉘며, 항고소송은 다시금 취소소송, 무효등확인소송, 부작위위법확인소송 세 가지로 구분된다.

3.1. 항고소송

항고소송(抗告訴訟)은 행정청의 위법한 처분·재결이나 부작위에 대하여 그로부터 법률상 이익을 침해받은 자가 제기하는 소송을 총칭하며 다시 다음과 같이 구분되고 있다.

① 취소소송:　　　행정청의 위법한 처분등을 취소 또는 변경하는 소송(§4 i)
② 무효등확인소송: 행정청의 처분등의 효력 유무 또는 존재여부를 확인하는 소송(§4ii)
③ 부작위위법소송: 행정청의 부작위가 위법하다는 것을 확인하는 소송(§4iii).

3.2. 당사자소송

당사자소송은 행정청의 처분등을 원인으로 하는 법률관계에 관한 소송과 그 밖에 공법상 법률관계에 관한 소송으로서 그 법률관계의 한쪽 당사자를 피고로 하는 소송을 말한다.

이것은 원칙적으로 대등한 두 당사자사이의 공법상 법률관계에 대한 다툼을 심판하는 소송으로 실질적 당사자소송과 형식적 당사자소송으로 구분되고 있다.

3.3. 민중소송

민중소송이란 국가 또는 공공단체의 기관이 위법한 행위를 한 경우 직접 자기의 법률상 이익과 관계없이 그 시정을 구하기 위하여 제기하는 소송으로서, 행정법규의 적정한 적용을 확보하기 위한, 이른바 객관적 소송의 성질을 갖는 것이다.

민중소송은 예컨대 선거인에 의해 제기되는 선거소송과 같이 직접적 이해관계를 갖지 않는 다수인에 의해 제기되는 소송유형이다.

3.4. 기관소송

기관소송이란 국가 또는 공공단체 기관 상호간에 권한의 존부 또는 그 행사에 관한 다툼이 있을 때에 이에 대하여 제기되는 소송으로서, 예컨대 지방자치단체장이 지방의회의 의결의 위법을 이유로 제기하는 소송(지방자치법 §159③)이 이에 해당된다.[16]

다만 헌법재판소법 제2조의 규정에 의하여 헌법재판소의 관장사항으로 되는 소송은 제외한다(§3 iv 단서).

---

16) 국내최초로 청주시의회가 제정한 행정정보공개조례의 적법성을 인정한 대법원의 판결(대법원 1992.6.23. 선고 92추17 판결)은 재의결취소에 관한 소송의 성질에 관하여 분명한 태도를 보이지는 않았으나, 그 제소기간 판단에 있어 지방자치단체 기관간의 쟁의에 대한 기관소송으로 보는 견지에 서 있는 것이 아닌가 추측된다.

제3절 행정소송의 일반적 절차

I. 행정소송의 절차구조

행정소송의 절차구조는 다음 그림에서 보는 바와 같이 원고와 피고를 당사자로 하는 다툼을 전제로, 이 다툼을 해결하기 위한 원고의 소송제기로 개시되고 이에 대한 심리를 통하여 법원이 절차의 산물(output)로서 판결을 내림으로써 종료되는 일련의 과정으로 이루어진다. 행정소송은 크게 원고의 소 제기와 법원의 심리·판결의 두 가지 단계로 나누어 볼 수 있다.

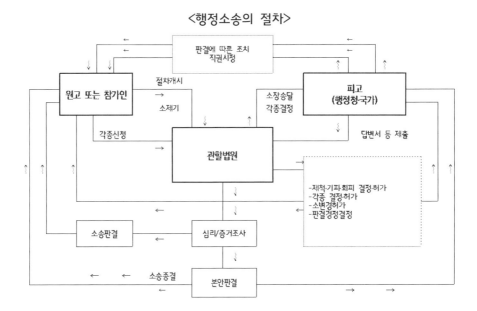

<행정소송의 절차>

Ⅱ. 행정소송의 제기

행정소송도 일반민사소송과 마찬가지로 오로지 원고의 소송제기에 의해서만 개시될 수 있다. 즉 '소 없으면 재판 없다'(ne procedat judex ex officio: the principle of judicial passivity)는 원칙은 행정소송에 대하여도 타당하다. 이것은 일반적으로 행정소송의 분쟁해결절차, 즉 사법작용으로서의 본질에서 연유한다. 이 점에서 행정소송은 그것이 비록 행정통제 목적에 기여한다 할지라도 어디까지나 수동적 절차이지 능동적 절차는 아니다.

행정소송이 제기되면 일면 법원·당사자에 대하여 타면 행정소송의 대상(처분이나 부작위, 기타 공법상의 법률관계)에 대하여 일정한 효과가 발생하게 된다.

행정소송이 제기됨으로써 법원에 대한 관계에서 사건이 계속되게 되며(訴訟係屬), 법원은 이를 심리하고 판결할 구속을 받게 된다. 나아가 당사자는 같은 사건에 대하여 다시 소를 제기하지 못하는 중복제소금지의 효과가 발생한다. 이를 행정소송 제기의 주관적 효과라 부른다.

한편 행정소송이 제기되었다는 것은 소송의 대상이 된 처분의 취소·효력의 유무나 부작위의 위법 여하, 기타 공법상의 법률관계가 소송상 다투어짐을 의미하며 따라서, 이후 소변경등 특별한 사정이 없는 한, 소송의 대상이 객관적으로 확정되는 결과가 된다(객관적 효과).

Ⅲ. 행정소송의 심리와 종료

1. 행정소송의 심리

1.1. 요건심리

1.1.1. 요건심리의 대상: 본안판단의 전제요건

행정소송이 제기되어 이를 심리하고 판결할 구속을 받게 된 법원은 먼저 소송이 적법하게 제기되었는지 여부를 심사하게 된다. 심사대상이 되는 것은 행정소송이 적법하게 제기되었는가 하는 것이다. 이를 위하여 충족되어야 하는 일정한 요건들을 일반적으로 '행정소송의 제기요건' 또는 '소송요건'(Prozeßvoraussetzungen)이라고 한다. 이러한 요건들은 행정소송의 본안심리를 위하여 먼저 충족되어야 하는 것이므로 또한 이를 본안판단의 전제요건(Sachentscheidungsvoraussetzungen)이라고도 부른다.[17]

> 엄밀히 말해 이 요건은 일반적 관행대로 '행정소송의 제기요건'이라든지 '소송요건'으로 부를 것이 아니라 본안판단의 전제요건 내지는 행정소송 제기의 적법요건(Zulässigkeitsvoraussetzungen)이라고 해야 보다 더 정확할 것이다. 왜냐하면 '행정소송의 제기요건'이란 행정소송을 제기하기 위하여 충족시켜야 하는 요건이란 의미일진대, 그 충족여부와 관계없이 일단 행정소송은 소장을 제출함으로써 사실상 제기되는 것이며, 반면 '제기' 요건의 충족여부는 이후 요건심리의 단계에서 또 사실심변론종결시까지 문제되는 것이기 때문이다. 또한 '소송요건'이란 용어 역시 소제기로써 이미 소송법관계(Prozeßrechtsverhältnisse)가 성립되었다고 보는 이상, 적확한 것이라고는 할 수 없다.[18] 그러나 행정소송의 제기요건이나 소송요건이란 용어가 이미 관용상 굳어진 현실을 무시할 수 없으므로 기존의 용어들을 사용하지만 이는 어디까지나 본안판단의 전제요건이란 의미에서임을 주의하기 바란다. 특히 중요한 것은 행정소송의 제기요건 또는 소송요건이라고 하여 단순한 절차적 요건 또는 소송절차상의 측면만이 문제되는 것은 아니며 오히려, 후에 보게 되는 바와 같이, 실체적 문제들이 관련되고 포함되어 있다는 사실을 인식하는 것이다.

행정소송의 제기요건 문제는 본안심리의 필요유무를 결정하는 관건이 되는 문제이므로 법원은 당사자의 주장유무와 무관하게 이를 직권으로 심사해야 한다. 만일 그 중 어느 하나만 결여하면 법원은 본안에 들어가지 아니하고 소를 부적법한 것으로 각하하게 된다.

---

17) 홍정선, 행정법원론(상), p.783.
18) Schmitt Glaeser, Rn.28, S.31.

> ### 판례
>
> 민사소송상 소송요건이 승소요건과 결정적으로 다른 것은 소송요건에 관한 한 변론주의가 적용되지 않는다는 것이다. 즉 소송요건은 직권탐지의 대상이다. 이러한 법리는 행정소송법에도 마찬가지로 타당하다.[19] 가령 처분의 존재에 관하여 대법원은 다음과 같이 판시하고 있다:
> "행정소송에 있어서 쟁송의 대상이 되는 행정처분의 존부는 소송요건으로서 직권조사사항이라 할 것이고 자백의 대상이 될 수는 없다고 할 것이므로 설사 그 존재를 당사자들이 다투지 아니한다고 하더라도, 그 존부에 관하여 의심이 있는 경우에는 이를 직권으로 밝혀 보아야 한다."[20]

요건심리에 관하여 특히 유의해야 할 것은 본안심리의 대상이 자칫 소송요건심사단계에서 심사됨으로써 본안판단의 선취가 이루어지는 일이 없도록 해야 한다는 점이며 이는 특히 다음에 보는 원고적격이나 처분성 등과 같은 특별소송요건과 관련하여 의미를 지닌다.

1.1.2. 일반소송요건과 특별소송요건

행정소송의 제기요건은 앞에서 살펴 본 행정소송의 종류와 관계없이 일반적으로 충족되어야 하는 일반적 소송요건(allgemeine Sachurteilsvoraussetzungen)과 그 밖에 각각의 개별적 소송유형에 한하여 특별히 요구되는 특별소송요건(besondere Sachurteilsvoraussetzungen)으로 나뉜다. 먼저 일반적 소송요건을 살펴보면, 일반적으로 행정소송은 원고가 될 수 있는 자격, 즉 원고적격이 있는 자가 행정청의 처분이나 기타 공법상의 법률관계 등에 관한 다툼을 대상으로 소정의 방식과 출소기간 등을 준수하고 처분을 행한 행정청이나 국가·공공단체 등을 피고로 하여[21] 관할법원에 제

---

19) '법원은 필요하다고 인정할 때에는 직권으로 증거조사를 할 수 있고, 당사자가 주장하지 아니한 사실에 대하여도 판단할 수 있다'고 규정하고 있는 행정소송법 제26조에도 불구하고 행정소송에 있어서도 원칙적으로 변론주의가 타당하다는 것이 판례의 태도이다(변론보충설: 대법원 1986.6.24. 선고 85누321 판결).

20) 대법원 1986.7.8. 선고 84누653 판결.

21) 피고를 잘못 지정하였을 경우 행정소송에서는 원칙적으로 소각하판결을 하는데 이는

기하여야 한다고 말할 수 있다. 이 밖에도 행정소송이 적법하게 제기되기 위하여 충족되어야 할 일반적 소송요건으로는 다음과 같은 것들이 있다.

≪행정소송의 일반소송요건≫

① 대한민국의 재판권: 대한민국이 재판권을 갖는가
② 행정소송사항: 행정소송이 가능한 사항에 관한 것인가
③ 법원의 관할권: 법원이 사물 및 토지관할을 가지는가
④ 당사자능력: 원고나 피고등이 당사자가 될 수 있는 능력을 보유하고 있는가
⑤ 소송능력: 당사자가 소송행위를 할 능력을 보유하고 있는가
⑥ 소송대리인의 자격: 소송대리인이 적법한 자격을 보유하고 있는가
⑦ 소제기의 형식: 소정의 방식과 제소기간 등을 준수했는가
⑧ 재소금지: 동일한 사안에 대한 확정판결이 있는가
⑨ 중복제소금지: 동일사안에 대한 소송이 다른 법원에 이미 계속(係屬)되어 있지 않은가
⑩ 소의 이익: 소송을 통한 권리보호의 필요가 있는가

일반적 소송요건들은 행정소송의 종류를 불문하고 일반적으로 충족되어야 하는 요건들이다. 그러나 이 소송요건 대부분에 대해서는 행정소송법상 특별한 규정이 있는 경우를 제외하고는 행정소송법 제8조 제2항에 의하여 법원조직법, 민사소송법 및 민사집행법의 규정이 준용되므로 대체로 일반 민사소송법의 법리가 그대로 타당하게 된다. 그러나 행정소송사항이나 법원의 관할권, 피고능력, 소제기의 형식, 소의 이익과 같은 소송요건들은 행정소송법의 규율로 처리되어야 할 문제라고 할 수 있다.

행정소송사항 즉, 행정소송의 허용성에 관한 문제는 일반적으로 행정소송의 범위와 한계에 관한 문제로 다루어지는데 비하여, 그 밖의 문제들은 여기서 일반적으로 다루기보다는 각각의 소송종별에 따른 특별소송요건을 검토하면서 관계되는 곳에서 상론하기로 한다.

그러한 경우 청구기각판결을 하는 민사소송과 다른 점이다.

1.2. 본안심리

요건심리의 결과 소가 적법하게 제기되었다고 판단되면 법원은 이제 당사자가 제기한 권리보호의 주장(Rechtsschutzbegehren), 즉 청구의 당부를 심사·판단하여 결론을 내려야 한다. 이와 같은 소의 실체적 내용에 대한 심리를 본안심리라고 한다. 본안심리는 당사자에 의해 제출된 공격방어방법에 관하여 증거조사를 통한 사실인정 및 법해석을 통한 법적 판단을 내림으로써 원고의 청구가 이유있는지의 여부를 판단하기 위한 절차이다. 즉 청구의 인용여부를 사실과 법의 양 측면에서 심사하는 것이다.[22]

본안심리에서 결정적인 의미를 갖는 것은 두말할 것도 없이 당사자의 청구가 이유 있는 것인지 여부를 판단하는 문제, 승소요건의 심사 문제(Begründetheits-prüfung)이다. 물론 그 내용은 각개의 소송에 따라 천차만별이므로 이를 일률적으로 설명할 수는 없다. 그 밖에도 본안심리의 범위, 소송심리절차상의 기본원칙과 증거법상의 문제들이 본안심리와 관련하여 제기된다.

2. 행정소송의 종료

행정소송의 심리결과 사건이 종국판결을 내릴 수 있을 만큼 성숙되었다고 판단되면 법원은 심리를 종결하고 판결을 내리게 된다. 청구가 이유 있다고 인정되면 법원은 청구인용의 판결을 내리며, 다만 가령 취소소송과 같은 경우, 소송청구가 이유 있다고 인정되는 경우에도 이를 인용하는 것이 현저히 공공복리에 적합하지 아니하다고 인정할 때에는 소송청구를 기각하는, 이른바 사정판결이란 제도가 인정되고 있다(§28①). 만일 청구가 이유 없다고 판단되는 경우에는 청구기각의 판결을 내린다. 청구기각의 판결은 각각 소송을 통해 추구된 판결의 법률요건의 부존재를 확인하는 소극적 확인판결의 성질을 갖는다. 소취하등 특별한 사정이 없는 한 행정소송

---

22) 여기서 행정소송의 제기요건을 본안심리의 전제요건이라고 하는 것은 바로 이러한 절차적 진행과정을 바탕으로 한 것임을 알 수 있다.

의 절차는 이와 같은 종국판결에 의하여 일단 종료되며, 이 종국판결은 상소기간의 도과나 상소권의 포기 등과 같은 일정한 사유에 의하여 확정됨으로써 행정소송법 소정의 효력을 발하게 된다.

제4절 행정소송의 범위와 한계

Ⅰ. 문 제

행정소송의 범위와 한계란 행정소송에 대한 법원의 재판권이 어디까지 미치는가 하는 문제이다. 행정소송법은 이른바 개괄주의(Generalklausel)에 입각하고 있다고 이해되고 있는데, 이에 따라 행정권의 모든 위법한 처분 기타 공권력작용에 대하여 권리구제가 주어지는 것이 원칙이다. 그러나 행정소송이 전술한 바와 같이 사법작용의 본질을 갖는 것이라면, 행정재판권 역시 사법권으로서 일정한 한계를 가진다. 그런 의미에서 행정소송의 한계는 헌법상 사법권의 한계가 행정소송과 관련하여 구체화된 것이라 할 수 있다.

행정소송의 한계는 일반적으로 실정법상 한계, 국제법상 한계, 사법본질상 한계 및 권력분립상 한계로 나뉜다. 특히 행정소송과 관련하여 중요한 것으로는 헌법명시적인 한계, 사법의 본질에서 연유하는 한계, 그리고 권력분립적 한계를 들 수 있고 이를 중심으로 설명하기로 한다.

Ⅱ. 헌법명시적 한계

헌법 제101조 제1항은 "사법권은 법관으로 구성된 법원에 속한다"고 규정하고 있다. 사법의 개념에 행정소송의 재판이 포함되는 것으로 해석되는 이상, 행정소송에 관한 법원의 권한을 제한하는 것은 오로지 헌법 스스로가 특별규정을 둔 경우 외에는 허용되지 아니한다. 이러한 취지에서 법원조직법 제2조 제1항은, 법원은 '헌법에 특별한 규정이 있는 경우를 제외한 일체의 법률상의 쟁송'을 심판한다고 규정하고 있다. 헌법이 명문의 규정을 두어 설정한 사법권의 한계는 헌법이 법원 이외의 기관에게 사법기능 내지 사법유사기능을 맡김으로써 설정된 소극적 한계와 헌법이 명문으로 법원의 간여를 배제함으로써 설정된 적극적 한계로 나뉜다. 전자에는 헌법재판소의 권한에 관한 헌법 제111조 제1항, 군사법원의 재판권을 규정한 헌법 제110조 제1항·제4항이, 후자에는 국회의원의 징계·자격심사에 관한 분쟁에 대한 법원제소를 금지한 헌법 제64조 제2항 내지 제4항(국회의 자율권)이 있다.[23] 이러한 사법권의 한계는 곧 행정소송의 한계를 의미한다.

Ⅲ. 사법 본질에 연유하는 한계

사법은 구체적 쟁송이 있는 경우 당사자로부터 쟁송제기를 전제로 하여 무엇이 법인가를 판단·선언함으로써 법질서를 유지하는 작용이다. 행정소송에 대한 법원의 재판권도 마찬가지로 구체적 쟁송을 전제로(구체적 사건성), 자격 있는 당사자에 의한 소송제기에 따라(사법소극성·당사자적격), 당사자가 그 소송을 통하여 권리보호를 받을 실질적 이익이 있고(소의 이익), 사건이 권리보호를 받을 만한 현실성과 급박성을 지닌 경우(사건의 성

---

23) 허영, 한국헌법론, 1994, p.966.

숙성)에만 미치며, 이들 중 어느 하나만이라도 결여되면 행정소송은 허용되지 않는다. 이를 사법본질적 한계라고 부른다.

법원조직법 제2조 제1항은, 법원은 '헌법에 특별한 규정이 있는 경우를 제외한 일체의 법률상의 쟁송'을 심판한다고 규정하고 있는데, '법률상 쟁송'이란 바로 이러한 사법본질적 한계를 함축하고 있는 규정이다. 법률적 쟁송으로서 행정소송의 사법본질적 한계는 크게 구체적 사건성이 요구됨에 따른 것과 법적 해결가능성이 요구됨에 기인한 것으로 나뉜다.

1. 구체적 사건성

행정소송은 단순히 법적용에 관한 다툼이 있다는 사실만으로는 부족하고 구체적 사건성이 있어야 한다. 이것은 국민의 권리의무관계에 관련된 쟁송(case or controversy)만이 행정소송을 통해 해결될 수 있다는 것을 뜻한다.[24] 이와 관련하여 특히 문제되는 것을 살펴본다.

1.1. 학술·예술상의 문제 또는 단순한 사실문제

순수한 학술 또는 예술 차원에서의 진위확인, 논쟁, 우열의 평가나 단순한 사실관계의 확인, 판단 등은 구체적 권리의무관계에 관한 것이 아니므로 (또한 법적 해결가능성을 결여하는 경우가 보통일 것이다) 행정소송의 대상이 되지 않는다.

▮▮ 판례

과거의 역사적 사실관계의 존부나 공법상의 구체적 법률관계가 아닌 사실관계에 관한 것들을 확인의 대상으로 하는 것이거나, 행정청의 단순한 부작위를 대상으로 하는 것은 항고소송의 대상이 되지 아니한다.[25]

---

24) "행정소송의 대상이 될 수 있는 것은 구체적인 권리의무에 관한 분쟁이어야 한다."(대법원 1961.5.1. 선고 4292行上55 판결).

25) 대법원 1990.11.23. 선고 90누3553 판결.

1.2. 반사적 이익

법규가 행정청에게 일정한 행위의무를 부과하고 있기는 하지만 그것이 오로지 공익만을 위한 것일 뿐이라고 해석되는 경우에는 설령 그로 인하여 사인이 어떤 혜택을 받는다고 하더라도, 그 혜택은 공익실현을 위한 행정법규의 반사적 효과에 불과한 것이라 하여 이를 반사적 이익(Reflexgut)이라고 한다. 사인의 계쟁이익(係爭利益)이 반사적 이익으로 평가되는 이상, 행정소송은 허용되지 않는다. 행정소송의 원고적격에 관하여 '법률상 이익'이 요구되는 것은 바로 이러한 반사적 이익에 대한 보호를 배제하는 효과를 갖는다. 그러나 후술하듯이 법적으로 보호되는 이익과 반사적 이익간 경계가 법률상 이익이 보다 널리 인정되는 방향으로 옮아가고 있다.

> **▉▉ 판례**
>
> 가. 상수원보호구역 설정의 근거가 되는 수도법 제5조 제1항 및 동 시행령 제7조 제1항이 보호하고자 하는 것은 상수원의 확보와 수질보전일 뿐이고, 그 상수원에서 급수를 받고 있는 지역주민들이 가지는 상수원의 오염을 막아 양질의 급수를 받을 이익은 직접적이고 구체적으로는 보호하고 있지 않음이 명백하여 위 지역주민들이 가지는 이익은 상수원의 확보와 수질보호라는 공공의 이익이 달성됨에 따라 반사적으로 얻게 되는 이익에 불과하므로 지역주민들에 불과한 원고들에게는 위 상수원보호구역변경처분의 취소를 구할 법률상의 이익이 없다.
>
> 나. 도시계획법 제12조 제3항의 위임에 따라 제정된 도시계획시설기준에관한 규칙 제125조 제1항이 화장장의 구조 및 설치에 관하여는 매장및묘지등에관한법률이 정하는 바에 의한다고 규정하고 있어, 도시계획의 내용이 화장장의 설치에 관한 것일 때에는 도시계획법 제12조 뿐만 아니라 매장및묘지등에관한법률 및 같은법시행령 역시 그 근거 법률이 된다고 보아야 할 것이므로, 같은법시행령 제4조 제2호가 공설화장장은 20호 이상의 인가가 밀집한 지역, 학교 또는 공중이 수시 집합하는 시설 또는 장소로부터 1,000m 이상 떨어진 곳에 설치하도록 제한을 가하고, 같은법시행령 제9조가 국민보건상 위해를 끼칠 우려가 있는 지역, 도시계획법 제17조의 규정에 의한 주거지역, 상업지역, 공업지역 및 녹지지역 안의 풍치지구 등에의 공설화장장 설치를 금지함에 의하여 보호되는 부근 주민들의 이익은 위 도시계획결정처분의 근거 법률에 의하여 보호되는 법률상 이익이다.[26]

---

26) 대법원 1995.9.26. 선고 94누14544 판결(공1995.11.1. 1003(27)).

시외버스공동정류장에서 불과 70m밖에 떨어져 있지 않은 인접 길목에 따로 甲회사에게 이 건 직행버스정류장의 설치를 인가하여 원고회사를 비롯한 업자들은 영업상 막대한 손실을 입게 된 것은 사실상의 이익을 침해하는 것만이 아니고 마땅히 보호되어야 할 이익도 침해받는 것이다.[27]

1.3. 법령의 효력과 해석

1.3.1. 주관적 소송의 원칙

일반적으로 일반추상적인 법령의 효력 또는 그 해석에 관한 문제는 그 자체로는 행정소송의 대상이 되지 않는다고 이해되고 있다. 이것은 행정소송이 주관적 소송, 즉 개개인의 주관적 권리보호를 목적으로 하는 소송으로서 본질을 지니고 있다는 데서 오는 결과라고 설명된다. 그러나 그러한 결과를 사법본질로부터 도출할 수 있는지, 그리고 이 문제를 사법본질적 한계의 예로 볼 것인지는 의문이다. 특히 객관소송을 채택하고 있는 나라들이 적지 않고 또 우리나라도 선거소송이나 기관소송과 같이 이미 객관소송 성격의 소송들을 법제화하고 있다는 현실과 법이론적으로도 사법의 본질을 그렇게 제한적으로 볼 수는 없다는 점을 고려할 때, 일반추상적 법령의 효력이나 해석 문제가 행정소송의 대상에서 배제 또는 제한된다면, 이는 법원조직법이나 행정소송법 같은 실정법에서 오는 한계라고 보아야 할 것이고 헌법상으로도 사법의 본질이나 범위를 그렇게 제한적으로 보아야 할 이유도 없다고 본다.[28]

---

27) 대법원 1975.7.22. 선고 75누12 판결.

28) 종래의 통설에 대해서는 '일체의 법률상 쟁송'이 법률에 규정된 모든 종류의 소송을 의미하는 것으로서 주관소송만이 아니라 객관소송까지를 포함한다는 반론이 제기되고 있다(박정훈, "행정소송법 개정의 기본방향", 현대공법학의 과제, 최송화교수화갑기념논문집, 박영사, 2002, p.661 이하). 또한 정호경, "행정소송과 헌법재판의 관계에 관한 고찰 —항고소송, 헌법소원, 권한쟁의심판을 중심으로", 행정법연구, 제22호, p.74; 최선웅, 행정소송의 원리, p.70 등 참조.

▓▓ 판례

　행정소송의 대상이 될 수 있는 것은 구체적인 권리의무에 관한 분쟁이
어야 하고 일반적·추상적인 법령 그 자체로서 국민의 구체적인 권리의무에
직접적인 변동을 초래하는 것이 아닌 것은 그 대상이 될 수 없으므로 구체적
인 권리의무에 관한 분쟁을 떠나서 재무부령 자체의 무효확인을 구하는 청
구는 행정소송의 대상이 아닌 사항에 대한 것으로서 부적법하다(대법원
1987.3.24. 선고 86누656 판결).

1.3.2. 구체적 규범통제와 처분법규의 사법심사

　헌법은 법률의 위헌심사권을 헌법재판소에 맡기면서(헌법 §107①; §111
① i; §113①), 명령·규칙·처분의 위헌·위법심사권은 대법원에게 부여하는
이원적 태도를 취하고 있다. 헌법 제107조 제2항은 "명령·규칙 또는 처분
이 헌법이나 법률에 위반되는 여부가 재판의 전제가 되는 경우에는 대법원
은 이를 최종적으로 심사할 권한을 가진다"고 규정하는데, 이에 따라 대법
원이 최종적으로 갖는 법률하위명령(명령·규칙)의 위헌·위법 여하에 대한
심사권은 구체적 규범통제의 성질을 띠는 것임을 알 수 있다. 여기서 '재판
의 전제가 된 경우'란 곧 구체적 사건성이 있는 경우를 의미하기 때문이다.
따라서 행정소송의 범위 내에서 추상적 법령해석의 문제가 구체적 사건과
관련없이 다투어질 여지는 없다고 할 수 있다. 다만 법규명령(대통령령이나
부령 등)이라도 예외적으로 직접 국민의 권리의무에 변동을 초래하는 처분
법규로서의 성질을 지닐 때에는 그로 인하여 권익침해를 받은 개인은 직접
그 취소 등을 구하는 소송을 제기할 수 있다고 지적되고 있다.[29]

　대법원의 초기 판례 중에는 "대통령령은 법령의 효력을 가진 것으로서 행
정소송법상 처분이라 볼 수 없다고 해석함이 타당할 것이므로 그 내용의

---

　29) 김동희, 행정법 I, 603; 홍정선, 행정법원론(상), p.753. 이에 관하여는 물론 논란의 여
지가 있다. 이상규 변호사(행정쟁송법, p.241)에 따르면 이러한 결과는 헌법 제107조 제2항이
인정하고 있는 행정입법에 대한 구체적 규범통제만이 허용되는 때에 타당한 것이라고 한다.

적법여부를 논할 것 없이 행정소송의 목적물이 될 수 없을 것이나, 법령의 효력을 가진 명령이라도 그 효력이 다른 행정행위를 기다릴 것 없이 직접적으로 또 현실이 그 자체로서 국민의 권리훼손 기타 이익침해의 효과를 발생케 하는 성질의 것이라면 행정소송법상 처분이라고 보아야 한다"는 판례30)가 있다. 이에 따르면 그 한도에서 행정부의 명령·규칙도 법원에 의하여 취소될 수 있다고 하게 된다.31) 그러나 이것은 어디까지나 처분법규에 한하여 인정되는 예외적인 결과일 뿐, 법원에 추상적 규범통제권이 있다는 근거가 되는 것은 아니라는 점을 분명히 인식할 필요가 있다.

1.3.3. 사법의 본질과 법원의 명령규칙심사권

헌법이 명령·규칙의 심사를 구체적 규범통제로서 제도화한 것은 사법의 본질에 따른 것이라기보다는 헌법정책적 선택에 의한 것이라고 보아야 할 것이다. 그것은 명령규칙심사에 관하여 헌법이, 명령·규칙의 위헌·위법여부가 구체적 사건과 결부된 경우에만 규범통제를 허용하는 구체적 규범통제와 그 위헌·위법성을 본안에 부수하여 심사하는 부수적 심사방식을 택한 결과이기 때문이다.32) 만일 헌법이나 행정소송법이 독일 연방행정법원법 제47조에 의한 추상적 또는 일반적 규범통제(abstrakte oder allgemeine Normenkontrolle)와 같이 법원에게 법률하위명령에 대한 추상적 규범통제권을 부여한다 하더라도 이를 사법의 본질에 반한다고 볼 수는 없다.

독일의 경우, 연방행정법원법 제47조에 의한 규범통제절차(Normenkont-rollverfahren)는 건축법전(BauGB)의 규정에 의하여 발해진 규칙(Satzung), 동법 제246조 제2항에 근거한 법규명령 및 기타 기존에 제정되어 효력을 지니고 있는 주법보다 하위의 법규정들을 대상으로 하여, 고등행정법원(OVG; VGH)이, 이들 법규로 인하여 또는 그 적용으로 인하여 불이익(Nachteil)을 받았거나 가까운 장래에 받게 될 모든 법인, 자연인 및 행

---

30) 대법원 1954.8.19. 선고 4286행상37 판결.

31) 한편 권영성 교수(p.932)는 이를 부당한 판결이라고 한다.

32) 구체적 규범통제와 부수적 심사제란 용어는 종종 구별되지 않고 혼동되어 사용되고 있다. 이에 관하여는 정종섭, 고시계, 1992/12, p.79를 참조.

정청에 의해 제기되는 심사청구에 대하여 주 및 연방의 헌법, 법률을 심사기준으로 하여[33] 그 효력 여하를 판정하는 절차이다. 이것은 특수한 종류의 확인절차로서 일반적으로 규범의 효력을 대상으로 하며 또한 인용결정의 일반적 구속력(Allgemeinverbindlichkeit)을 가진다는 점에서 추상적 또는 일반적 규범통제로 불리고 있다. 이 규범심사절차를 통하여 고등행정법원이 행사하는 권한은 사실상 사법작용이라기 보다는 소극적 종류의 입법작용(eine rechtssetzende Tätigkeit negativer Art)이라고 할 수 있다.[34] 독일의 압도적인 통설에 따르면 이 절차는 객관적 법통제와 주관적 권리보호가 서로 결합된 것이라고 한다.[35]

물론 우리 헌법이나 행정소송법은 이러한 추상적·일반적 규범통제제도를 알지 못한다. 그러나 규범통제에 관한 이와 같은 헌법의 태도가 법원 고유의 법령해석 및 심사적용권을 부인하는 것은 결코 아니다. 오히려 법원은 이러한 규범통제제도와 무관하게 구체적인 사건에 대한 재판에 있어 관건이 되는 법령들, 즉 법원(法源)으로 고려되는 법률이나 법률하위명령들의 효력을 검토해야 할 직무상의 책임을 지며, 만일 적용될 특정법령이나 규정이 효력을 갖지 않는다고 판단되는 경우에는 이를 무효로 처리하지 않으면 안 된다.[36] 당사자의 입장에서 볼 때 이러한 부수적 판단(Inzident-Entscheidung)은 결과적으로 별도의 규범통제절차에 의한 공식적인 무효선언(Nichtigkeitserklärung)과 마찬가지의 효과를 의미하게 될 것이다. 물론 이러한 효과는 당사자 간에만(inter partes) 미친다는 점에서 일반적 규범통제의 그것과는 다르다. 헌법 제107조 제1항은 이러한 법원 고유의 법령심사권 중에서 법률의 위헌심사권을 박탈하여 헌법재판소에 주었고, 반면 제107조 제2항은 명령규칙의 위헌·위법 여부에 대한 최종적 심사권을 대법원에 남겨둔 것이다. 따라서 대법원은 명령·규칙의 위헌·위법 여부를 스스로 최종적으로 심사함으로써 그 효력유무를 결정할 수 있다. 이러한 의미

---

33) Schmitt Glaeser, Verwaltungsprozeßrecht, Rn.436을 참조.
34) Schmitt Glaeser, Rn.404.
35) 물론 주된 비중은 객관적인 법통제에 놓여 있다고 한다(Schmiit Glaeser, aaO).
36) Schmitt Glaeser, Rn.406.

에서 우리나라 헌법은 법률하위명령에 관한 한 헌법재판소의 폐기독점권
(Verwerfungsmonopol)을 인정하고 있지 않다. 다시 말해서 대법원은 법률
의 위헌성에 관하여는 스스로 판단할 수 없으나 명령·규칙의 위헌성이나
위법성은 헌법재판소에 제청할 필요 없이 스스로 또 최종적으로 판단할 수
있는 것이다.[37] 다만 이러한 판단은 헌법 제107조 제2항이 명시하고 있듯
이 '재판의 전제가 된 경우'에 한하며(구체적 규범통제), 그 판단의 효력도
당사자 간에만 미칠 뿐이다(부수적 심사제). 그러나 이미 위헌 또는 위법으
로 확정된 명령·규칙이 당사자 이외의 국민에게 여전히 효력을 미치게 되
는 결과는 바람직하지 않다는 견지에서, 행정소송법 제6조는 행정소송에
대한 대법원판결에 의하여 명령·규칙이 헌법 또는 법률에 위반된다는 것이
확정된 경우에는 대법원은 지체없이 그 사유를 행정자치부장관에게 통보
하여야 하며, 행정자치부장관은 지체없이 이를 관보에 게재하여야 한다고
규정하고 있는 것이다.[38]

1.3.4. 명령·규칙에 대한 헌법소원과 명령규칙심사권

헌법소원에서 명령·규칙의 위헌여부가 (기본권침해를 이유로) 다투어지
는 경우에는 불가피하게 이에 대한 헌법재판소의 판단권과 헌법 제107조
제2항에 따른 대법원의 최종적 심사권과의 충돌가능성이 문제된다. 이에
관하여는 헌법재판소법 제68조 제1항에 따라 법원의 재판이 헌법소원의
대상에서 배제되고 있는 이상, 헌법재판소법 제68조 제1항의 위헌론이나
입법론에 의하면 몰라도, 해석론상 양자의 판단이 충돌하여 병립할 가능성
을 회피할 장치가 마련되어 있지 않다. 헌법재판권과 대법원의 재판권 한
계에 관한 중대한 법적 불비라 할 수 있다.

---

37) 헌법재판소 1990.10.15. 선고 89헌마178 결정 역시 이 점을 시인하고 있다.

38) 그 제도적 의의는 동종사안의 재발방지에 있었다고 한다(대한민국법률안연혁집, 제12
권, 1992, 11847 참조). 이에 관하여 상세한 것은 정종섭, 고시계, 1992/12, p.82 이하를 참조.

> 법무사법시행규칙에 대한 헌법소원에서 헌법재판소는 '헌법재판소법 제 68조 제1항이 규정하고 있는 헌법소원심판의 대상으로서의 "공권력"이 란 입법·사법·행정 등 모든 공권력을 말하는 것이므로 입법부에서 제정 한 법률, 행정부에서 제정한 시행령이나 시행규칙 및 사법부에서 제정한 규칙 등은 그것들이 별도의 집행행위를 기다리지 않고 직접 기본권을 침 해하는 것일 때에는 모두 헌법소원심판의 대상이 될 수 있는 것'이라고 하면서, 헌법 제107조 제2항이 명령·규칙에 대하여는 대법원에 최종적 심사권이 있다고 규정하고 있지만 이는 구체적인 소송사건에서 명령·규 칙의 위헌여부가 재판의 전제가 되었을 경우에 대법원이 이를 헌법재판 소에 제청할 필요없이 심사할 수 있다는 의미에 불과하고, 이 규정 때문 에 헌법재판소의 명령·규칙의 위헌여부에 대한 판단권이 배제되는 것은 아니라는 것을 이유로 동 시행규칙에 대하여 위헌결정을 내렸다.[39]

헌법재판소의 이 결정은 물론 집행을 요하지 않는 시행규칙에 관한 것 이었지만, 만일 이것이 집행되어 재판의 전제로 되었다면 또는 애초부터 시행규칙 자체를 대상으로 하는 행정소송이 제기되었더라면 의당 대법원 이 이에 대한 최종적 심사권을 행사했을진대, 헌법재판소가 이를 '재판의 전제가 되었을 것'을 요구하는 헌법 제107조 제2항의 적용대상이 아니라고 함으로써 그 적용을 회피하여 직접 판단한 것이다. 만일 이것이 재판의 전 제가 되어 대법원의 합헌판단이 행해졌더라면, 이와는 별도로 행해진 헌법 재판소의 판단과 충돌을 면치 못했으리라고 예측할 수 있다. 이로써 집행 을 요하지 않고 국민에게 직접 기본권침해의 효과를 미치는, 또는 법원에 의한 소송의 대상이 될 수 있는지 여부가 불분명한 명령규칙에 관하여는 헌법재판소가 판단권을 갖고, 그 위헌·위법 여부가 재판의 전제가 된 명 령·규칙에 관해서는 대법원이 심사권을 갖는다는 극히 기형적인 법상태가 초래된 것이다.

---

39) 헌법재판소 1990.10.15. 선고 89헌마178 결정.

1.3.5. 결 론

법령의 효력 및 그 해석에 관한 한, 구체적 사건성을 전제로 한 헌법 제107조 제2항에 따른 명령규칙심사의 경우나 처분법규와 같은 예외적인 경우는 행정소송의 한계에 해당되지 않는다는 것이 분명하다. 거꾸로 말하면 이러한 경우에는 법령의 효력이나 해석에 관한 문제 역시 행정소송의 범위 내에서 (부수적으로 또는 독자적으로) 다투어질 수 있다는 것이다. 그 밖의 경우 법령의 효력·해석 문제는, 특히 헌법 제107조 제2항에 따라 명령·규칙의 효력은 '재판의 전제가 된 경우'가 아니면 행정소송에서 다투어질 수 없는 결과가 되므로, 행정소송의 한계에 해당한다고 할 수 있다. 하지만, 이것은 사법본질에 의한 것이라기보다는 규범통제에 관한 헌법정책의 문제라고 보아야 할 것이다. 마찬가지로 법률의 위헌여부는 헌법에 의하여 행정소송의 한계 바깥에 놓여 있다. 또한 행정소송의 대상으로서 또는 행정소송의 부수적 문제로서 다투어지는 명령·규칙의 심사와는 별도로, 헌법소원절차에 따라 헌법재판소에 의하여 명령·규칙의 위헌여부가 판단되는 경우는 행정소송의 한계와는 무관한 문제가 될 것이다.

1.4. 민중소송·기관소송

이들 소송은 이른바 객관적 소송으로서 법률에 특별한 규정이 있는 경우에만 허용된다(행정소송법 §45). 주관적 소송관에 입각한 사법본질론에 따른 결과이다.

2. 법적 해결가능성

행정소송의 대상으로서 법률상 쟁송이 되기 위해서는 당사자 간에 구체적 권리의무관계에 관한 분쟁(case or controversy)이 있다는 것만으로는 부족하고 이것이 법을 적용하여 해결할 수 있는 것이어야 한다. 이러한 법적 해결가능성과 관련해서는 통치행위, 재량행위, '특별권력관계' 내에서의 행위, 방침규정 등의 문제가 검토되어야 한다.

2.1. 통치행위

통치행위란 본래 고도의 정치적 성격을 띤 국사행위(國事行爲)로서 성질상 사법심사의 대상으로 하기에 부적당한 일련의 행위라고 일반적으로 이해되고 있다. 사법작용의 본질이나 통치행위의 정치적 성격으로 볼 때 사실상 사법심사의 대상으로 삼기에 적절치 못한 행위들이 존재하는 것은 사실이지만, 오늘날 법치국가원칙이 일반적으로 관철되는 이상, 일괄적으로 통치행위를 행정소송의 대상에서 제외시키는 태도는 용납될 수 없다. 또한 법치주의의 견지에서 통치행위에 해당하는 행위의 목록이 점차 감소되고 있는 것이 사실이다.

판례는 이른바 사법자제설(Theory of judicial self-restraint)의 견지에서 비상계엄선포의 적법성판단을 통치행위로서 사법심사에서 배제되는 것으로 보았다.

■■■ 판례

대통령이 제반의 객관적 상황에 비추어서 그 재량으로 비상계엄을 선포함이 상당하다는 판단 밑에 이를 선포하였을 경우, 그 행위는 고도의 정치적 군사적 성격을 띠는 행위라고 할 것이어서, 그 선포의 當·不當을 판단할 권한과 같은 것은 헌법상 계엄의 해제요구권이 있는 국회만이 가지고 있다고 할 것이고, 그 선포가 당연무효의 경우라면 모르되, 사법기관인 법원이 계엄선포의 요건의 구비 여부나 선포의 당·부당을 심사하는 것은 사법권의 내재적인 본질적 한계를 넘어서는 것이 되어 적절한 바가 못 된다.40)

그러나 통치행위에 해당하는 고도의 정치적 성격을 띤 행위일지라도 역시 법적으로 통제가 가능한 범위 내에서는 사법심사의 대상이 된다고 보

---

40) 대법원 1979.12.7. 선고 79초70 재정; 동지: 대법원 1964.7.21. 선고 64초3,4,6 재정; 대법원 1981.5.25. 선고 81도1116 판결.

아야 한다. 가령 위 판례에서 문제되었던 비상계엄의 요건구비여부는 선포의 당·부당과는 달리 법적 판단을 요하는 최소한의 문제라고 할 수 있다. 이러한 문제의 성격이 헌법상 국회에게 계엄해제요구권이 부여되어 있다는 사실에 의해서 달라지는 것은 아니다.

　　다행히 대법원은 남북정상회담 개최과정에서 북한측에 사업권의 대가 명목으로 송금한 행위가 사법심사의 대상이 되는지 여부가 문제된 사건에서 통치행위의 개념과 그에 대한 사법심사의 가능성을 시인하고 그 범위와 한계를 밝혔다.

> **▰▰ 판례**
>
> 　　[1] 입헌적 법치주의국가의 기본원칙은 어떠한 국가행위나 국가작용도 헌법과 법률에 근거하여 그 테두리 안에서 합헌적·합법적으로 행하여질 것을 요구하며, 이러한 합헌성과 합법성의 판단은 본질적으로 사법의 권능에 속하는 것이고, 다만 국가행위 중에는 고도의 정치성을 띤 것이 있고, 그러한 고도의 정치행위에 대하여 정치적 책임을 지지 않는 법원이 정치의 합목적성이나 정당성을 도외시한 채 합법성의 심사를 감행함으로써 정책결정이 좌우되는 일은 결코 바람직한 일이 아니며, 법원이 정치문제에 개입되어 그 중립성과 독립성을 침해당할 위험성도 부인할 수 없으므로, 고도의 정치성을 띤 국가행위에 대하여는 이른바 통치행위라 하여 법원 스스로 사법심사권의 행사를 억제하여 그 심사대상에서 제외하는 영역이 있으나, 이와 같이 통치행위의 개념을 인정한다고 하더라도 과도한 사법심사의 자제가 기본권을 보장하고 법치주의 이념을 구현하여야 할 법원의 책무를 태만히 하거나 포기하는 것이 되지 않도록 그 인정을 지극히 신중하게 하여야 하며, 그 판단은 오로지 사법부만에 의하여 이루어져야 한다.
>
> 　　[2] 남북정상회담의 개최는 고도의 정치적 성격을 지니고 있는 행위라 할 것이므로 특별한 사정이 없는 한 그 당부를 심판하는 것은 사법권의 내재적·본질적 한계를 넘어서는 것이 되어 적절하지 못하지만, 남북정상회담의 개최과정에서 재정경제부장관에게 신고하지 아니하거나 통일부장관의 협력사업 승인을 얻지 아니한 채 북한측에 사업권의 대가 명목으로 송금한 행위 자체는 헌법상 법치국가의 원리와 법 앞에 평등원칙 등에 비추어 볼 때 사법심사의 대상이 된다.41)

---

41) 대법원 2004.3.26. 선고 2003도7878 판결(외국환거래법위반·남북교류협력에관한법

통치행위에 대한 사법심사의 필요성은 특히 통치행위가 기본권침해를 초래하는 경우 보다 강조되어야 한다. 법원이 사법소극주의적 입장을 고수하여 사법심사를 거부할 경우 결국 헌법소원을 제기할 수밖에 없을 것이고 이 때에는 불가불 행정소송의 한계를 넘게 되는 결과가 될 것이다. 생각건대, 가령 대통령이 국가원수 또는 국정의 최고책임자로서의 지위에서 행하는 고도의 정치적 결단에 속한다고 볼 수 있는 국정행위(외교행위, 중요정책의 국민투표부의, 헌법개정발의, 법률안거부권행사, 헌법기관구성행위, 사면 등)로서 국민의 기본권침해와 직접적인 관련이 없고 그 행위에 대한 정치적 통제수단이 별도로 마련되어 있는 경우에 한하여 사법심사의 자제를 허용하는 것이 헌법의 규범조화적 실현을 위하여 바람직하다고 볼 수 있을지라도, 궁극적으로 어떤 행위가 통치행위에 해당하는 것인가 하는 것은, 프랑스의 경우처럼 사전에 일정한 통치행위표에 의하여 이를 일괄적으로 판단할 것이 아니라, 법치주의의 정신과 권력분립에 입각한 사법작용의 본질에 비추어 관계법의 목적을 구체적으로 고려함으로써 판단하되 이를 엄격히 제한하여야 할 것이다.

한편 이와 같은 사법자제설의 견지에서 통치행위의 문제를 권력분립상의 한계의 하나로 다루는 것도 결코 부당하다고는 할 수 없다.[42] 참고로 오토 마이어(Otto Mayer)는 이를 입법·행정·사법과 구별되는 제4의 영역이라고 하면서 프랑스의 'acte de gouvernment'에 상응하는 'Regierungshandlung', 'Regierungsakt'라고 불렀는데,[43] 이러한 관점에서도 통치행위의 문제는 권력분립과 관련된 문제로서 다루어지게 될 것이다.

2.2. 재량행위

법규의 해석상 일정한 법규정이 행정청에게 행위여부나 행위내용에 관한 독자적 판단권, 즉 선택의 여지를 부여하였다고 인정되는 경우, 행정

률위반·특정경제범죄가중처벌등에관한법률위반(배임): 공2004.5.1.(201),753).

42) 가령 김동희, 행정법 I, 605; 김남진, 행정법 I, p.739.

43) O.Mayer, Deutsches Verwaltungsrecht, 3.Aufl.1924, S.12, 각주 18을 참조.

청은 재량권 내지 재량의 여지를 가지며 이에 따른 행위를 재량행위라고
할 수 있다. 기속행위의 흠이 원칙적으로 행위를 위법한 것으로 만드는데
반해, 재량을 그르치면 부당한 행위가 되는데 그친다. 법률이 행정청의 '위
법'처분에 대하여 개괄적으로 행정소송의 제기를 허용하는 경우, 행정청의
자유재량에 속하는 사항은 행정소송의 요건인 위법성의 문제가 보통 없기
때문에, 원칙적으로 행정소송의 대상이 될 수 없었다. 그러나 이러한 전통
적인 재량행위불심사원칙은 오늘날 재량한계론에 의하여 포기되었으므로
재량행위라는 것만 가지고는 더 이상 행정소송의 한계를 말할 수 없게 되
었다. 즉, 행정청에게 재량이 인정되어 있는 경우에도 재량권이란 어디까지
나 법이 인정한 것이므로 일정한 법적 제약을 받지 않을 수 없다. 다시 말
해서 행정청은 재량행사에 있어서 재량권의 한계를 넘거나(재량권의 일탈)
법이 재량권을 부여한 목적에 위배되는 행위(재량권의 남용)를 해서는 아니
된다. 이러한 재량한계론은 오늘날 더 이상 의문시되지 않는 행정법의 원
칙으로 확립되어 있으며, 우리 행정소송법 제27조가 "행정청의 재량에 속
하는 처분이라도 재량권의 한계를 넘거나 그 남용이 있는 때에는 법원은
이를 취소할 수 있다"고 규정하는 것은 이를 입법적으로 승인한 것이다. 뿐
만 아니라, 어떤 행위가 재량행위인지 기속행위인지는 본안심리를 통해서
만 밝혀질 수 있는 것이지, 소송요건심사과정에서 선취될 수 있는 성질의
문제는 아니라는 것이 통설과 판례이다(請求棄却說).[44] 요컨대, 재량행위는,
그것이 재량한계를 넘지 않는 한도에서는 행정소송을 통하여 다툴 수 없다
는 점에서 행정소송의 한계를 구성하는 것이라 할 수 있다. 그러나 그 재량
행위여부란 결국 행정소송의 본안심리를 거쳐서만 판단될 문제이므로, 어
떤 행위가 재량행위라는 것은 행정소송의 기각사유는 될지언정 부적법각
하의 근거는 되지 않는다. 또한 오늘날 광범위한 승인을 받고 있는 무하자
재량행사청구권(Anspruch auf fehlerfreie Ermessensausübung)의 법리[45]에

---

44) 김도창, 일반행정법론(상), p.391 각주 16.
45) 무하자재량행사청구권은 극소수의 반론(예컨대 이상규, 신행정법론(상), p.180)을 제

따라 재량한계의 준수를 요구할 수 있는 권리를 행정소송을 통하여 행사할
수 있다.

> **판례**
>
>   검사의 임용에 있어서 임용권자가 임용여부에 관하여 어떠한 내용의 응
> 답을 할 것인지는 임용권자의 자유재량에 속하므로 일단 임용거부라는 응답
> 을 한 이상 설사 그 응답내용이 부당하다고 하여도 사법심사의 대상으로 삼
> 을 수 없는 것이 원칙이나, 적어도 재량권의 한계일탈이나 남용이 없는 위법
> 하지 않은 응답을 할 의무가 임용권자에게 있고 이에 대응하여 임용신청자
> 로서도 재량권의 한계일탈이나 남용이 없는 적법한 응답을 요구할 권리가
> 있다고 할 것이며, 이러한 응답신청권에 기하여 재량권남용의 위법한 거부
> 처분에 대하여는 항고소송으로서 그 취소를 구할 수 있다고 보아야 하므로
> 임용신청자가 임용거부처분이 재량권을 남용한 위법한 처분이라고 주장하면
> 서 그 취소를 구하는 경우에는 법원은 재량권남용여부를 심리하여 본안에
> 관한 판단으로서 청구의 인용여부를 가려야 한다.[46]

2.3. '특별권력관계' 내에서의 행위

종래 이른바 특별권력관계 내에서의 행위는 기본권의 효력, 법률의 유
보가 미치지 아니하고, 사법심사의 대상도 되지 않는다고 보았으나 오늘날
이러한 전통적인 특별권력관계이론은 더 이상 타당하지 않다. 따라서 특별
권력관계에서도 기본권의 효력이나 법률의 유보가 원칙적으로 관철된다고
보는 것이 지배적이다. 특별권력관계에서의 행위에 관한 사법심사의 가능
성에 관해서는 종래 전면적 부정설(절대적 구별설의 입장)과 제한적 긍정설
(상대적 구별설 또는 수정설의 입장)이 주장된 바 있으나, 특별권력관계에서
의 행위 역시 행정쟁송법상 처분성이 인정되는 경우에는 사법심사의 대상
이 된다는 데 의문이 있을 수 없다. 다만 특별권력관계의 목적을 달성하기

외하고는 국내의 학설에 의해서도 일반적인 승인을 받고 있다. 판례 역시 다음에 인용하는 최근
의 판결(대법원 1991.2.12. 선고 90누5825 판결)에서 이를 인정한 바 있다.
  46) 대법원 1991.2.12. 선고 90누5825 판결.

위하여 법령이 보다 광범위한 재량권을 부여한 것으로 해석되는 경우(예컨대 국공립학교 교사의 학생징계행위)가 있을 수 있으나, 이는 특별권력관계의 특수성을 근거로 해서가 아니라 어디까지나 재량에 대한 사법심사의 문제로서 검토되어야 할 문제이다.

▰▰ 판례

농지개량조합과 그 직원과의 관계는 사법상의 근로계약관계가 아닌 공법상의 특별권력관계이고, 그 조합의 직원에 대한 징계처분의 취소를 구하는 소송은 행정소송사항에 속한다.47)

2.4. 방침규정

법규정 중에는 단순히 행정활동에 대한 방침만을 규정하는데 불과한 것이 있는데 이러한 방침규정 또는 훈시규정에 의한 사항은 소송을 통하여 그 실현을 청구할 수 없다.48)

Ⅳ. 권력분립상 한계

1. 권력분립의 원칙과 행정소송

일반적으로 행정소송에는 권력분립에서 연유하는 일정한 한계가 있다고 지적된다. 행정소송은 사법작용(재판)으로서 행정권의 활동에 대하여 사법권이 법적 판단을 내리는 작용이다. 따라서 행정소송의 사법작용으로서의 본질 자체가 이미 권력분립을 전제로 한다. 이러한 견지에서 볼 때 권력분립의 원칙으로부터 행정소송의 한계가 도출되는 것은 극히 자명한 결과

---

47) 대법원 1995.6.9. 선고 94누10870 판결(공95.7.15. 996(25)). 참조 대법원 1977.7.26. 선고 76다3022 판결(공1977, 10240).

48) 대법원 1961.5.1. 선고 4292행상55 판결.

이다. 권력분립의 원칙은 국가권력을 기능별로 분리하여 각각 상호독립된 기관에게 귀속시키고 이들 국가기관들간에 권력의 중첩이 없도록 하는 동시에 상호 견제와 균형을 이루도록 하는 것을 내용으로 한다. 따라서 행정소송이 사법작용으로서 법원에게 맡겨져 있는 이상, 법원이 행정소송을 통하여 행정권의 권한을 대신 행사할 수는 없는 것이다. 이러한 의미에서 행정소송의 한계는 무엇보다도 권력분립에 의해 행정권에게 유보된 영역을 침해하거나 대행할 수 없다는 데서 비롯된다고 할 수 있다. 행정소송은 비록 그것을 통하여 적극행정의 내용이 영향을 받거나 수정·제재되는 결과를 피할 수는 없겠지만 그렇다고 '다른 수단에 의한 행정작용의 계속'이 되어서는 아니 된다. 이미 앞에서 살펴본 사법본질적 한계라는 것도 사실은 따지고 보면 권력분립과 불가분의 관계를 맺고 있는 문제이다. 가령 통치행위나 재량행위 같은 것은 사법본질상 한계인 동시에 권력분립에서 연유하는 행정소송의 한계로서의 성질을 함께 가지는 것이다.[49]

2. 행정상 이행소송 등과 관련된 문제

행정소송상 이행판결 또는 적극적 형성판결이 허용 여부는 일반적으로 특히 권력분립에서 연유하는 행정소송의 한계로서 다루어지는 문제이다. 이것은 특히 행정상 이행소송 또는 부작위소송(금지청구소송)과 관련하여 해석론과 입법론 두 가지 차원에서 논의될 수 있지만, 여기서는 주로 전자만을 살펴보기로 한다.

2.1. 행정상 이행소송

현행법상 행정청이 자기에게 부과된 처분등 일정한 행위의무가 있음에도 불구하고 이를 이행하지 않는 경우, 행정소송상 이행판결 또는 적극

---

49) 동지: 신보성, "행정소송의 기능과 한계", 고시연구, 1991/3, p.84. 이들 문제는 다만 서술의 편의상 사법본질적인 한계와 연관하여 설명되었을 뿐이다.

적 형성판결이 허용되는가 또는 행정소송의 한 종류로서 의무이행소송 또는 이행소송이 허용되는가 하는 것이 문제된다. 이와 관련 현행 행정소송법이 아무런 명문의 규정을 두고 있지 않아 학설이 대립하고 있다.

2.1.1. 학 설

(1) 소극설(전면적 부정설)

권력분립원칙에 입각하여 행정에 대한 제1차적 판단권은 행정권에게 귀속시켜야 한다는 입장이다(행정의 제1차적 판단권론). 현행 행정소송법이 행정심판법과는 달리 부작위위법확인소송만을 인정하였으므로 의무이행소송은 허용되지 않는다고 한다. 법원은 적극적 형성판결이나 이행판결을 할 수 없기 때문에 행정소송법 제4조 제1호의 '변경'(變更)은 소극적 변경, 즉 일부취소만을 의미하는 것으로 본다.[50]

(2) 적극설(전면적 허용설)

적극설은 권력분립주의를 적극적으로 파악하여, 법원은 위법행위를 취소할 수 있을 뿐만 아니라 적극적인 이행판결로 행위의무의 이행을 명할 수 있다고 보는 것이 권력분립의 참뜻에 맞는 것이라고 한다. 따라서 행정소송법 제4조 제1호의 '변경'은 적극적 변경을 의미하는 것으로 보며 항고소송의 구분에 관한 행정소송법 제4조를 제한적 열거규정이 아니라 예시규정으로 보아 무명항고소송으로서 의무이행소송이 허용되는 것으로 본다.[51]

(3) 절충설(제한적 허용설)

원칙적으로 소극설의 입장을 취하되 예외적으로 적극설의 입장을 취하는 견해이다.[52] 전면적 허용설이나 전면적 부정설 모두가 권력분립론

---

50) 김도창, 일반행정법론(상), p.738.
51) 김남진, 행정법 I, 2000, p.742.
52) 박윤흔, 행정법강의(상), pp.863-864, 866.

을 전제로 하고 있으나 권력분립을 채택하고 있는 나라들도 나라에 따라 의무이행소송의 인정 여부가 한결같지 않기 때문에, 권력분립론으로부터 논리필연적으로 결론을 도출하는 것은 적절치 못하고, 권력분립, 국민의 재판을 받을 권리에 관한 규정 등 우리 헌법규정의 취지를 감안하여 행정소송법의 관련규정을 해석하고 또한 법정외항고소송의 종류마다 기능적인 측면에서 그 인정여부를 고찰해야 한다고 주장한다.

　　　　이 견해는 행정소송법이 부작위에 대한 구제방법으로 부작위위법확인소송을 인정하고 있는 이상, 비록 우회적으로라도 의무이행소송을 전면적으로 인정하는 것은 행정소송법의 취지에 맞지 않는다고 주장하면서, 의무이행소송은 ① 행정청에게 제1차적 판단권을 행사시키지 않아도 될 정도로 처분요건이 일의적으로 규정되어 있을 것, ② 사전에 구제하지 않으면 회복할 수 없는 손해가 발생할 우려가 있으며, ③ 다른 구제방법이 없는 경우에만 인정된다고 한다.[53]

2.1.2. 판 례

판례는 일관하여 의무이행소송불가론을 견지하고 있다.

> **■ 판례**
>
> 　검사에게 압수물환부를 이행하라는 청구는 행정청의 부작위에 대하여 일정한 처분을 하도록 하는 의무이행소송으로 현행 행정소송법상 허용되지 아니한다.(대법원 1995.3.10. 선고 94누14018 판결(공95.4.15. 990(50))[54]

또한 대법원은 의무이행소송을 허용하지 아니하는 것이 헌법 제23조에 위배되지 아니 한다고 판시한 바 있다.

---

53) 박윤흔, 행정법강의(상), p.867. 이는 후술하는 일본의 판례와 거의 흡사한 견해이다.
54) 참조판례 나. 대법원 1989.9.12. 선고 87누868 판결(공1989, 1477); 1992.2.11. 선고 91누4126 판결(공1992, 1037).

> **판례**
>
> 행정소송법 제3조와 제4조가 행정청의 부작위가 위법하다는 것을 확인하는 소송을 규정하고 있을 뿐 행정청의 부작위에 대하여 일정한 처분을 하도록 하는 의무이행소송에 관하여는 규정하고 있지 아니하여, 행정청의 위법 또는 부당한 부작위에 대하여 일정한 처분을 하도록 청구하는 소송을 허용하지 아니한 것이, 국민의 재산권을 보장한 헌법 제23조에 위배된다고 볼 수 없다.[55]

2.1.3. 결 론

생각건대, 이 문제는 권력분립의 원칙에 대한 이해와 현행행정소송법의 해석을 통하여 논의되어야 하지만, 무엇보다도 먼저 엄밀한 개념통제가 필요하다.

첫째, 적극설이 주장하는 바와 같이 행정소송법 제4조 제1호의 '변경'을 '적극적 변경'으로 해석함으로써 법원이 적극적 형성판결을 행하는 것이 권력분립의 원칙에 비추어 허용되느냐 하는 문제가 제기된다. 이에 대하여는 권력분립을 적극적으로 해석하는 견지에 설지라도 부정적인 답변을 내릴 수밖에 없다. '적극적 변경'이란 사실상 법원이 행정권한을 대행한 것이 되기 때문이다. 권력분립주의는 행정의 제1차적 판단권의 존중을 요구한다. 더욱이 적극설이 행정상 이행소송의 문제를 어떻게든 취소소송의 틀로부터 해결해 보려는 잘못된 출발점에 서 있다는 점을 다시금 반추해 볼 필요가 있다.

결국 문제는 일정한 행위의 이행을 선고하는(verurteilen) 이행판결이 허용되느냐 하는 두 번째 문제에 있다. 이에 관하여는 우선, 적극적 형성판결의 경우와는 달리, 행정이 법적으로 요구된 일정한 행위의무를 다하지 않았기 때문에 법원이 재판을 통하여 이를 명한다는 것은 결코 권력분립의

---

55) 대법원 1992.12.22. 선고 92누13929 판결(징발수용토지에대한징발해제청구등: 공 1993.2.15.(938), 627).

원칙에 반하지 않는다는 점을 분명히 인식할 필요가 있다. 행정의 일차적 판단권은 이미 부작위나 의무불이행의 태양으로 행사된 것과 동등하므로 이 경우 법원의 이행명령으로 손상되는 것은 아니다. 다만 행정소송법상 독일의 의무이행소송이나 일반이행소송과 같은 행정상의 이행소송이 법정되어 있지 않은 상황에서, 남아있는 방법은 무명항고소송56)이나 무명행정소송, 또는 소위 '고유한 의미의 소송'(Klageart sui generis)의 한 형태로 이행소송을 인정하는 길뿐이다. 이러한 형태의 소송을 인정하는 것은 무엇보다도 행정소송법 제3조와 제4조를 행정소송의 종류를 제한적으로 열거한 것이 아니라 주된 소송유형을 예시적으로 열거한 규정으로, 즉 개방적 규정으로 해석함으로써 가능하며 또한 이 같은 해석은 헌법상 기본권보장의 원칙과 법치국가원칙, 그리고 행정소송법 제1조의 취지 및 헌법 제27조 제1항이 보장하는 재판청구권으로부터 도출되는 공백없는 권리구제의 요구에 의해 뒷받침된다. 사실 행정소송법상 이행소송에 관한 문제를 해결했다기 보다는 오히려 부작위위법확인소송이라는 절충형제도를 신설함으로써 문제해결을 우회한 것으로 평가되는 1984년의 '작은 행정소송법개혁'에 참여한 학자들의 입을 통하여, 행정소송법 제4조를 예시규정으로 봄으로써 '다른 항고소송(무명항고소송을 의미) 유형을 불문법적으로 인정할 여지'에 대한 희망이 표명된 바 있었다.57)

그러나 그 동안 이러한 무명항고소송에 관한, 특히 법원의 적극적 판례형성에 대한, 희망적 기대가 실현되지 않았다는데 문제가 있다. 그리하여 해석론상 의무이행소송불가론을 견지해 온 판례의 일관된 태도는 이 문제가 논자들간에 해석론적 차원에서보다는 오히려 입법론적 차원에서 관심의 대상이 되고 있다는 저간의 사정을 상당부분 설명해 준다.58) 그

56) 시오노 교수는 이 용어 보다 法定外抗告訴訟이란 용어를 선호하고 있는데(鹽野 宏, 行政法 II, 185 주 1), 그보다는 오히려 항고소송중심적 사고방식을 회피하는 견지에서 무명행정소송 또는 법정외행정소송이란 용어를 사용하는 것이 바람직하다고 본다. 이렇게 본다면 행정소송법 제4조와 함께 제3조의 해석이 동시에 문제되어야 할 것이다.

57) 김도창, "새 행정소송법 운영 1년에 즈음하여", 공법연구, 15집, 1987, p.91.

58) 김도창 교수(상, p.739)는 이 문제는 해석론으로 해결하기에는 무리가 있다는 견해를

동안 이에 관한 대법원의 판례는 주로 단언적 판단에만 의존해 왔으며 또 처분에 한정된 의무이행소송만을 문제삼아 왔다는 점에서 비판되어 마땅하다.

> 우리 행정소송법보다 먼저 부작위법확인소송을 입법화한 일본의 경우를 본다면, 의무이행소송의 허용성에 관하여 이를 전면적으로 부정하는 설, 취소소송과의 관계를 고려하여 보충적으로 인정하는 설(보충설), 취소소송에 의하여 구제를 얻을 수 있는지 여부와 무관하게 심리의 결과 판결의 성숙성이 인정되는 한 재판소는 의무화판결을 할 수 있다는 독립설이 주장되었고, 판례는 보충설을 취하되, ① 행정청에게 제1차적 판단권을 행사시키지 않아도 될 정도로 처분요건이 일의적으로 규정되어 있을 것, ② 손해가 급박하여 사전에 구제하지 않으면 회복하기 곤란한 손해가 발생하리라고 판단될 것, ③ 그 밖에 구제수단이 없을 것이란 요건이 충족되어야 한다고 보았다.59) 이와는 극히 대조적으로 우리 판례는 지나친 경직성을 보이고 있다.

이와 관련하여 세번째 문제가 제기된다. 행정상 이행소송은 처분의무의 이행을 구하는 의무이행소송과 비처분적 행정작용의 이행을 구하는 일반이행소송을 포함한다는 점을 분명히 인식할 필요가 있다. 가령 앞에서 인용된 대법원 1990. 10. 23. 선고 90누5467 판결을 본다면 대법원은 전래의 의무이행불가론에 대한 단언적 판단에서 출발하여, 가옥대장의 등재행위는 행정처분이라 할 수 없으니 구청에 비치된 가옥대장에 한 등재의 말소를 구하는 소는 부적법하다고 판시하였다. 그러나 가옥대장의 등재행위가 행정처분이 아니라면 그에 대한 취소소송은 물론 부적법하겠지만, 행정청에 대하여 행정상의 처분의 이행을 구하는 의무이행소송의 허용여부가 아니라 일반이행소송의 허용여부가 판단되었어야 한다. 이 문제는 결국 행정소송법상 당사자소송과 관련하여 검토되었어야 할 문제이다.60) 행정행

표명하고 있다. 한편 이에 관한 입법론으로는 졸고, 행정의 의무이행을 관철시키기 위한 소송, 한국공법학회 제27회 학술발표회 발표문, 36 이하를 참조.

59) 이에 관하여는 鹽野 宏, 行政法 II, p.186 이하를 참조.

60) 물론 후에 설명하겠지만 당사자소송의 피고는 국가나 지방자치단체 그 밖의 권리주체라는 점을 감안해야 할 것이다.

위 또는 처분이외의 행위형식이나 급부등을 구하는 일반이행소송의 경우,
권력분립을 이유로 이를 불허된다고 볼 여지는 훨씬 줄어든다. 그리고 그
경우 비처분적 행위·급부를 구하는 소송의 형태로는 무명항고소송이 아니
라 무명행정소송 또는 일반이행소송이 문제되어야 할 것이다.

　　이제까지 논의를 요약하면, 첫째, 현행행정소송법상 적극적 형성판결
은 허용되지 않는다(행정소송법 제4조 제1호의 '변경'은 소극적 변경, 즉 일부취
소만을 의미한다). 둘째, 해석론상 의무이행소송은 반대의 판례에도 불구하
고, 무명항고소송 또는 '고유한 의미의 소송'의 형태로 인정될 수 있다고
보아야 한다. 셋째, 처분 이외의 행위형식 또는 급부의무 이행을 구하는 소
송의 형태로 무명행정소송 또는 일반이행소송이 당사자소송의 범위 내에
서 허용된다고 본다.[61] 끝으로 행정상 이행소송에 관한 입법적 해결이 소
망스럽다는 것은 말할 나위도 없다.

2.2. 행정상 부작위청구소송의 허용 여부

　　부작위청구소송 또는 부작위소송, 금지소송이란 행정행위나 그 밖의
행위를 하지 않을 것을 요구하는 행정소송을 말한다. 이것은 소극적 형태
의 이행소송이라 할 수 있으므로 이미 설명한 이행소송의 경우와 유사한
논의가 있을 수 있다. 이와 관련하여 대법원은 이행소송에 대한 판례의 연
장선상에서 부작위청구소송이 허용되지 않는다는 점을 분명히 한 바 있다.

> ■■ **판례**
>
> 　　신축건물의 준공처분을 하여서는 아니된다는 내용의 부작위를 구하는
> 원고의 예비적 청구는 행정소송에서 허용되지 아니하는 것이므로 부적법
> 하다.[62]

부작위청구소송은 특히 예방적 부작위소송으로서 가령 환경에 악영향

---

61) 김남진, 행정법 I, p.742.
62) 대법원 1987.3.24. 선고 86누1182 판결.

을 줄 우려가 있는 건물의 건축허가나 준공허가를 사전에 방지하기 위하여 또는 급박한 법익침해를 가져올 사실행위의 금지를 구하기 위하여 실제적인 유용성을 지닌 현대적 소송유형이라고 할 수 있다. 이러한 소송유형은 물론 일반이행소송의 한 형태로 다루어질 수 있다.

> 참고로 이에 관하여 다른 나라의 예를 보면, 독일에서는 부작위청구소송 (Leistungs-Unterlassungs-klage) 또는 예방적 부작위소송(vorbeugende Unterlassungsklage)[63]이 일반적으로 허용되고 있으며, 일본의 경우에도 전면적 부정설은 없고 의무화소송(의무이행소송)과 마찬가지로 보충설과 독립설로 나뉘고 있으며 최고재판소 역시 그 가능성을 전면적으로 부정하지 아니한다.[64]

생각건대, 부작위청구소송의 문제도 이행소송의 경우와 마찬가지로 행정소송법 제4조를 예시규정으로 보아, 무명행정소송의 방법에 의하여 인정하는 방향으로 나아가야 할 것이지만, 이에 관하여는 특히 현행법상 부작위위법확인소송이 인정되고 있는 이상, 이에 상응하여 부작위의무확인소송(예방적 확인소송)이 당사자소송의 형태로 인정될 여지가 있음을 상기할 필요가 있으며, 다만 이 경우 그 허용요건을 어떻게 한정할 것인가가 문제될 것이다.

> 김남진 교수는 그 요건으로 ① 위험이 구체적이며 개별적일 것, ② 침해가 심각하여 개연성이 있을 것, ③ 침해가 직접적이며 절박할 것, ④ 소송을 통해 피하고자 하는 위험 내지 손해가 중대할 것 등을 들고 있다.[65]

---

63) 나우만(Naumann)은 이를 동어반복이라고 한다. 부작위소송에 관하여는 Hong, J.-H., Die Klage zur Durchsetzung von Vornahmepflichten der Verwaltung, 1991, S.126 이하를 참조.

64) 이에 관하여는 鹽野 宏, 行政法 II, p.188 이하를 참조.

65) 김남진, 행정법 I, p.742.

V. 결 론

행정소송은 법치국가원칙의 실행수단이자 제도적 요소이다. 따라서 행정소송의 한계는 법치국가원칙의 한계를 의미한다. 그동안 행정소송의 한계 문제는 주로 행정법해석론상 쟁점들을 중심으로 논의되어 왔다. 행정소송의 한계는 권력분립의 원칙을 전제로 사법작용으로서 행정소송의 본질에 따른 한계와 권력분립 자체로부터 유래되는 한계를 중심으로 다루어져 왔던 것이다. 그러나 행정소송의 한계 문제는 비단 이러한 규범적 차원에서뿐만 아니라 사실적·기능적 차원에서도 논의될 수 있으며 또한 규명되어야 한다. 물론 여기서 상론할 수는 없으나, 무엇보다도 이제까지 법치행정의 원칙이 누려온 규범력의 완화를 강요하는, 가령 환경문제라든지 핵발전소안전문제 등과 같이 고도로 전문기술적 행정영역의 대두에 의해 도전받고 있는 행정현실을 행정소송이 과연 얼마나 규율할 수 있고 또 규율해야 하느냐 하는 문제를 놓치지 말아야 한다. 행정소송을 담당하는 법원은 이러한 영역에서 제기되는 문제를 해결하는데 충분한 전문지식이나 경험, 인적·물적 자원을 갖추고 있는가, 이러한 경우에도 법치국가원칙의 실행수단으로서 행정소송이 역할을 수행하여야 하는데 이를 위한 소송법수단은 충분한가 하는 등의 문제를 검토해 보아야 한다. 이러한 관점에서 현대행정법질서에 대한 첨단과학기술의 도전을 어떻게 감당하고 극복해 나가야 할 것인가 하는 문제는 특히 행정소송의 한계와 관련하여 규명되어야 할 행정법학의 과제이다.

한편 종래의 행정소송 한계론에 대해서는 지나친 사법소극주의적 경향에서 벗어나야 하며 특히 사법본질적 한계론을 완화시킬 필요가 있다는 견해가 표명되고 있다.

이는 행정소송의 행정통제기능 강조 및 행정특권의 축소에 따른 국민권리구제수단 강화에 대한 사회적 요구가 고조되고 있음을 감안할 때 사법기능을 구체적 법적 분쟁 해결에 한정하는 것은 타당하지 않으며 법질서보장기능을 인정해야 한다는 견해이다.[66] 즉 구체적 법적 분쟁에 해당하지 않는 사건도 헌법에 반하지 않는 한 예외적으로 입법에 의해 행정소송의 대상이 될 수 있다는 것이다.[67] 마찬가지로 권력분립 원칙을 이유로 예방적 부작위소송과 의무이행소송을 부정하는 것도 타당하지 않게 되었다고 한다. 전혀 새로운 논의는 아니고 이미 앞서 본 쟁점들에 대한 논의에서 실질적으로 반영된 바 있는 관점이기도 하지만 매우 경청할 만한 가치가 있는 견해라고 판단된다. 문제는 사법본질이니 권력분립이니 하는 행정소송의 한계요인들을 어떻게 법규범과 법리를 통해 구체화시킬 것인가에 있는데 여전히 행정소송의 양대 목표, 즉 권리구제와 행정통제라는 기준이 지침이 되어야 할 것이다.

---

66) 박균성, 행정법론(상), 박영사, 제15판, 2016, p.1113.
67) 같은 곳.

<hr>

제2장

항고소송

제1절 취소소송

Ⅰ. 취소소송의 의의와 성질

1. 의 의

취소소송이란 '행정청의 위법한 처분등을 취소 또는 변경하는 소송'을 말한다(§4 i). 위법한 처분등으로 인하여 권리나 이익을 침해당한 자가 그 재심사를 청구하는 항고소송절차로서 취소소송은 행정소송의 중심적인 지위를 차지하고 있다(취소소송중심주의). 행정소송법상 예상할 수 있는 취소소송의 종류로는 처분취소소송(거부처분취소 포함)·처분변경(일부취소)소송·재결취소소송·재결변경(일부취소)소송을 들 수 있고, 그 밖에 판례상 인정되어 온 무효선언을 구하는 의미의 취소소송이 있다.

취소소송의 적용분야로는 무엇보다도 경찰 및 질서행정상의 처분, 그 밖에 경제규제나 환경규제행정상의 처분 등에서 빈번하게 사용되는 침해행정작용을 들 수 있으며 이 경우 개인이 침익적 행정처분에 대하여 자기의 권익을 방어하기 위한 수단으로 이용된다(防禦訴訟: Abwehrklage).

2. 성 질

2.1. 취소소송의 성질

취소소송은 개인의 권리구제를 직접적 목적으로 하는 주관적 소송이다. 취소소송은 일단 행정청에 의하여 행해진 처분·재결에 대한 불복을 전제로 그 취소를 구하는 소송이라는 점에서 다른 항고소송과 함께 복심적 소송으로서의 성질을 갖는다. 한편 일반소송법적인 소송분류론과 관련하여 취소소송이 지니는 유형적 성질에 관해서는, 이를 형성소송으로 보는 형성소송설과 확인소송의 일종으로 보는 확인소송설, 양자의 속성을 모두 갖는 소송이라는 병립설(구제소송설)이 대립되나, 취소소송은 처분등의 취소·변경을 통하여 직접 법률관계를 변경 또는 소멸시킨다는 점에서 형성소송으로 보는 것이 타당하며 또 통설과 판례[1]의 태도이다. 생각건대 취소소송의 성질은 다음에 논의할 취소소송의 소송물과 불가분의 관련을 맺는 문제이다. 그러나 전술한 바 있듯, 행정소송의 성질이란 무엇보다도 소송을 통하여 추구되는 종국목적(das durch die Klage zu erstrebende Endziel; Klagebegehren)에 의하여 주어지는 것이라고 보아야 할 것이고, 취소소송을 통하여 추구되는 종국목적은 '위법한 처분등의 취소'에 있다 할 것이므로, 형성소송설이 옳다고 본다. 행정소송법 제29조 제1항은 "처분등을 취소하는 확정판결은 제3자에 대하여도 효력이 있다"고 규정하여 종래 논란되어 온 취소판결의 대세효를 명문으로 인정하고 있는데, 이러한 대세효는 형성소송에 특유한 것이라 할 수 있다.

> 한편 일설에 따르면, 형성소송설에 의한다 하더라도, 취소소송의 경우 원고에게 실체법상 행정행위의 취소권과 같은 형성권이 인정되는 것은 아

---

1) 대법원 1987.5.12. 선고 87누98 판결.

니므로 이것은 민사소송에서의 형성소송과는 같지 않다고 한다.2) 그러나 형성소송(Gestaltungsklage)이란 어디까지나 소송법상의 범주로서, 반드시 실체법적 형성권(취소권)의 존재를 전제로 하는 것은 아니다. 이것은 가령 전형적인 형성소송의 하나로 파악되는 상법 제376조에 의한 주식회사 주주총회결의취소의 소의 경우만을 보아도 분명히 알 수 있다. 이러한 소송은 가령 주주등이 갖는 '결의취소권'이라는 이름의 실체법적 형성권이 존재한다는 것을 전제로 한 것이 아니라 상법이 그와 같은 소송법적 규정을 둠으로써 주주등에게 주주총회결의의 취소가능성을 열어주었기 때문에 허용된 것이라고 볼 것이다. 여기서 주주등이 갖는 권리란 실체법적 형성권으로서 결의취소권이 아니라 단지 소권(Klagebefugnis), 즉 결의취소소송제기권일 뿐이다.3)

2.2. 취소소송의 소송물

취소소송의 소송물에 관한 국내문헌의 설명을 개관해 보면, 취소소송의 소송물은 '행정처분으로 인하여 생긴 위법상태의 배제',4) '계쟁처분의 위법성주장이라는, 민사소송에서는 볼 수 없는 특수한 소송상의 청구'5)라고 하거나, '처분등이 위법하고 또 자기의 권리를 침해한다는 원고의 법적 주장'라고 보는 견해,6) 취소소송에서 원고는 특정한 처분등이 위법함을 주장하는 것이며, 그 처분의 위법성이 심리의 대상이 되어 원고의 위법성 주장의 당부가 판결에 의해 확정되는 것이란 점을 근거로, 취소소송의 소송물은 '처분등의 위법성'이라고 하는 견해7) 등이 있다. 대체로 학설은 취소

---

2) 박만호, "항고소송의 소송물과 심판의 범위", 사법논집, 법원행정처, 제8집, 1977, p.174.

3) 실체법상의 형성권중 이를 반드시 소송상으로만 행사할 수 있는 취소권이 존재할 뿐이다(예: 채권자취소권).

4) 김도창, 일반행정법론(상), p.806; 이시윤, 소송물에 관한 연구, 1977, p.207 이하; 박만호, "항고소송의 소송물과 심판의 범위", 사법론집, 제8집, 1977, p.172를 참조.

5) 김도창, 일반행정법론(상), p.806.

6) 홍정선, 행정법원론(상), pp.762-763.

7) 이상규, 행정쟁송법, p.286. 여기서 이상규 변호사는 특정한 실체법상의 권리 또는 법률관계가 소송물이 된다고 보는 것이 보통이었으나, 소송물을 실체법적인 구성요건과 관련시켜 생각할 것이 아니라, 실체법적 범위에서 해방되어 소송법적 견지에서 구성하여야 한다는 신소송물론이 유력하게 되고 있다고 한다.

소송의 소송물을 '처분의 위법성'(위법성설)으로 보거나 '위법처분으로 인하여 발생한 위법상태의 배제'(위법상태배제설)로 보는 견해가 주류이며 판례 역시 같은 입장을 취한다고 볼 수 있다.[8]

그러나 취소소송의 소송물에 대한 이러한 설명은 반드시 이론적으로 타당하다고 볼 수 없다. 민사소송법의 경우와 마찬가지로 행정소송법에서도 소송물의 개념 자체가 논란의 대상인 것은 사실이다. 행정소송에 있어 소송물개념은 민사소송법의 소송물이론과 행정소송의 특수성이란 두 가지 요인에 의하여 결정된다. 이러한 견지에서 행정소송의 소송물이란 소송상의 청구(prozessualer Anspruch), 다시 말해 원고가 일정한 사실관계를 근거로 법원에게 일정한 내용의 판결을 통한 권리보호를 해달라고 요구하는 소송상의 청구를 말한다.[9] 물론 민사소송법에 있어서도 소송물의 개념규정 및 범위확정은 예나 지금이나 미해결의 문제로 남아 있다.[10] 그러나 소송물에 관한 논란에도 불구하고 소송물의 개념이 '소송의 대상'(Klagegegenstand)이나 민사소송법 제204조 제1항의 "청구의 목적물"과 같은 개념과 혼동되어서는 안 된다는 점은 명백하다.[11] 취소소송에 있어 소송의 대상은 취소의 대

---

8) 정하중, 행정법개론, 제7판, 2013, pp.710-711; 박정훈, 행정소송의 구조와 기능, 2006, pp.386-388 등을 참조.

9) Kopp, §90 Rn.7, S.1089; Stern, aaO; VG München, Urt.v.5.12.1966(Nr.3168/66). 이것은 독일민사소송법의 지배적인 견해(H.Thomas/H. Putzo, Zivilprozeßordnung mit Gerichtsverfassungsgesetz, 16.Aufl., 1990(이하 ThP), Einleitung, II Rn.7, S.7ff.; Creifelds, S.1120: 특히 소송물을 소송청구와 그 기초가 된 생활상의 사실관계로 보는 이분지설(zweigliedriger Streitgegenstandsbegriff: Jauernig, Zivilprozeßrecht, 22.Aufl., 1988, §37 II)의 입장)에 따른 것이다. 우리 나라에서도 신소송물이론은 다수설의 지위를 차지하고 있다고 하며(이시윤, p.322), 다만 판례는 민사소송에 있어 여전히 구소송물이론(구실체법설)에 입각하고 있으나, 최근 주식회사의 주주총회결의에 대한 무효확인과 부존재확인간에 소송물의 동일성을 인정하는 등 입장의 변화 또는 기존입장의 완화경향을 보이고 있음이 관측되고 있다(이에 관하여는 李時潤, 같은 책, 325 이하를 참조). 따라서, 이같은 소송물개념은 판례상의 그것과는 차이가 있지만, 행정소송에 관한 한 그 민사소송과는 다른 특수성을 고려할 때, 충분한 타당성을 지닌다고 생각한다.

10) 가령 신소송물론내에서도 일분지설을 취하는 견해(이시윤, 같은 책, p.333)와 이분지설을 취하는 견해(정동윤, 민사소송법, p.217 이하)가 대립되고 있다.

11) 동지: 박만호, 앞의 글, p.173; 이시윤, 앞의 책, p.321. 참고로 독일의 경우 1990년 12월 17일 개정된 행정법원법(BGBl.2809)은 종래 원고로 하여금 소장에 '소송물'(Streitgegenstand)을 특정하도록 하고 있었던 동법 제82조 제1항 제1문을 개정하여 '소송물'이란 표현을 "소송상

상(Anfechtungsgegenstand)으로서 후술하는 바와 같이 언제나 처분 또는 재결이다(§19 본문). 물론 취소소송에서 이 개념이 취소소송의 공격대상 (Angriffsziel) 또는 취소대상으로서 그것이 수행하는 역할과 관련하여 볼 때, 소송물확정에 대하여 결정적 중요성을 지니는 것은 사실이다. 그러나 소송물은 무엇보다도 소송상 기능면에서 '소송의 대상'과는 동일하지 않다.

≪행정소송에 있어 소송물의 기능≫

행정소송에 있어 소송물은 다양한 차원에서 기능을 수행한다. 첫째, 소는 법원이 소송물을 확정할 수 있도록 하기 위하여 소송상 청구의 목적을 특정하여 제기해야 하며, 이를 통하여 법원에 계속된 구체적인 법률적 쟁송 (Rechtsstreit)이 법적으로 특정될 수 있게 된다. 둘째, 소송물개념은 소송계속의 범위(Umfang der Rechtshängigkeit)를 확정해 주며 행정소송의 허용성을 판단하는 기초가 된다. 셋째, 법원의 사물관할 및 토지관할이 소송물개념과 연관됨으로써 소송물은 또한 법원의 관할권유무를 판단하는 기준이 된다. 넷째, 소송물개념에 의하여 본안판단의 문제로서 '정당한 피고'의 여부(Passivlegitimation)가 결정되며 제3자의 소송참가의 필요성여부가 판단될 수 있다. 다섯째, 소송물개념은 소의 변경(소의 종류의 변경·청구원인 및 취지의 변경)에 있어 그 허용여부를 판단하는 기준이 된다. 끝으로 소송물개념은 판결의 실질적 확정력의 객관적 범위를 확정하는 기초가 된다.[12]

취소소송의 소송물을 '처분등의 위법성'으로 보는 견해는, 취소소송이 '행정청의 위법한 처분등을 취소 또는 변경하는 소송'(§4 i)인 이상, 단순히

청구의 목적"(Gegenstand des Klagebegehrens)으로 대체하였다. 종래 같은조항에 의한 '소송물'이란 법률적·기술적 의미에서 이해될 수 없는 개념으로서, 같은법 제121조상의 소송물, 즉 법원에 의해 최종적으로 확정되어야 하는 본래적 의미의 소송물과는 상이한 것이라고 이해되어 왔다. 그리하여 뤼케(Lüke, G., Streitgegenstand im Verwaltungsprozeß, JuS 1967, 3.)는 입법자가 이 규정(독일 민사소송법 제253조 제2항 제2호에 상응하는 규정)에서 '소송의 대상'과 소송물을 혼동했음이 분명하다고 지적하였다. 그러나 그동안 '소송의 대상'이란 개념은 소송물과 혼동되어 사용되는 경우가 많았고 종종 판례상으로도(BVerwGE 52, 247, 249) 동일한 의미로 사용되어 왔다고 한다. 그러던 터에 1990년의 개정법이 이를 시정한 것은 법개념의 불명확성을 제거한 것으로 긍정적인 평가를 받고 있다(Hong, J.-H., aaO, 79 Fn.101).

12) 이에 관하여 상세한 것은 Joon Hyung, Hong, Die Klage zur Durchsetzung von Vornahmepflichten der Verwaltung, S.79 이하; 민사소송에 관해서는 이시윤, 앞의 책, p.320을 참조.

처분등의 위법성을 확인하는 데 그치는 소송유형과 동일시될 수 없다는 점에서, 타당하다고 볼 수 없다. 즉 취소소송은 단순히 처분등의 객관적 위법성을 확인받기 위한 확인소송이 아니다. 또한 취소소송의 소송물을 '위법처분으로 인해 발생한 위법상태의 배제'라고 보는 견해 역시, 취소판결의 효과를 지나치게 제한한다는 점에서 비판을 면하기 어렵다. 물론 취소판결의 효과가 처분의 효력을 소멸시킴으로써 위법상태를 배제하는 데 있는 것은 사실이지만, 이러한 판결의 효과가 취소요건 또는 형성요건으로서 처분등의 위법성에 미치지 않는 것으로 할 경우 이후 동일한 처분등의 위법을 근거로 국가배상을 청구함에 있어 이 취소판결의 기판력을 원용할 수 없게 되는 결과가 생기는 등 문제가 있다. 이러한 결과는 대부분의 문헌이 취소소송의 인용판결의 효력의 하나로 기판력을 들고 있는 것과도 부합되지 아니한다. 따라서 취소소송의 소송물은 처분등의 위법성과 이를 근거로 한 처분등의 취소를 구하는 원고의 법적 권리주장(Rechtsbegehren)으로 보되, 여기서 처분등의 위법성이란 단순히 처분등의 객관적 위법성뿐만이 아니라, 원고의 법률상 이익을 침해하였다는 주관적 관련성하에서 파악된 위법성을 말하는 것으로 보아야 할 것이다.[13]

---

13) 즉 위법성이란 처분등이 객관적으로 위법한 것만 가지고는 부족하고 원고와의 관계에서 주관적으로도 위법해야 한다는 뜻이다. 이러한 의미에서 주관적 위법은 객관적 위법에 포함된다. 반면 주관적 위법을 제외한 객관적 위법이라는 개념은 지나치게 작위적인 개념의 왜곡일 뿐이다. 이와같은 관점에서 볼 때, 행정의 적법성보장이 항고소송의 주목적이며 계쟁행위의 적법성여부가 항고소송의 소송물이라는 것을 논거로 하여, 항고소송을 객관적 소송으로 보려는 견해(한견우, 고시연구, 1991/1, p.112 이하)는 취소소송의 소송물을 처분등의 위법성만으로 파악하는 입장으로 결코 타당하다고 볼 수 없다. 한편 이러한 필자의 견해에 대하여 최근 '처분등의 객관적인 위법성이라는 실체법적 관련성을 소송물개념에 포함하고 있는 점에서 우리 나라의 다수설이 갖고 있는 문제점을 여전히 내포하는 것'이라는 비판이 제기된 바 있으나(유지태, 행정법신론, p.454 각주 13) 이는 필자의 견해를 제대로 이해하지 못한 결과로서 타당하지 않다. 만일 이러한 비판은 '객관적 위법'이란 의미를 아마도 '진정으로 위법한 것'으로 이해한 결과인 듯하나 이는 부당하다. '객관적 위법'이란 '법질서 전체에 대한 반가치판단'으로서의 위법을 말하는 것이기 때문이다. 필자는 취소소송의 소송물을 '처분등의 위법성과 이를 근거로 한 처분등의 취소를 구하는 원고의 법적 권리주장'(Rechtsbegehren)으로 보고 있는데 이는 독일에서의 통설적 견해와 일치하는 것이다. 또한 그는 같은 곳에서 취소소송의 소송물에 관하여 '비교적 그간 활발한 논의를 하고 있던 독일에서의 주장'을 참조한다고 하고 있는데 과연 그의 주장이 취소소송의 소송물을 '행정행위가 위법하며 자기의 권리영역을 침해하였다는 원고의 주장'으로 이해

≪독일 행정소송법상 소송물이론≫

독일에서도 취소소송의 소송물에 관하여 학설이 일치하고 있지는 않다. 이에 관한 학설은 크게 민사소송법의 소송물이론에 제한적 영향을 받아 형성된 세 가지 유형의 학설들로 나뉘어 전개되어 왔다. 그것은 첫째, 취소대상인 행정행위의 위법성을 소송물로 보는 견해,[14] 둘째, 소송물을 행정행위의 취소청구(Anspruch auf Aufhebung des VAs)로 보는 견해,[15] 셋째, 원고의 법적 주장(Rechtsbehauptung, Rechtsbegehren), 즉 '행정행위가 위법하며 자기의 권리영역을 침해하였다는 원고의 주장'을 소송물로 보는 견해(현재의 통설)[16]로 나누어진다. 이들 학설상의 차이는, 울레(Ule)가 적절히 지적하는 바와 같이, 특히 오로지 판결의 확정력 및 취소소송의 판결이 이후 제기된 국가배상소송과 같은 다른 소송에 대해 미치는 효과에 관해서만 중요성을 지니고 있다고 한다.[17] 앞의 두 가지 견해에 대하여는 권리침해와 위법성의 양 측면이 소홀히 다루어지고 있다는 비판이 가해지고 있다. 먼저, 첫째의 견해는 취소소송에서 단지 행정행위의 객관적 위법성만이 문제되는 것은 아니라는 점에서 비판된다. 만일 그럴 경우 행정소송법상 허용되지 않는 萬人訴訟(§42 S 2 VwGO)과의 한계를 그을 수 없게 되기 때문이라고 한다. 따라서 행정행위의 위법성은 그것만으로는 취소소송의 소송물이 될 수 없다고 한다(EF, §121, Rn.10a). 한편 둘째 견해는 특히 소송경제상의 이유에서 비판되고 있는데, 가령 아이어만과 프뢸러(EF, §121 Rn.10b)에 따르면, 이 견해에 의할 경우, 실체적 법률관계에 대한 판결이 확정력을 발행시킬 수 없게 되어 새로이 소송을 제기해야 하는 문제가 생기기 때문이라고 한다. 환언하면 이 견해에 의할 경우 행정행위의 위법성은 단지 청구이유에 관한 전제문제(Vorfrage)에 불과하므로 판결의 기판력(Rechtskraftwirkung)에 참가할 수 없다: 청구가 인용되면 확정되는 것은 오로지 취소청구권(Aufhebungs-anspruch)이 존재한다는 점일 뿐, 이로써 이에 반하는 새로운 행정행위

하는 독일에서의 통설의 상대적 설득력을 감안한 것인지 반성해 보아야 할 것이다.

14) Niese, JZ 1952, 353ff.

15) Bettermann, DVBl 1953, S.163ff. und S.202ff. 한편 베터만과 유사한 입장으로는 봐이로이터(Weyreuther)를 들 수 있는데(Weyreuther, Die Rechtswidrigkeit eines Verwaltungsakts und die »dadurch« bewirkte Verletzung »in ⋯ Rechten«, in: FS Menger, S.681, 686; ders., Gutachten zum 47. DJT, S.46f., 66f., 90), 여기서 봐이로이터는 취소소송의 소송물을 행정행위의 "배제청구권"(Beseitigungsanspruch)로 보고 있다.

16) Schmitt Glaeser, S.73 Rn.113; Menger, System der verwaltungsgerichtlichen Rechtsschutzes, S.158; Bachof u.a., JZ 1953, 411; Naumann, DVBl 1954, 333f.; Ule, §35 II 3; Lüke, aaO, S.1f.; Kopp, in: FS Menger, S.699ff.; BVerwGE 29, 211; 39, 249.

17) Ule, aaO; EF §121, Rn.10a; Creifelds, S.1120.

의 발급이 방해되지는 않는다. 그리하여 행정행위의 위법성과 권리침해의 양면에 관하여 판결의 효력(확정력)을 미칠 수 있도록 하는 셋째의 견해의 타당성이 인정된다고 지적되고 있다(EF, aaO). 그러나 이러한 통설적 견해 역시 비판으로부터 자유로운 것은 아니다. 이 견해 역시 민사소송법에서 유래한 소송물이론의 추상적·통일적 개념규정을 과연 행정법원법에 의해 사전에 프로그램된 권리보호의 형태들(von der VwGO vor-programmierte Rechttschutzformen)과 적절히 조화시킬 수 있겠는가 하는 문제를 안고 있기 때문이다. 그리하여 이러한 통설적 견해에 대해서도, 민사소송법상 통일적 소송물개념이 비판되는 것과 유사한 양상으로 반론이 제기되고 있다.18) 즉, 법적 쟁송을 특정하기 위해서는 구체적 소송목적의 제시(Angabe des konkreten Klageziels), 즉 구체적인 법률효과의 주장(Rechtsfolgenbehauptung)과 구체적인 청구원인의 제시(Angabe des konkreten Klagegrundes)가 필요한데, 이들은 서로 조건지우는 동시에 보완하는, 사실상 불가분의 일체를 구성하는 것이며,19) 법원은 소송물을 확정함에 있어 이러한 소송상의 관계를 각기 개별적으로 판단할 수 있다는 것이다.20) 이와 같은 이유에서 취소소송의 소송물을 과연 통일적으로 규정할 수 있는가에 관하여 의문이 제기되고 있는 것이다.21) 반면 이러한 학설상의 논의와는 별도로, 소송물은 소송의 청구(Klageantrag: 청구취지)와 청구원인을 통하여 구체화된다고 보는 연방행정법원의 판례에 따른다면, 소송물은 각기 주장된 청구취지에 따라 상이하게 판단되어야 한다고 하게 된다. 이 경우 소송물의 개념과 범위확정에 결정적인 의미를 지니는 것은 바로 권리보호의 형태(Rechtsschutzform)인 것이다.22) 원고는 법적 쟁송을 소송상 청구의 대상을 특정함으로써 개별화해야 하며, 법원은 소송물의 확정을 통하여 이를 법적으로 특정해야

---

18) 이에 관하여는 특히 Baumgärtel, G., Zur Lehre vom Streitgegenstand, JuS 1974, S.69ff.를 참조. 바움개르텔은 여기서 통일적 소송물개념을 비판하면서 소송물을 각기 개별적인 소송상의 관련근거(prozessuale Bezugspunkte)에 따라 상대화하고 있다. 그에 따르면 사실관계(Sachverhalt)는 소송의 개시(Eingang), 즉 소송계속(Rechtshängigkeit)과 종료(Ausgang) 및 판결의 확정력(Rechtskraft)에 대한 관계에서는 통일적인 기준을 제공하지만, 소의 병합이나 변경에 대한 관계에서는 아무런 역할을 수행할 수 없다고 한다.

19) Lüke, aaO; Barbey, aaO, S.184.

20) Barbey, aaO, S.186.

21) 이에 관하여는 Barbey, aaO, S.186 이하; Joon Hyung, Hong, Die Klage zur Durchsetzung von Vornahmepflichten der Verwaltung, S.80 이하를 참조.

22) Kopp, VwGO §90 Rn.3, S.1089; Lüke, aaO. 특히 뤼케는 행정소송의 특수성으로 인하여 각개의 주요소송유형을 개별적으로 고찰해야 한다고 주장한다. 물론 이에 대하여는, 법원에 의한 소송물확정에 있어 판결프로그램의 확정에 상관이 없는 개별적 소송유형의 차이점들을 捨象(abstrahieren)해야 한다는 바르바이 같은 이의 반론(Barbey, aaO, S.184)이 있다.

한다. 다시 말해 법원은 소를 그 개별성을 변화시킴이 없이 이와 같은 모든 관계에 대하여 법적으로 평가하여야 하는 것이다.[23] 소송물은 본래 원고에 의하여 특정되지만, 판결의 확정력의 객관적 범위를 한정하는 유일한 기준인 판결대상(Urteilsgegenstand)은 법원에 의하여 결정되는 것이다.[24] 따라서 원고와 법원간에는 일종의 분업(Arbeitsteilung)관계가 성립한다: 원고가 소송상 청구의 대상을 특정해야 한다면, 이로부터 일정한 범위안에서 원고에 의하여 사전에 프로그램되어야 할 분쟁의 소재(Streitstoff)를 행정법원법이 규정하는 권리보호의 형태에 편입시켜야 할 법원의 의무가 도출되는 것이다.[25]

Ⅱ. 취소소송의 개시

1. 개 설

행정소송법에 따른 취소소송의 절차구조는 원고가 피고 행정청의 처분등의 위법을 주장하여 그 취소를 구하는 소송을 제기함으로써 개시되고, 이에 대한 심리를 통하여 법원이 절차의 산물(output)로서 판결을 내림으로써 종료되는 일련의 과정으로 이루어진다. 따라서 취소소송 역시 행정소송 일반과 마찬가지로 크게 원고의 소송 제기와 법원의 심리·판결의 두 가지 단계로 나뉘며, 이러한 절차구조는 비단 취소소송 뿐만 아니라, 약간의 취소소송의 특수성에 연유하는 부분을 제외하고는, 항고소송 일반에 대하여도 기본적으로 적용된다. 행정소송법이 제38조 등에서 취소소송 이외의 항고소송에 대한 광범위한 준용규정을 둔 것은 바로 그런 연유에서이다.

이미 앞에서 살펴본 일반적 소송요건 이외에 취소소송의 본안심리를 위

---

23) Ule, aaO, S.205; Barbey, aaO, S.186. 물론 이 때 소송물은 언제나 동일한 강도(Intensität)로 특정될 필요는 없고 단지 각각 제기된 문제들에 의존하는 것이지만 이들중 일부는 무시될 수도 있다.

24) J. Martens, aaO, S.365.

25) J. Martens, aaO; ders., Praxis, S.65-66.

하여 충족되어야 하는 특별소송요건(besondere Sachurteilsvoraussetzungen)은 다음과 같이 요약된다.

《취소소송의 제기요건(특별소송요건)》

당사자: 처분등의 취소를 구할 법률상 이익(원고적격)이 있는 자가 처분청을 피고로 하여 관할법원에 소송을 제기하였는가

소송의 대상: 행정청의 처분등을 대상으로 제기한 것인가

청구의 취지: 처분등의 위법을 주장하여 그 취소를 구하는 것인가

소제기의 방식: 소정의 방식(소장 등)을 준수했는가

소제기기간: 정의 제소기간을 준수했는가

전심절차 경유: 행정심판을 먼저 거쳐야 하는 경우 행정심판의 재결을 거쳤는가

2. 취소소송 제기의 효과

취소소송이 제기되면 법원·당사자와 그 소송대상이 된 처분등에 대하여 각각 일정한 효과가 발생하게 된다.

2.1. 법원 등에 대한 효과(주관적 효과)

취소소송이 제기되면 법원에 사건이 계속되게 되며(소송계속), 법원은 이를 심리하고 판결할 구속을 받게 된다. 나아가 당사자는 같은 사건에 대하여 다시 소를 제기하지 못하는 중복제소금지의 효과가 발생한다.

2.2. 행정처분에 대한 효과(객관적 효과)

취소소송이 제기되었다는 것은 소송을 통하여 처분등의 효력유무가 다투어짐을 의미한다. 상식적으로 보면 처분등의 효력은 일단 유동적인 상태에 돌입한다고 해야 할 것이다. 그러나 이 때 문제된 처분등의 유효성을 일단 인정할 것인가 아니면 처분의 효력이나 집행등을 정지시킬 것인가는 각국의 입법례에 따라 상이하게 취급되고 있다. 행정소송법은 이른바 '집행부정지'의 원칙을 채택하고 있다. 집행부정지의 원칙은 취소소송의 제기

에 의하여 그 대상이 되는 처분등의 집행이 정지되도록 할 경우 행정의 원활한 운영이 저해된다든가 남소의 폐단이 발생할 수 있다는 우려에서 출발하고 있다. 반면 집행정지의 여지를 전혀 배제한다면 사안에 따라서는 회복곤란한 법익침해가 있어 원고가 승소하더라도 권리구제의 목적을 달성할 수 없는 경우가 생길 수 있다. 그리하여 행정소송법은 집행부정지를 원칙으로 하고, 예외적으로만 집행정지를 인정하고 있다(§23). 따라서 취소소송의 제기에도 불구하고 처분등의 효력이나 집행, 절차의 속행 등은 원칙적으로 정지되지 아니한다는 결과가 된다. 집행정지와 관한 문제는 별도로 취소소송의 가구제(假救濟)와 관련하여 다루게 될 것이다.

Ⅲ. 취소소송의 제기요건

1. 취소소송의 대상

1.1. 개　설

행정소송법은 취소소송의 대상을 '처분등'으로 명시하고 있다(§19). 여기서 '처분등'이란 처분과 행정심판에 대한 재결을 말하므로(§2① i), 결국 취소소송의 대상은 처분과 재결이라는 것이 된다. 처분이란 행정소송법의 입법적 정의에 따르면 '행정청이 행하는 구체적 사실에 대한 법집행으로서의 공권력의 행사 또는 그 거부와 그 밖에 이에 준하는 행정작용'을 말한다. 따라서 취소소송의 대상은 ① 행정청이 행하는 구체적 사실에 관한 법집행으로서 공권력의 행사, ② 행정청이 행하는 구체적 사실에 관한 법집행으로서 공권력의 행사의 거부, ③ 그 밖에 이에 준하는 행정작용, 그리고 ④ 재결의 네 가지로 나뉜다.

이처럼 행정소송법이 취소소송의 대상을 명시하면서 구법 이래 논란되어 왔던 처분개념을 확대하여 규정한 것은 현대행정의 행위형식의 다양화에 부응하여 국민의 권리구제의 길을 넓히려는 데 취지를 둔 것으로 평가되고 있으며, 특히 처분의 개념에 "공권력의 행사 또는 그 거부"뿐만 아니라, "그 밖에 이에 준하는 행정작용"이 포함되고 있다는 점이 주목되고 있다.26) 그러나 이러한 행정소송법의 태도에 대하여는, 특히 '처분'의 개념을 둘러싸고 많은 논란이 있으며 행정소송법의 해석상으로도 적지 않은 문제점들이 도사리고 있다. 따라서 취소소송의 대상으로 '처분'과 '재결'을 구체적으로 검토해 볼 필요가 있다.

1.2. 처 분

1.2.1. 처분의 개념

행정소송법은 '처분'의 개념을 다음과 같이 정의하고 있다. 처분이란 '행정청이 행하는 구체적 사실에 대한 법집행으로서의 공권력의 행사 또는 그 거부와 그 밖에 이에 준하는 행정작용'을 말한다. 그러나 이런 정의규정에도 불구하고 처분을 무엇으로 볼 것인가에 대해서는 여전히 논란이 있다. 논쟁은 특히 행정소송법상의 처분개념을 학문상의 행정행위의 그것과 같은 것으로 볼 것인가, 나아가 '그 밖에 이에 준하는 행정작용'을 무엇으로 해석할 것인가 하는 쟁점을 둘러싸고 전개되고 있다.27)

(1) 학 설

1) 쟁송법상 개념설(형식적 행정행위론: 이원론)

이것은 취소소송의 권익구제기능을 중시하여 행정작용에 대한 국민의 권익구제의 폭을 넓히려는 취지에서 쟁송법상 행정처분의 개념을 실체적 행정행위개념과 별도로 정립하려는 입장이다(다수설). 이에 따르면 행정소송법상 처분의 개념은 학문상의 행정행위개념보다 넓은, 별개의 개념

---

26) 김도창, 일반행정법론(상), p.755.
27) 이에 관하여는 김남진, "취소소송의 대상", 사법행정, 1991/7; 박윤흔, "취소소송의 대상", 사법행정, 1990/7; 신보성, "행정행위와 처분", 고시계, 1984/6 등을 참조.

으로 파악된다. 즉, ① 강학상의 행정행위에 해당하지 않는 행정작용일지라도, 행정행위에 준하여 국민생활을 일방적으로 규율하는 행위로서 국민이 다른 적당한 불복절차를 쉽사리 발견하지 못하는 경우에는, 이들을 널리 취소소송의 대상으로 삼아서 구제의 길을 열어야 하며, ② 행위 자체는 공권력행사라는 실체를 가지고 있지 않고, 따라서 공정력(예선적 효력)이나 불가쟁력 등이 인정되지 않지만, 국민에게 계속적으로 사실상 지배력을 미치는 행위는, 민사소송 기타 다른 구제수단이 없는 경우, 역시 형식상으로 처분성을 인정하여 이에 대한 취소소송의 길을 열어 주자는 것이다.28) 이들 행위는 본래의 행정행위는 아니나 취소소송의 대상으로 하기 위하여 형식적으로 행정행위로 다룬다는 의미에서 형식적 행정행위라 부른다. 이러한 보충적 구제대상으로 거론될 수 있는 행위의 예로는 권력적 사실행위, 일반적 기준설정행위·행정내부적 결정, 사회보장적 급부결정, 보조금교부결정, 유해공공시설설치행위 또는 행정지도·비권력적 행정조사 등이 열거되고 있다.

≪일본에 있어 형식적 행정행위론≫

형식적 행정처분론은 실체법적 행정행위의 개념과는 별도로 행정쟁송법에 타당한 새로운 행정행위개념을 정립하려는 시도로서, '최근 일본 행정법학계의 다수설이 되어 가고 있고 또 판례상으로도 지지경향이 나타나고 있는' 개념이라고 한다.29) 즉, 행위 자체는 공권력행사라는 실체를 가지고 있지 않고, 따라서 공정력이나 불가쟁력 등의 효력도 없으며, 항고쟁송의 배타적 관할에 속하지 않는 것일지라도 국민생활을 "일방적으로 규율하는 행위"이거나(原田尙彦), 개인의 법익에 대하여 '계속적으로 사실상의 지배력을 미치는 경우'(兼子仁)

---

28) 김도창, 일반행정법론(상), p.752.

29) 이에 관하여는 서원우, 현대행정법론(상), p.366 이하; 김도창, 일반행정법론(상), pp.359, 752 이하; 김창조. "취소소송의 소의 이익", 공법연구, 제22집 제3호, 1994, p.399 이하의 설명을 참조. 형식적 행정처분론은 雄川一郎, 山田幸男 교수의 문제지적을 단서로 하여 原田尙彦, 兼子仁 교수에 의해 학설로 전개되었다고 한다(室井力, 形式的行政處分について, 田中二郎先生古稀記念, 公法の原理(下) I, 1977, p.62).

에는 항고소송의 대상이 되는 처분성을 인정하여야 한다는 것이다. 따라서 여기에는 실체법상 행정행위에 해당하는 행위외에 행정상 입법·행정규칙·사실행위, 그리고 행정지도와 같은 행위들이 포함된다고 한다.30)

2) 실체법적 개념설(행정행위설: 일원론)

행정소송법상 처분개념을 학문상 행정행위의 그것과 동일한 것으로 보는 견해로서, 먼저 실체법적으로 행정행위의 개념을 정의해 놓고 그 정의에 해당되는 행정행위에 대해서만 연역적으로 처분성을 인정한다. 우리나라 대법원의 지금까지의 판례태도는 기본적으로 이러한 정의방식에 가까운 편이었다고 한다.31) 이 견해는 학문적 행정행위의 개념이 항고쟁송의 대상이 되는 행정작용을 타행정작용과 구분할 목적에서 정립된 것인 이상 행정소송법상의 처분개념과 동일한 것은 당연하다고 하며,32) 오히려 행위형식의 다양성을 그대로 인정하고, 처분과 타행정작용과의 구별의 징표를 철저히 탐구함으로써 그에 상응하는 행정구제방법을 모색하는 것이 국민의 권리구제의 폭을 넓히는 길이라고 한다.33)

3) 결   론

(a) 쟁   점

문제를 해결하기 위해서는 양설이 추구하는 목적과 수단 양면에서의 분석과 평가가 필요하다. 생각건대 양설은 대체로 그 추구하는 목적에 있어서는 별반 근본적인 상위가 없다. 양자가 옹호하는 목적은 크게 행정의 행위형식의 다양화·복잡화, 행정수요의 증대 및 질적 변화라는 현대행정법상의 환경변화에 대응하기 위하여 행정소송상 권익구제를 확대·효율화한다는 데 놓여 있다. 그러나 이러한 목적상의 공통점이 전제되는 한,

---

30) 김도창, 일반행정법론(상), p.752.

31) 김도창, 일반행정법론(상), p.751.

32) 신보성, 현대행정법의 이론, 1988, p.94.

33) 종래 이 견해를 주장했던 김남진 교수는 이원설로 학설을 변경한 바 있다(김남진, 행정법 I, p.774 이하).

양설이 주장하고 있는 노선들은 설득력 면에서 그 어느 쪽도 압도적인 우월성을 확보하지는 못한다.

먼저, 쟁송법적 개념설(이원론)이 주장하는 바와 같이 형식적 행정행위개념을 통하여 처분개념을 확대하는 것이 반드시 국민의 권리구제의 폭을 넓히기 위한 수단이 되는지는 분명치 않다. 이것은 현행 행정소송법상의 권익구제제도가 계속 취소소송중심체제로 운영되고 존속한다는 것을 전제로 하는데, 이러한 취소소송중심의 소송체계는 그것이 과거 침해행정의 시대에 누렸던 영광을 상실한지 오래일 뿐더러 그것만 가지고는 더이상 행정구제의 변화하는 상황에 적응하기 어렵다는 점에서 문제가 있는 것이다. 가령 독일의 의무이행소송이나 비처분적 결정에 대한 일반이행소송 등과 같은 소송유형들이 국민의 권익구제를 위하여 수행하는 기능이 취소소송의 그것 못지 않게 절실하고 효과적이라는 점은 숱한 비교행정법 연구의 교훈이다.

반면 실체법적 개념설(일원론)이 주장하듯이 행정소송법상 처분을 강학상의 또는 독일의 경우 이미 실정화된 행정행위개념에 국한시킴으로써 다양화된 행위형식에 상응하는 행정구제의 양식(소송유형)이 강구되고 이에 따라 국민의 권익구제에 만전을 기할 수 있는 것인지에 대하여도 의문부호가 찍히지 않으면 안 된다. 일본에서 제기되어 온 당사자소송활용론의 적실성은, 그 취지의 당부와는 무관하게, 이론상이나 실무상 아직도 규명되지 않은 상태에 머물러 있다. 나아가 의무이행소송이나 일반이행소송, 부작위소송에 관한 해석론 및 입법론상의 전망은 여전히 불투명할 뿐이다. 이러한 상황하에서 행정소송법상 처분개념의 축소해석이 가져올 수 있는 결과는 아마 누구보다도 실체법적 개념설이 바라지 않는 일일 것이다. 결국 양설은 그 목적-수단의 논증에 있어 하등 결정적인 차별성을 입증해내지 못하고 있음을 알 수 있다. 이렇게 본다면 양설은 물론 그 내용상으로는 상충된다 할지라도, 목적 실현의 관점에서 본다면 병립 가능할 뿐만 아니라 상보적이기도 하다.

일면 처분의 개념확대와 타면 비처분적 행정작용에 대한 행정구제수단의 확충 및 기존소송유형의 활용이 경합적으로 추구되는 것도 국민의 권익구제의 목적에 비추어 바람직한 것이라고 볼 수 있는 것이다. 다만 문제는 처분개념을 어디까지 확대할 것이며, 어떤 범위에서 취소소송이외의 소송유형을 활용·개척할 것인가에 관한 한계를 설정하는데 있다. 처분개념에 관한 행정쟁송법상의 규정들은 이에 대한 하나의 입법적 선택을 표명한 것이며, 따라서 문제에 관한 해답은 해석론상으로는 이 규정들에 대한 해석을 통해 찾아야 한다.

(b) 문제의 해결

양설의 논증상의 충실성 여하보다는 현행 행정소송법 규정의 해석에서 문제해결의 관건을 찾아야 한다. 현행 행정소송법의 해석상 처분의 개념은 i) 행정청이 행하는 구제적 사실에 관한 법집행으로서 공권력의 행사, ii) 행정청이 행하는 구체적 사실에 관한 법집행으로서 공권력의 행사의 거부, ii) 그 밖에 이에 준하는 행정작용의 세 가지로 나누어 볼 수 있다. 여기서 첫째와 둘째의 개념과 행정행위(최협의)의 개념이 동일한 것인가가 문제된다. 먼저 둘째의 개념에 관하여 본다면, 거부처분 역시 소극적 처분인 이상, 첫째의 개념과 구별하여 특별히 취급해야 할 필요는 없다(이는 간주거부에 대해서도 마찬가지로 타당하다). 다음 '행정청이 행하는 구체적 사실에 관한 법집행으로서 공권력의 행사'의 개념이 실체적 행정행위의 그것에 비추어 문제되어야 한다. 실체적 행정행위의 개념은 일반적으로 '행정청이 법아래서 구체적 사실에 대한 법집행으로서 행하는 권력적 단독행위인 공법행위'라고 파악되고 있다. 양자가 동일한 것인지 여부는 '공권력의 행사'와 '권력적 단독행위인 공법행위'란 행정행위의 개념적 징표의 비교에 귀착되는데, 그것은 특히 권력적 사실행위가 행정소송법상 '공권력의 행사'에 포함되는지가 문제된다.

생각건대, 행정소송법 제2조 제1호의 규정 중에 '행정청이 행하는 구체적 사실에 관한 법집행으로서의'라는 구절이 추가되었다고 해서, 이로써 사실행위가 처분개념으로부터 명문으로 배제된 것이라고 해석하는 것은 행정행위의 개념징표로서 '구체적 사실에 관한 법집행'의 의미에 비추어 볼 때 타당한 것이라고 볼 수 없다. 이것은 행정행위를 입법 내지 법규명령·행정규칙으로부터 구별하기 위한 것이기 때문이다.

　　　반면 이원론이 주장하는 바와 같이 권력적 사실행위를 '공권력의 행사'에 해당한다고 볼 것인지는 별개의 문제이다. 이것은 형식적 행정행위가 어떻든 기본적 요소로 삼고 있는 실체적 행정행위의 개념에 관한 문제로서, 형식적 행정행위론의 당부에 대한 평가 이전의 문제이다. 그렇다면 '구체적 사실에 대한 법집행'이란 단순한 집행행위까지를 포함하는 개념인가 아니면 구체적 사안에 대한 규율이란 법적 행위의 요소를 의미하는가. 권력적 사실행위를 '공권력의 행사'에 해당하는 것으로 보는 것은, 행정소송법의 문언상 적어도 '법적 행위 또는 규율'(Rechtsakt, Regelung)이라는 요소가 나타나고 있지 않은 이상, 해석론상 결코 불가능한 것은 아니다. 행정소송법상의 문언으로부터 어렵지 않게 그 처분의 개념에 '행정청이 행하는 구체적 사실에 관한 법집행으로서의' 권력적 사실행위가 포함된다는 결론에 이르게 되기 때문이다. 또한 입법배경을 보더라도 그 결론이 타당함을 확인할 수 있다.[34]

≪사실행위와 처분성 문제≫

행정작용의 대부분은, 김도창 교수가 옳게 지적하는 바와 같이,[35] 오히려 사실행위라 할 수 있으며[36] 이에 대한 권익구제의 필요성이

---

34) 그 입법경위와 관련하여 이상규, 행정쟁송법, p.302, 각주 4를 참조. 또한 "권력적 사실행위는 행정소송법안의 기초과정에서 「행정청의 공권력행사」에 처분적 행위와 함께 포함되는 것으로 이해되었다"는 김원주 교수의 진술("행정상 사실행위와 행정소송"(시론), 고시계, 1994/4, p.17)도 이를 지지해 주는 논거의 하나이다(다만 여기서 '처분적 행위'란 아마도 강학상의 행정행위에 해당하는 것이 아닐까 생각된다). 한편 일본의 경우 이에 관하여 行政事件訴訟法이 '처분 그밖의 공권력의 행사에 해당하는 행위'를 취소소송의 대상으로 규정할 뿐, 명시적 규정을 두고 있지 않은 것은 우리 나라와 사정이 같지만, 권력적 사실행위는 '그 밖의 공권력행사'에 해당하는 것으로서 처분성을 지닌다는 것이 일반적으로 승인되고 있다고 한다(鹽野宏, 行政法 II, p. 91).

35) 일반행정법론(상), p.356 각주 13.

36) 예: 도로·하천공사, 장부·서류의 정리, 임검검사, 수거, 무허가건물철거의 대집행, 익

행정행위에 대한 구제에 못지않게 절실하고 중요함은 중언을 요하지 않는다. 사실행위는 전혀 법적 효과를 발생시키지 않는 경우도 있지만, 일정한 법률효과가 결부될 때도 있다. 예컨대 경찰관의 순찰이 단순한 사실행위일지라도 공무집행방해죄에 의해 보호되고, 압수된 마약의 폐기처분으로 소유권이 소멸되거나, 도로공사에 의해 국민의 권리를 침해하면 손해배상의 문제를 발생시키는 것과 같다. 그러나 이와 같은 사실행위의 법적 효과는, 행정행위의 경우 법이 행정청의 의사결정 및 표시에 법적 효과를 부여하게 되는 계기, 즉 의사결정 및 표시를 통한 법적 규율로서의 계기를 결여하고 있다는 점에서 행정행위와는 일단 개념적으로 구별되지 않으면 안 된다. 만일 '행정청이 행하는 구체적 사실에 관한 법집행으로서 공권력의 행사와 그 거부'에 권력적 사실행위가 포함된다고 해석하여 이에 처분성을 인정한다면, 적어도 그 한도에서는 행정소송법상 처분개념이 실체적 행정행위개념 보다는 넓은 것이라는 결과가 된다. 그러나 이것은 어디까지나 행정소송법 제2조 제1항 제1호의 해석에 관한 개별적 문제이지, 행정행위의 개념을 사실행위 일반에까지 확대하는 문제와 직접적인 관련은 없다.37)

다만, 권력적 사실행위를 행정소송법상 공권력행사에 포함되는 것으로 해석할 경우, 이에 대한 취소소송이 과연 가능한가가 문제되지 않을 수 없다. 일설은 취소소송에 있어 취소의 대상은 법적 행위라고 하거나 취소소송은 기존의 법적 효과를 소멸시키는 것을 목적으로 하는 것이라는 점을 이유로38) 이를 부정하는데 반하여, 권력적 사실행위의 취소는 위에서 본 바와 같은 권력적 사실행위에 결부된 법적 효과인 수인의무의 해제로서   의미를 갖는다고 보는 입장이 유력하게 제기되고 있다.39) 권력적

사자를 위한 원조강제 등.

37) 참고로 판례는 단순한 사실행위의 처분성을 부인하고 있다(대법원 1989.1.24. 선고 88누3116 판결; 1979.7.24. 선고 79누173 판결).

38) 홍정선, 행정법원론(상), p.277. 이러한 입장에서는 '사실행위의 취소'보다는 행정상의 일반이행소송의 인정을 전제로 한 '사실행위의 중지 또는 제거청구'가 더 올바른 문제해결이라고 한다.

39) 김동희, 행정법 I, pp.644-645. 독일에서는 사실행위에 수인하명이 포함되거나 결합되어 있는 경우 행정행위에 해당한다고 보고 있다: '사실행위에 동시에 수인하명(Duldungsbefehl)이 들어 있을 경우에는 행정행위로 볼 것'(Stelkens 외, 같은 곳)이라거나, '순수히 사실적인 행위들중에도 행정행위라고 볼 수 있는 경우가 있을 수 있다는 것'(예컨대 수색, 체포, 예방접종, 동

사실행위에 대한 권익구제방법에 관한 한, 양 설은 나름대로 일리를 지니고 있다. 또한 취소소송의 형성소송으로서의 본질이나 국민의 권익구제제도로서 행정소송의 확충 및 활용문제를 감안할 때 전자의 견해가 보다 타당하다고 할 수 있다. 그러나 해석론상 후설이 지니는 타당성을 부인할 수는 없다. 따라서 국민의 입장에서는 권력적 사실행위에 대한 취소소송과 이를 원인으로 하는 공법상 당사자소송을 선택적으로 또는 병합하여 제기하는 것이 바람직하며 또한 가능하다.

(c) '그 밖에 이에 준하는 행정작용'

끝으로 제기되는 문제는 "그 밖에 이에 준하는 행정작용"이란 무엇을 뜻하는가 하는 것이다. 유력한 견해에 따르면 이 규정을 통해 "앞으로의 시대적 수요에 따라 학설·판례를 통하여… 이른바 형식적 행정처분의 개념 아래 거론되는 행정작용들이 이 범주에서 논의될 수 있을 것"이라고 한다.[40] 물론 앞에서 전개된 우리의 입장이 형식적 행정행위론이 주장하는 바와 같이 행정지도나 비권력적 행정조사 등과 같은 사실행위에까지 처분성을 확대하자는 것과 직접적 연관을 맺는 것은 아니다. 행정소송법상 "처분" 개념을 해석하는 문제와 이를 바탕으로 새로이 형식적 행정행위개념을 정립하는 문제는 기본적으로 별개의 문제인 것이다. 이러한 견지에서 볼 때, 구체적으로 "그 밖에 이에 준하는 행정작용"이 무엇인가는 결국 학설발전과 판례형성을 통하여 밝혀질 수밖에 없으나,[41] 아무튼 행정소송법상 처분의 개

물시체의 제거), 그리고 '이 경우에도 법적 효과가 발생하며 그 법적 효과는 바로 그러한 사실행위들과 결부된 수인하명에서 찾을 수 있다'고 한다(Eyermann/Fröhler, Verwaltungsgerichtsordnung, §42 Rn. 60; Stelkens/Bonk/Leonhardt, VwVfG Kommentar(§35 Rn. 40)).

40) 김도창, 일반행정법론(상), p.756.

41) 가령 1976년에 제정된 행정절차법 제35조에 의한 행정행위의 개념정립(Legaldefinition)을 통하여 행정법원법상 행정행위개념을 둘러싼 논쟁을 입법적으로 해결한 독일의 경우에도, 여전히 그때그때 개개의 행정작용 유형들이 행정행위에 해당되는지의 여부가 논란되고 있다는 사실은, 앞으로 학설과 판례가 이를 어떻게 구현해 나갈 것인가가 중요한 관건이 될 것임을 시사해 주는 것이라 할 수 있다. 한편 이에 관하여 김남진 교수(I, 214 이하; p.778 이하)는 "그 밖에 이에 준하는 행정작용"에 해당하는 행위유형으로 개별적·추상적 규율, 일반처분, 물적 행정행위 및 국민에 대한 구속적 계획 등을 검토하고 있다.

념이 이로써 강학상의 행정행위의 개념 보다 한 걸음 더 넓은 것이 될 수밖에 없다는 것은 분명하다. 문제는 과연 무엇을 기준으로 위의 협의의 처분과의 동가치성을 인정할 것인가에 있으며, 이에 따라 행정소송법상 취소소송의 대상으로 삼을 것인가의 여부가 결정되는 것이다. 앞에서 본 바와 같이 사실행위 중 행정쟁송법에 의한 권리구제가 필요하다고 인정되는 경우일진데 상대방의 수인의무를 발생시키는 권력적 사실행위의 경우에는 전술한 바와 같이 처분의 개념에 해당하는 것으로 보므로 별 문제가 없으나, 그 밖의 경우에는 그 처분성을 인정할 것이 아니라 그에 적합한 소송형태를 해석론상 또는 입법론상 확충시켜 나가는 방식으로 해결책을 모색하는 것이 정도이다.

(2) 판   례

판례는 처분의 개념을 확장한 행정소송법의 입법취지를 도외시하고 오히려 종래의 개념적 틀에 얽매여 행정소송법상 정의규정의 해석·적용을 소홀히 하는 듯 한 태도를 보여 왔다.[42]

먼저 대법원은 항고소송의 대상이 되는 행정처분이란 행정청의 공법상의 행위로서 특정사항에 대하여 법규에 의한 권리의 설정 또는 의무의 부담을 명하거나 기타 법률상의 효과를 발생하게 하는 등 국민의 권리의무에 직접 관계가 있는 행위를 말하는 것이라고 판시해 오고 있다.[43] 따라서 행정청 내부에서의 행위나 알선, 권유, 사실상의 통지 등과 같이 상대방 또는 기타 관계자들의 법률상 지위에 직접적인 법률적 변동을 일으키지 아니하는 행위 등은 항고소송의 대상이 될 수 없다고 한다.[44]

---

42) 김남진, 기본문제, p.508.

43) 법원행정처, 법원실무제요 행정, 1997, p.89는 처분의 개념에 대하여 다음과 같이 기술하고 있다: "현재의 통설·판례는, 강학상의 행정행위를 중심으로 하되, 강학상의 행정행위에 포함되지 않는 행위일지라도 국민의 권리·의무에 직접 영향이 있는 공권력적 작용은 행정소송의 대상으로 하고, 단순한 비권력적 사실행위는 항고소송의 대상으로 보지 아니한다. 따라서 일반적으로, '행정청이 공권력의 행사로서 행하는 처분 중 국민의 권리·의무에 직접적으로 법률상 영향을 미치는 것'을 항고소송의 대상으로 보고, 다만 이에 해당하는 것들이라도 개별법률 등에 항고소송 이외의 다른 특별불복절차를 마련하고 있는 처분은 항고소송의 대상이 되지 아니한다고 한다."

44) 대법원 1998.7.10. 선고 96누6202 판결(민영주택건설사업계획승인조건변경처분취

■■■ 판례

　항고소송의 대상이 되는 행정처분이라 함은 행정청의 공법상의 행위로서 특정사항에 대하여 법규에 의한 권리의 설정 또는 의무의 부담을 명하여 기타 법률상의 효과를 발생케 하는 등 **국민의 구체적인 권리의무에 직접적인 변동을 초래하는 행위**를 말하는 것이고 **행정권 내부에서의 행위나 알선, 권유 사실상의 통지 등과 같이 상대방 또는 기타 관계자들의 법률상 지위에 직접적인 법률적 변동을 일으키지 아니하는 행위는 항고소송의 대상이 될 수 없다**고 해석하여야 한다.45)

　　항고소송의 대상이 되는 행정처분은 행정청의 공법상의 행위로서 상대방 또는 기타 관계자들의 법률상 지위에 직접적인 법률적 변동을 일으키는 행위를 말하는 것이므로 세무당국이 訴外會社에 대하여 특정인과 주류거래를 일정한 기간 중지해 줄 것을 요청한 행위는 권고 내지 협조를 요청하는 권고적 성격의 행위로서 訴外會社나 특정인의 법률상의 지위에 법률상의 변동을 가져오는 행정처분이라고 볼 수 없는 것이므로 항고소송의 대상이 될 수 없다.46)

　　1993.12.31. 법률 제4674호로 개정된 관세법 제17조 제2항은 관세의 원칙적인 부과·징수를 순수한 신고납세방식으로 전환한 것이고, 이와 같은 신고납세방식의 조세에 있어서 과세관청이 납세의무자의 신고에 따라 세액을 수령하는 것은 사실행위에 불과할 뿐 이를 부과처분으로 볼 수는 없는 것이므로(당원 1996.12.6. 선고 95누11184 판결 참조), 원심이 확정한 바와 같이 국세심판소가 원고의 심판청구에 대하여 불복대상인 부과처분이 존재하지 아니한다는 이유로 본안에 대하여 실질적인 판단을 하지 아니한 채 각하결정을 한 것은 적법하다.47)

소: 공1998.8.15.[64], 2123). 참조판례: 대법원 1995.9.10. 선고 94두33 판결(공1994하, 2870); 1995.11.21. 선고 95누9099 판결(공1996상, 88); 1997.5.16. 선고 97누3163 판결(공1997상, 1769) 등.

　45) 대법원 1993.10.26. 선고 93누6331 판결.

　46) 대법원 1980.10.27. 선고 80누395 판결.

　47) 대법원 1997.7.22. 선고 96누8321 판결(관세부과처분취소: 공1997.9.1.[41], 2561). 참조판례: 대법원 1989.9.12.선고 88누12066 판결(공1989, 1502); 1990.2.27. 선고 88누1837 판결(공1990, 806); 1996.12.6. 선고 95누11184 판결(공1997상, 240). 사안은 신고납세방식의 조세에 있어 과세관청이 납세의무자의 신고에 따라 세액을 수령한 것을 조세부과처분으로 보아 제기한 취소소송에 관한 것이다. 이 사건에서 원고는 1994.2.25. 물품에 대한 수입신고 및 납세신고를 하면서 조정관세율 40%를 적용하여 산정한 세액을 신고·납부한 후 당해 물품에 대하여는 조정관세율이 아닌 기본세율 8%가 적용되어야 함에도 관세율 적용이 잘못되었다는 이유로 납세신고를 수리한 피고의 행위를 대상으로 심사청구를 하였다가 기각결정을 받자 이에 불복

한편 거부처분의 경우, 대법원은 여전히 "행정청이 국민의 신청에 대하여 한 거부행위가 항고소송의 대상이 되는 행정처분이 된다고 하기 위하여는 국민이 그 신청에 따른 행정행위를 해 줄 것을 요구할 수 있는 법규상 또는 조리상의 권리가 있어야 하며, 이러한 권리에 의하지 아니한 국민의 신청을 행정청이 받아들이지 아니하고 거부한 경우에는 이로 인하여 신청인의 권리나 법적 이익에 어떤 영향을 주는 것이 아니므로 그 거부행위를 가리켜 항고소송의 대상이 되는 행정처분이라고 할 수 없다"는 판례[48]를 유지해 오고 있다. 판례에 따르면 항고소송의 대상으로서 '처분'의 존재가 인정되려면 단순히 '행정청이 국민의 신청에 대하여 한 거부행위'가 있는 것만으로는 부족하고, '국민이 그 신청에 따른 행정행위를 해 줄 것을 요구할 수 있는 법규상 또는 조리상의 권리가 있어야 하며', '이러한 권리에 의하지 아니한 국민의 신청을 행정청이 받아들이지 아니하고 거부한 경우에는 이로 인하여 신청인의 권리나 법적 이익에 어떤 영향을 주는 것이 아니기 때문'이라는 것이다. 이러한 판례의 태도를 해석함에 있어 '신청에 따른 행정행위를 해 줄 것을 요구할 수 있는 법규상 또는 조리상 권리'가 사실심전제요건 심사단계에서 이미 객관적, 확정적으로 존재할 것을 요구하고 있는 것인지, 아니면 원고가 주장하는 바와 같은 '신청에 따른 행정행위를 해 줄 것을 요구할 수 있는 법규상 또는 조리상 권리'가 존재할 가능성이 있으면 족하고 그 객관적, 확정적 존재 여부는 본안심리에서 판단되면 된다는 의미인지는 불분명하다. 만일 전자의 의미라면, 법원은 사실심전제요건 심사단계에서 그러한 법규상 또는 조리상 권리가 존재하는지 여부를 확정적으로 판단하여 소 각하 여부를 결정하게 될 것이고, 반대로 후자의 의미라면, 원고에게 '그가 주장하는 바와 같은' 법규상 또는 조리상

심판청구를 하였으나 불복대상인 부과처분이 존재하지 아니한다는 이유로 국세심판소로부터 각하결정을 받고, 1995.5.17. 다시 피고에게 위 관세율의 상이에 따른 관세차액에 대하여 과오납금환급청구를 하였으나 같은 달 26. 거부처분을 받았다. 이에 원고는 위 과세관청의 신고에 의한 세액수령을 관세부과처분으로 간주하여 그 취소를 구하는 소송을 제기하였다.

48) 대법원 1991.2.26. 선고 90누5597 판결; 동지: 1991.8.9. 선고 90누8428 판결.

의 권리가 전혀 있을 수 없는 경우가 아닌 한, 그 존재 여부가 확정적으로 밝혀지지 않더라도 소를 각하함이 없이 본안심리에 들어가야 할 것이다. 이제까지 대법원이 거부행위의 처분성결여를 이유로 소를 각하해온 이유들을 보면 원고에게 '신청에 따른 행정행위를 해 줄 것을 요구할 수 있는 법규상 또는 조리상 권리'가 없다는 것이 거의 대부분이라 할 수 있다. 즉, 사실심전제요건 심사단계에서 그러한 법규상 또는 조리상 권리가 존재하는지 여부를 심리하여 그 존부를 확정하고 그에 따라 소 각하여부를 결정하고 있는 것으로 보인다.

그러나 이러한 판례의 태도는 취소소송의 대상과 원고적격의 구분을 모호하게 만들 뿐만 아니라, 행정소송법상 거부처분의 개념을 부당하게 제한함으로써 국민의 권익구제의 길을 축소시키는 결과를 가져온다는 점에서 비판을 면하기 어렵다. 나아가 원고가 사실상 그 신청에 따른 행정행위를 요구할 수 있는 법규상 또는 조리상 권리를 갖고 있느냐의 여부는 소송요건의 문제가 아니라 본안의 문제라는 점을 직시할 필요가 있다.

처분의 개념을 정의한 제2조 제1항 제1호, 거부처분취소판결의 기속력 및 간접강제를 규정한 제30조 제2항('처분이 당사자의 신청을 거부하는 것을 내용으로 하는 경우'), 제34조 등의 규정 내용을 고려할 때, 행정소송법은 거부처분을 그 신청에 따른 행정행위를 요구할 수 있는 법규상 또는 조리상의 권리 유무에 의존시키지 아니하고, 처분의 일종으로 간주하고 있다고 보아야 할 것이다. 따라서 '행정청이 국민의 신청에 대하여 한 거부행위'를 항고소송의 대상이 되는 처분으로 인정할 것인지 여부는 그 거부행위가 행정소송법 제2조 제1항 제1호의 규정에 의한 정의, 즉, "행정청이 행하는 구체적 사실에 관한 법집행으로서의 공권력의 행사 또는 그 거부와 그 밖에 이에 준하는 행정작용"에 해당하는지 여부에 따라 판단할 문제인 것이다. 물론 그 거부행위가 신청인의 법적 지위 또는 판례의 표현에 따라 '신청인의 권리나 법적 이익'에 영향을 미치는 것이어야 할 것이고, 그 경우 신청인에게 그 신청에 따른 행정행위를 요구할 수 있는 법규상 또는 조리상 권리가 있다고 인정된다면 당연히 그러한 법적 효과를 가진 처분이라고 볼 수 있을 것이다. 그러나 반드시 그 같은 법규상 또는 조리상 권리가 없다 하더라도 그 거부행위의 처분성을 부정하는 것은 위 정의규정에 비추어 정당화될 수 없다. 다시 말해 '법규상 또는 조리상 권리'의 존재는 처분성인정의 충분조건일 뿐, 필요조건은 아니다. 이 점 판례가 법규상 권리뿐만 아니라 '조리상 권리'가 있는 경우에도 처분성을 인정한다고 해서 달라지지 않는다. 더욱이 앞서 지적하였듯이 그 존부확인은 본안판단의 문제임을 잊어서는 아니 된다.

> 그런 뜻에서 국민주택의 특별공급신청권의 유무는 본안에서 판단할 사항이므로, 입주권부여를 거부한 행위가 항고소송의 대상인 거부처분이 되는 것을 방해하지 않는다고 한 대법원의 판결은 지당하다. 대법원은 국가·지방자치단체 등이 건립한 국민주택의 일부를 일정한 자격을 갖춘 무주택세대주(제1호 내지 제11호)에게 특별공급할 수 있도록 하고 있는 주택공급에관한규칙 제15조 제1항의 규정 중 "제5호는 당해주택건설사업의 원활을 기하기 위하여 당해주택건설사업에 협조한 자에게 당해주택을 공급할 때에 한하여 특별공급의 기회를 부여하는 것으로서, 이 조항의 취지는 단순히 사업주체로 하여금 그러한 대상자들에게 특별분양을 할 수 있는 권능을 부여하는 데 그치는 것이 아니라 그와 같은 요건을 갖추기 위하여 공공사업에 협력한 자에게 법적인 이익을 부여하고 있는 것이라고 보아야 할 것이니 그들에게는 특별공급신청권(이는 특별공급을 받을 권리와는 다른 개념이다)이 인정된다고 해석하여야 할 것"이라고 전제하면서 다음과 같이 결론짓고 있다: "이 사건에서 원고가 협의매수에 응한 자가 아니어서 위 조항에 해당되지 아니한다 하여도 이는 본안에서 판단하여야 할 사항일 따름이다. 그렇다면 피고가 주택공급규칙 제15조 제1항 제5호에 해당함을 이유로 특별분양을 요구하는 원고에게 입주권부여를 거부한 행위는 항고소송의 대상이 되는 거부처분이라 할 것이다."49)

한편, 대법원은 행정청이 국민의 신청에 대하여 한 거부행위가 항고소송의 대상이 되는 행정처분에 해당하는 것이라고 하려면, 그 거부행위가 신청인의 법률관계에 어떤 변동을 일으키는 것이어야 하지만, '신청인의 법률관계에 어떤 변동을 일으키는 것'이라는 의미는 신청인의 실체상

---

49) 대법원 1992.1.21. 선고 91누259 판결(법원공보 1992.3.15.; 법률신문, 1992.2.13).

의 권리관계에 직접적인 변동을 일으키는 경우뿐만 아니라 신청인이 실체
상의 권리자로서 권리를 행사함에 중대한 지장을 초래하는 경우도 포함한
다고 보고 있는데, 이는 위에서 비판한 바와 같은 처분성요건 판단상의 애
로를 어느 정도 완화시키려는 취지인 것으로 이해된다.

■■■ 판례

　　[1] 국민의 적극적 행위 신청에 대하여 행정청이 그 <u>신청에 따른</u>
<u>행위를 하지 않겠다고 거부한 행위가 항고소송의 대상이 되는 행정처분에</u>
<u>해당하는 것이라고 하려면, 그 신청한 행위가 공권력의 행사 또는 이에 준</u>
<u>하는 행정작용이어야 하고 그 거부행위가 신청인의 법률관계에 어떤 변동</u>
<u>을 일으키는 것이어야 하며 그 국민에게 그 행위발동을 요구할 법규상 또는</u>
<u>조리상의 신청권이 있어야 한다</u>고 할 것인바, 여기에서 '신청인의 법률
관계에 어떤 변동을 일으키는 것'이라는 의미는 신청인의 실체상의
권리관계에 직접적인 변동을 일으키는 것은 물론 그렇지 않다 하더
라도 신청인이 실체상의 권리자로서 권리를 행사함에 중대한 지장
을 초래하는 것도 포함한다고 해석함이 상당하다.

　　[2] 실용신안권이 불법 또는 착오로 소멸등록되었다 하더라도
실용신안권자의 실체상의 권리관계에는 직접 영향이 있다고 할 수
없고, 따라서 실용신안등록원부 소관청인 특허청장이 소멸등록된
실용신안권의 회복신청을 거부하는 경우 그 거부로 인하여 실용신
안권자의 실용신안권 자체에는 아무런 실체적 권리관계의 변동을
초래하지 아니한다고 할 것이나, 실용신안권이 소멸등록된 상태에
서는 실용신안권자로서는 자신의 권리를 실용신안등록원부에 표창
하지 못하고, 나아가 실용신안권을 처분하거나 담보로 제공하는 등
등록을 필요로 하는 일체의 행위를 할 수 없게 되어 권리행사에 중
대한 지장을 받게 되므로, 실용신안권의 소멸등록의 회복은 실용신
안권자의 권리관계에 직접 변동을 일으키는 행위라고 할 것이어서
실용신안권자는 이해상대방을 상대로 그의 신청에 의하여 불법 또
는 착오로 말소된 실용신안권 등록의 회복을 청구할 수 있는 외에,
실용신안권이 특허청장의 직권에 의하여 불법 또는 착오로 소멸등
록된 경우에 특허청장에 대하여 그 소멸등록된 실용신안권의 회복
등록을 신청할 권리가 있다고 보아야 한다.50)

---

50) 대법원 2002.11.22. 선고 2000두9229 판결(실용신안권소멸등록처분취소 공2003.1.15.
[170], 225).

■■■ 판례

[1] 거부처분은 행정청이 국민의 처분신청에 대하여 거절의 의사표시를 함으로써 성립되고, 그 이후 동일한 내용의 신청에 대하여 다시 거절의 의사표시를 명백히 한 경우에는 새로운 처분이 있은 것으로 보아야 할 것이며, 이 경우 행정심판 및 행정소송의 제기기간은 각 처분을 기준으로 진행된다.

[2] 지적법 제17조 제1항, 같은법시행규칙 제20조 제1항 제1호의 규정에 의하여 1필지의 일부가 소유자가 다르게 되거나 토지소유자가 필요로 하는 때 토지의 분할을 신청할 수 있도록 되어 있음에도 지적공부 소관청이 이에 기한 토지분할신청을 거부하는 경우에, 분할거부로 인하여 토지소유자의 당해 토지의 소유권에는 아무런 변동을 초래하지 아니한다 하더라도, 부동산등기법 제15조, 지적법 제3조 내지 제6조 등의 관계규정에 의하여 토지의 개수는 같은법에 의한 지적공부상의 토지의 필수를 표준으로 결정되는 것으로 1필지의 토지를 수필로 분할하여 등기하려면 반드시 같은 법이 정하는 바에 따라 분할의 절차를 밟아 지적공부에 각 필지마다 등록되어야 하고, 이러한 절차를 거치지 아니하는 한 1개의 토지로서 등기의 목적이 될 수 없는 것이니 토지의 소유자는 자기소유 토지의 일부에 대한 소유권의 양도나 저당권의 설정 등 필요한 처분행위를 할 수 없게 되고, 특히 1필지의 일부가 소유자가 다르게 된 때에도 그 소유권을 등기부에 표창하지 못하고 나아가 처분도 할 수 없게 되어 권리행사에 지장을 초래하게 되는 점 등을 고려한다면, 지적 소관청의 이러한 토지분할신청의 거부행위는 국민의 권리관계에 영향을 미치는 것으로서 항고소송의 대상이 되는 처분으로 보아야 할 것이다.

[3] 구 건축법(1991.5.31. 법률 제4381호로 전문 개정되기 전의 것) 제39조의2의 규정은 대지평수에 대한 그 위의 건물크기의 비율 등에 관한 제한규정일 뿐 대지 자체의 적법한 원인에 의한 분할과 소유권이전까지 제한하는 취지는 아니다.

[4] 토지의 분할이란 지적공부에 등재된 1필지의 토지를 소관청이 2필지 이상의 토지로 하여 지적공부에 등록하는 행위를 말하는 것으로서, 여기서 분할은 지적공부에 등록되어 있는 도면상의 경계를 나누어 놓는 것을 말하며, 토지대장의 정리도 포함된다 할 것이지만 이를 위하여 필수적으로 선행되는 지적측량절차와는 별개의 것임은 물론이고, 도시계획법상 도시계획구역 관할행정청이 행하는 토지분할의 허가와도 그 성질을 달리하는 것이다.51)

---

51) 대법원 1992.12.8. 선고 92누7542 판결(공1993상, 470). 동지: 대법원 1993.3.23. 선

▧▧▧ 판례

　　[1] 국세기본법 또는 개별 세법에 경정청구권을 인정하는 명문의 규정이 없는 이상 조리에 의한 경정청구권을 인정할 수 없으므로, 납부의무자의 세법에 근거하지 아니한 경정청구에 대하여 과세관청이 이를 거부하는 회신을 하였다고 하더라도 이를 가리켜 항고소송의 대상이 되는 거부처분으로 볼 수 없다.

　　[2] 원천징수의무자가 원천납세의무자로부터 원천징수대상이 아닌 소득에 대하여 세액을 징수·납부하였거나 징수하여야 할 세액을 초과하여 징수·납부하였다면, 국가는 원천징수의무자로부터 이를 납부받는 순간 아무런 법률상의 원인 없이 부당이득한 것이 되고, 구 국세기본법(2006.12.30. 법률 제8139호로 개정되기 전의 것) 제51조 제1항, 제52조 등의 규정은 환급청구권이 확정된 국세환급금 및 가산금에 대한 내부적 사무처리절차로서 과세관청의 환급절차를 규정한 것일 뿐 그 규정에 의한 국세환급금(가산금 포함) 결정에 의하여 비로소 환급청구권이 확정되는 것이 아니므로, 국세환급결정이나 이 결정을 구하는 신청에 대한 환급거부결정 등은 납세의무자가 갖는 환급청구권의 존부나 범위에 구체적이고 직접적인 영향을 미치는 처분이 아니어서 항고소송의 대상이 되는 처분으로 볼 수 없다.52)

▧▧▧ 판례

　　부과처분을 위한 과세관청의 질문조사권이 행해지는 세무조사결정이 있는 경우 납세의무자는 세무공무원의 과세자료 수집을 위한 질문에 대답하고 검사를 수인하여야 할 법적 의무를 부담하게 되는 점, 세무조사는 기본적으로 적정하고 공평한 과세의 실현을 위하여 필요한 최소한의 범위 안에서 행하여져야 하고, 더욱이 동일한 세목 및 과세기간에 대한 재조사는 납세자의 영업의 자유 등 권익을

고 91누8968 판결. 92누7542 판결에서 대법원은 "지적공부에 일정한 사항을 등록하거나 등재사항을 변경하는 행위는 행정사무집행상의 편의와 사실증명의 자료로 삼기 위한 것이고, 그 등재 또는 변경으로 인하여 실체상의 권리관계에 변동을 가져오는 것이 아니므로 이를 행정소송의 대상이 되는 처분이라고 볼 수 없다고 하는 것이 당원의 판례"라고 설시한 바 있다. 반면, 같은 판결에서 대법원은 지적소관청의 토지분할신청의 거부행위에 대해서는, 원고에게 그러한 분할신청권이 인정되는지 여부를 문제 삼지 아니하고 '국민의 권리관계에 영향을 미치는 것으로서 항고소송의 대상이 되는 처분으로 보아야 할 것'이라고 판시하고 있다.

　52) 대법원 2010.2.25. 선고 2007두18284 판결(경정거부처분취소).

> 심각하게 침해할 뿐만 아니라 과세관청에 의한 자의적인 세무조사
> 의 위험마저 있으므로 조세공평의 원칙에 현저히 반하는 예외적인
> 경우를 제외하고는 금지될 필요가 있는 점, 납세의무자로 하여금 개
> 개의 과태료 처분에 대하여 불복하거나 조사 종료 후의 과세처분에
> 대하여만 다툴 수 있도록 하는 것보다는 그에 앞서 세무조사결정에
> 대하여 다툼으로써 분쟁을 조기에 근본적으로 해결할 수 있는 점 등
> 을 종합하면, **세무조사결정은 납세의무자의 권리·의무에 직접 영향을 미**
> **치는 공권력의 행사에 따른 행정작용으로서 항고소송의 대상**이 된다.53)

　　판례는 이처럼 '신청인의 법률관계에 어떤 변동을 일으키는 것'이
라는 의미를 '신청인의 실체상의 권리관계에 직접적인 변동을 일으키는 것
은 물론 그렇지 않다 하더라도 신청인이 실체상의 권리자로서 권리를 행사
함에 중대한 지장을 초래하는 것'도 포함한다고 해석하거나, 소유권에는
아무런 변동을 초래하지 아니한다 하더라도, '국민의 권리행사에 지장을
초래하게 되는 점 등을 고려한다면, 지적 소관청의 이러한 토지분할신청의
거부행위는 국민의 권리관계에 영향을 미치는 것으로서 항고소송의 대상
이 되는 처분으로 보아야 할 것'이라고 판시하고 있다. 이러한 판례의 태도
는 그 결과적 타당성에도 불구하고, 법적 불확실성의 문제를 남긴다. '신청
인의 권리행사에 중대한 지장' 또는 '지장'을 초래하는 것을 '신청인의 법률
관계에 어떤 변동을 일으키는 것'이라고 할 것인지도 문제지만, 거부행위
를 과연 어떤 경우에 처분으로 인정될 만큼, '신청인의 권리행사에 (중대
한) 지장을 초래하는' 것으로 볼 수 있는지, 판단기준이 불명확하다는 점이
문제이다.

　　셋째, 권력적 사실행위의 처분성을 인정할 것인지 여부에 대하여
판례는 대체로 긍정하는 것으로 이해되고 있다.54) 가령 수용, 유치나 예치,
영업소폐쇄 등과 같은 권력적 사실행위도 공권력행사에 해당하는 것으로

---

53) 대법원 2011.3.10. 선고 2009두23617,23624 판결(세무조사결정처분취소·종합소득
세등부과처분취소: 공2011상,760).

54) 동지: 유명건, 실무행정소송법, 1998, 박영사, p.88.

항고소송의 대상이 되며, 다만, 단기간에 실행행위가 종료되어 버리는 사실행위(예: 위법건물의 철거행위 등)는 소의 이익이 없게 된다고 한다.55) 그러나 실제로 이 점을 분명히 한 판례는 찾아보기 어렵다. 구법 하에서의 판례 중에는 구청장의 단수처분의 처분성을 인정한 것56)이 있었으나 권력적 사실행위가 처분에 해당된다는 논지를 명시적으로 밝힌 것은 없었고, 그 후에도 건물에 대한 철거대집행의 실행이 이미 완료된 이상 그 대집행의 실행행위 자체의 무효확인 또는 취소를 구할 법률상 이익이 없다고 하여 그 처분성 인정가능성을 암묵적으로 시사한 듯 한 판결들이 발견될 뿐, 행정소송법 제2조 제1항의 해석을 통하여 권력적 사실행위가 처분의 개념에 포함된다고 명시적으로 밝힌 것은 찾아볼 수 없다.57)

　　　반면 헌법재판소는 권력적 사실행위가 처분에 해당된다는 점을 분명하게 밝히고 있다. 헌법재판소는 최근 "수형자의 서신을 교도소장이 검열하는 행위는 이른바 권력적 사실행위로서 행정심판이나 행정소송의 대상이 되는 행정처분으로 볼 수 있으나, 위 검열행위가 이미 완료되어 행정심판이나 행정소송을 제기하더라도 소의 이익이 부정될 수밖에 없으므로 헌법소원심판을 청구하는 외에 다른 효과적인 구제방법이 있다고 보기 어렵기 때문에 보충성의 원칙에 대한 예외에 해당한다"고 판시한 바 있고,58) 이전에도 권력적 사실행위가 헌법소원의 대상이 되는 공권력의 행사에 해당한다는 점을 시인해 왔다.

---

55) 법원행정처, 법원실무제요 행정, 1997, p.101.

56) 대법원 1979.12.28. 선고 79누218 판결(건물철거대집행계고처분취소: 공1980, 12556).

57) 대법원 1995.7.28. 선고 95누2623 제2부판결(계고처분등취소: 공1995.9.1.999(57)) 역시 건물에 대한 철거대집행의 실행이 이미 완료된 이상, 그 대집행의 실행행위 자체의 무효확인 또는 취소를 구할 법률상 이익이 없다고 하면서, 철거대집행이 단순한 사실행위로서 행정소송의 대상이 되지 않는다고 한 원심의 판단이 잘못인지 여부는 판결결과에 영향이 없다고 판시하고 있을 뿐이다.

58) 헌법재판소 1998.8.27. 선고 96헌마398 결정(통신의 자유등 위헌확인: 헌공, 29).

▮▮▮ 판례

재무부장관이 제일은행장에 대하여 한 국제그룹의 해체준비착수지시와 언론발표 지시는 상급관청의 하급관청에 대한 지시가 아님은 물론 동 은행에 대한 임의적 협력을 기대하여 행하는 비권력적 권고·조언 등의 단순한 행정지도로서의 한계를 넘어선 것이고, 이와 같은 공권력의 개입은 주거래 은행으로 하여금 공권력에 순응하여 제3자 인수식의 국제그룹 해체라는 결과를 사실상 실현시키는 행위라고 할 것으로, 이와 같은 유형의 행위는 형식적으로는 사법인인 주거래 은행의 행위였다는 점에서 행정행위는 될 수 없더라도 그 실질이 공권력의 힘으로 재벌기업의 해체라는 사태변동을 일으키는 경우인 점에서 일종의 권력적 사실행위로서 헌법소원의 대상이 되는 공권력의 행사에 해당한다.

헌법재판소법 제68조 제1항에서 말하는 '다른 법률에 의한 구제절차'는 공권력의 행사 또는 불행사를 직접 대상으로 하여 그 잘못 자체를 다투는 권리구제절차를 의미하는 것이고, 공권력의 행사·불행사의 결과 생긴 효과를 원상회복시키거나 손해배상을 위한 사후적·보충적 구제수단은 포함되지 않는 것인바, 이 사건 국제그룹 해체와 그 정리조치가 형식상으로는 사법인인 제일은행이 행한 행위이므로 당시 시행되던 구 행정소송법상의 행정소송의 대상이 된다고 단정하기 어렵고, 따라서 당사자에게 그에 의한 권리구제절차를 밟을 것을 기대하기는 곤란하므로 이와 같은 범주의 권력적 사실행위의 경우에는 보충성의 원칙의 예외로서 소원의 제기가 가능하다.[59]

가. 일반적으로 어떤 **행정상 사실행위가 권력적 사실행위에 해당하는지 여부는, 당해 행정주체와 상대방과의 관계, 그 사실행위에 대한 상대방의 의사·관여정도·태도, 그 사실행위의 목적·경위, 법령에 의한 명령·강제수단의 발동 가부등 그 행위가 행하여질 당시의 구체적 사정을 종합적으로 고려하여 개별적으로 판단하여야 한다.**

나. 부실기업인 대한선주주식회사의 제3자 인수는 위 회사에 대한 부실기업정리의 불가피성, 주거래은행인 한국외환은행의 자율성 및 주도성, 금융에 관한 사무를 관장하는 중앙행정관청인 피청구인의 지위와 관여의 필요성, 피청구인의 관여정도와 비권력성 등 당시의 구체적 사정을 고려하면 주거래은행으로서 위 회사의 도산 또

---

59) 헌법재판소 1993.7.29. 선고 89헌마31 결정(공권력행사로 인한 재산권침해에 대한 헌법소원: 헌공, 03).

는 정상화 여부에 대하여 가장 큰 경제적 이해관계를 가진 한국외환은행이 보다 적극적으로 이를 의욕하여 추진하였고, 여기에 피청구인이 정부의 입장을 대표하여 호응·지원하였다고 보는 것이 상당하고, 이 과정에서 이루어진 피청구인의 정리방침의 결정 및 인수자 선정과 이에 따른 주식양도의 지시, 그 실행준비 및 가계약서의 작성 요구 등 일련의 사실행위는 그 상대방인 한국외환은행의 의사를 무시한 채 일방적으로 결정·통고된 것이 아니며, 또한 한국외환은행이 그 자율성을 빼앗긴 채 피청구인의 지시를 거부할 기대가능성이 없어서 그저 순응하기만 한 것이라고 볼 수 없다. 이와 같이 스스로는 자생능력을 상실한 부실기업의 정상화 여부와 그 방안 및 실현방법에 관하여 적법한 권한 내에서 결정할 지위에 있는 주거래은행의 의사가 기본이 되고 정부의 의사가 이에 부합되어 기업의 정리가 관철된 경우라면, 특별한 사정이 없는 한 주거래은행의 정상화 방안을 실현시키기 위하여 정부가 한 지시 등이 권력적 사실행위에 해당한다고 보기는 어렵고, 오히려 정부가 경제정책적 관점에서 국민경제에 미치는 영향이 큰 부실기업의 정리에 관하여 주거래은행의 자율적 판단을 존중하면서 적극적이지만 비권력적으로 지원·독려한 사실행위라고 보아야 하고, 이와 같은 비권력적 사실행위는 공권력의 행사에 해당하지 아니하므로 이를 대상으로 한 헌법소원심판청구는 부적법하다.[60]

한편, 대법원의 판례 중에는 '처분성 인정 여부는 추상적·일반적으로 결정할 수 없고, 구체적인 경우 행정처분은 행정청이 공권력의 주체로서 행하는 구체적 사실에 관한 법집행으로서 국민의 권리의무에 직접적으로 영향을 미치는 행위라는 점을 염두에 두고, 관련 법령의 내용과 취지, 그 행위의 주체·내용·형식·절차, 그 행위와 상대방 등 이해관계인이 입는 불이익과의 실질적 견련성, 그리고 법치행정의 원리와 당해 행위에 관련된 행정청 및 이해관계인의 태도 등을 참작하여 개별적으로 결정하여야 한다'는 목적론적 해석방법에 입각한 것이 구법시대의 판례 이래 계속 나오고 있어 처분개념의 확대경향과 관련하여 주목을 끌고 있다.

---

60) 헌법재판소 1994.5.6. 선고 89헌바35 결정(공권력행사로 인한 재산권침해에 대한 헌법소원: 헌공, 06).

▰▰ 판례

[1] 행정청의 어떤 행위가 항고소송의 대상이 될 수 있는지의 문제는 추상적·일반적으로 결정할 수 없고, 구체적인 경우 행정처분은 행정청이 공권력의 주체로서 행하는 구체적 사실에 관한 법집행으로서 국민의 권리의무에 직접적으로 영향을 미치는 행위라는 점을 염두에 두고, **관련 법령의 내용과 취지, 그 행위의 주체·내용·형식·절차, 그 행위와 상대방 등 이해관계인이 입는 불이익과의 실질적 견련성, 그리고 법치행정의 원리와 당해 행위에 관련된 행정청 및 이해관계인의 태도 등을 참작하여 개별적으로 결정**하여야 한다(대법원 2010.11.18.선고 2008두167전원합의체 판결 참조).

[2] 요양급여의 적정성 평가 결과 전체 하위 20% 이하에 해당하는 요양기관이 평가결과와 함께 그로 인한 입원료 가산 및 별도 보상제외 통보를 받게 되면, 해당 요양기관은 평가결과 발표 직후 2분기 동안 요양급여비용 청구 시 입원료 가산 및 별도 보상 규정을 적용받지 못하게 되므로, 결국 위 통보는 해당 요양기관의 권리 또는 법률상 이익에 직접적인 영향을 미치는 공권력의 행사라고 할 것이고, 해당 요양기관으로 하여금 개개의 요양급여비용 감액 처분에 대하여만 다툴 수 있도록 하는 것보다는 그에 앞서 직접 위 통보의 적법성을 다툴 수 있도록 함으로써 분쟁을 조기에 근본적으로 해결하도록 하는 것이 법치행정의 원리에도 부합한다. 따라서 위 통보는 항고소송의 대상이 되는 처분으로 봄이 타당하다.[61]

▰▰ 판례

행정청의 어떤 행위를 행정처분으로 볼 것이냐의 문제는 추상적 일반적으로 결정할 수 없고, 구체적인 경우 행정처분은 행정청이 공권력의 주체로서 행하는 구체적 사실에 관한 법집행으로서 국민의 권리의무에 직접 영향을 미치는 행위라는 점을 고려하고 행정처분이 그 주체, 내용, 절차, 형식에 있어서 어느 정도 성립 내지 효력요건을 충족하느냐에 따라 개별적으로 결정하여야 하며, 행정청의 어떤 행위가 법적 근거도 없이 객관적으로 국민에게 불이익을 주는 행정처분과 같은 외형을 갖추고 있고, 그 행위의 상대방이 이를 행정처분으로 인식할 정도라면 그로 인하여 파생되는 국민의 불이익 내지 불안감을 제거시켜 주기 위한 구제수단이 필요한 점에 비추어 볼 때 행정청의 행위로 인하여 그 상대방이 입는 불이익 내지 불안

---

61) 대법원 2013.11.14. 선고 2013두13631 판결[별도보상적용제외처분무효확인등].

이 있는지 여부도 그 당시에 있어서의 법치행정의 정도와 국민의 권리의식수준 등은 물론 행위에 관련한 당해 행정청의 태도 등도 고려하여 판단하여야 한다.[62]

▰▰ 판례

　행정소송법 제1조의 행정청의 처분이라 함은, 행정청의 공법상의 행위로서, 특정사항에 대하여 법규에 의한 권리설정 또는 의무의 부담을 명하며, 기타 법률상의 효과를 발생케 하는 등, 국민의 권리의무에 직접 관계가 있는 행위를 말한다고 할 것이므로, 어떤 행정청의 행위가 행정소송의 대상이 되는 행정처분에 해당하는가는, 그 행위의 성질, 효과 외에 행정소송제도의 목적 또는 사법권에 의한 국민의 권리보호의 기능도 충분히 고려하여, 합목적적으로 판단되어야 할 것이다.[63]

---

(3) 결　론

이상의 논의를 통해 다음과 같이 결론지을 수 있다. 첫째 양설은 적어도 그들이 옹호하고 있는 목적과 수단의 관계에 있어 차별적 설득력을 갖지 않으며 일정한 한계에 이르기까지는 상보적일 수도 있다. 둘째 행정소송법해석상 처분개념은 권력적 사실행위와 '그 밖에 이에 준하는 행정작용'을 포함한다는 점에서 실체적 행정행위 개념보다 넓다(일원론의 부정). 그러나 이 처분개념은 실체적 행정행위와 전혀 별개의 개념이라기보다는 그것을 기본적 요소로 하여 행정소송법에 의하여 확장된 개념이라고 보아야 한다(형식적 행정행위론 대신 확장된 처분개념설). 셋째 '그 밖에 이에 준하는 행정작용'의 내용이 무엇인가는 앞으로 판례 및 학설형성을 통해 밝혀져야 할 문제이다.

---

62) 대법원 1993.12.10. 선고 93누12619 판결(공961, 33).
63) 대법원 1984.2.14. 선고 82누370 판결.

1.2.2. 처분의 내용

행정소송법상의 처분개념의 요소로는 첫째, 행정청이 행하는 행위일 것, 둘째, 구체적 사실에 관한 법집행으로서의 공권력의 행사 또는 그 거부일 것, 셋째 또는 '그 밖에 이에 준하는 행정작용'에 해당할 것 등을 들 수 있다. 이러한 처분개념의 요소와 관련하여 특히 문제되는 것만을 간략히 살펴보기로 하면 다음과 같다.

(1) 행정청의 행위

행정행위는 '행정청'이 행하는 행위이다. '행정청'의 개념은 일반적으로 행정주체의 의사를 결정하여 외부적으로 표시할 수 있는 권한을 가진 기관으로 이해되고 있다. 여기에는 국가·지방자치단체의 기관 외에, 공무수탁사인(公務受託私人. Beliehene)이 포함된다. 입법기관이나 사법기관도, 그 소속 공무원을 임명하는 등의 행정적 기능을 수행하는 한도 내에서는, 이에 해당됨은 물론이다(이른바 기능적 행정청개념).

> **▰▰ 판례**
>
> 　등교하던 중 학교 복도에서 쓰러진 후 사망한 고등학생 甲의 아버지 乙이, 甲의 사망이 등교 중 발생한 학교안전사고에 해당한다며 서울특별시학교안전공제회에 甲에 대한 요양급여,유족급여 및 장의비의 지급을 구하는 학교안전공제보상심사청구를 하였으나 공제회가 甲의 사망이 교육활동과 인과관계가 없다는 이유로 심사청구를 기각하는 결정을 통보한 사안에서, 위 공제회는 행정청 또는 그 소속기관이나 법령에 의하여 행정권한을 위임받은 공공단체가 아닐 뿐만 아니라, 학교안전공제보상심사청구를 기각한 결정을 乙의 권리·의무에 관계되는 사항에 관하여 직접 효력을 미치는 공권력의 발동으로서 하는 공법상의 행위로 볼 수도 없다는 이유로, 공제회가 한 보상심사 청구 기각결정은 항고소송의 대상인 행정처분이 아니라고 본 원심판단을 정당하다고 한 사례.[64]

---

64) 대법원 2012.12.13.선고 2010두20874 판결(보상심사거부결정취소).

(2) 구체적 사실에 관한 법집행으로서의 공권력의 행사 또는 그 거부

구체적 사실에 관한 법집행으로서의 공권력의 행사 또는 그 거부에는 무엇보다도 실체적 행정행위[65]와 거부처분, 일반처분 등이 포함됨은 물론이며, 그 밖에도 이미 앞에서 살펴본 바와 같이 권력적 사실행위가 여기에 해당된다.

1) 구체적 사실에 관한 법집행

구체적 사실에 관한 법집행이란 요건은 무엇보다도 처분에서 법정립행위가 배제된다는 점을 밝히는 색출적 의미(heuristische Bedeutung)를 지닌다. 법집행은 그 수범자(Adressat)의 특정 여부에 따라 일반성·개별성의 기준에 의해, 그리고 그 대상인 사안의 내용(Regelungsgehalt)에 따라서는 구체성·추상성의 표지에 따라 구분할 수 있다. 이 경우 개별적·구체적 규율이 가장 전형적인 행정행위에 해당되는 반면, 일반적·추상적 규율이 법규범에 해당된다는 점에 관해서는 의문의 여지가 없다. 그리고 일반처분(Allgemeineverfügung) 역시 행정행위의 개념에 속한다는데 의문이 없다. 이것은, 불특정인 에 대한 특정사안의 규율로서, 예컨대 경부고속도로 서울-수원 하행선구간에 대하여 무기한으로 판교방면으로 차량진출을 금지하는 고시와 같은 경우이다. 개별적·구체적인 규율뿐만 아니라 일반적·구체적 규율(일반처분), 그리고 사안의 성질에 따라서는 개별적·추상적 규율로 볼 수 있는 경우 또한 '구체적 사실에 관한 법집행'으로서 행정행위에 해당하는 것으로 볼 수 있다. 그러나 앞에서 밝혔듯이 이러한 '구체적 사실에 관한 법집행'이란 기준이 사실행위를 처분에서 배제하는 것은 아니다.

≪'구체적 사실에 관한 법집행'과 일반처분≫

일반처분은 구체적 사실에 관한 법집행인가. 일반적으로 행정행위는 구체적 사실에 관한 법적 규율이라고 파악되는데 과연 어떠한 기준

---

65) 구체적 행위유형에 따른 처분성 여하에 관한 사례로는 이상규, 행정쟁송법, p.297 이하를 참조.

에 의하여 이를 판단할 것인가 하는 문제에 관해서는, 상대적으로 다수의 견해가 그 확정의 용이성을 이유로 수범자의 개별성(Individualität der Adressaten)을 기준으로 삼고 있다. 이에 비해, 독일의 행정절차법 제35조는 규율의 구체성(Konkretheit der Regelung)을 기준으로 삼고 있다고 한다.[66] 우리나라 행정심판법(§2 i) 및 행정소송법(§2① i)은 물론 독일 행정절차법 제35조 제2문과 같이 일반처분에 관한 규정을 별도로 두고 있지 않지만, "처분" 개념의 해석상 수범자의 개별성을 요구하고 있지 않으므로, 일반처분 역시 이 조항들이 요구하고 있는 '구체적 사실에 관한 법집행'인 이상 처분으로 보는 데 문제가 없다.

오늘날 일반처분의 예는 도로통행금지, 입산금지, 도로의 공용개시 및 공용폐지, 민방위경보 등에서 보는 바와 같이, 증가일로에 있다. 문제는 개개의 사안에 대한 규율(Einzelfallregelung)으로서의 행정행위와 일반적 규율로서의 법규범 간의 전통적인 구별에 잘 들어맞지 않는 내용을 지닌 다양한 법적 행위들 - 예컨대 구속적 행정계획, 교통표지판이나 교통신호등, 자동차형식승인(자동차관리법 §30) 등과 같은 유형의 행위들의 법적 성질을 어떻게 볼 것인지를 판정하기가 쉽지 않다는 데 있다. 이 문제는 특히 이들 유형의 행위들의 법적 성질 여하에 따라 법적 규율이나 권리구제방법이 달라질 수 있기 때문에 중요하다. 먼저 구속적 행정계획의 경우 판례와 학설은 이를 행정처분에 해당하는 것으로 보고 있다.

▰▰ 판례

도시계획법 제12조 소정의 도시계획결정이 고시되면 도시계획구역 안의 토지나 건물소유자의 토지형질변경, 건축물의 신축·개축 또는 증축 등 권리행사가 일정한 제한을 받게 되는바, 이런 점에서 볼 때 고시된 도시계획결정은 특정개인의 권리 내지 법률상의 이익을 개별적이고 구체적으로 규제하는 효과를 가져 오게 하는 행정청의 처분이라 할 것이고 이는 행정소송의 대상이 되는 것이라 할 것이다.[67]

---

66) Maurer, §9 Rn.18.
67) 대법원 1982.3.9. 선고 80누105 판결.

■◢ **판례**

　　구 도시 및 주거환경정비법(2007.12.21. 법률 제8785호로 개정되기 전의 것)에 따른 **주택재건축정비사업조합은 관할 행정청의 감독 아래 위 법상 주택재건축사업을 시행하는 공법인으로서, 그 목적 범위 내에서 법령이 정하는 바에 따라 일정한 행정작용을 행하는 행정주체의 지위를 가진**다 할 것인데, 재건축정비사업조합이 이러한 행정주체의 지위에서 위 법에 기초하여 수립한 **사업시행계획은 인가·고시를 통해 확정되면 이해관계인에 대한 구속적 행정계획으로서 독립된 행정처분에 해당**하고, 이와 같은 사업시행계획안에 대한 조합 총회결의는 그 행정처분에 이르는 절차적 요건 중 하나에 불과한 것으로서, 그 계획이 확정된 후에는 항고소송의 방법으로 계획의 취소 또는 무효확인을 구할 수 있을 뿐, 절차적 요건에 불과한 총회결의 부분만을 대상으로 그 효력 유무를 다투는 확인의 소를 제기하는 것은 허용되지 아니하고, 한편 이러한 항고소송의 대상이 되는 행정처분의 효력이나 집행 혹은 절차속행 등의 정지를 구하는 신청은 행정소송법상 집행정지신청의 방법으로서만 가능할 뿐 민사소송법상 가처분의 방법으로는 허용될 수 없다.68)

■◢ **판례**

　　액화석유가스의안전및사업관리법 제7조 제2항에 의한 사업양수에 의한 지위승계신고를 수리하는 허가관청의 행위는 단순히 양도, 양수자 사이에 발생한 사법상의 사업양도의 법률효과에 의하여 양수자가 사업을 승계하였다는 사실의 신고를 접수하는 행위에 그치는 것이 아니라 실질에 있어서 양도자의 사업허가를 취소함과 아울러 양수자에게 적법히 사업을 할 수 있는 법규상 권리를 설정하여 주는 행위로서 사업허가자의 변경이라는 법률효과를 발생시키는 행위이므로 허가관청이 법 제7조 제2항에 의한 사업양수에 의한 지위승계신고를 수리하는 행위는 행정처분에 해당한다.69)

---

68) 대법원 2009.11.2.자 2009마596 결정(가처분이의 공2009하, 2010). 또한 대법원 2009.9.17. 선고 2007다2428 전원합의체 판결(총회결의무효확인 공2009하, 1648)을 참조.
　69) 대법원 1993.6.8. 선고 91누11544 판결.

> **■■ 판례**
>
>   의료보험연합회의 요양기관지정취소에 갈음하는 금전대체부담
> 금 납부안내라는 공문은 비록 행정청의 행위라 해도 그것이 아무런
> 법적 근거가 없어 국민의 권리의무에 직접 어떤 영향을 미치는 행정
> 처분으로서의 효력을 발생할 수 없고, 그 내용도 상대방에게 공법상
> 어떤 의무를 부과하는 것으로 보이지 아니하며, 그것을 행정처분으
> 로 볼 수 있느냐 하는 문제에 대한 불안도 존재하지 아니한다고 볼
> 것이므로 이를 행정소송의 대상이 되는 처분이라고 볼 수 없다.[70]

    한편 교통표지판이나 교통신호등의 경우 이에 관한 판례는 아직
없지만 대체로 독일행정법에서 이해하는 바처럼[71] 이를 일반처분으로 보
는데 문제가 없을 것이다.[72] 자동차관리법 제30조에 의한 자동차형식승인
은 그것이 특정인, 즉, 제작자에 대한 관계에서 발급되는 것이므로, 설령
이에 따른 제품의 대량생산이 예상된다 할지라도, 개별처분, 즉 행정행위에
해당하는 것으로 볼 것이다.
    2) 공권력행사와 그 거부
    공권력행사란 행정주체가 상대방에 대하여 우월한 지위에서 행하
는 고권적(hoheitlich) 또는 일방적(einseitig) 행위를 말한다. 실체적 행정행
위가 이에 해당하는 가장 전형적인 경우임은 물론이나, 전술한 바와 같이
권력적 사실행위도 여기에 해당하는 것으로 해석된다. 권력적 사실행위란
특정한 행정목적을 위하여 행정청의 일방적 의사결정에 의하여 국민의 신
체·재산 등에 실력으로 행정상 필요한 상태를 실현하는 권력적 행정작용을
말한다.[73] 예컨대 임검검사, 수거, 무허가건물철거의 대집행, 익사자를 위
한 원조강제 등이 그것이다. 권력적 사실행위도 그 밖의 사실행위와 마찬

---

70) 대법원 1993.12.10. 선고 93누12619 판결(공961(33)).
71) 예컨대 Maurer, S.158 §9 Rn.21.
72) 이상규, 신행정법론(상), p.296; 홍정선, 행정법원론(상), p.255 등.
73) 杉本, 行政事件訴訟法の解說, p.12.

가지로 첫째, 정신작용을 요소로 하지 않고 외계적 사실(사건)을 요소로 한다는 점, 둘째, 행위 자체에 법률적 효력이 인정되지 않는다는 점에서 행정행위와 구별되나,[74] 그 공권력행사로서의 계기에 있어서는 공통적이라 할 수 있다.[75]

공권력행사의 거부가 실체적 행정행위의 거부 또는 권력적 사실행위의 거부로서 거부처분을 의미한다는 점은 이미 설명하였다.

▌█ 판례

자동차운송사업법양도양수계약에 기한 양도양수인가신청에 대하여 피고 시장이 내인가를 한 후 위 내인가에 기한 본인가신청이 있었으나 자동차운송사업양도양수인가신청서가 합의에 의한 정당한 신청서라고 할 수 없다는 이유로 위 내인가를 취소한 경우, 위 내인가의 법적 성질이 행정행위의 일종으로 볼 수 있든 아니든 그것이 행정청의 상대방에 대한 의사표시임이 분명하고 피고가 위 내인가를 취소함으로써 다시 본인가에 대하여 따로이 인가 여부의 처분을 한다는 사정이 보이지 않는다면 위 내인가취소를 인가신청을 거부하는 처분으로 보아야 할 것이다.[76]

토지의 소유자에게는 환지처분 공고후 사업시행자에 대하여 위와 같은 환지등기의 촉탁을 하여 줄 것을 신청할 조리상의 권리가 있다고 보아야 할 것이므로, 토지의 소유자 중 1인인 원고가 한 환지등기의 촉탁신청을 사업시행자인 피고가 거부하였다면 이는 항고소송의 대상이 되는 행정처분에 해당한다.[77]

[1] 행정청의 어떤 행위가 항고소송의 대상이 될 수 있는지의 문제는 추상적·일반적으로 결정할 수 없고, 구체적인 경우 행정처분은 행정청이 공권력의 주체로서 행하는 구체적 사실에 관한 법집행으로서 국민의 권리의무에 직접적으로 영향을 미치는 행위라는 점을 염두에 두고, 관련 법령의 내용과 취지, 그 행위의 주체·내용·

---

74) 김도창, 일반행정법론(상), 1992, p.356.

75) 한편 수인의무(Duldungspflicht)를 수반하는 사실행위(예컨대 수색·체포, 전염병환자의 강제격리 등)를 행정행위로 볼 수 있다는 견해(홍정선, 행정법원론(상), p.252)가 있다.

76) 대법원 1991.6.28. 선고 90누4402 판결.

77) 대법원 2000.12.22. 선고 98두18824 판결.

형식·절차, 그 행위와 상대방 등 이해관계인이 입는 불이익과의 실질적 견련성, 그리고 법치행정의 원리와 당해 행위에 관련한 행정청 및 이해관계인의 태도 등을 참작하여 개별적으로 결정하여야 한다.

[2] 구 건축법(2008.3.21. 법률 제8974호로 전부 개정되기 전의 것) 관련 규정의 내용 및 취지에 의하면, 행정청은 건축신고로써 건축허가가 의제되는 건축물의 경우에도 그 신고 없이 건축이 개시될 경우 건축주 등에 대하여 공사 중지·철거·사용금지 등의 시정명령을 할 수 있고(제69조 제1항), 그 시정명령을 받고 이행하지 않은 건축물에 대하여는 당해 건축물을 사용하여 행할 다른 법령에 의한 영업 기타 행위의 허가를 하지 않도록 요청할 수 있으며(제69조 제2항), 그 요청을 받은 자는 특별한 이유가 없는 한 이에 응하여야 하고(제69조 제3항), 나아가 행정청은 그 시정명령의 이행을 하지 아니한 건축주 등에 대하여는 이행강제금을 부과할 수 있으며(제69조의2 제1항 제1호), 또한 건축신고를 하지 않은 자는 200만 원 이하의 벌금에 처해질 수 있다(제80조 제1호, 제9조). 이와 같이 건축주 등은 신고제하에서도 건축신고가 반려될 경우 당해 건축물의 건축을 개시하면 시정명령, 이행강제금, 벌금의 대상이 되거나 당해 건축물을 사용하여 행할 행위의 허가가 거부될 우려가 있어 불안정한 지위에 놓이게 된다. 따라서 건축신고 반려행위가 이루어진 단계에서 당사자로 하여금 반려행위의 적법성을 다투어 그 법적 불안을 해소한 다음 건축행위에 나아가도록 함으로써 장차 있을지도 모르는 위험에서 미리 벗어날 수 있도록 길을 열어 주고, 위법한 건축물의 양산과 그 철거를 둘러싼 분쟁을 조기에 근본적으로 해결할 수 있게 하는 것이 법치행정의 원리에 부합한다. 그러므로 건축신고 반려행위는 항고소송의 대상이 된다고 보는 것이 옳다.[78]

구 도시계획법(2002.2.4. 법률 제6655호 국토의계획및이용에 관한법률 부칙 제2조로 폐지)은 도시계획의 수립 및 집행에 관하여 필요한 사항을 규정함으로써 공공의 안녕질서를 보장하고 공공복리를 증진하며 주민의 삶의 질을 향상하게 함을 목적으로 하면서도 도시계획시설결정으로 인한 개인의 재산권행사의 제한을 줄이기 위하여, 도시계획시설부지의 매수청구권, 도시계획시설결정의 실효에 관한 규정과 아울러 도시계획 입안권자인 특별시장·광역시장·시장 또는 군수로 하여금 5년마다 관할 도시계획구역 안의 도시계획에

---

78) 대법원 2010.11.18. 선고 2008두167 전원합의체 판결: 건축신고불허(또는 반려)처분취소[공2010하,2279]. 이에 관해서는 홍준형, "사인의 공법행위로서 신고에 대한 고찰", 공법연구 제40권 제4호, 2012를 참조.

대하여 그 타당성 여부를 전반적으로 재검토하여 정비하여야 할 의무를 지우고, 도시계획입안제안과 관련하여서는 주민이 입안권자에게 '1. 도시계획시설의 설치·정비 또는 개량에 관한 사항 2. 지구단위계획구역의 지정 및 변경과 지구단위계획의 수립 및 변경에 관한 사항'에 관하여 '도시계획도서와 계획설명서를 첨부'하여 도시계획의 입안을 제안할 수 있고, 위 입안제안을 받은 입안권자는 그 처리결과를 제안자에게 통보하도록 규정하고 있는 점 등과 헌법상 개인의 재산권 보장의 취지에 비추어 보면, 도시계획구역 내 토지 등을 소유하고 있는 주민으로서는 입안권자에게 도시계획입안을 요구할 수 있는 법규상 또는 조리상의 신청권이 있다고 할 것이고, 이러한 신청에 대한 거부행위는 항고소송의 대상이 되는 행정처분에 해당한다.[79]

행정청이 국민의 신청에 대하여 한 거부행위가 항고소송의 대상이 되는 행정처분으로 되려면, 행정청의 행위를 요구할 법규상 또는 조리상의 신청권이 국민에게 있어야 하고, 이러한 신청권의 근거 없이 한 국민의 신청을 행정청이 받아들이지 아니한 경우에는 그 거부로 인하여 신청인의 권리나 법적 이익에 어떤 영향을 주는 것이 아니므로 이를 항고소송의 대상이 되는 행정처분이라 할 수 없다(대법원 1984.10.23. 선고 84누227 판결, 2005.4.15. 선고 2004두11626 판결 등 참조). 그리고 제소기간이 이미 도과하여 불가쟁력이 생긴 행정처분에 대하여는 개별 법규에서 그 변경을 요구할 신청권을 규정하고 있거나 관계 법령의 해석상 그러한 신청권이 인정될 수 있는 등 특별한 사정이 없는 한 국민에게 그 행정처분의 변경을 구할 신청권이 있다 할 수 없다.[80]

(3) 그 밖에 이에 준하는 행정작용

구체적으로 "그 밖에 이에 준하는 행정작용"이 무엇인가는 일단 앞에서 검토한 행정작용 이외에 구체적 사실에 관한 법집행으로서의 공권력행사 또는 그 거부와 동가치적인 행정의 행위형식이라고 할 수 있으나 이는 결국 학설발전과 판례형성을 통하여 밝혀질 수밖에 없는 문제이다.

---

79) 대법원 2004.4.28. 선고 2003두1806 판결(도시계획시설변경입안의제안거부처분취소 공2004.6.1.(203),913).

80) 대법원 2007.4.26. 선고 2005두11104 판결(주택건설사업계획승인처분일부무효등).

다만 이러한 유형의 행위형식들을 형식적 행정행위의 개념에 의해 포용할 수 있는가는 앞에서 본 바와 같이 별개의 행정법이론적 과제에 속한다. 비교적 엄격하게 실체적 행정행위의 개념징표를 고수해 온 이제까지의 판례 경향으로 보아 행정행위나 권력적 사실행위 이외의 행위형식이 어느 정도로 "그 밖에 이에 준하는 행정작용"으로서 처분성을 인정받게 될지는 극히 불투명하다. 이것은 당초 행정소송법개정시의 입법의도가 법원에 의하여 사실상 무시되고 있음을 의미하는 것이다.

한편 실체적 행정행위에 해당하지 않는 단순한 사실행위나,[81] 행정조직내부에서 행해지는 상급관청의 지시·상관의 명령이나 행정규칙은 처분성이 없다고 보는 것이 판례의 태도이다.

> **판례**
>
> 대법원은 "특별한 사정이 없는 한, 행정권 내부에 있어서의 행위라든가, 알선·권유·사실상의 통지 등과 같이 상대방 또는 기타 관계자들의 법률상 지위에 직접적으로 법률적 변동을 일으키지 않는 행위 등은 항고소송의 대상이 될 수 없다"고 보고 있다.[82] 또한 감사원의 시정요구(감사원법 §33①)는 이해관계인의 권리관계에 영향을 미치지 아니하고 행정청 사이의 내부적인 의사결정의 경로에 지나지 않아 행정처분을 하게 된 연유에 불과하다는 판례[83]가 있다.

1.2.3. 처분성에 관한 판례

(1) 처분성이 인정된 사례

1) 공시지가결정

구 국토이용관리법 제29조에 따른 건설부장관의 기준지가고시에 관하여 종래 대법원은 기준지가고시는 그것만으로 구체적인 권리침해가

---

81) 대법원 1989.1.24. 선고 88누3116 판결; 1979.7.24. 선고 79누173 판결.
82) 대법원 1967.6.27. 선고 67누44 판결.
83) 대법원 1977.6.28. 선고 76누294 판결.

존재하는 것이 아니므로 이를 처분이라 할 수 없다고 하였으나,[84] '지가공시 및 토지등의 평가에 관한 법률' 제6조에 의한 개별공시지가결정에 대하여 그 처분성을 인정하는 판결을 내린 바 있다.[85] 대법원은 '시장·군수·구청장이 산정한 개별토지가격 결정은 토지초과이득세·택지초과소유부담금·개발부담금 산정 등의 기준이 되어 국민의 권리와 의무 또는 법률상 이익에 직접 관계된다고 할 것"이고 따라서 개별토지가격 결정은 행정소송법상 행정청이 행하는 구체적 사실에 대한 공권력행사로서 행정소송의 대상이 되는 행정처분으로 보아야 한다고 판시하였다.[86] 이에 따라 행정청의 개별토지공시지가 결정에 대해서도 과세처분이 있기 전에 별도로 법원에 소송을 내 지가산정의 적정성여부를 다툴 수 있게 되었다.

　　2) 항정신병 치료제 요양급여 인정기준에 관한 보건복지부 고시의 처분성

　　대법원은 항정신병 치료제 요양급여 인정기준에 관한 보건복지부 고시에 다음과 같이 판시하여 처분성을 인정하였다.

▰▰ 판례

　　[1] 어떠한 고시가 일반적·추상적 성격을 가질 때에는 법규명령 또는 행정규칙에 해당할 것이지만, 다른 집행행위의 매개 없이 그 자체로서 직접 국민의 구체적인 권리의무나 법률관계를 규율하는 성격을 가질 때에는 항고소송의 대상이 되는 행정처분에 해당한다.

　　[2] 항정신병 치료제의 요양급여 인정기준에 관한 보건복지부 고시가 다른 집행행위의 매개 없이 그 자체로서 제약회사, 요양기관, 환자 및 국민건강보험공단 사이의 법률관계를 직접 규율한다는 이유로 항고소송의 대상이 되는 행정처분에 해당한다.

　　[3] 항정신병 치료제를 공급하는 제약회사는 국민건강보험 관

---

84) 대법원 1979.4.24. 선고 78누242 판결; 조용호, "개별토지가격결정의 행정처분성과 이에 대한 쟁송", 인권과 정의, 207, 1993/11, p.77 이하.

85) 대법원 1993.1.15. 선고 92누12407 판결.

86) 법률신문 1993.2.15, 11면; 동지: 대법원 1993.6.11. 선고 92누16706 판결(판례월보 278호, 221 이하); 중앙일보 1993년 1월 16일자, 사회1면. 이에 따라 행정청의 개별토지 가격결정에 불만이 있는 전국 토지소유자들의 소송이 잇따를 것으로 예상되며 지가결정에 대한 재조사청구만으로 토지소유자들의 민원을 봉쇄해 온 행정내부 불복절차도 재정비되어야 할 것으로 보인다.

련 법규 등에 의하여 보호되는 직접적이고 구체적인 이익을 향유한다는 이유로 그 치료제의 요양급여 인정기준에 관한 보건복지부 고시를 다툴 신청인적격이 인정된다.

[4] 행정소송법 제23조 제2항에 정하고 있는 행정처분 등의 집행정지 요건인 '회복하기 어려운 손해'라 함은 특별한 사정이 없는 한 금전으로 보상할 수 없는 손해로서 이는 금전보상이 불능인 경우 내지는 금전보상으로는 사회 관념상 행정처분을 받은 당사자가 참고 견딜 수 없거나 또는 참고 견디기가 현저히 곤란한 경우의 유형, 무형의 손해를 일컫는다 할 것인바, 당사자가 처분 등이나 그 집행 또는 절차의 속행으로 인하여 재산상의 손해를 입거나 기업 이미지 및 신용이 훼손당하였다고 주장하는 경우에 그 손해가 금전으로 보상될 수 없어 '회복하기 어려운 손해'에 해당한다고 하기 위해서는 그 경제적 손실이나 기업 이미지 및 신용의 훼손으로 인하여 사업자의 자금사정이나 경영전반에 미치는 파급효과가 매우 중대하여 사업자체를 계속할 수 없거나 중대한 경영상의 위기를 맞게 될 것으로 보이는 등의 사정이 존재하여야 한다.

[5] 항정신병 치료제의 요양급여 인정기준에 관한 보건복지부 고시의 효력이 계속 유지됨으로 인한 제약회사의 경제적 손실, 기업 이미지 및 신용의 훼손은 행정소송법 제23조 제2항 소정의 집행정지의 요건인 '회복하기 어려운 손해'에 해당하지 않는다.[87]

3) 처분적 조례의 경우

대법원은 일반추상적인 규범형식인 조례에 대해서도 그것이 처분적 조례에 해당한다고 볼 수 있는 경우에는 처분성을 인정하고 있다. 즉, 경기도의회의 두밀분교 폐지를 내용으로 한 경기도립학교설치조례에 대하여, 대법원은 조례가 집행행위의 개입 없이도 그 자체로서 국민의 구체적인 권리의무나 법적 이익에 영향을 미치는 등의 법률상 효과를 발생하는 경우 그 조례는 항고소송의 대상이 되는 행정처분에 해당한다고 판시한 바 있다.

---

87) 대법원 2003.10.9.자 2003무23 결정 (집행정지) 공2004.2.15.(196), 355.

▰▰ 판례

　　[1] 조례가 집행행위의 개입 없이도 그 자체로서 직접 국민의 구체적인 권리의무나 법적 이익에 영향을 미치는 등의 법률상 효과를 발생하는 경우 그 조례는 항고소송의 대상이 되는 행정처분에 해당하고, 이러한 조례에 대한 무효확인소송을 제기함에 있어서 행정소송법 제38조 제1항, 제13조에 의하여 피고적격이 있는 처분 등을 행한 행정청은, 행정주체인 지방자치단체 또는 지방자치단체의 내부적 의결기관으로서 지방자치단체의 의사를 외부에 표시한 권한이 없는 지방의회가 아니라, 구 지방자치법(1994.3.16. 법률 제4741호로 개정되기 전의 것) 제19조 제2항, 제92조에 의하여 지방자치단체의 집행기관으로서 조례로서의 효력을 발생시키는 공포권이 있는 지방자치단체의 장이다.
　　[2] 구 지방교육자치에관한법률(1995.7.26. 법률 제4951호로 개정되기 전의 것) 제14조 제5항, 제25조에 의하면 시·도의 교육·학예에 관한 사무의 집행기관은 시·도 교육감이고 시·도 교육감에게 지방교육에 관한 조례안의 공포권이 있다고 규정되어 있으므로, 교육에 관한 조례의 무효확인소송을 제기함에 있어서는 그 집행기관인 시·도 교육감을 피고로 하여야 한다.[88]

4) 민주화운동관련자 보상금 등의 지급 대상자 결정의 처분성

　　대법원은 '민주화운동관련자 보상금 등의 지급 대상자 결정에 대하여 심의위원회에서 심의·결정을 받아야만 비로소 보상금 등의 지급 대상자로 확정될 수 있다는 점을 들어 심의위원회의 결정은 국민의 권리의무에 직접 영향을 미치는 처분에 해당한다고 판시하였다.

▰▰ 판례

　　(가) '민주화운동관련자 명예회복 및 보상 등에 관한 법률' 제2조 제1호, 제2호 본문, 제4조, 제10조, 제11조, 제13조 규정들의 취지와 내용에 비추어 보면, 같은 법 제2조 제2호 각 목은 민주화운동과 관련한 피해 유형을 추상적으로 규정한 것에 불과하여 제2조 제1호에서 정의하고 있는 민주화운동의 내용을 함께 고려하더라도 그 규정들만으로는 바로 법상의 보상금 등의 지급 대상자가 확정된

---

88) 대법원 1996.9.20. 선고 95누8003 판결(조례무효확인: 공1996.11.1.[21], 3210).

다고 볼 수 없고, '민주화운동관련자 명예회복 및 보상 심의위원회'에서 심의·결정을 받아야만 비로소 보상금 등의 지급 대상자로 확정될 수 있다. 따라서 그와 같은 심의위원회의 결정은 국민의 권리의무에 직접 영향을 미치는 행정처분에 해당하므로, 관련자 등으로서 보상금 등을 지급받고자 하는 신청에 대하여 심의위원회가 관련자 해당 요건의 전부 또는 일부를 인정하지 아니하여 보상금 등의 지급을 기각하는 결정을 한 경우에는 신청인은 심의위원회를 상대로 그 결정의 취소를 구하는 소송을 제기하여 보상금 등의 지급대상자가 될 수 있다.

(나) '민주화운동관련자 명예회복 및 보상 등에 관한 법률' 제17조는 보상금 등의 지급에 관한 소송의 형태를 규정하고 있지 않지만, 위 규정 전단에서 말하는 보상금 등의 지급에 관한 소송은 '민주화운동관련자 명예회복 및 보상 심의위원회'의 보상금 등의 지급신청에 관하여 전부 또는 일부를 기각하는 결정에 대한 불복을 구하는 소송이므로 취소소송을 의미한다고 보아야 하며, 후단에서 보상금 등의 지급신청을 한 날부터 90일을 경과한 때에는 그 결정을 거치지 않고 위 소송을 제기할 수 있도록 한 것은 관련자 등에 대한 신속한 권리구제를 위하여 위 기간 내에 보상금 등의 지급 여부 등에 대한 결정을 받지 못한 때에는 지급 거부 결정이 있는 것으로 보아 곧바로 법원에 심의위원회를 상대로 그에 대한 취소소송을 제기할 수 있다고 규정한 취지라고 해석될 뿐, 위 규정이 보상금 등의 지급에 관한 처분의 취소소송을 제한하거나 또는 심의위원회에 의하여 관련자 등으로 결정되지 아니한 신청인에게 국가를 상대로 보상금 등의 지급을 구하는 이행소송을 직접 제기할 수 있도록 허용하는 취지라고 풀이할 수는 없다.[89]

89) 대법원 2008.4.17. 선고 2005두16185 전원합의체 판결(민주화운동관련자불인정처분취소 집56(1)특, 350; 공2008상, 691). 이 판결에는 '민주화운동관련자 명예회복 및 보상 등에 관한 법률' 제17조의 규정은 입법자가 결정전치주의에 관하여 특별한 의미를 부여하고 있는 것으로, 심의위원회의 결정과 같은 사전심사를 거치거나 사전심사를 위한 일정한 기간이 지난 후에는 곧바로 당사자소송의 형태로 권리구제를 받을 수 있도록 하려는 데 그 진정한 뜻이 있고, 소송경제나 분쟁의 신속한 해결을 도모한다는 측면에서도 당사자소송에 의하는 것이 국민의 권익침해 해소에 가장 유효하고 적절한 수단이며, 따라서 보상금 등의 지급신청을 한 사람이 심의위원회의 보상금 등의 지급에 관한 결정을 다투고자 하는 경우에는 곧바로 보상금 등의 지급을 구하는 소송을 제기하여야 하고, 관련자 등이 갖게 되는 보상금 등에 관한 권리는 위 법이 특별히 인정하고 있는 공법상 권리이므로 그 보상금 등의 지급에 관한 소송은 행정소송법 제3조 제2호에 정한 국가를 상대로 하는 당사자소송에 의하여야 한다는 대법관 김황식, 김지형, 이홍훈의 반대의견이 붙어 있다.

5) 행정규칙에 근거한 처분

대법원은 행정규칙에 근거한 처분이라도 상대방의 권리의무에 직접 영향을 미치는 경우에는 항고소송의 대상이 되는 행정처분에 해당한다고 판시한 바 있다.

> **▓▓ 판례**
>
> [1] 항고소송의 대상이 되는 행정처분이란 원칙적으로 행정청의 공법상 행위로서 특정 사항에 대하여 법규에 의한 권리 설정 또는 의무 부담을 명하거나 기타 법률상 효과를 발생하게 하는 등으로 일반 국민의 권리의무에 직접 영향을 미치는 행위를 가리키는 것이지만, 어떠한 **처분의 근거가 행정규칙에 규정되어 있다고 하더라도, 그 처분이 상대방에게 권리 설정 또는 의무 부담을 명하거나 기타 법적인 효과를 발생하게 하는 등으로 상대방의 권리의무에 직접 영향을 미치는 행위라면, 이 경우에도 항고소송의 대상이 되는 행정처분에 해당한다**고 보아야 한다. 한편 행정청의 어떤 행위가 항고소송의 대상이 될 수 있는지는 추상적·일반적으로 결정할 수 없고, 구체적인 경우 행정처분은 행정청이 공권력 주체로서 행하는 구체적 사실에 관한 법집행으로서 국민의 권리의무에 직접적으로 영향을 미치는 행위라는 점을 염두에 두고, 관련 법령의 내용과 취지, 행위의 주체·내용·형식·절차, 그 행위와 상대방 등 이해관계인이 입는 불이익과의 실질적 견련성, 그리고 법치행정 원리와 당해 행위에 관련한 행정청 및 이해관계인의 태도 등을 참작하여 개별적으로 결정해야 한다.
>
> [2] 독점규제 및 공정거래에 관한 법률 제22조의2 제1항, 구 독점규제 및 공정거래에 관한 법률 시행령(2009.5.13. 대통령령 제21492호로 개정되기 전의 것) 제35조 제1항, 구 부당한 공동행위 자진신고자 등에 대한 시정조치 등 감면제도 운영고시(2009.5.19. 공정거래위원회 고시 제2009-9호로 개정되기 전의 것, 이하 '고시'라 한다) 등 관련 법령의 내용, 형식, 체제 및 취지를 종합하면, 부당한 공동행위 자진신고자 등에 대한 시정조치 또는 과징금 감면 신청인이 고시 제11조 제1항에 따라 자진신고자 등 지위확인을 받는 경우에는 시정조치 및 과징금 감경 또는 면제, 형사고발 면제 등의 법률상 이익을 누리게 되지만, 그 지위확인을 받지 못하고 고시 제14조 제1항에 따라 감면불인정 통지를 받는 경우에는 위와 같은 법률상 이익을 누릴 수 없게 되므로, 감면불인정 통지가 이루어진 단계에서 신청인에게 그 적법성을 다투어 법적 불안을 해소한 다음 조

> 사협조행위에 나아가도록 함으로써 장차 있을지도 모르는 위험에서 벗어날 수 있도록 하는 것이 법치행정의 원리에도 부합한다. 따라서 부당한 공동행위 자진신고자 등의 시정조치 또는 과징금 감면신청에 대한 감면불인정 통지는 항고소송의 대상이 되는 행정처분에 해당한다고 보아야 한다.[90]

그 밖에도 대법원은 행정규칙에 의한 불문경고[91] 등의 처분성을 인정한 바 있다.

6) 공기업·준정부기관의 부정당업자에 대한 입찰참가자격 제한조치

공기업·준정부기관의 부정당업자에 대한 입찰참가자격 제한조치는 항고소송의 대상이 되는 처분에 해당한다.

종래 대법원은 한국전력, 한국토지공사 등 공기업(정부투자기관)의 부정당업자에 대한 입찰참가자격 제한조치에 대하여 이들 공기업이 '행정청'의 지위를 가지지 못한다는 이유에서 그 처분성을 부정해 왔다.[92]

---

90) 대법원 2012.9.27. 선고 2010두3541 판결(감면불인정처분등취소 판례공보 제405호(2012.11.1.), 1746): 甲 주식회사와 乙 주식회사가 공동으로 건축용 판유리 제품 가격을 인상한 후 甲 회사가 1순위로 구 독점규제 및 공정거래에 관한 법률 시행령(2009.5.13. 대통령령 제21492호로 개정되기 전의 것) 제35조 등에 따라 부당한 공동행위 자진신고자 등에 대한 시정조치 등 감면신청을 하고 乙 회사가 2순위로 감면신청을 하였으나 공정거래위원회가 甲 회사는 감면요건을 충족하지 못했다는 이유로 감면불인정 통지를 하고 乙 회사에 1순위 조사협조자 지위확인을 해준 사안에서, 乙 회사에 대한 1순위 조사협조자 지위확인이 취소되더라도 甲 회사가 乙 회사의 지위를 승계하는 것이 아니고, 甲 회사에 대한 감면불인정의 위법 여부를 다투어 감면불인정이 번복되는 경우 1순위 조사협조자의 지위를 인정받을 수 있다는 이유로, 甲 회사는 공정거래위원회의 乙 회사에 대한 1순위 조사협조자 지위확인의 취소를 구할 소의 이익이 없다고 한 사례.

91) 대법원 2002.7.26. 선고 2001두3532 판결(견책처분취소 공2002.9.15.(162), 2070). 행정규칙에 의한 '불문경고조치'가 비록 법률상의 징계처분은 아니지만 위 처분을 받지 아니하였다면 차후 다른 징계처분이나 경고를 받게 될 경우 징계감경사유로 사용될 수 있었던 표창공적의 사용가능성을 소멸시키는 효과와 1년 동안 인사기록카드에 등재됨으로써 그 동안은 장관표창이나 도지사표창 대상자에서 제외시키는 효과 등이 있다는 이유로 항고소송의 대상이 되는 행정처분에 해당한다고 한 사례.

92) 대법원 1985.1.22. 선고 84누647 판결: 부정당업자제재처분무효확인 공1985, 378; 대법원 1995.2.28.자 94두36 결정(공1995, 1491); 대법원 1998.3.24. 선고 97다33867 판결(부정당업자제재통보무효확인) 등. 이에 대한 비판적 고찰로는 홍준형, "정부투자기관의 부정당업자제재통보의 법적 성질", 행정법연구, 행정법이론실무연구회, 1999 하반기, pp.219-228을 참조..

▟▟▊ 판례

[1] 행정소송의 대상이 되는 행정처분이라 함은 행정청 또는 그 소속기관이나 법령에 의하여 행정권한의 위임 또는 위탁을 받은 공공단체가 국민의 권리의무에 관계되는 사항에 관하여 직접효력을 미치는 공권력의 발동으로서 하는 공법상의 행위를 말하며, 그것이 상대방의 권리를 제한하는 행위라 하더라도 행정청 또는 그 소속기관이나 권한을 위임받은 공공단체의 행위가 아닌 한 이를 행정처분이라고 할 수는 없다.

[2] 한국전력공사는 한국전력공사법의 규정에 의하여 설립된 정부투자법인일 뿐이고 위 공사를 중앙행정기관으로 규정한 법률을 찾아볼 수 없으며, 예산회계법 제11조의 규정에 의하여 정부투자기관의 예산과 회계에 관한 사항을 규정한 구 정부투자기관관리기본법(1997.8.28. 법률 제5376호로 개정되기 전의 것)에 구 국가를당사자로하는계약에관한법률(1997.12.13. 법률 제5453호로 개정되기 전의 것) 제27조 또는 같은법시행령(1997.12.31. 대통령령 제15581호로 개정되기 전의 것) 제76조를 준용한다는 규정도 없으므로 위 공사는 위 법령 소정의 '각 중앙관서의 장'에 해당되지 아니함이 명백하고, 위 공사가 입찰참가자격을 제한하는 내용의 부정당업자제재처분의 근거로 삼은 정부투자기관회계규정 제245조가 정부투자기관의 회계처리의 기준과 절차에 관한 사항을 재무부장관이 정하도록 규정한 구 정부투자기관관리기본법 제20조에 의하여 제정된 것임은 분명하나 그 점만으로 위 규정이 구 정부투자기관관리기본법 제20조와 결합하여 대외적인 구속력이 있는 법규명령으로서의 효력을 가진다고 할 수도 없다 할 것이므로, 따라서 위 공사가 행정소송법 소정의 행정청 또는 그 소속기관이거나 이로부터 위 제재처분의 권한을 위임받았다고 볼 만한 아무런 법적 근거가 없다고 할 것이므로 위 공사가 정부투자기관회계규정에 의하여 행한 입찰참가자격을 제한하는 내용의 부정당업자제재처분은 행정소송의 대상이 되는 행정처분이 아니라 단지 상대방을 위 공사가 시행하는 입찰에 참가시키지 않겠다는 뜻의 사법상의 효력을 가지는 통지행위에 불과하다.[93]

그러나 이후 1999년 2월 5일 구 정부투자기관관리기본법 제20조

---

[93] 대법원 1999.11.26.자 99부3 결정(집행정지 공2000.1.15.(98), 192).

제2항이 개정되어 '정부투자기관은 계약을 체결함에 있어서 공정한 경쟁 또는 계약의 적정한 이행을 해칠 것이 명백하다고 판단되는 자에 대하여는 일정기간 입찰참가자격을 제한할 수 있다'고 규정함으로써 정부투자기관이 공적 효력이 있는 입찰참가자격제한처분을 발할 수 있는 권한을 부여받게 되었고, 이에 따라 대법원은 건설기술관리법상 발주청에 해당하는 한국토지공사가 같은 법 제20조의3 제1항에 기하여 건설교통부장관의 수임기관인 서울지방국토관리청장의 지시에 따라 신청인들에 대하여 입찰참가자격이라는 법률상의 지위에 제한을 가한 것은 법령에 기하여 국민의 권리·의무에 직접 변동시키는 공법상의 행위이므로, 이는 항고소송의 대상이 되는 행정처분에 해당한다고 결정하기 시작했다.[94] 한편 현행 '공공기관의 운영에 관한 법률'은 제39조 제2항에서 "공기업·준정부기관은 공정한 경쟁이나 계약의 적정한 이행을 해칠 것이 명백하다고 판단되는 사람·법인 또는 단체 등에 대하여 2년의 범위 내에서 일정기간 입찰참가자격을 제한할 수 있다"고 규정하고 있어 처분의 주체에 관한 한 입찰참가자격의 제한조치의 처분성을 인정하는데에는 별다른 문제가 없는 것으로 판단된다. 실제로 대법원은 한국토지주택공사의 입찰참가자격을 제한하는 제재조치의 처분성을 인정하는 전제 위에서 판결하고 있다.[95]

▨▨ 판례

재항고인은 수도권매립지관리공사의 설립 및 운영 등에 관한 법률의 규정에 의하여 설립된 공공기관(법인)으로서 **공공기관의 운영에 관한 법률 제5조 제4항에 의한 '기타 공공기관'에 불과하여 같은 법 제39조에 의한 입찰참가자격 제한 조치를 할 수 없을 뿐만 아니라, 재항고인의 대표자는 국가를 당사자로 하는 계약에 관한 법률 제27조 제1항에 의하여 입찰참가자격 제한 조치를 할 수 있는 '각 중앙관서의 장'에 해당하지 아**

---

94) 대법원 1998.12.24. 선고 98무10 결정. 이와 관련하여 박정훈, "부정당업자의 입찰참가자격제한의 법적 제문제", 국방 조달계약 연구논집,국방부조달본부, 2005; 이원우, 정부투자기관의 부정당업자에 대한 입찰가격 제한조치의 법적 성질: 공기업의 행정주체성을 중심으로", 한국공법이론의 새로운 전개, 삼지원, 2005 등을 참조.

95) 대법원 2013.9.12. 선고 2011두10584 판결(부정당업자제재처분취소 공2013하, 1800).

> 니함이 명백하다.
>
> 따라서 재항고인은 행정소송법에 정한 행정청 또는 그 소속기관이거나, 그로부터 이 사건 제재처분의 권한을 위임받은 공공기관에 해당하지 아니하므로, 재항고인이 한 이 사건 제재처분은, 행정소송의 대상이 되는 행정처분이 아니라 단지 신청인을 재항고인이 시행하는 입찰에 참가시키지 않겠다는 뜻의 사법상의 효력을 가지는 통지행위에 불과하다 할 것이고, 따라서 재항고인이 이와 같은 통지를 하였다고 하여 신청인에게 국가를 당사자로 하는 계약에 관한 법률 제27조 제1항에 의한 국가에서 시행하는 모든 입찰에의 참가자격을 제한하는 효력이 발생한다고 볼 수는 없으므로, 신청인이 재항고인을 상대로 하여 제기한 이 사건 효력정지 신청은 부적법하다고 할 것이다.[96]

7) 기 타

대법원은 그 밖에도 '교육감이 학교법인에 대한 감사 실시 후 처리지시를 하고 그와 함께 그 시정조치에 대한 결과를 증빙서를 첨부한 문서로 보고하도록 한 것은, 의무의 부담을 명하거나 기타 법률상 효과를 발생하게 하는 것으로서 항고소송의 대상이 되는 행정처분에 해당한다'고 판시한 바 있고,[97] 지방의회의장에 대한 불신임의결,[98] 지방의회의 의장선거,[99] 소속장관의 변상명령,[100] 구 남녀차별금지및구제에관한법률상 국가인권위원회의 성희롱결정 및 시정조치권고,[101] 사회복지사업법에 따른 사회복지법인에 특별감사 결과 지적사항에 대한 구청장의 시정지시,[102] 금융기관의 임원에 대한 금융감독원장의 문책경고,[103] 별도보상적용제외 통보[104]의 처분성을 인정했다.

---

96) 대법원 2010.11.26.자 2010무137 결정(부정당업자제재처분효력정지 공2011상, 56).

97) 대법원 2008.9.11. 선고 2006두18362 판결(종합특별감사결과처리지시처분취소 미간행).

98) 대법원 1994.10.11. 선고 94두23 결정.

99) 대법원 1995.1.12. 선고 94누2602 판결.

100) 대법원 1994.12.2. 선고 93누623 판결.

101) 대법원 2005.7.8. 선고 2005두487 판결 의결처분취소 (공2005.8.15. (232), 1346).

102) 대법원 2008.4.24. 선고 2008두3500 판결.

103) 대법원 2005.2.17. 선고 2003두14765 판결(대표자문책경고처분취소 공2005.3.15.(222), 423).

104) 대법원 2013.11.14. 선고 2013두13631 판결(별도보상적용제외처분무효확인등).

(2) 처분성이 부인된 사례

1) 공정거래위원회의 고발조치 및 고발의결

대법원은 공정거래위원회의 고발조치와 고발의결 모두 처분성을 부인하고 있다.

> **판례**
>
> 　이른바 고발은 수사의 단서에 불과할 뿐 그 자체 국민의 권리의무에 어떤 영향을 미치는 것이 아니고, 특히 독점규제및공정거래에관한법률 제71조는 공정거래위원회의 고발을 위 법률위반죄의 소추요건으로 규정하고 있어 공정거래위원회의 고발조치는 사직당국에 대하여 형벌권 행사를 요구하는 행정기관 상호간의 행위에 불과하여 항고소송의 대상이 되는 행정처분이라 할 수 없으며, 더욱이 공정거래위원회의 고발의결은 행정청 내부의 의사결정에 불과할 뿐 최종적인 처분은 아닌 것이므로 이 역시 항고소송의 대상이 되는 행정처분이 되지 못한다.[105]

2) 법무법인의 공정증서 작성행위

대법원은 법무법인의 공정증서 작성행위에 대하여 단지 사인 간 법률관계의 존부를 공적으로 증명하는 공증행위에 불과하여 그 효력을 둘러싼 분쟁의 해결이 사법원리에 맡겨져 있거나 행위의 근거 법률에서 행정소송 이외의 다른 절차에 의하여 불복할 것을 예정하고 있는 경우라는 이유로 항고소송의 대상이 될 수 없다고 판시한 바 있다.

> **판례**
>
> 　행정소송 제도는 행정청의 위법한 처분, 그 밖에 공권력의 행사·불행사 등으로 인한 국민의 권리 또는 이익의 침해를 구제하고 공법상 권리관계 또는 법률 적용에 관한 다툼을 적정하게 해결함을 목적으로 하는 것이므로, 항고소송의 대상이 되는 행정처분에 해당

---

105) 대법원 1995.5.12. 선고 94누13794 판결(공95.6.15. 994(41)).

하는지는 행위의 성질·효과 이외에 행정소송 제도의 목적이나 사법권에 의한 국민의 권익보호 기능도 충분히 고려하여 합목적적으로 판단해야 한다. 이러한 행정소송 제도의 목적 및 기능 등에 비추어 볼 때, 행정청이 한 행위가 단지 사인 간 법률관계의 존부를 공적으로 증명하는 공증행위에 불과하여 그 효력을 둘러싼 분쟁의 해결이 사법원리에 맡겨져 있거나 행위의 근거 법률에서 행정소송 이외의 다른 절차에 의하여 불복할 것을 예정하고 있는 경우에는 항고소송의 대상이 될 수 없다고 보는 것이 타당하다.106)

3) 이의신청을 기각하는 결정

일정한 행정청의 결정에 대하여 이의신청을 허용하고 있는 법령이 적지 않다. 그 경우 이의신청을 불수용 또는 기각하는 결정의 처분성이 문제될 수 있다. 대법원은 이러한 경우 민원사무처리에관한법률에 따른 이의신청을 기각한 결정이나 국가유공자법 제74조의18 제1항이 정한 이의신청을 받아들이지 아니하는 결정 등 일련의 사례에서 '이의신청인의 권리·의무에 새로운 변동을 초래하는 공권력의 행사나 이에 준하는 행정작용이라고 할 수 없어, 독자적인 항고소송의 대상이 된다고 볼 수 없다'고 판시해 오고 있다.

▰ 판례

행정소송법에서 정한 취소소송의 대상은 행정청이 행하는 구체적 사실에 관한 법집행으로서의 공권력의 행사 또는 그 거부와 그 밖에 이에 준하는 행정작용 및 행정심판에 대한 재결이며, 다만 재결취소소송은 재결 자체에 고유한 위법이 있는 경우에 한한다(제2조 제1항 제1호, 제19조).

그런데 민원 이의신청은, 앞서 본 바와 같이 행정청의 위법 또는 부당한 처분이나 부작위로 침해된 국민의 권리 또는 이익을 구제함을 목적으로 하여 행정청과 별도의 행정심판기관에 대하여 불복할 수 있도록 한 절차인 행정심판과는 달리, 민원사무처리법에 의하여 민원사무처리를 거부한 처분청이 민원인의 신청 사항을 다시 심

---

106) 대법원 2012.6.14. 선고 2010두19720 판결(공정증서무효등확인).

사하여 잘못이 있는 경우 스스로 시정하도록 한 절차이다. 이에 따라, 민원 이의신청을 받아들이는 경우에는 이의신청 대상인 거부처분을 취소하지 아니하고 바로 최초의 신청을 받아들이는 새로운 처분을 하여야 하는 반면, 이의신청을 받아들이지 아니하는 경우에는 다시 거부처분을 하지 아니하고 그 결과를 통지함에 그칠 뿐이다. 따라서 **이의신청을 받아들이지 아니하는 취지의 기각 결정 내지는 그 취지의 통지는, 종전의 거부처분을 유지함을 전제로 한 것에 불과하고 또한 거부처분에 대한 행정심판이나 행정소송의 제기에도 영향을 주지 못하므로, 결국 민원 이의신청인의 권리·의무에 새로운 변동을 초래하는 공권력의 행사나 이에 준하는 행정작용이라고 할 수 없어, 독자적인 항고소송의 대상이 된다고 볼 수 없다고 봄이 상당하다.** 앞에서 본 바와 같이 민원사무처리법시행령에서는 민원 이의신청에 대한 결과를 통지하는 때에 결정이유와 아울러 원래의 거부처분에 대한 불복방법 및 불복절차를 구체적으로 명시하도록 규정하고 있을 뿐, 민원 이의신청에 대한 결정 내지 결과 통지에 대한 불복방법 및 불복절차를 고지하는 규정을 두고 있지 아니한데, 이는 민원 이의신청에 대한 결정이 원래의 거부처분과 독립된 불복 대상이 되지 못함을 전제로 하는 취지여서, 위와 같은 해석에 부합된다.107)

▰▰ 판례

[1] 국가유공자 등 예우 및 지원에 관한 법률(이하 '국가유공자법'이라 한다) 제4조 제1항 제6호, 제6조 제3항, 제4항, 제74조의18의 문언·취지 등에 비추어 알 수 있는 다음과 같은 사정, 즉 국가유공자법 제74조의18 제1항이 정한 이의신청은, 국가유공자 요건에 해당하지 아니하는 등의 사유로 국가유공자 등록신청을 거부한 처분청인 국가보훈처장이 신청 대상자의 신청 사항을 다시 심사하여 잘못이 있는 경우 스스로 시정하도록 한 절차인 점, 이의신청을 받아들이는 것을 내용으로 하는 결정은 당초 국가유공자 등록신청을 받아들이는 새로운 처분으로 볼 수 있으나, 이와 달리 이의신청을 받아들이지 아니하는 내용의 결정은 종전의 결정 내용을 그대로

---

107) 대법원 2012.11.15. 선고 2010두8676 판결(주택건설사업불허가처분취소등). 주택건설사업계획승인신청을 거부당한 원고가 민원사무처리법상의 이의신청을 하였다가 기각결정이 내려지자 거부처분과 이의신청 기각결정에 대한 취소소송을 제기한 사안에서 거부처분의 취소를 구하는 부분에 대하여는 제소기간 도과를 이유로 부적법 각하 판단을 한 원심이 옳다고 보고 그 부분에 대한 상고를 기각하고, 이의신청을 기각한 결정의 취소를 구하는 부분에 대하여는 위와 같은 이유로 본안판단을 한 원심을 파기하고 소를 각하한 사안.

유지하는 것에 불과한 점, 보훈심사위원회의 심의·의결을 거치는 것도 최초의 국가유공자 등록신청에 대한 결정에서나 이의신청에 대한 결정에서 마찬가지로 거치도록 규정된 절차인 점, 이의신청은 원결정에 대한 행정심판이나 행정소송의 제기에도 영향을 주지 아니하는 점 등을 종합하면, 국가유공자법 제74조의18 제1항이 정한 <u>이의신청을 받아들이지 아니하는 결정은 이의신청인의 권리·의무에 새로운 변동을 가져오는 공권력의 행사나 이에 준하는 행정작용이라고 할 수 없으므로 원결정과 별개로 항고소송의 대상이 되지는 않는다.</u>

[2] 국가유공자 비해당결정 등 원결정에 대한 이의신청이 받아들여지지 아니한 경우에도 <u>이의신청인으로서는 원결정을 대상으로 항고소송을 제기하여야 하고,</u> 국가유공자 등 예우 및 지원에 관한 법률 제74조의18 제4항이 이의신청을 하여 그 결과를 통보받은 날부터 90일 이내에 행정심판법에 따른 행정심판의 청구를 허용하고 있고, 행정소송법 제18조 제1항 본문이 "취소소송은 법령의 규정에 의하여 당해 처분에 대한 행정심판을 제기할 수 있는 경우에도 이를 거치지 아니하고 제기할 수 있다"고 규정하고 있는 점 등을 종합하면, <u>이의신청을 받아들이지 아니하는 결과를 통보받은 자는 통보받은 날부터 90일 이내에 행정심판법에 따른 행정심판 또는 행정소송법에 따른 취소소송을 제기할 수 있다.</u>108)

---

108) 대법원 2016.7.27. 선고 2015두45953 판결(국가유공자(보훈보상대상자)비해당처분취소: 공2016하,1256). 한편 대법원은 한국토지주택공사가 택지개발사업의 시행자로서 택지개발예정지구 공람공고일 이전부터 영업 등을 행한 자 등 일정 기준을 충족하는 손실보상대상자들에 대하여 생활대책을 수립·시행하였는데, 직권으로 甲 등이 생활대책대상자에 해당하지 않는다는 결정('부적격통보')을 하고, 甲 등의 이의신청에 대하여 재심사 결과로도 생활대책대상자로 선정되지 않았다는 통보('재심사통보')를 한 사안에서, 재심사통보의 처분성을 인정한 바 있다. 그 이유를 살펴 보면, 부적격통보가 심사대상자에 대하여 한국토지주택공사가 생활대책대상자 선정 신청을 받지 아니한 상태에서 자체적으로 가지고 있던 자료를 기초로 일정 기준을 적용한 결과를 일괄 통보한 것이고, 각 당사자의 개별·구체적 사정은 이의신청을 통하여 추가로 심사하여 고려하겠다는 취지를 포함하고 있다면, 甲 등은 이의신청을 통하여 비로소 생활대책대상자 선정에 관한 의견서 제출 등의 기회를 부여받게 되었고 한국토지주택공사도 그에 따른 재심사과정에서 당사자들이 제출한 자료 등을 함께 고려하여 생활대책대상자 선정기준의 충족 여부를 심사하여 재심사통보를 한 것이라고 볼 수 있는 점 등을 종합할 때, 비록 재심사통보가 부적격통보와 결론이 같더라도, 단순히 한국토지주택공사의 업무처리의 적정 및 甲 등의 편의를 위한 조치에 불과한 것이 아니라 별도의 의사결정 과정과 절차를 거쳐 이루어진 독립한 행정처분으로서 항고소송의 대상이 된다는 것이다(대법원 2016.7.14. 선고 2015두58645 판결(생활대책용지공급대상자부적격처분취소: 공2016하, 1171)).

4) 기 타

대법원은 그 밖에도 교육부장관의 내신성적산정기준에 관한 시행지침,[109] 도로교통법 제118조에 의한 경찰서장의 통고처분,[110] 수도조례 및 하수도사용조례에 기한 과태료부과처분,[111] 정보통신부장관의 국제전기통신연합에 대하여 한 위성망국제등록신청,[112] 혁신도시최종입지확정처분[113] 등의 처분성을 부인한 바 있다.

1.3. 재 결

1.3.1. 개 설

재결이란 행정심판에 대한 재결을 말한다. 재결도 처분과 함께 취소소송의 대상이 된다. 다만 재결이 취소소송의 대상이 되는 것은 행정소송법 제19조 단서에 따라 재결 자체에 고유한 위법이 있음을 이유로 하는 경우에 한한다. 가령 행정심판을 통하여 다투어진 행정청의 처분이 위법한 것이었음에도 불구하고 재결이 이를 취소하지 않은데 불복하여 취소소송이 제기되었다면, 이 경우 재결은 처분의 위법성으로 인하여 전체적으로 위법하다는 평가를 받을 수 있다. 한편 재결 자체가 하나의 행정행위인 이상, 다투어진 처분의 위법 여하와 무관하게 재결 자체에 고유한 흠(위법사유)이 있는 경우 재결이 위법하게 될 수 있음은 물론이다.

1.3.2. 원처분주의

행정소송법 제19조 단서는 재결취소소송을 후자의 경우에 한정함으로써, 취소소송은 원칙적으로 원처분을 대상으로 한다는 입법주의를 취한 것

---

109) 대법원 1994.9.10. 선고 94두33 결정.
110) 대법원 1995.6.29. 선고 95누4674 판결.
111) 대법원 2012.10.11. 선고 2011두19360 판결.
112) 대법원 2007.4.12. 선고 2004두7924 판결(위성궤도망신청처분등취소 공2007.5.15.(274), 706).
113) 대법원 2007.11.15. 선고 2007두10198 판결(혁신도시최종입지확정처분취소 공2007하,1935).

이다(原處分主義). 이것은 곧 원처분과 행정심판의 재결이 원처분에 의하여 통일적으로(als Einheit) 취급되어야 한다는 원칙을 의미한다.[114] 이와 같은 행정소송법의 태도에 따르면 재결에 대한 취소소송은 예외적으로 재결자체에 고유한 위법이 있음을 이유로 하는 경우에만 제기할 수 있다.

1.3.3. 재결이 취소소송의 대상이 되는 경우

앞서 본 바와 같이 재결은 행정소송법 제19조 단서에 따라 재결 자체에 고유한 위법이 있음을 이유로 하는 경우에 한하여 취소소송의 대상이 될 수 있다. '재결자체에 고유한 위법이 있는 경우'란 재결의 주체, 절차, 내용, 형식 등에 관하여 흠, 즉 위법사유가 있는 것을 말한다. 판례에 따르면, 행정소송법 제19조에서 말하는 '재결 자체에 고유한 위법'이란 원처분에는 없고 재결에만 있는 재결청의 권한 또는 구성의 위법, 재결의 절차나 형식의 위법, 내용의 위법 등을 뜻하고, 그 중 내용의 위법에는 위법·부당하게 인용재결을 한 경우가 해당한다.[115] 행정심판청구가 부적법하지 않음에도 각하한 재결은 심판청구인의 실체심리를 받을 권리를 박탈한 것으로서 원처분에 없는 고유한 하자가 있는 경우에 해당하고, 따라서 위 재결은 취소소송의 대상이 된다고 한다.[116] 이 경우 재결을 취소하는 판결이 확정되면 재결을 한 행정심판위원회는 의당 판결의 취지에 따라 다시 심리·재결을 하여야 하지만, 각하재결에 대한 취소소송을 제기함이 없이 원처분에 대한 취소소송을 제기할 수 있고 또 그렇게 하는 것이 더욱 용이한 방법이므로 굳이 각하재결 취소소송을 하고 다시 재결을 받을 필요는 없을 것이다.[117]

---

114) Schmitt Glaeser, Rn.147, S.92.

115) 대법원 1997.9.12. 선고 96누14661 판결(공장설립변경신고수리취소처분취소 집45(3)특,443; 공1997.10.15. (44), 3142).

116) 대법원 2001.7.27. 선고 99두2970 판결(용화집단시설지구기본설계변경승인처분취소 집49(2)특,379; 공2001.9.15.(138),1967).

117) 박균성, 행정법론(상), 박영사, 제15판, 2016, p.1158. 또 그렇게 하는 것이 실무의 통

재결 자체에 고유한 위법이 있음을 이유로 하는 재결취소소송의 피고
는 그 재결을 한 행정심판위원회이다.

1.3.4. 복효적 행정행위, 특히 제3자효 행정행위의 경우

복효적 행정행위, 특히 제3자효 행정행위에 대한 행정심판청구를 인
용하는 재결로 인하여 비로소 권리이익을 침해받게 되는 자는 그 인용재결
에 대하여 다툴 필요가 있고, 그 인용재결은 원처분과 내용을 달리하는 것
이므로 당연히 항고소송의 대상이 된다. 대법원은 그 경우 그 인용재결의
취소를 구하는 것은 원처분에는 없는 재결에 고유한 하자를 주장하는 셈이
라고 보아 제19조 단서에 따라 그러한 결론을 내리고 있다.

> **제3자효 행정행위에 대한 행정심판을 인용하는 재결과 재결 고유의 하자**
>
> [1] 구 체육시설의설치·이용에관한법률(1994.1.7. 법률 제4719호로 전
> 문 개정되어 1999.1.18. 법률 제5636호로 개정되기 전의 것) 제16조, 제34
> 조, 같은법시행령(1994.6.17. 대통령령 제14284호로 전문 개정되어 2000.1.28.
> 대통령령 제16701호로 개정되기 전의 것) 제16조의 규정을 종합하여 볼
> 때, 등록체육시설업에 대한 사업계획의 승인을 얻은 자는 규정된 기한 내에
> 사업시설의 착공계획서를 제출하고 그 수리 여부에 상관없이 설치공사에 착
> 수하면 되는 것이지, 착공계획서가 수리되어야만 비로소 공사에 착수할 수
> 있다거나 그 밖에 착공계획서 제출 및 수리로 인하여 사업계획의 승인을 얻
> 은 자에게 어떠한 권리를 설정하거나 의무를 부담케 하는 법률효과가 발생
> 하는 것이 아니므로 행정청이 사업계획의 승인을 얻은 자의 착공계획서를 수리
> 하고 이를 통보한 행위는 그 착공계획서 제출사실을 확인하는 행정행위에 불과하
> 고 그를 항고소송이나 행정심판의 대상이 되는 행정처분으로 볼 수 없다.
> [2] 이른바 복효적 행정행위, 특히 제3자효를 수반하는 행정행위에 대한 행
> 정심판청구에 있어서 그 청구를 인용하는 내용의 재결로 인하여 비로소 권리이익
> 을 침해받게 되는 자는 그 인용재결에 대하여 다툴 필요가 있고, 그 인용재결은 원
> 처분과 내용을 달리하는 것이므로 그 인용재결의 취소를 구하는 것은 원처분에는
> 없는 재결에 고유한 하자를 주장하는 셈이어서 당연히 항고소송의 대상이 된다.118)

례라고 한다(같은 곳).
  118) 대법원 2001.5.29. 선고 99두10292 판결(재결취소 공2001.7.15.(134), 1520). 행정

이와 같이 제3자효 행정행위에 대한 행정심판의 인용재결로 비로소 권익침해를 받게 되는 자가 그 인용재결의 취소를 구하는 소송을 제기한 경우 이를 행정소송법 제19조 단서 조항에 따라 허용되는 것으로 보는 것이 판례와 통설의 태도이다. 반면 이를 형식은 재결이지만 그 제3자에 대한 관계에서는 독자적인 처분이 되기 때문에 제19조 본문에 따라('처분'으로서) 허용되는 것으로 보는 견해도 있다.[119)]

1.3.5. 기각재결과 인용재결의 경우

청구인의 행정심판청구를 기각하는 기각재결(일부인용·일부기각 포함)에 대해 행정심판의 청구인이 원고로서 취소소송을 제기할 경우에는 위에서 말한 원처분주의가 그대로 타당하며 재결 고유의 하자가 없는 한 원처분의 위법여부만을 다투게 될 것이다. 재결이 원처분의 상대방에게 추가로 독자적인 권익침해를 가져오는 경우에는 재결 고유의 하자가 있는 셈이므로 원처분의 상대방이 재결 자체를 대상으로 취소소송을 제기할 수 있다.

한편 인용재결의 경우에는 조금 사정이 다르다. 처분등 취소 청구를 받아들이는 인용재결의 경우 이에 대해 취소소송을 제기하는 것은 행정심판 청구인이 아니라 그로부터 '비로소' 권익침해를 받은 제3자가 될 터인데,[120)] 그 경우 해당 제3자의 소 제기는 바로 위에서 본 판례와 같이 '재결

청이 골프장 사업계획승인을 얻은 자의 사업시설 착공계획서를 수리한 것에 대하여 인근 주민들이 그 수리처분의 취소를 구하는 행정심판을 청구하자 재결청이 그 청구를 인용하여 수리처분을 취소하는 형성적 재결을 한 경우, 그 수리처분 취소 심판청구는 그 대상인 수리행위가 행정심판의 대상이 되지 아니하여 부적법 각하하여야 함에도 위 재결은 그 청구를 인용하여 수리처분을 취소하였으므로 재결 자체에 고유한 하자가 있다고 본 사례. 이 판결에 대해서는 홍정선, 항고소송의 대상으로서 재결(재결소송): 코리아트윈스CC사건, (최신)행정법판례특강 제2판, 박영사, 2012, 268-271을 참조. 또한 대법원 1997.12.23. 선고 96누10911 판결을 참조.

119) 김용섭, "행정심판재결에 대한 항고소송", 행정판례평선, 한국행정판례연구회편, 박영사, 2011, p.729.

120) 건축주가 건축허가를 신청하였으나 거부처분을 받아 이에 대한 취소심판을 청구하여 인용재결을 얻은 경우 인근주민(제3자)이 국토계획법의 관계규정에 터잡아 환경권, 건강권 등의 침해를 주장하며 그 인용재결의 취소를 구하는 소송을 제기하는 경우를 상정해 볼 수 있을 것이다.

고유의 위법'을 주장하는 것이므로 당연히 허용된다고 보아야 할 것이다. 바로 그러한 견지에서 대법원은 위 판례에서 자기완결적 신고의 수리 취소를 구하는 심판청구가 부적법하여 각하하여야 함에도 인용재결을 한 것은 재결 자체에 고유한 하자가 있는 경우에 해당한다고 판시한 것이다. 반면 아래의 사례에서 보듯이 재결의 당사자가 아닌 제3자가 인용재결로 인하여 새로이 어떠한 권리이익도 침해받지 않는 경우도 있을 수 있고 그 경우 그는 인용재결의 취소를 구할 소의 이익이 없다고 보아야 할 것이다.

> **▊▊▊ 판례**
>
> 이른바 복효적(복효적) 행정행위, 특히 제3자효를 수반하는 행정행위에 대한 행정심판청구에 있어서 그 청구를 인용하는 내용의 재결로 인하여 비로소 권리이익을 침해받게 되는 자(예컨대, 제3자가 행정심판청구인인 경우의 행정처분 상대방 또는 행정처분 상대방이 행정심판청구인인 경우의 제3자)는 재결의 당사자가 아니라고 하더라도 그 인용재결의 취소를 구하는 소를 제기할 수 있다고 할 것이나, 그 **인용재결로 인하여 새로이 어떠한 권리이익도 침해받지 아니하는 자인 경우에는 그 재결의 취소를 구할 소의 이익이 없다**고 할 것이다.121)

생각건대 복효적(複效的) 행정행위나 제3자효 행정행위와 관련한 행정심판에서 인용재결이 나왔다고 일률적으로 그로부터 영향을 받는 제3자의 출소권을 인정하는 논리는 성립할 수 없다. 그 인용재결로 '비로소' 권익침해를 받은 제3자인지 여부가 관건인 것이다. 이는 독일 행정법원법 제79조 제1항 제4

---

121) 대법원 1995.6.13. 선고 94누15592 판결(어업면허취소처분에대한취소재결처분취소: 공1995.7.15.(996), 2414): 처분상대방이 아닌 제3자가 당초의 양식어업면허처분에 대하여는 아무런 불복조치를 취하지 않고 있다가 도지사가 그 어업면허를 취소하여 처분상대방인 면허권자가 그 어업면허취소처분의 취소를 구하는 행정심판을 제기하고 이에 재결기관인 수산청장이 그 심판청구를 인용하는 재결을 하자 비로소 그 제3자가 행정소송으로 그 인용재결을 다투고 있는 경우, 수산청장의 그 인용재결은 도지사의 어업면허취소로 인하여 상실된 면허권자의 어업면허권을회복하여 주는 것에 불과할 뿐 인용재결로 인하여 제3자의 권리이익이 새로이 침해받는 것은 없고, 가사 그 인용재결로 인하여 그 면허권자의 어업면허가 회복됨으로써 그 제3자에 대하여 사실상 당초의 어업면허에 따른 효과와 같은 결과를 초래한다고 하더라도 이는 간접적이거나 사실적·경제적인 이해관계에 불과하므로, 그 제3자는 인용재결의 취소를 구할 소의 이익이 없다고 본 사례.

호 및 같은 조 제2항(§79 I Ziff.2 und II VwGO)이 규정하는 경우에 해당한다.[122] 여기서 행정심판 재결이 인용재결인지 여부나 취소소송의 원고가 원처분에 대한 관계에서의 제3자인지 여부가 관건이 아니라 재결취소를 구하는 원고가 그 재결로 '비로소' 권익침해를 받았는지 여부(erstmalige Beschwer)이기 때문이다.[123] 그 원고가 반드시 원처분에 대한 관계에서 제3자여야 하는 것도 아니며 원처분의 상대방도 '처음으로 권익침해를 받은 경우', 즉 '추가적인 권익침해를 받은 경우'(zusätzliche selbständige Beschwer: §79 II VwGO)에 해당하면 '재결 고유의 위법'을 이유로 취소소송 제기가 허용된다는 것이다.

1.3.6. 재결취소소송에 있어 재결 자체에 고유한 위법에 대한 판단과 법원이 취할 조치

재결취소소송을 제기하면서 재결 자체에 고유한 위법이 있음을 이유로 하지 않은 경우 법원은 소를 각하할 수밖에 없을 것이다. 반면 재결 자체에 고유한 위법이 있음을 이유로 재결취소을 구하는 취소소송을 제기하였으나 심리결과 재결 자체에 고유한 위법이 없음이 판명된 경우 소를 기각하게 될 것이다. 이와 관련 행정소송법 제19조 단서의 해석을 둘러싸고 이를 소극적 소송요건을 정한 것으로 보는 견해[124]와 위법사유의 주장 제

---

122) 참고로 행정법원법(VwGO) 제79조의 내용을 소개한다.
　제79조 [취소소송의 대상]
　(1) 취소소송의 대상은 다음과 같다.
　1. 재결을 통해 확인된 바와 같은 원래의 행정행위
　2. 사전구제처분(Abhilfebescheid) 또는 재결이 처음으로 권익 침해를 초래하는 경우 그 재결(Widerspruchsbescheid, wenn dieser erstmalig eine Beschwer enthält).
　(2) 재결은 원래의 행정행위에 비해 추가로 독자적인 권익침해를 가져온 경우 그리고 그러한 한도에서(wenn und soweit er gegenüber dem ursprünglichen Verwaltungsakt eine zusätzliche selbständige Beschwer enthält) 취소소송의 독자적인 대상이 될 수 있다. 재결이 중요한 절차규정을 위배하여 행해진 경우에는 그 중요한 절차규정의 위배도 추가적인 권익침해에 해당한다. 이에 대해서는 행정법원법 제78조 제2항을 준용한다.

123) Hufen, F., Verwaltungsprozeßrecht, 6.Aufl., 2005, C.H.Beck, §14. Rn.52-53, S.242.

124) 김용섭, "행정심판재결에 대한 항고소송", 행정판례평선, 한국행정판례연구회편, 박영사, 2011.

한을 정한 것으로 보는 견해[125]가 대립하고 있다. 생각건대 행정소송법 제19조가 '취소소송의 대상'이란 표제 아래 소송 대상을 '처분등'으로 한정하되 재결에 관해서는 추가적인 조건을 정한다는 취지를 분명히 하고 있고, 또 원고가 아예 처음부터 재결 자체의 고유한 하자를 거론하지 아니하거나 누가 보더라도 재결 자체에 고유한 위법이 있음을 주장한다고 볼 수 없는 경우 또는 재판장의 석명을 통해서도 재결 자체에 고유한 위법이 있음을 이유로 삼지 않는다는 사실이 확인될 경우에는 소송을 더 이상 진행시킬 이유가 없으므로 본안판단전제요건을 정한 것이라 보는 것이 옳을 것이다. 그러나 결국 재결 자체에 고유한 위법이 있는지 여부는 본안심리를 거치지 않으면 판단하기 어려울 것이기 때문에 원고가 재결 자체에 고유한 위법이 있음을 이유로 내세워 재결취소를 구하는 이상 일단 심리를 진행하여 판단을 내릴 수밖에 없을 것이다. 판례 역시 같은 입장에 서 있다.

> **■■■ 재결취소소송에 있어 재결 자체에 고유한 위법이 없는 경우 법원이 취할 조치**
>
> 행정소송법 제19조는 취소소송은 행정청의 원처분을 대상으로 하되(원처분주의), 다만 '재결 자체에 고유한 위법이 있음을 이유로 하는 경우'에 한하여 행정심판의 재결도 취소소송의 대상으로 삼을 수 있도록 규정하고 있으므로 재결취소소송의 경우 재결 자체에 고유한 위법이 있는지 여부를 심리할 것이고, 재결 자체에 고유한 위법이 없는 경우에는 원처분의 당부와는 상관없이 당해 재결취소소송은 이를 기각하여야 한다.[126]

요컨대 재결 자체의 고유한 하자를 이유로 하여 재결에 대한 취소소송이 제기된 경우, 재결 자체의 위법 여부, 즉 고유한 위법이 있는지 여부에 대한 실체적 판단은 어디까지나 본안의 문제이지, 취소소송의 대상여부(소제기요건)에 관한 문제는 아니다.

---

125) 윤영선, "항고소송의 대상으로서의 행정심판 재결", 특별법연구, 4, 1994, p.407.
126) 대법원 1994.1.25. 선고 93누16901 판결(투전기영업허가거부처분취소: 공1994.3.15. (964), 842).

1.4. 처분 등의 위법 주장

취소소송의 대상으로서 처분등의 존재와는 별도로 처분등이 위법하다는 원고의 주장이 요구된다. 이미 앞에서 지적한 것처럼 이와 관련하여 처분등이 사실상 위법하다는 것, 즉 그 객관적 위법성이 요구되는 것은 아니다. 처분의 객관적 위법성 자체는 소송요건이 아니라 본안의 이유유무의 문제이기 때문이다.[127] 처분등이 위법하다는 주장(Vorbringen)의 정도, 즉 어느 정도로 처분등이 위법하다고 주장해야 하는지에 관하여는 국내문헌상 거의 논급되지 않고 있다. 이 문제에 관하여 행정법원법 제42조 제2항이 규정하는 '권리침해의 주장'('Geltendmachung, in eigenen Rechten verletzt zu sein')에 관한 독일의 학설·판례를 참고한다면,[128] 법원이 처분등의 위법성을 받아들일 수 있을 만큼 고도의 신빙성 또는 심증형성(信憑性理論: Schlüssigkeitstheorie)까지는 요구되지 않고, 다만 원고의 주장에 따른다면 처분이 위법하리라는 합리적인 가능성(substantiierte Behauptung oder plausibles Vorbrigen)이 있으면 충분하다고 보는 것이 타당할 것이다(可能性理論: Möglichkeitstheorie).[129]

2. 취소소송의 관할

2.1. 심급관할

재판관할이란 각 법원간에 배분된 재판권의 분장범위를 말한다. 취

---

127) 김남진, 행정법 I, pp.780-781; 김동희, 행정법 I, p.651 등.

128) 독일의 경우 행정법원법 제42조 제2항에서 요구되는 원고의 주장(Geltend-machen)은 권리침해(Bettroffensein) 뿐만 아니라 또한 '위법성'(Rechtswidrigkeit)에 관한 것이어야 한다고 해석되고 있다. 왜냐하면 이 두가지 요소가 있어야 비로소 '자기의 권리침해'(mögliche eigene Rechtsverletzung)가 존재할 수 있게 되기 때문이다. 따라서 권리침해의 주장은 두 가지 요소로 구성된다. 즉 자기의 권리영역이 침해당하였다는 주장과 그같은 침해가 위법한 것이라는 주장이 그것이다(Schmitt Glaeser, Rn.152, S.94-95).

129) BVerwGE 17, 87/91; BVerwG v.26.7.89, DVBl1989, 1097ff. 등. 이에 관하여 상세한 것은 Schmitt Glaeser, Verwaltungsprozeßrecht, §151ff., S.94ff.을 참조.

소소송의 제1심관할법원은 피고의 소재지를 관할하는 행정법원으로 한다.[130)]

이와 같이 중앙행정기관 또는 그 장이 피고인 경우에는 대법원소재지의 행정법원을 관할법원으로 하고 있으나, 세종특별자치시로 다수의 행정부처가 이동하였음에도 여전히 대법원소재지인 서울에서만 재판을 받게 되는 불합리가 문제되었다. 그리하여 2014년 5월 20일 행정소송법 개정법률에서는 중앙행정기관, 중앙행정기관의 부속기관과 합의제행정기관, 공공단체 또는 그 장이 피고인 경우에는 대법원소재지 또는 해당 중앙행정기관 등의 소재지를 관할하는 행정법원에서 재판을 받을 수 있도록 하였다. 즉 취소소송은 일반적으로 피고의 소재지를 관할하는 행정법원을 제1심관할법원으로 하여 제기할 수 있으나, 다음 어느 하나에 해당하는 피고에 대하여 취소소송을 제기하는 경우에는 대법원소재지 관할 행정법원에 제기할 수도 있다(§9②).

1. 중앙행정기관, 중앙행정기관의 부속기관과 합의제행정기관 또는 그 장
2. 국가의 사무를 위임 또는 위탁받은 공공단체 또는 그 장

여기서 '중앙행정기관'이란 국가의 행정사무를 담당하기 위하여 설치된 행정기관으로서 관할권의 범위가 전국에 미치는 행정기관을 말한다.[131)]

---

130) 종래에는 취소소송의 제1심관할법원을 피고인 행정청의 소재지를 관할하는 고등법원으로 하고 있었다(구법 §9 ①). 구 행정소송법이 이처럼 취소소송 이심제를 취했던 취지는 취소소송에 원칙적으로 행정심판전치주의가 적용됨을 감안하여 일종의 상소심적 성격을 부여하려는 심급경제를 위한 것이라고 설명되었다. 그러나 권익구제절차로서 행정심판을 사법절차에 준하여 형성할 것을 명한 헌법 제107조 제3항 및 행정심판사항의 제한, 행정심판기관구성상의 문제 등 행정심판제도의 여러 가지 문제점을 고려할 때, 이러한 설명이 정당한 것인지에 대해서는 적지 않은 의문이 있었다(특히 김철용, "행정심판법의 문제점과 개선점", 월간고시, 1992/5, p.89 이하; 김원주, "행정심판법상의 심리절차의 문제점과 개선방안", 고시연구, 1991/3, p.24 이하를 참조). 무엇보다도 행정환경의 변화로 인한 행정소송사건의 폭주, 심급단축으로 말미암은 지방법원소속 법관들의 행정사건에 관한 경험축적기회의 결여 및 판례형성의 소극성 등의 문제점이 있어 행정소송을 삼심제로 바꾸어야 한다는 의견이 강하게 대두되고 있었다. 이러한 배경에서 1994년 7월 27일의 개정행정소송법은 취소소송을 삼심제로 바꾸게 된 것이다.

131) 정부조직법과 다른 법률에 특별한 규정이 있는 경우를 제외하고는 부, 처 및 청을 말한다(정부조직법 제2조 제2항).

행정소송법은 토지의 수용 기타 부동산 또는 특정의 장소에 관계되는 처분 등에 대한 행정소송은 그 부동산소재지 또는 장소 소재지를 관할하는 행정법원에 제기할 수 있도록 함으로써(§9③), 행정소송 제1심 재판관할이 지방법원급의 행정법원으로 변경된 취지를 살리는 동시에 당사자의 편의와 사건해결의 능률을 기할 수 있도록 배려하고 있다. 여기서 '토지의 수용에 관계되는 처분'이란 토지보상법상 기업자의 신청에 기한 건설부장관 또는 시도지사의 사업인정에 관한 처분(토지보상법 §20 이하), 토지수용위원회의 재결(동법 §28 이하) 및 이들 처분에 대한 이의신청에 대한 중앙토지수용위원회의 재결(동법 §84) 등을 말하며, '부동산에 관계되는 처분'이란 부동산[132]에 관한 권리의 설정, 수용, 변경 등을 목적으로 하는 처분과 위 권리행사의 강제, 제한, 금지 등을 명하거나 직접 실현하는 처분을 말한다.[133]

'특정의 장소에 관계되는 처분 등'이란 특정의 지점 또는 구역에 있어 일정행위를 할 권리자유의 설정변경, 위 특정의 지점 등에 있어 일정행위의 제한, 금지 등을 목적으로 하는 처분을 말하며, 가령 도로법 제38조 이하에 의한 도로점용허가 등이 이에 해당한다.

한편 법원조직법은 고등법원뿐만 아니라 행정법원의 심판권을 합의부에서 행사하도록 규정하고 있다(§7②). 이는 행정사건이 행정부에 대한 사법권의 통제라는 점을 감안, 심리의 신중을 기하려는 데 취지가 있다. 행정법원에는 부(部)를 두며 법원조직법 제27조 제2항 및 제3항의 규정이 행정법원에 준용된다(§40의3①②).

---

132) 여기서 말하는 부동산은 토지, 건물 등 민법상의 부동산외에도 부동산으로 보는 공장재단, 광업재단, 입목, 부동산에 관한 규정이 준용되는 광업권, 조광권, 어업권을 포함한다.

133) 가령 산림법에 의한 보안림의 지정, 해제에 관한 처분(산림법 §§56, 57 이하), 위반건축물 등에 대한 철거, 개축, 등 조치(건축법 §69), 토지구획정리사업법에 의한 환지처분(토지구획정리사업법 §61 이하) 등이 이에 해당한다. 그러나 부동산취득세부과처분, 부동산등기에 관한 등기공무원의 처분 같은 것은 부동산에 관한 권리의 설정변경과 권리행사의 제한금지 등을 목적으로 하는 처분이라 할 수 없으므로 이에 해당하지 않는다(대법원의 법률안 설명자료, 176).

2.2. 토지관할

취소소송의 재판관할에 관하여 행정소송법은 제소에 있어 국민의 편의를 도모하기 위하여 종래의 전속관할제를 폐지하고 임의관할주의를 채택하였다. 그러므로 경우에 따라서는 당사자간의 합의나 피고의 응소가 있을 경우, 피고의 소재지를 관할하는 고등법원 이외에 다른 고등법원이 합의관할(민사소송법 §29) 또는 변론관할(같은법 §30)을 가질 수 있는 가능성이 열려 있다(행정소송법 §8②).

2.3. 관할의 이송

행정소송법(§7)은 관할위반으로 인한 이송에 관한 민사소송법 제34조제1항의 규정이 원고의 고의 또는 중대한 과실없이 행정소송이 심급을 달리 하는 법원에 잘못 제기된 경우에도 적용된다는 것을 명문으로 규정하고 있다. 종래 취소소송의 제1심관할법원이 피고의 소재지를 관할하는 고등법원이어서 관할을 위반하는 사례가 민사소송에 비해 적잖이 발생하였음에도 불구하고(가령 고등법원에 제소할 것을 지방법원에 제소한 경우) 판례는 사건의 이송을 인정하지 않았다.[134] 이 점을 고려하여, 관할위반으로 인한 선의의 제소자를 보호하기 위하여 이와 같은 관할이송을 인정한 것이다.[135] 그 밖에도 취소소송이 관할권이 없는 법원에 잘못 제기된 경우(가령 서울고법에 제기할 것을 대구고법에 제기한 경우), 그 밖의 소송요건이 충족되어 있는 한, 이를 곧바로 각하할 것이 아니라 결정으로 관할법원에 이송하여야 한다고 해석된다(§8②; 민사소송법 §34①).[136]

≪행정사건을 민사사건으로 오인한 경우 수소법원이 취해야 할 조치≫
대법원은 구 석탄산업법상의 석탄가격안정지원금 지급청구의 소의 성질

---

134) 대법원 1980.3.11. 선고 79다293 판결.
135) 이상규, 행정쟁송법, p.316.
136) 대법원 1973.4.25. 선고 73누5 판결.

이 공법상 당사자소송에 해당하는데, 이를 민사사건으로 오해하여 민사소송을 제기한 경우, 수소법원은 행정소송으로서의 소송요건을 결여하고 있음이 명백하여 행정소송으로 제기되었더라도 어차피 부적법하게 되는 경우가 아닌 이상 이를 부적법한 소라고 하여 각하할 것이 아니라 관할 법원에 이송하여야 한다고 판시하고 있다: "행정소송법 제7조는 원고의 고의 또는 중대한 과실 없이 행정소송이 심급을 달리하는 법원에 잘못 제기된 경우에 민사소송법 제31조 제1항을 적용하여 이를 관할 법원에 이송하도록 규정하고 있을 뿐 아니라, 관할 위반의 소를 부적법하다고 하여 각하하는 것보다 관할 법원에 이송하는 것이 당사자의 권리구제나 소송경제의 측면에서 바람직하므로, 원고가 고의 또는 중대한 과실 없이 행정소송으로 제기하여야 할 사건을 민사소송으로 잘못 제기한 경우, 수소법원으로서는 만약 그 행정소송에 대한 관할도 동시에 가지고 있다면 이를 행정소송으로 심리·판단하여야 하고, 그 행정소송에 대한 관할을 가지고 있지 아니하다면 당해 소송이 이미 행정소송으로서의 전심절차 및 제소기간을 도과하였거나 행정소송의 대상이 되는 처분 등이 존재하지도 아니한 상태에 있는 등 행정소송으로서의 소송요건을 결하고 있음이 명백하여 행정소송으로 제기되었더라도 어차피 부적법하게 되는 경우가 아닌 이상 이를 부적법한 소라고 하여 각하할 것이 아니라 관할 법원에 이송하여야 한다."[137]

사건이송의 효과에 관하여는 행정소송법 제8조 제2항에 따라 민사소송법이 준용된다. 특히 이송을 받은 법원이 다시 이를 이송한 법원으로 반송하거나 다른 법원으로 전송할 수 없다는 구속력(민사소송법 §38①②)과 이송결정의 확정시 소송계속의 이전(같은 법 §40①), 소송기록의 송부의무(같은 법 §40②) 등이 준용대상이다. 소송계속의 이전과 관련하여 당초의 제소기간 준수의 효력이 그대로 지속된다.[138] 다만 이송전에 행한 소송행위의 효력(가령 자백·증거신청·증거조사 등)에 관하여는 이송전 소송행위는 모두 실효되고 당사자는 소송절차를 새로이 진행해야 한다는 견해도 있으나,[139]

---

137) 대법원 1997.5.30. 선고 95다28960 판결(공97.7.15. [38], 1997); 참조 대법원 1996.2.15. 선고 94다31235 전원합의체 판결(공1996상, 768).

138) 다만 종래의 판례는 관할이송시 소제기의 효력발생시기는 관할권 있는 법원이 이송받은 때라고 보았다(대법원 1969.3.18. 선고 64누51 판결).

139) 이영섭, 민사소송법, p.69.

소송계속의 일체성을 인정하는 이상, 이송법원과 수이송법원(受移送法院)의 변론 사이에 일체성이 있다고 해야 하므로, 이송전의 소송행위도 효력을 유지한다고 보는 것이 소송경제에 합당하다고 본다.[140)

3. 취소소송의 당사자등

3.1. 취소소송의 당사자

3.1.1. 당사자능력과 당사자적격

행정소송도 소송당사자, 즉 원고와 피고가 대립하여 다투는 대립당사자구조를 취하는 점에서는 민사소송과 본질적으로 다르지 않다. 다만, 행정소송의 경우에는 그 소송종별에 따라 원고와 피고의 지위가 달라질 뿐이다. 일반적으로 소송의 주체, 즉 소송당사자(원고·피고)나 참가인이 될 수 있는 능력(당사자능력: Beteiligtenfähigkeit, Parteifähigkeit)을 가지는 것은 권리능력 있는 자연인과 법인임이 원칙이지만, 법인이 아닌 사단·재단도 대표자 또는 관리인이 있으면 그 이름으로 당사자가 될 수 있음은 민사소송과 마찬가지이다(민사소송법 §52). 당사자능력은 일반적 소송요건의 문제로서 비단 취소소송뿐 아니라 행정소송 일반에 적용된다.

국가는 행정소송상 당사자능력을 가지는 반면, 과거 국립대학의 지위를 가졌던 서울대학교(현재는 국립대학법인이 되었음)는 국가가 설립·경영하는 학교일뿐 법인도 아니고 대표자 있는 법인격 있는 사단 또는 재단도 아닌 교육시설의 명칭에 불과하여 권리능력과 당사자능력을 인정할 수 없다는 것이 판례이다.

■■■ 항고소송과 국립서울대학교의 당사자능력 유무

　　[1] 국가는 권리·의무의 귀속 주체로서 행정소송법 제8조 제2항과 민

---

140) 이상규, 신행정쟁송법, p.318; 방순원, 민사소송법, p.93; 김홍규, 민사소송법, p.117; 송상현, 민사소송법, p.67.

사소송법 제51조 등 관계규정에 따라 행정소송상의 당사자능력이 있는 것이고, 이는 항고소송에서의 원고로서의 당사자능력이라고 달리 볼 것은 아니다.

[2] 서울대학교는 국가가 설립·경영하는 학교일 뿐 위 학교는 법인도 아니고 대표자 있는 법인격 있는 사단 또는 재단도 아닌 교육시설의 명칭에 불과하여 권리능력과 당사자능력을 인정할 수 없으므로, 서울대학교를 상대로 하는 법률행위의 효과는 서울대학교를 설립·경영하는 주체인 국가에게 귀속되고, 그 법률행위에 대한 쟁송은 국가가 당사자가 되어 다툴 수밖에 없다 할 것이다.[141]

한편 어떤 소송사건에서 당사자가 되기에 적합한 자격, 즉 당사자적격은 일반적으로 소송물인 법률관계의 존부확정에 대하여 법률상 대립하는 이해관계를 가지는 자가 가지는 것이 원칙이다. 그러나 취소소송에 관하여는 누가 취소소송을 제기할 자격이 있는가 하는 원고적격의 문제가 전면에 등장하게 된다. 법원에 형식적 소송요건을 갖춘 소가 제기되었다 할지라도 언제나 실체적 재판이 행해지는 것은 아니다. 소에 대하여 본안판결이 행해지기 위해서는 소의 내용인 당사자의 청구가 국가의 재판제도를 이용하여 해결할 만한 가치 내지 필요성이 있어야 하는바, 이를 소의 이익이라고 한다. 소의 이익은 일반적으로 ① 청구의 내용이 재판의 대상이 될 수 있는

---

141) 서울행정법원 2009.6.5. 선고 2009구합6391 판결(대법원 2010.3.11. 선고 2009두23129 판결로 확정). 이 판결에 관한 평석으로는 박시준, "국가가 행정소송에서 원고로서의 당사자능력과 당사자적격을 가지는지 여부 —서울행정법원 2009.6.5. 선고 2009구합6391 판결"(대법원 2010.3.11. 선고 2009두23129 판결로 확정)", 법률신문, 2012.6.25 제4042호", 법률신문, 2010.4.19. 제3834호; 김중권, "행정소송에서 대학의 당사자능력에 관한 소고—서울행정법원 2009.6.5. 선고 2009구합6391 판결", 법률신문, 2012.6.25 제4042호를 참조. 김중권 교수는 국립대학교는 부분적 권리능력을 가지는 영조물로서 대학의 자율권과 관련해서 권리능력을 가지며 그리하여 그 자율권과 관련한 국가의 조치에 대해선 소송상의 당사자능력을 지닌다고 한다. 한편 이와 관련 헌법재판소는 헌법 제31조 제4항이 규정하는 교육의 자주성, 대학의 자율성 보장은 대학에 대한 공권력 등 외부세력의 간섭을 배제하고 대학인 자신이 대학을 자주적으로 운영할 수 있도록 함으로써 대학인으로 하여금 연구와 교육을 자유롭게 하여 진리탐구와 지도적 인격의 도야라는 대학의 기능을 충분히 발휘할 수 있도록 하기 위한 것으로서 이는 학문의 자유의 확실한 보장수단이자 대학에 부여된 헌법상의 기본권이며, 서울대학교는 헌법 제22조 제1항 소정의 학문의 자유와 헌법 제31조 제4항 소정의 대학의 자율권이라고 하는 기본권의 주체로서 자율권을 행사할 수 있다고 판시한 바 있다(헌법재판소 1992.10.1. 선고 92헌마68등결정; 헌법재판소 2006.4.27. 선고 2005헌마1047 교육공무원법 제24조 제4항 등 위헌확인 사건 결정 등).

가(소송대상 또는 처분성의 문제), ② 당사자가 구체적인 소송상 청구를 함에 있어서 정당한 이익을 가지고 있는가(당사자적격, 특히 원고적격의 문제), ③ 구체적 청구에 대하여 법원이 본안판단을 행할 실익이 인정되는가(권리보호의 필요)의 세 가지 측면을 갖는다. 물론 좁은 의미로 소익이라 할 경우에는 ③만을 가리키지만, 이들 세 가지 측면은 서로 밀접한 관련이 있어 실제로 분리하기 어려운 경우가 많은 것도 사실이다. 이 중 소송을 제기한 자가 구체적 사안에 관하여 원고가 되기에 적합한 자격을 갖고 있느냐 하는 문제가 원고적격의 문제이다.

한편 당사자적격의 개념은 일반적으로 소송을 수행하고 본안판결을 받기에 적합한 자격이라고 이해되고 있으며,142) 같은 의미에서 이를 권한의 면에서 파악하여 소송수행권이라고 하고 보통 정당한 당사자라고 부른다고 설명되고 있다. 독일의 경우에도 행정법원법 제42조 제2항에 의한 제소권(Klagebefugnis)의 개념과 관련하여 소권(Klagerecht), 제소권(Klagebe-rechtigung), 취소권(Anfechtungsbefugnis), 소송수행권(Prozeßführungs-befugnis), 권리보호의 주장(Rechtsschutzbehauptung), 또는 심지어 '정당한 원고'(Aktivlegitimation) 등으로 다양하게 불려 왔으나, 기어트(Gierth)의 견해에 따라 이를 민사소송상의 소송요건의 하나인 소송수행권과 동일선상에서 파악하려는 견해가 다수설이다.143) 레오 로젠베르그(Leo Rosenberg)의 공식을 따르자면 "자기에게 권리가 있다고 주장하는 자는 또한 이 권리에 관한 소송을 수행할 권한이 있다"144)고 하게 된다. 그러나 우리의 원고적격에 해당하는 제소권(Klagebefugnis)은 콥(F. Kopp)이 강조하는 바와 같이, 개념상 소송수행권과는 구별되어야 한다.145) 물론 소송수행권 역시 소송에 이해관계를 갖지 않는 제3자를 배제함으로써 만인소송(Popularklage)을 방지하는 기능을 지니는 한에 있어서는 제소권과 연관되어 있는 것은 사실이지만, 소송수행권은 단지 순수한 소송상 권한으로서 자기의 이름으로, 따라서 타인의 대리인으로서가 아니라, 스

142) 김도창, 일반행정법론(상), p.772.

143) Gierth, Klagebefugnis und Popularklage, DÖV 1980, S.894; Stern, Verwaltungs-prozessuale Probleme in der öffentlichrechtlichen Arbeit, 5.Aufl., 1981, S.124.

144) Rosenberg/Schwab, Zivilprozeßrecht, 14.Aufl., 1986, §46 I 3, S.251.

145) Kopp, VwGO, §40 Vorb Rn.23; EF §42 Rn.131; Achterberg, DVBl 1981, S.280; Grunsky, aaO, S.223, 225, 236f.

스로 소송상의 청구를 행사할 수 있는 권한을 의미하는 데 지나지 않는 다(Prozeßstandschaft).146) 또한 참고로 '정당한 당사자'(Sachlegitimation) 란 독일법상 '정당한 원고'(Aktivlegitimation: richtiger Kläger)와 '정당한 피고'(Passivlegitimation: richtiger Beklagter)의 문제로서 행정소송법상 원고적격과는 다른 문제임을 유의해야 할 것이다.147)

한편, 소송에서 당사자가 누구인가는 당사자능력, 당사자적격 등에 관한 문제와 직결되는 중요한 사항이므로, 법원은 직권으로 소송당사자가 누구인가를 확정하여 심리를 진행하여야 하며, 이 때 당사자가 누구인가는 소장에 기재된 표시 및 청구의 내용과 원인 사실 등 소장의 전취지를 합리적으로 해석하여 확정하여야 한다는 것이 대법원의 판례이다.

당사자 확정과 직권조사

[1] 소송에 있어서 당사자가 누구인가는 당사자능력, 당사자적격 등에 관한 문제와 직결되는 중요한 사항이므로, 사건을 심리·판결하는 법원으로서는 직권으로 소송당사자가 누구인가를 확정하여 심리를 진행하여야 하는 것이며, 이 때 당사자가 누구인가는 소장에 기재된 표시 및 청구의 내용과 원인 사실 등 소장의 전취지를 합리적으로 해석하여 확정하여야 할 것이고, 소장에 표시된 원고에게 당사자능력이 인정되지 않는 경우에는 소장의 전취지를 합리적으로 해석한 결과 인정되는 올바른 당사자능력자로 그 표시를 정정하는 것은 허용되며, 소장에 표시된 당사자가 잘못된 경우에 당사자표시를 정정케 하는 조치를 취함이 없이 바로 소를 각하할 수는 없다.

[2] 청구취지상으로는 거부처분 취소판결의 집행력 배제를 구하고 있지만 그 청구원인에서는 거부처분 취소판결의 취지에 따른 처분을 하였음을 이유로 거부처분 취소판결의 간접강제결정의 집행력 배제를 구하고 있는 소송에서 원고가 간접강제결정의 피신청인이었던 행정청으로 표시되어 있는 경우, 원고 표시를 행정소송법 제34조 제2항, 제33조에 의하여 간접

146) 스코우리스(Skouris)는 자신의 교수자격청구논문에서 이 점을 명백히 하고 있다: "소송수행권이야말로 행정법원법 제42조 제2항이 규정하고 있지 않은 것이다", Skouris, Wassilios, Verletztenklagen und Interessenklagen im Verwaltungsprozeß, Hamburger Habilitation, 1978, S.81.
147) Schmitt Glaeser, Rn.237, S.141: 독일의 통설.

> 강제결정의 집행력이 미치는 행정청이 소속하는 권리의무 귀속주체로 정정
> 하게 함이 없이 행정청의 당사자능력을 부인하여 바로 소를 각하한 원심의
> 조치는 위법하다.148)

소장에 표시된 원고에게 당사자능력이 인정되지 않는 경우에는 소장
의 전 취지를 합리적으로 해석한 결과 인정되는 올바른 당사자능력자로 그
표시를 정정하는 것은 허용되지만,149) 개인이 자신의 명의로 취소소송을
제기하였다가 항소심에서 원고의 표시를 개인에서 시민단체로 정정하면서
그 단체의 대표자로 자신의 이름을 기재하여 당사자표시정정을 신청하는
것은 임의적 당사자변경으로서 허용되지 아니 한다는 것이 대법원의 판례
이다.

> **█▉ 원고표시 정정과 임의적 당사자변경**
>
> [1] 소송당사자가 누구인가는 소장에 기재된 표시 및 청구의 내용과 원
> 인 사실 등 소장의 전취지를 합리적으로 해석하여 확정하여야 한다.
> [2] 정보공개거부처분을 받은 개인이 자신의 명의로 취소소송을 제기하
> 였다가 항소심에서 원고의 표시를 개인에서 시민단체로 정정하면서 그 단체
> 의 대표자로 자신의 이름을 기재한 당사자표시정정신청이 임의적 당사자변
> 경신청에 해당하여 허용될 수 없다.150)

3.1.2. 원고적격

(1) 개   설

원고적격이란 구체적인 사건에서 취소소송을 제기할 수 있는 자
격, 즉 취소소송의 원고가 될 수 있는 자격을 말한다. 행정소송법은 이를
처분등의 취소를 구할 법률상의 이익이 있는 자로 명시하고 있다. 이에 따

---

148) 대법원 2001.11.13. 선고 99두2017 판결(공2002상, 63).

149) 대법원 2001.11.13. 선고 99두2017 판결(공2002상, 63); 대법원 1999.11.26. 선고
98다19950 판결(공2000상, 20) 등.

150) 대법원 2003.3.11. 선고 2002두8459 판결(사본공개거부처분취소 공2003.5.1.[177], 1001).

라 처분등의 직접 상대방이 아니더라도 그 취소를 구할 법률상 이익이 있는 자는 취소소송을 제기할 수 있다. 행정소송법의 이러한 규율태도는 소송법적 차원에서 종래 주관적 공권에 국한되었던 원고적격의 범위를 '법률상 이익이 있는 자'로 확대해 왔던 학설과 판례의 태도를 명문화한 것이라고 일반적으로 평가되고 있다. 즉, 이 '법률상 이익'의 해석을 통해 본래적 의미의 권리뿐만 아니라 '법적으로 보호되는 이익'의 침해에 대한 구제가능성이 열리게 되었다는 것이다. '법률상 이익'이란 소송상 권리보호에 대한 이익 또는 이를 받을 현실적 필요(협의의 소익)가 아니라, 취소소송의 보호대상으로서의 이익을 말하는 것으로 이해되고 있다.

(2) 취소소송의 보호대상으로서 '법률상 이익'

이와 같이 취소소송의 원고적격은 취소소송의 보호대상으로서 법률상 이익에 의하여 한정되고 있다. 다시 말해 취소를 구할 법률상 이익을 가진 자만이 취소소송의 원고가 될 수 있는 것이다. 그러나 이 법률상 이익이 무엇을 뜻하는가에 관하여는 종래 권리구제설, 법이 보호하는 이익 구제설, 보호할 가치 있는 이익 구제설 및 행정의 적법성보장설이 대립되어 왔다.

1) 권리회복설

취소소송의 목적을 위법한 처분에 의하여 침해된 개인의 권리회복에 두는 견지에서 권리가 침해된 자만이 취소소송을 제기할 수 있다는 견해이다.

2) '법률상 보호되는 이익'설

이것은 법률상 이익을 전통적인 의미의 권리뿐만 아니라 관계법에 의하여 보호되고 있는 이익을 아울러 포함하는 것으로 보는 견해로서 위법한 처분에 의해 침해된 이익이 관계법해석상 법적으로 보호되는 것으로 인정될 경우 이 이익의 침해를 받은 자도 당해 처분을 다툴 수 있는 원고적격을 지닌다고 본다.

3) '보호가치 있는 이익'설

이는 특정이익이 관계법에 의하여 보호되는 것이라고 볼 수 없는 경우에도 그 실질적 내용이 재판에 의하여 보호될 만한 가치가 있다고 판단되는 경우에는 그와 같은 이익을 침해받은 자에게도 원고적격이 인정된다고 보는 견해이다. 이것은 이익의 평가에 있어 관계법규정의 해석에 얽매이지 않고 그 실질적 보호가치에 따라 사법적 구제의 허용여부를 결정하려는 견해이다. 그러나 이 견해는 보호가치 있는 이익인지의 여부도 결국은 입법자에 의하여 판단될 사항이므로 입법자에 의해 그것이 긍정되면 실정법에 수용됨으로써 비로소 권리가 된다는 점에서 비판을 받고 있다.[151]

4) 적법성보장설

이것은 취소소송의 목적을 행정의 적법성보장에 두는 입장에 서서 원고적격의 문제를 원고가 침해되었다고 주장하는 이익의 성질에 의해서 판단하지 않고 오히려 당해 처분에 대한 소송에 있어 가장 적합한 이해관계를 가지는 자에게 원고적격을 인정하여야 한다는 견해로서, 취소소송을 객관소송으로 파악하는 입장이다.

5) 소 결

적법성보장설은 우리 행정소송법이 취하고 있는 주관적 소송의 원칙에 반할 뿐만 아니라 취소소송을 민중소송화할 우려가 있다는 점에서 비판될 수 있다. 반면 권리회복설에 관하여는, 종래 전통적인 의미의 반사적 이익과의 준별을 전제로 한 주관적 공권의 개념이 오늘날의 변화된 행정환경에서 더 이상 타당할 수 없다는 점에서 비판되며 현재 이러한 학설

---

151) 김남진, 행정법 I, p.754. 한편 공권과 반사적 이익의 중간영역에 '보호이익'(이를 준권리라고 부르기도 한다)이라는 개념을 인정하려는 견해가 있으나, 이것은 권리란 본래 법적으로 보호되는 이익(rechtlich geschütztes Interesse)을 말하는 것이므로 '법률상 보호이익', '법에 의해 보호되는 이익'은 권리의 다른 표현에 불과하며, 보호규범의 존재는 행정의 직접 상대방이나 제3자를 막론하고 공권의 요건을 이루는 것이므로 행정의 직접상대방이 갖는 권리와 제3자가 갖는 권리(보호이익, 준권리)를 구별할 의의가 없고, 또 보호이익이란 개념 없이도 공권의 범위를 확대하는 이론구성을 통해 권리구제의 확대를 달성할 수 있다는 점에서 비판을 받고 있다(김남진, 행정법 I, pp.755~756).

은 거의 지지를 받지 못하고 있는 실정이다. 따라서 문제는 법적으로 보호되는 이익설과 보호가치이익설의 대립으로 귀착된다 할 것인데, 오늘날 국민생활의 행정의존성이 현저히 증대되고 있는 상황 하에서 취소소송의 보호범위를 확대해야 한다는 것은 불가피한 당위라 할지라도, 역시 행정소송법의 문언상 '법률상' 이익이 요구되고 있다는 점을 도외시할 수는 없을 것이다.

> 한편 대법원의 판례 중에 "시외버스 공동정류장에서 불과 70m 밖에 떨어져 있지 않은 인접골목에 따로 甲회사에게 이 건 직행버스 정류장의 설치를 인가하여 원고회사를 비롯한 업자들이 영업상 막대한 손실을 입게 된 것은 사실상의 이익을 침해하는 것만이 아니고 마땅히 보호되어야 할 이익도 침해받는 것"이란 판결152)을 두고 앞에서 제시된 보호가치이익설을 취한 것이라고 볼 여지도 없지 않으나 과연 그런지는 의문이다. 여기서 '마땅히 보호되어야 할 이익'이란 실은 '법이 보호하는 이익이므로 마땅히 보호되어야 하는 것'으로 새겨야 할 것이기 때문이다.153)

생각건대 행정소송법(§§12, 35, 36)은 원고적격이 인정되는 범위를 '법률상 이익이 있는 자'로 규정함으로써, 반드시 본래적 의미의 권리(주관적 공권)에 해당하지 않을지라도 법률상 이익인 이상, 그 침해에 대한 구제가능성을 열어 놓은 것으로 해석된다. 따라서 "법률상 이익"이란 이러한 의미에서 '법적으로 보호되는 이익'으로 보아야 할 것이다. '법률상 이익'의 유무는 처분의 근거가 된 관계법규의 해석상, 적어도 원고가 침해받았다고 주장하는 이익이 당해 법규에 의하여 보호되는 것으로 볼 수 있는지 여부에 따라 결정된다(통설·판례).

---

152) 대법원 1975.7.22. 선고 75누12 판결.
153) 김남진, 행정법 I, p.755 및 각주 11.

'법률상 이익'의 개념에 관해서는 특히 그것을 권리(공권)와 같은 것으로 볼 것인지 여부와 관련하여 논란되고 있다. 이에 대하여는 법률상 이익을 권리 보다 넓은 개념으로 파악하는 전통적인 견해(ⓐ)[154]에 대하여 양자를 동일시하는 견해(ⓑ)[155]가 대립되고 있다. 이 두 견해는 '법률상이익=권리+법률상보호이익'이란 공식과 '법률상이익=권리'의 공식으로 각각 요약될 수 있다.

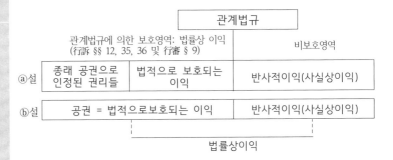

이러한 견해대립은 독일행정법상 주관적 공권과 법적으로 보호되는 이익의 관계에 관한 학설상의 혼란과 무관하지 않은 것으로 생각된다. 그러나 독일행정법원법과 달리 '권리침해'란 규정을 두고 있지 않은 우리의 현행법에 있어서 문제는 법률상 이익의 개념을 어떻게 해석할 것인가에 있다. 이를 위해서는 먼저 원고적격의 소송법적 기능을 정확히 인식할 필요가 있다. 말할 나위도 없이 이 규정들은 원고가 될 수 있는 자의 범위를 한정하기 위한 것이다. 우선 ⓐ설에 따라, 법이 권리뿐만 아니라 종래 전통적 의미의 권리에 해당되지 않는 것으로 간주되었던, '법적으로 보호되는 이익'이 있는 자에게까지 원고가 될 수 있는 자격을 인정한 것이라고 보고, 이를 '법률상 이익'으로 표현한 것이라고 보는 것은 일단 개념구성상 별 무리가 없을 뿐만 아니라 법취지에도 부합된다고 할 수 있다. 즉, 여기서는 '법적으로 보호되는 이익'의 개념이 '종래 전통적 의미의 권리에 해당되지 않는 것으로 간주되었으나 새로이 법에 의해 보호가치가 인정된 이익'으로 파악되고 있음을 알 수 있다. 따라서 '법률상 이익'은 권리와 법적 보호이익을 포함하는 개념으로 이해될 수 있으며 원고적격에 관한 위 규정들은, '권리 또는 법적 보호이익을 가진 자'에게 소송제기권을 인정하는 것으로 해석된다. 여기서 공권과 법적 보호이익을

---

154) 김도창, 일반행정법론(상), pp.240, 773; 석종현, 상, p.178 이하.

155) 김남진, 행정법 I, p.104 이하; 김동희, 행정법 I, pp.86 이하, 629 이하.

구별하느냐 아니면 동일한 것으로 보아야 하느냐는 독일 행정법상의
학설상황을 고려해야 할 필연성은 없다. 오히려 우리 행정소송법은
그러한 의문을 '법률상 이익'의 개념을 통해 해소시킨 것으로 보아
마땅할 것이다. 그러나 ⓑ설에 따라 물론 주관적 공권을 확장된 개념
으로 이해하는 것은, 관계법규의 강행법규성과 사익보호성(보호규범
설)이란 주관적 공권의 성립요건의 충족 여부를 고려할 때, 충분한
근거를 가질 뿐 아니라 논리적 정확성을 기할 수 있다는 점에서 바
람직하기도 하다. 주관적 공권 자체가 개념상 이미 법적으로 보호되
는 이익의 표현형태이기 때문이다. 따라서 후자를 광의의, 다시 말해
서 확장된 공권개념으로 보는 것은 극히 당연한 논리적 귀결이 아닐
수 없다. 이렇게 본다면 행정소송법상 법률상 이익의 개념은 여기서
말하는 광의의 공권개념과 일치하는 것이 된다. 생각건대, ⓑ의 견
해, 즉, 확장된 공권개념에 입각한 견해가 ⓐ의 견해 보다 논리적이
라는 장점을 지닌다는 것은 의문의 여지가 없다. 그러나 양설중 어느
것을 취할지라도 실제 관계규정의 해석상 차이는 없음을 주의할 필
요가 있다.

(3) 원고적격의 확대

　　이와 같은 '법률상 이익'의 개념을 통해 종래 주관적 공권에 속하
지 않는 것으로 인정되어 왔던 보호이익들이 법적 보호이익이란 개념을 매
개로 광의의 주관적 공권에 포함됨으로써 권리보호의 범위가 확장되고 있
으며 또 그에 대한 수요가 상존하고 있는 것이 오늘날의 문제상황이다. 우
리는 이미 앞에서 주관적 공권 또는 법률에 의해 보호되는 이익의 범위, 원
고적격의 확대경향이 우리나라에서도 마찬가지로 관철되고 있음을 살펴
본 바 있다.[156]

　　특히 원고적격의 확대경향이 가장 현저하게 나타나고 있는 문제
상황은 이웃주민이나 경쟁업자 등의 이해관계가 이른바 제3자효행정행위
(Verwaltungsakt mit Drittwirkung)에 의해 저촉되는 경우로 다음과 같은 판
례를 통해 문제의 심각성을 엿볼 수 있다.

---

[156] 이러한 판례변천에 전기가 되었던 것은 연탄공장사건(대법원 1975.5.13. 선고 73누
96.97 판결)이었다는 것은 이미 앞에서 살펴 본 바와 같다.

▰▰▰ 판례

1. 제3자의 원고적격

행정소송법 제12조에서 규정하고 있는 처분등의 취소를 구할 법률상 이익이 있는 자라 함은 처분에 의하여 직접 권리를 침해당한 처분의 상대방에 한하지 않고 제3자라 하더라도 법에 의하여 보호되는 이익을 침해당한 자는 이에 포함된다.[157)

행정처분의 직접 상대방이 아닌 제3자라 하더라도 당해 행정처분으로 인하여 **법률상 보호되는 이익을 침해당한 경우에는 그 처분의 취소를 구하는 행정소송을 제기하여 그 당부의 판단을 받을 자격이 있고, 여기에서 말하는 법률상 보호되는 이익이라 함은 당해 처분의 근거 법규 및 관련 법규에 의하여 보호되는 개별적·직접적·구체적 이익이 있는 경우를** 말하고, 공익 보호의 결과로 국민 일반이 공통적으로 가지는 일반적·간접적·추상적 이익이 생기는 경우에는 법률상 보호되는 이익이 있다고 할 수 없다(대법원 2006.3.16. 선고 2006두330 전원합의체 판결, 대법원 2006.12.22. 선고 2006두14001 판결 등 참조).[158)

[1] 행정소송법 제12조에서 말하는 '법률상 이익'이란 당해 행정처분의 근거 법률에 의하여 보호되는 직접적이고 구체적인 이익을 말하고, 당해 행정처분과 관련하여 간접적이거나 사실적·경제적 이해관계를 가지는 데 불과한 경우는 여기에 포함되지 않으나, 행정처분의 직접 상대방이 아닌 제3자라고 하더라도 당해 행정처분으로 인하여 법률상 보호되는 이익을 침해당한 경우에는 취소소송을 제기하여 그 당부의 판단을 받을 자격이 있다.

[2] 구 임대주택법(2009.12.29. 법률 제9863호로 개정되기 전의 것) 제21조 제5항, 제9항, 제34조, 제35조 규정의 내용과 입법 경위 및 취지 등에 비추어 보면, 임차인대표회의도 당해 주택에 거주하는 임차인과 마찬가지로 임대주택의 분양전환과 관련하여 그 승인의 근거 법률인 구 임대주택법에 의하여 보호되는 구체적이고 직접적인 이익이 있다고 봄이 상당하다. 따라서 임차인대표회의는 행정청의 분양전환승인처분이 승인의 요건을 갖추지 못하였음을 주장하여 그 취소소송을 제기할 원고적격이 있다고 보아야 한다.[159)

---

157) 대법원 1988.6.14. 선고 87누873 판결.

158) 대법원 2008.9.11. 선고 2006두7577 판결(광업권설정허가처분취소등 공2008하, 1375). 아울러 대법원 2006.12.21. 선고 2005두16161 판결(보험약가인하처분취소 공보불게재); 2004.8.16. 선고 2003두2175 판결; 2006.7.28. 선고 2004두6716 판결 등을 참조.

159) 2010.5.13. 선고 2009두19168 판결(분양전환승인의취소).

2. 복효적 행정행위에 대한 재결을 다투는 취소소송과 원고적격

가. 이른바 복효적 행정행위, 특히 제3자효를 수반하는 행정행위에 대한 행정심판청구에 있어서 그 청구를 인용하는 내용의 재결로 인하여 비로소 권리이익을 침해받게 되는 자(예컨대, 제3자가 행정심판청구인인 경우의 행정처분 상대방 또는 행정처분 상대방이 행정심판청구인인 경우의 제3자)는 재결의 당사자가 아니라고 하더라도 그 인용재결의 취소를 구하는 소를 제기할 수 있으나, 그 인용재결로 인하여 새로이 어떠한 권리이익도 침해받지 아니하는 자인 경우에는 그 재결의 취소를 구할 소의 이익이 없다.

나. 처분상대방이 아닌 제3자가 당초의 양식어업면허처분에 대하여는 아무런 불복조치를 취하지 않고 있다가 도지사가 그 어업면허를 취소하여 처분상대방인 면허권자가 그 어업면허취소처분의 취소를 구하는 행정심판을 제기하고 이에 재결기관인 수산청장이 그 심판청구를 인용하는재결을 하자 비로소 그 제3자가 행정소송으로 그 인용재결을 다투고 있는 경우, 수산청장의 그 인용재결은 도지사의 어업면허취소로 인하여 상실된 면허권자의 어업면허권을 회복하여 주는 것에 불과할 뿐 인용재결로 인하여 제3자의 권리이익이 새로이 침해받는 것은 없고, 가사 그 인용재결로 인하여 그 면허권자의 어업면허가 회복됨으로써 그 제3자에 대하여 사실상 당초의 어업면허에 따른 효과와 같은 결과를 초래한다고 하더라도 이는 간접적이거나 사실적·경제적 이해관계에 불과하므로, 그제3자는 인용재결의 취소를 구할 소의 이익이 없다.[160]

법률상 이익의 유무에 대한 판단은 독일식의 보호규범이론에 따라, 일차적으로 관계법규정의 해석문제(Auslegungsproblem)로 귀착된다.[161] 이것은 '공중목욕탕사건'에서 '연탄공장사건'에 이르는 판례변천이 결국 주관적 공권 또는 법률상 이익에 관한 관계법규정의 해석을 통해 이루어진 것이라는 점에서 우리의 경우에도 그대로 타당하다. 이와 같은 원고적격에 관한 대법원판례의 변천은, 의문의 여지없이 그 보호범위의 확대라는 측면에 관한 한, 긍정적인 평가를 받을 수 있다. 이와 관련하여 다음 지적은 대

---

160) 대법원 1995.6.13. 선고 94누15592 판결(공95.7.15. 996).

161) Bauer, 1986, S.140.

단히 시사적이다.

> 어떻든, 새 행정소송법상의 "법률상 이익"의 개념에는, 법률상 보호이익뿐만 아니라, 보호가치이익과, 또한 점차로 객관소송적 요소를 도입할 수 있는 문호가 열려 있다 할 것이다. 가령 지역주민·주민단체·자연보호단체·소비자보호단체에게 원고적격을 인정하는 문제가 그 예라 할 수 있다.[162]

우리 대법원의 판례에 따를 때 법률상 이익이 인정되는 경우는, ① 당해 처분의 근거법규에서 직접 보호하는 이익으로 해석되는 경우, ② 당해 처분의 근거법규는 아니지만 관련법규, 즉 당해 처분의 목적을 달성하기 위한 일련의 단계적 관계에서 행해진 관련처분들의 근거법규에서 명시적으로 보호하는 이익으로 해석되는 경우, ③ 당해 처분의 근거법규나 관련법규에 그러한 이익을 보호하는 명시적인 규정은 없더라도 합리적 해석상 그 법규에서 행정청을 제약하는 이유가 순수한 공익의 보호만이 아니라 개별적·직접적·구체적 이익을 보호하는 취지가 포함되어 있다고 해석되는 경우이다.[163]

■■ 근거 법규 또는 관련 법규의 종합적 해석과 법률상 이익

광업권설정허가처분의 근거 법규 또는 관련 법규가 되는 구 광업법(2002.1.19. 법률 제6612호로 개정되기 전의 것, 이하 같다) 제10조, 제12조 제2항, 제29조 제1항, 제29조의2, 제39조, 제48조, 제83조 제2항, 제84조 내지 제87조, 제88조 제2항, 제91조 제1항, 구 광산보안법(2007.1.3. 법률 제8184호로 개정되기 전의 것) 제1조, 제5조 제1항 제2호, 제7호 등의 규정을 종합하여 보면, 위 근거 법규 또는 관련 법규의 취지는 광업권설정허가처분과 그에 따른 광산 개발과 관련된 후속 절차로 인하여 직접적이고 중대한 재산상·환경상 피해가 예상되는 토지나 건축물의 소유자나 점유자 또는 이해관계인 및 주민들이 전과 비교하여 수인한도를 넘는 재산상·환경

---

162) 김도창, 같은 책, p.774.
163) 대법원 2004.8.16. 선고 2003두2175 판결; 김철용, 행정법 I, 제13판, 2010, pp.658-659.

상 침해를 받지 아니한 채 토지나 건축물 등을 보유하며 쾌적하게 생활할 수 있는 개별적 이익까지도 보호하려는 데 있으므로, 광업권설정허가처분과 그에 따른 광산 개발로 인하여 재산상·환경상 이익의 침해를 받거나 받을 우려가 있는 토지나 건축물의 소유자와 점유자 또는 이해관계인 및 주민들은 그 처분 전과 비교하여 수인한도를 넘는 재산상·환경상 이익의 침해를 받거나 받을 우려가 있다는 것을 증명함으로써 그 처분의 취소를 구할 원고적격을 인정받을 수 있다.164)

▉ 환경영향평가법령과 처분의 근거법령

각 관련 규정에 의하면, 폐기물처리시설 설치기관이 1일 처리능력이 100t 이상인 폐기물처리시설을 설치하는 경우에는 폐촉법에 따른 환경상 영향조사 대상에 해당할 뿐만 아니라 환경영향평가법에 따른 환경영향평가 대상사업에도 해당하므로 폐촉법령뿐만 아니라 환경영향평가법령도 위와 같은 폐기물처리시설을 설치하기 위한 폐기물소각시설 설치계획 입지결정·고시처분의 근거 법령이 된다고 할 것이고, 따라서 위 폐기물처리시설설치계획입지가 결정·고시된 지역 인근에 거주하는 주민들에게 위 처분의 근거 법규인 환경영향평가법 또는 폐촉법에 의하여 보호되는 법률상 이익이 있으면 위 처분의 효력을 다툴 수 있는 원고적격이 있다.165)

원고적격에 관한 대법원의 판례 중 주목할 만한 것들을 소개해 보면 다음과 같다.

▉ 상수원보호구역변경과 공설화장장설치에 관한 원고적격 인정 여부

가. 행정처분의 직접 상대방이 아닌 제3자라도 당해 행정처분의 취소를 구할 법률상의 이익이 있는 경우에는 원고적격이 인정되는데, 여기서 말하는 법률상의 이익은 당해 처분의 근거 법률에 의하여 보호되는 직접적이고 구체적인 이익이 있는 경우를 말하고, 다

---

164) 대법원 2008.9.11. 선고 2006두7577 판결(광업권설정허가처분취소등 공2008하, 1375).
165) 대법원 2005.5.12. 선고 2004두14229 판결(폐기물처리시설입지결정및고시처분취소 공2005.6.15.(228), 960).

만 공익보호의 결과로 국민 일반이 공통적으로 가지는 추상적, 평균적, 일반적인 이익과 같이 간접적이나 사실적, 경제적, 이해관계를 가지는데 불과한 경우는 여기에 포함되지 않는다.

나. 상수원보호구역 설정의 근거가 되는 수도법 제5조 제1항 및 동 시행령 제7조 제1항이 보호하고자 하는 것은 상수원의 확보와 수질보전일 뿐이고, 그 상수원에서 급수를 받고 있는 지역주민들이 가지는 상수원의 오염을 막아 양질의 급수를 받을 이익은 직접적이고 구체적으로는 보호하고 있지 않음이 명백하여 위 지역주민들이 가지는 이익은 상수원의 확보와 수질보호라는 공공의 이익이 달성됨에 따라 반사적으로 얻게 되는 이익에 불과하므로 지역주민들에 불과한 원고들에게는 위 상수원보호구역변경처분의 취소를 구할 법률상의 이익이 없다.

다. 도시계획법 제12조 제3항의 위임에 따라 제정된 도시계획시설기준에관한 규칙 제125조 제1항이 화장장의 구조 및 설치에 관하여는 매장및묘지등에관한법률이 정하는 바에 의한다고 규정하고 있어, 도시계획의 내용이 화장장의 설치에 관한 것일 때에는 도시계획법 제12조 뿐만 아니라 매장및묘지등에관한법률 및 같은법시행령 역시 그 근거법률이 된다고 보아야 할 것이므로, 같은법시행령 제4조 제2호가 공설화장장은 20호 이상의 인가가 밀집한 지역, 학교 또는 공중이 수시 집합하는 시설 또는 장소로부터 1,000m 이상 떨어진 곳에 설치하도록 제한을 가하고, 같은법시행령 제9조가 국민보건상 위해를 끼칠 우려가 있는 지역, 도시계획법 제17조의 규정에 의한 주거지역, 상업지역, 공업지역 및 녹지지역 안의 풍치지구 등에의 공설화장장 설치를 금지함에 의하여 보호되는 부근 주민들의 이익은 위 도시계획결정처분의 근거법률에 의하여 보호되는 법률상 이익이다.166)

---

166) 대법원 1995.9.26. 선고 94누14544 판결(공95.11.1. 1003(27)). 이것은 부산시 금정구 청룡동 등 부산시립 영락공원 인근 주민 2백99명이 부산시를 상대로 낸 도시계획결정 취소등 청구소송 상고심판결이다. 이 사건에서 원고측은 부산시가 부산시 금정구 남산·청룡동 등 5개 동 주민들의 반대를 무릅쓰고 강행한 부산시립화장장 건립을 위한 도시계획결정이 화장장관련 법규를 어긴 행정처분이라고 주장하였다. 대법원은 이러한 원고측 주장에 대하여 "이 사건 본안이 인용될 것인지 여부는 별론으로 하더라도 적어도 당사자적격 문제에 있어서는 원고들이 위와 같은 지역에 거주하는지 여부등을 살펴 원고들에게 원고적격이 있는지 등을 따졌어야 함에도 이점에 관하여는 전혀 심리하지 않은 채 매장및묘지등에관한법률이나 동 시행령은 위 도시계획결정처분의 근거법률이 아니라는 전제에서 위 법에 의하여 보호되는 이익이 침해되었음을 주장하는 원고들에게는 위 도시계획결정처분의 취소를 구할 원고적격이 없다"고 판시하여 도시계획결정 취소청구부분에 대한 원심판결을 파기환송하였다. 주민들은 1993년 3월부터 8개월여 동안 부산시의 화장장건립에 반대해 격렬한 시위를 벌였고 시가 화장장건립을 강행하자 같은 해

◢◢ 영향권 밖 주민들의 원고적격

행정처분의 직접 상대방이 아닌 자로서 그 처분에 의하여 자신의 환경상 이익이 침해받거나 침해받을 우려가 있다는 이유로 취소소송을 제기하는 제3자는, 자신의 환경상 이익이 그 처분의 근거 법규 또는 관련 법규에 의하여 개별적·직접적·구체적으로 보호되는 이익, 즉 법률상 보호되는 이익임을 입증하여야 원고적격이 인정되고, 다만 그 행정처분의 근거 법규 또는 관련 법규에 그 처분으로써 이루어지는 행위 등 사업으로 인하여 환경상 침해를 받으리라고 예상되는 영향권의 범위가 구체적으로 규정되어 있는 경우에는, 그 영향권 내의 주민들에 대하여는 당해 처분으로 인하여 직접적이고 중대한 환경피해를 입으리라고 예상할 수 있고, 이와 같은 환경상의 이익은 주민 개개인에 대하여 개별적으로 보호되는 직접적·구체적 이익으로서 그들에 대하여는 특단의 사정이 없는 한 환경상 이익에 대한 침해 또는 침해 우려가 있는 것으로 사실상 추정되어 법률상 보호되는 이익으로 인정됨으로써 원고적격이 인정되며, 그 영향권 밖의 주민들은 당해 처분으로 인하여 그 처분 전과 비교하여 수인한도를 넘는 환경피해를 받거나 받을 우려가 있다는 자신의 환경상 이익에 대한 침해 또는 침해 우려가 있음을 증명하여야만 법률상 보호되는 이익으로 인정되어 원고적격이 인정된다(대법원 2006.3.16. 선고 2006두330 전원합의체판결, 대법원 2006.12.22. 선고 2006두14001 판결 등 참조).[167]

◢◢ 폐기물처리시설 영향권 밖의 주민들의 원고적격

구 폐기물처리시설설치촉진및주변지역지원등에관한법률(2002.2.4. 법률 제6656호로 개정되기 전의 것) 및 같은법시행령의 관계 규정의 취지는 처리능력이 1일 50t인 소각시설을 설치하는 사업으로 인하여 직접적이고 중대한 환경상의 침해를 받으리라고 예상되는 직접영향권 내에 있는 주민들이나 폐기물소각시설의 부지경계선으로부터 300m 이내의 간접영향권 내에 있는 주민들이 사업 시행 전과 비교하여 수인한도를 넘는 환경피해를 받지 아니하고 쾌적한 환경에서 생활할 수 있는 개별적인 이익까지도 이를 보호하려는 데에 있다 할

11월 부산시를 상대로 부산고법에 행정소송을 제기했다가 1994년 10월14일 소각하판결을 받은 뒤 상고했었다. 대법원의 이 판결은, 비록 지역주민들의 법률상 이익은 부정했지만, 향후 지방자치단체들의 기피시설 유치에 걸림돌로 작용할 것이란 우려를 낳기도 했다.

167) 대법원 2010.4.15. 선고 2007두16127 판결(공장설립승인처분취소).

것이므로, 위 주민들이 소각시설입지지역결정·고시와 관련하여 갖는 위와 같은 환경상의 이익은 주민 개개인에 대하여 개별적으로 보호되는 직접적·구체적 이익으로서 그들에 대하여는 특단의 사정이 없는 한 환경상의 이익에 대한 침해 또는 침해우려가 있는 것으로 사실상 추정되어 폐기물 소각시설의 입지지역을 결정·고시한 처분의 무효확인을 구할 원고적격이 인정된다고 할 것이고, 한편 폐기물 소각시설의 부지경계선으로부터 300m 밖에 거주하는 주민들도 위와 같은 소각시설 설치사업으로 인하여 사업 시행 전과 비교하여 수인한도를 넘는 환경피해를 받거나 받을 우려가 있음에도 폐기물처리시설 설치기관이 주변영향지역으로 지정·고시하지 않는 경우 같은 법 제17조 제3항 제2호 단서 규정[168]에 따라 당해 폐기물처리시설의 설치·운영으로 인하여 환경상 이익에 대한 침해 또는 침해 우려가 있다는 것을 입증함으로써 그 처분의 무효확인을 구할 원고적격을 인정받을 수 있다.[169]

▰▰ 연접개발의 사전환경성검토와 그 대상지역에 포함될 개연성이 충분한 주민들의 원고적격

[1] 행정처분의 직접 상대방이 아닌 자로서 그 처분에 의하여 자신의 환경상 이익이 침해받거나 침해받을 우려가 있다는 이유로 취소소송을 제기하는 제3자는, 자신의 환경상 이익이 그 처분의 근거 법규 또는 관련 법규에 의하여 개별적·직접적·구체적으로 보호되는 이익, 즉 법률상 보호되는 이익임을 입증하여야 원고적격이 인정된다고 할 것이며, 다만 그 행정처분의 근거 법규 또는 관련 법규에 그 처분으로써 이루어지는 행위 등 사업으로 인하여 환경상 침해를 받으리라고 예상되는 영향권의 범위가 구체적으로 규정되어 있는 경우에는, 그 영향권 내의 주민들에 대하여는 당해 처분으로 인하여 직접적이고 중대한 환경피해를 입으리라고 예상할 수 있고, 이와 같은 환경상의 이익은 주민 개개인에 대하여 개별적으로 보호되는 직접적·구체적 이익으로서 그들에 대하여는 특단의 사정이 없는 한 환경상 이익에 대한 침해 또는 침해 우려가 있는 것으로 사실상

---

168) 인용자 주: 제17조 제3항 제2호 단서 규정: "2. 간접영향권 : 대통령령이 정하는 범위 안의 지역으로서 제2항의 규정에 의하여 환경상 영향을 조사한 결과 환경상 영향이 미칠 것으로 예상되는 직접영향권외의 지역. 다만, 특히 필요하다고 인정되는 때에는 대통령령이 정하는 범위밖의 지역도 포함시킬 수 있다."

169) 대법원 2005.3.11. 선고 2003두13489 판결(쓰레기소각장입지지역결정고시취소청공2005.4.15.(224), 596).

추정되어 법률상 보호되는 이익으로 인정됨으로써 원고적격이 인정된다고 할 것이며, 그 영향권 밖의 주민들은 당해 처분으로 인하여 그 처분 전과 비교하여 수인한도를 넘는 환경피해를 받거나 받을 우려가 있다는 자신의 환경상 이익에 대한 침해 또는 침해 우려가 있음을 입증하여야만 법률상 보호되는 이익으로 인정되어 원고적격이 인정된다고 볼 것이다(대법원 2005.3.11. 선고 2003두13489 판결, 2006.3.16. 선고 2006두330 전원합의체 판결 등 참조).

[2] 환경정책기본법령상 사전환경성검토협의 대상지역 내에 포함될 개연성이 충분하다고 보이는 주민들인 원고들에 대하여는 그 환경상 이익에 대한 침해 또는 침해 우려가 있는 것으로 추정할 수 있고 이는 법률상 보호되는 이익에 해당한다고 해석함이 상당하다.170)

■■ 경업자의 원고적격

일반적으로 면허나 인·허가 등의 수익적 행정처분의 근거가 되는 법률이 해당 업자들 사이의 과당경쟁으로 인한 경영의 불합리를 방지하는 것도 그 목적으로 하고 있는 경우, 다른 업자에 대한 면허나 인·허가 등의 수익적 행정처분에 대하여 이미 같은 종류의 면허나 인·허가 등의 수익적 행정처분을 받아 영업을 하고 있는 기존의 업자는 경업자에 대하여 이루어진 면허나 인·허가 등 행정처분의 상대방이 아니라 하더라도 당해 행정처분의 취소를 구할 원고적격이 있다.171)

■■ 담배소매영업소간 거리제한규정과 법률상 보호되는 이익

담배 일반소매인의 지정기준으로서 일반소매인의 영업소 간에 일정한 거리제한을 두고 있는 것은 담배유통구조의 확립을 통하여 국민의 건강과 관련되고 국가 등의 주요 세원이 되는 담배산업 전반의 건전한 발전 도모 및 국민경제에의 이바지라는 공익목적을 달성하고자 함과 동시에 일반소매인 간의 과당경쟁으로 인한 불합리한 경영을 방지함으로써 일반소매인의 경영상 이익을 보호하는 데에도 그 목적이

---

170) 대법원 2006.12.22. 선고 2006두14001 판결(공장설립승인처분취소 공2007.2.1.(267),238).

171) 대법원 2006.7.28. 선고 2004두6716 판결(분뇨등관련영업허가처분취소 공2006.9.1.(257),1540). 분뇨 등 관련 영업허가를 받아 영업을 하고 있는 기존 업자의 이익이 법률상 보호되는 이익이라고 보아, 기존 업자에게 경업자에 대한 영업허가처분의 취소를 구할 원고적격이 있다고 한 사례.

있다고 보이므로, 일반소매인으로 지정되어 영업을 하고 있는 기존업자의 신규 일반소매인에 대한 이익은 단순한 사실상의 반사적 이익이 아니라 법률상 보호되는 이익이라고 해석함이 상당하다.[172)]

◤◢ 기존 일반소매인이 신규 구내소매인 지정처분의 취소를 구할 법률상 이익의 인정 여부

구내소매인과 일반소매인 사이에서는 구내소매인의 영업소와 일반소매인의 영업소 간에 거리제한을 두지 아니할 뿐 아니라 건축물 또는 시설물의 구조·상주인원 및 이용인원 등을 고려하여 동일 시설물 내 2개소 이상의 장소에 구내소매인을 지정할 수 있으며, 이 경우 일반소매인이 지정된 장소가 구내소매인 지정대상이 된 때에는 동일 건축물 또는 시설물 안에 지정된 일반소매인은 구내소매인으로 보고, 구내소매인이 지정된 건축물 등에는 일반소매인을 지정할 수 없으며, 구내소매인은 담배진열장 및 담배소매점 표시판을 건물 또는 시설물의 외부에 설치하여서는 아니 된다고 규정하는 등 일반소매인의 입장에서 구내소매인과의 과당경쟁으로 인한 경영의 불합리를 방지하는 것을 그 목적으로 할 수 있다고 보기 어려우므로, 일반소매인으로 지정되어 영업을 하고 있는 기존업자의 신규 구내소매인에 대한 이익은 법률상 보호되는 이익이 아니라 단순한 사실상의 반사적 이익이라고 해석함이 상당하므로, 기존 일반소매인은 신규 구내소매인 지정처분의 취소를 구할 원고적격이 없다.[173)]

한편 대법원은 참가인이 피고 국민권익위원회에 국민권익위원회법에 따른 신고와 신분보장조치 요구를 하였고, 이에 피고 위원회가 참가인의 소속기관의 장인 원고에게 '참가인에 대한 중징계요구를 취소하고 향후 신고로 인한 신분상 불이익처분 및 근무조건상의 차별을 하지 말 것을 요구'하는 내용의 조치요구를 한 사안에서, '비록 원고 시·도선거관리위원회 위원장이 국가기관에 불과하더라도 이 사건에서는 당사자능력 및 원고적격을 가진다고 봄이 상당하다'고 판시함으로써 국가기관에게 원고적격(조치의무를 다툴 법률상 이익)을 인정하였다. 대법원이 기존의 판례에서 원

---

172) 대법원 2008.3.27. 선고 2007두23811 판결(담배소매인지정처분취소 공보불게재).
173) 대법원 2008.4.10. 선고 2008두402 판결(담배소매인지정처분취소 미간행).

고적격 판단에 일관되게 적용해 왔던 법률상 이익의 요건, 특히 사익보호 규범성 기준을 문제삼지 아니하고 '조치요구의 취소를 구하는 항고소송을 제기하는 것이 유효·적절한 수단이라는 점'을 근거로 삼았다는 것은 주목할 만한 점이지만, 이 판례는 특수한 관계법령 및 사례상황을 감안한 결과여서 섣불리 일반화하기에는 무리가 있을 것이다.

■■ 국가기관의 원고적격

[1] 국가기관 사이에 어느 일방(피고 위원회)이 상대방(원고)에 대하여 일정한 의무를 부과하는 내용의 조치요구를 한 사안에서 그 조치요구의 상대방인 국가기관이 이를 다투고자 할 경우, 이는 국가기관 내부의 권한 행사에 관한 것이어서 기관소송의 대상으로 하는 것이 적절해 보이나, 행정소송법은 제45조에서 '기관소송은 법률이 정한 경우에 법률에 정한 자에 한하여 제기할 수 있다'고 규정하여 **이른바 기관소송 법정주의를 채택하고 있고, 조치요구에 관하여는 국민권익위원회법 등 법률에서 원고에게 기관소송을 허용하는 규정을 두고 있지 아니하므로, 이 사건 조치요구를 이행할 의무를 부담하고 있는 원고로서는 기관소송으로 이 사건 조치요구를 다툴 수는 없다.**

[2] 이 사건 조치요구는 법률에 근거하여 설립된 행정부 소속의 국무총리 산하 기관인 피고 위원회가 헌법상의 독립기관인 중앙선거관리위원회 산하기관인 원고에 대하여 한 것으로서 정부 조직 내에서 그 처분의 당부에 대한 심사·조정을 할 수 있는 다른 방도가 없을 뿐만 아니라, **피고 위원회는 헌법 제111조 제1항 제4호 소정의 '헌법에 의하여 설치된 국가기관'이라고 할 수 없으므로(헌법재판소 2010. 10. 28. 선고 2009헌라6 전원재판부 결정 참조), 원고와 피고 위원회 사이에 헌법 제111조 및 헌법재판소법 제62조 제1항에서 정한 권한쟁의심판이 가능해 보이지도 아니한다.**

[3] **국민권익위원회법이 원고에게 피고 위원회의 조치요구에 따라야 할 의무를 부담시키는 외에 별도로 그 의무를 이행하지 아니할 경우 과태료나 형사처벌의 제재까지 규정하고 있는데, 원고가 피고 위원회의 조치요구를 다툴 별다른 방법이 없는 점 등에 비추어 보면, 피고 위원회의 이 사건 조치요구의 처분성이 인정되는 이 사건에서 이에 불복하고자 하는 원고로서는 이 사건 조치요구의 취소를 구하는 항고소송을 제기하는 것이 유효·적절한 수단이라고 할 것이므로, 비록 원고가 국가기관에 불과하더라도 이 사건에서는 당사자능력 및 원고적격을 가진다고 봄이 상당하고,** 원고가 피

> 고 위원회의 조치요구 후 참가인에 대하여 파면처분을 하였다고 하
> 더라도 그로 인하여 이 사건 조치요구가 곧바로 실효된다고 할 수
> 없고, <u>원고로서는 이 사건 조치요구를 따라야 할 의무를 여전히 부담한다</u>
> <u>고 할 것이므로, 원고에게는 이 사건 조치요구의 취소를 구할 법률상 이익</u>
> <u>도 있다고 할 것이다.</u>174)

(4) '법률상 이익' 침해의 주장

취소소송을 제기한 자에게 원고적격이 인정되려면, 그가 사실상
취소소송의 보호의 대상으로서 법률상 이익을 침해당했여야 하는가. 이미
앞에서 보았듯이 처분에 관하여 처분의 객관적 위법성이 아니라 그 위법주
장이 필요할 뿐이라면, 법률상 이익이 실제로 침해되었을 것까지 요구되는
것은 아니라고 해야 할 것이다. 원고가 처분등으로 인하여 실제로 법률상
이익을 침해당했는지 여부는 취소소송의 제기요건이 아니라 청구인용의
요건(Aktivlegitimation)이다. 취소소송 제기요건의 하나인 원고적격의 기준
으로 '법률상 이익'이란 '보호의 대상으로서 법률상 이익'을 의미하지만, 원
고적격의 유무는 원고가 사실상 이러한 법률상 이익을 가지고 있는지를 기
준으로 판단할 것이 아니라, 원고가 주장하는 바와 같은 법률상 이익이 존
재할 객관적 가능성이 있는지를 기준으로 판단해야 할 것이다(가능성이론:
Möglichkeitstheorie).

(5) 권리보호의 필요(협의의 소익)로서 '법률상 이익'

행정소송법은 제12조 제2문에서 처분의 효과가 기간경과, 처분의
집행 그 밖의 사유로 인하여 소멸된 뒤에도 그 처분의 취소로 인하여 회복
되는 법률상 이익이 있는 자는 취소소송을 제기할 수 있다고 규정하고 있
다. 이 조항의 취지는, 취소소송의 목적을 전적으로 계쟁처분의 효력을 박
탈하는데 있는 것으로 보는 견지에서 처분의 존재가 소멸되어 버린 경우
소의 목적이 없는 것으로 보아 각하했던 종래의 예와는 달리, 그런 경우에

---

174) 대법원 2013. 7. 25. 선고 2011두1214 판결(불이익처분원상회복등요구처분취소: 공
2013하, 1603).

도 권리구제의 길을 열어놓으려는 데 있다. 그러나 이 조항은 사실 앞에서 본 바와 같은 취소소송의 보호대상으로서 법률상 이익이 아니라, 보호의 필요성 내지 분쟁의 현실성(또는 협의의 소익)에 관한 것이라 보아야 할 것이다.175) 따라서 이들 두 가지 경우에 '법률상 이익'의 개념이 서로 다른 것임에도 불구하고 동일한 맥락에서 혼동되고 사용되고 있음을 알 수 있다.176) 요컨대 행정소송법상의 원고적격의 개념은 문언상 동일하게 표현된, 그러나 '보호의 대상'과 '보호의 필요성'이란 상이한 차원의 요소를 혼동시키는 '법률상 이익'의 기준에 의해 규정되고 있는데, 법문상 표현에 구애됨이 없이 이를 권리보호의 필요성을 의미하는 것으로 보는 것이 옳다. 이러한 의미의 법률상 이익(§12 제2문)은 원고적격의 기준이 아니라, 권리보호의 이익으로, 별도의 취소소송 제기요건으로 다루어야 할 것이다.

3.1.3. 피고적격

(1) 개 설

행정소송법(§13① 본문)은 피고적격에 관하여 특별한 규정이 없는 한 그 처분이나 재결을 행한 행정청(처분청·재결청)이 피고가 된다고 규정하고 있다. 본래 처분이나 재결의 효과가 귀속되는 권리주체는 국가나 공공단체이므로 이들이 피고가 되는 것이 원칙이나 취소소송의 경우 사안의 근접성(Sachnahe)과 소송수행상의 편의를 고려하여 그 기관인 당해 행정청을 피고로 한 것이다. 피고를 잘못 지정하면 소는 원칙적으로 각하된다. 이

---

175) 이에 관하여는 김남진, 행정법 I, pp.759-760; 김동희, 행정법 I, pp.564, 634 이하; 김유환, "취소소송에 있어서의 권리보호의 필요", 고시연구, 1995/11, p.61 이하 등을 참조. 김동희 교수는 이 조항을 협의의 소익의 범위를 확대한 것이라고 서술하고 있다. 한편 홍정선 교수는 종래 이러한 입장을 취했으나, 최근 학설을 변경하여 행정소송법 제12조 제2문의 규정을 원고적격에 관한 규정이라고 보고 있다(홍정선, 행정법원론(상), pp.768-799).

176) 그것은 구체적인 소송유형과 관련하여, 여기서는 취소소송을 제기할 구체적인 자격을 의미하는 특별소송요건(besondere Sachurteilsvoraussetzung)으로서의 원고적격과는 다르다(이 점은 Schmitt Glaeser, Verwaltungs- prozeßrecht, 13.Aufl., 1994, Rn.31에 명백히 나타나 있다).

는 피고를 잘못 지정한 경우 청구기각판결을 하는 민사소송과 다른 점이다. 행정청의 피고적격에 관하여는 다음과 같은 사항을 고려하여야 한다.

(2) 행정청

취소소송은 다른 법률에 특별한 규정이 없는 한 그 처분 등을 행한 행정청이 피고가 된다(§13① 본문). 다만 공무원에 대한 징계 기타 불이익처분의 처분청이 대통령인 때에는 각각의 소속장관을 피고로 하며(국가공무원법 §16②), 대법원장이 행한 처분에 대한 행정소송의 피고는 법원행정처장으로 한다(법원조직법 §70)는 등의 특칙이 있다.

◢◢◢ 시·도 인사위원회 위원장의 피고적격

구 지방공무원법(1993.12.27. 법률 제4613호로 개정되기 전의 것) 제7조, 제8조, 제9조, 제32조, 지방공무원임용령 제42조의2 등 관계 규정에 의하면, 시·도 인사위원회는 독립된 합의제행정기관으로서 7급 지방공무원의 신규임용시험의 실시를 관장한다고 할 것이므로, 그 관서장인 시·도 인사위원회 위원장은 그의 명의로 한 7급 지방공무원의 신규임용시험 불합격결정에 대한 취소소송의 피고적격을 가진다.[177]

◢◢◢ 조례무효확인소송의 피고적격

[1] 조례가 집행행위의 개입 없이도 그 자체로서 직접 국민의 구체적인 권리의무나 법적 이익에 영향을 미치는 등의 법률상 효과를 발생하는 경우 그 조례는 항고소송의 대상이 되는 행정처분에 해당하고, 이러한 조례에 대한 무효확인소송을 제기함에 있어서 행정소송법 제38조 제1항, 제13조에 의하여 피고적격이 있는 처분 등을 행한 행정청은, 행정주체인 지방자치단체 또는 지방자치단체의 내부적 의결기관으로서 지방자치단체의 의사를 외부에 표시한 권한이 없는 지방의회가 아니라, 구 지방자치법(1994.3.16. 법률 제4741호로 개정되기 전의 것) 제19조 제2항, 제92조에 의하여 지방자치단체의 집행기관으로서 조례로서의 효력을 발생시키는 공포권이 있는 지방자치단체의 장이다.

---

177) 대법원 1997.3.28. 선고 95누7055 판결(공97.5.1.[33], 1247).

[2] 구 지방교육자치에관한법률(1995.7.26. 법률 제4951호로 개정되기전의 것) 제14조 제5항, 제25조에 의하면 시·도의 교육·학예에 관한 사무의 집행기관은 시·도 교육감이고 시·도 교육감에게 지방교육에 관한 조례안의 공포권이 있다고 규정되어 있으므로, 교육에 관한 조례의 무효확인소송을 제기함에 있어서는 그 집행기관인 시·도 교육감을 피고로 하여야 한다.178)

(3) 권한승계와 기관폐지의 경우

1) 권한의 승계

행정청의 권한이 승계된 경우에는 권한을 승계한 행정청이 피고가 된다(§13①). 행정청의 권한이 위임 또는 위탁된 경우에는 권한이 수임청에 넘어가기 때문에 이들이 피고가 되지만,179) 권한대행 또는 내부위임180)의 경우에는 처분권한 자체가 이전된 것이 아니므로 원래의 행정청이 피고적격을 가지는 것은 행정조직법의 법리에 따른 당연한 결과이다.

2) 행정청의 폐지

처분등을 행한 행정청이 없게 된 때에는 그 처분 등에 관한 사무가 귀속되는 국가 또는 공공단체를 피고로 한다(§13②).

(4) 피고경정

피고경정이란 소송계속 중 원래 피고로 지정된 자를 다른 자로 변경하는 것을 말한다. 행정소송법(§14①)은, 원고가 피고를 잘못 지정한 때, 행정청의 권한변경(권한승계·기관폐지 등)이 있은 때, 그리고 소의 변경이 있는 때에는 원고가 불측의 손해를 입는 것을 방지하기 위하여 피고의 경정을 인정하고 있다. 피고경정이 있으면 새로운 피고에 대한 소송은 처음에 소를 제기한 때에 제기된 것으로 보며(같은 조 ④), 종전의 피고에 대한 소는 취하된 것으로 본다(같은 조 ⑤). 피고경정허가결정은 새로운 피고

---

178) 대법원 1996.9.20. 선고 95누8003 판결(공96.11.1.[21], 3210).

179) 영등포구청장이 서울특별시장의 위임을 받아 발한 취득세부과처분에 대한 행정소송의 피고는 영등포구청장이라는 판례(대법원 1972.5.9. 선고 71누152 판결)가 있다.

180) 대법원 1980.11.25. 선고 80누217 판결.

에 대한 관계에서는 중간적 재판의 성질을 갖는 것으로서 특별항고의 대상이 되는 '불복을 신청할 수 없는 결정'에는 해당되지 않지만,[181] 반면 종전의 피고는 불복을 신청할 수 없으므로 위 결정에 대한 종전의 피고의 항고는 특별항고로 본다는 것이 판례의 태도이다.[182]

▨▨ 판례

공립중학교 교사인 원고는 서울특별시 북부교육청교육장을 피고로 하여 피고의 원고에 대한 전보처분의 취소를 구하는 이 사건 소송을 제기하였다가 교육부교원징계재심위원회가 위 전보처분에 대한 원고의 재심청구를 기각하는 결정을 하자 피고를 잘못 지정하였다 하여 원심법원에 피고를 교육부교원징계재심위원회로 경정할 것의 허가를 신청하였고, 원심은 위 신청이 이유있다 하여 피고경정을 허가하였음이 명백하다. 그러나 이 사건에 있어서와 같이 원처분청의 처분이 있고, 그 처분이 정당하다고 하여 그에 대한 재심청구를 기각한 재결이 있는 경우에는 행정소송의 대상이 되는 처분은 원칙적으로 원처분청의 처분이고, 위 재심청구를 기각하는 재결에 대한 행정소송은 그 재결 자체에 고유한 주체·절차·형식 또는 내용상의 위법이 있는 경우에 한한다고 할 것인데, 기록에 의하면, 원고는 종전의 피고인 서울특별시 북부교육청교육장의 원처분의 위법을 주장하고 있을 뿐 교육부교원징계재심위원회의 재결 자체의 위법을 주장하고 있지 아니함이 명백하다. 그렇다면 원고가 서울특별시 북부교육청교육장을 피고로 하여 이 사건 소송을 제기한 것이 피고를 잘못 지정한 것이라고 할 수 없음에도 불구하고 원심은 위와 같이 피고의 경정을 허가하였으니 원심결정에는 행정소송법 제14조를 위반한 법률위반의 위법이 있다고 할 것이고, 이와 같은 위법은 결정에 영향을 미친 것임이 명백하므로 이 점을 지적하는 논지는 이유 있다.[183]

▨▨ 피고경정의 시간적 한계

[1] 행정소송법 제14조에 의한 피고경정은 사실심 변론종결에

---

181) 대법원 1994.6.29. 선고 93프3 결정(법원공보 1994, 2138).

182) 대법원 1994.6.29. 선고 94두48 결정(법원공보 1994, 2138).

183) 대법원 1994.6.29. 선고 94두48 결정.

이르기까지 허용되는 것으로 해석하여야 할 것이고, 굳이 제1심 단계에서만 허용되는 것으로 해석할 근거는 없다.

　[2] 행정소송에서 피고경정신청이 이유 있다 하여 인용한 결정에 대하여는 종전 피고는 항고제기의 방법으로 불복신청할 수 없고, 행정소송법 제8조 제2항에 의하여 준용되는 민사소송법 제449조 소정의 특별항고가 허용될 뿐이다.184)

3.2. 취소소송의 참가인

3.2.1. 소송참가의 의의

　소송참가란 소송의 계속중에 소송외의 제3자가 타인간의 소송의 결과 자기의 법률상 이해관계에 영향을 받게 될 경우, 자기의 이익을 위하여 그 소송절차에 가입하는 것을 말한다. 소송참가의 형태로는 제3자가 단순히 당사자의 한쪽의 승소를 보조하기 위하여 참가하는 보조참가(민사소송법 §71), 소송당사자 쌍방에 대하여 독립된 당사자로서 참가하는 독립당사자참가(같은 법 §79), 제3자가 당사자 일방의 공동소송인으로서 참가하는 공동소송참가(같은 법 §83) 및 필수적 공동소송인에 준하는 지위가 인정되는 공동소송적 보조참가(같은 법 §78) 등이 있다. 소송참가는 일반적으로 소송의 합일확정 및 제3자의 이익보호를 목적으로 하는 제도라고 할 수 있다.

　행정소송법은 취소소송에 관하여 제16조에서 제3자의 소송참가를, 제17조에서는 행정청의 소송참가를 규정하고 이를 당사자소송, 민중소송 및 기관소송에 준용하고 있다(§§16, 17, 38, 44①, 46). 이러한 소송참가 형태 외에 민사소송법상의 소송참가도 허용되는지 여부가 문제되는데, 보조참가와 공동소송참가는 허용되지만, 독립당사자참가는 허용되지 않는다는 것이 다수설이다.

---

184) 대법원 2006.2.23.자 2005부4 결정(산재보험료부과처분취소 공2006.4.15.(248), 615).

3.2.2. 제3자의 소송참가

(1) 의   의

행정소송법은, "법원은 소송의 결과에 따라 권리 또는 이익의 침해를 받을 제3자가 있는 경우에는 당사자 또는 제3자의 신청 또는 직권에 의하여 결정으로써 그 제3자를 소송에 참가시킬 수 있다"고 규정하고 있다(§16①). 이것은 소송당사자 이외의 제3자의 권익보호를 위한 제도로서, 특히 다수인에 대한 처분이라든가 제3자효행정행위(VA mit Drittwirkung)에 있어 제3자(경쟁자, 이웃 등)의 권익이 저촉되는 경우가 많다는 점을 감안하여 제3자로 하여금 자기의 권익을 위하여 소송상 공격·방어방법을 제출하여 적정한 심리·판결을 받을 수 있는 기회를 부여하고, 이로써 제3자의 재심청구(§31)를 미연에 방지할 수 있다는 점도 고려한 것이다.

(2) 참가요건

1) 소송계속

제3자가 소송에 참가하기 위해서는 먼저 타인에 의해 취소소송이 제기되어 법원에 계속되어 있어야 한다. 소송이 어느 심급에 있는가는 묻지 않는다. 소송참가는 판결선고시까지 가능하며, 소의 취하나 재판상 화해가 있은 후에는 불가능하다.

2) 소송결과의 제3자에 대한 영향

소송의 결과에 따라 참가인이 될 제3자가 권리 또는 이익의 침해를 받을 경우라야 한다.

'권리 또는 이익'이란 그 문언에도 불구하고 '법률상 이익'을 의미한다고 보는 것이 민사소송법 제71조에 의한 보조참가의 요건이나[185] 원고적격에 관한 법 제12조의 취지에 비추어 균형있는 해석일 것이다. 따라서 반사적 이익이나 단순한 사실상 이익은 이에 해당하지 않는다.

---

185) 여기서는 소송의 결과에 관하여 이해관계가 있을 것이 요구되고 있는데 소송결과에 관한 이해관계란 사실상의 이해관계만으로는 부족하고 법률상의 이해관계가 있어야 한다는 것이 판례이다(대법원 1964.9.22. 선고 63두12 판결).

소송의 결과에 따라 권리 또는 이익의 침해를 받는다는 것은 판결의 결론, 즉 주문에 나타난 소송물 자체에 대한 판단의 결과 기득의 권리·이익이 침해되는 경우뿐만 아니라, 그 밖에 판결에 구속되는 행정청의 새로운 처분에 의하여 법률상 이익이 박탈되는 경우도 포함하는 것으로 새겨야 할 것이다. 가령 다수의 경업자들중 제한된 인원만을 선정하여 사업면허를 발급하는 경우, 면허를 받지 못한 자가 면허거부처분의 취소를 구한다면, 면허를 받은 자는 그 거부처분의 취소판결에 의하여 직접침해를 받는 것은 아닐지라도, 결국 행정청이 그 거부처분취소판결의 구속력에 의해 자기에 대한 면허를 취소하게 되리라고 예상할 수 있으므로, 소송결과에 따라 권리·이익의 침해를 받을 경우에 해당된다고 할 수 있다.

'제3자가 권리 또는 이익의 침해를 받을 경우'라고 하기 위하여는 실제로 침해를 받았어야 하는 것은 아니고 법원의 판단으로 보아 소송의 결과에 따라 그 제3자의 권리·이익의 침해가 초래될 개연성이 있으면 된다. 이것은 소송참가시 소송의 결과가 확정되어 있지 않다는 점을 고려할 때 극히 당연한 해석이다. 그렇지 않으면 아예 제3자의 소송참가란 불가능하게 되는 결과가 되기 때문이다. 소송참가란 본래 제3자에게 소송의 결과로 인한 권익침해의 위험을 방지할 수 있도록 하기 위한 것이라는 점을 또한 고려해야 할 것이다.

3) 참가신청 또는 직권참가요구

제3자의 소송참가요건으로서 당사자의 참가신청 또는 법원의 직권에 의한 참가결정이 있어야 함은 물론이다. 참가결정을 함에 있어 법원은 미리 당사자 및 제3자의 의견을 들어야 한다(§16②). 참가신청을 한 제3자는 그 신청을 각하한 결정에 대하여 즉시항고할 수 있다(§16③). 이 경우 소송당사자도 불복할 수 있는가에 대하여는 제3자의 소송참가는 제3자의 권익보호 및 공익을 위한 것이란 점에서 부정된다.[186]

---

186) 김남진, 행정법 I, p.768.

(3) 소송참가의 효과

소송참가의 결정에 의하여 제3자는 참가인의 지위를 갖게 된다. 그러나 소송참가의 결정이 없더라도, 참가를 신청한 제3자는 그 각하결정이 있기까지는 참가인으로서 소송행위를 할 수 있다. 각하결정이 있게 되면 그때까지 행한 제3자의 소송행위는 물론 효력을 상실하지만, 당사자가 이를 원용(援用)하면 효력이 유지된다(민사소송법 §75②).

소송에 참가한 제3자에 대하여는 필요적 공동소송에 관한 민사소송법 제67조가 준용된다(§16④). 따라서 취소소송에 있어 참가인에게는 필수적 공동소송에 있어서의 공동소송인에 준하는 지위가 인정된다고 하겠으나,[187] 참가인이 당사자로서 독자적인 청구를 하는 것은 아니므로, 그 지위를 공동소송적 보조참가인의 지위와 유사한 것으로 보는 것이 통설이다.[188]

> 민사소송법은 공동소송적 보조참가에 관하여 제78조에서 '재판의 효력이 참가인에게도 미치는 경우에는 그 참가인과 피참가인에 대하여 필수적 공동소송에 대한 특별규정인 제67조와 제69조를 준용한다고 규정하고 있다. 공동소송적 보조참가의 경우 참가인이 피참가인의 행위와 저촉되는 행위를 할 수 있다는 점, 참가인의 상소기간이 피참가인의 그것과는 독립하여 기산된다는 점에서 단순한 보조참가인보다 강한 독립성이 인정된다고 한다.[189]

아무튼, 참가인이 소송당사자가 아닌 이상, 소송물에 대한 처분권을 갖지는 못한다고 보아야 할 것이다.[190]

---

187) 민사소송법 제63조는 ① 소송의 목적이 공동소송인 전원에 대하여 합일적으로 확정될 경우에는 그 1인의 소송행위는 전원의 이익을 위하여서만 효력이 있고, ② 공동소송인의 1인에 대한 상대방의 소송행위는 전원에 대하여 효력이 있으며, ③ 공동소송인의 1인에 대하여 소송절차의 중단 또는 중지는 전원에 대하여 효력이 있다고 규정한다.

188) 김도창, 일반행정법론(상), p.780. 이는 우리와 유사한 규정을 가진 일본의 유력설이라고 한다(김남진, 행정법 I, p.769).

189) 김남진, 행정법 I, p.769.

190) 동지: 홍정선, 행정법원론(상), p.787.

3.2.3. 행정청의 소송참가

법원은 다른 행정청을 소송에 참가시킬 필요가 있다고 인정할 때에는 당사자 또는 당해 행정청의 신청 또는 직권에 의하여 결정으로써 그 행정청을 소송에 참가시킬 수 있다(§17①). 이러한 행정청의 소송참가는 행정처분에 처분청이외의 행정청이 관여하는 경우가 적지 않은데도 이들의 소송관여기회가 봉쇄되어 있다는 점을 고려하여, 이들로 하여금 공격·방어방법을 제출하는 등 소송에 참여할 수 있도록 함으로써 적정한 심리·판결을 보장하려는데 그 취지를 둔 것으로 이해된다. 이러한 행정청의 소송참가는 직권증거조사 및 직권탐지주의와 밀접한 관련을 지닌 제도로서 제3자의 권익보호를 주목적으로 하는 소송참가제도에서는 이례적인 제도라 할 수 있다. 참가행정청의 소송상의 지위는 민사소송법 제76조의 규정을 준용하고 있으므로 민사소송법상의 보조참가인에 준한다(§17③). 따라서 참가인은 소송에 관하여, 참가할 때의 소송 진행정도에 따라 할 수 없는 소송행위를 제외하고는, 공격, 방어, 이의, 상소 기타 일체의 소송행위를 할 수 있으되, 참가인의 소송행위가 피참가인의 소송행위에 어긋나는 때에는 효력이 없다.

3.3. 소송대리인

취소소송에 있어 소송대리에 관하여는 행정소송법에 특별한 규정이 없으므로 원칙적으로 민사소송법(§§87-97)의 규정에 의하여야 하나 '국가를 당사자로 하는 소송에 관한 법률'에 특별규정이 있다. 이에 따르면, 법무부장관과 행정청의 장은 소송수행자를 지정할 수도 있고 변호사를 소송대리인으로 선임할 수도 있다(동법 §§3, 5).

4. 권리보호의 필요(협의의 訴의 利益)

4.1. 의 의

취소소송 역시 일반소송과 마찬가지로 분쟁을 소송으로써 해결할 현실적 필요 또는 권리보호의 필요(Rechtsschutzbedürfnis)가 있을 때에 한하여 허용된다. 다시 말해 '이익 없으면 소송 없다'(Pas d'intérêt, pas d'action)는 법언은 취소소송에 대해서도 타당하다. 가령 효력기간이 정해져 있는 행정처분은 그 기간의 경과로 효력이 상실되는 것이므로 그 이후에는 그 처분이 외형상 잔존함으로 인하여 어떠한 법률상 이익이 침해되고 있다고 볼 만한 별다른 사정이 없는 한, 처분의 취소를 구할 권리보호의 이익이 없다.[191]

　　권리보호의 이익 또는 필요는 비단 취소소송뿐만 아니라 행정소송 일반에 대하여 요구되는 일반적 소송요건의 하나이다.[192] 그러나 행정소송법은 이 같은 예외적 규정만을 두고 있을 뿐 그 밖에 일반적 규정을 두고 있지는 않다. 때문에 일반적 권리보호의 이익의 효력 근거가 문제되는데 이에 관하여는 독일의 경우 대체로 신의성실의 원칙에서 연원하는 소송상 권리의 제도적 남용금지(Verbot institutionellen Mißbrauchs prozessualer Rechte)에서 근거를 찾고 있다는 점을 참고할 수 있을 것이다.[193] 권리보호의 필요가 있는지 여부는 구체적 사안별로 현실적으로 권리보호의 실익이 있느냐를 기준으로 판단해야 할 문제지만, 행정소송법규정 및 행정소송제도의 취지 등을 감안할 때 다음과 같은 경우로 나누어 볼 수 있다.

4.2. 처분의 효력이 소멸된 경우

4.2.1. 행정소송법 제12조 제2문의 취지

　　행정소송법 제12조 제2문은 처분의 효과가 기간 경과, 처분의 집행 그 밖의 사유로 인하여 소멸된 뒤에도 그 처분의 취소로 인하여 회복되는

---

191) 대법원 1988.3.22. 선고 87누1230 판결; 동지: 대법원 1990.1.12. 선고 89누1032 판결; 1991.4.26. 선고 91누179 판결.

192) 후펜(Friedhelm Hufen, Verwaltungsprozeßrecht, 1994, Rn.10-11)에 따르면 이러한 일반적 권리보호의 이익(allgemeines Rechtsschutzbedürfnis) 외에도 가령 확인소송에 있어 요구되는 특수한 형태의 권리보호의 이익이 있을 수 있다고 한다. 이 경우 전자는 일종의 포괄적 범주(Auffangkategorie)로 기능하는 데 비하여 후자는 그것의 특수한 형태(Sonderfall)라고 할 수 있다는 것이다.

193) Schmitt Glaeser, aaO, Rn. S.117f.

법률상 이익이 있는 자는 취소소송을 제기할 수 있다고 규정하고 있다. 그러나 이것은 앞서 본 바와 같이 취소소송의 보호대상으로서 법률상 이익이 아니라, 권리보호의 필요성 또는 협의의 소익에 관한 것이라고 보아야 한다.

▰▰ 판례

이에 관한 판례로는 계고와 대집행영장에 의한 통지절차를 거쳐 이미 그 집행이 사실행위로서 완료된 이후에 그 행위의 위법을 이유로 하여 그 처분의 취소 또는 무효확인을 구하는 것은 권리보호의 이익이 없다고 한 것,194) 석유판매사업정지처분의 집행이 종료되었다면 설사 이로 인하여 장래에 사실상 가중된 처분을 받을 염려가 있다고 하더라도 그 처분의 취소를 구할 법률상의 이익이 있다고 할 수 없다고 한 것,195) 그리고 주택자재공장의 등록신청이 거부되어 이에 대한 취소소송이 제기된 경우, 등록을 구하는 주택자재공장이 이미 철거되고 없다면 그 거부처분이 위법하다고 해도 그 등록의 대상이 없어졌으므로 그 취소를 구할 법률상 이익(권리보호의 필요)이 없다고 한 판례196)를 들 수 있다.

"관할청으로부터 취임 승인이 취소된 학교법인의 이사의 임기는 취임승인취소처분에 대한 행정심판이나 행정소송의 제기에도 불구하고 의연히 진행되는 것이고, 따라서 취임승인취소처분의 무효확인이나 취소를 구하는 소송의 사실심 변론종결 이전에 그 이사의 임기가 만료되고 나아가 사립학교법 제22조 제2호의 임원결격사유에 정하여진 기간도 경과되었다면 취임승인취소처분이 무효로 확인되거나 취소된다고 하더라도 그 학교법인의 이사가 이사로 복귀하거나 이사 직무를 수행할 지위를 회복할 수는 없는 것이므로 취임승인취소처분의 무효확인 또는 그 취소를 구하는 소는 결국 이를 구할 법률상의 이익이 없어 부적법하다고 할 수밖에 없다."197)

행정소송법 제12조 제2문의 해석상 '법률상 이익'은 명예·신용 등을 포

---

194) 대법원 1971.4.20. 선고 71누22 판결.

195) 대법원 1982.3.23. 선고 81누243 판결.

196) 대법원 1987.2.24. 선고 86누676 판결.

197) 대법원 1995.3.10. 선고 94누8914 판결(공95.4.15. 990). 참조판례: 대법원 1990.3.23. 선고 89누7436 판결(공1990, 976); 1991.5.28. 선고 90누5313 판결(1991, 1784)

함하지 않는다고 새기는 견해가 있으며,[198] 반면 명예·신용 등의 인격적 이익, 보수청구와 같은 재산적 이익 및 불이익제거와 같은 사회적 이익도 인정될 수 있다고 보는 견해[199] 또는 이를 독일 행정법원법 제42조 제2항 및 제113조 제1항에서 규정하는 처분의 위법확인에 대한 정당한 이익(ein berechtigtes Interesse)으로 보아 법률상 이익 보다 넓은 것으로서 원고의 경제적·정치적·사회적·문화적 이익까지 포함하는 것으로 보는 견해[200]가 주장되고 있다.

생각건대 행정소송법 제12조 제2문의 법문상 '회복되는 법률상 이익'을 취소소송의 보호대상이 아니라, 처분의 위법성에 대한 확인의 이익 또는 권리보호의 이익(협의의 소익)으로 이해하는 한, 이를 주관적 공권·법률상 이익과 사실상 이익의 구분에 관한 문제로 다룰 이유는 없고, 따라서 이를 엄격히 법률상 이익으로 한정하는 것은 법 제12조 제2문의 취지에 비추어 타당하지 않다고 본다.

4.2.2. 대법원의 판례 변천

제재적 행정처분에 있어 그 제재기간이 경과된 후에도 처분의 효력을 다툴 수 있는지 여부에 관한 대법원의 판례는 우여곡절을 겪었다.

일찍이 대법원은 건축사업무정지처분에 의한 업무정지기간 도과후 정지처분취소청구에 대하여 "건축사업무정지처분을 받은 건축사로서는 위 처분에서 정한 기간이 도과되었다 하더라도 위 처분을 그대로 방치하여 둠으로써 장래 건축사사무소 등록취소라는 가중된 제재처분을 받게 될 우려가 있는 것이므로 건축사로서의 업무를 행할 수 있는 법률상 지위에 대한 위험이나 불안을 제거하기 위하여 건축사업무정지처분의 취소를 구할 이익이 있다"고 판시한 바 있었다.[201] 이것은 행정소송법 제12조 제2문을 적

---

198) 김동희, 행정법 I, p.635.
199) 김도창, 일반행정법론(상), p.785.
200) 김남진, 행정법 I, p.760.
201) 대법원 1991.8.27. 선고 91누3512 판결; 동지: 대법원 1993. 9.14. 선고 93누12572 판결;

용한 사례로서 종래 구법하에서의 석유판매사업정지처분의 취소청구에 관한 앞의 판례(대법원 1982.3.23. 선고 81누243 판결)에 비해 진일보한 것으로 평가될 수 있었다.

그러나 대법원은 1995년 10월 17일자 전원합의체판결[202]에서 다음과 같이 판시하여 종래의 판례를 폐기했다.

▰ 판례

> 제재적 행정처분에 있어서 그 제재기간이 경과된 후에도 그 처분의 효력을 다툴 수 있는지 여부에 관한 문제는 행정소송법 제12조상의 '법률상 이익'의 개념 및 부령인 시행규칙 또는 지방자치단체의 규칙상의 행정처분의 기준에 관한 규정의 법적 성질 등에 관한 판례상의 이론과 유기적으로 관련되는 것일 뿐 아니라, 행정청이 가중요건의 규정에 따라 가중된 제재처분을 하였더라도 법원은 이에 구속됨이 없이 그 근거법률의 규정 및 취지에 따라 가중된 제재처분의 적법 여부를 심리·판단할 수 있는 것이므로 가중된 제재처분이 적합한지 여부를 심리·판단하는 기회에 선행처분상의 사실관계 등을 심리한 후 이를 종합하여 가중된 제재처분의 적법 여부를 판단할 수 있어서 실질적으로 선행처분상의 사실관계를 다툴 수 있는 길도 열려 있는 것이다. 따라서 제재적 행정처분에 있어서 그 제재기간이 경과된 후에도 그 처분의 효력을 다툴 소의 이익이 있는지 여부에 관한 대법원의 종전 견해는 그대로 유지되어야 할 것이고, 단순히 쟁송의 문을 열어 두자는 취지만으로 판례상의 이론적 체계를 무너뜨리면서까지 제재기간이 경과한 이 사건 사안과 같은 경우에 그 처분의 취소를 구할 법률상 이익이 있다는 취지로 판시한 대법원 1993. 9. 14. 선고 93누12572 판결 및 1993. 12. 21. 선고 93누21255 판결은 이를 폐기하기로 한다.(대법관 6인의 반대의견 있음.)

이후 이 문제에 대한 판례는 줄곧 부정적인 방향으로 이어졌고 일부 제한적인 범위에서 소익이 인정되었다. 처분의 효력이 소멸한 후에도 그 처분의 취소를 구할 소익이 인정된 사례로는 가령 공무원신분상실후의 징

1993. 12. 21. 선고 93누21255 판결; 1990.10.23. 선고 90누3119 판결; 1983.2.8. 선고 81누121 판결.
  202) 대법원 1995.10.17. 선고 94누14148 판결(자동차운행정지처분취소등 (차) 파기, 소각하 전원합의체판결).

계처분취소청구,[203) 학교법인이사의 임기만료후 제기된 취임승인취소청구,[204) 입학시기 경과후 제기된 불합격처분취소청구[205) 등이 있었다.

   이러한 배경에서 대법원의 2006.6.22. 선고 2003두1684 전원합의체 판결은 그동안의 소극적 판례에 종지부를 찍고 취소소송의 소익 확대를 향한 결정적 전환점이 되었다. 환경영향평가대행업무 정지처분을 받은 환경영향평가대행업자가 업무정지처분기간 중 환경영향평가대행계약을 신규로 체결하고 그 대행업무를 한 사안에서, 대법원은 제재적 행정처분이 그 처분에서 정한 제재기간의 경과로 인하여 그 효과가 소멸되었을지라도, 부령인 시행규칙 또는 지방자치단체의 규칙의 형식으로 정한 처분기준에서 제재적 행정처분을 받은 것을 가중사유나 전제요건으로 삼아 장래의 제재적 행정처분을 하도록 정하고 있는 경우, 선행처분인 제재적 행정처분을 받은 상대방이 그 처분에서 정한 제재기간이 경과하였다 하더라도 그 처분의 취소를 구할 법률상 이익이 있다고 전제한 후, '환경·교통·재해 등에 관한 영향평가법 시행규칙' 제10조 [별표 2] 2. 개별기준 ⑾에서 환경영향평가대행업자가 업무정지처분기간 중 신규계약에 의하여 환경영향평가대행업무를 한 경우 1차 위반시 업무정지 6월을, 2차 위반시 등록취소를 각 명하는 것으로 규정하고 있으므로, 업무정지처분기간 경과 후에도 위 시행규칙의 규정에 따른 후행처분을 받지 않기 위하여 위 업무정지처분의 취소를 구할 법률상 이익이 있다고 판시한 것이다.

> ◢▉ **제재기간의 경과로 인하여 그 효과가 소멸한 처분의 취소를 구할 법률상 이익**
>
> [다수의견] 제재적 행정처분이 그 처분에서 정한 제재기간의 경과로 인하여 그 효과가 소멸되었으나, 부령인 시행규칙 또는 지방자치단체의 규칙 (이하 이들을 '규칙'이라고 한다)의 형식으로 정한 처분기준에서 제재적

---

203) 대법원 1977.7.12. 선고 74누147 판결.
204) 대법원 1972.4.11. 선고 72누86 판결.
205) 대법원 1990.8.28. 선고 89누8255 판결.

행정처분(이하 '선행처분'이라고 한다)을 받은 것을 가중사유나 전제요건으로 삼아 장래의 제재적 행정처분(이하 '후행처분'이라고 한다)을 하도록 정하고 있는 경우, 제재적 행정처분의 가중사유나 전제요건에 관한 규정이 법령이 아니라 규칙의 형식으로 되어 있다고 하더라도, 그러한 규칙이 법령에 근거를 두고 있는 이상 그 법적 성질이 대외적·일반적 구속력을 갖는 법규명령인지 여부와는 상관없이, 관할 행정청이나 담당공무원은 이를 준수할 의무가 있으므로 이들이 그 규칙에 정해진 바에 따라 행정작용을 할 것이 당연히 예견되고, 그 결과 행정작용의 상대방인 국민으로서는 그 규칙의 영향을 받을 수밖에 없다. 따라서 그러한 규칙이 정한 바에 따라 선행처분을 받은 상대방이 그 처분의 존재로 인하여 장래에 받을 불이익, 즉 후행처분의 위험은 구체적이고 현실적인 것이므로, 상대방에게는 선행처분의 취소소송을 통하여 그 불이익을 제거할 필요가 있다. 또한, 나중에 후행처분에 대한 취소소송에서 선행처분의 사실관계나 위법 등을 다툴 수 있는 여지가 남아 있다고 하더라도, 이러한 사정은 후행처분이 이루어지기 전에 이를 방지하기 위하여 직접 선행처분의 위법을 다투는 취소소송을 제기할 필요성을 부정할 이유가 되지 못한다. 그러한 쟁송방법을 막는 것은 여러 가지 불합리한 결과를 초래하여 권리구제의 실효성을 저해할 수 있기 때문이다. 오히려 앞서 본 바와 같이 행정청으로서는 선행처분이 적법함을 전제로 후행처분을 할 것이 당연히 예견되므로, 이러한 선행처분으로 인한 불이익을 선행처분 자체에 대한 소송에서 사전에 제거할 수 있도록 해 주는 것이 상대방의 법률상 지위에 대한 불안을 해소하는 데 가장 유효적절한 수단이 된다고 할 것이고, 또한 그 소송을 통하여 선행처분의 사실관계 및 위법 여부가 조속히 확정됨으로써 이와 관련된 장래의 행정작용의 적법성을 보장함과 동시에 국민생활의 안정을 도모할 수 있다. 이상의 여러 사정과 아울러, 국민의 재판청구권을 보장한 헌법 제27조 제1항의 취지와 행정처분으로 인한 권익침해를 효과적으로 구제하려는 행정소송법의 목적 등에 비추어 행정처분의 존재로 인하여 국민의 권익이 실제로 침해되고 있는 경우는 물론이고 권익침해의 구체적·현실적 위험이 있는 경우에도 이를 구제하는 소송이 허용되어야 한다는 요청을 고려하면, 규칙이 정한 바에 따라 선행처분을 가중사유 또는 전제요건으로 하는 후행처분을 받을 우려가 현실적으로 존재하는 경우에는, 선행처분을 받은 상대방은 비록 그 처분에서 정한 제재기간이 경과하였다 하더라도 그 처분의 취소소송을 통하여 그러한 불이익을 제거할 권리보호의 필요성이 충분히 인정된다고 할 것이므로, 선행처분의 취소를 구할 법률상 이익이 있다고 보아야 한다.

　[대법관 이강국의 별개의견] 다수의견은, 제재적 행정처분의 기준을 정한 부령인 시행규칙의 법적 성질에 대하여는 구체적인 논급을 하지 않은 채, 시행규칙에서 선행처분을 받은 것을 가중사유나 전제요건으로 하여 장래 후행처분을 하도록 규정하고 있는 경우, 선행처분의 상대방이 그 처분의 존재로 인하여

장래에 받을 불이익은 구체적이고 현실적이라는 이유로, 선행처분에서 정한 제재기간이 경과한 후에도 그 처분의 취소를 구할 법률상 이익이 있다고 보고 있는바, 다수의견이 위와 같은 경우 선행처분의 취소를 구할 법률상 이익을 긍정하는 결론에는 찬성하지만, 그 이유에 있어서는 부령인 <u>제재적 처분기준의 법규성을 인정하는 이론적 기초 위에서 그 법률상 이익을 긍정하는 것이 법리적으로는 더욱 합당하다고 생각한다. 상위법령의 위임에 따라 제재적 처분기준을 정한 부령인 시행규칙은 헌법 제95조에서 규정하고 있는 위임명령에 해당하고, 그 내용도 실질적으로 국민의 권리의무에 직접 영향을 미치는 사항에 관한 것이므로, 단순히 행정기관 내부의 사무처리준칙에 지나지 않는 것이 아니라 대외적으로 국민이나 법원을 구속하는 법규명령에 해당한다고 보아야 한다.</u>206)

▰▰ 가중된 제재처분을 받게 될 우려와 소의 이익

[1] 행정처분에 그 효력기간이 정하여져 있는 경우 그 기간의 경과로 그 행정처분의 효력은 상실되는 것이므로 그 기간경과 후에는 그 처분이 외형상 잔존함으로 인하여 어떠한 법률상의 이익이 침해되고 있다고 볼 만한 별다른 사정이 없는 한 그 처분의 취소 또는 무효확인을 구할 법률상의 이익이 없다고 하겠으나, 위와 같은 <u>행정처분의 전력이 장래에 불이익하게 취급되는 것으로 법에 규정되어 있어 법정의 가중요건으로 되어 있고, 이후 그 법정가중요건에 따라 새로운 제재적인 행정처분이 가해지고 있다면, 선행행정처분의 효력기간이 경과하였다 하더라도 선행행정처분의 잔존으로 인하여 법률상의 이익이 침해되고 있다고 볼 만한 특별한 사정이 있는 경우</u>에 해당한다.

[2] 의료법 제53조 제1항은 보건복지부장관으로 하여금 일정한 요건에 해당하는 경우 의료인의 면허자격을 정지시킬 수 있도록 하는 근거 규정을 두고 있고, 한편 같은 법 제52조 제1항 제3호는 보건복지부장관은 의료인이 3회 이상 자격정지처분을 받은 때에는 그 면허를 취소할 수 있다고 규정하고 있는바, 이와 같이 의료법에서 의료인에 대한 제재적인 행정처분으로서 면허자격정지처분과 면허취소처분이라는 2단계 조치를 규정하면서 전자의 제재처분을 보다 무거운 후자의 제재처분의 기준요건으로 규정하고 있는 이상 자격정지처분을 받은 의사로서는 면허자격정지처분에서 정한 기간이 도과되었다 하더라도 그 처분을 그대로 방치하여 둠으로써 장래 의사면허 취소라는 가중된 제재처분을 받게 될 우려가 있는 것이어서 의사로서의 업무를 행할 수 있는 법률상 지위에 대한 위험이나 불안을 제거하기 위하여 면허자격정지처분의 취소를 구할 이익이 있다.207)

---

206) 대법원 2006.6.22. 선고 2003두1684 전원합의체 판결(영업정지처분취소 집54(1)특,720;공2006.8.1.(255), 1363).

207) 대법원 2005.3.25. 선고 2004두14106 판결(의사면허자격정지처분취소: 판례공보

4.2.3. 취소되어 더 이상 존재하지 않는 행정처분을 대상으로 한 취소소 송 등의 경우

한편 취소되어 더 이상 존재하지 않는 행정처분을 대상으로 한 취소소송에 소의 이익이 있는지 여부에 관해 대법원은 소극적 입장을 취하고 있다.

> **▐▐ 판례**
>
> [1] 행정처분이 취소되면 그 처분은 효력을 상실하여 더 이상 존재하지 않는 것이고, 존재하지 않는 행정처분을 대상으로 한 취소소송은 소의 이익이 없어 부적법하다.
>
> [2] 절차상 또는 형식상 하자로 무효인 행정처분에 대하여 행정청이 적법한 절차 또는 형식을 갖추어 다시 동일한 행정처분을 하였다면, 종전의 무효인 행정처분에 대한 무효확인 청구는 과거의 법률관계의 효력을 다투는 것에 불과하므로 무효확인을 구할 법률상 이익이 없다.
>
> [3] 지방병무청장이 병역감면요건 구비 여부를 심사하지 않은 채 병역감면신청서 회송처분을 하고 이를 전제로 공익근무요원 소집통지를 하였다가, 병역감면신청을 재검토하기로 하여 신청서를 제출받아 병역감면요건 구비 여부를 심사한 후 다시 병역감면 거부처분을 하고 이를 전제로 다시 공익근무요원 소집통지를 한 경우, 병역감면신청서 회송처분과 종전 공익근무요원 소집처분은 직권으로 취소되었다고 볼 수 있으므로, 그에 대한 무효확인과 취소를 구하는 소는 더 이상 존재하지 않는 행정처분을 대상으로 하거나 과거의 법률관계의 효력을 다투는 것에 불과하므로 소의 이익이 없어 부적법하다고 한 사례.208)

4.3. 더 용이한 방법으로 권리보호의 목적을 달성할 수 있는 경우

원고가 더 용이한 방법으로(auf einfachere Art und Weise) 권리보호의 목적을 달성할 수 있다고 판단되는 경우에도 권리보호의 필요가 부정될 수 있다. 그런 예로 특히 관계법령이 권리구제를 위한 특별한 규정을 두고 있는데 이를 이용하지 아니하고 곧바로 행정소송법상 일반적 권리보호절차

2005.5.1, 686).

208) 대법원 2010.4.29. 선고 2009두16879 판결(공익근무요원소집처분취소).

에 호소한 경우라든지, 집행력있는 채무명의를 이미 보유하고 있어 민사소송절차에 의해 이를 직접 그리고 간편하게 목적을 달성할 수 있음에도 불구하고 취소소송을 제기한 경우, 또는 국가배상에 있어 배상심의위원회가 결정한 배상액에 불만이 있는 경우 이에 곧바로 국가배상소송을 제기하지 않고 일단 취소소송으로써 배상결정(물론 그 처분성에 관한 논란의 여지를 유보하고서)의 취소만을 구하는 경우 등을 생각할 수 있을 것이다. 이들 경우 권리보호의 이익을 부정하는 것은 소송절차의 불필요한 남용을 막는다는 제도적 취지에서 정당화될 수 있겠지만, 국민의 재판청구권에 비추어 너무 지나치게 강조되어서는 안될 것이다.

> 가령 과세처분 무효를 주장하여 무효확인소송을 구하는 것은, 원고가 이미 부과된 세액을 납부하여 마치 그 처분의 집행이 종료된 것과 같이 되어 버린 때에는, 그 직접적인 위법상태의 제거를 구할 수 있는 민사소송에 의한 부당이득 반환청구소송의 방법에 비하여 간접적이고 우회적 방법이라고 보아 확인을 구할 법률상 이익이 없다고 한 판례209)의 관점은 이러한 맥락에서 취소소송에 대해서도 적용될 수 있을 것이다.

4.4. 소송이 원고에게 아무런 실익이 없다고 인정되는 경우

소송이 원고에게 실제적으로 아무런 효용이 없고 다만 이론적인 관심에 의해 제기된 것이라고 판단되면 취소소송은 권리보호의 필요가 없는 것으로 보아야 할 것이다. 이미 확정판결이 난 처분에 대하여 단순한 이론상 의도에서 무용하게 새로운 판결을 기대하여 제기한 취소소송 역시 권리보호의 필요를 결여하는 것으로 볼 수 있다. 이는 행정소송에서 권리보호의 이익이란 권리보호방법으로서 행정소송이 제거해야 할 원고의 법적 지위의 현실적 부담(Belastung)을 전제로 한다는 법리로 일반화될 수 있다.210) 그러나 단순한 정량적 관점(Quantitätsgesichtspunkt)에서 처분으로 인한 손

---

209) 대법원 1991.9.10. 선고 91누3840 판결.
210) Schmitt Glaeser, aaO, S.83.

해의 수액이 미소하다는 점만으로 권리보호의 필요를 부인할 수 없음은 물론이다. 한편 대법원은 상등병에서 병장으로의 진급요건을 갖춘 자에게 진급처분을 하지 아니한 상태에서 예비역으로 편입하는 처분을 한 경우, 진급처분 부작위위법을 이유로 예비역편입처분취소를 구할 소의 이익은 인정되지 아니한다고 판시한 바 있다.

▐▌ 진급처분 없이 한 예비역편입처분의 취소를 구할 이익

상등병에서 병장으로의 진급요건을 갖춘 자에 대하여 그 진급처분을 행하지 아니한 상태에서 예비역으로 편입하는 처분을 한 경우라도 예비역편입처분은 병역법시행령 제27조 제3항에 따라 헌법상 부담하고 있는 국방의 의무의 정도를 현역에서 예비역으로 변경하는 것으로 병의 진급처분과 그 요건을 달리하는 별개의 처분으로서 그 자에게 유리한 것임이 분명하므로 예비역편입처분에 앞서 진급권자가 진급처분을 행하지 아니한 위법이 있었다 하더라도 예비역편입처분으로 인하여 어떠한 권리나 법률상 보호되는 이익이 침해당하였다고 볼 수 없고, 또한 예비역편입처분취소를 통하여 회복하고자 하는 이익침해는 계급을 상등병에서 병장으로 진급시키는 진급권자에 의한 진급처분이 행하여져야만 보호받을 수 있는 것인데 비록 위 예비역편입처분이 취소된다 하더라도 그로 인하여 신분이 예비역에서 현역으로 복귀함에 그칠 뿐이고, 상등병에서 병장으로의 진급처분 여부는 원칙적으로 진급권자의 합리적 판단에 의하여 결정되는 것이므로 그와 같은 진급처분이 행하여지지 않았다는 이유로 위 예비역편입처분의 취소를 구할 이익이 있다고 할 수 없다.211)

▐▌ 분양처분 고시 후에 한 관리처분계획변경인가신청 반려처분의 취소를 구할 이익

도시재개발법에 의한 도시재개발사업에서 분양처분이 일단 고시되어 효력을 발생하게 된 이후에는 그 전체의 절차를 처음부터 다시 밟지 아니하는 한 그 일부만을 따로 떼어 분양처분을 변경할 길이 없고 분양처분의 일부 변경을 위한 관리처분계획의 변경도 분양처분이 이루어지기 전에만 가능하므로, 분양처분이 효력을 발생한 이후에는 조합원은 관리처분계획의 변경 또는 분양거부처분의 취소를 구할 수 없고 재개발조합으로서도 분양처분의

---

211) 대법원 2000.5.16. 선고 99두7111 판결(예비역편입처분취소: 공2000.7.1. (109), 1438). 원심판결 서울고법 1999.5.26. 선고 99누594 판결.

내용을 일부 변경하는 취지로 관리처분계획을 변경할 수 없다.

그런데 원심이 배척하지 아니한 갑 제7호증의 2(기록 제132쪽)에 의하면, 이 사건 주택개량재개발사업에 관한 분양처분의 고시가 1994.11.10.에 있은 것으로 되어 있는바 만일 이와 같이 분양처분이 고시되어 효력을 발생하였다면 원고는 위 소외인들을 금전청산대상자에서 공동주택 분양대상자로 변경하는 내용으로 관리처분계획을 변경할 수도 없고 설령 그 변경인가를 받는다 하더라도 아무런 효력이 없다고 할 것이므로 결국 원고로서는 관리처분계획변경인가신청 반려처분의 취소를 구할 아무런 이익이 없다 할 것이다.212)

■■ 도시개발공사 완료로 원상회복이 불가능하게 된 경우 도시계획변경처분 등의 취소를 구할 이익

도시개발사업의 시행에 따른 도시계획변경결정처분과 도시개발구역지정처분 및 도시개발사업실시계획인가처분은 도시개발사업의 시행자에게 단순히 도시개발에 관련된 공사의 시공권한을 부여하는 데 그치지 않고 당해 도시개발사업을 시행할 수 있는 권한을 설정하여 주는 처분으로서 위 각 처분 자체로 그 처분의 목적이 종료되는 것이 아니고 위 각 처분이 유효하게 존재하는 것을 전제로 하여 당해 도시개발사업에 따른 일련의 절차 및 처분이 행해지기 때문에 위 각 처분이 취소된다면 그것이 유효하게 존재하는 것을 전제로 하여 이루어진 토지수용이나 환지 등에 따른 각종의 처분이나 공공시설의 귀속 등에 관한 법적 효력은 영향을 받게 되므로, 도시개발사업의 공사 등이 완료되고 원상회복이 사회통념상 불가능하게 되었더라도 위 각 처분의 취소를 구할 법률상 이익은 소멸한다고 할 수 없다.213)

4.5. 소권의 남용 또는 소권이 실효되었다고 인정되는 경우

원고가 단지 피고 행정청에게 여론의 압력을 가한다거나 불편을 끼치려는 목적으로 취소소송을 제기하는 경우처럼, 법질서 전체에 비추어 특별히 비난받을 수 있는 목적을 가지고 취소소송을 남용하는 것이라고 볼 수 있는 경우에도, 신의성실의 원칙 및 이로부터 파생된 소권남용금지의 원칙상 권리

---

212) 대법원 1999.10.8. 선고 97누12105 판결(주택개량재개발사업관리처분계획변경인가신청반려처분취소: 공99.11.15. [94], 2336).
213) 대법원 2005.9.9. 선고 2003두5402,5419 판결(도시계획변경결정처분등취소·건축허가처분취소: 공2005.10.15.(236), 1615).

보호의 이익이 없다고 해야 할 것이다.[214] 마찬가지 근거에서 소권의 실효에 해당되는 경우도 권리보호의 이익이 없는 경우라고 볼 수 있을 것이다.[215]

> ### ■■■ 신의성실의 원칙과 소권 남용
>
> 재판청구권의 행사도 상대방의 보호 및 사법기능의 확보를 위하여 신의 성실의 원칙에 의하여 제한될 수 있다. 선거관리위원회의 특정한 선거사무 집행 방식이 위법함을 들어 선거소송을 제기하는 경우, 이미 법원에서 특정 한 선거사무 집행 방식이 위법하지 아니하다는 분명한 판단이 내려졌음에도 앞서 배척되어 법률상 받아들여질 수 없음이 명백한 이유를 들어 실질적으 로 같은 내용의 선거소송을 거듭 제기하는 것은 상대방인 선거관리위원회의 업무를 방해하는 결과가 되고, 나아가 사법자원을 불필요하게 소모시키는 결과로도 되므로, 그러한 제소는 특별한 사정이 없는 한 신의성실의 원칙을 위반하여 소권을 남용하는 것으로서 허용될 수 없다.[216]

5. 취소소송의 전심절차

5.1. 개 설

행정소송법은 제18조 제1항(본문)에서 "취소소송은 법령의 규정에 의하여 당해 처분에 대한 행정심판을 제기할 수 있는 경우에도 이를 거치지 아니하고 제기할 수 있다"고 규정하면서, '다른 법률에 당해 처분에 대한 행정심판의 재결을 거치지 아니하면 취소소송을 제기할 수 없다는 규정이 있는 때에는 행정심판을 거쳐야 한다'는 단서를 달았다. 종래 필요적 전치 절차였던 행정심판을 임의적 절차로 바꾸고, 행정심판전치주의의 원칙을 예외적 전치주의로 대치시킨 셈이다.

행정심판전치주의는 물론 나름대로 존재이유가 없는 것은 아니었으나

---

214) 가령 이와 직접 관련된 것은 아니지만, 최근 공무원들이 감사에 걸리지 않도록 오로지 시간을 벌기 위하여 제1심 패소판결에 대하여 무조건적으로 상고하는 관행이 문제되고 있는데, 이러한 남상소도 유사한 관점에서 소권의 남용으로 인정될 수 있을 것이다.

215) Schmitt Glaeser, aaO, S.84, Rn.134.

216) 대법원 2016.11.24. 선고 2016수64 판결(국회의원선거무효).

그 동안 여러 가지 제도적 결함으로 말미암아 국민에게 신속하고 효과적인 권리구제를 제공하기보다는 권리구제의 장애요인으로 작용하는 경우가 적지 않다는 비판이 끊임없이 제기되어 왔다. 1994년의 개정법이 이를 임의절차화한 것은 이러한 사정을 감안하여 국민의 권리구제를 용이하게 한다는 실용주의적 취지에 따른 결과라 할 수 있다. 대법원은 '행정처분의 상대방이 법원에 의하여 신속하게 구제받을 수 있도록 행정심판전치 원칙을 폐지한 것'이라고 개정이유를 밝힌 바 있다.[217]

5.2. 원칙: 취소소송과 행정심판의 자유선택

행정소송법 제18조 제1항 본문에 따라 취소소송은 법령의 규정에 의하여 당해 처분에 대한 행정심판을 제기할 수 있는 경우에도 이를 거치지 아니하고 제기할 수 있다. 따라서 당사자는 그의 자유로운 선택에 따라 행정심판을 먼저 제기하거나 이를 거치지 않고 직접 취소소송을 제기할 수 있다(자유선택주의).

이처럼 행정심판이 임의절차화함에 따라 국민이 행정심판과 행정소송에 대한 선택권을 가지게 된 것은 우리나라 행정쟁송의 역사에서 의미심장한 변화로 기록될 것이다. 행정심판위원회와 행정소송의 관할법원(행정법원·지방법원 행정재판부 등)은 권리구제의 경쟁력을 갖추지 않으면 국민으로부터 외면을 받게 될 처지에 놓이게 되었기 때문이다. 권리구제수단으로서 경쟁력이란 다름 아니라 재결이나 판결의 사회적 적정성과 효율성(효과성·능률성), 절차의 접근가능성과 저렴성 등의 함수이다. 따라서 행정심판위원회나 법원은 보다 효과적인 권리구제를 가능케 하기 위하여 이론·실무 양면에서 노력을 아끼지 말아야 할 것이다.

5.3. 예외: 취소소송의 전치절차로서 행정심판

다른 법률에 당해 처분에 대한 행정심판의 재결을 거치지 아니하면 취소소송을 제기할 수 없다는 규정이 있는 때에는 취소소송의 전치절차로서

---

217) 대법원, 사법제도개혁 법률안 설명자료, 1994, 172-173.

행정심판을 거쳐야 한다(행정소송법 §§18① 단서, 38②). 즉 법률에 다른 규정이 있는 예외적인 경우에는 필요적 전치절차로서 행정심판을 거쳐야 한다. 그러한 예로는 도로교통법과 국세기본법, 국가공무원법 등의 경우를 들 수 있다.

가령 도로교통법은 제142조에서 "이 법에 의한 처분으로서 해당 처분에 대한 행정소송은 행정심판의 재결(裁決)을 거치지 아니하면 이를 제기할 수 없다"고 규정하여 행정심판전치주의를 채택하였다. 따라서 음주운전이나 기타 벌점초과 등으로 인한 면허행정처분과 같은 도로교통법상 처분에 대한 행정소송은 반드시 행정심판의 재결을 먼저 거쳐야만 제기할 수 있게 되었다. 또한 행정심판법에 의한 행정심판에 관한 것은 아니지만, 국세기본법도 심판청구 및 그에 대한 결정 또는 심사청구를 전치절차로 요구하고 있다. 즉 국세기본법은 제56조 제2항에서 "제55조에 규정된 위법한 처분에 대한 행정소송은 행정소송법 제18조 제1항 본문·제2항 및 제3항에도 불구하고 이 법에 따른 심사청구 또는 심판청구와 그에 대한 결정을 거치지 아니하면 제기할 수 없다"고 규정함으로써 특수한 행정심판인 국세심판에 관한 것이기는 하지만, 심판전치주의를 채택하고 있다. 국세기본법 제55조에 규정된 위법한 처분에 대한 행정소송은 행정소송법 제20조의 규정에 불구하고 심사청구 또는 심판청구에 대한 결정의 통지를 받은 날부터 90일 이내에 제기하여야 한다. 다만, 제65조 제2항 또는 제81조에 따른 결정기간에 결정의 통지를 받지 못한 경우에는 결정의 통지를 받기 전이라도 그 결정기간이 지난 날부터 행정소송을 제기할 수 있도록 되어 있다(같은 법 §56③).[218]

국가공무원법 역시 제16조 제1항에서 법 제75조에 따른 처분(징계처분 등, 강임·휴직·직위해제 또는 면직처분), 그 밖에 본인의 의사에 반한 불리한 처분이나 부작위에 관한 행정소송은 소청심사위원회의 심사·결정을 거치지

---

218) 국세기본법 제55조에 규정하는 처분에 대하여는 행정심판법의 규정을 적용하지 아니한다(국세기본법 §56①).

아니하면 제기할 수 없다고 규정하여 소청전치주의를 채택하고 있다.

5.3.1. 예외적 전치요건의 적용범위

앞서 본 바와 같이 다른 법률의 규정에 의하여 취소소송을 제기하기 전에 당해 처분에 대한 행정심판의 재결을 거쳐야 하는 경우에도 그 적용에는 일정한 제한이 따른다.

(1) 소송의 종류에 따른 한계

행정심판의 예외적 전치주의는 항고소송중 취소소송의 경우에 적용되며(§18① 단서), 그 밖에 부작위위법확인소송에도 준용되고 있으나(§38②), 무효등확인소송에 대해서는 적용되지 아니한다(§38①). 그것은 행정행위가 당연히 처음부터 효력이 발생하지 아니하는 경우로서 단지 행정행위가 존재하는 듯한 외관으로 인해 생길 수 있는 불이익을 피하기 위하여 그 무효임을 공적으로 확인받기 위한 소송이기 때문이다.

> **▰▰ 판례**
>
> 주위적 청구가 행정심판의 재결을 거칠 필요가 없는 무효확인소송이라 하더라도 병합·제기된 예비적 청구가 취소소송이라면 이에 대한 행정심판의 재결을 거치는 등 적법한 제소요건을 갖추어야 한다.[219]

행정심판은 항고쟁송의 형태로 인정되는 것이기 때문에 그 전치요구는 성질상 공법상 법률관계에 관한 소송인 당사자소송에 대해서는 적용할 여지가 없다(§44). 그 밖에 특수한 행정심판의 경우처럼 관계법률에 행정심판법에 의한 행정심판을 거치지 않아도 된다는 특별한 규정이 있는 때에는 그에 따른다.

---

219) 대법원 1994.4.29. 선고 93누12626 판결(공94.6.15.970(75)). 참조판례: 대법원 1989.10.2. 선고 89누39 판결(공1989, 1821).

■■■ **지방자치법상 공공시설사용료부과처분에 대한 소송**

　가. 지방자치단체의 공공시설에 관한 사용료부과처분을 받은 자는 그 부과 또는 징수에 대하여 이의가 있으면, 지방자치법 제131조 제3항, 제4항, 제5항 및 제127조의 규정에 의하여 그 통지를 받은 날로부터 60일 이내에 그 지방자치단체의 장에게 이의신청을 하고, 이에 대한 지방자치단체의 장의 결정에 대하여 불복이 있을 때에는 다시 행정심판법상의 행정심판을 청구할 필요없이 그 결정 통지를 받은 날로부터 60일 이내에 관할고등법원에 행정소송을 제기하여야 한다.

　나. 위 '가'항의 사용료부과처분에 대한 이의신청에 대하여 지방자치단체의 장이 결정을 함에 있어서 행정심판법 제35조 소정의 재결의 방식에 관한 규정에 따라야 하는 것도 아니다.[220]

(2) 무효선언의 뜻에서의 취소소송

　　종래 무효선언을 구하는 의미의 취소소송에 대하여 행정심판전치주의가 적용되는지를 둘러싸고 적극설과 소극설이 대립되어 왔다. 적극설은 행정행위의 무효사유와 취소사유는 객관적으로 뚜렷하지 아니하고 상대적이므로 비록 무효선언을 구하는 뜻이라고 하더라도 그 소송의 형식이 취소소송이라면 취소소송의 제기요건이 적용되어야 할 것이기 때문에 행정심판전치주의도 적용되어야 한다고 한다. 반면 소극설은 무효선언을 구하는 의미의 취소소송은 그 형식이 취소소송일 뿐 실질적으로는 행정행위가 무효임을 확인하는 판결을 구하는 것이라 보아야 하므로 무효확인소송이며, 무효인 행정행위는 행정소송을 기다릴 것도 없이 당연히 무효이므로 전심절차를 적용할 필요가 없다고 한다. 이 견해가 다수설이지만, 판례는 형식론적 입장에서 줄곧 적극설을 취하고 있다.[221] 그러나 행정심판전치주의가 원칙적으로 폐지됨에 따라 이러한 논란의 실익은 크게 감소하였다.

---

220) 대법원 1994.6.24. 선고 94누2497 판결(공94.8.1. 973).
221) 대법원 1987.9.22. 선고 87누482 판결; 1990.8.28. 선고 90누1892 판결.

(3) 제3자에 의한 취소소송

처분등의 상대방이 아닌 제3자가 취소소송을 제기할 경우에도 그 제3자가 행정심판을 거쳐야 하는지가 문제된다. 행정심판전치주의가 폐지된 이상 법 제18조 제1항 단서의 경우, 즉 예외적 전치주의의 경우에 제기되는 쟁점이지만. 종래 이에 관해서는 학설이 대립하고 있었다. 즉, 복효적 행정행위의 상대방이 아닌 제3자는 처분이 있었는지 사실을 알기 어렵고, 따라서 행정심판을 제기기간 내 청구하기를 기대하기 곤란하다는 점에서 그 적용을 배제해야 한다는 부정설과 행정심판전치주의는 취소소송의 제기를 위한 요건이며, 그 예외를 규정한 법 제18조 제2항 제4호의 '정당한 사유가 있는 때'를 행정심판은 제기하여야 하지만 재결을 거치지 않을 수 있는 경우로 하고 있는 점에서 행정심판전치주의가 적용된다고 하는 긍정설이 대립하였고, 판례는 긍정설의 입장을 취했다.

5.3.2. 예외적 전치주의의 내용

(1) 행정심판의 필요적 전치

앞서 본 바와 같이 다른 법률에 규정이 있는 경우 취소소송은 당해처분에 대한 행정심판의 재결을 거치지 않으면 제기할 수 없다(§18①). 가령 '이 법에 의한 처분으로서 해당 처분에 대한 행정소송은 행정심판의 재결을 거치지 아니하면 이를 제기할 수 없다'고 규정한 도로교통법 제142조가 그런 예이다. 여기서 행정심판이란 행정심판, 이의신청, 심사청구, 심판청구 그 밖에 명칭 여하를 묻지 않고 법령에 의하여 행정기관의 처분등에 대한 불복수단으로 인정되는 모든 심판절차를 포함한다.

> 판례에 따르면, 구 감사원법 제43조 제1항에 의한 심사청구는 취소소송의 전심절차로서 행정심판이 아니며,[222) 정부합동민원실에 대한 민원의 접수 역시 행정심판에 해당되지 않지만, 다만 민원이 행정청의

---

222) 대법원 1990.10.26. 선고 90누5528 판결.

처분에 대한 불만의 표시로서 그 시정을 구하는 취지라면 정부합동민원실로부터 당해 행정청으로 민원이 이관되었을 때 행정심판(소원)이 제기된 것으로 볼 수 있다고 한 것이 있다.[223] 그러나 감사원법이 개정되어 같은 규정에 의한 심사청구는 특수한 행정심판이라 볼 수 있게 되었다. 또한 판례는 원칙적으로 행정심판이라 할 수 없는 진정이란 명칭이 사용되었을지라도 그것이 행정심판으로서의 내용을 갖는 것일 경우에는 행정심판을 제기하는 것으로 처리되어야 한다고 한다.[224]

1) 2단계 이상의 행정심판절차

법령이 하나의 처분에 대하여 가령 이의신청과 심사청구 등 둘 이상의 행정심판절차를 규정한 경우 모든 행정심판을 거쳐야 하는가가 문제되나, 1차의 행정심판절차로써도 행정심판전치주의의 취지가 달성될 뿐만 아니라, 이를 모두 거치게 하는 것은 제소자에게 과도한 부담이 된다는 점에서, 모든 절차를 다 거쳐야 한다는 특별한 규정이 있는 경우가 아니면 하나의 절차만 거치는 것으로 족하다고 할 것이다(다수설).

2) 행정심판의 제기 및 재결

행정심판은 적법하게 제기되고, 본안에 대한 재결을 받아야 하며, 만일 행정심판의 제기 자체가 부적법하여 요건심리에서 각하된 경우에는 행정심판전치의 요건을 충족하지 못하게 된다. 부적법한 행정심판(예: 청구기간 경과 후에 제기된 행정심판)에 대하여 재결청이 이를 각하하지 않고 본안재결을 하였다 해도 그 부적법이 치유되는 것은 아니므로, 행정심판전치의 요건을 충족하지 못하는 것은 매한가지이다. 반면 적법한 행정심판에 대하여 재결청이 이를 각하하여 본안재결을 하지 않은 경우에는 행정심판전치 요건을 충족한 것으로 볼 것이다.

한편 행정심판의 재결이 있기 전에 제기된 취소소송은 부적법하나 소가 각하되기 전에 재결이 있게 되면 그 흠은 치유되며,[225] 또한 행정

---

223) 대법원 1985.10.22. 선고 84누724 판결.
224) 대법원 1955.3.25. 선고 4287행상23 판결.
225) 대법원 1965.6.29. 선고 65누57 판결.

심판을 거치지 않고 제기된 소송도 사실심변론종결시까지 행정심판전치요
건을 갖추면 흠이 치유된다는 것, 즉 행정심판전치요건은 사실심변론종결
시까지만 갖추면 된다는 것이 판례이다.[226]

3) 행정심판과 취소소송의 관련도

예외적 전치요건이 충족되기 위해서는 취소소송과 그 전심절차로
서 행정심판 사이에 그 대상인 처분의 동일성이 있어야 한다.

(a) 인적 관련

행정심판의 원고과 취소소송의 원고가 반드시 동일인일 필요는
없다. 행정심판전치주의의 근본취지는 행정청에게 처분에 대한 재심사의
기회를 부여하려는 데 있으므로, 어떤 처분의 상대방중 한쪽이 이미 행정
심판을 거친 이상 다른 상대방은 행정심판을 거치지 않고도 취소소송을 제
기할 수 있고, 마찬가지로 공동소송인의 1인이 행정심판을 거쳤다면 다른
공동소송인은 직접 취소소송을 제기할 수 있다. 행정소송법 제18조 제3항
제1호는 '동종사건에 관하여 이미 행정심판의 기각재결이 있은 때'에는 행정
심판을 제기할 필요가 없음을 명시함으로써 인적 관련을 완화시키고 있다.

(b) 사물적 관련

행정심판의 청구원인과 취소소송의 청구원인이 반드시 일치할 필
요는 없으며 기본적인 점에서 동일성이 유지되면 족하다. 행정소송법 제18
조 제3항 제2호는 '서로 내용상 관련되는 처분 또는 같은 목적을 위하여 단
계적으로 진행되는 처분 중 어느 하나가 이미 행정심판의 재결을 거친 때'에
는 행정심판을 제기함이 없이 취소소송을 제기할 수 있음을 명시하고 있다.

(2) 예 외

행정소송법은 예외적으로 전치주의를 인정하면서도, 다시 그에
따른 불합리한 결과를 회피하기 위하여 다른 법률에서 필요적 전치를 규정
한 경우에도 행정소송법 제18조 제2항 및 제3항에 의해 일정한 경우 행정

---

226) 대법원 1969.1.3. 선고 69누9 판결.

심판의 제기 또는 재결을 거치지 않고 취소소송을 제기할 수 있도록 함으로써 예외적인 전치요건을 제한하고 있다(§18②③).

1) 행정심판 재결을 거칠 필요가 없는 경우

이는 행정심판을 제기하여야 하지만 그 재결을 기다릴 것 없이 직접 행정소송을 제기할 수 있는 경우이다.

(a) 행정심판청구가 있는 날로부터 60일이 지나도 재결이 없는 때

이는 재결의 부당한 지연으로 인한 청구인의 불이익을 방지하기 위한 것이다. 60일을 경과하여도 재결이 없는 때 원고는 직접 행정소송을 제기할 수 있으나, 또한 재결을 기다려서 행정소송을 제기할 수도 있다.

(b) 처분 집행 또는 절차 속행으로 생길 중대한 손해를 예방해야 할 긴급한 필요가 있는 때

이것은 가령 조세체납처분에 의한 공매가 실시된다든지, 대집행절차에 의하여 위법건축물의 철거계고가 있어 그 철거가 임박한 경우 등과 같이 행정심판의 재결을 거침으로써 행정소송의 목적을 달성할 수 없거나 현저한 곤란으로 인하여 중대한 손해를 받는 등, 행정심판전치주의의 관철로 인하여 행정구제절차로서 취소소송의 목적을 침해할 우려가 있다고 판단되는 경우를 말한다. 이러한 예외는 행정의 자기통제와 권익구제라는 행정심판의 목적상의 갈등에 대한 절충적 고려의 소산이므로 구체적 사안의 내용에 따라 이 양 측면을 비교형량하여 판단되어야 할 문제이다.

(c) 법령의 규정에 의한 행정심판기관이 의결·재결을 못할 사유가 있는 때

이같은 경우에도 청구인으로 하여금 재결을 기다리도록 하는 것은 무용한 시간의 낭비를 초래하여 행정구제의 제도취지에 반하는 결과가 되므로 예외를 인정한 것이다.

(d) 정당한 사유가 있는 때

행정심판의 재결을 기다릴 필요없이 행정소송을 제기할 수 있는 정당한 사유란 위의 세 가지 경우 이외의 재결을 기다리지 못할 모든 사유

를 포괄하는 것으로 보아야 할 것이다. 이 '정당한 사유'란 불확정개념의 하나로서, 대법원은 구법시대의 판례에서지만, 이를 "시기 기타 사유로 인하여 행정심판을 경(經)함으로써는 그 청구의 목적을 달성치 못 하겠거나 또는 현저히 그 목적을 달성키 곤란한 경우를 말한다"고 판시한 바 있다.[227]

2) 행정심판을 거칠 필요가 없는 경우

이는 행정심판을 제기함이 없이 직접 행정소송을 제기할 수 있는 경우로서, 국민의 권익보호를 위하여 행정심판전치주의를 완화시킨 것이다.

(a) 동종사건에 관하여 이미 행정심판의 기각재결이 있은 때

이 경우는 이미 행정심판전치주의의 목적이 충족되었다고 보아 전심절차의 무용한 중복을 피하기 위하여 예외가 인정된다. 가령 일반처분의 상대방 어느 한 사람이 행정심판을 제기하여 이미 기각재결을 받은 경우, 특별한 사정이 없는 한 나머지 상대방들 역시 행정심판을 통하여 권리구제를 받기 어렵다고 볼 여지가 크다. 그런 경우까지 절차 경유를 강요해서는 안된다는 견지에서 행정심판 제기 없이 직접 취소소송을 제기할 수 있도록 한 것이다.

> ◢◢ 판례
>
> **1. 동일한 행정처분에 의하여 여러 사람이 동일한 의무를 부담하는 경우**
> 동일한 행정처분에 의하여 여러 사람이 동일한 의무를 부담하는 경우 그 중 한 사람이 적법한 행정심판을 제기하여 행정처분을 시정할 수 있는 기회를 가지게 한 이상 나머지 사람은 행정소송을 제기할 수 있다.[228]
>
> **2. 당해사건과 기본적 동일성이 인정되는 사건**
> 행정소송법 제18조 제3항 제1호 소정의 '동종사건'에는 당해사건은 물론이고, 당해사건과 기본적인 점에서 동질성이 인정되는 사건도 포함되는 것으로서 당해 사건에 관하여 타인이 행정심판을 제기하여 그에 대한 기각재결이 있었다든지 당해사건 자체는 아니더

---

227) 대법원 1953.4.15. 선고 4285행상11 판결.
228) 대법원 1988.2.23. 선고 87누704 판결.

라도 그 사건과 기본적인 점에서 동질성을 인정할 수 있는 다른 사건에 대한 행정심판의 기각재결이 있을 때도 여기에 해당한다.229)

3. 내년 독립적으로 발생하는 재산세·종합토지세의 부과처분과 '동종처분'

가. 행정소송법 제18조 제3항 제1호에서 '동종사건에 관하여 이미 행정심판의 기각재결이 있은 때'에 행정심판을 거치지 아니하고 행정소송을 제기할 수 있도록 한 것은, 행정심판의 재결결과가 명확하여 인용재결이 예상될 수 없는 경우에는 행정심판전치가 무의미하기 때문이며, 여기서 '동종사건'이라 함은 당해 사건은 물론이고 당해 사건과 기본적인 동질성이 있는 사건을 말한다.

나. 재산세 또는 종합토지세는 보유하는 재산에 담세력을 인정하여 과세하는 수익세적 성격을 지닌 보유세로서 그 납세의무는 당해 재산을 보유하는 동안 매년 독립적으로 발생하는 것이므로, 그에 대한 종전 부과처분들과 후행 부과처분은 각각 별개의 처분일 뿐만 아니라, 납세의무자와 과세대상물건이 동일하다고 하더라도, 매년 과세대상물건의 가액의 변동에 따라 그 과세표준도 달라지고, 특히 종합토지세의 경우에는 그 지상건물의 유무, 면적, 용도, 가액 등의 변동 에 따라 그 과세방법(종합합산, 별도합산, 분리과세)이, 납세의무자가 소유하는 전체 토지의 면적이나 가액의 변동에 따라 그 세율이 각 달라지며, 게다가 외국인 투자기업의 경우에는 외자도입법의 규정에 의한 조세감면비율이 외국인 투자의 인가 또는 등록의 시기, 토지의 취득시기에 따라 매년 달라지는 등 매년 그 세액이 달라짐으로써 그 부과처분에 대한 다툼의 내용도 서로 달라질 가능성이 있으므로, 양 부과처분은 기본적으로 동질성이 있는 사건으로 볼 수 없어 행정소송법 제18조 제3항 제1호 소정의 동종사건에 해당한다고 할 수 없다.

다. '나'항의 양 부과처분이 그 쟁점을 공통으로 한다고 하더라도, 전심절차의 심판기관은 종전의 자료에 의하여 형성된 심증이나 의견을 가지고 결정 또는 재결을 하는 것이 아니라 새로운 자료에 기하여 다시 형성되는 심증과 의견에 기하여 판단하는 것이므로, 종전 부과처분들에 대하여 전심절차를 거쳤다 하여 후행 부과처분에 대하여 전심절차를 거치는 것이 무의미한 것이라고도 말할 수 없는 이상, 후행 부과처분에 대하여는 별도로 전심절차를 거쳐야 그 취소소송을 제기할 수 있다.230)

---

229) 대법원 1993.9.28. 선고 93누9132 판결(공93, 2984).

230) 대법원 1994.11.8. 선고 94누4653 판결(공94.12.15.982). 참조판례: 나. 대법원 1992.11.24. 선고 92누8972 판결(공1993상, 276); 1993.9.28. 선고 93누9132 판결(공1993하, 2984).

ⓑ 서로 내용상 관련되는 처분 또는 같은 목적을 위하여 단계적으로 진행되는 처분 중 어느 하나가 이미 행정심판 재결을 거친 때

'서로 내용상 관련된 처분'이란 내용상 일련의 상관관계가 있는 복수의 처분을 의미하고, '같은 목적을 위하여 단계적으로 진행되는 처분'이란 하나의 행정목적을 실현하기 위한 단계적 절차관계에 있는 처분을 의미한다.

> ▨▨ **판례**
>
> 　가. 행정청의 위법한 처분의 취소, 변경, 기타 공법상의 권리관계에 관한 소송인 행정소송에 있어서 실질적으로 초심적 기능을 하고 있는 행정심판전치주의는 행정행위의 특수성, 전문성 등에 비추어 처분행정청으로 하여금 스스로 재고, 시정할 수 있는 기회를 부여함에 그 뜻이 있는 것이다.
>
> 　나. 행정소송법 제18조 제3항 제2호에서, 선·후 수개의 행정처분중 그 선행 행정처분과 후행행정처분이 서로 내용상 관련되어 일련의 발전적 과정에서 이루어진 것이라든가 후행행정처분이 그 선행정처분의 필연적 결과로서 이루어진 경우에 있어 그 선행행정처분에 대한 행정심판의 재결을 거친 때에는 후행행정처분에 대하여 별도의 행정심판을 거치지 아니하고도 소를 제기할 수 있도록 한 취지는, 비록 형식적으로는 별개의 행정처분이라 하더라도 그 별개의 행정처분에 깔려 있는 분쟁사유가 공통성을 내포하고 있어서 그 선행행정처분에 대한 전치절차의 경유만으로도 이미 그 처분행정청으로 하여금 스스로 재고, 시정할 수 있는 기회를 부여한 것으로 볼 수 있어 후행행정처분에 대하여는 다시 전치요건을 갖추지 아니하고서도 행정소송을 제기할 수 있도록 함으로써 무용한 절차의 반복을 피하고 행정구제제도의 취지를 살리기 위한 것이다.[231)]

---

231) 대법원 1994.11.22. 선고 93누11050 판결(공95.1.1. 983). 교사해임처분에 대한 전치절차를 거쳤더라도 해임처분을 기초로 한 현역병입영처분에 대하여는 별도의 전치절차를 거쳐야 한다고 한 사례

ⓒ 사실심변론종결후 행정청이 당해 취소소송의 대상인 처분을
변경하여 그 변경된 처분에 취소소송을 제기하는 때

행정청이 사실심변론종결후 소송의 목적인 처분을 변경한 경우,
원고로서는 소의 변경을 할 수 없어서 변경한 처분을 대상으로 한 별소의
제기가 불가피하게 된다. 이러한 경우에도 행정심판을 거치도록 하는 것은
원고에게 가혹하고 행정청에 의한 소송지연 내지 소송방해의 우려도 있으
므로 행정심판을 제기함이 없이 취소소송을 제기할 수 있도록 한 것이다.

ⓓ 처분청이 행정심판을 거칠 필요가 없다고 고지한 때

처분청이 행정심판을 거칠 필요가 없다고 잘못 고지한 때에는,
행정소송의 원고가 될 자가 이를 알았는지의 여부에 관계없이, 행정심판을
제기하지 않고 취소소송을 제기할 수 있다. 이는 행정에 대한 신뢰를 보호
하는 동시에 행정청의 성실한 고지를 기하려는 것이라 할 수 있다.

ⓔ 처분의 변경에 따라 소를 변경하는 때

취소소송 계속중 행정청이 당해소송의 대상인 처분을 변경한 때
에는 그에 상응하여 소의 변경을 할 수 있는데(§22①), 그 경우 변경된 처
분에 대해서는 별도의 행정심판을 거칠 필요가 없다(§22③).

(3) 예외적 전치요건 충족여부의 판단

1) 직권조사사항

전심절차를 거쳤는지의 여부는 다른 소송요건의 경우와 마찬가지
로 법원의 직권조사사항에 속한다.[232]

▚▚ 판례

원고가 건물철거대집행 기한의 연기통지에 불과하여 행정처분
에 해당되지 아니하는 제2차 계고서에 의한 고지를 행정처분으로
알고 행정심판청구서에 그것의 취소를 구하는 것처럼 기재하였다
하더라도 원고는 특별한 사정이 없는 한 위 제2차 계고서에 의한 고

---

232) 대법원 1982.12.28. 선고 82누7 판결.

지만을 상대로 하여서 전심절차를 거치려는 것은 아닐 것이고, 더욱
이 원고가 행정청의 철거명령 및 비례의 원칙에 위배된 것이라는 내
용으로 된 행정심판청구를 하였다면 거기에는 제1차 계고처분의 취
소를 구하는 취지가 포함되어 있다고 보는 것이 합리적일 것이며,
또 위 재결시 1990.7.20.자 계고처분의 당부에 관한 실질적인 심리·
판단도 있었다고 보아야 할 것이다. 따라서 이 사건 소 중 1990.7.20.
자 철거명령 및 계고처분의 취소를 구하는 부분은 행정소송법 소정의
전치절차를 거친 것이라고 보는 것이 옳을 것이다.233)

2) 판단기준시

행정심판전치요건의 충족은 원칙적으로 행정소송제기당시에 요
구되는 것이나(§18①), 원고의 권익구제를 위해 사실심변론종결시까지 그
요건의 불충족으로 인한 흠의 치유가 인정된다. 소송요건(제기요건)의 존부
는 소송의 계속후 그 절차 내에서 조사되는 것이므로 소송요건의 충족여부
에 대한 심리가 끝나기까지는 흠결된 소송요건을 추완할 수 있기 때문이다.

5.4. 자유선택주의하에서 취소소송과 행정심판의 관계

행정심판이 임의절차화함에 따라 처분등에 대한 행정심판과 취소소송
이 동시에 제기되거나 시기를 달리 하여 함께 제기될 수 있게 되었으므로,
그 경우 행정심판의 재결과 행정소송의 판결이 불일치하거나 상충하는 등
양자의 관계여하가 문제될 수 있다. 그러한 경우 동일한 처분에 대한 것일
지라도 행정심판과 취소소송은 각각 별도로 진행되고 양자 사이에는 직접
적인 법적 관계는 성립하지 않는다.

먼저 취소소송이 계속중 취소심판을 각하 또는 기각하는 재결이 나오
거나 그러한 재결이 나온 후 취소소송이 제기된 경우에는 별다른 문제가
생기지 아니한다. 처분에 대한 취소심판이 청구기각으로 종결된 후 취소소
송에서 청구인용판결이 나올 수 있고 이 경우에 법원의 판결이 취소심판의

---

233) 대법원 1992.4.20. 선고 91누7798 판결.

기각재결에 우선하는 것은 지극히 당연한 결과이기 때문이다.

또한 취소소송의 인용판결이 확정된 후 당해 처분에 대한 취소심판의 재결이 그 판결과 결론을 달리 하게 될 여지는 없다. 당해 처분은 확정된 취소판결에 의하여 취소되어 소멸되어 버리거나 적법성이 확인되거나 둘 중 하나가 될 것이기 때문이다. 또 취소소송의 선행 확정판결에 반하는 취소심판의 재결은 위법임을 면할 수 없다.

그러나 취소소송이 계속중 동일한 처분에 대한 취소심판에서 청구인용재결이 나오거나 그러한 재결이 나온 후 취소소송이 제기된 경우, 그리고 취소심판의 재결이 있기 전에 동일한 처분에 대한 취소소송 인용판결이 선고될 경우에는 사정이 다르다.

5.4.1. 취소심판의 인용재결이 선행한 경우

취소소송의 계속중 동일한 처분에 대한 취소심판에서 청구인용재결이 내려진 경우 피청구인인 처분청은 그 재결에 불복하여 소송을 제기할 수 없으므로, 청구인은 그것으로 소기의 권리구제를 받은 것이 되어 취소소송을 취하하려 할 것이다. 행정소송에 있어서도 처분권주의(Verfügungsgrundsatz; Dispositionsmaxime)가 타당한 이상 소의 취하에 의하여 취소소송이 종료되는 것은 당연한 결과이다.[234]

> **▨ 판례**
>
> 원고가 종합소득세부과처분의 위법을 들어 그 취소를 구하고 있다면 법원은 위 과세처분에 의하여 인정된 종합소득의 과세표준과 종합소득세액의 객관적인 존재를 그 심리대상으로 삼아 그 과세처분의 위법여부만을 심리하여야 할 것임에도 원심이 위 과세처분의 위법을 인정하면서도 과세관청의 납세고지통지가 없어 아직 유효한 과세처분이 있었다고도 볼 수 없고 또 당사자가 구하지도 아니하여 심리의 대상이 될 수 없는 양도소득의 과세표준과 양도

---

234) 취소소송에 있어 소의 취하에 관하여는 법원행정처, 법원실무제요 행정, 1997, 266 이하; 塩野 宏, 日本行政法論(서원우·오세탁 공역), 법문사, 1996, p.408 등을 참조.

소득세액을 산출하고 위 종합소득세과세처분중 위와 같이 산출한 양도소득세액의 범위내의 것은 적법하다고 판시한 것은 처분권주의에 위배한 것.[235]

　　취소소송의 원고는 판결이 확정되기 전까지는 언제라도 소를 취하할 수 있다. 그러나 취소소송에 민사소송법 제239조 제2항의 규정이 준용되는 결과 피고가 본안에 대하여 준비서면을 제출하거나 준비절차에서 진술·변론을 한 후에는 피고의 동의가 있어야 한다. 한편 취소소송의 수소법원은 행정심판에서 원고가 이미 인용재결을 받았다는 사실이 판명될 경우 당해 처분에 대한 취소소송을 부적법한 것으로 각하할 수 있을 것이다. 행정심판법 제32조 제3항은 취소심판의 청구가 이유있다고 인정할 때에는 재결청은 "처분을 취소 또는 변경하거나 처분청에 취소 또는 변경할 것을 명한다"고 규정하고 있다. 따라서 이 경우 선행 행정심판에서 계쟁처분을 직접 취소·변경[236]하는 형성재결이 내려지면 이로써 당해 처분의 법적 존재가 소멸 또는 변경되며, 또 처분청에게 처분의 취소·변경을 명하는 이행재결이 행해진 경우에도, 피청구인인 처분청이 이를 불복할 수 없는 이상, 분쟁은 이미 종식되어 소의 이익이 없는 것으로 판단될 것이기 때문이다.

　　그러나 취소소송의 계속중 취소심판의 재결이 내려진 경우, 재결청(행정심판위원회)이나 취소소송의 수소법원간의 별도의 통지절차가 법정되어 있지 않기 때문에, 취소소송에서 원고의 소취하나 법원의 소각하판결이 없이 이미 앞서 있었던 행정심판 청구인용재결과 상반되는 내용의 판결이 선고·확정되어 버리는 경우도 발생할 여지가 있다. 이러한 경우 피고 행정청은 이 판결을 원용하여 계쟁처분의 적법성을 주장할 것이고, 원고는 당초 청구를 인용한 행정심판 재결을 고수하려 할 것이다. 여기서, 원고가 민사소송법 제451조 제1항 각 호의 규정을 근거로 재심을 청구할 경우 이를 허용할 것인지 여부가 문제된다. 이 경우 취소소송의 수소법원이 선행 행정

---

235) 대법원 1987.11.10. 선고 86누491 판결.

236) 이 경우 변경의 의미에 관하여는 후술하는 취소소송의 경우와는 달리, 행정심판의 본질상 소극적인 일부취소뿐만 아니라 적극적인 변경을 뜻하는 것으로 해석되고 있다.

심판의 청구인용재결을 고려하지 않은 것이 민사소송법 제451조 제1항이 열거하고 있는 재심사유중 특히 제8호 "판결의 기초로 된 민사나 형사의 판결, 그 밖의 재판 또는 행정처분이 다른 재판이나 행정처분에 따라 바뀐 때"와 제9호 "판결에 영향을 미칠 중요한 사항에 관하여 판단을 누락한 때"에 해당하는지가 검토되어야 한다. 먼저 제9호의 경우 당사자가 주장하지 아니한 직권조사사항의 판단누락(유탈)은 재심사유가 아니라는 대법원의 판례[237]에 비추어 볼 때 해당사항이 없다고 보아야 할 것이다. 반면 제8호의 경우에는 선행한 행정심판에서 계쟁처분을 직접 취소·변경[238]하는 형성재결이 행해진 경우와 처분청에게 처분의 취소·변경을 명하는 이행재결이 행해진 경우를 나누어 살펴볼 필요가 있다(행정심판법 §32③). 전자의 경우에는 이미 당해 처분등을 취소·변경하는 형성재결로써 당해 처분의 법적 존재가 소멸 또는 변경되기 때문에 위 민사소송법 제422조 제1항 제8호의 재심사유에 해당하는 것으로 보아야 하지 않을까 생각한다. 이와 관련하여 사안은 다르지만 다음 판례들을 통해 유사한 판결방향을 엿볼 수 있다.

▰▰ 판례

인용상표의 선출원을 이유로 등록상표의 등록무효심판이 확정된 후, 피심판청구인이 심판청구인을 상대로 인용상표에 대하여 상표등록무효심판을

---

237) 대법원 1994.11.8. 선고 94재누32 판결(환지처분취소등: 공94.12.15.982(49). 이 사건 판결에서 대법원은 '민사소송법 제422조 제1항 제9호에서 판결에 영향을 미친 중요한 사항에 관하여 판단을 유탈한 때라 함은 소송요건에 흠결이 없어서 본안에 들어가 사건을 판단하는 경우에 있어서는 당사자가 적법히 소송상 제출한 공격방어의 방법으로서 당연히 판결의 결론에 영향이 있는 것에 대하여 판결이유 중에서 판단을 표시하지 않는 것을 말한다'는 종래의 확립된 판례(가령 대법원 1995.12.22. 선고 94재다31 판결(가등기에기한본등기등: 공1996.2.15.(4), 464))를 재확인한 후, 민사소송법 제422조 제1항 제9호의 판결에 영향을 미칠 중요한 사항에 해당되기 위해서는 "직권조사사항 여부를 불문하나, 다만 당사자가 주장하였거나 그 조사를 촉구하지 아니한 직권조사사항은 이를 판단하지 아니하였다고 하여도 위 법조 소정의 재심사유에 해당하지 않는다"고 판시하였다. 동지: 대법원 1982.12.29. 선고 82사19 판결.

238) 이 경우 변경의 의미에 관하여는 후술하는 취소소송의 경우와는 달리, 행정심판의 본질상 소극적인 일부취소뿐만 아니라 적극적인 변경을 뜻하는 것으로 해석되고 있다.

> 청구한 사건의 항고심인 특허청 항고심판소에서 인용상표를 무효로 한 심결
> 이 내려지고 대법원에서 그에 대한 심판청구인의 상고가 기각되었다면, 인
> 용상표는 구 상표법(1990.1.13. 법률 제4210호로 개정되기 전의 것) 제
> 13조 제3항, 제48조 제2항에 의하여 위 등록상표에 대한 관계에서 처음부
> 터 없었던 것으로 보아야 할 것이고, 인용상표가 소급적으로 없었던 것이 되
> 었음에도 불구하고 선출원되어 유효하게 등록되었음을 기초로 한 위 등록상
> 표의 등록무효심판의 확정판결에는 민사소송법 제422조 제1항 제8호 소정
> 의 재심사유가 있다.239)
>
>   민사소송법 제422조 제1항 제8호 소정의 '판결의 기초가 된 재판 또는
> 행정처분이 다른 재판이나 행정처분에 의하여 변경된 때'라 함은 후의 확정
> 적인 재판또는 행정처분에 의하여 취소변경된 경우만을 말한다.240)

반면 후자의 경우에는 당해 처분등이 선행 행정심판의 인용재결로써
직접 취소·변경된 것이 아니고 단지 처분청에게 처분등의 취소·변경을 명
하는 이행재결이 내려진 것에 불과하므로, 이것만으로 민사소송법 제422
조 제1항 제8호 소정의 재심사유에 해당한다고는 볼 수 없을 것이다.241)
따라서 피고 행정청은 이 경우 취소소송의 확정판결을 들어 처분등의 적법
성을 주장하게 될 것이고, 그 절차의 성질상 차이에 비추어 볼 때 취소소송
의 확정판결이 행정심판의 재결에 우선하는 것으로 볼 수밖에 없을 것이므
로, 선행 취소심판의 인용재결이 일단 무용한 것으로 돌아갈 가능성도 없
지 않다. 물론 청구인의 입장에서는 당초의 이행재결을 근거로 처분청에
대하여 계쟁처분의 취소·변경을 요구하고 그 요구가 받아들여지지 않으면
이를 행정소송등을 통하여 다툴 수 있으므로 다시금 법원에서 문제를 해결
할 수밖에 없게 될 것이다.

한편 취소심판의 인용재결이 있은 후 취소소송에서 인용판결이 선고된 때에도

---

239) 대법원 1997.9.12. 선고 97재후58 판결(상표등록무효: 공97.10.15.[44], 3109).

240) 대법원 1980.11.11. 선고 80무3 판결(종합소득세부과처분취소: 공648.13412(9가)
집28(3특). 96).

241) 물론 그 경우에도 민사소송법 같은 법조항의 다른 재심사유 해당여부가 검토되어야
할 것이지만 여기서 상세한 논의는 생략한다.

피고 행정청이 상소를 제기할 수 있고 그 상소심에서 판결이 번복될 수 있으므로, 위에서 살펴 본 것과 유사한 사례상황이 발생할 수 있을 것이다.

5.4.2. 취소소송의 인용판결이 선행한 경우

현실적으로는 일어나기 어려운 경우지만 취소소송의 인용판결이 취소심판의 재결에 선행하는 경우에도 양자간 불일치문제가 발생할 수 있다. 물론 이 경우에도 취소소송의 인용판결이 확정된 후 당해 처분에 대한 취소심판의 재결이 결론을 달리할 여지가 없다는 것은 앞서 본 바와 같다. 그러나 취소소송의 상소심이 계속되는 동안 그 원심판결과 상반되는 취소심판의 재결이 나올 수는 있다. 이 경우 상소심에서 그러한 취소심판의 재결을 어떻게 취급할 것인지가 문제된다. 만일 취소심판이 인용되어 처분이 취소·변경된 경우에는(형성재결) 법원도 이를 무시할 수 없을 것이다. 행정심판법에 의하여 당해 처분이 직접 취소 또는 변경되어 버리기 때문이다. 따라서 그러한 사실을 알게 되면 소를 각하하여야 할 것이고 그것을 모르고 소송을 진행시켜 확정판결에 이른 경우에도 앞서 본 바와 같은 민사소송법 제422조 제1항의 규정에 따라 재심의 소가 제기될 수 있다. 반면 처분의 취소·변경을 명하는 이행재결이 내려질 경우에는 일단 그에 따른 행정청의 조치가 있기 까지는 처분의 존재가 지속되므로, 이러한 사실을 모르고 소송을 진행한 경우는 물론, 알았다 하더라도 취소소송의 상소심 또는 원심법원에서 당해 처분을 취소하거나 청구를 기각하는 취지의 판결을 선고할 수 있는 여지가 있다. 법원은 그 경우 행정심판기관의 판단을 존중하여 소를 각하할 수도 있을 것이다. 피고 처분청이 상소를 제기한 경우에도 마찬가지이다.

5.4.3. 문제의 해결방안

이제까지 살펴 본 문제점들은 비단 취소심판과 취소소송간의 관계에서만 발생하는 문제는 아니다. 처분에 대한 취소심판과 당해 처분을 원인으로 하는 공법상 법률관계에 관한 공법상 당사자소송 사이에서도 유사한 문제가 발생할 수 있다. 그러나 행정심판이 임의절차화함으로써 종래 취소심판과 취소소송간 전치주의적 연계가 끊어졌기 때문에 특히 취소심판과 취소소송의 관계와 관련하여 문제가 되는 것이다.

그러면 앞서 본 문제점들은 어떻게 해소할 것인가. 현행법상 이러한 문제점을 해소할 수 있는 근거가 마련되어 있는지는 불분명하다. 현행 행정심판법은 제49조 제4항과 제5항에서 "법령의 규정에 따라 공고하거나 고시한 처분이 재결로써 취소되거나 변경되면 처분을 한 행정청은 지체없이 그 처분이 취소 또는 변경되었다는 것을 공고하거나 고시하여야 한다", "법령의 규정에 따라 처분의 상대방 외의 이해관계인에게 통지된 처분이 재결로써 취소되거나 변경되면 처분을 한 행정청은 지체없이 그 이해관계인에게 그 처분이 취소 또는 변경되었다는 것을 알려야 한다"고 각각 규정하고 있으나 취소소송의 수소법원에 대한 통지에 관한 직접적·명시적 규정은 두고 있지 않다. 행정소송법은 제25조에서 법원에게 당사자의 신청이 있는 때 결정으로써 재결을 행한 행정청에 대하여 행정심판에 관한 기록의 제출을 명할 수 있는 행정심판기록 제출명령권을 인정하고 있고, 제26조에서 법원이 필요하다고 인정할 때에는 직권으로 증거조사를 할 수 있고, 당사자가 주장하지 아니한 사실에 대하여도 판단할 수 있는 직권조사권을 인정하고 있을 뿐이다. 이렇게 볼 때 행정심판기관(재결청·행정심판위원회)과 취소소송 수소법원으로 하여금 상호간에 그 재결이나 판결의 결과를 상호 통지하도록 의무화하는 입법적 보완조치가 뒤따라야 할 것이다.

다만, 입법적 보완이 없더라도 그 때까지는 당분간 취소소송에서 재판장이 행정소송법 제26조의 규정을 근거로 직권으로 당사자에게 취소심판의 제기여부, 진행상황 및 결과 등을 질문·확인하도록 함으로써 소송실무상 운용의 묘를 기해야 할 것이다. 우선 소제기시 아예 소장에 그러한 사항을 기재토록 하거나 변론 개시시에 이를 취소심판의 제기여부, 결과 등을 확인하되, 취소심판이 제기되었음이 밝혀진 경우에는 변론 종결시 그때까지 취소심판의 진행경과 및 결과를 확인하여 이를 판결에서 고려하여야 할 것이다. 그러나 변론종결이후 취소심판의 재결이 나올 경우 법원으로서는 당사자나 행정심판위원회, 재결청 등이 그 사실을 재판부에 통보해 주지 않으면 그것을 알 수 없기 때문에 문제가 남는다.

마찬가지로 행정심판위원회도 그 심리절차에서 당사자에게 취소소송의 제기여부, 진행상황 및 결과 등을 질문·확인하여 이를 심판결과에서 고려하는 것이 바람직하다.

요컨대, 행정심판위원회(또는 재결청)와 취소소송 관할법원간 서로 취소심판이나 취소소송의 제기여부 및 결과를 통보하도록 의무화하는 방향으로 제도를 보완하되, 당분간은 각기 심판기관들이 운용의 묘를 살려 직권으로 그러한 사실을 확인하여 재결이나 판결에 반영함으로써, 동일한 처분에 관한 취소심판과 취소소송의 결론이 서로 달라지거나 어느 한 쪽이 다른 한 쪽의 결론을 고려하지 못하게 되는 결과를 방지할 필요가 있다.

6. 취소소송의 제소기간

취소소송은 행정처분의 효력이 지나치게 오랫동안 불안정하게 되는 결과를 피하기 위하여(법적 안정성의 요청) 제소기간에 제한을 받는다. 제소기간의 준수여부는 소송요건으로서 법원의 직권조사사항이다. 행정소송법은 취소소송의 제소기간에 대하여 처분등이 있음을 안 날부터 90일 이내에, 처분등이 있은 날부터 1년(제1항 단서의 경우는 재결이 있은 날부터 1년) 내에 제기하여야 한다고 규정하고 있다. 이 두 가지 종류의 기간은 선택적인 것이 아니다. 즉 그 중 어느 하나의 기간이 경과하면 제소기간 도과라는 법적 효과가 발생한다.

'처분이 있음을 안 날'이란 당해 처분이 효력을 발생한 날을 말한다. '처분이 있음을 안 날부터 90일'이라는 제소기간은 불변기간이다(§20③). 다만 그 기산점에 대하여 법은 제18조 제1항 단서에 규정한 경우와 그 밖에 행정심판청구를 할 수 있는 경우 또는 행정청이 행정심판청구를 할 수 있다고 잘못 알린 경우에 행정심판청구가 있은 때의 기간은 재결서의 정본을 송달받은 날부터 기산하도록 규정을 두었다(§20① 단서).

> **▮▮ 행정소송법 제20조 제1항에서 말하는 '행정심판'의 의미**
>
> [1] 행정소송법 제20조 제1항에 따르면, 취소소송은 처분 등이 있음을 안 날부터 90일 이내에 제기하여야 하는데, 행정심판청구를 할 수 있는 경우에 행정심판청구가 있은 때의 기간은 재결서의 정본을 송달받은 날부터 기산한다. 이처럼 취소소송의 제소기간을 제한함으로써 처분 등을 둘러싼 법률관계의 안정과 신속한 확정을 도모하려는 입법 취지에 비추어 볼 때, 여기서 말하는 '행정심판'은 행정심판법에 따른 일반행정심판과 이에 대한 특례로서 다른 법률에서 사안의 전문성과 특수성을 살리기 위하여 특히 필요하여 일반행정심판을 갈음하는 특별한 행정불복절차를 정한 경우의 특별행정심판(행정심판법 제4조)을 뜻한다.
>
> [2] 갑 광역시 교육감이 공공감사에 관한 법률(이하 '공공감사법'이라 한다) 등에 따라 을 학교법인이 운영하는 병 고등학교에 대한 특정감사를 실시한 후 병 학교의 학교장과 직원에 대하여 징계(해임)를 요구하는 처분을 하였는데, 을 법인이 위 처분에 대한 이의신청을 하였다가 기각되자 위 처분의 취소를 구하는 소를 제기한 사안에서, 공공감사법상의 재심의신청 및 구 갑 광역시교육청 행정감사규정상의 이의신청은 자체감사를 실시한 중앙행정기관 등의 장으로 하여금 감사결과나 그에 따른 요구사항의 적법·타당 여부를 스스로 다시 심사하도록 한 절차로서 행정심판을 거친 경우의 제소기간의 특례가 적용될 수 없다고 보고, 이의신청에 대한 결과통지일이 아니라 을 법인이 위 처분이 있음을 알았다고 인정되는 날부터 제소기간을 기산하여 위 소가 제소기간의 도과로 부적법하다고 본 원심판단을 정당하다고 한 사례.242)

한편, 행정소송법 제20조 제1항의 취지는 불가쟁력이 발생하지 않아 적법하게 불복청구를 할 수 있었던 처분 상대방에 대하여 행정청이 법령상 행정심판청구가 허용되지 않음에도 행정심판청구를 할 수 있다고 잘못 알린 경우에, 잘못된 안내를 신뢰하여 부적법한 행정심판을 거치느라 본래

---

242) 대법원 2014.4.24. 선고 2013두10809 판결(행정처분취소: 공2014상, 1133).

제소기간 내에 취소소송을 제기하지 못한 자를 구제하려는 데에 있으며, 따라서 이미 제소기간이 지남으로써 불가쟁력이 발생하여 불복청구를 할 수 없었던 경우라면 그 이후에 행정청이 행정심판청구를 할 수 있다고 잘못 알렸다고 하더라도 그 때문에 처분 상대방이 적법한 제소기간 내에 취소소송을 제기할 수 있는 기회를 상실하게 된 것은 아니므로 이러한 경우에 잘못된 안내에 따라 청구된 행정심판 재결서 정본을 송달받은 날부터 다시 취소소송의 제소기간이 기산되는 것은 아니라는 것이 대법원의 판례이다.

▮▮ 행정청이 행정심판청구 할 수 있다고 잘못 알린 경우 제소기간

행정소송법 제20조 제1항은 '취소소송은 처분 등이 있음을 안 날부터 90일 이내에 제기하여야 하나 행정청이 행정심판청구를 할 수 있다고 잘못 알린 경우에 행정심판청구가 있은 때의 기간은 재결서의 정본을 송달받은 날부터 기산한다'고 규정하고 있는데, 위 규정의 취지는 불가쟁력이 발생하지 않아 적법하게 불복청구를 할 수 있었던 처분 상대방에 대하여 행정청이 법령상 행정심판청구가 허용되지 않음에도 행정심판청구를 할 수 있다고 잘못 알린 경우에, 잘못된 안내를 신뢰하여 부적법한 행정심판을 거치느라 본래 제소기간 내에 취소소송을 제기하지 못한 자를 구제하려는 데에 있다. 이와 달리 이미 제소기간이 지남으로써 불가쟁력이 발생하여 불복청구를 할 수 없었던 경우라면 그 이후에 행정청이 행정심판청구를 할 수 있다고 잘못 알렸다고 하더라도 그 때문에 처분 상대방이 적법한 제소기간 내에 취소소송을 제기할 수 있는 기회를 상실하게 된 것은 아니므로 이러한 경우에 잘못된 안내에 따라 청구된 행정심판 재결서 정본을 송달받은 날부터 다시 취소소송의 제소기간이 기산되는 것은 아니다. 불가쟁력이 발생하여 더 이상 불복청구를 할 수 없는 처분에 대하여 행정청의 잘못된 안내가 있었다고 하여 처분 상대방의 불복청구 권리가 새로이 생겨나거나 부활한다고 볼 수는 없기 때문이다.243)

한편 '처분등이 있은 날부터 1년'(제1항 단서의 경우는 재결이 있은 날부터 1년)이 지나면 처분등이 있었음을 알았는지 여부를 불문하고 취소소송

---

243) 대법원 2012.9.27. 선고 2011두27247 판결(부당이득금부과처분취소 판례공보 제405호(2012.11.1.) 1751.

을 제기하지 못하게 된다. 이것은 불변기간이 아니며, 정당한 이유가 있는 경우에는 취소소송을 제기할 수 있게 된다(§20② 단서).

그 밖에도 각 단행법상 특별규정이 있는 경우에는(예: 국세기본법 §56; 지방세기본법 §119) 각각 그 규정하는 바에 따름은 물론이다.

▮▮▮판례

가. 토지등급수정결정에 대한 불복절차를 규정한 지방세법시행규칙 제44조 제1항에 규정된 심사청구는 행정심판법 제3조 소정의 '다른 법률에 특별한 규정이 있는 경우'에 해당하는 행정심판절차이므로, 처분청의 토지등급의 설정 또는 수정 등의 토지등급 결정에 대하여 행정소송을 제기하기 위하여는 그 전심절차로서 지방세법시행규칙 소정의 심사청구를 하고, 행정소송법 제20조 제1항에 의하여 그 심사청구에 대한 결정사항을 통지받은 날로부터 60일 이내에 행정소송을 제기하여야 한다.

나. 행정심판의 재결을 거쳐 제기하는 사건에 대한 소는 그 재결서의 정본을 송달받은 날로부터 60일이내에 제기하여야 하는 것이고, 재결청이 심사청구기각의 결정통지를 하면서 그 제소기간을 고지하지 않았다 하더라도 제소기간이 연장되는 것은 아니다.[244]

[1] 서울특별시장이 배출가스 저감장치 제조사 갑 주식회사에 배출가스 저감장치를 부착한 차량의 의무운행 기간 미준수 등을 이유로 보조금 회수처분을 하자, 갑 회사가 위 처분의 전부 취소를 구하는 행정심판을 제기하였다가 취소청구액 일부를 감축하고 그 후 위 처분 전부에 대하여 취소소송을 제기한 사안에서, 위 처분에 대한 취소소송 제소기간 준수 여부를 판단할 때에는 청구감축 부분을 포함하여 위 처분 전부에 대하여 적법한 행정심판을 거친 것으로 보아야 한다.

[2] 동일한 행정처분에 대하여 무효확인소송을 제기하였다가 그 후 그 처분의 취소를 구하는 소송을 추가적으로 병합한 경우, 주된 청구인 무효확인소송이 적법한 제소기간 내에 제기되었다면 추가로 병합된 취소소송도 적법하게 제기된 것으로 볼 수 있다.[245]

---

244) 대법원 1995.5.26. 선고 94누11385 판결(공95.7.1. 995(51)).
245) 대법원 2012.11.29. 선고 2012두3743 판결(보조금회수처분취소등: 미간행).

7. 소 장

행정소송의 제기는 일정한 형식을 갖춘 서면인 소장을 법원에 제출함으로써 한다(행정소송법 §8②; 민사소송법 §§248, 249). 소장에 관하여는 행정소송법상 아무런 규정이 없으므로 민사소송법을 준용한다. 소장에는 당사자, 법정대리인, 청구의 취지와 원인을 기재하여야 하며(민사소송법 §248①), 그 밖에도 준비서면에 관한 규정(같은 법 §§273 이하)이 준용되므로, 공격 또는 방어의 방법, 상대방의 청구와 공격 또는 방어의 방법에 대한 진술, 덧붙인 서류의 표시, 작성한 날짜, 법원의 표시 등을 기재하여야 하며, 상대방의 청구와 쌍방의 공격·방어방법에 대한 사실상 주장을 증명하기 위한 증거방법과 상대방의 증거방법에 대한 의견을 함께 적어야 한다(같은 법 §274②).[246)]

Ⅳ. 취소소송에 있어 가구제

1. 개 설

사법작용은 그 본질상 신중한 절차를 필요로 한다. 민사소송과 마찬가지로 행정소송도 판결로 종결되기까지 상당한 시일을 소요하는 것이 보통이다. 그리하여 경우에 따라 원고가 승소판결을 얻는다 하더라도 그 사이에 계쟁처분이 집행되거나 효력이 완성되어 버리면 당초 구제목적의 달성이 사실상 불가능하게 될 수 있다. 이 때 판결이 있기 전이라도 잠정적으로 처분의 집행을 정지하는 등 임시조치를 취함으로써 권리구제에 차질이 없도록 할 필요가 생긴다. 행정소송에 있어 가구제(假救濟)란 이와 같이 정상적인 권리구제절차로는 구제의 목적을 달성할 수 없는 경우 원고에게 일정

---

246) 소장작성방법 등 소송절차, 서식 등에 관해서는 http://www.scourt.go.kr/ke_p.html을 참조.

한 요건 아래 잠정적인 권리보호(vorläufiger Rechtsschutz)를 부여하는 절차를 말한다. 즉 계쟁처분이나 공법상의 권리관계에 관하여 임시의 효력관계나 지위를 정함으로써 본안판결이 확정될 때까지 잠정적으로 권리구제를 도모하는 제도이다. 행정소송, 특히 취소소송에 있어 가구제는 공권력행사로서 처분의 집행보장에 대한 행정목적과 권리구제의 실효성에 대한 사익의 요구를 적절히 조화시키기 위한 제도적 방법이다.

행정소송상 가구제의 내용은 각국의 입법정책에 따라 일정하지 않으나, 대체로 집행정지와 가처분이 문제되고 있다. 전자는 행정심판 및 행정소송의 제기 또는 법원에 의한 별도의 집행정지결정에 집행정지효를 결부시키는 제도인데 비하여, 후자는 일반 민사소송상의 가처분제도를 행정소송에 원용하는 방식이라 할 수 있다. 행정소송법은 취소소송에 있어 집행정지에 관한 규정(§23)은 두고 있으나 가처분에 대해서는 아무런 규정을 두지 않고 있다.

2. 집행정지

2.1. 집행부정지의 원칙

행정소송법은 "취소소송의 제기는 처분 등의 효력이나 그 집행 또는 절차의 속행에 영향을 주지 아니 한다"고 규정함으로써 집행부정지원칙을 채택하고 있다(§23①). 이러한 집행부정지원칙을 행정행위의 공정력(예선적 효력)의 당연한 귀결로 보는 견해도 있으나, 이것은 위법한 처분등에 의해 권익침해를 최소화하려는 권리구제적 관심과 반면 절차남용의 억제 및 처분의 효력·집행의 지속성보장 등 원활한 행정운영에 관한 공익의 요청 중 어느 것에 상대적 비중과 우선순위를 두느냐에 따라 결정되는 입법정책의 문제이다.247) 따라서 집행부정지의 원칙은 행정행위의 공정력(예선적 효력)

---

247) 김도창, 일반행정법론(상), p.712.

또는 자력집행력의 결과라기보다는 오히려 그러한 효력을 전제로 하여 채택된 법정책적 선택의 산물이라 할 수 있다. 이것은 각국의 입법례를 보아도 분명히 알 수 있다. 가령 우리처럼 집행부정지의 원칙(Caractère non suspensif)에 입각하여 예외적으로만 집행정지(sursis à exécution)를 허용하는 프랑스나 일본의 경우와는 달리, 독일의 경우 집행정지가 원칙이어서 행정심판 및 행정소송의 제기에 집행정지효(aufschiebende Wirkung)가 인정되는데 이 경우 행정행위의 공정력이나 자력집행력이 부정되는 것은 아니라는 점에 유의할 필요가 있다.

그러나 행정에 부여된 일종의 공권력특권을 의미하는 집행부정지 원칙에 대해 국민 권리보호의 견지에서 입법론적 의문이 제기되고 있음은 이미 행정심판 부분에서 지적한 바 있다.

2.2. 예외: 집행정지

행정소송법은 집행부정지원칙을 일률적으로 관철시킴으로 인해 발생할 수 있는 불합리한 결과를 방지하기 위하여 일정한 경우 예외적으로 집행정지를 할 수 있도록 하였다. 즉, 취소소송이 제기된 경우에 처분등이나 그 집행 또는 절차의 속행으로 인하여 생길 회복하기 어려운 손해를 예방하기 위하여 긴급한 필요가 있다고 인정할 때에는 본안이 계속되고 있는 법원은 당사자의 신청 또는 직권에 의하여 처분등의 효력이나 그 집행 또는 절차의 속행의 전부 또는 일부의 정지를 결정할 수 있다(§23②). 집행정지는 본안판결의 확정시까지 존속하는 임시적 구제제도로서, ① 잠정성, ② 긴급성, ③ 본안소송에의 부종성 등과 같은 특성을 지닌다.

2.2.1. 집행정지의 요건

법원이 집행정지를 결정하기 위해서는 다음과 같은 적극적 요건과 소극적 요건이 충족되어야 한다.

(1) 적극적 요건

1) 집행정지의 대상인 처분등의 존재

집행정지의 대상은 ① 처분등의 효력, ② 처분등의 집행, ③ 절차의 속행이다. 따라서 ① 처분전, ② 부작위에 대하여, 또는 ③ 처분 소멸 후에는 집행정지의 대상이 없게 되므로 집행정지는 허용되지 않는다.

처분이 존재하고 집행이 이미 완료된 경우처럼 집행정지신청의 이익(필요)이 없는 경우에도 집행정지는 허용되지 아니 한다.

■■■ 집행정지 신청의 이익

[1] **행정처분에 대한 효력정지신청을 구함에 있어서도 이를 구할 법률상 이익이 있어야 하는바**, 이 경우 법률상 이익이라 함은 그 행정처분으로 인하여 발생하거나 확대되는 손해가 당해 처분의 근거 법률에 의하여 보호되는 직접적이고 구체적인 이익과 관련된 것을 말하는 것이고 단지 간접적이거나 사실적·경제적 이해관계를 가지는 데 불과한 경우는 여기에 포함되지 않는다.

[2] 경쟁 항공회사에 대한 국제항공노선면허처분으로 인하여 노선의 점유율이 감소됨으로써 경쟁력과 대내외적 신뢰도가 상대적으로 감소되고 연계노선망개발이나 타항공사와의 전략적 제휴의 기회를 얻지 못하게 되는 손해를 입게 되었다고 하더라도 위 노선에 관한 노선면허를 받지 못하고 있는 한 그러한 손해는 법률상 보호되는 권리나 이익침해로 인한 손해라고는 볼 수 없으므로 처분의 효력정지를 구할 법률상 이익이 될 수 없다고 한 사례.

[3] 경쟁 항공회사에 대한 국제항공노선면허처분이 효력정지되면 행정청으로부터 항공법상의 전세운항계획에 관한 인가를 받아 취항할 수 있게 되는 지위를 가지게 된다고 하더라도, 행정청이 위 인가를 하여 줄 법률상 의무가 발생하는 것이 아니고, 다만 경쟁 항공회사와 함께 인가를 신청할 수 있음에 그치는 것이며, 그 인가 여부는 다시 행정청의 별도의 처분에 맡겨져 있으므로 위와 같은 이익은 처분의 효력정지를 구할 수 있는 법률상 이익이라고 할 수 없다고 한 사례.248)

---

248) 대법원 2000.10.10.자 2000무17 결정(집행정지 공2000.12.15.(120),2429).

무효인 처분도 집행정지의 대상이 될 수 있다. 행정소송법 제23조는 취소소송을 전제로 한 것이기는 하지만, 제38조 제1항에서 이를 무효등확인소송에 준용하고 있고, 또 실질적으로도 그 경우를 배제하는 의미로 해석해야 할 이유가 없을 뿐만 아니라 무효인 경우에도 처분의 외관이 존재하고 또 집행될 우려가 얼마든지 있을 수 있으며, 더욱이 절차속행의 정지 필요성은 단순위법의 경우보다 무효의 경우가 훨씬 더 크다고 볼 수 있으므로 집행정지의 대상이 될 수 있다고 보아야 할 것이다.

한편, 신청에 대한 거부처분은 집행정지의 대상이 될 수 없다는 것이 통설이고 판례도 같은 입장이다. 다만 이에 대해서는 학설상 논란이 있다.[249)]

▰ 거부처분에 대한 집행정지 허용 여부

신청인의 신기술 보호기간 연장신청을 거부한 이 사건 처분의 효력을 정지하더라도 이로 인하여 보호기간이 만료된 신기술 지정의 효력이 회복되거나 행정청에게 보호기간을 연장할 의무가 생기는 것도 아니라고 할 것이다. 그렇다면, 이 사건 **처분의 효력을 정지하더라도 이 사건 처분으로 신청인이 입게 될 손해를 방지하는 데에는 아무런 소용이 없고, 따라서 이 사건 처분의 효력정지를 구하는 이 사건 신청은 그 이익이 없어 부적법하다**고 할 것이다.(대법원 1995.6.21.자 95두26 결정, 1993.2.10.자 92두72 결정 등 참조).[250)]

현실적으로 거부처분이 집행되는 경우는 생각하기 어렵고 또 거부처분의 효력을 정지하더라도 거부처분이 없었던 것과 같은 상태 즉 거부

---

249) 이현수, "행정소송상 집행정지의 법적 성격에 관한 연구", 행정법연구, 제9호(2003. 상반기), 2003.5, 행정법이론실무학회, pp.157-176; 김철용, 행정법 I, 2010, p.717 등을 참조.

250) 대법원 2005.1.17.자 2004무48 결정(집행정지 공보불게재). 또한 대법원 1995.6.21. 자 95두26 결정(점검필증교부거부처분효력정지: 공1995.8.1.(997),2602); 1992.2.13.자 91두47 결정(투전기업소갱신허가불허처분효력정지: 투전기업소허가갱신신청을 거부한 불허처분의 효력을 정지하더라도 이로 인하여 신청인에게 허가의 효력이 회복되거나 또는 행정청에게 허가를 갱신할 의무가 생기는 것은 아니므로 불허처분의 효력정지로서는 신청인이 입게 될 손해를 피하는 데에 아무런 보탬이 되지 아니하여 그 불허처분의 효력정지를 구할 이익이 없다는 이유로 그 신청을 각하한 사례, 공1992.7.1.(923),1869)를 참조.

처분이 있기 전의 신청시의 상태로 되돌아가는 데에 불과하고 행정청에게 신청에 따른 처분을 하여야 할 의무가 생기는 것이 아니지만, 이미 행정심판 부분에서 지적했듯이, 거부처분 자체의 효력이나 거부처분에 따른 절차의 속행으로 중대한 손해가 발생하는 경우가 있을 수 있으므로 그 한도 내에서 집행정지가 가능하다고 보아야 할 것이다.

2) 소송의 계속

민사소송법상 가처분이 소송제기 전에 보전수단으로서 신청될 수 있는 것과 달리 본안이 법원에 계속되어 있을 것을 요건으로 한다. 소가 취하되거나 각하 또는 기각 재결을 받은 경우에는 집행정지를 허용할 여지가 없다.[251] 다만 소송제기로써 소송계속이 성립되는 것인 이상, 소제기와 동시에 집행정지신청을 하는 것은 허용된다고 새겨야 할 것이다.

3) 회복하기 어려운 손해발생의 우려

집행정지는 처분이나 그 집행 또는 절차의 속행으로 인하여 생길 회복하기 어려운 손해를 예방하기 위한 것이어야 한다. 여기서 회복하기 어려운 손해란 일반적으로 사회통념상 원상회복이나 금전보상이 전혀 불능인 경우뿐만 아니라, 금전보상만으로는 행정처분을 받은 당사자가 참고 견딜 수 없거나 또는 참고 견디기가 현저히 곤란한 경우를 말한다. 가령 원상회복이 과다한 노력과 비용을 들여서만 가능하여 이를 처분의 상대방으로 하여금 감수하도록 할 만한 수인기대가능성(Zumutbarkeit)이 없다고 판단되는 경우에는 설령 금전보상이 가능할지라도 집행정지를 하여야 할 것이다.

███ **회복하기 어려운 손해에 관한 판례**

행정처분의 집행정지나 효력정지결정을 하기 위하여는 행정소송법 제23조 제2항에 따라 회복하기 어려운 손해를 예방하기 위하여

---

251) 대법원 2007.6.15.자 2006무89 결정(소각하판결에 따른 소송계속의 해소); 대법원 2007.6.28.자 2005무75 결정(소취하로 인한 소송계속의 해소)을 참조.

긴급한 필요가 있어야 하고, 여기서 말하는 "회복하기 어려운 손해" 라 함은 특별한 사정이 없는 한 금전으로 보상할 수 없는 손해라 할 것이며 이는 금전보상이 불능한 경우뿐만 아니라 금전보상으로는 사회관념상 행정처분을 받은 당사자가 참고 견딜 수 없거나 또는 참고 견디기가 현저히 곤란한 경우의 유형·무형의 손해를 일컫는다.252)

당사자가 행정처분 등이나 그 집행 또는 절차의 속행으로 인하여 재산상의 손해를 입거나 기업 이미지 및 신용이 훼손당하였다고 주장하는 경우에 그 손해가 금전으로 보상할 수 없어 '회복하기 어려운 손해'에 해당한다고 하기 위해서는, 그 경제적 손실이나 기업 이미지 및 신용의 훼손으로 인하여 사업자의 자금사정이나 경영 전반에 미치는 파급효과가 매우 중대하여 사업 자체를 계속할 수 없거나 중대한 경영상의 위기를 맞게 될 것으로 보이는 등의 사정이 존재하여야 한다.253)

4) 긴급한 필요의 존재

집행정지는 회복하기 어려운 손해의 발생이 시간적으로 절박하여 본안소송에 대한 판결을 기다릴 여유가 없는 경우에만 허용된다. 가령 과세처분에 의하여 받은 손해는 취소판결을 통하여 사후에 구제될 수 있는 것이므로 이에 해당하지 않는다는 것이 판례이다.254)

한편 ③과 ④의 요건은 모두 '긴급보전의 필요'라는 요건으로 통합될 수 있는 것이므로 각각 별개로 판단할 것이 아니라 합일적으로 판단하여 앞의 요건이 충족되면 뒤의 요건도 충족되는 것으로 새기는 것이 집행정지를 허용하는 제도 취지에 합당한 해석이다(다수설).255)

(2) 소극적 요건

집행정지가 공공복리에 중대한 영향을 미칠 우려가 없어야 한다.

---

252) 대법원 1992.8.7.자 92두30 결정. 대법원은 이 결정에서 상고심에 계속중인 형사피고 인을 안양교도소로부터 진주교도소로 이송함으로써 행정소송법 제23조 제2항의 "회복하기 어려운 손해"가 발생할 염려가 있다고 보았다. 동지: 대법원 1992.4.29.자 92두7 결정; 1987.6.23.자 86두18 결정.

253) 대법원 2003.4.25.자 2003무2 결정(집행정지 공2003.5.15.(178),1100).

254) 대법원 1962.1.20. 선고 4294행상7 판결; 1971.1.28.자 70두7 결정.

255) 가령 김철용, 행정법 I, 2010, p.719를 참조.

사익의 보호가 공공복리에 중대한 영향을 주는 경우란 후자의 이익이 압도적으로 사익의 희생을 요구할 때를 말하며 이것은 공사의 이익을 비교형량하여 판단되어야 한다. 가령 집행정지가 공공복리에 중대한 영향을 미칠 우려가 있고, 그것이 신청인이 입을 우려가 있는 손해를 희생시켜서라도 옹호할 만한 것이라고 인정될 때에는 집행정지를 할 수 없다(§23③). 가령 공설화장장의 이전설치처분 집행정지사건에서 대법원은 화장장이 시체처리, 교육행정 기타 공공복리에 중대한 영향을 미친다고 보아 집행정지신청을 기각한 바 있다.[256]

한편, 이러한 집행정지의 소극적 요건에 대한 주장·소명책임은 행정청에게 있다.

> **▉▉ 판례**
>
> 행정소송법 제23조 제3항 에서 규정하고 있는 집행정지의 장애사유로서의 '공공복리에 중대한 영향을 미칠 우려'라 함은 일반적·추상적인 공익에 대한 침해의 가능성이 아니라 당해 처분의 집행과 관련된 구체적·개별적인 공익에 중대한 해를 입힐 개연성을 말하는 것으로서 이러한 집행정지의 소극적 요건에 대한 주장·소명책임은 행정청에게 있다.[257]

(3) 본안의 이유 유무와 집행정지

한편 본안에 관한 이유유무를 집행정지의 요건으로 볼 것인가가 문제된다. 이것은 첫째 본안이 이유있음이 명백한 경우, 앞에서 살펴본 요건중 긴급보전의 필요라는 요건이 미흡하더라도, 집행정지결정을 할 수 있느냐, 둘째, 이와 반대로 본안이 이유없음이 명백한 경우 집행정지요건이 충족된 경우에도 집행정지를 불허하여야 하느냐 하는 문제이다.

---

256) 대법원 1971.3.5. 선고 71두2 결정.
257) 대법원 1999.12.20.자 99무42 결정 참조.

1) 본안의 이유 있음이 명백하다고 인정되는 경우

이러한 경우, 처분등의 위법성이 명백한 이상 긴급보전의 필요가 미흡하더라도 이를 근거로 집행정지를 할 수 있다는 견해가 표명되고 있다(적극설).[258] 행정소송상 집행정지는 물론 임시적 구제절차이기는 하지만, 민사집행법상의 가처분과는 달리, 본안해결의 제1단계라는 절차적 의의도 있는 것인 만큼, 집행정지의 문제를 본안과 완전히 분리하는 것은 적당치 않다는 것이다. 그러나 이를 인정할 경우 자칫하면 본안심리의 선취(Vorgriff)를 초래할 수 있다는 점에서, 본안의 이유유무는 적어도 행정소송법의 규정상 집행정지의 요건으로 고려될 수 없다고 보아야 한다는 반론이 제기되고 있다.[259]

> **▮▮ 판례의 경향**
>
> 판례는 "집행정지신청사건 자체에 의하여도 집행정지의 대상이 될 행정처분이 명백히 위법임을 인정할 수 있는 경우에 있어서는, 위 위법의 개연성도 집행정지사유의 하나로 할 수 있다"고 하여 적극설의 입장을 취한 것도 있으나,[260] 소극설에 입각한 것도 있다: "행정처분의 효력정지나 집행정지를 구하는 신청사건에 있어서는 그 행정처분의 효력이나 집행을 정지시킬 필요가 있는지의 여부, 즉 행정소송법 제23조 제2항 소정요건의 존부만이 판단대상이 되는 것이므로, 이러한 요건을 결여하였다는 이유로 집행정지신청을 기각한 결정에 대하여는 행정처분 자체의 적법여부를 가지고 불복사유로 삼을 수 없다."[261] 최근에도 이와 동일한 견지에서 법학전문대학원 예비인가처분의 효력정지를 구하는 신청사건에서, 처분 자체의 적법 여부에 관하여 판단하지 않은 채 행정소송법 제23조 제2항에 정한 요건을 충족하지 않는다는 이유로 효력정지신청을 배척한 결정이 위법하지 않다고 한 사례가 있다.[262]

---

258) 김도창, 일반행정법론(상), p.798.

259) 홍정선, 행정법원론(상), p.808. 이에 관한 학설에 대하여는 박윤흔, 행정법강의(상), pp.937-938을 참조.

260) 대법원 1962.4.12.자 63두3 결정.

261) 대법원 1990.7.19.자 90두12 결정.

262) 대법원 2008.8.26.자 2008무51 결정(효력정지 공보불게재).

다만, '처분의 성질과 태양 및 내용, 처분상대방이 입는 손해의 성질·내용 및 정도, 원상회복·금전배상의 방법 및 난이 등'과 함께 본안청구의 승소가능성의 정도 등을 종합적으로 고려하는 정도라면 무방하지 않을까 생각한다.

> **▮▮ 판례**
>
> 여기서 "처분으로 인하여 생길 회복하기 어려운 손해를 예방하기 위하여 긴급한 필요"가 있는지 여부는 당해 처분의 성질과 태양 및 내용, 처분상대방이 입는 손해의 성질·내용 및 정도, 원상회복·금전배상의 방법 및 난이, 본안청구의 승소가능성의 정도 등을 종합적으로 고려하여 구체적·개별적으로 판단하여야 한다(대법원 2004.5.17.자 2004무6 결정 참조).263)

2) 본안의 이유 없음이 명백하다고 인정되는 경우

반면 본안이 이유 없음이 명백한 경우, 다른 집행정지요건이 충족된 경우에도 이를 집행정지신청의 기각사유로 삼을 것이냐, 즉 본안의 이유 없음을 집행정지의 소극적 요건으로 삼을 것이냐에 관해서도 찬반 양론이 대립하고 있다. 대법원은 종래 집행정지의 단계에서 본안에 관한 이유의 유무를 판단할 수 없다는 입장에 서면서도 "본안청구가 이유 없음이 기록상 분명하지 않은 이상"이라고 표현하여 본안패소의 확실성이 집행정지의 소극적 요건으로 됨을 시사하는 등 다소 모호한 태도를 보이기도 했으나,264) 다음에 보는 바와 같이 집행정지사건 자체에 의하여도 신청인의 본안청구가 이유 없음이 명백하지 않아야 한다는 것을 집행정지의 요건으로 포함시켜야 한다는 적극적 입장을 표명한 바 있고 최근 다시 그러한 판례를 재확인하고 있다.

---

263) 대법원 2008.12.29.자 2008무107 결정(집행정지 공보불게재); 대법원 2008.05.06.자 2007무147 결정; 2004.5.12.자 2003무41 결정(집행정지 미간행); 2004.5.17.자 2004무6 결정 등.

264) 대법원 1986.3.21.자 86두5 결정.

▨▨ 판례

　　행정처분의 효력정지나 집행정지를 구하는 신청사건에서 행정처분 자체의 적법여부는 궁극적으로 본안재판에서 심리를 거쳐 판단할 성질의 것이므로 원칙적으로는 판단할 것이 아니고 그 행정처분의 효력이나 집행을 정지할 것인가에 대한 행정소송법 제23조 제2항, 제3항에 정해진 요건의 존부만이 판단의 대상이 된다고 할 것이지만, 효력정지나 집행정지는 신청인이 본안소송에서 승소판결을 받을 때까지 그 지위를 보호함과 동시에 후에 받을 승소판결을 무의미하게 하는 것을 방지하려는 것이어서 본안소송에서 처분의 취소가능성이 없음에도 처분의 효력이나 집행의 정지를 인정한다는 것은 제도의 취지에 반하므로 효력정지나 집행정지사건 자체에 의하여도 신청인의 본안청구가 이유 없음이 명백하지 않아야 한다는 것도 효력정지나 집행정지의 요건에 포함시켜야 한다.265)

　　행정처분의 효력정지나 집행정지제도는 신청인이 본안 소송에서 승소판결을 받을 때까지 그 지위를 보호함과 동시에 후에 받을 승소판결을 무의미하게 하는 것을 방지하려는 것이어서 본안 소송에서 처분의 취소가능성이 없음에도 처분의 효력이나 집행의 정지를 인정한다는 것은 제도의 취지에 반하므로 효력정지나 집행정지사건 자체에 의하여도 신청인의 본안 청구가 이유 없음이 명백하지 않아야 한다는 것도 효력정지나 집행정지의 요건에 포함시켜야 한다.266)

　　대법원은 최근 행정처분의 효력정지나 집행정지를 구하는 신청사건에서 집행정지사건 자체에 의하여도 신청인의 본안청구가 적법한 것이어야 한다는 것을 집행정지의 요건에 포함시켜야 한다고 판시한 바 있다. 이는 행정소송의 대상이 되는 처분이 아닌 공공기관의 행위에 대해 행정소송을 제기하고 집행정지를 신청한 경우처럼, 본안청구의 부적법이 명백한

---

265) 대법원 1997.4.28. 선고 96두75 결정(공97.6.1.[35], 1660). 교육위원회의 의장불신임결의에 대한 효력정지신청에 대하여, 효력정지사건 자체에 의하여도 본안청구가 이유없음이 명백하여 효력정지요건을 구비하지 못했다고 본 사례.

266) 대법원 2008.5.6.자 2007무147 결정(집행정지 미간행); 대법원 2004.5.17.자 2004무6 결정, 대법원 2007.7.13.자 2005무85 결정 등 참조.

경우에는 그 이유 유무에 대한 판단 이전에 이미 승소가능성이 없다고 볼 수 있어 집행정지신청을 받아들일 수 없다고 본 것이다.

> **▮▮ 판례**
>
> [1] 행정처분의 효력정지나 집행정지를 구하는 신청사건에서는 행정처분 자체의 적법 여부는 원칙적으로 판단의 대상이 아니고, 그 행정처분의 효력이나 집행을 정지할 것인가에 관한 행정소송법 제23조 제2항에서 정한 요건의 존부만이 판단의 대상이 되는 것이다. 다만, 집행정지는 행정처분의 집행부정지원칙의 예외로서 인정되는 것이고, 또 본안에서 원고가 승소할 수 있는 가능성을 전제로 한 권리보호수단이라는 점에 비추어 보면, 집행정지사건 자체에 의하여도 **신청인의 본안청구가 적법한 것이어야 한다는 것을 집행정지의 요건에 포함시키는 것이 옳다**.
>
> [2] 행정소송의 대상이 되는 행정처분은, 행정청 또는 그 소속기관이나 법령에 의하여 행정권한의 위임 또는 위탁을 받은 공공기관이 국민의 권리의무에 관계되는 사항에 관하여 공권력을 발동하여 행하는 공법상의 행위를 말하며, 그것이 **상대방의 권리를 제한하는 행위라 하더라도 행정청 또는 그 소속기관이나 권한을 위임받은 공공기관의 행위가 아닌 한 이를 행정처분이라고 할 수 없다**.
>
> [3] 수도권매립지관리공사가 甲에게 입찰참가자격을 제한하는 내용의 부정당업자제재처분을 하자, 甲이 제재처분의 무효확인 또는 취소를 구하는 행정소송을 제기하면서 제재처분의 효력정지신청을 한 사안에서, 수도권매립지관리공사는 행정소송법에서 정한 행정청 또는 그 소속기관이거나 그로부터 제재처분의 권한을 위임받은 공공기관에 해당하지 않으므로, **수도권매립지관리공사가 한 위 제재처분은 행정소송의 대상이 되는 행정처분이 아니라 단지 甲을 자신이 시행하는 입찰에 참가시키지 않겠다는 뜻의 사법상의 효력을 가지는 통지에 불과**하므로, 甲이 수도권매립지관리공사를 상대로 하여 제기한 위 효력정지신청은 부적법함에도 그 신청을 받아들인 원심결정은 집행정지의 요건에 관한 법리를 오해한 위법이 있다고 한 사례.267)

---

267) 대법원 2010.11.26.자 2010무137 결정(부정당업자제재처분효력정지).

3) 결 론

문제는 본안에 관한 이유유무를 사전에 명백하게 추지(推知)할 수 있는 경우, 이를 집행정지의 가부와 어떻게 관련시킬 것인가에 있다. 여기서는 가령 본안이 명백히 이유 있다고 판단되는 경우에는 위법한 처분등의 집행을 감수시키는 것은 바람직하지 않으므로 집행정지를 인정하는 것이 타당하며, 반대로 명백히 이유 없다고 판단되는 경우에는 아예 집행정지를 인정할 여지가 없지 않느냐 하는 실질적 관점이 작용하고 있다. 반면, 행정소송에 있어 집행정지란 어디까지나 가구제제도로서 인정되는 것이고 또 집행정지요건이 명시적으로 규정되고 있다는 점이 아울러 고려되어야만 하는데, 이에 관하여 행정소송법이 아무런 규정을 두고 있지 않기 때문에 문제가 된다.

먼저 본안의 이유 있음이 명백한 경우에 관하여 본다면, 문제는 이를 적극적 요건으로 볼 것인가의 여부라기보다는 오히려 긴급보전의 필요가 미흡한 경우에도 집행정지의 적극적 사유로 볼 수 있는가에 관하여 제기되어야 한다. 이른바 적극설이라는 것이 집행정지의 적극적 요건으로서 '본안의 이유 있음이 명백할 것'을 요구하는 주장은 아니기 때문이다. 이렇게 본다면 본안의 이유 있음이 명백한 경우에는, 이를 인정할 경우 자칫하면 본안심리의 선취(Vorgriff)를 초래할 우려가 있으며 적어도 행정소송법의 규정상 이를 집행정지의 사유(특히 법원의 직권에 의한)로 고려하기는 곤란하다고 본다.

반면 이와 반대로 본안이 이유 없음이 명백한 경우, 다른 집행정지요건이 충족된 경우에도 집행정지를 불허할 것이냐 하는 문제는 곧 이를 소극적 요건의 하나로 볼 것이냐 하는 문제와 같다. 이에 관하여는 본안의 이유 없음이 명백하다면 집행정지의 가구제로서의 실질적 전제가 아예 상실되는 것이므로 이를 소극적 요건으로 보는 것이 타당하리라고 본다. 다만 그 법적 근거에 관하여는 본안의 이유 없음이 명백한 경우를 법 제23조

제3항에서 규정된 소극적 요건을 판단함에 있어 비교형량되어야 할 요소 중 하나인 개인의 권리구제에 대한 요청을 사실상 무의미하게 만드는 것으로 보아 집행정지결정을 불허하는 사유로 보거나, 적극적 요건에 관한 법 제23조 제2항의 묵시적 전제조건을 상실시키는 것으로 보는 방법이 고려될 수 있다.

> 참고로 공공복리저해 요건과 함께, "본안에 관하여 이유없는 것으로 보일 때"를 집행정지의 소극적 요건으로 명시하고 있는 입법례(일본 行政事件訴訟法 제25조 제3항)가 있으며, 독일에서도 이와 유사한 결과가 집행정지효의 회복이나 假命令(einstweilige Anordnung)의 요건에 관하여 인정되고 있다.[268]

2.2.2. 집행정지의 성질

집행정지의 성질에 관하여는 행정작용의 성질을 가진다는 설도 있으나, 집행정지결정은 원고의 권리보전을 도모하기 위하여 법원이 계쟁처분의 집행을 잠정적으로 정지하는 것이므로, 형식상 또는 내용상 보전절차의 성질을 띠는 것으로 보아야 하므로 사법작용설이 타당하다.

2.2.3. 집행정지결정의 내용

집행정지결정은 본안소송이 종결될 때까지 처분등의 효력이나 그 집행 또는 절차의 속행의 전부 또는 일부를 정지함을 그 내용으로 한다.

(1) 효력의 전부 또는 일부의 정지

처분의 효력이란 처분의 내용적 구속력·공정력·집행력 등을 포함한다. 효력이 정지되면 잠정적이기는 하지만 이들 행정행위의 효력이 존속되지 않는 결과가 된다. 처분(예컨대 외국인강제퇴거명령 또는 체납처분으로서의 압류)의 효력정지는 처분의 집행(예컨대 강제퇴거조치) 또는 절차의 속행(예컨대 체납처분으로서 매각)을 정지함으로써 그 목적을 달성할 수 있

---

268) Schmitt Glaeser, aaO, S.169, Rn.282, S.188, Rn.320.

을 때에는 허용되지 않는다(§23② 단서). 이것은 일종의 비례원칙 고려에 의한 것으로 처분의 효력정지는 민사집행법상 가처분과 흡사하여 그 결정이 있으면 처분등이 부존재하였던 것과 같은 상태를 만드는 것이어서 행정에 미치는 영향이 중대하기 때문이다.[269)

(2) 처분의 집행의 전부 또는 일부의 정지

처분의 집행이란 처분내용의 강제적 실현을 위한 집행력의 행사를 말한다. 예컨대 과세처분에 따르는 징세나 영업정지처분에 따른 휴업 등이 그것이다. 처분의 집행정지는 이러한 집행작용을 정지시킴으로써 처분의 내용의 실현을 저지하는 것이다.

(3) 절차의 속행의 전부 또는 일부의 정지

절차속행의 정지란 행정처분이 단계적인 절차에 의해 행해지는 경우 그 후속행위를 정지하는 것을 말한다. 예컨대 토지보상법에 의한 사업인정을 다투는 행정심판이 제기된 경우 집행정지가 행해진다면 후속 수용절차의 진행을 정지시키는 경우나 대집행영장에 의한 통지를 다투는 경우 대집행을 정지하는 경우를 말한다.

2.2.4. 집행정지의 절차

집행정지는 법원의 결정으로 이루어지는데, 직권이나 당사자의 신청에 의하게 된다(§23②). 당사자의 신청의 경우에는 그 이유에 대한 소명이 있어야 한다(§23④).

2.2.5. 집행정지결정의 효력

집행정지결정의 효력은 다음과 같다. 이들 효력은 결정주문에 따로 정한 경우를 제외하고는 본안소송의 판결확정시까지만 존속한다. 대법원에 따르면, 집행정지는 그 요건이 충족될 경우 본안판결이 있을 때까지 당해

---

269) 김철용, 행정법 I, 2010, p.719를 참조.

행정처분의 집행을 잠정적으로 정지하는 제도로서, 그 집행정지의 효력 또한 당해 결정의 주문에 표시된 시기까지 존속하다가 그 시기의 도래와 동시에 당연히 소멸한다고 한다.[270]

(1) 형성력

처분등의 효력정지는 행정처분이 없었던 것과 같은 상태를 실현하는 것이므로 그 범위 안에서 형성력을 가진다고 볼 수 있다.

(2) 기속력

집행정지결정의 효력은 신청인과 피신청인에게 미치며, 취소판결의 효력에 준하여 당사자인 행정청뿐만 아니라 관계행정청도 기속한다(§23⑥).

2.2.6. 집행정지결정의 취소

집행정지결정이 확정된 후 집행정지가 공공복리에 중대한 영향을 미치거나 그 정지사유가 없어진 때에는 당사자의 신청 또는 직권에 의하여 결정으로써 집행정지결정을 취소할 수 있다(§24①). 이 취소신청은 그 사유를 소명하여야 한다(§24②).

2.2.7. 집행정지결정등에 대한 불복

집행정지결정이나 기각결정 또는 집행정지결정의 취소결정에 대하여는 즉시항고할 수 있다(§§23⑤,24②). 다만 이 경우 즉시항고는 결정의 집행을 정지하는 효력은 없다(§23⑤).

3. 가처분

3.1. 의 의

가처분이란 금전 이외의 특정한 급부를 목적으로 하는 청구권의 집행

---

270) 대법원 2003.7.11. 선고 2002다48023 판결(부당이득금; 공2003.8. 15.(184), 1711).

보전을 도모하거나 다툼있는 법률관계에 관하여 임시의 지위를 정함을 목적으로 하는 보전처분을 말한다.

민사집행법 제300조는 현상이 바뀌면 당사자가 권리를 실행하지 못하거나 이를 실행하는 것이 매우 곤란할 염려가 있을 경우(§300①)와 다툼이 있는 권리관계에 대하여 임시의 지위를 정하기 위한 경우(§300② 제1문), 두 가지 유형의 가처분을 규정하고 있다. 후자의 경우 가처분은 특히 계속하는 권리관계에 끼칠 현저한 손해를 피하거나 급박한 위험을 막기 위하여, 또는 그 밖의 필요한 이유가 있을 경우에 하여야 한다(§300② 제2문).

3.2. 가처분의 가능성

행정소송법은 가처분에 관하여 아무런 규정을 두고 있지 않아, 가처분에 관한 민사소송법의 규정이 준용될 수 있는지에 대하여 견해가 대립되고 있다.

(1) 소극설

소극설은 권력분립의 원칙에 입각한 견해로서, 법원은 구체적 사건에 대한 법적용을 보장하는 기능을 가질 뿐이므로 행정처분의 위법여부는 판단할 수 있으나 이에 앞서 가처분을 하는 것은 사법권의 한계를 벗어나는 것이라고 한다. 또한 행정소송법 제23조 제2항이 집행정지를 허용하고 있는 것은 민사집행법상의 가처분에 대한 특별규정으로 보아야 하므로 민사집행법의 규정이 준용될 수는 없다고 한다.

(2) 적극설

반면 적극설은 가처분등과 같은 가구제제도는 본안판결의 실효성을 확보하기 위한 것이므로 가구제조치를 통하여 권익구제의 실효를 도모하는 것은 사법권의 본질에 반하지 않는다고 한다. 또한 가처분을 배제하는 명문의 규정이 없는 이상 행정소송법 제8조 제2항에 의하여 의당 가처분에 대한 민사집행법의 규정이 준용될 수 있다고 본다.

(3) 판 례

판례는 구법 하에서 행정소송법에 대한 민사소송법의 준용규정은 이를 무제한으로 적용할 것이 아니라 그 성질이 허용되는 한도에서만 적용된다고 볼 것이므로, 항고소송에 대하여는 민사소송법중 가처분에 관한 규정이 적용되지 않는다고 하였다.[271] 그러나 적극적 처분에 대한 취소소송 이외의 경우 이를 긍정하는 취지의 판례가 있다. 예컨대 서울특별시의회의 의장·부의장의 당선결정을 가처분으로 정지하여 그 직권행사를 저지한 경우[272]라든지 전입학자에 대한 등교거부처분을 가처분으로 정지시켜 학생들의 등교를 계속할 수 있도록 한 사례[273]가 그것이다.

(4) 결 론

생각건대, 행정소송법이 보전처분으로서 집행정지제도를 인정하고 있는 이상, 그 한도 내에서는 민사집행법 규정이 적용될 여지가 없다고 보아야 하겠지만, 집행정지로써 목적을 달성할 수 없는 경우(가령 거부처분의 취소청구)에는 가처분에 관한 민사집행법의 규정을 준용할 수 있다고 보는 것이 헌법상 재판청구권 보장 및 권리구제의 정신에 부합되는 해석일 것이다.[274]

V. 관련청구의 이송·병합과 소의 변경

1. 관련청구의 이송 및 병합

행정소송법(§10)은 상호관련성을 지닌 여러 개의 청구를 하나의 절차

---

271) 대법원 1961.11.20. 선고 4292행항2 결정; 대법원 1980.12.22. 선고 80두5 결정.

272) 서울고법 1958.9.20. 선고 4191행신60 결정.

273) 서울고법 1964.11.9. 선고 64부90 결정.

274) 김남진, 행정법 I, pp.795-796.

에서 심판함으로써 심리의 중복 및 재판의 모순·저촉을 회피하는 한편 신속한 재판을 가능케 하기 위하여 관련청구소송의 이송 및 병합을 제도화하고 있다. 행정소송법 제10조 제1항에 따르면 관련청구소송이란, ① 당해 처분등과 관련되는 손해배상·부당이득반환·원상회복 등 청구소송, ② 당해 처분등과 관련되는 취소소송을 말한다.

1.1. 관련청구소송의 이송

취소소송과 관련청구소송이 각각 다른 법원에 계속되고 있는 경우, 관련청구소송이 계속된 법원이 상당하다고 인정하는 때에는 당사자의 신청 또는 직권에 의하여 당해 사건을 취소소송이 계속된 법원으로 이송할 수 있다(§10①). 이는 소송경제를 도모하고 심리의 중복 및 재판의 모순·저촉을 피하려는 취지에서 인정된 제도이다. 관련청구소송의 이송을 위해서는 ① 취소소송과 관련청구소송이 각기 다른 법원에 계속되어야 하며, ② 관련청구소송이 계속된 법원이 이송이 상당하다고 인정하여야 하며, ③ 당사자의 신청 또는 법원의 직권에 의하여 이송결정이 있어야 하고, ④ 관련청구소송이 취소소송이 계속된 법원으로 이송되는 것이어야 한다. 이송의 상당성 여부는 법원의 재량에 속하는 것으로 이해되며, 심급을 달리하는 법원간의 이송을 불허하는 일본의 경우와는 달리 사실심변론종결시까지 관련청구의 병합을 허용하는 행정소송법 제10조 제2항의 취지에 비추어 이들 소송이 사실심법원에 계속되어 있는 한, 심급에 관계없이 이송할 수 있다고 본다.[275]

관련청구의 이송의 효과에 관하여는 이미 관할이송에 관하여 본 것과 마찬가지로 민사소송법이 준용되는 결과, 이송을 받은 법원이 다시 이를 이송한 법원으로 반송하거나 다른 법원으로 전송할 수 없다는 구속력(민소 §34①②), 이송결정의 확정시 소송계속의 이전(같은 법 §36①), 그리고 소송

---

275) 이상규, 같은 책, p.361.

기록의 송부의무(같은 법 §36②) 등이 인정된다. 이송결정이 확정되면 당초의 제소기간준수의 효력이 그대로 지속됨은 물론이고, 또한 이송 전에 행한 소송행위의 효력(가령 자백·증거신청·증거조사 등)도 유지된다고 보는 데 의문이 없다.

1.2. 관련청구의 병합

1.2.1. 의   의

청구의 병합이란 원래 동일당사자간의 복수청구의 병합, 즉 객관적 병합과 복수당사자에 의한 복수청구의 병합, 즉 주관적 병합(공동소송)으로 나뉘며 병합의 시점에 따라 원시적 병합과 후발적 병합으로, 그리고 병합의 태양에 따라 단순병합, 예비적 병합 및 선택적 병합으로 구분된다. 행정소송법은 제10조 제2항 전단에서 객관적 병합을, 같은 항 후단에서 주관적 병합을, 그리고 제15조에서 주관적 병합의 일종인 공동소송에 대해 규율하고 있다.

관련청구의 병합에 관하여 행정소송법은 취소소송에 "사실심의 변론종결시까지 관련청구소송을 병합하거나"(객관적 병합), "피고외의 자를 상대로 한 관련청구소송을 취소소송이 계속된 법원에 병합하여"(주관적·예비적 병합 및 주관적·추가적 병합) 제기할 수 있다고 규정함으로써 민사소송법에 대한 특칙을 규정하고,[276] 이를 위한 수단으로 관련청구의 이송(§10①)을 허용하고 있다. 이것은 심리의 중복을 피하고, 행정법상의 분쟁을 신속히 해결하여 개인의 권리구제의 철저를 기하려는 데에 의의를 둔 것으로, 종래 구 행정소송법 제7조에 규정되어 있었음에도 취소소송의 제1심이 고등법원의 전속관할로 되어 있었고 피고적격·소익·소원전치주의 등 행정소송법상 특수한 요건상의 제약 때문에 거의 사문화되다시피 하였던 것을 보

---

276) 민사소송법상 수개의 청구가 동종의 소송절차에 의하는 경우에 한하여 소의 객관적 병합이 인정되고 또 제61조에 의한 공동소송외에 주관적·예비적 병합은 허용되지 않는 것으로 되어 있다(대법원 1972.11.28. 선고 72다829 판결).

다 실효성있게 정비한 것이라 할 수 있다.

1.2.2. 요 건

(1) 소송요건의 구비

관련청구의 병합은 그 청구를 병합할 본체인 취소소송을 전제로 하는 것이므로, 그 본체인 취소소송은 당해 소송에 요구되는 소송요건을 모두 갖춘 적법한 것이어야 한다.

> **■■ 관련청구의 병합과 당초 취소소송의 적법**
>
> 행정소송법 제10조 제2항에서 인정되는 관련청구소송의 병합은 당초의 취소소송등이 적법함을 전제로 한다 할 것인데 이 사건 피고 보상심의위원회의 결정은 항고소송의 대상이 되는 행정처분으로 볼 수 없어 그에 대한 취소청구는 부적법하다고 할 것.277)

다만 본체인 취소소송이 병합 전에 계속되어 있어야 하는 것은 아니므로 처음부터 관련청구를 병합하여 제기하는 것은 가능하다.

(2) 관련청구의 범위

취소소송에 병합할 수 있는 관련청구는 ① 당해 처분등과 관련되는 손해배상·부당이득반환·원상회복 등 청구소송(처분등을 원인으로 한 손해배상청구소송, 처분등의 취소·변경등으로 말미암은 손해배상청구소송, 또는 이를 선결문제로 하는 손해배상청구소송)과, ② 당해 처분등과 관련되는 취소소송(원처분에 대한 소송에 병합되어 제기되는 재결취소소송, 당해 처분과 함께 하나의 절차를 구성하는 행위에 대한 취소소송, 처분등의 상대방이 제기하는 취소소송 이외에 제3자가 제기하는 취소소송) 등에 한정되고 있다.

---

277) 대법원 1992.12.24. 선고 92누3335 판결; 이에 관한 평석으로는 홍준형, "공법상 당사자소송의 대상", 사법행정, 1993/2를 참조.

◢◤◢ 관련청구 병합의 요건

[1] 행정소송법 제10조 제1항 제1호는 행정소송에 병합될 수 있는 관련청구에 관하여 '당해 처분 등과 관련되는 손해배상·부당이득반환·원상회복 등의 청구'라고 규정함으로써 그 병합요건으로 본래의 행정소송과의 관련성을 요구하고 있는바, 이는 행정소송에서 계쟁 처분의 효력을 장기간 불확정한 상태에 두는 것은 바람직하지 않다는 관점에서 병합될 수 있는 청구의 범위를 한정함으로써 사건의 심리범위가 확대·복잡화되는 것을 방지하여 그 심판의 신속을 도모하려는 취지라 할 것이므로, 손해배상청구 등의 민사소송이 행정소송에 관련청구로 병합되기 위해서는 그 청구의 내용 또는 발생원인이 행정소송의 대상인 처분 등과 법률상 또는 사실상 공통되거나, 그 처분의 효력이나 존부 유무가 선결문제로 되는 등의 관계에 있어야 함이 원칙이다.

[2] 공공사업의 시행을 위한 토지수용사건에 있어서 심리의 대상으로 되는 적법한 수용에 따른 손실보상청구권과 당해 공공사업과 관련하여 사업인정 전에 사업을 시행하여 타인의 재산권을 침해하게 됨에 따라 발생하게 된 손해배상청구권은 위 각 권리가 적법한 행위에 의하여 발생한 것인가 아닌가의 차이가 날 뿐 그것들이 하나의 동일한 공공사업의 시행과 관련하여 타인의 재산권을 침해한 사실로 인하여 발생하였다는 점에서 위 각 청구의 발생원인은 법률상 또는 사실상 공통된다 할 것이고, 토지수용사건에 이러한 손해배상청구사건을 병합하여 함께 심리·판단함으로써 얻게 되는 당사자의 소송경제와 편의 등의 효용에 비하여 심리범위를 확대·복잡화함으로써 심판의 신속을 해치는 폐단이 통상의 경우보다 크다고 할 수도 없으므로, 이와 같은 경우 토지수용사건에 병합된 손해배상청구는 행정소송법 제10조 제2항, 제1항 제1호, 제44조 제2항에 따른 관련청구로서의 병합요건을 갖춘 것으로 보아야 한다.[278]

(3) 관할법원

관련청구소송을 관할하는 법원은 처분등에 대한 취소소송이 계속된 법원이다. 병합되는 관련청구소송은 동일법원에 계속된 경우나 다른 법원 또는 심급을 달리하는 다른 법원에 계속된 경우를 불문한다.

---

278) 대법원 2000.10.27. 선고 99두561 판결(토지수용이의재결처분취소등 공2000.12.15.(120), 2438).

(4) 병합의 시기

관련청구의 병합은 사실심 변론종결 전에 하여야 한다(§10②).

1.2.3. 병합심리에 있어 적용법규

관련청구소송이 민사소송인 경우, 그 병합심리에 있어 특히 직권심리 주의의 적용 여하와 관련하여 행정소송법을 적용할 것이냐의 여부에 대해서는 견해가 갈리나, 병합되었다 하여 민사소송의 성질이 달라지는 것은 아니라 할 것이므로, 부정적으로 보아야 할 것이다.[279]

2. 소의 변경

2.1. 의 의

소의 변경이란 소송계속중 원고가 당사자(피고), 청구취지, 청구원인 등에 관하여 소송의 대상인 청구의 일부나 전부를 변경하는 것을 말한다. 행정소송법상 인정되고 있는 소의 변경으로는 ① 소의 종류의 변경, ② 처분변경으로 인한 소의 변경 등을 들 수 있고, 그 밖에도 ③ 민사소송법의 규정에 의한 청구의 변경이 또한 소의 변경의 내용으로 다루어질 수 있다. 행정소송법 제21조에 의한 소의 변경은 소의 교환적 변경에 한하며 추가적 변경은 허용되지 않는다는 것이 통설이다. 소의 추가적 변경은 다음에 보는 관련청구소송의 병합제기로 해야 할 것이다.

2.2. 소 종류의 변경

2.2.1. 요 건

취소소송의 원고는 당해 소송의 사실심 변론종결시까지 법원의 허가를 받아 소의 종류를 변경할 수 있다. 법원은 이러한 소의 종류의 변경이

---

279) 김도창, 일반행정법론(상), p.770; 홍정선, 행정법원론(상), p.774 등. 이에 관한 일본에서의 학설에 관해서는 南博方編, 註釋行政事件訴訟法, p.181을 참조.

상당하다고 인정할 때에는, 청구의 기초에 변경이 없는 한, 이를 허가할 수 있다(§21). 소의 변경을 허가하는 법원의 결정을 얻기 위해서는 다음과 같은 요건이 충족되어야 한다.

(1) 취소소송이 계속되어 있을 것

소변경의 기초가 되는 취소소송이 계속되어 있어야 하는 것은 당연한 요건이라 할 수 있다.

(2) 사실심변론종결시까지 원고의 신청이 있을 것

따라서 상고심에서의 소변경은 허용되지 않는다.

(3) 취소소송을 당해 처분등에 관계되는 사무가 귀속하는 국가·공공단체에 대한 당사자소송 또는 취소소송 외의 항고소송으로 변경하는 것일 것

여기서 말하는 '사무의 귀속'이란 조직법상의 그것이 아니라 처분 등의 효과의 귀속을 말한다 가령 지방자치단체의 장이 법령에 의하여 기관위임사무를 수행하는 경우에는 그 사무가 귀속하는 것은 지방자치단체가 아니라 국가 또는 다른 지방자치단체이다. 취소소송을 당사자소송으로 변경하는 경우는 당사자의 변경이 수반되지만 이것은 행정소송법 제14에 규정된 피고경정은 아니다.[280] 이렇듯 행정소송법이 예정하는 소의 변경은 당사자의 변경까지 포함하고 있다는 점에서 민사소송법상의 소변경에 대한 특례라 할 수 있다.

(4) 청구의 기초에 변경이 없을 것

청구의 기초가 동일하여야 한다. 청구의 기초에 관하여는 민사소송법상 이익설·기본적 사실설·사실자료공통설 등이 대립하고 있으나,[281] 여기서 말하는 청구의 기초의 변경이 없다는 것은 새로운 소송이 종래의 취소소송을 통하여 추구된 권익구제와 그 원인된 사실관계 및 회복이익에 있어 동일성을 지니는 경우를 말한다고 보아야 할 것이다.

---

280) 대법원 1992.12.24. 선고 92누3335 판결.
281) 정동윤, 민사소송법, 법문사, 1990, p.717.

한편 "소 변경제도를 인정하는 취지는, 소송으로서 요구받고 있는 당사자 쌍방의 분쟁의 합리적 해결을 실질적으로 달성시키고, 동시에 소송경제에 적합하도록 함에 있다 할 것이므로, 동일한 생활사실 또는 동일한 경제적 이익에 관한 분쟁에 있어서, 그 해결방법에 차이가 있음에 불과한 청구취지의 변경은 청구의 기초에 변경이 없다"는 것이 판례의 태도이다.282)

(5) 상당한 이유가 있을 것

상당한 이유란 불확정개념이나 대체로 민사소송법 제262조 제1항 단서가 '소송절차를 현저히 지연시키는 경우에는 그러하지 아니하다'고 규정하는 것 보다는 넓은 개념으로서 구체적인 사안에 따라 법원이 원고의 권익구제요구를 해석하여 판단할 문제라 할 수 있다.

> **▰▰ 판례**
>
> 행정소송법 제10조 제2항에서 인정되는 관련청구소송의 병합은 당초의 취소소송등이 적법함을 전제로 한다 할 것인데 이 사건 피고 보상심의위원회의 결정은 항고소송의 대상이 되는 행정처분으로 볼 수 없어 그에 대한 취소청구는 부적법하다고 할 것이나 취소소송등을 제기한 당사자가 당해 처분등에 관계되는 사무가 귀속되는 국가 또는 공공단체에 대한 당사자소송을 행정소송법 제10조 제2항에 의하여 관련청구로서 병합한 경우 위 취소소송등이 부적법하다면 당사자는 위 당사자소송의 병합청구로서 동법 제21조 제1항에 의한 소변경을 할 의사를 아울러 가지고 있었다고 봄이 상당하고, 이러한 경우 법원은 그 청구의 기초에 변경이 없는 한 당초의 청구가 부적법하다는 이유로 위 병합된 청구까지 각하할 것이 아니라 위 병합청구당시 유효한 소변경청구가 있었던 것으로 받아들여 이를 허가함이 타당하다고 할 것이다.283)

2.2.2. 절 차

법원의 소변경의 허가를 하는 경우 피고를 달리 하게 될 때에는 새로

---

282) 대법원 1987.7.7. 선고 87다카225 판결; 1966.1.31. 선고 65다1545 판결.
283) 대법원 1992.12.24. 선고 92누3335 판결.

이 피고로 될 자의 의견을 들어야 하며, 허가결정이 있게 되면, 결정의 정본을 새로운 피고에게 송달하여야 한다(§§21④, 14②). 허가결정에 대하여는 즉시항고할 수 있다(§21③).

2.2.3. 효   과

소의 변경이 있으면 종래의 소는 취하된 것으로 보고 새로운 소는 종래의 소를 처음 제기한 때에 제기된 것으로 본다(§§21④, 14④⑤).

2.2.4. 다른 종류의 소송에의 준용

소의 변경에 관한 제21조는 무효등확인소송이나 부작위위법확인소송을 다른 종류의 항고소송이나 당사자소송으로 변경할 때, 또는 당사자소송을 항고소송으로 변경하는 경우에도 준용된다.

2.3. 처분변경에 따른 소의 변경

취소소송의 계속중 행정청이 당해 소송의 대상인 처분을 변경한 때에는 원고의 신청에 의하여 법원은 결정으로써 청구의 취지 또는 원인을 변경할 수 있다(§22①). 다만, 원고는 처분의 변경이 있음을 안 날로부터 60일 이내에 소의 변경을 신청하여야 한다. 이것은 소의 각하나 새로운 소의 제기와 같은 절차의 반복을 배제하여 간편·신속하게 개인의 권익구제를 도모하려는 취지에서 인정된 제도이다.

2.4. 민사소송법에 의한 청구의 변경

그 밖에 원고는 민사소송법에 의하여 청구의 변경을 할 수 있음은 물론이다(§8②; 민사소송법 §§262, 263). 즉 '소송절차를 현저히 지연시키는 경우'가 아닌 한, 원고는 청구의 기초에 변경이 없는 한도에서 변론의 종결까지 청구의 취지 또는 원인을 변경할 수 있다.

■■ 행정소송에 있어 민사소송법에 의한 청구의 변경

[1] 행정소송법 제21조와 제22조가 정하는 소의 변경은 그 법조에 의하여 특별히 인정되는 것으로서 민사소송법상의 소의 변경을 배척하는 것이 아니므로, 행정소송의 원고는 행정소송법 제8조 제2항에 의하여 준용되는 민사소송법 제235조에 따라 청구의 기초에 변경이 없는 한도에서 청구의 취지 또는 원인을 변경할 수 있다.

[2] 하나의 행정처분인 택지초과소유부담금 부과처분 중 일부의 액수에 대하여만 불복하여 전심절차를 거치고 그 후 다시 행정소송에서 위 액수에 관하여만 부과처분의 취소를 구하였다가 택지소유상한에관한법률이 헌법에 위반된다는 헌법재판소의 결정에 따라 그 청구취지를 부과처분 전부의 취소를 구하는 것으로 확장하였다고 하더라도, 이는 동일한 처분의 범위 내에서 청구의 기초에 변경이 없이 이루어진 소의 변경에 해당하여 적법하다.284)

VI. 취소소송의 심리

1. 개 설

취소소송이 제기되면 법원은 이를 심리할 의무를 진다. 소송의 심리란 소에 대한 판결을 위하여 그 기초가 될 소송자료를 수집하는 것(주로 사실 인정·증거조사 등)을 말한다. 행정소송의 심리는 민사소송에 준하여 처분권주의, 변론주의를 바탕으로 행해지게 되어 있으나, 행정소송의 특수성에 비추어 직권심리주의가 인정되는 등 민사소송에 대한 특칙이 인정되고 있다.

2. 심리의 단계

취소소송의 심리는 요건심리와 본안심리의 두 가지 단계로 이루어진다.

---

284) 대법원 1999.11.26. 선고 99두9407 판결(택지초과소유부담금부과처분취소 공2000.1.1.(97),80).

2.1. 요건심리

이것은 취소소송의 제기요건을 구비하였는지를 심사하여 만약 이를 갖추지 않은 것으로 판명되고, 그 불비된 요건이 보정될 수 없다면 소는 부적법한 것으로 각하되게 된다. 제기요건 또는 소송요건은 본안판단의 전제요건으로서 직권조사사항이며, 사실심변론종결시까지 구비되어야 한다.

2.2. 본안심리

취소소송이 적법하게 제기되면 본안심리에 들어가게 된다. 본안심리는 원고와 피고의 공격방어와 이에 관한 증거조사를 통하여 원고의 청구가 이유있는지의 여부를 판단하기 위한 절차이다. 즉 청구의 인용 여부를 사실과 법의 양 측면에서 심사하는 것이다. 그 내용은 각개의 소송에 따라 천차만별이므로 이를 일률적으로 설명할 수는 없다. 다만 본안심리를 통하여 판단되어야 할 것은 문제된 처분등의 위법성과 처분등이 원고의 법률상 이익을 사실상 침해하였는지의 여부에 모아지는 것이라 할 수 있다. 본안심리절차에 관하여는 소송심리에 관한 절차적 원리가 또한 문제된다.

3. 심리의 범위

취소소송의 심리범위는 소송의 대상인 처분등의 적법성여하의 판단(법률문제)뿐만 아니라 원칙적으로 재량문제를 포함한 사실문제에까지 미친다. 재량문제에 대한 법원의 심판권(Entscheidungsbefugnis)의 한계 여하에 관하여는 이미 행정소송의 한계론에서 지적하였다.

취소소송의 심리범위에 관하여는, 행정소송법상 행정심판법과는 달리 명문의 규정이 없으나, 민사소송과 마찬가지로 불고불리(不告不理)의 원칙(nemo judex sine actore)이 적용된다. 즉, 법원은 소제기가 없는 사건에 대하여 심리·판결할 수 없으며 소제기가 있는 경우에도 당사자의 청구범위를 넘어서 심리·판결할 수 없다. 다만 행정소송법은 행정소송의 공익성에 비추어, 사건의 심리에 있어서 법원이 필요하다고 인정할 때에는 직권으로 증거조사를 할 수 있고, 당사자가 주장하지 아니한 사실에 대하여도 판단할 수 있다고 규정함으로써 직권탐지주의를 인정하고 있어(§26) 이러한 한도 내에서 예외가 인정되고 있다.

4. 심리절차의 내용

4.1. 심리절차의 기본원칙

행정소송사건의 심리에 관하여도 행정소송법에 특별한 규정이 없는 한 민사소송법과 법원조직법이 준용된다(§8②). 따라서 취소소송의 심리절차에 대해서도 처분권주의·변론주의·공개심리주의·구술심리주의 등이 적용되나, 행정소송의 특수성에 비추어 일정한 범위안에서 직권심리주의가 인정되는 등 민사소송에 대한 특칙이 인정되고 있다.[285]

4.1.1. 처분권주의

처분권주의(Verfügungsgrundsatz; Dispositionsmaxime)란 소송물에 관한 결정, 그리고 재판절차의 개시 및 종료 여부를 소송당사자, 특히 원고의 의사에 맡기는 원칙을 말한다. 이것은 형사소송을 지배하는 직권주의(Offizialmaxime)와 대립되는 원칙으로서, 민사소송의 대원칙이지만(민사소송법 §188), 행정소송절차에 있어서도 통용되고 있다(국가는 개인에게 소의 제기를 강요할 수 없다). 특히 행정소송법상 실체법상의 처분권(Verfügungsbefugnis)이 원고에게 인정됨으로써 주관적 공권 또는 법률상 이익을 소송상 행사할 것인지의 여부는 이를 침해받은 자에게 일임되는 결과가 된다. 현행법상 처분권주의의 표현으로 볼 수 있는 것으로는, 원고에 의한 소송의 개시(행정소송법 §8②; 민사소송법 §§248, 249), 소의 변경, 그리고 소의 취하(행정소송법 §8②; 민사

---

[285] 그 밖에도 직접심리주의, 쌍방심리주의 등이 행정소송의 절차원리로 제시되고 있다. 가령 김남진, 행정법 I, pp.806 이하를 참조.

소송법 §262)에 관한 원고의 결정권 등을 들 수 있으며 이미 앞에서 본 불
고불리의 원칙도 처분권주의의 한 내용이 표현된 것이라 할 수 있다.

> **▰▰▰ 판례**
>
>   원고가 종합소득세부과처분의 위법을 들어 그 취소를 구하고 있다면 법
> 원은 위 과세처분에 의하여 인정된 종합소득의 과세표준과 종합소득세액의
> 객관적인 존재를 그 심리대상으로 삼아 그 과세처분의 위법여부만을 심리하
> 여야 할 것임에도 원심이 위 과세처분의 위법을 인정하면서도 과세관청의 납
> 세고지통지가 없어 아직 유효한 과세처분이 있었다고도 볼 수 없고 또 당사자
> 가 구하지도 아니하여 심리의 대상이 될 수 없는 양도소득의 과세표준과 양도
> 소득세액을 산출하고 위 종합소득세과세처분중 위와 같이 산출한 양도소득세
> 액의 범위내의 것은 적법하다고 판시한 것은 처분권주의에 위배한 것.286)

4.1.2. 변론주의와 직권탐지주의의 가미

일반적으로 누가 재판의 기초가 되는 사실의 조사를 위한 소송자료의
수집책임을 지도록 할 것인가에 관하여 변론주의(Verhandlungsgrundsatz)
와 직권탐지주의(Untersuchungsgrundsatz; Inquitionsmaxime)가 대립된다.
이러한 소송자료의 수집을 당사자의 책임으로 하는 원리를 변론주의라 하
고 이를 법원의 책임으로 하는 것을 직권탐지주의라고 한다.287) 변론주의
는 민사소송법상 명문의 규정은 없을지라도 민사소송을 지배하는 원칙이
다. 반면 행정소송법 제26조는 '법원은 필요하다고 인정할 때에는 직권으
로 증거조사를 할 수 있고, 당사자가 주장하지 아니한 사실에 대하여도 판

---

286) 대법원 1987.11.10. 선고 86누491 판결.
287) 직권탐지주의가 지배하는 곳에서는 법원은 당사자가 주장하지 아니한 사실도 소송자
료로 채택할 수 있고(주장불요), 당사자간에 다툼이 없는 사실에 대해서도 재판자료로 채용하지
않을 수 있으며(자백의 구속력배제), 당사자가 제출 또는 신청한 증거 외에도 직권으로 다른 증
거를 조사할 수 있게 된다(직권증거조사)고 한다(이명구, "행정소송절차의 주요법원칙", 고시
연구, 1991/3, p.86). 그러나 이러한 결과는 어디까지나 원리상의 문제일 뿐 직권탐지주의하에
서도 사실인정에 있어 당사자의 배제나 자의적인 증거신청의 거부는 허용되지 않으며(Schmitt
Glaeser, S.294 Rn.542), 변론주의하에서도 법원의 석명권이 부정되는 것은 아니다.

단할 수 있다'고 규정하고 있다. 이러한 행정소송법의 규정에 대해서는, 이를 근거로 행정소송법이 증거조사 및 심리에 있어 직권탐지주의를 채택한 것으로 보는 견해(직권탐지설[288]: 다수설)와 이를 당사자의 입증활동이 불충분하여 심증형성이 어려울 경우 당사자의 증거신청없이도 직권으로 증거조사를 할 수 있도록 한 것으로 보아 변론주의를 보충하기 위하여 직권증거조사를 허용한 것으로 보는 견해(변론보충설)[289]가 대립되어 있다. 한편 이와 같은 행정소송법 제26조의 규정에도 불구하고 행정소송에서도 원칙적으로 변론주의가 타당하다는 것이 판례의 기본태도이다.

▰▰▰ 판례의 경향

대법원은, "행정소송법 제26조는 법원은 필요하다고 인정할 때에는 직권으로 증거조사를 할 수 있고 또 당사자가 주장하지 않는 사실에 관하여도 판단할 수 있다고 규정하고 있기는 하나, 이는 행정소송의 특수성에서 연유하는 당사자주의·변론주의의 일부 예외규정일 분, 법원은 아무런 제한 없이 당사자가 주장하지 않은 사실을 판단할 수 있다는 것은 아니다"라고 판시한 바 있다.[290] 그러나 또 다른 판례에서 대법원은 "행정소송에 있어서 법원이 필요하다고 인정할 때에는 당사자가 명백히 주장하지 않은 사실에 관하여도 일건 기록에 나타난 사실을 기초로 하여 직권으로 판단할 수 있다"고 판시함으로써 이를 적극적으로 활용하려는 듯 한 뉘앙스를 보이기도 하였다.[291]

한편 대법원은 행정청이 공무수행과 상이 사이에 인과관계가 없다는 이유로 국가유공자 비해당결정을 한 데 대하여 법원이 인과관계의 존재는 인정하면서 직권으로 본인 과실이 경합된 사유가 있다는 이유로 그 처분이 정당하다고 판단하는 것은 '행정소송법이 허용하는 직권심사주의의 한계'를 넘은 것이라고 판시한 바 있다:

국가유공자 인정 요건, 즉 공무수행으로 상이를 입었다는 점이나 그로 인한 신체장애의 정도가 법령에 정한 등급 이상에 해당한다는 점은 국가유

---

288) 행정소송법 제26조는 취소소송이 주관적 권리보호를 목적으로 하는 절차일 뿐만 아니라 행정의 적법타당성 보장이라는 공익목적을 지닌 절차라는 점을 고려한 것이라고 한다.

289) 이상규, 신행정법론, 상, pp.775-776.

290) 대법원 1986.6.24. 선고 86누321 판결.

291) 대법원 1989.8.8. 선고 88누3604 판결.

공자 등록신청인이 증명할 책임이 있지만, 그 상이가 '불가피한 사유 없이 본인의 과실이나 본인의 과실이 경합된 사유로 입은 것'이라는 사정, 즉 지원대상자 요건에 해당한다는 사정은 국가유공자 등록신청에 대하여 지원대상자로 등록하는 처분을 하는 처분청이 증명책임을 진다고 보아야 한다. 이러한 점과 더불어 공무수행으로 상이를 입었는지 여부와 그 상이가 불가피한 사유 없이 본인의 과실이나 본인의 과실이 경합된 사유로 입은 것인지 여부는 처분의 상대방의 입장에서 볼 때 방어권 행사의 대상과 방법이 서로 다른 별개의 사실이고, 그에 대한 방어권을 어떻게 행사하는지 등에 따라 국가유공자에 해당하는지 지원대상자에 해당하는지에 관한 판단이 달라져 법령상 서로 다른 처우를 받을 수 있는 점 등을 종합해 보면, 같은 국가유공자 비해당결정이라도 그 사유가 공무수행과 상이 사이에 인과관계가 없다는 것과 본인 과실이 경합되어 있어 지원대상자에 해당할 뿐이라는 것은 기본적 사실관계의 동일성이 없다고 보아야 한다. 따라서 처분청이 공무수행과 사이에 인과관계가 없다는 이유로 국가유공자 비해당결정을 한 데 대하여 법원이 그 인과관계의 존재는 인정하면서 직권으로 본인 과실이 경합된 사유가 있다는 이유로 그 처분이 정당하다고 판단하는 것은 행정소송법이 허용하는 직권심사주의의 한계를 벗어난 것으로서 위법하다.[292]

생각건대, 행정소송법이 다수설이 말하는 바와 같이 직권탐지를 규정하고 있다고 해서 변론주의를 완전히 배제하여 소송자료의 수집을 전적으로 법원에 일임한 것이라고는 볼 수 없다. 당사자의 주장이나 증거제출만 가지고서는 사실관계가 충분히 구명되지 않을 때에 법원의 직권탐지가 행해진다고 보아야 하므로 변론보충설과 직권탐지설 간에 실질적으로 큰 차이가 있는 것은 아니라 할 수 있다.[293] 이렇게 볼 때 행정소송법은 변론주의를 원칙으로 하고 예외적으로 직권증거조사를 포함한 직권탐지주의를 가미한 것으로 볼 수 있다.

---

292) 대법원 2013.8.22. 선고 2011두26589 판결(국가유공자비해당결정처분취소: 공 2013.9.15.(426), 1707).

293) 이명구, 앞의 글, p.89.

참고로 행정소송법의 규정태도는 "재판소는 필요하다고 인정되는 경우에
는 직권으로 증거조사를 할 수 있다. 다만 그 증거조사의 결과에 대하여
당사자의 의견을 듣지 않으면 안 된다"고 규정한 일본의 행정사건소송법
(§24)에 비하여 "법원은 직권으로 사실관계를 조사한다… 법원은 소송관
계인(Beteiligte)의 주장 및 증거신청에 구속당하지 아니 한다"고 규정한
독일의 행정법원법 제86조 제1항에 더 근접한 것으로 볼 수 있다. 독일
의 경우 이러한 규정을 직권탐지주의로 파악하는 것이 일반이다.[294]

4.1.3. 구술심리주의

구술심리주의(Grundsatz der Mündlichkeit)란 심리에 있어 당사자 및
법원의 소송행위, 특히 변론과 증거조사를 구술로 행하도록 하는 절차상
원칙을 말한다. 즉 법원의 재판은 구술변론을 기초로 하여야 한다는 것이
다. 취소소송의 심리는 민사소송의 경우와 마찬가지로 구술주의에 의한다
(§8②; 민사소송법 §134①).

구 행정소송법 제11조는 '당사자 쌍방의 신청이 있을 때에는 구술변론을
경하지 아니하고 판결할 수 있다'는 규정을 두었으나 이 규정은 삭제되었
다. 그러나 민사소송상 "준비서면대로 진술한다"라는 한 마디로써 변론이
종결되는 관행이 있어 구술심리주의의 형해화가 우려되고 있다.[295] 한편
"행정소송법 제14조(구법: 인용자)에 의하여 준용되는 민사소송법상 구
술변론주의의 원칙에 비추어 소송당사자가 자기의 주장사실을 서면에 기
재하여 법원에 제출하였다 하더라도 변론에서 진술되지 아니한 이상 이
를 당해 사건의 판단자료로 공할 수 없다"는 판례가 있다.[296]

4.1.4. 공개주의

공개주의 또는 공개심리주의(Grundsatz der Öffentlichkeit)란 재판의
심리와 판결선고를 일반인이 방청할 수 있는 상태에서 행해야 한다는 절차

---

294) Schmitt Glaeser, S.293, Rn.540ff.
295) 김남진, 행정법 I, p.806.
296) 대법원 1981.6.9. 선고 80누391 판결; 1981.6.23. 선고 80누510 판결.

원리이다. 헌법은 제109조에서 재판의 심리와 판결의 공개를 헌법상의 요청으로 확립하고 있다. 따라서 취소소송을 포함한 행정소송에 대하여도 공개주의가 적용되는 것은 당연하다.

4.2. 직권심리와 법관의 석명의무

4.2.1. 직권심리

행정소송법 제26조에 따라 법원은 필요하다고 인정할 때에는 직권으로 증거조사를 할 수 있고, 당사자가 주장하지 아니한 사실에 대하여도 판단할 수 있다. 따라서 단순한 보충적인 직권증거조사에 그치지 않고, 법원은 당사자가 주장하지 아니한 사실에 대해서도 직권으로 이를 탐지하여 재판의 자료로 삼을 수 있다. 그러나 이미 앞에서 본 바와 같이 이러한 직권심리는 결코 무제한적인 것이 아니다. 행정소송법 제26조에도 불구하고 행정소송에 원칙적으로 변론주의가 타당하다는 것이 판례의 태도인 이상(변론보충설)[297] 직권심리의 범위는 변론주의를 보충하는 한도 내에 한정되는 것으로 보아야 할 것이다.

■■ **판례**

행정소송에 있어서도 원고의 청구취지 즉 청구의 범위·수액 등은 모두 원고가 청구하는 한도를 초월하여 판결할 수 없다. 행정소송법 제9조 후단(구법, 현행법 제26조에 해당: 인용자)에 당사자가 주장하지 않는 사실에 관하여도 판단할 수 있다고 규정하였음을 이유로 하여 행정소송에는 민사소송법 제186조의 규정은 그 적용이 없다고 이론할지 모르나 이는 원고 청구범위를 초월하여 그 이상의 청구를 인용할 수 있다는 의미가 아니고, 원고 청구범위를 유지하면서 그 범위 내에서 필요에 따라 申立 외의 사실에 관하여도 판단할 수 있음을 규정함에 불과한 법의로 해석함이 타당하다.[298]

---

297) 대법원 1986.6.24. 선고 85누321 판결.
298) 대법원 1956.3.30. 선고 4289행상18 판결.

4.2.2. 법관의 석명의무

민사소송법 제126조 이하의 법관의 석명권에 관한 규정은 행정소송에 대해서도 준용된다. 석명이란 당사자의 진술에 모순·흠결이 있거나 애매하여 그 진술의 취지를 알 수 없을 때 법관(재판장 및 합의부원)이 질문 또는 시사 등의 방법으로 당사자의 진술을 보완하거나 거증책임있는 당사자에게 그 입증을 촉구하는 변론보조적 활동을 말한다. 민사소송법상 법관의 석명권에 관한 규정은 법관의 재량사항인 듯한 문언형식을 취하고 있지만 그럼에도 불구하고 그 석명은 법관의 의무의 성질을 띤다는 것이 통설이다.[299]

> 독일에 있어 법관의 석명의무(richterliche Aufklärungspflicht)는 직권탐지주의뿐만 아니라 처분권주의와도 밀접한 연관을 가지는 것이라고 설명되고 있다. 그것은 전자의 구성부분인 동시에 후자의 논리적 결과이기도 하다(Schmitt Glaseser). 그러나 그것은 어디까지나 원리의 문제일 뿐, 민사소송법에 있어 변론주의가 지배한다고 하여 법관의 석명의무가 배제된다는 것은 아니다.

아무튼 직권심리주의가 가미되고 있는 행정소송에서 법관의 석명의무를 인정하는 데에는 아무런 지장이 없다.

> **▰▰ 판례**
>
> 농지개량조합측에서 징계쟁송중인 조합 직원이 파면처분 후 아무런 이의를 유보함이 없이 퇴직금의 지급청구를 하고 이를 수령하였다고 주장하면서, 징계파면일자를 퇴직일자로 하여 조합직원으로서의 지위와 양립할 수 없는 조합장선거에 입후보하였다가 낙선한 사실에 관한 자료를 제출하였다면, 그 직원이 파면처분에 따른 퇴직의 결과를 받아들였음에도 이를 다투는 것은 금반언의 원칙이나 신의칙에 반한다는 취지의 주장을 한 것으로 볼 수도 있으므로, 원심으로서는 석명권을 행사하여 그 주장취지를 명백히 하고 특히 관계 법령의 규정과 농지개량조합 임원선거규정 등에 관하여 조사·심

---

299) 원심의 석명권을 행사하여 피고경정을 하지 않고 소를 부적법각하한 것은 잘못이라는 판례(대법원 1990.1.20. 선고 89누1032 판결)가 있다.

리하여 본 다음 조합직원의 조합장선거에의 입후보가 그 신분에 어떤 영향
을 미치는지에 대하여 나아가 심리·판단하여야 함에도 그 심리·판단 없이
징계파면처분을 취소한 원심판결에는 석명권 불행사로 인한 심리미진·판단
유탈의 위법이 있다"는 이유로 파기한 사례.300)

민사소송과 달리 직권심리주의를 가미하고 있는 행정소송의 경우,
법원의 석명권(석명의무)은 행정소송법 제26조에 의해 뒷받침되고 있다.
그러나 행정소송에도 원칙적으로 변론주의가 적용되므로 법원의 석명권행
사에는 그로 인한 한계가 따른다. 민사소송에 관한 것이지만 대법원 역시
법원의 석명권 행사에는 변론주의에 따르는 일정한 한계가 있다고 판시하
고 있다.

▐▌ 판례

법원의 석명권 행사는 당사자의 주장에 모순된 점이 있거나 불완전·불
명료한 점이 있을 때에 이를 지적하여 정정·보충할 수 있는 기회를 주고 계
쟁 사실에 대한 증거의 제출을 촉구하는 것을 그 내용으로 하는 것으로서 당
사자가 주장하지도 아니한 법률효과에 관한 요건사실이나 독립된 공격방어
방법을 시사하여 그 제출을 권유함과 같은 행위를 하는 것은 변론주의의 원
칙에 위배되는 것으로 석명권 행사의 한계를 일탈하는 것이다.301)

4.3. 행정심판기록제출명령

법원은 당사자의 신청이 있을 때에는 결정으로써 재결청에 대하여 행
정청에 대하여 행정심판에 관한 기록의 제출을 명할 수 있고, 이 제출명령

300) 대법원 1995.6.9. 선고 94누10870 판결(공95.7.15. 996(25)).
301) 대법원 1997.12.26. 선고 97다39742 판결(소유권확인청구: 공98.2.15.(52), 495).
원심판결: 서울지법 1997.7.25. 97나8853. 참조판례: 대법원 1996.2.9. 선고 95다27998 판결
(공1996상, 911); 1997.2.28. 선고 95다27349 판결(공1997상, 889); 1997.4.25. 선고 96다
40677, 40684 판결(공1997상, 1570).

을 받은 재결청은 지체없이 당해 행정심판에 관한 기록을 법원에 제출하여야 한다(§25). 1984년의 법개정으로 신설된 이 규정은 원고의 지위보장 및 소송경제를 위한 것이다. 한편 이 보다 한걸음 더 나아가 행정청에 대한 자료열람 및 복사청구권을 인정하는 것이 바람직할 것이다. 여기서 행정심판 기록이란 심판청구서, 답변서, 재결서는 물론 행정심판위원회의 회의록 그 밖에 위원회의 심리를 위하여 제출된 증거등 모든 자료를 포함한다.

4.4. 주장책임·입증책임

4.4.1. 주장책임

변론주의에 입각한 소송에 있어 주요사실의 주장은 법원의 심판권의 범위를 결정하는 중요한 의미를 갖는다. 즉 당사자가 그 사실을 주장하지 않으면 법원은 설령 그에 관한 심증을 얻었을지라도 이를 판결의 기초로 삼을 수 없다. 그 결과 주요사실이 소송중 현출되지 않으면 당사자 일방이 패소의 위험 또는 불이익을 받게 된다. 이러한 위험이나 불이익을 면하기 위하여 당해 사실을 주장해야 할 책임을 주장책임이라고 한다. 주장책임은 다음에 설명하는 입증책임과는 별개의 문제로서 직권탐지주의하에서는 법원이 직권으로 당사자가 주장하지 아니한 사실을 탐지할 수 있으므로 원천적으로 문제되지 않겠지만, 이미 앞에서 본 것처럼 행정소송법 제26조가 무제한적인 직권탐지를 허용하는 것이 아니라 청구범위 내에서 일건기록을 기초로 공익상 필요하다고 인정될 때에 한하여 예외적으로 당사자가 주장하지 아니한 사실을 판단할 수 있음을 인정한 것이라고 해석되는 한, 취소소송에서도 누가 주장책임을 지는가가 문제될 수 있다. 다만 이에 관한 문제는 대체로 입증책임의 문제와 일치하는 것으로 이해되고 있으므로 상론하지 않는다.

■■ 판례

　　행정소송에 있어서 특단의 사정이 있는 경우를 제외하면 당해 행정처분
의 적법성에 관하여는 당해 처분청이 이를 주장·입증하여야 할 것이나, 행
정소송에 있어서 직권주의가 가미되어 있다고 하여도 여전히 당사자주의,
변론주의를 그 기본 구조로 하는 이상 행정처분의 위법을 들어 그 취소를 청
구함에 있어서는 직권조사사항을 제외하고는 그 위법된 구체적인 사실을 먼
저 주장하여야 한다.302)

4.4.2. 입증책임

　　입증책임(Beweislast)이란 요건사실의 존부가 불분명한 경우 이로 인
한 법적 불이익을 받을 부담을 말한다. 입증책임은 요증사실의 불확정으로
인하여 재판이 불가능해지는 것을 방지하려는 법기술적 고려와 공평의 이
념에 의하여 안출된 도구개념이라 할 수 있다. 이것은 주로 민사소송에서
발전된 이론적 소산이지만, 경험상 요증사실의 존부가 확증되지 않을 가능
성이 상존하는 것은 행정소송에 있어서도 마찬가지라고 할 수 있다. 따라
서 직권탐지주의의 요소를 지닌 행정소송에 있어서도 판결에 이르려면 어떤
사실의 입증불능에 따른 결과(Folgen der Nichterweislichkeit einer Tatsache)
를 누구에게 부담시킬 것인지에 관한 기준이 마련되지 않으면 안 된다.303)
이러한 견지에서 입증책임에 관하여는 무엇보다도 어떤 사실에 대하여 어
느 당사자가 입증의 책임을 질 것인가 하는 입증책임의 분배기준이 문제되
고 있다. 특히 입증책임에 관하여 행정소송법이 아무런 규정을 두지 않고
있기 때문에 종래부터 이에 관한 견해의 대립이 있어 왔다.

(1) 원고책임설

　　원고책임설은, 행정행위는 공정력을 지니며 따라서 적법성의 추

---

302) 대법원 2000.5.30. 선고 98두20162 판결(양도소득세등부과처분취소 공2000.7.15.
(110), 1561).
303) Schmitt Glaeser, S.295 Rn.543f.

정을 받는 것이므로, 행정행위의 위법을 주장하는 원고가 그 위법성에 대한 입증책임을 진다는 견해이다. 행정행위의 공정력을 행정행위의 적법성 추정으로 이해하는 입장에서 옹호되었으나 더 이상 주장되지 않고 있다.

(2) 피고책임설

이는 법치행정의 원리에 비추어 행정청은 행정행위의 적법성을 스스로 담보하여야 하므로 그가 행한 행정행위의 적법사유에 대하여 언제나 입증책임을 진다고 본다.

(3) 입증책임분배설(민사소송법상 일반원칙설, 법률요건분류설)

이 견해는 행정행위의 공정력이란 법적 안정성의 견지에서 행정행위의 적법여부가 의심스러운 경우에도 그것이 권한있는 기관에 의하여 취소되기 전까지는 우선 그 유효성을 승인하는 절차상의 통용력에 불과하며 실체법상 적법성의 추정을 가져오는 것은 아니므로, 입증책임의 문제와는 직접적인 관계가 없다고 하며, 반면 입증책임을 피고에게만 지우는 것은 공평의 이념에 반한다고 한다. 그리하여 소송상 당사자의 지위는 대등한 것이므로 취소소송의 경우에도 민사소송의 일반원칙에 따라 입증책임을 분배하여야 한다는 견해이다(통설·판례). 이에 따르면 가령 적극적 내용의 처분을 취소하는 소송에 있어 권리발생사실(적법사유)에 대하여는 피고 행정청이, 권리장애사실(위법사유)에 대하여는 원고가 각각 입증책임을 진다고 하게 된다.[304]

> 이것은 독일의 이른바 '규범수익원칙'(Normbegünstigungsprinzip)과 같은 견해로서, 이에 따르면 특별한 법규정이 없는 한, 어떤 사실이 입증이 되었더라면 이로부터 일정한 법률효과를 주장할 수 있었을 자가 그 입증불능의 부담을 져야 한다는 것이다. 다시말해서 원고 또는 피고로서 자기에게 유리한 사실을 주장한 자는 그 사실이 법원의 심리결과 입증되지 않았을 때에는 각자 그 입증불능의 결과를 부담해야 한다. 가령 취소소송에 있어 침익적 행정행위의 처분의 요건사실

> 이 입증되지 아니하면, 그 적법사유의 입증불능으로 인한 불이익은 피고 행정청이 지게 되며, 취소소송은 인용되는 결과가 된다. 그러나 취소소송의 원고가 피고가 주장하는 사실을 부인하지 않고 항변하는 경우에는 그 이유로 주장된 위법사유에 대하여 입증책임을 지게 될 것이다.305)

반면 거부처분의 취소소송에 있어서는 거꾸로 권리발생요건은 원고가 처분을 구할 권리를 가지고 있다는 것이므로 그 권리발생사유에 관하여 원고가, 그 권리장애사실의 존재에 관해서는 거부처분을 내린 피고가 각각 입증책임을 진다고 하게 될 것이다.

> **▧▧ 판례**
>
> 행정소송에 있어서 특별한 사정이 있는 경우를 제외하면, 당해 행정처분의 적법성에 관하여는 당해 처분청이 이를 주장 입증하여야 할 것이나, 행정처분의 위법을 들어 그 취소를 청구함에 있어서는 그 위법된 구체적인 사실을 먼저 주장하여야 한다.306)
>
> 민사소송법의 규정이 준용되는 행정소송에 있어서 입증책임은 원칙적으로 민사소송법의 일반원칙에 따라 당사자간에 분배되고 항고소송의 특성에 따라 당해 처분의 적법을 주장하는 피고에게 그 적법사유에 대한 입증책임이 있다고 하는 것이 당원의 일관된 견해이므로 피고가 주장하는 당해 처분의 적법성이 합리적으로 수긍할 수 있는 일응의 입증이 있는 경우에는 그 처분은 정당하다고 할 것이며, 이와같은 합리적으로 수긍할 수 있는 증거와 상반되는 주장과 입증은 그 상대방인 원고에게 그 책임이 돌아간다고 풀이하여야 할 것이다.307)

(4) 특수성인정설(행정소송법 독자분배설)

이 견해는 행정소송과 민사소송의 목적·성질의 차이, 행위규범과 재판규범과의 차이 등을 이유로 취소소송에 관하여 입증책임의 분배기준

---

305) Schmitt Glaeser, S.295f. Rn.544.
306) 대법원 1981.6.23. 선고 80누510 판결.
307) 대법원 1984.7.24. 선고 84누124 판결.

을 독자적으로 정해야 한다고 한다. 민사법은 재판규범으로서의 성질을 가지나, 행정실체법은 공익과 사익의 조정을 내용으로 하며 행위규범으로서의 성질을 가지기 때문에, 당사자간의 공평, 사안의 성질, 입증의 난이 등에 의하여 구체적인 사안에 따라 입증책임을 정해야 한다고 한다.[308] 즉, 이에 따르면, 국민이 권리와 자유를 제한·박탈하는 행정행위의 취소소송에서는 피고인 행정청이 당해 행위의 적법성을 입증할 책임이 있으며, 국민이 자기의 권리·이익영역의 확장을 소구하는 소송과 재량권의 일탈·남용을 이유로 한 취소소송에서는 원고가 입증책임을 진다고 한다.

(5) 결 론

취소소송에 있어 입증책임의 소재는 항고소송의 특수성에 비추어 구체적 사안에 따라 당사자의 공평을 고려하여 정해야 한다는 특수성인정설은 앞에서 본 바와 같은 취소소송의 심리절차상의 특수성(직권탐지주의의 가미 또는 보충)을 감안할 때 나름대로 타당성을 지닌다고 할 수 있다.

이는 직권탐지주의를 취하고 있는 독일의 경우 더욱 현저하게 나타난다. 즉 행정소송에 있어 직권탐지주의는 원래 민사소송과 같이 당사자의 입증책임(Beweispflicht; Beweislast)의 문제를 발생시키지 않는다. 왜냐하면 사실조사(Tatsachenermittlung)가 법원에 일임되어 있어 법원은 당사자로부터의 증거신청이나 주장에 구속되지 않는만큼, 원칙적으로 당사자에게 입증불능으로 인한 불이익을 돌릴 수도 없는 것이기 때문이다. 따라서 소송당사자는 주장책임(Behauptungslast) 및 주관적 입증책임(subjektive Beweislast)을 지지 않게 된다. 그러나 이러한 원리는 직권탐지주의하에서도 주요사실들중 일부가 입증불능으로 판명되는 경우가 적지 않기 때문에 수정을 겪지 않을 수 없다. 따라서 행정소송에서도 누가 입증불능으로 인한 불이익을 부담할 것인가에 관한 규칙을 정할 필요가 생기며 그 결과 변론주의에 의해 지배되는 민사소송의 그것과 실질적으로 다름이 없는 입증책임의 배분원칙('규범수익원칙')이 형성되었다고 한다.[309]

---

308) 상세한 것은 석종현, "행정소송상의 입증책임", 고시연구, 1991/3, p.70 이하를 참조.
309) Schmitt Glaeser, Rn.543f.

그러나 특수성인정설이 옹호하는 내용의 대부분은, 재량권의 일탈·남용을 이유로 한 취소소송의 경우를 제외하고는, 실은 통설과 판례의 대다수가 취하고 있는 법률요건분류설에 의해서도 충분히 달성될 수 있는 것이라 할 수 있다.

입증책임의 분배기준에 관한 문제는 결과적으로 실제 누가 입증책임을 부담하게 되었느냐 하는 것이 아니라 어떠한 합리적 기준에 의하여 그 부담기준을 정할 것이냐에 있는 것이며, 또한 그것은 어디까지나 사실인정의 차원에서 제기되는 문제이지 법률요건의 포섭 이후의 법적 평가나 법적용과정에서 제기되는 것은 아니다. 따라서 일률적으로 침익적 행정행위인가 또는 수익적 행위인가 하는 실체법적 판단에 따라 입증책임을 배분하는 것은 의미가 없으며(이것은 복효적 행정처분의 경우만을 생각해도 분명하다), 오히려 법률요건분류설에 의하여 당사자에게 어떤 의미를 갖는 주요사실이 주장되는가에 따라 그 입증책임을 논하는 것이 기본적으로 타당하다고 본다. 다만 환경책임문제라든지 핵발전소의 안전성판단과 같이 고도의 전문기술적 판단을 요하는 분야에 관하여는 특별법을 통하여 또는 분야별 특성을 고려한 판례이론의 형성에 의하여 별도의 개별구체적인 입증책임법리(가령 '일응의 추정'의 법리라든가 개연성이론, 입증책임의 전환 등)를 발전시켜야 할 필요가 있다고 본다.

> 참고로 독일의 경우 이러한 법률요건분류설과 같은 내용의 규범설 또는 규범수익원칙이 통설과 판례에 의하여 채용되고 있으나, 이러한 통일적 입증책임이론에 대해서는 적잖은 반론이 제기되고 있다. 특히 의문으로 제기되는 문제점은 많은 경우 어떤 법적 효과가 소송당사자 어느 일방에게 유리한 것인지가 반드시 분명하지 않다는 것이다. 그리하여 헌법적 목표를 고려한 법해석을 통하여 분야별로 특별한 입증책임원리를 발전시켜 나감으로써 구체적 사안에 따라 각개의 관계법규에 따라 입증책임을 배분해야 한다는 견해가 나오고 있다.310) 이러한 경향은 일본에서 특수성인정설이 주장되는 배경과 무

---

310) Schmitt Glaeser, Rn.544의 각주에 인용된 문헌들을 참조.

관하지 않으며, 이러한 관점에서 환경이나 기술·정보·안전관리 등과 같은 분야별 접근방식에 관심을 기울일 필요가 있다.

Ⅶ. 취소소송의 종료

취소소송의 심리결과 사건이 종국판결을 내릴 수 있을 만큼 성숙되었다고 판단되면 법원은 심리를 종결하고 판결을 내린다. 이와같이 취소소송은 법원의 종국판결에 의하여 종료되는 것이 원칙이나 그 밖에도 소의 취하, 당사자(원고)의 소멸 등과 같은 사유로도 종료될 수 있다.

1. 취소소송의 판결

취소소송의 판결이란 법원이 소송의 대상인 구체적 쟁송을 해결하기 위하여 무엇이 법인지를 판단하여 선언하는 행위이다. 취소소송의 판결에 관하여는 판결의 종류, 위법판단의 기준시점과 처분이유의 사후변경, 판결의 효력 등이 특히 문제된다.

1.1. 판결의 종류

1.1.1. 중간판결과 종국판결

중간판결은 종국판결을 할 준비로서 소송진행 중에 제기된 개개의 쟁점을 해결하기 위한 확인적 성질의 판결을 말하며(가령 피고의 방소항변을 기각하는 경우), 종국판결은 사건의 전부나 일부에 관하여 심급종료의 효력을 갖는 판결을 말한다.

1.1.2. 소송판결과 본안판결

소송판결은 소송의 적부에 대한 판결로서 요건심리의 결과 당해 소송을 부적법한 것이라 하여 각하하는 판결이며, 본안판결은 청구의 당부에 대한 판결로서 본안심리의 결과 청구의 전부 또는 일부를 인용하거나 기각하는 것을 내용으로 한다.

█▌█ 판결서 이유에서의 판단 대상

판결서의 이유에는 주문이 정당하다는 것을 인정할 수 있을 정도로 당사자의 주장, 그 밖의 공격·방어방법에 관한 판단을 표시하면 되고 당사자의 모든 주장이나 공격·방어방법에 관하여 판단할 필요가 없다(민사소송법 제208조). 따라서 법원의 판결에 당사자가 주장한 사항에 대한 구체적·직접적인 판단이 표시되어 있지 않더라도 판결 이유의 전반적인 취지에 비추어 주장을 인용하거나 배척하였음을 알 수 있는 정도라면 판단누락이라고 할 수 없고, 설령 실제로 판단을 하지 아니하였더라도 주장이 배척될 경우임이 분명한 때에는 판결 결과에 영향이 없어 판단누락의 위법이 있다고 할 수 없다.[311]

1.1.3. 인용판결과 기각판결

청구가 이유 있다고 인정될 경우 법원은 종국판결로써 계쟁처분의 전부 또는 일부를 직접 취소하는데 이를 인용판결이라고 하며(형성판결), 기각판결이란 청구가 이유 없다고 판단되는 경우 내리는 판결을 말한다.

인용판결은 이를 그 범위 면에서 전부 취소의 경우와 일부 취소의 경우로 나눌 수 있다. 일부 취소판결은 가분적 처분 또는 처분 대상의 일부가 특정될 수 있는 경우에 할 수 있고, 일부 취소 판결은 당해 취소부분에 관하여 효력을 발생한다.

█▌█ 취소소송에서 처분 전부를 취소할 수 없고 일부만을 취소해야 한다고 한 사례

국가유공자 등 예우 및 지원에 관한 법률 제4조 제1항 제6호 등 관련 법령의 내용, 형식 및 입법취지를 비롯하여 국가유공자등록신청 당시 신청

---

311) 대법원 2016.12.1. 선고 2016두34905 판결(사업시행계획무효확인).

인이 여러 개의 상이를 주장함으로써 국가유공자요건의 관련 사실을 확인하
는 과정에서 여러 개의 상이가 문제 되는 경우 각각의 상이 별로 국가유공자
요건에 해당하는지 여부에 대한 심사가 이루어지는 점, 이에 따라 법의 적용
대상자로 될 상이를 입은 것이 아닌 사람 또는 국가유공자요건이 인정되지
않은 상이에 대하여는 상이등급의 판정을 위한 신체검사를 실시하지 아니하
는 점, 나아가 여러 개의 상이를 주장하면서 국가유공자등록신청을 한 신청
인의 의사는 단지 국가유공자로 등록되는 데 그치는 것이 아니라 교육훈련
또는 직무수행 중 입은 각각의 상이의 정도와 그 상이등급에 상응하는 국가
유공자로 등록해 줄 것을 구하는 것이라고 봄이 타당한 점, 외형상 하나의
행정처분이라 하더라도 가분성이 있거나 그 처분대상의 일부가 특정될 수
있다면 그 일부만의 취소도 가능하고 그 일부의 취소는 당해 취소부분에 관
하여 효력이 생긴다고 할 것인 점 등을 종합하면, 여러 개의 상이에 대한 국
가유공자요건비해당처분에 대한 취소소송에서 그 중 일부 상이가 국가유공
자요건이 인정되는 상이에 해당하더라도 나머지 상이에 대하여 위 요건이
인정되지 아니하는 경우에는 국가유공자요건비해당처분 중 위 요건이 인정
되는 상이에 대한 부분만을 취소하여야 할 것이고, 그 비해당처분 전부를 취
소할 수는 없다고 할 것이다.312)

한편, 청구기각의 판결은 형성(취소)요건의 부존재를 확인하는 소극적
확인판결의 성질을 갖는다. 다만 소송청구가 이유 있다고 인정되는 경우에도
이를 인용하는 것이 현저히 공공복리에 적합하지 아니하다고 인정할 때에는
소송청구를 기각하는, 이른바 사정판결이 예외적으로 행해질 수 있다(§28①).

1.1.4. 사정판결

(1) 의 의

원고의 청구가 이유있다고 인정하는 경우에도 처분을 취소하는
것이 현저히 공공복리에 적합하지 않다고 인정하는 때에는 법원은 원고의
청구를 기각할 수 있다(§28① 전단). 이를 사정판결이라고 한다. 사정판결은
기각판결의 일종으로서 취소소송에서만 인정되는 제도이다(§38①②).

---

312) 대법원 2012.3.29. 선고 2011두9263 판결(국가유공자요건비해당처분취소).

≪사정판결과 무효등확인소송≫

사정판결은 전술한 바와 같이 취소소송에서만 인정되는 제도이다 (§38①②). 이에 대해서는 무효인 처분을 기초로 한 기성사실의 원상회복이 현저히 공공복리에 반하는 경우가 있을 수 있으므로 무효인 처분에 대해서도 사정판결의 필요가 생길 수 있다는 견해[313]가 있으나, 처분이 무효인 이상 행정소송법의 명문규정을 무시하면서까지 이 예외적인 성격을 지닌 판결형태를 허용해야 한다는 것은 타당하지 않다.[314] 또한 이 견해가 이유의 하나로 들고 있는 공법상의 결과제거청구권의 법리는 취소된 처분이든 무효인 처분이든 그 결과 조성된 위법한 상태를 제거하는데 목적을 지닌 것으로서 그 결과제거의무의 실행이 수인기대가능성(Zumutbarkeit)을 결여한다고 인정되면 바로 그런 이유에서 결과제거청구권에 의한 원상회복이 불가능해질 뿐이지, 이 때 거꾸로 이러한 원상회복의 부정을 위하여 사정판결(행정소송의 경우 사정판결)을 내려야 하거나 내릴 수 있는 것은 아니다. 사정판결은 어디까지나 처분의 취소·변경 또는 의무이행재결에 관련된 것이지 그 결과제거에 관한 것은 아니다.

(2) 제도의 취지

사정판결은 사익의 보호가 결과적으로 공익에 중대한 침해를 가져올 경우 사회전체의 공익을 우선시킴으로써 이를 시정하려는 데 그 취지를 둔 것으로 이해되고 있다. 환언하면 사정판결은 공익과 사익을 공익우선적 견지에서 조절하기 위한 예외적인 제도라 할 수 있다. 사정판결의 이론적 근거로는 행정행위의 무효의 전환이라든가 하자의 치유 등에서 찾는 견해도 있었으나 기성사실의 존중이라는 데서 찾는 것이 일반적이다.[315]

---

313) 김남진, 행정법 I, pp.833~834.

314) 김향기 교수("무효등확인소송", 고시계, 1991/3, p.95)는 법치주의의 예외적 조치인 사정판결을 무효등확인소송에 확대적용시키는 것은 반법치주의적이라는 비난을 면치 못할 것이라고 한다.

315) 김도창, 일반행정법론(상), p.810.

≪사정판결제도와 법치주의≫

사정판결제도는 위법한 처분으로 원고의 법률상 이익이 침해되었음에도 불구하고 이를 취소하는 것이 공공복리에 현저히 반한다는 이유에서 이유있는 청구를 기각하는 것이므로 법치주의에 반하는 제도가 아닌가 하는 의문이 있다. 이에 관하여 국내문헌의 태도는 크게 법치주의에 반한다고 보는 입장316)과 그렇지 않은 입장317)으로 양분되고 있다. 전자가 법논리의 요청에 보다 엄격하게 부응하려는 것이라면, 후자는 원고에 대한 대상(代償)규정(§28③)에 의한 원고의 손실전보와 공공복리라는 공적 요구를 근거로 한 견해라 할 수 있다. 후자의 입장도 전혀 부당한 것이라고는 할 수 없으나, 아무래도 "참아라, 그러면 보상하리라"(dulde und liquidiere)라는 입헌군주시대의 사고방식이 잠재되어 있는 것은 사실이다. 다만 후자의 입장에서 '사정판결제도의 쟁점은 그것이 반법치주의적인 것인지 여부보다는 그 남용을 어떻게 방지할 것인가에 있는 것'이라고 지적하는 것318)은 타당하며, 이제까지 이 제도가 비교적 신중하고 제한적으로 적용되고 있다는 사실은 문제의 현실성을 상당부분 감소시키는 요인이라고 할 수 있다. 결론적으로 사정판결제도의 적용은 필요한 최소한으로 그쳐야 하며, 무효의 전환, 하자의 치유 등과 같은 다른 법리로 해결할 수 있는 것은 그에 의해야 할 것이며 행정소송법 제28조를 적용해서는 아니 된다고 본다.319)

(3) 사정판결의 요건

사정판결은 법치행정의 원칙에 비추어 예외적인 제도이므로 그 적용은 극히 엄격한 요건에 따라 이루어져야 한다. 즉, 사정판결은 처분이 위법함에도 불구하고 이를 취소·변경할 경우 현저히 공공의 복리에 적합하지 않은 극히 예외적인 상황에서 허용되는 것이므로, 그 요건 해당 여부는 위법한 처분을 취소·변경하여야 할 필요와 그 취소·변경에 따른 공공복리

---

316) 이상규, 신행정법론(상), p.786; 박윤흔, 행정법강의(상), p.974; 석종현, 일반행정법 (상), p.832 등.

317) 가령 김철용, 사정판결, 월간고시 1987/4, 53-54; 김남진, 행정법 I, p.811 등.

318) 김철용, 앞의 글, p.54.

319) 동지: 김철용, 앞의 글, p.63.

저해 등을 비교·교량하여 엄격하게 판단하여야 한다. 대법원 역시 같은 입장에 서 있다.[320]

사정판결의 요건은 원고의 청구가 이유 있음에도 불구하고 처분등을 취소하는 것이 현저히 공공복리에 반한다고 인정되어야 한다는 것이다.

> **▨ 판례**
>
> 사정판결은 행정처분이 위법함에도 불구하고 이를 취소·변경하게 되면 그것이 도리어 현저히 공공의 복리에 적합하지 않은 경우에 극히 예외적으로 할 수 있는 것이므로, 그 요건에 해당하는지 여부는 위법·부당한 행정처분을 취소·변경하여야 할 필요와 그 취소·변경으로 발생할 수 있는 공공복리에 반하는 사태 등을 비교·교량하여 엄격하게 판단하되(대법원 2009.12.10. 선고 2009두8359 판결 참조), ① 해당 처분에 이르기까지의 경과 및 처분 상대방의 관여 정도, ② 위법 사유의 내용과 발생원인 및 전체 처분에서 위법사유가 관련된 부분이 차지하는 비중, ③ 해당 처분을 취소할 경우 예상되는 결과, 특히 해당 처분을 기초로 새로운 법률관계나 사실상태가 형성되어 다수 이해관계인의 신뢰 보호 등 처분의 효력을 존속시킬 공익적 필요성이 있는지 여부 및 그 정도, ④ 해당 처분의 위법으로 인해 처분 상대방이 입게 된 손해 등 권익 침해의 내용, ⑤ 행정청의 보완조치 등으로 위법 상태의 해소 및 처분 상대방의 피해전보가 가능한지 여부, ⑥ 해당 처분 이후 처분청이 위법 상태의 해소를 위해 취한 조치 및 적극성의 정도와 처분 상대방의 태도 등 제반 사정을 종합적으로 고려하여야 한다.[321]

1) 취소소송에 있어 그 대상이 된 처분등이 위법하여야 한다

사정판결은 전술한 바와 같이 취소소송에 관하여만 가능하다. 한편 위법판단의 기준시점에 관하여 처분시설을 취하는 한 이것은 사정판결에 대

---

320) 대법원 2013.10.24. 선고 2012두12853 판결[조합설립변경인가처분취소]; 대법원 1995.6.13.선고 94누4660 판결; 대법원 2009.12.10.선고 2009두8359 판결 등을 참조.

321) 대법원 2016.7.14. 선고 2015두4167 판결(기반시설부담금 부과처분 취소 (다) 파기환송).

해서도 마찬가지로 적용된다. 따라서 처분시점 이후에 발생한 법 및 사실상태의 변경으로 인하여 처분이 판결시의 현행법상 적법하게 된 경우라도 상관이 없다. 다만 이 경우 처분이후에 발생한 사정은 사정판결의 요건으로서 공공복리에 대한 현저한 저해를 판단함에 있어 고려되게 될 것이다. 처분이 적법하다고 판명된 경우에는 청구를 기각하게 되므로 아예 사정판결의 여지가 없다.[322]

2) 처분등을 취소하는 것이 현저히 공공복리에 반하는 것이어야 한다

처분등을 취소하는 것이 현저히 공공복리에 적합하지 아니한지 여부를 판단하기 위해서는 관계된 법익의 형량이 필요하다. 이에 관하여 대법원은 '위법·부당한 행정처분을 취소·변경하여야 할 필요와 그 취소·변경으로 인하여 발생할 수 있는 공공복리에 반하는 사태 등을 비교·교량하여 그 적용 여부를 판단하여야 한다'고 판시하고 있다."[323]

여기서 공공복리는 다의적인 불확정개념이라 할 것이나 대체로 개인의 이익과 대립되지 않고 개개인의 이익을 보다 고차적인 차원에서 통합하는 전체사회의 공동이익이라 할 수 있다.[324] 이 경우 처분등이 위법한데도 공익적 견지에서 이를 유지한다는 사정판결제도의 예외적 성격을 고려하여 위법한 처분등의 유지에 따른 사익침해의 정도와 인용판결에 의해 초래될 공익침해의 정도를 적정히 비교형량해야 하며 후자가 전자에 비해 압도적으로 우세한 경우에만 사정판결이 허용된다고 보아야 한다. 다시 말해서 비례원칙이 엄격하게 적용되어야 할 것이다.[325]

≪사정판결의 적용례≫

사정판결의 요건에 해당된다고 판단된 사례로는 원고에 대하여 귀속 재산임대차계약을 취소한 피고의 처분을 취소하는 것이 도리어 원고보다 훨씬 앞서서부터 농경지조성에 힘을 기울여 온 다수의 소청인

---

322) 대법원 1982.11.9. 선고 81누176 판결.
323) 대법원 2013.10.24. 선고 2012두12853 판결.
324) 이에 관하여는 김철용, 앞의 글, p.56을 참조.
325) 김철용, 앞의 글, p.56.

들의 사실상의 이익을 침해하는 결과가 되므로 이는 현저히 공공복리에 적합하지 아니하다고 한 것326)과 건축불허가처분 당시 그 처분이 위법하다고 하더라도 구두변론종결 당시에는 이미 진주시 도시계획재정비결정으로 구 도시계획법 제21조에 의한 녹지지역으로 지정고시된 이상, 동조의 규정취지로 보아 이를 취소하는 것이 현저히 공공의 복리에 적합하지 아니하다고 인정한 것327)이 있었다.

한편 현행법하에서 사정판결이 인정된 사례로는 가령, 공인평가기관의 평가와 토지평가협의회의 심의를 거치지 않고 결정한 토지등의 가격평가나 이에 터잡은 환지예정지지정처분은 하자가 있는 것으로서 위법하지만, "그 처분의 기초가 된 가격평가의 내용이 일응 적정한 것으로 보일 뿐만 아니라 이 사건 이해관계인들 중 원고를 제외하고는 아무도 위 처분에 관하여 불복하지 않고 있는 사실을 알아볼 수 있으므로 원고에 대한 환지예정지지정처분을 위법하다 하여 이를 취소하고 새로운 환지예정지를 지정하기 위하여 환지계획을 변경할 경우 위 처분에 불복하지 않고 기왕의 처분에 의하여 이미 사실관계를 형성하여 온 다수의 다른 이해관계인들에 대한 환지예정지지정처분까지도 변경되어 기존의 사실관계가 뒤엎어지고 새로운 사실관계가 형성되어 혼란이 생길 수도 있게 되는 반면 이 사건 처분으로 원고는 이렇다할 손해를 입었다 할지라도 청산금보상 등으로 전보될 수 있는 점(…) 등에 비추어 보면 이 사건 처분이 앞서 본 바와 같이 토지평가협의회의 심의를 거치지 아니하고 결정된 토지 등의 가격평가에 터 잡은 것으로 그 절차에 하자가 있다는 사유만으로 이를 취소하는 것은 현저히 공공복리에 적합하지 아니하다고 보여 사정판결을 할 사유가 있다고 인정한다"고 판시한 사례,328) 군산화력발전소 부지에 건립하는 복합화력발전소 공사계획 인가처분에 군산시 주민들을 상대로 한 의견수렴 절차만 이루어지고 환경영향평가 대상지역에 포함되는 서천군 주민들의 의견수렴 절차를 거치지 않고 온배수의 영향에 관한 예측의 충실성이 떨어지는 등 환경영향평가의 시행에서 다소 부실하게 이루어진 하자가 있으나, 군산시 주민들에 대한 의견수렴 절차를 거친 점, 환경영향의 평가 항목 대부분의 대상지역이 발전소 주변지역이나 해역으로 설정되어 있어 서천군이 그 범위에 포함되어 있는지 여부가 명백한 것은 아닌 점, 그 부실의 정도가

---

326) 대법원 1961.11.9. 선고 4293행상56 판결.

327) 대법원 1970.3.24. 선고 69누29 판결.

328) 대법원 1992.2.14. 선고 90누9032 판결(환지예정지지정처분취소; 판례월보 제262호 171 이하).

환경영향평가제도를 둔 입법 취지를 달성할 수 없을 정도이어서 환경영향평가를 하지 않은 것과 다를 바 없을 정도라고 보기 어려운 점 등에 비추어, 그 하자가 중대·명백하다고 볼 수 없어 취소사유에 불과하고, 위 처분을 취소할 경우 전력수급기본계획에 따른 안정적인 전력공급에 차질이 생길 수 있는 점, 상당한 기간 동안 막대한 자금이 투입된 복합화력발전소가 무용지물이 됨으로써 적지 않은 사회적 손실이 예상되는 점 등에 비추어, 위 처분을 취소하는 것이 오히려 현저히 공공복리에 적합하지 않다고 보아 사정판결을 한 사례,329) 구 국토계획법에 의한 기반시설부담계획 및 부담금 부과처분에 대하여 부담액 산정의 기초요소의 적정성 등을 다투는 사건에서 기반시설부담계획의 부분적 위법사유를 이유로 그 전부를 취소하는 것은 현저히 공공복리에 적합하지 아니하여 사정판결을 할 사유가 있다고 볼 여지가 있다고 판시한 사례330) 등이 있다.

법원이 당사자의 주장 없이도 사정판결을 할 수 있는지가 직권심리에 관한 행정소송법 제26조와 관련하여 문제될 수 있으나, 과거 구 법 하에서는 직권주의가 인정된다고 하여 변론주의가 전적으로 배제되는 것은 아니므로 당사자의 주장 없이는 청구기각의 사정판결을 할 수 없다는 것이 통설·판례였다.331) 이는 현행법에서도 그대로 타당하다고 보아야 할 것이다. 그러나 대법원은 법원이 직권으로 사정판결을 할 수 있다는 것을 정면으로 인정한 바 있다.

> ▰▰ **판례**
>
> 행정소송법 제26조, 제28조 제1항 전단의 각 규정에 비추어 법원이 사정판결을 할 필요가 있다고 인정하는 때에는 당사자의 명백한 주장이 없는 경우에도 일건 기록에 나타난 사실을 기초로 하여 직권으로 사정판결을 할 수 있다.332)

---

329) 서울행법 2010.4.23. 선고 2008구합29038 판결(공사계획인가처분취소등 확정 각공 2010상, 905).
330) 대법원 2016.7.14. 선고 2015두4167 판결(기반시설부담금 부과처분 취소 (다) 파기환송).
331) 김철용, 앞의 글, p.60.
332) 대법원 1992.2.14. 선고 90누9032 판결.

(4) 사정판결의 효과

1) 청구기각 및 위법의 명시

사정판결은 청구기각판결이므로, 원고의 청구는 배척된다. 그러나 사정판결은 원고의 청구가 이유있음을 전제로 한 것이라는 점에서 일반적인 청구기각과는 다른 효과를 지닌다. 즉, 법원이 사정판결을 하고자 할 때에는 판결의 주문에 처분등이 위법함을 명시하여야 한다(§28① 후단). 이것은 어디까지나 처분등의 위법성을 전제로 한 공익보호제도로서 사정판결이 갖는 예외적 성격을 고려하여, 후일 원고가 원처분의 위법을 다시 주장할 필요가 있을 때 이에 대한 유권적 확정사실 또는 일종의 기결력을 원용할 수 있도록 하고, 또 사정판결을 통해 위법한 처분등이 적법타당한 처분등으로 전환되는 것이 아님을 명백히 하여 판결문만으로도 당해 처분등의 위법성을 주장할 수 있도록 하여 그에 따른 구제의 길을 터 주기 위한 배려에서 인정된 것이다. 사정판결의 여부를 판단하는 것은 법원의 의무에 합당한 재량에 속한다고 보아야 할 것이다.[333]

2) 사정조사

법원이 사정판결이 필요하다고 인정하면, 판결전에 미리, 원고가 사정판결로 인하여 입게 될 '손해의 정도와 배상방법 그 밖의 사정'을 조사하여야 한다(§28②).

3) 소송비용부담

사정판결이 있으면 원고의 청구가 이유 있음에도 불구하고 원고가 패소하게 되는 것이므로 소송비용은 소송비용 부담에 관한 일반원칙과는 달리 승소자인 피고가 부담한다.

(5) 원고의 권익보호 및 불복방법

사정판결이 허용된다고 해서 사익이 무시되어도 좋다는 것은 아니므로 행정소송법은 원고의 권익을 보호하기 위한 방법으로서, 원고는 피

---

333) 김도창, 일반행정법론(상), p.812.

고인 행정청이 속하는 국가 또는 공공단체를 상대로 손해배상, 제해시설의 설치 그 밖에 적당한 구제방법의 청구를 당해 취소소송등이 계속된 법원에 병합하여 제기할 수 있도록 하고 있다(§28③). 사정판결에 대하여 원고가 불복 상고할 수 있음은 물론이다.

1.2. 위법판단의 기준시점과 처분사유의 사후변경

1.2.1. 위법판단의 기준시점

취소소송의 대상인 처분등의 위법성을 어느 시점의 법 및 사실상태를 기준으로 판단할 것인가 하는 것이 문제된다. 가령 처분등이 행해진 뒤 당해 처분의 근거법령이 개폐되거나 사실상태가 변동된 경우 이러한 위법판단의 기준시점을 어디에 두느냐에 따라 사건의 결론이 좌우되게 된다. 이에 관하여는 처분시설과 판결시설이 대립되어 있다.

(1) 처분시설

이는 행정소송에서 당해 처분등의 위법여부에 대한 판단은 행위시의 법령 및 상태를 기준으로 하여야 한다는 견해로서 오늘날의 통설·판례[334]이다. 이 견해는 취소소송의 본질을 처분등에 대한 사법적 사후심사로 보므로, 판결시를 기준으로 하면 법원에게 행정감독적 기능을 인정하는 결과가 되어 부당하다는 것이다.

> ### ▮▮ 위법판단의 기준으로서 처분시
>
> 행정소송에서 행정처분의 위법 여부는 행정처분이 행하여졌을 때의 법령과 사실상태를 기준으로 하여 판단하여야 하고, 처분 후 법령의 개폐나 사실상태의 변동에 의하여 영향을 받지는 않는다.[335]
>
> 항고소송에 있어서 행정처분의 위법 여부를 판단하는 기준 시점에 대하여 판결시가 아니라 처분시라고 하는 의미는 행정처분이

---

334) 대법원 1987.8.18. 선고 87누235 판결; 1983.6.28. 선고 82누182 판결.

335) 대법원 2007.5.11. 선고 2007두1811 판결(공사중지명령처분취소 공2007.6.15. (276), 907).

> 있을 때의 법령과 사실상태를 기준으로 하여 위법 여부를 판단할 것
> 이며 처분 후 법령의 개폐나 사실상 태의 변동에 영향을 받지 않는
> 다는 뜻이고 처분 당시 존재하였던 자료나 행정청에 제출되었던 자
> 료만으로 위법 여부를 판단한다는 의미는 아니므로, 처분 당시의 사
> 실상태 등에 대한 입증은 사실심 변론종결 당시까지 할 수 있고, 법
> 원은 행정처분 당시 행정청이 알고 있었던 자료뿐만 아니라 사실심
> 변론종결 당시까지 제출된 모든 자료를 종합하여 처분 당시 존재하
> 였던 객관적 사실을 확정하고 그 사실에 기초하여 처분의 위법 여부
> 를 판단할 수 있다.336)

(2) 판결시설

이것은 계쟁처분의 효력이 현재, 즉 현행법규에 비추어 유지될 수 있는지를 결정하는데 취소소송의 목적이 있다고 보아, 처분의 취소여부는 판결시(변론종결시)를 기준으로 하여 판단하여야 한다고 한다.

(3) 결 론

생각건대 취소소송의 본래취지가 법원으로 하여금 처분의 적법성을 사후심사하도록 함으로써 법치주의를 보장하는데 있는 것이라면, 원칙적으로 처분시설이 타당하다고 해야 할 것이다.337) 만일 법원이 처분시 이후에 변경된 법 및 사실상태를 기준으로 처분의 적법 여하를 결정할 수 있도록 한다면, 이는 권리보호를 구하는 국민에게 법적 불안을 초래하게 될

---

336) 대법원 1993.5.27. 선고 92누19033 판결(공93, 1908). 이 판결에 관해서는 그 판결 취지상 위법판단의 기준시가 실질적으로 사실심변론종결시로 되는 셈이라는 견해가 있으나(이상규, "행정판례회고", 인권과 정의, 1994/5) 이는 오해라는 비판이 있다(김태우, "취소소송에 있어서 처분사유의 추가·변경", 인권과 정의, 1995/6, p.49 각주 6). 위법판단의 기준시와 위법판단의 근거로 삼을 수 있는 자료의 제출시기는 이를 구별하여야 하며 위 대법원판결은 이 점을 분명히 밝힌 것에 지나지 않는다. 따라서 위 판결로 처분시설을 취해온 대법원의 입장이 달라졌다고 볼 수는 없다. 반면 종전의 대법원 판례중에는 "행정처분의 적법여부는 특별한 사정이 없는 한 그 처분 당시를 기준으로 하여 판단할 것이므로 그 처분 당시에 제출되지 아니한 새로운 사실은 그 처분의 적법여부를 판정하는 자료로 삼을 수 없다"고 하여 위의 판지와는 달리 사실상태에 관한 입증자료를 처분시까지 제출하여야 한다는 판단을 보인 것이 있으나(대법원 1989.3.28. 선고 88누12257 판결: 공89, 703) 이는 바로 위 판결에 의하여 시정된 것이라고 보아야 할 것이다.

337) 이것은 독일에서의 통설과 판례이기도 하다(Schmitt Glaeser, S.282, Rn.521; BVerwGE 72, 300, 311ff.).

뿐만 아니라 행정청의 제1차적 판단권을 침해하는 결과가 될 것이다. 다만 계속적 효과를 지닌 처분(VA mit Dauerwirkung)에 관하여는 예외적으로 판결시설이 타당하다고 본다.[338]

> 참고로 독일의 경우 이와 같은 계속효있는 행정행위에 있어 원고의 입장에서는 처분당시의 위법 여하는 중요한 관심사가 아니며 오로지 사실심변론종결시의 법 및 사실상태에 따른 처분의 취소가 문제될 뿐이다. 이를 근거로 통설·판례와는 달리 위법판단의 기준시점을 소송청구의 내용(Inhalt des Klageantrags)에 따라 상대화시키려는 반론이 제기되고 있다.[339]

1.2.2. 처분사유의 추가·변경

(1) 의 의

앞서 본 위법판단의 기준시점에 관해서는, 어떤 범위에서 처분의 발급이후에 일어난 법 및 사실상태의 변경을 계쟁처분의 적법성판단에서 고려할 것인가 하는 것이 문제되었다. 여기서는 재판절차에 있어 법적인 또는 사실적인 처분사유의 추가·변경을 어떻게 고려할 것인가 하는 문제가 제기된다. 처분사유를 변경하는 경우와 누락된 처분사유를 추완하거나 기존의 처분사유에 새로운 처분사유를 추가하는 경우를 통틀어 이를 처분사유의 사후변경이라고 부를 수 있을 것이다.

> 독일에서는 처분사유의 변경(Nachschiben von Gründen)과 처분이유의 추완(Nachholen der Begründung)이 개념적으로 구별되고 있다. 처분사유의 변경은 처분의 이유로 제시된 사실적 또는 법적 근거를 변경하는 것을 말하며, 추완은 법령상 요구되는 행정행위의 이유부기의무(우리 행정절차법에서는 이유제시의무)를 이행하지 않은 경우 사후에 그 이유를 부기함으로써 형식적 흠을 치유하는 것을

---

338) 독일 연방행정법원의 판례도 이러한 예외를 인정한다(BVerwGE 49, 148/160).
339) 이에 관하여는 Schmitt Glaeser, aaO, Rn.521ff.를 참조.

말한다.[340] 독일에서 양자가 엄격히 구별되어야 하는 것은, 후자는 행정절차법 제39조 제1항, 제45조 제1항 제2호에 따른 처분이유를 부기하지 아니한 형식적 흠(formeller Begründungsmängel)의 추완에 관한 행정절차법적 문제로서, 주어진 처분사유의 실체적 적정성(materielle Richtigkeit)과는 무관한 것인 반면, 전자는 행정행위의 내용적 적법성에 관한 행정소송법적 문제이기 때문이다.[341] 한편 우리나라에서는 처분이유제시의무를 부과하는 행정절차법이 제정되기 전까지는 처분사유의 변경과 추완을 구별하지 않고 처분사유의 추가·변경의 문제만을 다루는 것이 일반적이었다.[342]

처분사유의 추가·변경에 있어 새로운 처분사유는 당초 처분이 기초로 삼았던 법 및 사실상태를 벗어난 것이 아니라, 다만 당초 처분시에는 존재하였으나 당사자에 의하여 제시되거나 주장되지 않았고 따라서 처분의 기초가 되지 않았던 이유를 말한다. 이를 소송에서 주장하는 것이 허용되는가. 가령 당초에는 인접대지거리제한위반을 근거로 건축허가신청을 거부했던 행정청이 허가거부처분에 대한 취소소송에서 당초의 처분사유 대신에 건폐율초과를 이유로 주장하여 허가거부처분의 적법성을 유지하려 할 경우 또는 인근주민들의 동의서 미제출을 이유로 토석채취허가신청을 반려했다가 소송에서 자연환경의 훼손등을 이유로 주장하여 그 거부처분을 정당화하고자 시도하는 경우 법원이 이러한 처분사유의 변경을 허용할 것인가 하는 것이 문제된다. 요컨대 이것은 법원이 스스로 또는 당사자의

---

340) 유지태, 행정법신론, pp.489-490은 양자가 서로 다른 문제인 이상, 용어법상으로도 처분이유(Begründung)와 근거(Gründe)를 구별하여 사용해야 한다고 한다. 두가지 문제를 서로 구별하여 하는 것은 물론이지만, 우리의 용어법상 '처분사유'란 개념이 일반화되어 있고 또 일반행정절차법적 차원에서 이유부기의무의 추완이 문제될 여지가 없다는 점을 고려할 때 일상언어관행상 구별이 어려운 '이유'와 '근거'의 개념을 구별하여 사용하는 것이 바람직하다고는 말할 수 없다. 독일에서도 행정절차법 제45조에 의한 'Nachholen der Gründe', 'Nachschieben der Gründe'라는 표현이 함께 사용되는 예(Maurer, §10 Rn.40)가 있다는 점에서 굳이 '이유'와 '근거'를 구별할 의미가 있을지는 의문이다.

341) Schmitt Glaeser, §14, Rn.529, S.299.

342) 김문수, "행정소송에 있어서 처분이유의 추가 및 변경", 특별법연구, 3, 특별소송실무연구회편; 김태우, "취소소송에 있어서 처분사유의 추가·변경", 인권과 정의, 1995/6,

신청에 의하여 처분시에 존재했음에도 불구하고 행정청에 의해 주장되지 않았던 법적 또는 사실적 근거를 그 판결에서 고려할 수 있느냐 하는 문제이다.[343]

　　종래 이 문제에 관해서는 일부 행정법문헌에서 개괄적으로 다루어진 것을 제외하면 국내학계에서는 그다지 상세히 논의되지 않고 있었으나, 최근까지 어느 정도의 판례가 축적됨에 따라 이에 관한 실무계의 논의가 진행되고 있다.[344] 여기서는 그와 같은 국내에서의 논의성과를 기초로 하여 이 문제를 간략히 살펴보되 필요한 경우 이 문제에 관한 독일에서의 논의를 참고하기로 한다.

(2) 유사개념과의 구별

1) 흠의 치유와의 차이

　　처분사유의 추가·변경은 처분의 성립 당시에 적법요건상 흠이 있는 행정행위라고 하더라도 그 흠의 원인이 되었던 요건을 사후에 보완하거나 그 흠이 취소원인이 될 만한 가치를 상실하게 됨으로써 행위의 효력을 유지하도록 하는 제도인 흠(하자)의 치유와는 구별되어야 한다. 후자는 처분후에 발생한 사유를 근거로 한다는 점에서 이 경우 이미 처분시에 객관적으로 존재하였던 사유를 대상으로 하는 것과 다르기 때문이다.[345]

2) 흠있는 행정행위의 전환과의 차이

　　처분사유의 추가·변경은 어디까지나 동일한 처분에 관한 것이므로 일정한 요건 하에 흠있는 행정행위를 다른 행정행위로 유지시키는 경우

---

343) 이 문제는 비단 소송상 피고행정청이 처분사유를 추가·변경할 수 있는가 하는 문제뿐만 아니라 처분의 동일성, 취소소송의 소송물 그밖에 처분사유의 추가·변경에 따른 재처분시의 효과, 처분이유부기의무 등 다양한 측면에서 고찰될 수 있다. 이에 관하여 상세한 것은 김태우, 앞의 글을 참조.

344) 가령 홍정선, 행정법원론(상), p.817 이하; 유지태, 행정법신론, p.488 이하를 참조. 한편 이 문제에 대한 실무계의 기여로는 김문수, "행정소송에 있어서 처분이유의 추가 및 변경", 특별법연구, 3, 특별소송실무연구회편; 김태우, "취소소송에 있어서 처분사유의 추가·변경", 인권과 정의, 1995/6을 주목할 만하다,

345) 김태우, 앞의 글, p.49.

인 행정행위(통설에 의하면 무효행위)의 전환과도 구별되어야 한다.

3) 행정행위의 사후변경과의 차이

처분사유의 추가·변경은 처분의 동일성에 영향을 주지 않는다는 점에서, 흠 있는 행정행위를 다른 새로운 행위로 대체하는 행정행위의 사후변경과도 구별된다.

4) 기   타

그 밖에 대법원의 판례에 따르면 당초에 명시한 구체적 사실을 변경하지 아니한 채 단순히 근거법조만을 추가·변경하는 주장이나 당초의 처분사유를 구체화하는 데 불과한 주장은 처분사유의 추가·변경이 아니라고 한다.

▐▌ 판례

행정처분의 취소를 구하는 항고소송에 있어 처분청은 당초 처분의 근거로 삼은 사유와 기본적 사실관계가 동일성이 있다고 인정되는 한도 내에서는 다른 사유를 추가하거나 변경할 수도 있으나 기본적 사실관계가 동일하다는 것은 처분사유를 법률적으로 평가하기 이전의 구체적인 사실에 착안하여 그 기초인 사회적 사실관계가 기본적인 점에서 동일한 것을 말하며, 처분청이 처분 당시에 적시한 구체적 사실을 변경하지 아니하는 범위 내에서 단지 그 처분의 근거 법령만을 추가·변경하거나 당초의 처분사유를 구체적으로 표시하는 것에 불과한 경우에는 새로운 처분사유를 추가하거나 변경하는 것이라고 볼 수 없다.346)

(3) 허용성

처분사유의 사후변경(추가·변경)의 허용여부에 대하여는 이를 원칙적으로 긍정하는 것이 일반적이다. 물론 우리 행정소송법에 이에 관하여

---

346) 대법원 2007.2.8. 선고 2006두4899 판결(행정정보공개청구거부처분취소 공보불게 재). 또한 대법원 1987.12.8. 선고 87누632 판결(공88, 294); 1988.1.19. 선고 87누603 판결(공88, 460); 1989.7.25. 선고 88누11926 판결, 1998.4.24. 선고 96두13286 판결, 2004.11.26. 선고 2004두4482 판결 등을 참조.

지침이 될 만한 규정은 없다. 그렇지만 학설은 이를 허용되는 것으로 보고 있고, 대법원의 판례 역시 '당초 처분의 근거로 삼은 사유와 기본적 사실관계가 동일하다고 인정되는 한도 내에서'라는 조건하에서 그 허용성을 인정하고 있다.[347] 독일에서도 처분사유의 변경은 허용된다는 것이 판례와 통설의 태도이다.[348] 즉 행정청은 행정행위를 발한 이후 그리고 경우에 따라서는 행정심판의 재결 이후에도 처분시에 존재했던 처분사유를 변경함으로써 결여된 처분사유를 추완할 수 있으며, 당초의 처분이 내용적으로 변경되지 않고 그 상대방이나 이해관계인의 권리방어가 저해되지 않은 한, 주어진 처분사유를 보완할 수 있다고 한다.[349] 법원은 계쟁처분의 적법여부를 모든 법적·사실적 측면에서 심사하여 행정청이 주장했던 당초의 이유가 설령 부당할지라도, 그 밖의 다른 법적·사실적 근거에 의해 처분의 적법성이 인정될 수 있는지를 검토할 권리와 의무를 갖기 때문이라는 것이다. 이러한 긍정설의 타당성은 또한 행정소송을 지배하는 직권탐지주의에 의해서도 뒷받침된다고 한다. 행정청으로서는 그 다른 이유를 근거로 다시금 거부처분을 내릴 수 있으므로, 처분사유의 사후변경을 불허하는 것만으로는 분쟁을 해결하는 것이 아니라 연기시킬 뿐이기 때문이라는 것이다.[350] 그러나 이에 대하여는 원래의, 그리고 당초의 처분사유에 의하여 발급된 행정처분은 그것이 위법한 처분으로 판단되는 이상, 그 밖의 다른 사실이나 고려에 의했더라면 적법했을지 여부와는 상관없이, 취소되어야 한다는 부정설이 반론으로 제기되고 있다.[351] 이에 따르면 이렇게 보는 것만이 공행정영역에 있어 집행의 임무 및 책임을 행정청에게 부여한 기본법상

---

347) 대법원 1989.12.8. 선고 88누9299 판결.

348) Erichsen, Allg,VerwR, §38 IV, Rn.40, S.488 그리고 같은 곳 각주 81에 인용된 판례와 문헌; Hufen, Verwaltungsprozeßrecht, §24, Rn.22. 반대설: Schenke, NVwZ 1988, 1; ders., Verwaltungsprozeßrecht, 1993, S.195ff.

349) Erichsen, §38 IV, Rn.40, S.488.

350) Schmitt Glaeser, S.287f. Rn.530.

351) Kopp, VwGO §113 Rn.28, S.1311.

의 현대적 권력분립 하에서 행정법원에 맡겨진 기능에 부합된다는 것이다.[352]

생각건대 당초 처분의 근거가 된 사유가 존재하지 않거나 정당화될 수 없어 취소소송에서 행정청이 새로운 사유를 주장하여 처분의 적법성을 주장하는 것을 허용한다면 원고에게 예기치 못한 법적 불안을 초래하는 결과가 될 것이다. 그러나 반면 법원이 이를 불허하고 취소판결을 내린 경우, 그 이후 행정청이 그 새로운 사유를 근거로 동일한 취지의 처분을 발할 수 있는 이상, 분쟁은 종결되기보다는 다시 새로운 처분에 대한 취소소송을 제기해야 하는 문제가 생긴다. 원고의 입장에서도 이러한 결과는 특히 구처분과 신처분의 시간적 차이로 인한 법적 불안을 의미하게 될 것이므로 바람직하지 못하다. 이렇게 볼 때 일정한 범위 안에서 처분사유의 사유변경을 인정하는 것이 타당하다고 생각한다. 다만 그 허용요건과 한계를 설정하는 것이 문제로 될 것이다.

(4) 허용요건과 한계

처분사유의 사후변경에 관하여 대법원의 판례는 일관되게 취소소송에 있어 행정청은 당초 처분의 근거로 삼은 사유와 기본적 사실관계가 동일하다고 인정되는 한도내에서만 다른 처분사유를 새로 추가하거나 변경할 수 있을 뿐, 기본적 사실관계가 동일하다고 인정되지 않는 별개의 사실을 들어 처분사유로 주장할 수 없다는 입장을 견지해 왔다.

▮▮ 판례

1. 건축허가와 처분사유의 변경

[1] 건축허가권자는 건축허가신청이 건축법, 도시계획법 등 관계법규에서 정하는 어떠한 제한에 배치되지 않는 이상 당연히 같은 법조에서 정하는 건축허가를 하여야 하고 위 관계법규에서 정하는 제한사유 이외의 사유를 들어 거부할 수는 없다.

---

352) Schenke, NVwZ 1988, 1.

[2] 건축허가신청이 건축법, 도시계획법 등 관계법규에서 정하는 건축허가 제한사유에 해당하지 않는 이상 행정청이 자연경관 훼손 및 주변환경의 오염과 농촌지역의 주변정서에 부정적인 영향을 끼치고 농촌지역에 퇴폐분위기를 조성할 우려가 있다는 등의 사유를 들어 숙박시설 건축을 불허할 수는 없다고 본 사례.

[3] 행정처분의 취소를 구하는 항고소송에 있어서는 실질적 법치주의와 행정처분의 상대방인 국민에 대한 신뢰보호라는 견지에서 처분청은 당초 처분의 근거로 삼은 사유와 기본적 사실관계에 있어서 동일성이 인정되는 한도내에서만 새로운 처분사유를 추가하거나 변경할 수 있을 뿐 기본적 사실관계와 동일성이 인정되지 않는 별개의 사실을 들어 처분사유로 주장하는 것은 허용되지 아니하며, 법원으로서도 당초의 처분사유와 기본적 사실관계의 동일성이 없는 사실은 처분사유로 인정할 수 없다.353)

2. 산림형질변경허가거부처분과 처분사유 변경

[1] 행정처분의 취소를 구하는 항고소송에 있어서는 실질적 법치주의와 행정처분의 상대방인 국민에 대한 신뢰보호라는 견지에서 처분청은 당초 처분의 근거로 삼은 사유와 기본적 사실관계에 있어서 동일성이 있다고 인정되지 않는 별개의 사실을 들어 처분사유로 주장함은 허용되지 아니하나, 당초 처분의 근거로 삼은 사유와 기본적 사실관계에 있어서 동일성이 있다고 인정되는 한도 내에서는 다른 사유를 추가하거나 변경할 수 있고, 여기서 기본적 사실관계의 동일성 유무는 처분사유를 법률적으로 평가하기 이전의 구체적인 사실에 착안하여 그 기초가 되는 사회적 사실관계가 기본적인 점에서 동일한지 여부에 따라 결정된다.

[2] 주택신축을 위한 산림형질변경허가신청에 대하여 행정청이 거부처분을 하면서 당초 거부처분의 근거로 삼은 준농림지역에서의 행위제한이라는 사유와 나중에 거부처분의 근거로 추가한 자연경관 및 생태계의 교란, 국토 및 자연의 유지와 환경보전 등 중대한 공익상의 필요라는 사유는 기본적 사실관계에 있어서 동일성이 인정된다고 한 사례.354)

---

353) 대법원 1995.12.12. 선고 95누9051 판결(공1996.2.1.(3), 414); 1992.2.14. 선고 91누3895 판결(공1992, 1046); 1992.8.18. 선고 91누3659 판결(공1992, 2772); 1994.9.23. 선고 94누9368 판결(공1994하, 2877).

354) 대법원 2004.11.26. 선고 2004두4482 판결(산림형질변경불허가처분취소 공2005.1.1.(217), 52).

> **3. 자동차운송사업면허의 취소와 처분사유의 동일성**
> 가. 행정처분의 취소를 구하는 항소소송에 있어서 행정청은 당초 행정처분의 근거로 삼은 사유와 기본적 사실관계에 있어서 동일성이 없는 개별의 사실을 들어 처분사유를 추가하거나 변경할 수는 없으나, 기본적 사실관계에 있어서 동일성이 인정되는 한도 내에서는 새로운 처분사유를 추가하거나 변경할 수 있다.
> 나. 지입제운영행위에 대하여 자동차운송사업면허를 취소한 행정처분에 있어서 당초의 취소근거로 삼은 자동차운수사업법 제26조를 위반하였다는 사유와 직영으로 운영하도록 한 면허조건을 위반하였다는 사유는 기본적 사실관계에 있어서 동일하다.[355]

대법원의 판례에 따른다면 취소소송에 있어 처분사유의 사후변경은 행정청이 당초 처분의 근거로 삼은 사유와 기본적 사실관계가 동일하다고 인정되는 한도 내에서만 허용된다. 즉 그러한 경우에는 당초 처분의 근거로 삼은 사유와 다른 처분사유를 새로 추가하거나 변경할 수 있으나, 당초 처분사유와 기본적 사실관계가 동일하다고 인정되지 않는 별개의 사실을 들어 처분사유로 주장할 수 없다는 결과가 된다. 그러나 이러한 대법원의 판례에 대하여는 '기본적 사실관계'의 의미가 불분명하다는 점, 그 대상행위인 기속행위와 재량행위의 차이를 고려하지 않고 있다는 점에서 비판이 제기되고 있다.[356] 생각건대, 처분사유 변경의 요건이나 한계는 이러한 대법원의 판례만으로는 충분히 규명되었다고 볼 수 없다. 기본적 사실관계의 동일성이 과연 무엇이며, 구체적인 처분사유들에 있어 어떠한 기준에 의해 기본적 사실관계가 동일하다고 볼 것인지는 여전히 불분명하기 때문이다.

처분사유 변경의 한계 또는 요건에 관하여 준거로 삼을 만한 국내문헌의 논의는 찾아보기 어려우므로 독일행정법의 판례와 학설을 참고

---

355) 대법원 1992.10.9. 선고 92누213 판결(공92, 3151).
356) 유지태, "행정소송에서의 행정행위 근거변경에 관한 대법원판례분석", 사법행정, 1993/6, pp.63 이하.

로 하여 이를 살펴보기로 한다. 이 경우 처분사유 사후변경의 한계 또는 요건을 판단함에 있어서는 적어도 다음과 같은 사정이 고려되어야 할 것이다.[357)]

(a) 처분사유 사후변경의 한계

① 처분사유의 사후변경을 통하여 계쟁처분의 본질적 내용에 근본적인 변화가 초래되어서는 아니 된다. 특히 처분의 취지(결론)는 동일한 것이어야 한다. 법원은 그 법발견을 원고가 특정한 소송물의 범위 내에 한정시켜야 하며, 원고는 특정한 처분의 심사를 청구하는 것이라는 사실에 유의할 필요가 있다.

처분의 본질적 내용에 변화를 초래하는 것인지 여부는 그 내용적 요소들을 기준으로 판단되어야 한다. 이 경우 처분의 본질적 부분을 이루는 것은 처분을 통해 구체화된 개별적 사안에 대한 규율(Regelung eines Einzelfalls)이며, 그 결과 동일 사안에 대하여 다른 규율이 행해진 것과 같은 결과(별개의 규율: eine andere Regelung)가 되거나, 다른 사안에 대한 규율이 행해진 것과 같은 결과(ein anderer Sachverhalt)가 된다면 이는 처분의 본질적 내용이 변경되었다고 볼 수 있다.[358)] 이러한 별개의 규율이나 별개의 사안이라는 기준은 우리 나라 대법원이 채용하고 있는 기본적 사실관계의 동일성과 대체로 유사한 기준이라고 할 수 있다.

② 처분사유의 사후변경으로 인하여 원고의 권리방어(Rechtsver-teidigung)가 침해되어서는 아니 된다. 이는 엄밀히 말해 처분사유의 사후변경 허용요건의 문제가 아니라 청문을 받을 권리(Anspruch auf rechtliches Gehör)에 관한 문제라 할 수 있다. 원고의 방어권이 처분사유의 사후변경에 의해 침해되어서는 아니 된다는 것은 헌법상 적법절차의 요구에 따른 결과이다.

---

357) Schmitt Glaeser, S.299ff. Rn.529ff.; Hufen, Verwaltungsprozeßrecht, §24 Rn.22.

358) Schmitt Glaeser, Rn.534.

③ 또한 처분사유의 사후변경은 계쟁처분의 정당화에 필요한 다른 근거가 결여됐거나 부정확하고 또 이러한 결함이 치유 불가능한 경우에는 허용되지 않는다고 본다.

(b) 재량처분과 처분사유의 변경

재량행위에 대한 처분사유의 사후변경은 허용되는 것으로 볼 것인가. 소송이 제기된 이후 피고 행정청이 그 재량결정의 근거나 사유를 변경하거나 추가하는 것이 허용되는지에 대하여는 논란의 여지가 있다. 이 문제를 논의하는 국내의 문헌이나 판례는 거의 찾아보기 어렵다. 다만 재량행위의 경우 새로운 근거에 대해 행정심판과정을 통하여 그 합목적성에 대하여 검토할 가능성이 배제되는 결과가 된다는 이유에서 근거변경이 허용될 수 없다는 견해가 있을 뿐이다.[359] 독일의 경우 판례는 처분사유의 추가·변경은 특별한 법률의 규정이 없으면 처분사유의 사후변경으로 인하여 당초의 처분이 내용적으로 변경되지 않고 그 상대방이나 이해관계인의 권리방어를 저해하는 결과가 초래되지 않는 한, 재량결정의 경우에도 원칙적으로 허용된다고 보고 있으나,[360] 다수의 학설은 재량사유의 추가·변경이 이루어지면 원칙적으로 새로운 재량처분이 행해진 것과 마찬가지의 결과가 되므로 허용되지 않는다고 보고 있다.[361]

생각건대 재량행위의 경우 처분사유의 사후변경이 원칙적으로 금지되는 것은 아니라고 보아야 할 것이다.[362] 가령 재량권을 잘못 행사한 결과 행해진 재량처분을 보완하기 위하여 다른 사유를 들어 재량행사의 적법성을 뒷받침한 경우 이로써 처분의 본질적 내용이 변경되었다고는 볼 수

---

359) 유지태, 행정법신론, p.491.

360) BVerwGE 38, 191, 195; 64, 356.

361) Kopp, VwGO §113 Rn.28; Schenke, NVwZ 1988, 1; Maurer, §10, Rn.40; Ramsauer, Die Assessorprüfung im Öffentlichen Recht, 3.Aufl., 1995, §36 Rn.15a, §34 Rn.03a 등.

362) Schoch, Übungen im Öffentlichen Recht II: Verwaltungsrecht und Verwaltungs-prozeßrecht, 1992, 125.

없을 것이다. 이 경우 취소소송 이전의 행정심판단계에서 그 새로운 처분사유나 변경된 처분사유를 다툴 수 있는 기회가 박탈되었다고 볼 여지도 없지는 않으나, 반드시 그렇게만 볼 것은 아니다. 행정심판 단계에서도 심판을 위하여 필요한 경우에는 당사자가 주장하지 아니한 사실에 대해서도 심리할 수 있으므로(행정심판법 §39) 재량처분의 다른 처분사유가 있는지를 심사할 가능성이 있다고 보아야 할 것이고, 또 취소소송을 통하여 당초의 처분사유의 위법을 이유로 재량처분이 취소된다 하더라도 피고 행정청은 다시금 변경 또는 추가된 재량사유를 근거로 하여 당초의 처분과 동일한 내용의 처분을 할 수 있다는 것도 고려할 필요가 있기 때문이다. 그러나 당초 행정청의 재량처분이 재량권의 외적 한계를 일탈한 경우(가령 관계법률이 규정한 3월 내지 6월의 범위를 넘는 재량처분을 한 경우)에는 재량권을 부여한 법령의 한계를 벗어난 법적 결과를 선택한 것이고, 처분사유를 변경한다고 해서 당초 처분이 적법해지는 것은 아니므로, 처분사유의 사후변경은 허용되지 않는다고 보아야 할 것이다. 이 경우 소송에서 처분사유가 변경된다면, 그 변경된 처분사유는 당초 처분과는 다른 새로운 법적 결과(처분내용)를 가져오게 되기 때문에 별개의 규율(eine andere Regelung)이 된다. 반면 재량처분의 경우 소송에서 새로이 재량처분의 사유를 제시하거나 다른 사유를 추가한 경우에는, 각각 최종적인 행정청의 결정시에 존재했던 사실에 입각하는 한, 그것만으로 사안이 변경되었다고 볼 수는 없을 것이다. 그러나 당초 처분시에는 제시하지 않았던 재량행사의 사유를 사실심 변론을 통하여 추완함으로써 재량처분의 적법성을 유지하고자 하는 것은 원칙적으로 허용되지 않는다고 보아야 할 것이다. 재량권의 불행사는 그 자체가 재량하자를 구성하는 것인데, 당초 재량권을 행사하지 않고 있다가 소송에 이르러 처음으로 재량을 행사하여 재량처분사유를 제시하는 것은 소송대상의 동일성을 상실시키는 결과가 되기 때문이다.[363]

---

363) Schmitt Glaeser, S.304, Rn.536; Erichsen, §38 IV, Rn.41, S.489.

또한 행정청이 재량행위를 기속행위로 오인하여 처분을 행한 경우 원고의 방어권보장과 관련하여 문제가 제기된다. 그러한 경우는 재량권의 불행사에 해당하겠지만, 당초 기속행위인 것으로 오인하여 행한 처분에 대하여 행정심판이 제기되어 오로지 그 위법 여부만이 심사되었다면 이 경우에는 처분청이 이러한 재량권불행사의 하자를 제거하기 위하여 사후에 재량처분의 사유를 추가하더라도, 당해 처분이 재량행위로 전환되는 것은 아니라고 보아야 할 것이다.[364] 왜냐하면 이 경우 재량행위의 성질을 지닌 당초 처분의 상대방은 그 처분에 대한 행정심판의 기회를 박탈당했다고 볼 수 있기 때문이다. 그러나 그 밖의 경우 하자있는 재량처분에 있어서는, 합목적성통제의 기회가 박탈되었다고 볼 수 없는 이상, 재량처분사유의 사후변경은 원칙적으로 허용된다고 보아야 할 것이다.

ⓒ 처분사유의 사후변경의 결과

처분의 본질적 내용변경을 초래하는 처분사유의 사후변경은 허용될 수 없는 것이지만, 이는 엄밀히 말하자면 당해 행정청이 처분사유를 변경하려는 것이 아니라 더 이상 당초의 처분을 유지시키지 않고 다른 처분을 발한다는 것, 즉 처분이 변경되었음을 의미한다. 이 경우 원고가 새로운 소송상황에 대비할 수 있도록 하기 위하여 행정소송법 제22조가 규정하는 처분변경으로 인한 소의 변경이 허용되어야 한다. 반면 원고가 처분사유의 사후변경이 허용되어 그 때 비로소 처분의 적법성을 인식하게 된 경우에는, 즉시 소를 취하할 기회가 부여되어야 한다. 또한 그러한 이유로 소가 취하되거나 원고가 패소하게 되는 경우, 소송비용은 피고가 부담하는 것으로 보아야 한다.

1.3. 판결의 효력

취소소송의 절차는 소취하등 특별한 사정이 없는 한 앞에서 본 바와

---

364) BVerwGE 15, 196; 48, 81; Erichsen, §38 IV Rn.43, s.490.

같은 종국판결에 의하여 일단 종료되고, 이 종국판결은 상소기간의 도과나 상소권의 포기 등에 의하여 확정됨으로써 확정판결이 행정소송법 소정의 효력을 발생하게 된다. 취소소송 판결의 효력으로는 자박력, 구속력, 형성력, 기판력, 그리고 행정소송법 특유의 집행보장제도인 간접강제를 들 수 있다.

1.3.1. 자박력

법원이 판결을 선고하면 선고법원 자신도 판결의 내용을 취소·변경할 수 없는 구속을 받는다. 이를 자박력(自縛力) 또는 불가변력이라 하며, 민사소송법에서 말하는 기속력에 해당한다. 이것은 확정판결의 효력이 아니라 판결 일반의 효력이다. 판결의 위산(違算)·오기(誤記) 기타 이에 유사한 오류를 법원이 직권 또는 당사자의 신청에 따라 경정하는 판결의 경정은 판결내용과 무관한 형식상의 흠을 보정하는 것이므로 자박력과 무관하게 허용된다(민사소송법 §211; 행정소송법 §8②).

1.3.2. 구속력(기속력)

(1) 의의 및 성질

확정판결은 소송당사자와 관계행정청이 판결의 취지에 따라 행동할 실체법적 의무를 발생시키는 효력을 가지는 바, 이를 판결의 구속력 또는 기속력이라 한다. 구속력의 성질에 대해서는 기판력설[365]과 특수효력설이 대립되고 있으나, 구속력을 취소판결의 실효성을 담보하기 위하여 행정소송법이 특히 부여한 특수한 효력으로 보는 후설이 통설이다.

(2) 내 용

구속력의 내용은 반복금지효와 적극적 처분의무의 부과로 나누어

---

365) 후술하듯 판례의 입장이다. 대법원 1989.9.12. 선고 89누895 판결; 동지: 대법원 1990.12.11. 선고 90누3560 판결.

설명될 수 있다.

1) 반복금지효

취소판결 등 청구를 인용하는 판결이 확정되면 행정청은 동일한 사실관계 아래서 동일한 당사자에 대하여 동일한 내용의 처분 등을 반복하여서는 아니 된다(§30①). 그러나 처분의 형식·절차상의 위법을 이유로 취소된 경우에는 그 형식·절차상의 위법을 시정하여 동일한 처분을 하는 것은 가능하다고 본다.

> ■■ **확정판결과 저촉되는 행정처분의 효력**
>
> 행정소송법 제30조 제1항, 제2항의 규정에 의하면 행정처분을 취소하는 확정판결은 그 사건에 관하여 당사자인 행정청을 기속하고 판결에 의하여 취소되는 처분이 당사자의 신청을 거부하는 것을 내용으로 하는 경우에는 그 처분을 행한 행정청은 판결의 취지에 따라 다시 이전의 신청에 대한 처분을 하도록 되어 있으므로, 확정판결의 당사자인 처분행정청이 그 행정소송의 사실심 변론종결 이전의 사유를 내세워 다시 확정판결과 저촉되는 행정처분을 하는 것은 허용되지 않는 것으로서 이러한 행정처분은 그 하자가 중대하고도 명백한 것이어서 당연무효라 할 것이다.(당원 1982.5.11. 선고 80누104 판결 및 1989.9.12. 선고 89누985 판결 각 참조)[366]

> 위 판결은 '확정판결의 기판력'에 저촉되어 허용될 수 없다고 하여 구속력을 기판력의 일종으로 보고 있다. 한편 위 판결에서 '사실심 변론종결 이전의 사유를 내세워 다시 확정판결과 저촉되는 행정처분을 하는 것은 허용되지 않는 것'이라고 한 것에 대해서는, 이는 위법판단의 기준시에 관하여 처분시설을 취하는 한 잘못이며 '처분시 이전'이라고 해야 맞다는 지적이 있다.[367]

---

366) 대법원 1990.12.11. 선고 90누3560 판결(토지형질변경허가신청불허가처분취소: 공1991.2.1.(889), 495).

367) 석호철, "기속력의 범위로서의 처분사유의 동일", 행정판례연구, 5, p.271.

2) 적극적 처분의무

거부처분의 취소판결이 확정되면 당해 행정청은 판결의 취지에 따라 원래의 신청에 대한 처분을 하여야 한다(§30②). 이것은 거부처분취소 판결의 실효성을 일종의 간접강제를 통하여 확보하기 위한 전제로 규정된 것이다. 이 조항은 신청에 따른 처분이 절차의 위법을 이유로 취소되는 경우에도 준용된다(§30③). 즉 제3자의 제소에 의하여 당초 신청을 인용한 처분이 절차의 위법을 이유로 취소된 경우에도 처분청은 판결의 취지에 따라 적법한 절차에 의하여 이전의 신청에 대한 처분을 다시 하여야 한다. 그러나 절차의 위법을 이유로 하지 않고 실체적 위법을 이유로 원래의 인용처분이 취소된 경우에는 취소판결의 효력에 의하여 행정청이 원신청자에게 재차 인용처분을 하지 못하게 된다.[368] 여기서 절차란 상급감독청의 승인, 타기관의 동의, 의결 등에 관한 좁은 의미뿐만 아니라 처분주체에 관한 요건(합의제기관의 구성, 권한유무), 형식요건, 그리고 재량권행사의 절차도 포함될 수 있다.

거부처분의 취소판결이 확정되었을 때 행정청이 판결의 취지를 존중하여 이전의 신청에 대한 처분을 하여야 한다는 것은 취소판결의 취지를 자신의 판단의 기초로 삼아 처분을 하여야 한다는 것을 말한다. 그 구체적인 내용은, 당초 신청된 처분이 기속처분인 경우와 행정청이 처분신청을 거부할 수 있는 재량권을 가졌으나 그 거부처분이 재량의 한계일탈 또는 남용에 해당되어 취소된 경우(§27)로 나누어 볼 수 있다. 전자의 경우에는 피고 행정청은 신청을 인용하는 것이 원칙이겠지만, 당초의 거부처분의 이유와 다른 이유가 있을 경우에는 다시 거부처분을 내릴 수도 있을 것이다. 다만 처분사유의 사후변경이 허용된 경우, 또는 앞서 본 판례[369]와 같이 '취소소송에서 행정청은 당초 처분의 근거로 삼은 사유와 기본적 사실관계가 동일하다고 인정되는 한도 내에서만 다른 처분사유를 새로 추가하거나

---

368) 김도창, 일반행정법론(상), p.819.
369) 대법원 1989.12.8. 선고 88누9299 판결.

변경할 수 있을 뿐'이라고 보아, 피고 행정청에 의해 거부처분의 이유가 추가 또는 변경된 경우에는, 다시 변경된 이유를 들어 거부처분을 내릴 수는 없게 될 것이다. 후자의 경우에 있어 판결의 취지란 결국 '하자없는 재량행사의 지시'가 될 것이므로, 행정청은, 재량권의 축소(Ermessensreduktion auf Null)가 이루어져 인용처분만이 유일한 대안으로 인정되는 경우에는 인용처분을 해야 하겠지만, 그러한 경우가 아닌 한, 다시금 재량을 행사하여 처분을 해야 할 것이다. 그러나 거부처분을 취소하는 확정판결은 거부처분을 행한 행정청으로 하여금 그 판결의 취지에 따라 다시 이전의 신청에 대한 처분을 하도록 하는 기속력을 가지지만, 그 판결을 채무명의로 하여 행정청의 재처분의무를 민사집행법상 강제집행절차에 의하여 실현할 수 있는 집행력을 가지는 것은 아니라는 것이 대법원의 판례이다.

> **◢◢◢ 거부처분 취소판결의 기속력과 집행력**
>
> [1] 청구취지 자체가 법률적으로 부당하거나 그 청구원인과 서로 맞지 아니함이 명백한 경우, 법원으로서는 원고가 소로써 달성하려는 진정한 목적이 무엇인가를 석명하여 청구취지를 바로잡아야 하고, 그 경우 원고가 청구원인사실을 그대로 유지하면서 청구취지만을 변경하였다면 동일한 청구원인사실을 기초로 청구취지만을 변경한 것에 불과하므로 이를 가리켜 청구의 기초에 변경이 있다고 할 수는 없다.
>
> [2] 거부처분 취소판결은 거부처분을 행한 행정청으로 하여금 그 판결의 취지에 따라 다시 이전의 신청에 대한 처분을 하도록 하는 기속력을 갖기는 하지만(행정소송법 제30조 제2항 참조), 그 판결을 채무명의로 하여 행정청의 재처분의무를 민사소송법상의 강제집행절차에 의하여 실현할 수 있는 집행력을 갖지는 못한다.
>
> [3] 청구취지상으로는 거부처분 취소판결의 집행력 배제를 구하고 있지만 그 청구원인에서는 거부처분 취소판결의 취지에 따른 처분을 하였음을 이유로 거부처분 취소판결의 간접강제결정의 집행력 배제를 구하고 있는 소송에서 청구원인은 그대로 둔 채 청구취지만을 예비적으로 간접강제결정의 집행력 배제를 구하는 소로 변경한 경우, 청구의 기초에 변경이 없다.[370]

---

370) 대법원 2001.11.3. 선고 99두2017 판결(공2002상, 63).

(3) 범 위

구속력은 당사자인 행정청뿐만 아니라 그 밖의 모든 관계행정청에 대하여(주관적 범위), 판결주문 및 그 전제가 된 요건사실의 인정과 효력의 판단에 한하여(객관적 범위) 미친다.

(4) 위반의 효과

구속력에 위반한 행정청의 행위는 위법한 행위로 당연·무효이다.

■■■ 기속력 관련 판례

행정소송법 제30조 제1항에 의하여 인정되는 취소소송에서 처분 등을 취소하는 **확정판결의 기속력은 주로 판결의 실효성 확보를 위하여 인정되는 효력으로서 판결의 주문뿐만 아니라 그 전제가 되는 처분 등의 구체적 위법사유에 관한 이유 중의 판단에 대하여도 인정**되고, 같은 조 제2항의 규정상 특히 거부처분에 대한 취소판결이 확정된 경우에는 그 처분을 행한 행정청은 판결의 취지에 따라 다시 처분을 하여야 할 의무를 부담하게 되므로, 취소소송에서 소송의 대상이 된 **거부처분을 실체법상의 위법사유에 기하여 취소하는 판결이 확정된 경우에는 당해 거부처분을 한 행정청은 원칙적으로 신청을 인용하는 처분을 하여야 하고, 사실심 변론종결 이전의 사유를 내세워 다시 거부처분을 하는 것은 확정판결의 기속력에 저촉되어 허용되지 아니한다.**371)

■■■ 거부처분을 취소한 확정판결의 취지에 따른 재처분

[1] 행정행위의 취소라 함은 일단 유효하게 성립한 행정처분이 위법 또는 부당함을 이유로 소급하여 그 효력을 소멸시키는 별도의 행정처분을 말하고, 행정청은 종전 처분과 양립할 수 없는 처분을 함으로써 묵시적으로 종전 처분을 취소할 수도 있으나, 행정행위 중 당사자의 신청에 의하여 인·허가 또는 면허 등 이익을 주거나 그 신청을 거부하는 처분을 하는 것을 내용으로 하는 이른바 신청에 의한 처분의 경우에는 신청에 대하여 일단 거부처분이 행해지면 그 거부처분이 적법한 절차에 의하여 취소되지 않는 한, 사유를 추가하여 거부처분을 반복하는 것은 존재하지도 않는 신청에 대한 거부처분으로서 당연무효이다.

[2] 행정소송법 제30조 제2항에 의하면, 행정청의 거부처분을

---

371) 대법원 2001.3.23. 선고 99두5238 판결(손실보상재결처분취소 공2001.5.15.(130),1012).

취소하는 판결이 확정된 경우에는 그 처분을 행한 행정청은 판결의 취지에 따라 이전의 신청에 대하여 재처분할 의무가 있고, 이 경우 확정판결의 당사자인 처분 행정청은 그 행정소송의 <u>사실심 변론종결 이후 발생한 새로운 사유를 내세워 다시 이전의 신청에 대하여 거부처분을 할 수 있으며, 그러한 처분도 이 조항에 규정된 재처분에 해당한다.</u>372)

▰▰ 절차·방법의 위법과 확정판결의 취지에 따른 재처분

[1] 행정소송법 제30조 제2항의 규정에 의하면 행정청의 거부처분을 취소하는 판결이 확정된 경우에는 그 처분을 행한 행정청이 판결의 취지에 따라 이전의 신청에 대하여 재처분할 의무가 있다고 할 것이나, 그 <u>취소사유가 행정처분의 절차, 방법의 위법으로 인한 것이라면 그 처분 행정청은 그 확정판결의 취지에 따라 그 위법사유를 보완하여 다시 종전의 신청에 대한 거부처분을 할 수 있고, 그러한 처분도 위 조항에 규정된 재처분에 해당한다.</u>

[2] 방송위원회가 중계유선방송사업자에게 한 종합유선방송사업 승인거부처분이 심사의 기준시점을 경원자와 달리하여 평가한 것이 위법이라는 사유로 취소하는 확정판결의 취지에 따라 재처분 무렵을 기준으로 재심사한 결과에 따라 이루어진 재승인거부처분도 행정소송법 제30조 제2항에 규정된 재처분에 해당한다고 한 사례.373)

▰▰ 재처분의무와 '새로운' 사유에 의한 재거부처분

[1] 행정소송법 제30조 제2항에 의하면, 행정청의 거부처분을 취소하는 판결이 확정된 경우에는 처분을 행한 행정청이 판결의 취지에 따라 이전 신청에 대하여 재처분을 할 의무가 있다. 행정처분의 적법 여부는 행정처분이 행하여진 때의 법령과 사실을 기준으로 판단하는 것이므로 확정판결의 당사자인 처분 행정청은 <u>종전 처분 후에 발생한 새로운 사유를 내세워 다시 거부처분을 할 수 있고, 그러한 처분도 위 조항에 규정된 재처분에 해당한다. 여기에서 '새로운 사유'인지는 종전 처분에 관하여 위법한 것으로 판결에서 판단된 사유와 기본적 사실관계의 동일성이 인정되는 사유인지에 따라 판단되어야 하고, 기본적 사실관계</u>

372) 대법원 1999.12.28. 선고 98두1895 판결(토지형질변경불허가처분취소: 공2000.2.15.[100], 402).

373) 대법원 2005.1.14. 선고 2003두13045 판결(종합유선방송사업승인거부처분취소등 공2005.3.1.(221), 319).

의 동일성 유무는 처분사유를 법률적으로 평가하기 이전의 구체적인 사실에 착안하여 그 기초인 사회적 사실관계가 기본적인 점에서 동일한지에 따라 결정되며, 추가 또는 변경된 사유가 처분 당시에 그 사유를 명기하지 않았을 뿐 이미 존재하고 있었고 당사자도 그 사실을 알고 있었다고 하여 당초 처분사유와 동일성이 있는 것이라고 할 수는 없다.

[2] 고양시장이 갑 주식회사의 공동주택 건립을 위한 주택건설사업계획승인 신청에 대하여 미디어밸리 조성을 위한 시가화예정지역이라는 이유로 거부하자, 갑 회사가 거부처분의 취소를 구하는 소송을 제기하여 승소판결을 받았고 위 판결이 그대로 확정되었는데, 이후 고양시장이 해당 토지 일대가 개발행위허가 제한지역으로 지정되었다는 이유로 다시 거부하는 처분을 한 사안에서, 재거부처분은 종전 거부처분 후 해당 토지 일대가 개발행위허가 제한지역으로 지정되었다는 새로운 사실을 사유로 하는 것으로, 이는 종전 거부처분 사유와 내용상 기초가 되는 구체적인 사실관계가 달라 기본적 사실관계가 동일하다고 볼 수 없다는 이유로, 행정소송법 제30조 제2항에서 정한 재처분에 해당하고 종전 거부처분을 취소한 확정판결의 기속력에 반하는 것은 아니라고 본 원심판단을 수긍한 사례.374)

1.3.3. 형성력

(1) 의 의

판결의 형성력이란 확정판결이 기존의 법률관계 또는 법률상태에 변동(발생·변경·소멸)을 가져오는 효력을 말한다.

▮▮ 판례

취소한 행정처분의 취소를 구하는 소는 형성의 소에 속하고, 원고승소의 형성권의 존재를 확인하고 법률상태의 변경, 즉 형성의 효과를 낳게 하는 것이므로, 형성권 존재확인점에 관하여 기판력이 생기고, 형성의 효과를 낳게 하는 점에서 창설력을 낳게 하는 것이다.375)

---

374) 대법원 2011.10.27. 선고 2011두14401 판결(건축불허가처분취소 공2011하, 2456).
375) 대법원 1960.8.31. 선고 4291행상118 판결.

(2) 당연형성

취소소송과 같은 형성의 소에 있어 취소판결이 확정되면 행정청의 별도의 행위를 기다릴 것 없이, 계쟁처분의 효력이 소급적으로 소멸하여 처음부터 그러한 처분이 없었던 것과 같은 효과를 가져 온다.

(3) 제3자효

형성력은 소송에 관여하지 않은 제3자에게도 미친다(대세적 효력: §29①). 이와 같이 형성력의 대세효(제3자효)로 인하여 생기는 불합리를 시정하기 위하여 행정소송법은 제3자의 소송참여 및 제3자의 재심의 소를 인정하였다(§31).

> **◢◢◢ 판례**
>
> 행정처분취소판결이 제3자에 대하여도 효력이 있다는 뜻은 제3자라 하더라도 그 취소판결의 존재와 그 취소판결에 의하여 형성되는 법률관계를 용인하여야 한다는 것이다.[376]

1.3.4. 확정력

(1) 형식적 확정력

형식적 확정력은 특히 상소권의 포기, 상소의 취하 또는 상소기간의 도과등으로 인하여 판결이 더 이상 다툴 수 없게 되었을 때(판결의 형식적 확정) 발생한다. 이러한 형식적 확정력은 판결(소송판결을 포함)뿐만 아니라 결정, 그리고 원칙적으로 불복가능한 모든 종류의 재판상 결정들에 대해서 인정된다.

---

376) 대법원 1986.8.19. 선고 83다카2022 판결.

(2) 실질적 확정력(기판력)

1) 의 의

실질적 확정력 또는 기판력이란 확정된 종국판결의 소송물에 관한 판단내용이 갖는 기준성 또는 규준력(Maßgeblichkeit des Inhalts des Urteils)을 말한다. 이것은 법치국가원칙에서 유출되는 법적 안정성의 표현으로서 법적 평화의 실현에 이바지한다.[377] 이러한 실질적 확정력은 종국판결중 본안판결에만 인정되며 소송판결 및 중간판결 기타 재판상 결정들에 대해서는 인정되지 않는다.

2) 내 용

실질적 확정력(기판력)은 지배적인 소송법적 확정력이론[378]에 따르면 동일한 소송물에 관한 동일당사자(또는 권리승계인)간의 후소(後訴)에서 법원과 당사자가 확정판결의 내용에 구속되는 효력을 말한다. 실질적 확정력과 형식적 확정력은, 후자가 전자의 전제조건이 된다는 점, 그리고 전자는 형식적으로 확정된 판결을 내용적으로 확보해 준다는 점에서 상호보완적인 관계를 맺고 있다. 기판력의 내용은 모순금지효와 일사부재리효로 구성된다.

(a) 모순금지(내용적 구속)

실질적 확정력은 형식적으로 확정된 판결이 이미 종료된 소송 외에서 특히 후소에서 법원과 당사자를 구속하는 힘이다. 그것은 어느 소송당사자도 이미 소송물에 대하여 내려진 판결의 적정성에 의문을 제기할 수 없다는 것을 의미한다. 그럼에도 불구하고 어느 한 당사자가 다시 법원에 이러한 문제를 제기한다고 해도, 후소법원은 동일소송물에 대한 전소법원의 판결에 구속되므로 결과적으로 소용이 없게 된다. 후소법원은 이러한 전소법원의 판결을 그 타당성에 대한 심리를 실시함이 없이 자기 판결의

---

377) BVerfGE 60, 269; BVerwGE 47, 165; NJW 1982, 2426: Schwab-Gottwald, Verfassung und Zivilprozeß, 1984, S.28f.

378) Rosenberg/Schwab, §152 III, S.972; EF, §121 Rn.4. 반면 실체법적 확정력이론(materielle Rechtskrafttheorie)에 따르면 확정력은 판결에의 구속 뿐만 아니라 실체법적으로 당사자간의 법률관계를 형성하는 효력을 갖는다고 하게 된다.

기초로 삼지 않으면 안 된다. 가령 취소판결이 확정된 이후, 행정청은 당해 처분의 위법을 이유로 한 국가배상청구소송에서 처분이 적법이었음을 주장할 수 없다.379)

> ▰▰ 판례
>
> 피고(행정소송의 원고)의 청구를 기각한 행정소송 판결이 확정 되면, 동 확정판결의 기판력의 작용으로, 피고는 다시 별도의 민사소송 으로 원고에 대하여 동 판결이 확인한 법률관계의 내용에 반하는 주장 을 할 수 없고, 법원도 그 판결내용에 저촉되는 판단을 할 수 없다.380)

(b) 일사부재리

실질적 확정력은 또한 동일 소송물에 관하여 다시 소를 제기하지 못한다는 점에서 일사부재리의 효과를 발생한다고 이해되고 있다. 이미 취소소송의 소송요건에 관하여 보았듯이 동일소송물에 대한 기판력있는 판결이 있을 경우에는 소는 부적법한 것으로 각하되게 된다.381)

> 그러나 행정소송법에 관한 문헌과 판례에서 주장되고 있는, 실질적 확정력이 다른 판결뿐만 아니라 동일사안에 관한 일체의 판결을 배제한다는 견해(민사소송에 관해서도 주장되고 있는 반복금지효 또는 일사부재리이론: ne bis in idem)는 울레(Ule)382)나 슈밑글래 져(Schmitt Glaeser)383)에 따르면 행정소송의 본질, 특히 취소소송 의 본질에 부합되지 않는다고 한다. 승소한 취소소송의 원고에 대해 그 취소된 행정행위가 기초로 삼았던 법 및 사실상태가 변경되지 않 았음에도 불구하고 다시금 동일한 내용의 제2의 행정행위가 행해질

---

379) 김철용, "취소소송판결의 기판력과 국가배상소송", 고시계, 1985/7; 동지: 김남진, 행정법 I, pp.815-816. 이에 대한 이견으로는 서원우, "위법성의 상대화론과 법률에 의한 행정 의 원리", 고시계, 1985/3을 참조.

380) 대법원 1959.7.30. 선고 4291민상914 판결.

381) Schmitt Glaeser, Verwaltungsprozeßrecht, 11.Aufl., Rn.111.

382) Ule, Verwaltungsprozeßrecht, 8.Aufl., S.297.

383) Schmitt Glaeser, Rn.114.

경우, 원고에게는 이에 대한 새로운 취소소송을 제기하여 단지 전소 판결의 확정력을 원용하는 것만으로도 다시금 승소판결을 얻을 수 있는 가능성이 주어지지 않으면 안 된다. 만일 이 경우 실질적 확정력에 반복금지효를 결부시키려는 견해에 의한다면 그 제2의 행정행위에 대한 취소소송은 부적법한 것으로서 각하되어야만 한다는 결과가 되기 때문이다. 이러한 결과가 부당한 것임은 제2의 행정행위가 원고를 구속하는 효력을 발생한다는 점만을 생각해도 분명하다.

3) 기판력의 범위

(a) 주관적 범위(인적 범위)

취소소송 본안판결의 기판력은 당사자 및 이와 동일시할 수 있는 자에게만 미치며 제3자에게는 미치지 않는다(기판력의 상대성). 이것은 형성력이 제3자에 대하여 미치는 것과 구별되는 점이다.

(b) 객관적 범위(물적 범위)

기판력은 판결의 주문에 포함된 것에 한하여 발생하는 것이 원칙이다. 따라서 판결이유중에서 판단된 사실인정, 선결적 법률관계, 항변 그리고 법률적 성질결정에 대해서는 기판력이 미치지 않는다. 다만 취소소송의 경우 주문은 보통 '…… 처분을 취소한다' 또는 '원고의 청구를 기각한다'라는 식으로 되어 있어 이를 판결이유에 나타난 위법 또는 적법사유와 연관시키지 않으면 무엇이 실질적으로 확정되었는지를 알 수 없다. 따라서 기판력은 판결의 이유가 된 처분의 위법사유(인용판결의 경우)와 적법사유(기각판결의 경우)에 관하여도 발생한다고 보아야 할 것이다.[384]

▰▰ 취소판결의 기판력의 범위

　　과세처분시 납세고지서에 과세표준, 세율, 세액의 산출근거 등이 누락되어 있어, 이러한 절차 내지 형식의 위법을 이유로 과세처

---

384) 김도창, 일반행정법론(상), p.816. 그러나 김남진, 행정법 I, p.815; 대법원 1987.6.9. 선고 86다카2756 판결 등은 판결의 주문에 포함된 것, 즉 소송물로 주장된 법률관계의 존부에 관한 판단의 결론 그 자체에만 미친다고 한다.

> 분을 취소하는 판결이 확정된 경우에, 그 확정판결의 기판력은 확정 판결에 적시된 절차 내지 형식의 위법사유에 한하여 미친다고 할 것 이므로, 과세처분권자가 그 확정판결에 적시된 위법사유를 보완하 여 행한 새로운 과세처분은, 확정판결에 의하여 취소된 종전의 과세 처분과는 별개의 처분으로서, 확정판결의 기판력에 저촉되는 것은 아니다.385)

취소소송의 기판력의 객관적 범위와 관련하여 그 확정판결의 기 판력이 후에 제기된 국가배상소송에 어떤 영향을 미치는지가 문제될 수 있 다. 취소소송 확정판결의 기판력이 후소로 제기된 국가배상소송에 미칠 수 있는 영향은 이를 크게 두 가지 경우로 나누어 볼 수 있다. 첫째, 취소소송 의 인용판결이 확정된 경우에는 처분의 위법성이 그 전제로 되어 있는 이 상, 후소에서 이와 모순되는 판단을 할 수 없다고 보아야 할 것이다. 기판 력이란 바로 이러한 경우 후소에서의 모순금지를 의미하는 것이기 때문이 다.386) 둘째, 취소소송의 기각판결이 확정된 경우에는 그 적법사유에 관하 여는 기판력이 발생하지만, 그 밖의 다른 사유에 관하여는 기판력이 미치 지 않는다고 보아야 한다. 따라서 후소인 국가배상소송에서는 선결문제인 처분의 위법성이 기각판결에 의하여 부정적으로 판단되었을지라도 그 기 판력은 그 적법사유에 한하여 미칠 뿐이고, 당해 처분에 그 밖의 다른 위법 사유가 있는 경우에는 그 위법사유를 근거로 국가배상청구를 인용하는 것 도 가능하다고 보아야 할 것이다.

> **▆▟▐ 과세처분 취소소송의 기판력의 범위**
>
> [1] 과세처분의 취소소송은 과세처분의 실체적, 절차적 위법을 그 취소원인으로 하는 것으로서 그 심리의 대상은 과세관청의 과세 처분에 의하여 인정된 조세채무인 과세표준 및 세액의 객관적 존부, 즉 당해 과세처분의 적부가 심리의 대상이 되는 것이며, 과세처분

---

385) 대법원 1986.11.11. 선고 85누213 판결.
386) 이 점은 이미 기판력의 모순금지효와 관련하여 본 바와 같다.

취소청구를 기각하는 판결이 확정되면 그 처분이 적법하다는 점에 관하여 기판력이 생기고 그 후 원고가 이를 무효라 하여 무효확인을 소구할 수 없는 것이어서 과세처분의 취소소송에서 청구가 기각된 확정판결의 기판력은 그 과세처분의 무효확인을 구하는 소송에도 미친다.

  [2] 과세처분 취소소송의 피고는 처분청이므로 행정청을 피고로 하는 취소소송에 있어서의 기판력은 당해 처분이 귀속하는 국가 또는 공공단체에 미친다.

  [3] 시장·군수가 토지등급결정을 한 후 구 지방세법시행규칙 제43조에 의하여 열람을 위한 공고나 그에 갈음하는 개별통지를 하지 않거나 거기에 무효원인인 하자가 있어 그 토지등급결정이 효력이 없는 경우, 그 등급을 기초로 종합토지세 등의 부과처분을 하였다고 하더라도 이는 토지등급을 잘못 인정하여 과세표준액과 세액의 결정에 하자가 있는 것으로서, 그와 같은 위법은 그 하자가 중대하다고 볼 수 있을지는 몰라도 그것이 객관적으로 명백하다고 볼 수 없어 당연무효가 아니고 취소 대상이 될 뿐이다.387)

(c) 시간적 범위

기판력은 사실심변론종결시를 기준으로 하여 발생한다. 따라서 처분청은 그 이전의 사유를 내세워 확정판결과 저촉되는 처분을 할 수 없다.388)

1.3.5. 간접강제

행정소송법은 의무이행소송을 인정하지 않았지만, 거부처분취소판결이 확정된 경우의 재처분의무와 함께 그 의무를 이행하지 않은 경우에 판결의 실효성을 확보하기 위한 수단으로 민사소송의 경우처럼 이른바 간접강제제도를 채택하였다. 이것은 취소소송이 형성소송이라는 점에서 볼 때

---

387) 대법원 1998.7.24. 선고 98다10854 판결(부당이득금반환: 공98.9.1.[65], 2213). 참조판례: [1] 대법원 1992.12.8. 선고 92누6891 판결(공1993상, 469); 1993.4.27. 선고 92누9777 판결(공1993하, 1609); 1996.6.25. 선고 95누1880 판결(공1996하, 2408); [3] 대법원 1974.12.24. 선고72다2222 판결(공1975, 8251); 1984.8.21. 선고 84다카353 판결(공1984, 1552); 대법원 1989.12.26. 선고 89누5317 판결(공1990, 417).
388) 대법원 1989.9.12. 선고 89누985 판결.

극히 이례적인 것이기는 하지만, 취소판결의 구속력의 내용인 재처분의무의 실효성을 확보해 줌으로써 의무이행소송을 채택하지 않은데 대한 하나의 제도적 보완을 기하려는 취지에서 인정된 것이라 할 수 있다.[389] 거부처분의 취소판결이 확정된 경우, 행정청이 판결의 취지에 따라 다시 이전의 신청에 대한 처분을 하지 아니하는 때에는 제1심수소법원은 당사자의 신청에 의하여 결정으로써 상당한 기간을 정하고 행정청이 그 기간 내에 이행하지 아니하는 때에는 그 지연기간에 따라 일정한 배상을 할 것을 명하거나 즉시 손해배상을 할 것을 명할 수 있다(§34①). 판례는 간접강제의 성질을 '확정판결의 취지에 따른 재처분의 지연에 대한 제재나 손해배상이 아니고 재처분의 이행에 관한 심리적 강제수단에 불과한 것'으로 보고 있다.

■■■ 간접강제의 성질

행정소송법 제34조 소정의 간접강제결정에 기한 배상금은 거부처분취소판결이 확정된 경우 그 처분을 행한 행정청으로 하여금 확정판결의 취지에 따른 재처분의무의 이행을 확실히 담보하기 위한 것으로서, 확정판결의 취지에 따른 재처분의무내용의 불확정성과 그에 따른 재처분에의 해당 여부에 관한 쟁송으로 인하여 간접강제결정에서 정한 재처분의무의 기한 경과에 따른 배상금이 증가될 가능성이 자칫 행정청으로 하여금 인용처분을 강제하여 행정청의 재량권을 박탈하는 결과를 초래할 위험성이 있는 점 등을 감안하면, 이는 확정판결의 취지에 따른 재처분의 지연에 대한 제재나 손해배상이 아니고 재처분의 이행에 관한 심리적 강제수단에 불과한 것으로 보아야 하므로, 특별한 사정이 없는 한 간접강제결정에서 정한 의무이행기한이 경과한 후에라도 확정판결의 취지에 따른 재처분의 이행이 있으면 배상금을 추심함으로써 심리적 강제를 꾀할 목적이 상실되어 처분상대방이 더 이상 배상금을 추심하는 것은 허용되지 않는다.[390]

그러나 위 판결에 대해서는 '행정청이 확정판결에도 불구하고 새로운 처분을 하지 않다가 상대방의 추심단계에서 새로운 처분을 함으로써 간접

---

389) 유사한 입법례로는 독일 행정법원법 제172조에 의해 의무이행소송에 결부된 강제금(Zwangsgeld)제도가 있다.

390) 대법원 2004.1.15. 선고 2002두2444 판결(청구이의 공2004.2.15.(196),360).

강제를 사실상 무력화시킬 수 있다'는 비판이 제기되고 있다.[391]

≪민사상 간접강제결정에 기한 배상금 추심에 관한 판례≫

반면 대법원은 민사상 간접강제결정에 기한 배상금 추심에 관해서는 행정소송의 경우와는 달리, 민사상 부작위채무에 대한 간접강제결정이 발령된 상태에서 의무위반행위가 계속되던 중에 채무자가 그 행위를 중지하거나 의무이행기간이 도과한 경우, 기왕의 의무위반행위에 대한 배상금 지급의무를 면하지 못한다고 판시하고 있다. 대법원은 "계속적 부작위의무를 명한 가처분에 기한 간접강제결정이 발령된 상태에서 의무위반행위가 계속되던 중 채무자가 그 행위를 중지하고 장래의 의무위반행위를 방지하기 위한 적당한 조치를 취했다거나 그 가처분에서 정한 금지기간이 경과하였다고 하더라도, 그러한 사정만으로는 처음부터 가처분위반행위를 하지 않은 것과 같이 볼 수 없고 간접강제결정 발령 후에 행해진 가처분위반행위의 효과가 소급적으로 소멸하는 것도 아니므로, 채무자는 간접강제결정 발령 후에 행한 의무위반행위에 대하여 배상금의 지급의무를 면하지 못하고 채권자는 그 위반행위에 상응하는 배상금의 추심을 위한 강제집행을 할 수 있다"고 판시하였다.[392] 이 판결에서 대법원은 특별한 이유 설시 없이 "원고들이 상고이유로 들고 있는 대법원 2004.1.15. 선고 2002두2444 판결 등은 행정청이 거부처분을 취소할 의무가 있음에도 불구하고 이를 이행하지 아니하자 상대방이 행정소송법 제34조에 기하여 간접강제를 신청하였고, 행정청이 의무이행기간 도과 후 실제로 거부처분을 취소하여 작위의무를 이행한 사례로 이 사건과는 사안을 달리하므로 이 사건에 그대로 원용할 수 없다"고 지적함으로써 민사상 간접강제의 경우를 행정소송의 경우와 차별화하겠다는 입장을 분명히 하였다.[393]

간접강제에 대해서는 '소송비용에 관한 재판의 효력'에 관한 제33조와 민사집행법 제262조의 규정을 준용한다(§34②).

---

391) 임영호, "공법상 소송유형과 소송형식", 대법원특별소송실무연구회·행정법이론실무학회 공동학술대회 발표논문집, 2009.9.12, p.41.

392) 대법원 2012.4.13. 선고 2011다92916 판결(청구이의).

393) 이러한 태도는, 앞서 본 판례에서 적시되어 있듯이, 행정소송법 제34조의 간접강제결정에 기한 배상금의 성질에 대하여 재처분의무의 이행 담보를 위한 것이기는 하지만, 확정판결의 취지에 따른 재처분의 지연에 대한 제재나 손해배상이 아니고 재처분의 이행에 관한 심리적 강제수단에 불과한 것이라는 입장을 취한데 따른 것이라고 추정된다.

2. 기타 사유로 인한 취소소송의 종료

취소소송은 법원의 종국판결에 의하여 종료되는 것이 원칙이나 그밖의 사유로도 종료될 수 있음은 이미 지적한 바와 같다. 취소소송의 종료와 관련하여 특히 문제되는 것으로는 소의 취하, 청구의 포기·인락, 재판상의 화해 및 당사자의 소멸 등과 같은 사유들을 들 수 있다.

2.1. 소의 취하

소의 취하(Klagerücknahme)란 원고가 제기한 소의 전부 또는 일부를 철회한다는 법원에 대한 일방적 의사표시를 말한다. 행정소송에 있어서도 처분권주의가 타당한 이상 소의 취하에 의하여 취소소송이 종료되는 것은 당연하다. 원고는 판결이 확정되기 전까지는 언제라도 소를 취하할 수 있다. 다만, 민사소송법 제239조 제2항에 따라 피고가 본안에 대하여 준비서면을 제출하거나 준비절차에서 진술·변론을 한 후에는 피고의 동의가 있어야 한다.

2.2. 청구의 포기·인락

청구의 포기(Klageverzicht)란 원고가 자기의 소송상의 청구가 이유없음을 자인하는 법원에 대한 일방적 의사표시를 말하며, 청구의 인락(Klage-anerkenntnis)이란 거꾸로 피고가 원고의 소송상의 청구가 이유있음을 자인하는 법원에 대한 일방적 의사표시를 말한다. 행정소송법상 이러한 청구의 인락·포기가 허용되는지에 관하여는 행정소송에 있어서도 민사소송과 다름없이 변론주의 및 처분권주의가 인정되므로 허용된다는 견해와 행정청이나 개인은 소송의 대상인 처분을 임의로 취소·변경할 수 없는 것이고 취소소송에 있어 청구의 포기나 인락에 민사소송에서와 같은 확정판결과 동일한 효력을 인정하기 어려우므로 이를 부정하는 견해가 대립되고 있다. 생각건대 행정소송에도 처분권주의가 타당한 것은 사실이라고 하여도 그

처분권주의에는 일정한 한계가 있다고 하지 않으면 안 된다. 이른바 '사적
자치' 원칙의 소송법적 표현인 민사소송의 처분권주의와는 달리 행정소송
에서의 처분권주의란 본안에 관한 처분의 자유를 포함하지 않는다. 즉, 원
고가 청구를 포기한다고 하여도 당해 처분의 적법성이 확정되는 것이라고
보기 어렵고, 피고 또한 청구를 인락할 권한을 갖지 않는다고 볼 것이므로,
이를 부정할 수밖에 없다고 본다.

2.3. 재판상 화해

재판상 화해 또는 소송상 화해(gerichtlicher Vergleich)란 소송계속중
당사자 쌍방이 소송물인 권리관계의 주장을 서로 양보하여 소송을 종료시
키기로 하는 기일에 있어서의 합의를 말한다. 취소소송에 있어 이러한 재
판상 화해가 허용되는지 여부에 대하여는 학설상 논란이 있다. 즉, '화해의
대상에 대한 처분권이 있는 한 당사자는 법률상 쟁송을 전부 또는 부분적
으로 종료시키기 위하여 법원 또는 수명법관이나 수탁판사의 조서에 기재
함으로써 화해를 할 수 있다'는 명문의 규정이 없는 한, 청구의 인락·포기
에 관하여 본 것과 마찬가지 이유에서 행정소송에서 소송상 화해는 허용되
지 않는 것으로 새길 수밖에 없다는 견해[394]와 당사자가 공법상 권리관계
에 관하여도 자유재량행위와 같이 소송의 대상을 처분할 수 있는 경우 등
일정한 범위 내에서 화해가 가능하다는 견해[395]가 대립되고 있다. 판례 가
운데는 일찍이 귀속재산처리사건에서 화해를 인정한 예가 있다.[396]

재판상 화해는 비단 취소소송에만 국한된 문제는 아니다. 이와 관련하
여 행정소송에 있어 재판상 화해의 법적 근거를 명문화하고 있는 독일의

---

394) 김남진, 행정법 I, p.824; 이상규, 신행정법론(상), p.800; 정동윤, p.554.

395) 김정술, "행정재판의 운용에 관한 실무적 과제", 행정법원의 좌표와 진로, pp.143-144;
박정훈, "행정소송에 있어 소송상화해", 인권과 정의, 279, pp.13-19; 백윤기, "행정소송제도
의 개선", 행정법원의 좌표와 진로, pp.180-181, 184 이하; 유지태, 행정법신론, p.506.

396) 대법원 1955.9.2. 선고 4287행상59 판결.

행정법원법(Verwaltungsgerichtsordnung; VwGO) 제106조가 주목된다. 1990
년 제4차 개정법 이전의 행정법원법(1960.1.21.)은 제106조에서 관계인(당사
자 및 참가인)이 '소송의 대상'에 관해 처분권이 있는 한 법률상 쟁송의 전
부 또는 일부를 해결하기 위하여 법원, 수명법관 또는 수탁판사가 작성하
는 조서에 기재함으로써 재판상 화해(gerichtlicher Vergleich)를 할 수 있다
고 규정하고 있었다. 그러나 이후 제4차 개정행정법원법(1990.12.17.)은 제
106조를 '화해의 대상에 대한 처분권을 가지는 한 당사자는 법률상 쟁송을
전부 또는 부분적으로 종료시키기 위하여 법원 또는 수명법관이나 수탁판
사의 조서에 기재함으로써 화해를 할 수 있다'고 규정함으로써 당사자가
'화해의 대상'(Gegenstand des Vergleichs)에 관해 처분권이 있을 것을 조건
으로 하여 재판상 화해를 할 수 있도록, 즉 '소송의 대상'이 아닌 사항들에
대해서도 재판상 화해를 할 수 있도록 하였다. 또한 같은 조 제2문을 신설
하여 종전의 조서 작성에 의한 재판상화해 외에 결정의 형식으로 된 법원,
재판장 또는 주심판사의 권고(Vorschlag)를 당사자가 서면으로 수용함으로
써 재판상화해를 할 수 있도록 하였다. 그러나 행정법원법과는 달리 사회
법원법이나 재정법원법상의 소송에서는 재판상 화해가 허용되지 아니한다.
가령 사회소송을 규율하는 사회법원법 제101조 제1항은 위 1990년 개정
이전의 행정법원법과 동일한 규정을 두고 있다.[397]

생각건대, "비대한 소송보다는 마른 화해가 낫다"(ein magerer Vergleich
sei besser als ein fetter Prozeß)는 독일의 속담처럼 복잡하고 장기간을 요
하는 판결을 거치지 않고 재판상 화해를 통해 분쟁(행정쟁송)을 해결하는
것이 합리적이라는 것은 두말 할 나위가 없다. 그러나 독일 행정법원법처
럼 명문의 규정이 없는 상황에서 재판상 화해를 항고소송이나 공법상 당사
자소송 등 소송유형별로 어떠한 요건 하에 허용하고 또 그것에 어떠한 효
과를 결부시킬 수 있는지에 대해서는 좀더 신중한 판단이 요구된다.

---

[397] Schoch/Schmidt-Aßmann/Pietzner, Verwaltungsgerichtsordnung, 2000,
§106 Rn. 20.

> 서울행정법원은 1998년 출범이래 행정소송법 제8조 제2항에 의하여 소
> 송상 화해에 관한 민사소송법의 규정이 준용되는 것으로 보아 행정소송
> 상 소송상 화해의 가능성을 시인하면서도,[398] 종래 부정적인 학설의 영
> 향과 입법의 미비 등으로 화해조서의 작성에 따른 소송상 화해의 전면적
> 인 시도를 주저해 왔고, 다만 재판부에 따라 항고소송인 조세소송 또는
> 당사자소송인 토지수용사건 등에서 간헐적으로 화해조서를 작성하여 왔
> 다고 한다. 물론 위와 같은 화해조서도 법원의 화해권고안에 대하여 당사
> 자가 수용함에 따라 작성한 것이지, 민사소송에서와 같이 당사자가 미리
> 합의한 내용을 변론에서 진술하여 이를 조서에 기재하는 방식을 취하지
> 는 않았다. 그러다가, 개원 3년차에 접어들어 각 재판부가 항고소송 중
> 영업정지·허가취소 등 청구사건, 조세소송사건, 과징금사건, 부당해고사
> 건, 산재사건 등을 중심으로 적극적으로 사실상 화해의 방식(법원의 권
> 고 → 피고의 취소·변경처분 → 원고의 소 취하)을 활용하여 분쟁의 종
> 국적 해결을 유도하는 경향이 늘었고, 그것이 서울행정법원의 실무관행
> 으로 정착되었다고 한다.[399]

재판상 화해는 행정소송의 유형에 따라 또는 관련법 분야에 따라 그
적합성여하가 달리 판단될 수 있고,[400] 경우에 따라 '협력에서 부패로 바뀔
위험'(Gefahr des Umschlagens von der Kooperation zur Korruption)을 초래
할 가능성도 있으므로,[401] 신중한 입법론적 고려를 통해 그 허용범위와 요
건, 효과를 명확히 할 필요가 있다고 본다.

2.4. 당사자의 소멸

원고가 사망하고 또한 소송물을 승계할 자가 없는 경우에는 소송도 종
료될 수밖에 없다. 반면 피고 행정청이 없게 된 때에는 소송은 종료되지 않
으며 그 사무가 귀속되는 국가 또는 공공단체가 피고가 된다(§13②).

---

398) 김정술, 앞의 논문, pp.142-144; 백윤기, 앞의 논문, pp.179-188.
399) 조용호, "행정소송에서의 소송상화해에 대하여", 행정법원 실무연구회 발표문.
400) Schoch/Schmidt-Aßmann/Pietzner, Verwaltungsgerichtsordnung, §106 Rn. 21.
401) 오히려 법원의 개입과 감독을 통해 행정부패를 방지할 가능성도 없지 않다는 점도 고
려할 필요가 있다.

Ⅷ. 판결의 불복과 위헌판결의 공고

1. 판결의 불복

1.1. 상   소

취소소송의 제1심 판결에 불복하는 자는 제1심 관할법원의 상급심인 고등법원에 항소할 수 있다. 고등법원의 판결에 불복하는 경우 상고할 수 있음은 물론이다.

1.2. 제3자의 재심청구

1.2.1. 의   의

행정소송법 제29조 제1항은 "처분등을 취소하는 확정판결은 제3자에 대하여도 효력이 있다"고 규정하고, 이는 취소소송에도 준용되어 취소소송의 확정인용판결에도 대세효가 인정되고 있다(같은 법 §38조①②). 이것은 확정된 취소판결의 효력이 소송당사자와 제3자 사이에 달라지는 것을 피하고 제3자에 대한 관계에서도 획일적으로 취급하는 것이 바람직하다는, 행정상 법률관계에 있어서의 법적 안정성을 기해야 한다는 요청에 응한 규정으로 이해되고 있다. 그러나 취소판결에 따른 법률관계의 변동에 관하여 이해관계를 지니는 제3자는 그가 당해 소송에 참가할 수 없었음에도 불구하고 그 취소판결의 형성력을 받아들일 수밖에 없는 불측의 불이익을 받게 된다. 소송당사자 외의 제3자는 불측의 손해를 입지 않기 위하여 소송참가를 할 수도 있으나(같은 법 §§16, 17, 38①②) 제3자로서 자기에게 귀책사유 없이 소송에 참가하지 못하는 경우도 있을 수 있으므로 그러한 경우 제3자의 불이익을 구제할 필요가 생기게 된다. 그 구제방법의 하나로 인정된 것이 바로 제3자 재심청구제도이다.

이것은 일본 행정사건소송법 제34조(제3자의 재심의 소)와 내용상 대동소이한 조항이다. 일본 行政事件訴訟法은 제34조 제1항에서 "처분 또는 재결을 취소하는 판결에 의하여 권리를 침해당한 제3자로 자기의 책임으로 돌릴 수 없는 이유로 소송에 참가할 수 없었기 때문에 판결에 영향을 미칠 공격 또는 방어의 방법을 제출할 수 없었던 때에는 이를 이유로 하여 확정된 종국판결에 대하여 재심의 소를 제기하여 불복신청을 할 수 있다"고 규정하여 제3자가 취소소송의 확정된 종국판결에 대하여 재심의 소를 제기할 수 있도록 규정하고 있다.

1.2.2. 재심청구소송의 성질

재심청구소송은 취소판결에 의하여 권리 또는 이익을 침해받은 제3자가 당해 판결에 이르기까지 자기에게 책임이 없는 사유로 소송에 참가할 수 없었고 그로 인하여 판결에 영향을 미칠 수 있는 공격방어방법을 제출할 수 없었을 경우 그 제3자를 구제하기 위한 절차라는 점에서 확정판결에 의하여 종료된 사건에 관하여 당사자가 그 소송절차에 중대한 하자가 있다는 등의 이유로 판결의 취소와 사건의 재심판을 구하는 불복방법인 민사소송법상의 재심과는 다르다. 그런 뜻에서 제3자에 의한 재심은 일종의 특수한 재심에 해당한다고 볼 수 있다. 이처럼 제3자에 의한 재심은 재심사유, 소의 제기권자, 재심절차 등에 있어서 민사소송법상의 재심과 다르지만, 확정된 종국판결에 대하여 그 판결의 효력을 받는 자가 당해 판결의 취소와 재심판을 구하는 비상의 불복절차라는 점에서는 일반의 재심과 다르지 않다. 따라서 관할법원, 재심절차, 소장기재사항, 심판의 범위 등에 관하여는 특별한 규정이 없는 한 민사소송법상의 재심의 규정을 준용할 것이다.[402]

제3자에 의한 재심의 소가 제기되더라도 이로써 계쟁 행정처분이 효력을 상실하는 것은 아니며 그 처분을 취소하는 재심의 확정판결이 있을 때까지 효력을 유지한다.[403]

---

402) **實務提要(行政)**, p.297. 행정소송에서도 민사소송법에 따른 재심(§§451–460) 또는 준재심(§461)이 가능함은 물론이다.

403) 대법원 1955.12 8. 선고 4288민상366(민판집 15-295).

1.2.3. 재심청구의 요건

(1) 재심의 전제조건

재심은 처분등을 취소하는 종국판결의 확정을 전제로 한다. 판결이 확정되기 전에는 통상적인 상소수단에 의하여 불복할 수 있고 재심은 문제될 여지가 없으므로 이는 그 개념상 당연한 결과이다.

(2) 당사자

제3자에 의한 재심의 원고는 처분등을 취소하는 판결에 의하여 권리 또는 이익의 침해를 받은 제3자이다. 여기서 "권리 또는 이익의 침해를 받은 제3자"의 의미, 특히 그것이 행정소송법 제16조 제1항의 규정에 의하여 소송참가를 할 수 있는, "소송의 결과에 따라 권리 또는 이익의 침해를 받을 제3자"와 같은 의미인지 여부에 관하여는 견해가 일치하지 않고 있다. 다수의 견해는 제3자의 재심제도와 소송참가제도를 동일한 목적을 위한 두 가지 제도로 파악하여 '취소판결의 결과 그 구속력을 받는 행정청의 행위에 의하여 권리·이익을 침해받은 제3자'도 이에 포함된다고 보는데 비하여,[404] 확정된 종국판결의 효력을 좌우할 수 있는 범위를 그렇게 넓게 인정하는 것은 법적 안정성의 요청에 반한다는 이유를 들어 '취소판결에 의하여 권리를 침해당하는 제3자'를 취소판결의 형성력을 직접 받는 자에 한정하여야 한다는 반론이 제기되고 있다. 재심의 피고는 확정판결에 나타난 원고와 피고를 공동으로 하여야 한다.

(3) 재심사유

재심사유는 자기에게 책임 없는 사유로 소송에 참가하지 못함으로써 판결의 결과에 영향을 미칠 공격 또는 방어방법을 제출하지 못했다는 것이다. 즉 처분등을 취소하는 판결에 의하여 권리 또는 이익의 침해를 받은 제3자가 자기에게 책임없는 사유로 소송에 참가하지 못하였고 또 그로 인해 판결의 결과에 영향을 미칠 공격 또는 방어방법을 제출하지 못한 경

---

404) 실무제요(행정), p.297; 유명건, 실무행정소송법, 1998, p.265.

우라야 한다.

1) 자기에게 책임없는 사유로 소송에 참가하지 못한 경우

재심사유의 첫 번째 요건은 '자기에게 책임 없는 사유로 소송에 참가하지 못했어야 한다는 것'이다. 여기서 '자기에게 책임 없는 사유로 소송에 참가하지 못한 경우'란 당해 항고소송의 계속을 알지 못하였거나 알았다 하더라도 특별한 사정이 있어서 소송에 참가할 수 없었다고 일반통념으로 인정되는 경우를 말한다고 보는 것이 대법원의 판례이다. 즉 행정소송법 제31조 제1항에 의하여 제3자가 재심을 청구하는 소를 제기하는 경우에 갖추어야 할 요건의 하나인 '자기에게 책임 없는 사유'의 유무는 사회통념에 비추어 제3자가 당해 소송에 참가를 할 수 없었던 데에 자기에게 귀책시킬 만한 사유가 없었는지의 여부에 의하여 사안에 따라 결정되어야 하고, 제3자가 종전 소송의 계속을 알지 못한 경우에 그것이 통상인으로서 일반적 주의를 다하였어도 알기 어려웠다는 것과 소송의 계속을 알고 있었던 경우에는 당해 소송에 참가할 수 없었던 특별한 사정이 있었을 것을 필요로 한다는 것이다.[405]

한편 소송에 참가할 수 못했다는 것은 참가 자체를 하지 못했다는 것만을 의미하는가 아니면 늦게 소송에 참가하여 판결에 영향을 미칠 공격방어방법을 제출하지 못한 경우도 포함하는가 여부가 다투어질 수 있다. 국내 문헌상 이에 관한 논의는 없지만, 일본의 경우에는 견해가 갈리고 있다. 취소소송에서는 현실적으로 소송추가가능성이 없는 참가인에게도 취소판결의 형성력 및 구속력이 미치기 때문에 뒤늦게 소송에 참가했기 때문에 공격방어방법을 제출할 수 없었던 자는 소송에 참가할 수 없었던 자와 실질적으로 다르다고는 볼 수 없으며 뒤늦게 참가했다는 것이 자기의 책임으로 돌릴 수 없는 사유에 의한 것인지 여부가 관건이 된다고 보는 견해와 '소송에 참가할 수 없었기 때문'이라는 법규정은 그 문언에 비추어 볼 때

---

405) 대법원 1995.9.15. 선고 95누6762 판결(건축허가처분취소: 공1995, 3434).

참가인이 될 수 없었던 경우만을 말하는 것이지 소송을 이용할 수 없었던 경우까지를 의미하는 것은 아니라는 이유로 이를 부정하는 견해가 대립하고 있다.[406]

위와 같은 사유에 대한 입증책임은 재심청구인에게 있다는 것이 판례이다.[407] 즉 대법원은 입증책임은 그러한 사유를 주장하는 제3자에게 있고, 더욱이 제3자가 종전 소송이 계속중임을 알고 있었다고 볼 만한 사정이 있는 경우에는 종전 소송이 계속중임을 알지 못하였다는 점을 제3자가 적극적으로 입증하여야 한다고 보고 있다.[408]

2) 판결의 결과에 영향을 미칠 공격 또는 방어방법을 제출하지 못하였을 것

두 번째 재심사유로서 요구되는 것은 판결의 결과에 영향을 미칠 공격 또는 방어방법을 제출하지 못하였을 것이다. 즉, 제3자가 공격 또는 방어방법을 종전의 소송에서 제출하였다면 그에게 유리하게 판결의 결과가 변경되었을 것이라고 인정되어야 하며 그러한 공격 또는 방어방법을 제출할 기회를 얻지 못하였어야 한다. 따라서 종전의 소송에서 공격방어방법이 이미 제출되어 판단을 받은 경우나 종전의 소송에서 제출되었더라도 판결의 결과에 영향을 미칠 수 없었으리라고 인정되는 경우에는 재심이 허용될 수 없다. 위와 같은 공격·방어방법은 확정된 판결의 구술변론 종결시까지 소송참가에 의하여 제출할 수 있었던 것에 한한다고 해석된다.[409]

(4) 재심청구기간

제3자에 의한 재심 청구는 확정판결이 있음을 안 날로부터 30일 이내, 판결이 확정된 날로부터 1년 이내에 제기하여야 한다. 국외에서의 기

---

406) 南 博方, 條解行政事件訴訟法, 1987, 홍문당, p.783.

407) 대법원 1995.4.11.선고 94누2220 판결(공1995.5.15. (992), 1878); 1995.9.15. 선고 95누6762 판결.

408) 대법원 1995.4.11. 선고 94누2220 판결.

409) 실무제요(행정), p.297; 南 博方, 條解行政事件訴訟法, p.784.

간은 위 30일에서 60일로 연장되며 소송행위의 추완기간은 14일에서 30일로 연장된다(행정소송법 §5). 이들 기간은 불변기간으로 한다. 기간의 계산은 민법의 규정에 따른다(행정소송법 §8②; 민사소송법 §170; 민법 §§155 이하). 확정판결이 있음을 안 날로부터 30일과 판결이 확정된 날로부터 1년이라는 기간은 경합적이다. 즉 그 어느 하나만 도과해도 재심청구는 차단된다.

1.2.4. 재심절차

제3자에 의한 재심절차도 행정소송법에 특별히 규정한 바가 없으므로 민사소송의 재심절차에 관한 규정을 준용한다.

(1) 재심의 소 제기

1) 재심소장

제3자에 의한 재심은 제3자가 관할법원에 확정된 종전의 원고와 피고를 재심의 공동피고로 하여 재심소장을 제출함으로써 제기된다. 재심소장에는 ① 당사자와 법정대리인, ② 재심의 대상인 판결의 표시와 그 판결에 대하여 재심을 구하는 취지, ③ 재심사유를 기재한다. 재심소장에는 심급에 따라 각기 소장 또는 항소장, 상고장에 따른 금액에 해당하는 인지를 붙여야 한다(민사소송 등 인지법 §8).

재심소장에는 재심의 대상이 되는 판결의 사본을 붙여야 한다(민사소송규칙 §139). 그러나 이를 누락하여도 각하사유는 아니며 재심수소법원에서 작성하거나 해당 법원에 기록송부촉탁을 할 때 판결등본도 함께 송부해 주도록 요청하여야 할 것이다.[410] 그 경우 기록송부를 요청받은 법원은 특히 판결등본의 송부요청이 있는지를 확인하여 내용이 선명한 판결등본 1통을 작성, 기록송부서 하단에 판결등본첨부라고 기재하여 송부한다.

---

410) 실무제요(행정), p.300.

2) 접 수

제3자에 의한 재심소장을 접수하면 법원은 이를 행정재심사건으로 접수하여, 행정재심사건부에 등재하고 별도의 재심기록을 만든다. 그 밖의 재심소장의 심사 등 절차는 모두 통상의 소송의 경우와 다르지 않다.

(2) 재심의 소의 심리·재판

법원은 재심의 소가 적법하다고 인정하는 때에는 제3자가 내세우는 재심사유의 존재 여부에 대한 심사에 들어간다. 재심사건의 심리를 위해서는 재심전 소송기록이 필요한 경우가 많으며, 그 경우 심리개시 전에 그 기록을 보관하는 법원에 기록송부촉탁을 하여 이를 송부받아 두어야 한다. 같은 법원 내에 보관되어있는 기록에 대하여도 재판장의 이름으로 소속법원장 앞으로 송부촉탁을 하고, 기록담당자가 기록을 송부할 때는 소속법원장의 이름으로 송부촉탁 재판장 앞으로 송부하며 송부촉탁이나 기록송부는 사송부에 사유를 등재하고 직접 담당직원 간에 전해주고, 기록의 일부를 복사본으로 작성하여 송부하는 경우에는 복사본에 인증을 한 후 송부하는 것이 현재의 실무례라고 한다.[411)

재심의 심리는 본조에 의한 재심을 청구하는 제3자가 재심원고가 되고 재심전 당사자가 재심피고가 되어 재심사유의 존부에 관하여 행해진다. 법원은 심리 결과 재심사유가 인정되는 경우 본안에 관한 심리에 들어가게 된다. 이 경우 제3자는 별도의 제3자 참가신청을 하지 않더라도 제3자 참가인(재심원고)의 지위에서 소송행위를 할 수 있다. 재심절차에서도 종래의 원·피고의 지위에는 변동이 없으므로 변론기일 및 증거는 종전 절차에 이어 사용한다.

재심원고로 되는 제3자가 복수인 경우 소송은 각자에 대하여 별도로 취급하여 심판하여야 한다.[412)

---

411) 실무제요(행정), p.300.
412) 심리, 재판에 관하여 상세한 것은 법원실무제요 민사(하) 제3편 3. 라. 마. 597 이하를 참조.

1.2.5. 본조의 준용

행정소송법은 취소소송뿐만 아니라 무효등확인소송과 부작위위법확인소송에 대해서도 본조를 준용하고 있다(§38①②). 이에 따라 처분등의 무효등을 확인하는 판결이나 부작위의 위법을 확인하는 판결로 인하여 권리 또는 이익의 침해를 받은 제3자는 자기에게 책임 없는 사유로 소송에 참가하지 못함으로써 판결의 결과에 영향을 미칠 공격 또는 방어방법을 제출하지 못한 때에는 이를 이유로 확정된 종국판결에 대하여 재심을 청구할 수 있다(§§31①, 38①②).

이것은 제3자 재심의 소에 관한 규정을 민중소송과 기관소송에 준용한다는 규정을 두면서도(일본 행정사건소송법 §43①) 무효등확인소송 등 그밖의 항고소송에 관하여는 준용규정을 두지 않은 일본 행정사건소송법 제38조 제1항과 뚜렷이 대조되는 점이다. 일본의 경우 제3자 재심의 소에 관한 규정을 무효등확인소송 등 항고소송에 준용할 수 있는가 하는 것은 무효확인판결의 대세효를 인정할 것인지 여부에 달린 문제로 이해되고 있는데 그 대세효를 부정하는 입장에서는 제3자 재심에 관한 규정을 준용하지 아니하는 것이 당연하다고 한다. 무효확인판결에 대해서도 취소판결과 마찬가지로 대세효를 인정하는 입장에서는 명시적으로 준용한다는 규정은 없더라도 이 조항을 유추적용해야 한다고 본다.[413] 그러나 우리 나라의 경우 행정소송법 제38조 제1항 및 제2항이 명시적으로 본조를 이들 항고소송에 준용하도록 규정하고 있으므로 그러한 논란의 여지는 없다.

2. 위헌판결의 공고

취소소송의 선결문제로서 명령·규칙이 대법원의 판결에 의하여 헌법 또는 법률에 위반함이 확정된 경우에는 대법원은 지체없이 그 사유를 행정자치부장관에게 통보하여야 한다(§6①). 대법원의 통보를 받은 행정자치부

---

413) 南 博方, 條解行政事件訴訟法, p.780.

장관은 지체없이 이를 관보에 게재하여야 한다(§6②). 이것은 위헌판결의 효력이 비록 상대적이기는 하지만, 그것이 규범통제제도로서 소극적 의미의 입법으로서 기능한다는 점을 고려하여 더 이상 위헌의 명령·규칙에 의하여 국민의 권익침해를 받지 않도록 하는 예방적 취지에서 비롯된 것이다.

Ⅸ. 소송비용

취소소송의 비용은 민사소송법상의 일반원칙에 따라 패소한 당사자가 부담하며(민사소송법 §98), 일부패소의 경우에 당사자들이 부담할 소송비용은 법원이 정한다. 다만, 사정에 따라 한 쪽 당사자에게 소송비용의 전부를 부담하게 할 수 있다(같은 법 §101). 다만, 취소청구가 사정판결에 의하여 기각되거나, 행정청이 처분 등을 취소 또는 변경함으로 인하여 청구가 각하 또는 기각된 경우에는 피고가 부담한다(행정소송법 §32). 소송비용에 관한 재판이 확정된 때에는 피고 또는 참가인이었던 행정청이 소속하는 국가 또는 공공단체에 그 효력을 미친다(같은 법 §33).

제2절   무효등확인소송

Ⅰ. 의 의

무효등확인소송이란 '행정청의 처분등의 효력 유무 또는 존재 여부를 확인하는 소송'을 말한다(행정소송법 §4 ii). 처분등의 흠이 중대하고 명백한 경우(무효) 또는 아예 존재하지 않는 경우에는 처음부터 효력이 발생하지 않고, 따라서 상대방 기타 이해관계인은 이를 무시하고 그 무효·부존재를 전제로 하여 법률관계에 관한 권리행사를 할 수 있으므로(가령 부당이득반환 청구나 공무원의 보수지급청구 등), 법원에 처분의 무효확인이나 처분의 부존재확인을 구해야 할 필요도 없을 것이다. 그러나 처분이 무효 또는 부존재인 경우에도 처분의 외관(Rechtsschein)으로 말미암아 집행의 우려가 있어 이러한 표현적 효력을 제거할 필요가 있고, 반면 유효한 행정처분에 대하여 행정청이 이를 무효 또는 부존재로 간주함으로써 상대방의 법률상 이익을 침해할 가능성이 있기 때문에, 이 점을 고려하여 그 유권적 확인을 받을 수 있도록 하기 위하여 인정된 행정소송이 무효등확인소송이다. 원래 확인소송이란 법률관계의 존부확인을 목적으로 하는 것임을 생각하면 이 무효등확인소송은 하나의 특수한 유형의 확인소송이라 할 수 있다. 왜냐하면 행정행위는 법률관계가 아니라 법률관계를 발생·변경·소멸시키는 행위일 뿐이기 때문이다.[414]

Ⅱ. 무효등확인소송의 종류

무효등확인소송은 그 확인의 대상에 따라 유효확인소송, 무효확인소송, 실효확인소송, 존재확인소송 및 부존재확인소송으로 나뉜다. 부존재확인 또는 실효 및 무효확인을 구하는 소송이 소극적 확인소송이라면, 존재확인이나 유효확인을 구하는 소송은 적극적 확인소송에 해당한다.[415] 판례에 따르면 취소소송으로 처분등의 무효확인을 구하는 '무효선언을 구하는 의미의 취소소송'도 허용되며, 또한 무효등확인소송에는 취소를 구하는 취지까지 포함된 것으로 볼 수 있다고 한다.[416]

---

414) EF, §43, Rn.8.

415) 이러한 분류는 후술하는 입증책임의 분배에 관하여 의미가 있다.

416) 이는 무효·취소의 구별곤란성을 고려하는 동시에, 이를테면 '큰 것이 작은 것을 포함한다'는 논법에 따른 것이라 할 수 있으나, 법논리상 또는 무효등확인소송에서는 적용되지 않는 행정

≪작위의무확인소송의 허용성≫

한편 이와 관련하여 작위의무의 확인을 구하는 소송이 허용되는지가 문제
된다. 이에 관하여 행정소송법은 아무런 명문규정을 두고 있지 않으며 판
례는 이러한 유형의 소송은 허용되지 않는다고 한다. 즉, 대법원은 애국지
사의 유족연금등에 대한 청구권 및 행정청의 동 연금등지급의무의 존재확
인을 구하는 소송은 "작위의무확인소송으로서 항고소송의 대상이 되지 아
니 한다"고 판시한 바 있다.[417] 이에 대하여 작위의무확인소송을 무명항고
소송의 하나로 인정할 수 있다고 보는 견해[418]가 있다. 생각건대 작위의무
확인소송은 처분등의 작위의무를 확인하는 소송과 그 이외의 행위(금전지
급·비권력적 사실행위 등)에 대한 작위의무를 확인하는 소송으로 나눌 수
있는데, 만일 후자의 경우 작위의무확인소송이 가능하다고 보려면 '무명항고
소송'이 아니라 '무명확인소송', 즉 '일반확인소송'(allgemeine Feststellungs-
klage)의 허용성을 문제 삼아야 할 것이며 이는 현행법상 의당 공법상 당
사자소송의 형식을 빌어 다루어야 할 문제이다. 다음에 보는 바와 같이 무
효등확인소송을 준항고소송으로 보는 이유가 이 소송으로 '처분등의 효력
유무 또는 존부'를 다툰다는 데 있는 것이라면, 작위의무확인소송은 준항
고소송이 아니라 순수한 확인소송이라고 해야 하기 때문이다. 반면 처분등
의 작위의무확인소송은 무효등확인소송과는 별도로 부작위위법확인소송의
반대유형으로 검토되어야 할 문제이다. 부작위위법확인소송에 의해서 부
작위의 위법성이 확인되면 당연히 작위의무의 존재가 확인된다. 만일 원고
가 부작위의 위법확인까지 구하지 않고서 단순히 처분등의 작위의무만을
확인하고자 한다면 법원은 이를 허용해야 하는가. 이러한 유형의 소송은
이를테면 부작위위법확인소송에 대한 관계에서 일종의 '독립 소송'(iso-
lierte Klage)의 형태를 띠게 될 것이다. 이러한 소송이 무명항고소송의 형
태로 고려될 경우, 그 허용 여부의 관건은 부작위위법확인소송이 인정되고
있는 현행법상, 결국 독자적인 확인의 이익의 유무에 귀결될 것이다.

심판전치주의, 제소기간의 제한 등과의 관계상 문제가 없는 것은 아니다. 그리하여 대법원은 '행
정심판절차를 거치지 아니한 까닭에 행정처분취소의 소를 무효확인의 소로 변경한 경우에는 무효
확인을 구하는 취지 속에 그 처분이 당연무효가 아니라면 그 취소를 구하는 취지까지 포함된 것으
로 볼 여지가 전혀 없다고 할 것'이라고 판시하고 있다(대법원 1987.4.28 선고 86누887 판결).

417) 대법원 1990.11.23. 선고 90누3553 판결.
418) 홍정선, 행정법원론(상), p.855.

Ⅲ. 무효등확인소송의 성질과 소송물

1. 성 질

무효등확인소송의 법적 성질에 관해서는 확인소송설,[419] 항고소송설, 준항고소송설이 대립하고 있다. ① 확인소송설은 무효등확인소송은 적극적으로 처분등의 효력을 소멸시키거나 발생시키는 것이 아니라 그 효력의 유무나 존재 여부를 확인·선언하는 확인소송의 성질을 가진다고 하며, ② 항고소송설은 주로 무효와 취소의 상대화이론을 전제로 무효등확인소송도 처분등의 무효를 확정하고 그 효력의 제거를 목적으로 하는 것이기 때문에 행정주체가 우월한 지위에서 행한 처분등의 효력을 다투는 것이 되므로 항고소송(취소소송)과 본질적으로는 같은 것이라고 한다. 한편 ③ 준항고소송설은 무효등확인소송은 실질적으로는 일종의 확인소송이라고 할 수 있으나, 형식적으로는 처분의 효력의 유무를 직접 소송의 대상으로 한다는 점에서 항고소송적인 측면을 아울러 지니는 것으로 보는 견해이다. 행정소송법은 무효등확인소송을 항고소송의 일종으로 명문화함으로써 이 문제를 입법적으로 해결하였다고 받아들여지고 있다.[420] 그럼에도 불구하고 무효등확인소송의 확인소송으로서의 실체가 부정된 것으로는 보이지 않는다. 그것은 여전히 실질적으로는 확인소송이지만 형식적으로는 처분의 효력유무를 다투는 항고소송으로서의 성격을 가진다고 보아야 할 것이다(통설·판례). 이렇듯 무효등확인소송을 준항고소송으로 보는 경우에도 확인소송적 성질이 부인되는 것은 아니므로 역시 확인의 이익이 특유한 문제로서 제기되는 것은 확인소송설의 경우와 마찬가지다.

---

419) 이를 구법시대의 맥락에서 당사자소송설이라고 부르는 경우도 있으나(김남진, 행정법 I, p.828), 현행법상 당사자소송과는 별도로 무효등확인소송이 인정되고 있으므로 타당하지 않다.

420) 김도창, 일반행정법론(상), p.825.

2. 소송물

무효등확인소송은 처분등의 효력의 유무, 실효 여부 또는 존재 여부에 대한 선언적이고 기판력있는 확인(deklaratorische rechtskraftfähige Feststellung)을 구하는 소송이다. 무효등확인소송의 소송물은 따라서 특정한 처분 또는 재결의 무효·유효, 존재·부존재 또는 실효 여부의 확인을 구하는 원고의 소송상의 청구라 할 수 있다. 다만 재결의 무효등확인소송은 재결 자체에 고유한 위법이 있는 경우에 한하는 것이므로(§§38①, 19), 재결 자체에 중대하고 명백한 흠이 있어 당연무효인지 여부 또는 재결 자체가 존재하지 않는지 여부에 대한 확인청구가 소송물이 될 것임은 물론이다.

Ⅳ. 적용법규

행정소송법은 무효확인소송에 관하여 취소소송에 관한 규정을 광범위하게 준용할 것을 명시함으로써 종래 적용법규에 관한 견해대립을 상당부분 제도적으로 해결하고 있다. 이를 개관해 보면 다음과 같다.

1. 취소소송에 관한 규정이 준용되는 경우

재판관할(§9)·관련청구소송의 이송 및 병합(§10)·피고적격(§§13, 14)·집행정지(§§23, 24)·취소판결등의 효력(§29)·취소판결의 구속력·적극적 처분의무(§30)에 관한 규정이 준용된다(§38). 그 밖에도 공동소송(§15), 제3자 및 행정청의 소송참가(§§16, 17), 소송대상(원처분주의: §19), 소의 변경(§21), 처분변경으로 인한 소의 변경(§22), 행정심판기록제출명령(§25), 직권심리주의(§26), 제3자에 의한 재심청구(§31) 및 소송비용에 관한 재판의 효력(§33)에 관한 규정들이 준용된다.

2. 취소소송에 관한 규정이 준용되지 않는 경우

무효등확인소송에 대해서는, 취소소송의 경우와는 달리, 행정심판의 예외적 전치주의(§18), 제소기간(§20), 사정판결(§28), 간접강제(§34)에 관한 규정이 준용되지 않는다.

> ■■■ **무효등확인소송과 행정소송법 제34조(간접강제)의 준용 여부**
>
> [1] 행정소송법 제34조는 취소판결의 간접강제에 관하여 규정하면서 제1항에서 행정청이 같은 법 제30조 제2항의 규정에 의한 처분을 하지 아니한 때에 간접강제를 할 수 있도록 규정하고 있고, 같은 법 제30조 제2항은 "판결에 의하여 취소되는 처분이 당사자의 신청을 거부하는 것을 내용으로 하는 경우에는 그 처분을 행한 행정청은 판결의 취지에 따라 다시 이전의 신청에 대한 처분을 하여야 한다"고 규정함으로써 취소판결에 따라 취소된 행정처분이 거부처분인 경우에 행정청에 다시 처분을 할 의무가 있음을 명시하고 있으므로, 결국 같은 법상 간접강제가 허용되는 것은 취소판결에 의하여 취소된 행정처분이 거부처분인 경우라야 할 것이다.
>
> [2] 행정소송법 제38조 제1항이 무효확인 판결에 관하여 취소판결에 관한 규정을 준용함에 있어서 같은 법 제30조 제2항을 준용한다고 규정하면서도 같은 법 제34조는 이를 준용한다는 규정을 두지 않고 있으므로, 행정처분에 대하여 무효확인 판결이 내려진 경우에는 그 행정처분이 거부처분인 경우에도 행정청에 판결의 취지에 따른 재처분의무가 인정될 뿐 그에 대하여 간접강제까지 허용되는 것은 아니라고 할 것이다.421)

---

421) 대법원 1998.12.24. 선고 98무37 결정(건축허가무효확인판결에 기한 간접강제: 공 1999.2.1.5(76), 300). 그러나 이 판결이 과연 타당한 것인지에 대해서는 의문이 있다. 특히 행정소송법 제34조 제1항은 제30조 제2항의 재처분의무 즉, 거부처분취소판결의 경우의 재처분의무에 대한 간접강제를 규정하고 제38조 제2항에서 이를 부작위위법확인판결의 경우에 준용하고 있는데, 거부처분이 단순위법인 경우 그 재처분의무불이행에 대해 간접강제를 인정하면서 거부처분이 당연무효인 경우에는 재처분의무를 인정하면서도 단지 명문의 준용규정이 없다는 이유만으로 간접강제가 적용될 수 없다고 하는 것은 형평에 맞지 않는 형식논리라는 비판을 면키 어렵다.

V. 무효등확인소송의 제기요건

앞에서 본 것처럼 무효등확인소송에 대해서는 취소소송에 관한 규정들이 광범위하게 준용되고 있어 그 소송요건 전부를 일일이 상론할 필요는 없을 것이다. 대체로 중요한 소송요건만을 살펴보면 다음과 같다.

1. 재판관할

무효등확인소송의 재판관할에 관하여는 취소소송에 관한 규정이 그대로 준용된다(§38). 따라서 무효등확인소송의 제1심관할법원은 피고의 소재지를 관할하는 행정법원이다(§§38, 9①). 중앙행정기관 또는 그 장이 피고인 경우의 관할법원은 대법원 소재지의 행정법원이 된다(§§38, 9① 단서). 관할법원에 있어 '중앙행정기관'의 의미와 범위에 관하여는 이미 취소소송에 관하여 설명한 것이 그대로 타당하다. 토지의 수용 기타 부동산 또는 특정의 장소에 관계되는 처분등의 무효등확인소송은 그 부동산 또는 장소의 소재지를 관할하는 행정법원에 이를 제기할 수 있다(§§38, 9②). 여기서 '토지의 수용에 관계되는 처분'의 의미와 범위는 이미 취소소송의 관할과 관련하여 설명한 바와 같다.

2. 소송의 대상

무효등확인소송의 대상도 취소소송의 대상인 처분등을 대상으로 한다. 무효확인소송은 일단 처분등의 존재를 전제로 하여 유효한 처분의 외관을 제거하기 위한 것이므로 당연히 외견상의 존재를 전제로 하는데 비하여, 부존재확인소송은 처분등의 부존재를 확인의 대상으로 하므로 이 경우 처분등은 단지 외견상으로만 존재할 뿐 실제로는 존재하지 않는다. 어느 경우나 무효등확인소송의 대상이 되려면 적어도 유효한 처분등으로 오인되거나 처분등이 있는 것으로 의심될 만한 외견상 존재가 필요하다. 처분등의 무효나 부존재가 명백한 경우에는 유효한 처분의 외관이나 외견상의 존재 자체가 없으므로 확인의 이익, 즉 권리보호의 필요가 부정될 것이다.

3. 당사자

3.1. 원고적격

행정소송법은 "무효등확인소송은 처분등의 효력의 유무 또는 존재 여부의 확인을 구할 법률상 이익이 있는 자가 제기할 수 있다"고 규정하고 있다(§35). 여기서 '법률상 이익'이란 무엇을 의미하는가, 취소소송의 경우와 동일한 개념인가 아니면 '즉시확정의 이익'인가 하는 문제가 제기된다.

3.1.1. 법률상 이익의 개념

무효등확인소송에 있어 처분등의 효력의 유무 또는 존재 여부의 확인을 구할 '법률상 이익'이란 취소소송에서의 그것과 동일한 개념으로 이해되고 있다. 대다수의 문헌들은, 행정소송법이 구법이나 일본의 행정사건소송법과는 달리 무효등확인소송의 보충성을 인정하지 아니하고 원고적격을 확대하였다고 지적하고 있다. 요컨대 무효등확인소송에 있어 법률상 이익과 취소소송에 있어 법률상 이익을 동질적인 것으로 보는 것이 기존의 통설이다.[422]

아무튼 행정소송법 제35조의 규정이 무효등확인소송의 원고적격에 관하여 '확인을 구할 법률상 이익'을 요구하고 있다는 사실을 도외시할 수는 없을 것이다. 따라서 보호대상으로서 법률상 이익을 가진 자만이 무효등확인소송의 원고가 될 수 있다는 것은 불가피한 결과이다. 법률상 이익의 의미나 범위 등에 관하여는 취소소송에서 설명된 내용이 그대로 적용된다.

판례는 "행정처분의 상대방이 아닌 제3자라도 그 처분으로 인하여 법

---

[422] 관계문헌을 개관하려면 김남진, "무효등확인소송과 법률상 이익", 고시연구, 1991/3, pp.17-19를 참조.

률상 이익을 침해당한 경우에는 그 처분의 취소 또는 무효확인을 구하는 행정소송을 제기하여 그 당부의 판단을 받을 법률상 자격이 있고, 그 법률상 이익이라 함은 당해 처분의 근거법률에 의하여 보호되는 직접적이고 구체적인 이익이 있는 경우를 말하고 다만 간접적이거나 사실적·경제적 이해관계를 가지는 데 불과한 경우는 여기에 포함되지 않는다."는 입장을 견지하고 있다.[423]

≪무효확인을 구할 법률상 이익에 관한 대법원 판례의 경향≫

대법원은 액화석유가스의안전및사업관리법 제7조 제2항에 의한 사업양수에 의한 지위승계신고를 수리하는 허가관청의 행위는… 단순히 양수자가 사업을 승계하였다는 사실의 신고를 접수하는 행위에 그치는 것이 아니라 실질에 있어서 양도자의 사업허가를 취소함과 아울러 양수자에게 적법히 사업을 할 수 있는 법규상 권리를 설정하여 주는 행위로서 사업허가자의 변경이라는 법률효과를 발생시키는 행위이므로 허가관청이 법 제7조 제2항에 의한 사업양수에 의한 지위승계신고를 수리하는 행위는 행정처분에 해당하며, 허가관청의 사업양수에 의한 지위승계신고의 수리는 적법한 사업의 양도가 있었음을 전제로 하는 것이므로 사업의 양도행위가 무효라고 주장하는 양도자는 민사쟁송으로 양도행위의 무효를 구함이 없이 막바로 허가관청을 상대로 하여 행정소송으로 위 신고수리처분의 무효확인을 구할 법률상 이익이 있다고 판시한 바 있다(대법원 1993.6.8. 선고 91누11544 판결: 판례월보 제278호, 214 이하).

그러나 과세관청이 조세의 징수를 위하여 납세의무자 소유의 부동산을 압류한 경우 그 이후에 압류등기가 된 부동산을 양도받아 소유권이전등기를 마친 사람은 위 압류처분이나 그에 터잡아 이루어지는 국세징수법상의 공매처분에 대하여 사실상이고 간접적인 이해관계를 가질 뿐 법률상 직접적이고 구체적인 이익을 가지는 것은 아니어서 그 압류처분이나 공매처분의 실효나 무효확인을 구할 당사자자격이 없다고 판시하였고,[424]

---

423) 동지: 대법원 1992.12.8. 선고, 91누13700 판결(공1993상, 466); 1993.7.27. 선고, 93누8139 판결(공1993하, 2440); 1994.4.12. 선고, 93누24247 판결(공1994상, 1499); 1989.5.23. 선고, 88누8135 판결; 1991.12.13.선고, 90누10360 판결; 1992.9.22.선고, 91누13212 판결 등 참조.

424) 대법원 1992.3.31. 선고 91누6023 판결(부동산압류처분무효확인: 공920, 1449(46).

'주택건설촉진법 제33조 및 같은법시행령 제32조의2의 규정에 따라 주택건설사업계획승인을 받은 건설회사가 그 대지에 관한 저당권을 말소하지 않은 상태에서 곧바로 입주자를 모집하기 위하여 구 주택공급에관한규칙(1993.9.1 건설 부령 제537호로 개정되기 전의 것) 제7조 제1항 제2호, 제3항 제2호 규정에 따라 시공권이 있는 등록업체들의 연대보증 인증서 등을 첨부하여 아파트입주자 모집공고 승인신청을 하여, 행정청이 그 신청을 승인하는 처분을 한 경우, 비록 위 등록업체들이 아파트입주자 모집공고승인처분의 무효확인을 받는다고 하더라도 바로 그들의 연대보증에 기한 책임이 부인되는 것이 아닐 뿐 아니라, 그 등록업체들은 그 처분의 무효확인에 관하여 간접적이거나 사실적·경제적 이해관계를 가지는 데 불과할 뿐, 그 처분의 근거법률에 의하여 보호되는 직접적이고 구체적인 이익을 침해당하였다고 볼 수는 없으므로 그 등록업체들은 무효확인의 소를 제기할 법률상의 이익이 없다'고 판시하였으며,[425]

'타인의 저작물을 복제, 배포, 발행함에 필요한 요건과 저작재산권의 존속기간을 규정한 저작권법 제36조 제1항, 제41조, 제42조, 제47조 제1항의 효력은 대한민국 헌법 제3조에 의하여 여전히 대한민국의 주권 범위 내에 있는 북한지역에도 미치는 것이므로, 6.25사변 전후에 납북되거나 월북한 문인들이 저작한 작품들을 발행하려면, 아직 그 저작재산권의 존속기간이 만료되지 아니하였음이 역수상 명백한 만큼, 동인들이나 그 상속인들로부터 저작재산권의 양수 또는 저작물 이용 허락을 받거나, 문화부 장관의 승인을 얻어야 하고, 이를 인정할 자료가 없는 이상 원고는 위 작품들의 출판 및 판매금지처분의 부존재확인을 구할 법률상 지위에 있는 자라고 할 수 없고, 헌법상 국민에게 부여된 출판의 자유로부터도 확인을 구할 법률상의 지위가 부여된다고 볼 수 없다'고 판시한 바 있다.[426]

또한 '한의사면허는 경찰금지를 해제하는 명령적 행위(강학상 허가)에 해당하고, 한약조제시험을 통하여 약사에게 한약조제권을 인정함으로써 한의사들의 영업상 이익이 감소되었다고 하더라도 이러한 이익은 사실상의 이익에 불과하고 약사법이나 의료법 등의 법률에 의하여 보호되는 이익이라고는 볼 수 없으므로, 한의사들이 한약조제시험을 통하여 한약조제권을 인정받은 약사들에 대한 합격처분의 무효확인을 구하는 당해 소

평석: 임승순, :체납처분으로 인한 압류등기 이후에 부동산을 취득한 자가 체납처분의 효력을 다툴 당사자적격이 있는지 여부", 인권과 정의 대한변호사협회편, 서울 대한변호사협회, 제222호(1995.2), p.91. 참조판례: 대법원 1985.2.8. 선고 82누524 판결; 1990.10.10. 선고 89누5706 판결.

[425] 대법원 1995.6.30. 선고 94누14230 판결(입주자모집공고승인처분무효확인: 공1995, 2626).

[426] 대법원 1990.9.28. 선고 89누6396 판결(공884.2187(30)).

는 원고적격이 없는 자들이 제기한 소로서 부적법하다'고 판시하였다(대법원 1998.3.10. 선고 97누4289 판결: 한약조제시험무효확인: 공1998.4.15. [56], 1068).427)

■■ 수녀원이 공유수면매립 승인처분의 무효확인을 구할 원고적격을 가지는지 여부

원고 수녀원은 수도원 설치 운영 및 수도자 양성 등을 목적으로 설립된 재단법인으로서, 공유수면매립 승인처분의 매립목적을 당초의 택지조성에서 조선시설용지로 변경하는 내용의 이 사건 처분으로 인하여 원고 수녀원에 소속된 수녀 등이 전과 비교하여 수인한도를 넘는 환경침해를 받지 아니하고 쾌적한 환경에서 생활할 수 있는 환경상 이익을 침해받는다고 하더라도 이를 가리켜 곧바로 원고 수녀원의 법률상 이익이 침해된다고 볼 수 없고, 자연인이 아닌 원고 수녀원은 쾌적한 환경에서 생활할 수 있는 이익을 향수할 수 있는 주체도 아니므로 이 사건 처분으로 인하여 위와 같은 생활상의 이익이 직접적으로 침해되는 관계에 있다고 볼 수도 없다. 그리고 상고이유 주장과 같이 이 사건 처분으로 인하여 환경에 영향을 주어 원고 수녀원이 운영하는 쨈 공장에 직접적이고 구체적인 재산적 피해가 발생한다거나 원고 수녀원이 폐쇄되고 이전해야 하는 등의 피해를 받거나 받을 우려가 있다는 점 등에 관한 증명도 부족하다. 따라서 원고 수녀원에게는 이 사건 처분의 무효확인을 구할 원고적격이 있다고 할 수 없다.428)

■■ 절대보전지역 해제와 무효확인소송의 원고적격: 강정마을 사건

원고들에게 이 사건 처분의 근거가 되는 법규 및 관련 법규에 의하여 보호되는 법률상 이익이 있는지 여부에 관하여 ① 절대보전지역의 해제는 소유권에 가한 제한을 해제하는 처분에 해당하는 것으로 그 자체로 인근 주민의 생활환경에 영향을 주는 사업의 시행이나 시설의 설치를 내포하고 있는 것이 아닌 점, ② '구 제주특별자치도 설치 및 국제자유도시 조성을 위한 특별법(2009.10.9. 법률 제9795호로 개정되기 전의 것)' 및 '구 제주특별자치도 보전지역 관리에 관한 조례(2010.1.6. 조례 제597호로 개정되기

---

427) 평석: 이광윤, "경찰국가의 청산을 위하여", 법률신문 1998/6/29(제2705호), p.13; 동지: 대법원 1963.8.31. 선고 63누101 판결(집11-2, 행16); 1971.6.29. 선고 69누91 판결(집19-2, 행16); 1990.11.13. 선고89누756 판결(공1991, 104); 1997.4.25. 선고 96누14906 판결(공1997상, 1653).

428) 대법원 2012.6.28. 선고 2010두2005 판결(수정지구공유수면매립목적변경승인처분무효).

전의 것)'에 따라 절대보전지역으로 지정되어 보호되는 대상은 인근 주민의 주거 및 생활환경 등이 아니라 제주의 지하수·생태계·경관 그 자체인 점, ③ 위 조례 제3조 제1항은 절대보전지역의 지정 및 변경에는 주민들의 의견을 듣도록 하고 있으나 보전지역을 축소하는 경우에는 예외로 한다고 규정함으로써 그 절차에서도 절대보전지역 지정으로 인하여 환경상 혜택을 받는 주민들이 아니라 권리의 제한을 받게 되는 주민들을 주된 보호의 대상으로 하고 있는 점 등에 비추어 보면, <u>이 사건 처분 대상인 서귀포시 강정동 해안변지역 105,295㎡가 절대보전지역으로 유지됨으로써 원고들이 가지는 주거 및 생활환경상 이익은 그 지역의 경관 등이 보호됨으로써 반사적으로 누리는 것일 뿐 근거 법규 또는 관련 법규에 의하여 보호되는 개별적 직접적·구체적 이익이라고 할 수 없다</u>고 판단하고, 나아가 원고들이 주장하는 헌법상의 생존권, 행복추구권, 환경권만으로는 그 권리의 주체·대상·내용·행사방법 등이 구체적으로 정립되어 있다고 볼 수 없으므로 이에 근거하여 이 사건 처분을 다툴 원고 적격이 있다고 할 수도 없다고 판단한 원심 판단은 정당한 것으로 수긍할 수 있고, 거기에 상고이유 주장과 같은 행정소송의 원고 적격에 관한 법리오해의 위법 등이 없다고 한 사례.**429)**

3.1.2. 법률상 이익과 즉시확정의 이익

행정소송법 제35조를 원고적격에 관한 규정으로 보느냐 아니면 '엄격히 말하면 원고적격에 관한 규정이 아니라 권리보호의 필요에 관한 규정'**430)**이라고 보느냐에 대하여는 논란이 있다. 행정소송법 제35조의 해석에 관한 한, 이 조항을 원고적격에 관한 규정일 뿐만 아니라 무효등확인소송의 소익(협의), 즉 권리보호의 필요를 도출하는 근거규정으로 볼 여지도 없지는 않다. 그러나 이 조항의 해석으로부터 무효등확인소송의 보충성은 도출되지 않으며, '법률상 이익'이란 명백한 표현을 무시하고 이를 '즉시확정의 이익'이라는 취지로 한정하는 것은 부당하다는 것이 다수의 견해이다. 행정소송법 제35조가 일본의 행정사건소송법 제36조와 같은 명문의

---

429) 대법원 2012.7.5. 선고 2011두13187·2011두13194(병합) 판결(절대보전지역변경처분무효확인·절대보전지역변경(해제)처분무효확인 등).

430) 김남진, 행정법 I, p.829.

규정을 두고 있지 않은 이상 무효등확인소송의 보충성을·인정할 수는 없다는 것이다.[431]

> 독일의 경우 행정법원법 제43조 제2항 제1문에서 확인소송의 보충성(Subsidiarität)을 규정하고 있으나, 이것은 동법 제43조 제2항 제2문에 의하여 행정행위의 무효확인을 구하는 소송에 대해서는 적용되지 않는다.[432] 또한 행정소송법은 독일의 행정법원법 제43조 제1항처럼 '즉시확정에 관한 정당한 이익'(berechtigtes Interesse an der baldigen Feststellung)을 가지는 자에 한하여 제소권(Klagebefugnis)을 인정하는 규정을 두고 있지도 않다. 독일 행정법원법 제43조 제1항에 있어 '즉시확정의 정당한 이익'이란 '특별한 권리보호의 이익'(besonderes Rechtsschutzbedürfnis), 즉 확인소송에 있어 요구되는 협의의 소익을 의미하는 것이라고 보는 것이 지배적이다.[433] 법률은 원고가 확인하고자 하는 법률관계가 자신의 고유한 권리영역을 저촉한다는 것을 소명하여야만 확인소송을 제기할 수 있다는 명시적인 규정을 두고 있지 아니하다. 그렇기 때문에 확인소송에서 원고의 고유한 권리영역이 저촉되어야만 하는지 여부가 논란의 대상이 되고 있다. 우리의 경우 원고적격에 상응하는 제소권(Klagebefugnis)이란 요건과 관련하여 유사한 문제가 제기되고 그 경우 고유의 청구권을 주장해야 한다는 데 널리 견해가 일치되고 있는 이행소송(Leistungsklage)의 경우와는 달리 확인소송에 있어서는 본안판단의 문제와 관련해서도 그와 같은 주관적 권리와의 연관관계가 요구되는지 여부가 논란되고 있다.

이러한 이유에서 행정소송법 제35조를 권리보호의 필요에 관한 규정으로 보아 이러한 '확인의 이익'의 내용을 무효등확인소송의 보충성을 인정하는 취지로 이해하는 것[434]은 잘못이다. 따라서 종래 행정소송법 제35

---

431) 박윤흔 교수(행정법강의(상), p.988)는 현행 행정소송법이 무효등확인소송의 원고적격을 확대하여 취소소송의 경우와 같게 한 점이 하나의 특색이라고 한다.

432) 독일 행정법원법 제43조의 경우 원고는 취소소송이나 거부처분에 대한 의무이행소송(물론 제소기간을 준수하여), 그리고 확인소송중 어느 것을 제기해도 무방하다는 의미에서 선택의 자유를 갖는다. 한편 행정법원법이 이러한 예외를 인정한 까닭은 무엇보다도, 어떤 행정행위가 무효인지 단순위법인지를 구별하기가 곤란한 경우가 빈번하기 때문이라고 한다(Schmitt Glaeser, Rn.339, S.197).

433) Schoch/Schmidt-Aßmann/Pietzner, Verwaltungsgerichtsordnung, Kommentar, Verlag C.H. Beck, 2000, §43 Rn. 28.

434) 김남진, 고시연구, 1991/3, pp.17-19를 참조.

조를 '확인의 이익'에 관한 규정으로 보는 대법원의 판례에 대하여는 일본과는 달리 무효등확인소송의 보충성을 인정하지 않고 원고적격을 확대한 행정소송법의 법취지에 상반된 것이라는 비판이 제기되었다.[435)]

판례는 종래 줄곧 확인소송의 보충성을 전제로 확인의 소가 원고의 법적 지위의 불안 또는 위험을 제거하기 위하여 가장 유효적절한 수단일 경우에만 허용되고, 보다 더 발본색원적인 수단이 있는 경우에는 무효등확인소송은 허용되지 아니한다는 입장을 견지해 왔다.

> 대법원은 "행정처분무효확인소송에 관한 행정소송법 제35조 소정의 '확인을 구할 법률상 이익'은 그 대상인 현재의 권리 또는 법률관계에 관하여 당사자사이에 분쟁에 있고 그로 인하여 권리 또는 법률상의 지위에 불안, 위험이 있어 판결로써 그 법률관계의 존부를 확정하는 것이 불안, 위험을 제거하는 데 필요하고도 적절한 경우에 인정된다"고 판시한 바 있었다.[436)]
>
> 대법원은 부존재확인소송에 대해서도 마찬가지의 견해를 견지해 왔다. 즉 '행정처분의 부존재확인소송은 행정처분의 부존재확인을 구할 법률상 이익이 있는 자만이 제기할 수 있고, 여기에서의 법률상 이익은 원고의 권리 또는 법률상 지위에 현존하는 불안, 위험이 있고 그 불안, 위험을 제거함에는 확인판결을 받는 것이 가장 유효적절한 수단일 때 인정된다'고 보았다.[437)]
>
> 이러한 견지에서 대법원은 '과세처분과 압류 및 공매처분이 무효라 하더라도 직접 민사소송으로 체납처분에 의하여 충당된 세액에 대하여 부당이득으로 반환을 구하거나 공매처분에 의하여 제3자 앞으로 경료된 소유권이전등기에 대하여 말소를 구할 수 있는 경우에는 위 과세처분과 압류 및 공매처분에 대하여 소송으로 무효확인을 구하는 것은 분쟁해결에 직접적이고도 유효·적절한 방법이라 할 수 없어 소의 이익이 없다'고 판시하였고,[438)]

435) 김도창, 일반행정법론(상), p.826; 이상규, 신행정쟁송법, p.329 등.

436) 대법원 1992.7.28. 선고 92누4352 판결(공1992, 2678). 동지: 대법원 1984.2.14. 선고 82누370 판결(공1984, 520); 1988.3.8. 선고 87누133 판결(공1988, 689); 1989.10.10. 선고 89누3397 판결(공1989, 1690).

437) 대법원 1990.9.28. 선고 89누6396 판결(공884.2187(30)).

438) 대법원 1998.9.22. 선고 98두4375 판결(압류집행처분무효확인등: 공1998.11.1.

'원고가 무효임을 주장하는 귀속부동산매매경정계약에 따라 그 매매부동산에 관하여 제3자들에게 순차로 소유권이전등기가 경료되어 있는 것과 같이 이미 형성된 위법상태가 무효의 행정처분으로 말미암은 것인 경우 그 제거를 구하는 방법으로서 그 원인된 처분의 무효확인을 구하는 것은 행정청이 그 무효확인판결을 존중하여 이미 제3자 명의로 경료된 소유권이전등기를 말소하여 줄 것을 기대하는 간접적인 방법이므로 민사소송에 의한 소유권이전등기의 말소청구의 방법으로 직접 그 위법상태의 환원을 구할 수 있는 길이 열려 있는 때에는 행정처분의 무효확인을 독립한 소송으로 구할 확인의 이익은 없다'고 판시한 바 있다.439)

그 밖에도 판례는, '체비지지정처분이나 환지처분이 당연무효라면 바로 그 처분 등을 근거로 경료된 타인 명의의 소유권 이전등기의 말소를 구하거나 소유권 확인을 구하면 되므로 그 처분 등의 무효확인을 구할 소의 이익이 없다'고 판시하였고,440) '학교법인에 분규가 생겨 감독청이 이사 전원에 대한 취임승인을 취소하고 임시이사를 선임하였고 그 후 여러 차례에 걸쳐 이사진을 개편해 오다가 마지막으로 임시이사진의 결의에 따라 정식이사를 선임하고 퇴임한 경우, 일련의 위 처분들이 모두 당연무효라면 그를 이유로 최종 이사선임결의의 효력을 다투는 민사소송을 제기하면 될 것이지, 굳이 독립한 행정소송으로 위 처분들의 무효확인을 구할 실익이 있다고 할 수 없다'고 판시하였다.441)

또 '행정처분의 무효는 취소의 경우와는 달리 민사소송절차에서도 주장할 수 있는 것이므로, 이를테면, 공무원면직처분이 있은 뒤 정년이 도래한 경우, 그 면직처분에 취소사유의 흠이 있다면 면직처분 이후 정년시까지 기간 동안의 급료청구 등을 위하여 면직처분을 취소할 필요가 있으므로 면직처분취소소송의 소의 이익은 긍정되지만, 면직처분에 당연무효의 흠이 있다면 바로 급료청구나 명예침해로 인한 민사상의 손해배상청구를 할 수 있으므로 면직처분무효확인소송의 소의 이익은 부정된다'고 판시하였고,442) '세금이나 부과금 등을 이미 납부한 이후나 체납처분절차 등에 의하여 납부된 효과가 발생한 이후에 있어서는 그 부과처분의 무효나

---

(69), 2563).

439) 대법원 1989.10.10. 선고 89누3397 판결(귀속부동산매매계약경정계약무효확인: 공1989, 1690. 평석: 강창웅, "행정처분무효확인소송의 보충성", 법률신문 1922호.

440) 대법원 1993.12.28 선고 93누4519 판결. 참조판례: 대법원 1989.10.10. 선고 89누3397 판결(공1989, 1690).

441) 대법원 1992.7.28. 선고 92누4352 판결(공1992, 2678). 참조판례: 대법원 1991. 5.28. 선고 90누5313 판결(공1991, 1784).

442) 대법원 1991.6.28. 선고 90누9346 판결; 1993.1.15. 선고 91누5747 판결.

부존재확인을 구하는 것보다 납부세금에 대하여 부당이득반환을 구하는 것이 보다 유효적절한 수단이므로, 과세처분무효확인이나 부존재확인을 구할 소의 이익이 없다'고 판시한 바 있다.443)

그러나 대법원은 2008년 3월 20일 2007두6342 전원합의체 판결에서 다음과 같이 판시함으로써 종래의 판례를 변경했다.

▮▮▮ 판례

행정소송은 행정청의 위법한 처분 등을 취소·변경하거나 그 효력 유무 또는 존재 여부를 확인함으로써 국민의 권리 또는 이익의 침해를 구제하고 공법상의 권리관계 또는 법 적용에 관한 다툼을 적정하게 해결함을 목적으로 하므로, 대등한 주체 사이의 사법상 생활관계에 관한 분쟁을 심판대상으로 하는 민사소송과는 목적, 취지 및 기능 등을 달리한다. 또한 행정소송법 제4조에서는 무효확인소송을 항고소송의 일종으로 규정하고 있고, 행정소송법 제38조 제1항에서는 처분 등을 취소하는 확정판결의 기속력 및 행정청의 재처분 의무에 관한 행정소송법 제30조를 무효확인소송에도 준용하고 있으므로 무효확인판결 자체만으로도 실효성을 확보할 수 있다. 그리고 무효확인소송의 보충성을 규정하고 있는 외국의 일부 입법례와는 달리 우리나라 행정소송법에는 명문의 규정이 없어 이로 인한 명시적 제한이 존재하지 않는다. 이와 같은 사정을 비롯하여 행정에 대한 사법통제, 권익구제의 확대와 같은 행정소송의 기능 등을 종합하여 보면, 행정처분의 근거 법률에 의하여 보호되는 직접적이고 구체적인 이익이 있는 경우에는 행정소송법 제35조에 규정된 '무효확인을 구할 법률상 이익'이 있다고 보아야 하고, 이와 별도로 무효확인소송의 보충성이 요구되는 것은 아니므로 행정처분의 무효를 전제로 한 이행소송 등과 같은 직접적인 구제수단이 있는지 여부를 따질 필요가 없다고 해석함이 상당하다.444)

이 판결에 붙은 대법관 이홍훈의 보충의견에 따르면, 무효확인소송의

---

443) 대법원 1976.2.10. 선고 74누159 판결, 1991.9.10. 선고 91누3840 판결 등.
444) 대법원 2008.3.20. 선고 2007두6342 전원합의체 판결(하수도원인자부담금부과처분취소 집56(1)특, 327; 공2008상, 593). 이 판결에 관해서는 경건, "무효확인소송의 소익: 행정소송법 제35조 '무효확인을 구할 법률상 이익'의 의미", 행정법연구 제21호(2008.8), 행정법이론실무학회를 참조.

보충성 인정의 문제는 행정소송법 제35조에 규정된 '무효확인을 구할 법률상 이익'의 해석론에 관한 것으로서 행정소송의 특수성, 무효확인소송의 법적 성질 및 무효확인판결의 실효성, 외국의 입법례, 무효확인소송의 남소가능성 및 권익구제 강화 등의 측면에서 볼 때, 무효확인소송의 보충성을 요구하지 않는 것이 행정소송의 목적을 달성할 수 있고 소송경제 등의 측면에서도 타당하며 항고소송에서 소의 이익을 확대하고 있는 대법원 판례의 경향에도 부합한다는 것이다.

이로써 1984년 행정소송법 전부개정 이래 논란의 대상이 되었던 '즉시확정의 이익'에 관한 불확실성이 해소되었다.

3.2. 권리보호의 필요

취소소송의 경우처럼 무효등확인소송도 권리보호의 필요가 있어야 함은 물론이다. 이것은 일반소송법상의 요청으로서 당연한 것이라 할 수 있다. 따라서 취소되거나 효력기간이 지나 더 이상 존재하지 않는 행정처분을 대상으로 한 소송이나 원고에게 아무런 실익이 없다고 인정되는 경우 등은 권리보호의 이익이 인정될 수 없다. 다만, 앞서 본 바와 같이 대법원의 판례변경으로 무효확인소송의 보충성이 인정되지 않으므로, 결과적으로 즉시확정의 이익까지 요구되는 것은 아니라는 결과가 될 것이다.

무효등확인소송에 있어 권리보호의 필요 문제는 행정소송법 제35조를 다수설과 같이 원고적격에 관한 규정으로 보느냐 그렇지 않으면 '엄격히 말하면 원고적격에 관한 규정이 아니라 권리보호의 필요에 관한 규정'이라 보느냐 하는 문제와는 일단 분리하여 판단하여야 할 문제이다. 무효등확인소송에 있어 권리보호의 필요는 확인소송의 본질로부터 도출된다. 그것은 실체법상으로는 무효 또는 부존재임에도 처분의 외관(Rechtsschein)이 존재함으로 말미암아 집행의 우려가 있는 등 법률상 지위에 불안·위험이 있어 판결로써 이와 같은 표현적 효력을 제거할 필요가 있느냐에 귀결된다.

■■ 판례

　　토지구획정리사업지구 내에 속하였던 토지가 농지분배됨으로써 사업시
행자가 그에 대한 관리처분권을 잃었으므로 그 뒤 그 토지에 대하여 한 체비
지지정처분이나 환지처분이 당연무효라면, 바로 그 토지상에 그 처분들이
유효함을 전제로 하여 경료된 타인명의의 소유권보존등기나 이전등기의 말
소를 구하거나 소유권확인을 구함으로써 권리를 회복할 수 있고, 등기원인이
된 체비지지정처분이나 환지처분의 무효확인을 구함은 행정청으로 하여금
그 처분을 원인으로 하여 경료된 등기를 말소하여 줄 것을 기대하는 간접
적·우회적 구제수단에 지나지 않아 허용될 수 없다.445)

■■ 판례

　　원고들은 상고심 계속중에 이미 국가공무원법 소정의 정년이 지났으므
로 면직처분이 무효로 확인된다 하더라도 공무원의 신분을 다시 회복할 수
없기 때문에, 비록 면직으로 인한 퇴직기간을 재직기간으로 인정받지 못함
으로써 퇴직급여, 승진소요연수의 계산 및 호봉승급에 관한 불이익이 남아
있긴 하나 이러한 불이익이 현재는 계속되고 있지 아니하고, 면직처분으로
인한 급료청구소송 또는 명예침해 등을 이유로 한 손해배상청구소송에서 위
처분의 무효를 주장하여 과거에 입은 권익의 침해를 구제받을 수 있는 이상,
소로써 면직처분의 무효확인을 받는 것이 원고들의 권리 또는 법률상 지위
에 현존하는 불안, 위험을 제거하는데 필요하고도 적절한 것이라 할 수 없으
므로 확인의 이익이 없다.446)

　　판례는 "행정처분무효확인소송에 관한 행정소송법 제35조의 이른바
'…확인을 구할 법률상 이익'은 그 대상인 현재의 권리 또는 법률관계에 관
하여 당사자 사이에 분쟁이 있고 그로 인하여 원고의 권리 또는 법률상의
지위에 불안·위험이 있어 판결로써 그 법률관계의 존부를 확정하는 것이
불안·위험을 제거하는데 필요하고도 적절한 경우에 인정되며", "무효라고
주장되는 과세처분에 의한 부과세액들이 경락대금의 배당에 의하여 납부

---

445) 대법원 1993.12.28. 선고 93누4519 등 판결(공1994.2.15.자 962호(56)); 참조 대법
원 1989.10.10. 선고 89누3397 판결(공1989, 1690).

446) 대법원 1993.1.15. 선고 91누5747 판결(공1993, 735).

된 효과가 이미 생겨 그 처분의 집행이 종료된 것과 같이 되어버렸다면, 그 부과처분이 존재하고 있는 것과 같은 외관상태가 남아 있음으로써 앞으로 이해관계인에게 닥쳐올 법률상의 불안이나 위험은 전혀 없고, 다만 남아 있는 것은 이미 이루어져 있는 위법상태의 제거 즉 납부 효과가 발생한 세금의 반환을 구하는 문제뿐이라고 할 것인즉, 이와 같은 위법상태의 제거 방법으로서 그 위법상태를 이룬 원인에 관한 처분의 무효확인을 구하는 길을 터주는 것은, 민사소송에 의한 부당이득금반환청구의 소로써 직접 과세관청에 위와 같은 위법상태의 제거를 구할 수 있는 길이 열려 있는 이상, 간접적인 해결방법에 불과하여 분쟁해결에 필요하고도 적절한 경우라 할 수 없어 '확인을 구할 법률상의 이익'이 없는 것이라고 할 것"이라고 판시한 바 있다.[447]

한편 행정소송법 제35조 소정의 '확인을 구할 법률상 이익'을 확인의 이익, 즉 즉시확정의 이익으로 보고 또 협의의 소익, 즉 권리보호의 필요와도 구별하지 않았던 것이 종래의 판례였으나, 그 중 '확인을 구할 법률상 이익'을 확인의 이익, 즉 즉시확정의 이익으로 보았던 판례가 변경되었다는 것은 이미 앞에서 살펴 본 바와 같다.

권리보호의 필요와 관련하여 대법원은 행위의 완료, 정년의 도과 등으로 처분등의 무효를 확인하더라도 권리구제를 받을 수 없는 경우에는 무효확인을 구할 법률상 이익을 부정하고 있다.

> 대법원은 '계고처분에 기한 대집행의 실행이 이미 사실행위로서 완료되었다면, 계고처분이나 대집행의 실행행위 자체의 무효확인 또는 취소를 구할 법률상 이익은 없다'고 판시하고 있고,[448] '조세의 부과처분에 따라 세금을 이미 납부한 경우에는 그 부과처분에 따른 조세채무는 소멸하여

---

447) 대법원 1988 3.8. 선고 87누133 판결(체납처분무효확인: 공1988, 689). 평석: 이상규, "행정처분무효확인소송의 성질과 소익", 판례연구 4집 (91.1), p.287.

448) 대법원 1995.7.28. 선고 95누2623 판결(계고처분등취소: 공1995.9.1.(999), 57). 동지: 대법원 1979.11.13. 선고, 79누242 판결(공1980, 12420); 1993.2.9. 선고, 92누4567 판결(공1993상, 986); 1993.11.9. 선고, 93누14271 판결(공1994상, 101).

존재하지 않으므로 그 부과처분에 대한 무효확인청구는 확인의 이익이 없는 것으로서 부적법하다 할 것인바, 세금의 연대납부책임자로서 이를 모두 납부하였다면 비록 대납하는 것이라는 취지를 명기하고 위 세금을 납부하였다고 하더라도 납부자로서는 현재 납부고지처분에 따른 위 세금에 대한 연대납부책임을 부담하고 있지 않으므로, 위 납부고지처분의 무효확인을 구하는 청구는 확인의 이익이 없어 부적법하다'고 판시한 바 있다.449)

대법원은 마찬가지로 '건축허가처분이 당연무효라 하더라도 허가처분을 받은 자가 원심변론종결 전에 건축공사를 완료하고 준공검사필증까지 교부받았다면 건축허가처분의 무효확인을 받아 건물의 건립을 저지할 수 있는 단계는 지났다고 할 것이므로 허가처분의 무효확인을 소구할 법률상 이익이 없다'고 판시하였다.450)

한편 대법원은 행정처분부존재확인소송의 경우에도 변경 전의 판례를 유지해 오고 있었다. 무효등확인소송의 법률상 이익에 관한 판례가 변경된 이상 향후 부존재확인소송에 관해서도 기존의 판례가 변경될 것으로 전망된다.

그 예로 '행정청의 처분에 대한 부존재확인을 구하기 위하여는 행정청에 의하여 마치 그와 같은 처분이 존재하는 듯한 외관이 작출되는 등으로 그 이해당사자에게 어떤 법적 불안이 발생하여 이를 제거하여야 할 필요가 있어야 하는 것인바, 처분청인 피고 스스로 이 사건 철거명령 및 대집행계고처분의 상대방이 소외인이고 원고에 대하여는 아무런 처분도 한 바 없다고 인정하고 있을 뿐 아니라 피고가 소외인에 대한 처분을 근거로 막바로 원고에 대하여 이 사건 위반 건축물부분에 대한 철거대집행을 시행하려 한다거나 위 처분으로 말미암아 원고에게도 위 건축물부분의 철거의무 등이 있다고 보여질 만한 외관이 작출되어 어떠한 법적 불안이 조성되어 있다고 인정할 자료도 없다면 원고에 대한 계고처분의 부존재확인을 구하는 이 사건 소는 결국 확인의 이익이 없다고 할 것'이라고 한 것,451) 그리고 '외관상의 토지등급수정처분에 유사한 상태가 있

---

449) 대법원 1992.9.8. 선고 92누4383 제1부판결(증여세등부과처분취소: 공1992.11.1. (931), 2914). 동지: 대법원 1981.1.13. 선고, 80누424 판결(공1981, 13597); 1987.9.22. 선고, 87누533 판결(공1987, 1665); 1991.9.10. 선고, 91누3840 판결(공1991, 2551).

450) 대법원 1993.6.8. 선고 91누11544 판결(판례월보 제278호, 2008.8, 214 이하).

451) 대법원 1990.10.30. 선고 90누3201 판결(건물철거대집행계고처분취소: 공1990.12.15.

게 됨으로써 그 토지등급에 따른 양도소득세의 부과처분을 받을 우려가 있더라도 과세관청이 수정된 바 없는 토지등급에 기초하여 양도소득세를 부과하게 되면 납세자는 그 과세처분에 대한 불복절차에서 토지등급수정처분의 부존재를 주장하여 이를 구제받을 수 있다고 할 것이므로 토지등급수정처분의 부존재확인을 구할 법률상 이익이 있다고 할 수 없다'고 판시한 것452) 등이 있었다.

3.3. 피고적격

무효등확인소송의 피고적격에 관해서는 취소소송의 피고적격에 관한 규정이 준용된다(§38). 따라서 당해 처분등을 한 행정청이나 부존재확인의 대상인 처분의 외관을 야기시킨 행정청이 피고가 된다.

4. 제소기간 등의 적용 배제

무효등확인소송에는 제소기간의 제한이 없다(§38①). 이는 무효등확인소송에는 기간의 경과로 당해 처분이나 재결의 효력 또는 존재에 실체적으로 영향을 미칠 것이 없기 때문이다. 그러나 무효선언을 구하는 취소소송에 의하여 무효확인을 구하는 경우에는 제소기간의 적용을 받는다. 다만 판례453)나 학설상 인정되고 있는 '무효선언을 구하는 취소소송'의 경우 종래 견해의 대립이 있었다. 판례는 종래 행정심판전치주의 및 출소기간의 제한과 같은 절차적 제한규정이 이러한 소송유형에도 적용된다는 입장을 취하고 있었다.454) 무효등확인소송에 대한 행정심판전치주의의 적용 여부는 행정심판이 임의절차화한 현행법 하에서는, 취소소송에 있어 예외적으로 행정심판전치주의가 적용되는 경우를 제외하고는, 논의의 실익을 상실

---

(886), 2445).

452) 대법원 1990.1.23. 선고 89누6099 판결(토지등급수정부존재확인: 공1990.3.15 (868), 546).

453) 대법원 1953.6.23. 선고 4285行上2 판결 등.

454) 구행정소송법 제2조의 소원전치주의의 적용을 인정한 판례: 대법원 전원합의부 1976.2.24. 선고 75누12 8 판결; 同제5조의 제소기간의 적용을 인정한 판례: 대법원 1982.6.22. 선고 81누 424 판결.

했다. 그러나 제소기간은, 종래와 같은 판례가 계속 유지된다면, '무효선언을 구하는 취소소송'의 경우에도 적용된다고 보게 될 것이다.

Ⅵ. 관련청구소송의 이송과 병합

무효등확인소송과 관련청구소송이 각각 다른 법원에 계속되고 있는 경우, 관련청구소송이 계속된 법원이 상당하다고 인정하는 때에는 당사자의 신청 또는 직권에 의하여 당해 사건을 무효등확인소송이 계속된 법원으로 이송할 수 있고 무효등확인소송에 사실심변론종결시까지 관련청구소송을 당해 법원에 병합하여 제기할 수 있다(§§10, 38).

Ⅶ. 무효등확인소송에 있어 가구제

무효등확인소송상 가구제의 내용도 취소소송의 경우와 마찬가지로 집행정지와 가처분을 내용으로 하여 문제된다. 행정소송법은 취소소송에 있어 집행정지에 관한 규정(§23)을 무효등확인소송에 대하여도 준용하고 있으므로, 무효등확인소송에서도 집행정지가 가능하며 또 원칙적으로 집행이 정지되지 아니한다고 해석된다. 그러나 이 경우 집행력을 가지지 아니하는 무효등의 처분이 문제되는 것이므로 과연 집행부정지의 원칙을 준용할 여지가 있는지는 의문이다. 이러한 논리적 모순을 무효와 취소의 상대성과 처분의 집행보장에 대한 행정목적을 근거로 설명하고자 하는 견해가 있으나,[455] 무효등확인소송에 있어 문제된 처분등의 무효나 부존재가 사실상 명백한 경우 정지시킬 '집행'을 인정할 여지가 없을 수도 있다는 점을 고려

---

455) 김동희, 행정법 I, pp.703-704.

해야만 할 것이다. 물론 무효등확인소송에 있어 확인대상은 처분의 무효등
이지만, 당해 처분이 무효인지 아니면 취소할 수 있는 단순위법에 불과한
지가 반드시 명백하지 않은 경우가 적지 않고 또 본안심리를 거쳐서야 판
명될 수 있는 것이므로 자칫 집행될 우려가 있어 집행정지의 대상으로 삼
아야 할 필요가 생기는 것은 사실이다. 또한 무효등확인소송에 있어 집행
부정지의 원칙을 준용한다고 할 때, 아직 무효인지 단순위법인지 여부가
확실하지 않은 상황에서 당해 처분등의 집행이 정지되지 아니한다고 새기
는 것이 법적 안정성의 견지에서 불가피한 해결책이라고 볼 수도 있다. 행
정소송법이 집행정지에 관한 규정을 무효등확인소송에도 준용하도록 한
것도 바로 그러한 취지인 것으로 생각된다. 한편, 무효등확인소송에 있어
가처분을 인정할 소지는 취소소송의 경우 보다 넓은 것이 사실이다.[456]

Ⅷ. 무효등확인소송의 심리 및 판결

1. 무효등확인소송의 심리

1.1. 개 설

심리절차상의 기본원칙에 관한 한, 직권탐지주의를 가미한 것이나 처
분권주의 등이 타당하다는 것은 이미 취소소송에 관하여 설명한 것이 그대
로 타당하므로 여기서는 별도로 다루지 않는다. 위법판단의 기준시점이나
소의 변경, 행정심판기록의 제출명령 등에 관해서도 마찬가지이다.

1.2. 입증책임

판례는 일부의 학설과 더불어 무효등확인소송에 있어 입증책임은 그

---

456) 김도창, 일반행정법론(상), p.794.

무효를 구하는 원고에게 있다고 하여 취소소송의 경우와는 달리, 원고책임
설을 취한다.[457] 따라서 원고는 그 처분에 존재하는 흠이 중대하고 명백하
다는 것을 주장·입증하여야 하며, 이를 입증하지 못하면 패소의 불이익을
당하게 된다고 한다. 그러나 무효등확인소송에 있어 입증책임은 이를 일률
적으로 논할 것이 아니라 소극적 확인소송(부존재확인 또는 실효 및 무효확인
을 구하는 소송)과 적극적 확인소송(존재확인이나 유효확인을 구하는 소송)을
나누어 고찰하여야 한다. 소극적 확인소송의 경우 처분등이 부존재, 실효
또는 무효라는 것은 권리장애요건사실에 해당하므로 이에 대하여는 원고
가, 그 존재, 유효성(적법성)에 대하여 피고 행정청이 각각 입증책임을 부담
한다고 해야 할 것이고, 적극적 확인소송의 경우 처분등이 유효, 존재한다
는 것은 권리발생요건사실에 해당하므로 그 유효, 존재에 대하여는 원고가,
반대로 그 무효, 부존재에 대하여는 피고가 각각 입증책임을 부담한다고
보아야 할 것이다.[458]

> **■■ 판례**
>
> 행정처분의 당연무효를 구하는 소송에 있어서는 그 무효를 구하는 사람
> (원고)에게 그 행정처분에 존재하는 하자가 중대하고 명백하다는 것을 주
> 장·입증할 책임이 있다.[459]

1.3. 선결문제의 심리·판단

(1) 의 의

행정소송법 제11조 제1항은 처분등의 효력 유무 또는 존재 여부가
민사소송의 선결문제로 되어 당해 민사소송의 수소법원이 이를 심리·판단하는

---

457) 대법원 1976.1.13. 선고 75누175 판결.
458) 김도창, 일반행정법론(상), p.828; 이상규, 신행정쟁송법, p.421; Redeker/v.Oertzen,
§43 Rn.2; Schmitt Glaeser, S.192 Rn.327.
459) 대법원 1984.2.28. 선고 82누154 판결.

경우에는 취소소송에 있어 행정청의 소송참가(§17), 행정심판기록제출명령(§25), 직권심리(§26) 및 소송비용재판의 효력(§33)에 관한 규정들을 준용한다고 규정하고 있다.[460] 여기서 선결문제(Vorfrage)란 민사소송에서의 본안에 대한 판단의 전제가 된, 처분등의 무효 또는 부존재 여부에 관한 다툼을 말한다.

(2) 선결문제심판권의 소재

행정처분의 무효·부존재 또는 위법이 선결문제로서 주장될 경우 수소법원의 판단권 여하에 관해서는 견해가 대립되고 있으나,[461] 처분등의 흠이 무효 또는 부존재사유인 경우에는 당해 민사수소법원이 이를 가지는 것이고, 그것이 단순위법사유에 불과한 경우에는, 당해 민사법원이 이를 판단할 수 없고(공정력의 구속) 행정소송의 판결을 기다려야 한다는 것이 통설과 종래 판례의 주류적 태도이다.

> 구법하에서의 판례중에는 "…… 계고처분, 행정처분이 위법임을 이유로 배상을 청구하는 경우에는 미리 그 행정처분의 취소판결이 있어야만 그 행정처분이 위법임을 이유로 배상을 청구할 수 있는 것은 아니다"라고 한 것도 있었으나,[462] 국세등의 부과 및 징수처분과 같은 행정처분의 하자가 단순한 취소사유에 그칠 때에는 민사법원은 그 효력을 부인할 수 없다고 한 판례[463]들이 주류를 이루고 있다.

(3) 심리절차

선결문제의 심리절차에 관해서는 먼저 행정소송법 제11조 제1항이 규정하는 경우, 즉 처분등의 효력 유무 또는 존재 여부가 선결문제로 된 경우에는 취소소송에 있어 행정청의 소송참가(§17), 행정심판기록제출명령

---

460) 이 규정은 선결문제심판권의 소재에 관한 입법적 해결을 본 것이라고 보는 견해(이상규, 신행정쟁송법, p.251)도 있으나, 이 문제를 종래대로 학설·판례에 맡기고, 단지 그 심리절차에 관한 것만을 규율한 것으로 보는 것이 지배적이다(김도창, 일반행정법론(상), p.828; 홍정선, 행정법원론(상), p.841).

461) 이에 대한 각국의 입법례에 관해서는 김도창, 상, 828 註4를 참조.

462) 대법원 1972.4.28. 선고 72다337 판결.

463) 대법원 1973.7.10. 선고 70다1439 판결.

(§25), 직권심리(§26) 및 소송비용재판의 효력(§33)에 관한 규정들이 준용된다. 한편 처분등의 단순위법 여부가 선결문제로 된 경우에는 명문의 규정이 없으나 그 심리절차에 관한 한, 이들 규정의 유추적용이 인정될 수 있을 것이다.[464]

2. 무효등확인소송의 판결

무효등확인소송의 판결에 관해서는 그 성질상의 차이로부터 연유하는 점을 제외하고는 기본적으로 취소소송에 관하여 설명한 것이 그대로 타당하다. 가령 확인판결의 효력에 관하여 본다면, 이 경우 그 확인소송으로서의 본질상 형성력을 발휘할 수 없다는 점과 이행의 문제를 남기지 아니하므로 간접강제에 의한 집행력을 가질 수 없다는 점 등을 제외하고는 기본적으로 취소소송의 경우와 같다. 무효등확인소송의 경우에도 인용판결은 구속력 및 제3자효를 가지며, 제3자보호를 위한 제3자의 소송참가, 재심청구도 인정된다. 무효등확인소송의 경우 사정판결이 허용되지 않는다는 점은 이미 취소소송 사정판결에 관한 설명에서 지적한 바 있다.

제3절 부작위위법확인소송

I. 의 의

부작위위법확인소송(不作爲違法確認訴訟)이란 '행정청의 부작위가 위법하다는 것을 확인하는 소송'을 말한다(§4 iii). 즉, 행정청이 당사자의 신청

---

464) 홍정선, 행정법원론(상), p.842.

에 대하여 상당한 기간내에 일정한 처분을 할 법률상 의무가 있음에도 불구하고 이를 하지 않은 것에 대한 위법 확인을 구하는 소송이다. 급부행정 또는 복리행정 등의 영역에서 개인생활의 행정의존성이 증대됨으로 인하여 거부처분이나 부작위와 같은 소극적 행정작용 또한 적극적인 행정작용으로 인한 권익침해 못지 않는 침해적 효과를 갖는다는 사실이 인식되게 되었다. 이러한 인식의 전환은 가령 독일의 의무이행소송과 같이 행정청의 처분의무의 이행을 관철시킬 수 있는 소송상의 수단의 강구를 요구하게 되었다. 그러나 현행 행정소송법은 주요외국의 입법례에서 인정되고 있는 바와 같은 이행소송(독일의 의무이행소송·일반이행소송, 영미의 직무집행명령청구소송)을 도입하지 않았고, 그 대신 법원이 행정청에 대하여 의무이행을 명하는 것이 아니라 단지 의무불이행, 즉 부작위의 위법성만을 확인하는데 그치는 변형된 소송유형을 도입하였다. 이에 따라 신설된 소송유형이 부작위위법확인소송이다. 행정소송법은 부작위위법확인소송에 대하여 그 판결의 기속력으로서 재처분의무와 간접강제를 인정함으로써 실효성을 보강하고 있다. 이 점에서 이 소송유형은 운영 여하에 따라서는 일종의 간접적 행정개입청구소송으로서의 기능을 발휘할 수도 있다. 여기서 특기할 것은 행정소송법이 거부처분과 부작위에 대한 소송상의 대응방법을 거부처분취소소송과 부작위위법확인소송으로 차별화시키고 있다는 점이다. 이것은 거부처분이나 부작위에 대한 행정심판으로서 의무이행심판을 인정한 행정심판법의 태도와 현저히 대조되고 있다.

Ⅱ. 부작위위법확인소송의 성질과 소송물

1. 성 질

부작위위법확인소송은 행정청이 일정한 처분을 하여야 할 법적 의무가 있음에도 불구하고 이를 하지 않음으로써 초래된 법상태의 위법성을 확인받기 위한 것이므로 확인소송의 성질을 가진다. 부작위위법확인소송에서의 판결은 적극적으로 행정청에 대하여 일정한 처분을 할 의무를 명하는 것이 아니라, 행정청이 그 처분의무를 이행하지 않은 것, 즉 부작위가 위법임을 확인하는 확인판결이므로 이 점에 있어서는 다른 확인소송의 판결과 다름이 없다. 그러나 부작위위법확인소송은 그 부작위의 개념이 공권력행사로서 처분을 행할 의무의 존재를 전제로 한다는 점에서 항고소송적 성격을 아울러 갖는다고 할 수 있어 행정소송법이 이를 항고소송의 한 종류로 규정하고 있는 것이다.

2. 소송물

부작위위법확인소송의 소송물은 당해 소송의 대상인 부작위의 위법확인을 구하는 원고의 소송상 청구이다. 이 점에서 일부의 문헌들이 같은 부작위소송이라도 의무이행소송의 경우 일정한 작위의무의 존재가 소송물이 되는 것과 다르다고 설명하는 것[465]은 잘못이다. 왜냐하면 의무이행소송의 소송물은 작위의무의 확인이 아니라 행정청의 의무이행을 명하는 판결을 구하는 원고의 소송상의 청구이기 때문이다.[466] 부작위위법확인소송이 그 소송물에 있어 의무이행소송과 구별되는 것은 바로 이러한 계기이지, 확인의 태양(부작위의 위법성 대 작위의무의 존재)은 아니다.

---

465) 김도창, 일반행정법론(상), p.835는 부작위위법확인소송의 소송물을 부작위의 위법 주장이라고 한다.

466) 의무이행소송의 소송물은 행정청이 신청된 행정행위의 위법한 거절이나 부작위를 통하여 자기의 권리를 침해하였다는 원고의 주장, 다시말해서 요구된 행정행위의 이행을 행정청에게 명해 달라는 원고의 주장, 의무에 합당한 재량에 의한, 그리고 법원의 견해를 존중한 행정행위의 이행을 명해 달라는 주장 등이라고 한다. Wolff/Bachof, Verwaltungsrecht III, 2.Aufl., S.413; Ule, aaO, S.207; Stern, aaO, S.121; Kopp, Der für die Beurteilung der Sach- und Rechtslage maßgebliche Zeitpunkt bei verwaltungsgerichtlichen Anfechtungs- und Verpflichtungsklage, in: FS für Menger, S.704ff.; ders., VwGO §90 Rn.9, S.1091.

Ⅲ. 적용법규

행정소송법은 부작위위법확인소송에 관해서도 무효등확인소송의 경우처럼, 취소소송에 관한 규정을 광범위하게 준용하고 있다. 이를 개관해보면 다음과 같다.

1. 취소소송에 관한 규정이 준용되는 경우

위에서 본 취소소송에 있어 판결의 효력·구속력·간접강제에 관한 규정(§30) 외에도 제소기간에 관한 규정(§20)이 부작위위법확인소송에 준용된다. 그 밖에도 재판관할(§9)·피고적격(§§13, 14)·관련청구의 이송·병합(§10), 공동소송, 제3자 및 행정청의 소송참가, 소송대상(원처분주의), 소의 변경, 행정심판기록제출명령, 직권심리주의, 재량취소, 제3자의 재심청구, 소송비용재판의 효력에 관한 규정들이 준용된다(조문생략).

2. 취소소송에 관한 규정이 준용되지 않는 경우

부작위위법확인소송에 대해서는 그 성질상 선결문제, 원고적격, 처분변경으로 인한 소의 변경, 집행정지, 사정판결, 소송비용의 부담 등에 관한 규정들은 준용되지 않는다.

Ⅳ. 부작위위법확인소송의 제기요건

1. 재판관할

부작위위법확인소송의 재판관할에 관하여는 취소소송에 관한 규정이 준용되므로(§38②), 제1심 관할법원은 피고인 행정청의 소재지를 관할하는 행정법원이 된다(§9①). 다만, 다음 어느 하나에 해당하는 피고에 대하여 부작위위법확인소송을 제기하는 경우에는 대법원소재지를 관할하는 행정 법원에 제기할 수 있다(§9②).

1. 중앙행정기관, 중앙행정기관의 부속기관과 합의제행정기관 또는 그 장
2. 국가의 사무를 위임 또는 위탁받은 공공단체 또는 그 장

토지의 수용 기타 부동산 또는 특정의 장소에 관계되는 처분등에 대한 부작위위법확인소송은 그 부동산 또는 장소의 소재지를 관할하는 행정법 원에 이를 제기할 수 있다(§9③).

2. 소송의 대상: 부작위

부작위위법확인소송의 대상은 행정청의 부작위이다. "단순한 부작위 의 위법이 아닌 작위의무확인청구는 항고소송의 대상이 되지 아니 한다"는 판례[467]가 있다. 부작위란 "행정청이 당사자의 신청에 대하여 상당한 기간 내에 일정한 처분을 하여야 할 법률상 의무가 있음에도 불구하고 이를 하지 아니하는 것"을 말한다(§2① ii). 부작위가 성립하기 위한 요건은 이미 의무이행심판과 관련하여 간략히 살펴본 바 있지만, 이를 상론하면 다음과 같다. 부작위가 성립하기 위하여는 다음과 같은 요건이 충족되어야 한다.

2.1. 당사자의 처분 신청

부작위가 성립하려면 당사자의 처분 신청이 필요하다. 즉 당사자가 행정청에 대하여 처분을 해달라는 신청을 하였어야 한다.

> ███ **부작위위법확인소송의 대상이 되는 부작위의 요건**
>   가. 부작위위법확인소송의 대상이 되는 행정청의 부작위라 함은 행정

---

467) 대법원 1989.1.24. 선고 88누3314 판결(애국지사유족확인부결처분무효확인등).

청이 당사자의 신청에 대하여 상당한 기간 내에 일정한 처분을 할 법률상 의무가 있음에도 불구하고 이를 하지 아니하는 것을 말하고, 이 소송은 처분의 신청을 한 자가 제기하는 것이므로 이를 통하여 원고가 구하는 행정청의 응답행위는 행정소송법 제2조 제1항 제1호 소정의 처분에 관한 것이라야 한다.

나. 폐지된 개간촉진법 제17조의 규정에 따른 국유개간토지의 매각행위는 국가가 국민과 대등한 입장에서 국토개간장려의 방편으로 개간지를 개간한 자에게 일정한 대가로 매각하는 것으로서 사법상의 법률행위나 공법상의 계약관계에 해당한다고 보아야 하므로 이를 항고소송의 대상이 되는 행정처분이라고 할 수 없다.

다. 당사자의 신청에 대한 행정청의 거부처분이 있는 경우에는 행정청이 당사자의 신청에 대하여 상당한 기간 내에 일정한 처분을 하여야 할 법률상의 응답의무를 이행하지 아니함으로써 야기된 부작위라는 위법상태를 제거하기 위하여 제기하는 부작위위법확인소송은 허용되지 아니한다.[468]

여기서 말하는 신청이란 법규상 또는 조리상의 신청권의 행사로서 신청을 말한다는 것이 판례의 일관된 태도이자 다수설이다. 이러한 견해에 따르더라도 법령이 명시적으로 신청권을 인정하고 있는 경우뿐만 아니라 법해석상, 예컨대 헌법상 기본권규정으로부터 신청권이 도출되는 경우에도, 그러한 신청권의 행사로서 신청이 있었음을 인정하는 데에는 문제가 없다. 또한 신청권이 있는 자의 신청이면 족하고, 그 신청이 적법할 필요는 없다는 데에도 견해가 일치한다.[469] 그러나, 오로지 행정청의 직권발동을 촉구하는 데 불과한 의미의 신청은 이에 해당되지 않는다고 한다.

▰▰ 판례

행정청이 국민으로부터 어떤 신청을 받고서도 그 신청에 따르는 내용의 행위를 하지 아니한 것이 항고소송의 대상이 되는 위법한 부작위가 된다고 하기 위하여는 국민이 행정청에 대하여 그 신청에 따른 행정행위를 해 줄 것을 요구할 수 있는 법규상 또는 조리상의 권리가 있어야 하며 이러한 권리에

---

468) 대법원 1991.11.8. 선고 90누9391 판결(부작위위법확인).
469) 김남진, 행정법 I, p.838.

의하지 아니한 신청을 행정청이 받아들이지 아니하였다고 해서 이 때문에 신청인의 권리나 법적 이익에 어떤 영향을 준다고 할 수 없는 것이므로 이를 들어 위법한 부작위라고 할 수 없을 것.[470]

그러나 판례의 입장에는 간과할 수 없는 문제점이 내재하고 있다. 왜 냐하면 소송의 대상으로서 부작위의 존재란 소송요건, 즉 본안판단의 전제 요건의 하나일 뿐, 본안의 문제로 다루어져서는 안 되기 때문이다. 판례의 입장은 거부처분의 처분성에 관한 전통적 판례[471]의 연장이라고도 할 수 있으나, 판례가 이 같은 해석을 부작위의 개념에 대해서도 마찬가지로 관 철시킬 수 있었던 데에는, 무엇보다도 부작위에 대한 행정소송법의 입법적 정의규정의 문제점이 배경을 이루고 있다. 즉 행정소송법은 부작위를 "행 정청이 당사자의 신청에 대하여 상당한 기간 내에 일정한 처분을 하여야 할 법률상 의무가 있음에도 불구하고 이를 하지 아니하는 것"이라고 정의 하고 있는데(§2① ii), 그렇다면 '처분을 하여야 할 법률상 의무'를 이행하지 않은 것이 부작위라는 것이므로, 아예 부작위의 성립 자체가 위법하다는 것이 되고 만다. 이러한 결과는 법률의 규정 자체에 의한 것이기 때문에 불 가피한 측면이 없지 않다. 그러나 이러한 정의규정에 의하여 소송요건의 문제가 이미 본안의 문제로 판단되는 기이한 결과가 되어 버린다는 것이 문제이다. 이는 '본안판단의 선취'(Vorwegnahme der Hauptsache)로서 일반 소송법리상 정당화될 수 없기 때문이다. 이 문제를 해결하기 위해서는 행 정소송법 제2조 제1항 제2호의 정의규정의 의미를 소송요건이 아니라 본 안판단에 한정시키는 수밖에 없다.[472] 소송요건으로서 부작위의 존재를 인

---

470) 대법원 1992.10.27. 선고 92누5867 판결(선조들의 묘가 있는 묘역을 향토유적으로 지정하여 달라는 신청을 받아들이지 아니하였어도 부작위위법확인의 소의 대상이 되지 않는다고 한 사례); 동지: 대법원 1992.6.9. 선고 91누11278 판결; 1990.5.25. 선고 89누5786 판결.

471) 대법원 1991.2.26. 선고 90누5597 판결. 동지: 대법원 1991.8.9. 선고 90누8428 판결.

472) 이 점은 취소소송의 대상, 즉 처분성의 판단에 관해서도 마찬가지이다. 행정소송법 제2조 제1항 제1호의 정의규정도 소송요건으로서 처분성 판단보다는 오히려 본안판단의 차원에 관계하는 규정으로 해석되어야 할 것이다. 이러한 관점에서, 이미 앞에서 다룬 바 있듯이, 거부

정하기 위해서는 단순히 원고의 (신청권을 전제로 하지 않은) 신청이 있었고 원고가 주장하는 바와 같은 처분의무에 따른 처분이 행해지지 않았다는 것만으로 족하다고 보아야 할 것이다. 신청권 또는 실체법상 처분의무의 존재 여부는 본안에 가서야 비로소 판단될 수 있는 문제이기 때문이다. 그리고 부작위가 특정처분의 불이행을 의미하느냐 아니면 전혀 아무런 행위도 하지 않은 것을 말하느냐에 관해서는 후술한다.

2.2. 상당한 기간

당사자의 신청이 있은 후 상당한 기간이 지나도 행정청이 아무런 조치를 취하지 않았어야 한다. 상당한 기간이란 사회통념상 당해 신청을 처리하는데 소요될 것으로 판단되는 기간을 말한다. 그것은 일반추상적으로 정할 수는 없고 법령의 취지나 처분의 성질 등을 고려하여 개별구체적으로 판단할 문제이나, 경험칙상 다른 동종의 신청에 소요되는 처리기간은 하나의 기준이 될 수 있을 것이다. 처분을 지연시킨 객관적 정당화사유 외에 행정청내의 사무처리 폭주, 직원의 휴가 등과 같은 주관적 사정은 참작될 수 없다.

2.3. 처분의무의 존재 가능성

일반적으로 부작위가 성립하기 위해서는 행정청에게 처분을 할 법률상 의무가 있어야 한다고 설명되고 있다. 이 때 처분의무는 법령이 명시적으로 신청에 따라 처분을 하여야 한다고 규정하고 있는 경우나 법령의 취지, 처분의 성질 등에 관한 법해석상 행정청의 처분의무가 인정되는 경우에 존재한다고 하며, 행정청에게 재량권이 부여된 경우에도 재량권의 수축이 인정될 때에는 처분의무가 성립될 수 있다고 한다. 그러나 위에서 본 바

처분의 처분성에 대한 판례는, '원고가 사실상 그 신청에 따른 행정행위를 요구할 수 있는 법규상 또는 조리상의 권리를 갖고 있느냐의 여부는 소송요건의 문제가 아니라 본안의 문제'라는 점에서 비판을 면키 어렵다.

와 같이 행정청에게 실체법상 처분의무가 실제로 존재하는가 하는 문제는 어디까지나 본안의 문제일 뿐이다. 따라서 처분의무의 존재가 아니라 원고가 주장하는 바에 따른 처분의무가 법적으로 성립될 수 있는 가능성이 있느냐만을 부작위의 성립요건으로 보아야 한다.

▮▮ 판례

가. 형사본안사건에서 무죄가 선고되어 확정되었다면 형사소송법 제332조 규정에 따라 검사가 압수물을 제출자나 소유자 기타 권리자에게 환부하여야 할 의무가 당연히 발생한 것이고, 권리자의 환부신청에 대한 검사의 환부결정 등 어떤 처분에 의하여 비로소 환부의무가 발생하는 것은 아니므로 압수가 해제된 것으로 간주된 압수물에 대하여 피압수자나 기타 권리자가 민사소송으로 그 반환을 구함은 별론으로 하고 검사가 피압수자의 압수물 환부신청에 대하여 아무런 결정이나 통지도 하지 아니하고 있다고 하더라도 그와 같은 부작위는 현행 행정소송법상의 부작위위법확인소송의 대상이 되지 아니한다.

나. 검사에게 압수물 환부를 이행하라는 청구는 행정청의 부작위에 대하여 일정한 처분을 하도록 하는 의무이행소송으로 현행 행정소송법상 허용되지 아니한다.473)

1. 피고 국가보훈처장이 발행·보급한 독립운동사, 피고 문교부장관이 저작하여 보급한 국사교과서 등의 각종 책자와 피고 문화부장관이 관리하고 있는 독립기념관에서의 각종 해설문·전시물의 배치 및 전시 등에 있어서, 일제치하에서의 국내외의 각종 독립운동에 참가한 단체와 독립운동가의 활동상을 잘못 기술하거나, 전시·배치함으로써 그 역사적 의의가 그릇 평가되게 하였다는 이유로 그 사실관계의 확인을 구하고, 또 피고 국가보훈처장은 이들 독립운동가들의 활동상황을 잘못 알고 국가보훈상의 서훈추천권을 행사함으로써 서훈추천권의 행사가 적정하지 아니하였다는 이유로 이러한 서훈추천권의 행사, 불행사가 당연무효임의 확인, 또는 그 부작위가 위법함의 확인을 구하는 청구는 과거의 역사적 사실관계의 존부나 공법상의 구체적인 법률관계가 아닌 사실관계에 관한 것들을 확인의 대상으로 하는 것이거나 행정청의 단순한 부작위를 대상으로 하는 것으로서 항고소송의 대상이 되지 아니하는 것이다.

2. 피고 국가보훈처장 등에게, 독립운동가들에 대한 서훈추천권의 행사

---

473) 대법원 1995.3.10. 선고 94누14018 판결(공1995.4.15. 990(50)). 참조 나. 대법원 1989.9.12. 선고 87누868 판결(공1989, 1477); 1992.2.11. 선고 91누4126 판결(공1992, 1037).

가 적정하지 아니하였으니 이를 바로잡아 다시 추천하고, 잘못 기술된 독립
운동가의 활동상을 고쳐 독립운동사 등의 책자를 다시 편찬, 보급하고, 독립
기념관 전시관의 해설문, 전시물 중 잘못된 부분을 고쳐 다시 전시 및 배치
할 의무가 있음의 확인을 구하는 청구는 작위의무확인소송으로서 항고소송
의 대상이 되지 아니한다.474)

2.4. 아무런 처분도 하지 않았을 것

부작위가 성립하려면 행정청이 전혀 아무런 처분도 하지 않았어야 한
다고 한다. 즉, 처분으로 볼 만한 외관이 일체 존재하지 않아야 한다는 것
이다. 이러한 외관을 지니는 무효인 행정행위나 소극적 처분이 있는 것으
로 되는 거부간주 또는 의제거부(예: 국세기본법 §65⑤; 지방세법 §58⑨)의
경우는 이에 해당되지 않는다. 그러나 행정소송법 제2조 제1항 제2호가 명
백히 '일정한 처분을 하여야 할 법률상 의무가 있음에도 불구하고 이를 하
지 아니하는 것'이라고 하고 있음에 비추어 볼 때, 과연 부작위를 이를테면
'무위'와 동일시할 수 있을 것인가 하는 의문이 제기되지 않을 수 없다. 다
만 이것은 부작위위법확인소송의 인용판결의 효력과 관련하여 결정적인
의미를 지니는 문제이므로 관련되는 곳에서 상론하기로 한다.

3. 당사자

3.1. 원고적격

부작위위법확인소송은 처분의 신청을 한 자로서 부작위가 위법하다는
확인을 구할 법률상 이익이 있는 자 만이 제기할 수 있다(§36). 따라서 원
고적격을 갖기 위해서는 현실적으로 일정한 처분의 신청을 하여야 하며,
법률상 이익이 있어야 한다. 법률상 이익의 의미에 관해서는 이미 앞에서

---

474) 대법원 1990.11.23. 선고 90누3553 판결(공888.237(58)). 참조판례: 대법원 1984.9.25.
선고 83누570 판결; 1985.11.26. 선고 85누607 판결; 1989.1.24. 선고 88누3116 판결; 1989.1.24.
선고 88누3147 판결; 1989.1.24. 선고 88누3314 판결.

취소소송에 관하여 본 바와 같으므로 다시 설명을 요하지 않는다.

　　반면 '처분의 신청을 한 자'가 무엇을 말하는가에 관해서는, 이미 부작위의 성립요건에 관하여 지적된 바 있지만, 견해가 대립된다. 일부의 문헌은 '현실적으로 일정한 처분의 신청을 한 것으로 족하고, 그 자가 법령에 의한 신청권을 가졌는지의 여부는 가릴 것이 없다'고 하거나,[475] '현실적으로 처분을 신청한 자이면 원고적격을 가지며, 법령에 의하여 신청권이 인정된 자에 한하지 않는다'고 하면서도, 신청권이 없는 자는 결국은 청구가 기각될 것이라고 한다.[476] 그러나 '처분의 신청을 한 자'라고 보기 위해서는 현실적으로 신청을 한 것만으로는 부족하고 신청권이 있는 자가 신청을 하였을 것이 필요하다는 것이 판례와 다수설[477]임은 방금 전 부작위의 성립요건에 관하여 본 바와 같다.

　　생각건대, 판례·다수설의 견해는 기본적으로 행정청에 대하여 허가등과 같은 처분을 신청할 권리를 가지는 자만이 원고적격이 있으며, 그렇게 새겨야만 부작위를 '처분을 하여야 할 '법률상 의무'가 있음에도 이를 하지 아니하는 것'으로 정의하는 행정소송법의 법문과 일치된다는 점을 주된 근거로 하고 있는 것으로 보인다.[478] 그러나 부작위위법확인소송의 원고적격에 관한 논의는 무엇보다도 이에 관한 행정소송법 제36조의 해석으로부터 시작되어야 한다. 소송대상으로서 부작위의 개념규정과 원고적격의 문제는 일단 논리적으로 구별되어야 한다. 행정소송법 제2조 제1항 제2호의 정의규정은 이러한 관점에서 원고적격에 관한 문제에 관해서는 상관성을 결여한다. 행정소송법은 제36조에서 원고적격에 관한 별도의 규정을 두고 있는 것은 바로 그러한 까닭에서이다. 즉 부작위위법확인소송은 '처분의 신청을 한 자로서 부작위의 위법의 확인을 구할 법률상의 이익이 있는 자'만이 제

---

475) 이상규, 신행정법론(상), p.740.
476) 이상규, 신행정법론(상), p.828.
477) 대표적으로 박윤흔, 행정법강의(상), pp.999-1000.
478) 김남진, 행정법 I, p.838.

기할 수 있다고 규정하고 있다. 먼저 여기서 규정된 '처분의 신청을 한 자'
란 문자 그대로 현실적으로 처분을 해달라는 신청을 한 자를 말한다고 보
는 것이 가장 초보적인 문리해석의 결과이다. 만일 이를 충분한 정당화근
거 없이 '신청권을 가지고 신청을 한 자'라고 새긴다면 그것은 자의적인 목
적론에 불과하게 될 것이다. '신청권'이란 요소는 제36조 전단이 아니라 오
히려 후단, 즉 '부작위의 위법의 확인을 구할 법률상의 이익이 있는 자'란
구절에서 찾아야 할 것인데, 과연 이로부터 그러한 해석의 근거가 도출될
수 있는가. 여기서 다시금 '부작위'와 '법률상 이익'의 개념이 지닌 소송법
적 위상이 문제된다. '부작위', '법률상 이익'이 무엇을 말하는가 하는 것은
단순한 일반이론상의 문제가 아니라, 그것이 각기 소속된 소송법상의 위상
에 따라 달리 대답되지 않으면 안 된다. 모든 소송법규정은 사실 그러한 소
송법상의 다양한 위상에 관한 차별적 고려에 바탕을 두고 만들어진 것이라
해도 과언은 아니다. 이들 개념이 위치하고 있는 그와 같은 소송법상의 위
상은 여기서는 물론 원고적격이다. 따라서 이들 개념은 원고적격의 소송법
기능에 맞게 해석되지 않으면 안 된다. 이렇게 본다면 여기서 말하는 '부작
위'란 행정소송법 제2조 제1항 제2호에 따른 '부작위'가 아니라 그 가능태
일 뿐이며, '법률상 이익이 있는 자' 또한 '현실적으로 법률상 이익을 가진
자'가 아니라 전후사정으로 보아 '법률상 이익을 가졌다고 볼 가능성이 있
는 자'를 말한다고 새겨야 할 것이다. 물론 명백히 부작위라고 볼 수 없는
경우라든지 하등의 법률상 이익이 있다고 볼 수 없는 경우에는 원고적격도
부정될 수밖에 없을 것이다. 그러나 제36조의 해석에 법 제2조 제1항 제2호
의 개념정의와 법률상 이익의 실체적 판단을 결부시키는 것은 불필요하고
또 정당화될 수 없는 소송요건심사의 팽창과 결국 전체 소송절차에 있어 '머
리부분에 과중한 부담'(Kopflastigkeit des gesamten Gerichtsverfahrens)[479]

---

479) Schmitt Glaeser, S.96 Rn.154: 여기서는 취소소송의 제기요건으로서 제소권
(Klagebefugnis) 유무에 대한 실체적 심사론(Schlüssigkeitstheorie)의 문제점을 지칭하는
표현으로 사용되고 있다.

을 초래하게 될 것이다. 이러한 해석은 나아가 국민의 (본안판결을 받을) 재판청구권을 제약하는 결과를 빚어낼 수 있다는 점에서 헌법적으로 정당화되기 어렵다. 따라서 부작위위법확인소송에 있어 '현실적으로 처분을 신청한 자'이면 일단 신청권의 유무를 불문하고 원고적격을 가지며, '법령에 의하여 신청권이 인정된 자에 한하지 아니 한다'고 보아야 할 것이다. 신청권의 유무는 어디까지나 본안판단의 문제로서 본안심리에 가서야 비로소 밝혀질 수 있는 문제이다.

3.2. 피고적격

이 경우에는 취소소송의 피고적격에 관한 규정이 준용되므로(§38②) 당해 부작위의 주체인 행정청이 피고가 된다.

4. 제소기간

행정소송법은 부작위위법확인소송의 제소기간에 관하여 취소소송의 제소기간에 관한 제20조를 준용하고 있다(§38②). 행정심판전치주의가 유지되던 구법에서는 당해 부작위에 대한 행정심판(의무이행심판)의 재결서의 정본을 송달받은 날로부터 60일 이내에 소송을 제기하도록 되어 있어 별다른 문제가 없었다. 그러나 행정심판전치주의가 원칙적으로 폐지된 현행법하에서는 사정이 다르다. 현행법에서는 행정심판을 거치지 아니하고 직접 부작위위법확인소송을 제기할 수 있으므로 실제로 행정심판을 거치지 아니하고 제소하는 경우 그 제소기간을 어떻게 판단할 것인지가 문제되기 때문이다.

부작위위법확인소송의 제소기간은 이를 행정심판을 거치지 않아도 되는 경우와 예외적으로 행정심판을 거치도록 되어 있는 경우로 나누어 살펴볼 필요가 있다. 먼저, 예외적인 행정심판전치주의가 적용되는 경우에는 소송을 제기하기 전에 반드시 행정심판을 제기하여야 하므로, 당초 의무이행심판의 청구시간을 준수하였는지 여부는 별론으로 하고, 부작위위법확인소송에 관한 한 제20조 제1항 단서를 준용하여 재결서의 정본을 송달받은 날부터 기산하여 90일 이내에 소송을 제기하여야 하는 것으로 해석하면 된다.[480] 이 경우 제20조 제2항을 준용되므로, 정당한 사유가 있는 때를 제외하고는 재결이 있은 날부터 1년을 경과하면 소송을 제기하지 못하는 것으로 새긴다. 이 가간은 불변기간이다.

다음, 행정심판을 거치지 않아도 되는 통상의 경우는 다시 행정심판을 제기하지 아니하고 직접 제소한 경우와 실제로 행정심판을 제기한 경우로 나누어 검토해 볼 수 있다. 후자의 경우에는 행정소송법 제20조 제1항 단서가 준용되므로 예외적 행정심판전치주의가 적용되는 경우와 마찬가지이다. 즉 행정심판청구를 할 수 있는 경우 또는 행정청이 행정심판청구를 할 수 있다고 잘못 알린 경우에 행정심판청구가 있은 때에도 그 기간은 재결서의 정본을 송달받은 날부터 기산하여 90일 이내에 소송을 제기하면 되며, 재결이 있은 날부터 1년(불변기간)이 경과하면 소송을 제기하지 못한다.[481]

문제는 전자의 경우, 즉, 행정심판을 제기하지 아니하고 직접 부작위위법확인소송을 제기하는 경우의 제소기간을 어떻게 볼 것인가 하는 것이다. 국내 문헌들 가운데에는 드물게나마 "부작위상태는 일종의 상태로서 계속되므로 제소기간이 있을 수 없다",[482] 부작위위법확인소송에는 제소기간의 제한이 없다는 지적들이 나오고 있다.

생각건대, 부작위위법확인소송은 부작위 즉 처분등을 하여야 할 작위의무의 불이행이 위법임을 확인해 달라는 소송이므로 처분등의 존재를 전제로 한 제소기간, 즉 '처분등이 있음을 안 날부터 90일 이내'라는 규정을 준용할 수 있는지 의문일 뿐만 아니라, 부작위상태가 계속되는 한 위법임

---

480) 김철용, 행정법 I, p.545.
481) 김철용, 같은 곳.
482) 김철용, 같은 곳.

을 확인할 부작위의 종료시점을 정하기도 어렵다. 또 부작위가 성립하려면, 당사자의 신청이 있은 후 상당한 기간이 지나도 행정청이 아무런 조치를 취하지 않았어야 하므로 그 요건으로서 상당한 기간의 경과가 필요하지만, 상당한 기간이란 사회통념상 당해 신청을 처리하는데 소요될 것으로 판단되는 기간을 말하는 것으로 이해되고 있는데, 이렇게 사안별로 다양하게 판단될 수 있는 불확정개념을 기초로 명확성을 요구하는 제소기간의 기산점을 정할 수 있는지도 의문스럽다.[483] 이러한 난점은 행정소송법 제20조 제1항의 규정에 의한 '처분등이 있음을 안 날'이나 같은 조 제2항의 '처분등이 있은 날'을 판단하는 경우 공통적으로 발생한다.

따라서 부작위위법확인소송에 대해서는, 행정심판이 제기되어 행정소송법 제20조 제1항 단서 및 제2항의 준용이 가능한 경우를 제외하고는, 제소기간의 제한이 없다고 보아야 할 것이다. 행정심판법 제18조 제7항이 행정심판청구기간에 관한 제18조 제1항 내지 제6항의 규정을 무효등확인심판청구와 부작위에 대한 의무이행심판청구에 적용하지 않도록 한 것도 바로 그러한 맥락에서 이해될 수 있다. 또한 행정심판을 제기한 경우 재결서정본송달일부터 90일 이내에 제소를 하여야 하는 제한을 받기는 하지만, 행정심판법 제18조 제7항이 심판청구기간의 제한없이 의무이행심판을 제기할 수 있도록 하고 있어 결과적으로는 행정심판청구의 제기 여부를 시간제한을 받지 아니하고 선택할 수 있는 한, 제소기간의 제한이 무의미하게 된다.

따라서 부작위위법확인소송에 대해서는 행정소송법 제38조 제2항의 명시적 준용에도 불구하고 제20조 제1항 본문은 준용할 수 없고, 부작위위법확인소송에는 제소기간의 제한이 없다고 보아야 할 것이다. 다만, 이렇게 해석하는 경우, 실제로 행정심판을 청구하였는지 여부에 따라 행정소송 제기기간의 제한 여부가 좌우된다는 문제가 생기지만, 이것은 행정심판제기

---

483) 동지: 홍정선, 행정법원론(상), pp.847-848.

에 따르는 리스크라고 볼 수밖에 없다. 부작위위법확인소송의 제소기간에
대하여는 입법적 보완이 필요하다고 본다.[484]

Ⅴ. 부작위위법확인소송의 제기, 소의 변경 등

부작위위법확인소송에 있어 소제기의 효과는, 당사자 및 법원에 대한
효과, 즉 주관적 효과에 관한 한, 이미 앞에서 취소소송에 관하여 설명한
바와 다름이 없다. 그러나 객관적 효과, 즉 집행정지와 같은 문제는 발생할
여지가 없다. 가처분 역시 부작위위법확인소송의 확인소송으로서의 본질상
문제되지 않는다.

부작위위법확인소송의 계속중, 이를 취소소송이나 당사자소송으로 변
경할 수 있음은 취소소송의 경우와 다르지 않다. 다만 처분변경으로 인한
소의 변경이 문제될 수 없음은 물론이다. 관련청구의 이송·병합도 이에 관
한 규정이 준용되므로 당연히 가능하다고 할 것이다.

Ⅵ. 부작위위법확인소송의 심리와 판결

1. 부작위위법확인소송의 심리

1.1. 부작위위법확인소송의 심리절차

부작위위법확인소송의 심리절차에 관하여는 취소소송에 관한 관계규
정들이 준용되므로 별도로 설명을 요하지 않는다. 다만 입증책임에 관하여
는 문제가 있다. 원고가 일정한 처분을 신청하였고 처분의 신청권을 가진

---

484) 동지: 홍정선, 행정법원론(상), p.848.

다는 것, 따라서 피고 행정청의 부작위가 위법이라는 것에 대해서는 원고가, 상당한 기간이 경과했음에도 처분을 하지 않을 만한 정당한 사유가 있다는 것에 대해서는 피고가 각각 입증책임을 진다고 보아야 할 것이다.[485]

1.2. 부작위위법확인소송의 심리범위

부작위위법확인소송에 있어 심리범위, 즉 법원의 심판권의 범위에 대하여는 견해의 대립이 있다. ① 실체적 심리설에 따르면 법원은 부작위의 위법 여부만이 아니라 신청의 실체적인 내용이 이유있는 것인가도 심리하여 이에 대한 행정청의 처리방향까지 제시하여야 한다고 하는데 반하여,[486] ② 절차적 심리설에 따르면 법원은 부작위의 위법 여부만을 심리하는데 그쳐야 하며, 만일 실체적인 내용을 심리한다면 그것은 의무이행소송을 인정하는 결과가 되어 이를 도입하지 않고 부작위위법확인소송을 도입한 행정소송법의 입법취지에 맞지 않는다고 한다(다수설).[487]

생각건대 이 문제는 단지 행정소송법의 입법취지나 부작위위법확인소송의 운영의 묘를 기대하는 일종의 입법론적 발상에 의해 해결될 문제는 아니다. 그 해답은 부작위위법확인소송에 관한 행정소송법의 규정들을 전체적으로 종합하여 해석함으로써만 주어질 수 있다. 부작위의 위법성을 확인하기 위해서 법원은 먼저 처분의무의 존재 여부를 판단하여야 한다. 처분의무의 존재 여부는 원고가 처분을 구할 실체법상의 청구권을 갖고 있는지에 달려 있으며, 이러한 문제에 대한 판단이 본안판단의 내용을 이루게 된다. 다만 법원은 이러한 확인판결을 통하여 행정청이 처분의무를 위배하였다는 것을 이유로 그 부작위가 위법하다는 것만을 확인할 수 있을 뿐이고 이를 주문에 포함시킬 수는 없을 것이다. 그 밖에 확인판결의 효력에 관해서는 다음에 보기로 한다.

---

485) 김남진, 행정법 I, p.840.
486) 김도창, 일반행정법론(상), 836.
487) 김남진, 행정법 I, p.839; 박윤흔, 행정법강의(상), p.1003; 강구철, 강의행정법 I, p.927.

2. 부작위위법확인소송의 판결

2.1. 개 설

부작위위법확인소송에서 청구가 이유있다고 인정되면 법원은 행정청의 부작위가 위법임을 확인하는 확인판결을 내린다. 청구가 이유없는 것으로 판명된 경우에는 기각판결을 내리며 이는 부작위가 위법이 아니라는 소극적 확인판결의 성질을 띤다. 부작위위법확인소송의 판결은 확인판결이라는 점에서는 이미 무효등확인소송의 판결에 관하여 본 것이 그대로 타당하며, 그 밖의 문제에 관해서는 성질상 다른 점을 제외하고는 대체로 취소소송의 판결에 관하여 설명한 것을 보면 될 것이다(제3자효, 기판력, 제3자에 의한 재심, 명령·규칙의 위헌판결시 공고제도 등). 다만 사정판결은 이 경우에 준용되지 않는다.

2.2. 위법판단의 기준시점

위법판단의 기준시점은 처분시가 아니라 현재에 있어 부작위의 위법성이 확인대상으로 문제되는 것이므로, 판결시, 즉 사실심변론종결시라고 해야 할 것이다(판결시설).

2.3. 판결의 구속력과 처분의무

거부처분 취소판결의 기속력에 관한 행정소송법 제30조 제2항은 부작위위법확인소송에 준용된다(§38②). 따라서 인용판결이 확정되면 행정청은 '판결의 취지에 따라 다시 이전의 신청에 대한 처분'을 하여야 한다. 여기서 '판결의 취지'에 따른 '이전의 신청에 대한 처분'이 무엇을 말하는가에 관하여 논란의 여지가 있다.

가령 원고의 건축허가신청에 대하여 허가관청이 전혀 아무런 조치를 취하지 않아서 원고가 부작위위법확인소송을 제기하여 받은 승소판결이 확정된 경우, 피고 행정청은 이에 따라 그 방치된 허가를 내주어야 하는가 아니면, 원고에 대하여 그 밖의 어떤 내용의 처분이라도(거부처분이라도) 이를 하기만 하면 되는가.

이것은 행정소송법이 의무이행소송을 도입하지 않고 그 대신 부작위위법확인소송을 도입하였지만, 판결의 기속력으로서의 처분의무와 그 위반에 대한 간접강제제도에 의하여 이 소송이 실질적으로 의무이행소송에 근사한 기능을 담당할 수 있도록 한 것이라는 현실적 기대[488]를 해석론상 관철시킬 수 있는지 여부에 관한 문제이다. 이에 관한 다수의 견해에 따르면, "부작위위법확인소송은 행정청의 부작위가 위법한 것임을 확인하는 데 그치는 것이므로, 행정청은 '판결의 취지에 따라' 다만 (어떠한) 처분을 하기만 하면 되는 것"이라고 한다.[489] 환언하면, 행정청은 신청의 대상이 기속행위인 경우에 거부처분을 하여도, 판결의 기속력의 내용인 (재)처분의무는 이행하는 것이 된다는 것이다.

> 인용판결이 확정되면 행정청은 '판결의 취지에 따라' 이전의 신청에 대하여 ① 허가를 부여하든가, ② 허가를 거부하는 처분을 하든가, 또는 ③ 경우에 따라 제3자에게 허가를 내주던가 할 수 있는 선택의 자유를 갖는다고 한다.[490] 김남진 교수는, ②와 ③은 원고가 행정청에 대하여 무하자재량행사청구권을 가지는 경우이며, 처분청으로서는 재량권 가운데 결정재량권은 가지지 않으나 선택재량권은 가지고 있는 경우에 확정판결에 의하여 부과받는 의무의 내용이라고 한다.

대법원의 판례는 명백히 이러한 입장에서 출발하고 있다. 부작위위법확인소송은 이른바 행정청의 '응답의무'를, 그리고 오로지 응답의무만을 관철시키기 위한 소송이라는 것이다.

---

488) 김도창, 일반행정법론(상), p.834.
489) 김동희, "부작위위법확인소송과 의무이행심판", 고시연구, 1986/3, p.23 이하를 참조.
490) 김남진, 행정법 I, pp.841-842.

> **▟▛ 판례**
>
>   부작위위법확인의 소는… 국민의 신청에 대하여 상당한 기간 내에 일정한 처분, 즉 그 신청을 인용하는 적극적 처분 또는 각하하거나 기각하는 등의 소극적 처분을 하여야 할 **법률상의 응답의무가 있음에도 불구하고 이를 하지 아니하는 경우, 판결시를 기준으로 하여 그 부작위의 위법성을 확인함으로써 행정청의 응답을 신속하게 하여 부작위 내지 무응답이라고 하는 소극적 위법상태를 제거하는 것을 목적으로 하는 것**이고, 나아가 당해 판결의 구속력에 의하여 행정청에 처분등을 하게 하고, 다시 당해 처분등에 대하여 불복이 있는 때에는 그 처분을 다투게 함으로써, 최종적으로는 국민의 권리이익을 보호하려는 제도.[491]

그러한 관점에서 대법원은 행정청이 행한 공사중지명령의 상대방이 그 명령 이후에 그 원인사유가 소멸하였음을 들어 행정청에 대하여 공사중지명령의 철회를 신청하였으나 행정청이 이에 대하여 아무런 응답을 하지 않고 있는 경우, 그 행정청의 부작위의 위법 여부에 대해 다음과 같이 판시한 바 있다.

> **▟▛ 판례**
>
>   행정청이 행한 공사중지명령의 상대방은 그 명령 이후에 그 원인사유가 소멸하였음을 들어 행정청에게 공사중지명령의 철회를 요구할 수 있는 조리상의 신청권이 있다 할 것이고, 상대방으로부터 그 신청을 받은 행정청으로서는 상당한 기간 내에 그 신청을 인용하는 적극적 처분을 하거나 각하 또는 기각하는 등의 소극적 처분을 하여야 할 법률상의 응답의무가 있다고 할 것이며, 행정청이 상대방의 신청에 대하여 아무런 적극적 또는 소극적 처분을 하지 않고 있는 이상 행정청의 부작위는 그 자체로 위법하다고 할 것이고, 구체적으로 그 신청이 인용될 수 있는지 여부는 소극적 처분에 대한 항고소송의 본안에서 판단하여야 할 사항이라고 할 것이다.[492]

---

491) 대법원 1990.9.25. 선고 89누4758 판결.
492) 대법원 2005.4.14. 선고 2003두7590 판결(공사중지명령철회신청거부처분위법확인 공 2005.5.15.(226), 752).

한편 대법원은, 이미 앞에서 본 바와 같이, 부작위의 성립요건으로서 '국민이 행정청에 대하여 그 신청에 따른 행정행위를 해 줄 것을 요구할 수 있는 법규상 또는 조리상 권리'가 있을 것을 요구한다.[493] 만일 이 경우 원고에게 그 같은 의미의 그 신청에 따른 행정행위를 해 줄 것을 요구할 수 있는 법규상 또는 조리상 권리가 있다면, 특별한 사정이 없는 한, 행정청에게는 "그 신청에 따른 행정행위를 해 줄" 실체법상 의무가 성립할 것이며, 행정소송법 제2조 제1항 제2호에 규정된 "일정한 처분을 하여야 할 법률상 의무"란 다름 아니라 "그 신청에 따른 행정행위를 해 줄" 행정청의 의무라고 하지 않으면 안 된다. 다시 말해 '일정한 처분'이란 '신청에 따른 처분' 이외의 다른 것이 될 수 없다. 그러나 부작위위법확인소송을 행정청의 '응답의무'만을 관철시키기 위한 소송으로 파악하는, 방금 인용한 대법원의 판례에 따른다면, 부작위개념의 전제조건으로서 법규상 또는 조리상 권리란 단순한 응답요구권에 불과하게 되며, 응답요구권이란 흡사 무하자재량행사청구권과 마찬가지로 형식적인 권리(formelles Recht)라는 것이 된다. 그러나 부작위의 성립요건으로서 요구되는 '국민이 행정청에 대하여 그 신청에 따른 행정행위를 해 줄 것을 요구할 수 있는 법규상 또는 조리상 권리'가 그 부작위의 위법을 확인하는 소송에 의해 보호되는 '단순한 응답요구권'으로 단축되어야 하는 명백한 법적 근거는 찾아보기 어렵다. 법해석이라면 그것은 비교주의(祕敎主義)와는 벌써 단호히 결별했어야 할 것이다.

더욱 심각한 문제는 행정소송법과 더불어 이에 대한 대법원의 판례가 거부처분취소소송과 부작위위법확인소송간의 불균형을 초래한다는 데 있다. 물론 행정청이 행위의무를 이행하지 않는 경우로 단순부작위보다는 어떠한 형태로든 거부처분을 행하는 경우가 훨씬 많으리라는 현실적 판단도 고려할 만한 가치가 있다. 그러나 문제는 대법원의 위의 판결에 따를 때,

---

493) 대법원 1990.5.25. 선고 89누5786 판결.

행정청이 국민의 신청에 대하여 그래도 성의있게 거부처분으로 응답한 경우는 그 효력의 형성적 소멸이라는 제재로 귀결되는데 반하여, 무성의하게 응답하지 아니 한 경우는 새로이 거부하거나 인용하거나 간에 아무런 처분이라도 할 수 있는 재처분기회의 프리미엄을 부여하게 되는 결과가 된다는데 있는 것이다.

> 독일의 경우, 전심절차의 필요 여부에 관하여 거부소송(Weigerungsgegenklage)과 불행위소송(Untätigkeitsklage: 협의)의 불균형이 비판되고 있는 것이 여기에 참고가 될 수 있을 것이다.[494]

요컨대, 행정소송법 제2조 제1항 제2호의 "일정한 처분"이란 자구의 해석 여하는, 행정소송법 제30조 제2항이 부작위위법확인소송에 준용되는 한, 더 이상 부작위위법확인판결의 기속력을 거부처분 취소판결의 그것보다 오히려 절하시킬 수 있는 근거가 될 수 없다. 행정소송법 제38조 제2항 및 제30조 제2항의 해석상, 그리고 부작위위법확인소송의 본안에서 부작위의 위법성을 판단하기 위하여 행정청의 처분을 구할 실체법적 권리(청구권)의 유무가 다투어지지 않을 수 없다는 점을 고려할 때, 부작위위법확인소송 인용판결의 기속력의 내용으로서 처분의무란 당초 신청된 특정한 처분을 뜻하는 것으로 보아야 할 것이다.

> 물론 확정판결에서 문제의 처분이 행정청의 재량에 맡겨진 것으로 판명된 경우에는, 만일 행정청이 결정 및 선택재량 양자, 또는 결정재량을 갖는다고 인정되면, 소송은 기각을 면치 못했을 것이고, 반면 부작위위법확인판결이 행정청의 결정재량만을 부정하는 것인 때에는, 행정청은 여전히 선택재량을 갖는 것이므로 '판결의 취지에 따라' 재량행사를 해야 할 의무(Bescheidungspflicht)를 지는 결과가 될 것이다.

---

494) 이에 관해서는 Thomuschat, Christian, Gerichtlicher Rechtsschutz des Einzelnen gegen die Untätigkeit der vollziehenden Gewalt, in: Gerichtsschutz gegen die Exekutive(1971), Bd.III, S.78ff.; Joon Hyung, Hong, Die Klage zur Durchsetzung von Vornahepflichten der Verwaltung, S.282.

　　이것은 거부처분의 경우, 인용판결이 확정되면 행정청은 판결의 취지를 자신의 판단의 기초로 삼아 이전의 신청에 대한 처분을 하여야 하지만, 이 경우 반드시 원고가 신청한 내용대로 처분을 하여야 하는 것은 아니며, 신청을 인용하거나 당초의 거부처분과는 다른 이유로 다시금 거부처분을 내릴 수 있는 것과 다르다. 그렇게 볼 때에만, 행정청으로 하여금 국민의 처분신청에 대하여 (성실한) 응답을 강제하는 결과를 기대할 수 있을 것이다.

제3장

당사자소송

Ⅰ. 개 설

1. 당사자소송의 의의

당사자소송이란 행정청이 처분 등을 원인으로 하는 법률관계에 관한 소송 그 밖에 공법상 법률관계에 관한 소송으로서 그 법률관계의 한쪽 당사자를 피고로 하는 소송을 말한다(§3 ii). 즉, 서로 대립하는 대등한 당사자 사이에 있어서의 법률관계의 형성·존부에 관한 소송이다.

2. 당사자소송의 연혁

1951년 행정소송법 제정 이래 구 행정소송법은 당사자소송에 관하여 명문의 규정을 두지 않았다. 그럼에도 불구하고 학자들은 구법 제1조의 '공법상 권리관계에 관한 소송'을 당사자소송으로 새겼다. 1984년 전부개정되어 1985년부터 시행된 행정소송법은 일본 행정사건소송법의 예(§4)에 따라 항고소송과 구별되는 소송유형으로 당사자소송을 명문으로 규정하기에 이르렀다. 그러나 당사자소송은 그 동안 학설이나 판례에서 그다지 큰 관심을 끌지 못했고 제대로 활용되지도 못했다.[1]

---

1) 박윤흔, 행정법강의(상), pp.1010-1011. 취소소송이 행정소송제도의 중심적 위치를 차

물론 그간 학계 일각에서는 당사자소송을 활용하자는 논의, 즉 당사자소송활용론이 제기되기도 하였다. 모처럼의 당사자소송에 관한 규정들이 사문화됨으로 말미암아 당사자소송이 사산아가 될 우려를 표명하거나[2] 또는 행정소송법상 처분에 해당되지 않는 행정작용 유형들의 이행을 관철시키기 위한 소송상 방법으로서 공법상 당사자소송의 활용가능성을 검토한 것이 그 예였다. 또 취소소송중심의 소송체계에 대한 반성의 일환으로 또는 행정의 행위형식의 다양화에 따른 적절한 권리보호수단을 강구해야 한다는 견지에서 당사자소송에 대한 관심이 자못 고조되기도 하였다.[3] 특히 1990년 4월 7일 개정된 구 토지수용법에 신설된 중앙토지수용위원회의 이의재결에 대한 손실보상금 증감청구소송(제75조의2)에 관하여 이를 필요적 공동소송으로 본 대법원의 판결[4]과 이를 둘러싼 논쟁을 계기로 형식적 당사자소송이 새로이 관심을 불러일으키기도 하였다. 그러나 학계에서의 논의는 실무계의 반향을 불러일으키지 못해 당사자소송의 실정제도상 위상을 높이는데 기여하지는 못했다. 그 결과 공법상 당사자소송의 법리에 관하여는 아직도 많은 문제가 미해결로 남아 있다.

3. 당사자소송의 특성

당사자소송은 행정청의 공권력행사·불행사로 인하여 생긴 법률관계를 포함하여, 그 밖의 공법상 법률관계에 관하여 대등한 당사자간의 법적 분쟁을 해결하기 위한 소송이다. 그것은 기본적으로 대등한 당사자간 소송이

지하게 됨에 따라 은연중 행정소송을 취소소송과 동일시하는 사고가 보편화되고, 행정행위 이외의 행위형식에 관한 쟁송도 취소소송에 의하여 해결하려고 하는 처분성의 확대이론이 주장되었다. 이러한 취소소송의 부담과중현상(변재옥, 월간고시, 1987/4, 37)은 "처분성확대만을 주장하게 되고 행위형식에 맞는 소송유형을 발전시키려는 길을 처음부터 막아버리는 결과를 낳게 되었다"(박윤흔, 월간고시 1992/3, p.27).

2) 변재옥, 월간고시, 87/4, p.48; 한견우, "행정주체와 행정객체의 법률관계에 나타난 분쟁의 해결방법", 공법연구, 제20집(1992), p.104 이하.

3) 가령 박윤흔, "공법상의 당사자소송", 월간고시, 1992/3, p.25 이하를 참조.

4) 대법원 1991.5.18. 선고 90누8787 판결; 1991.7.23. 선고 90누9124 판결.

라는 점에서 처분등을 통해 표현된 행정청의 공권력행사자로서의 우월적 지위가 전제되어 있는 항고소송과 구별되고, 반면 공법상 법률관계에 관한 분쟁을 해결하기 위한 것이라는 점에서 사법상 분쟁해결수단인 민사소송과도 구별된다.

3.1. 당사자소송과 항고소송

3.1.1. 당사자소송과 항고소송의 구별

당사자소송(후술하는 실질적 당사자소송)은 일반적으로 그것이 대등한 당사자간의 소송이라는 점에서 처분등을 통해 표현된 행정청의 우월적 지위를 전제로 한 항고소송과 구별되는 것으로 파악되고 있다. 물론 항고소송 역시 당사자적인 법률관계로 환원될 수 없는 것은 아니라 하겠지만,5) 행정소송법은 처분등 또는 부작위에 대하여 항고소송을, 그 밖의 공법상 법률관계에 관하여 당사자소송을 인정함으로써 일종의 소송유형별 분업체계를 취하고 있다. 그 결과 양자는 무엇보다도 그 대상에 있어 구별된다. 즉 항고소송이 처분등이나 부작위를 대상으로 하는데 비하여, 당사자소송은 공법상 법률관계를 대상으로 한다. 그 밖에도 양자는, 후술하는 바와 같은 적용법규에 있어 상당한 차이를 보이고 있다.

3.1.2. '포괄소송'으로서 당사자소송

당사자소송은 처분등·부작위 이외에 공법상 법률관계 일반을 대상으로 하고 있다는 점에서 포괄소송(Auffangklage)으로서 특성을 갖는다. 즉, "당사자소송은 하나의 포괄적 개념이며, 행정소송 중에서 항고소송을 제외한 모든 소송을 가리키는 일종의 잔여개념이라 할 것이다. 그리하여 당사자소송은 새로운 소송유형을 창출할 수 있는 시원적인 소송유형이라 할 것

---

5) 박윤흔, 월간고시, 1992/3, p.26.

이다."[6] 행정소송법상의 당사자소송은 일반소송법상의 소송분류의 틀에 얽매임이 없이 개괄적으로 규정되어 있어, 경우에 따라 이행소송이나 확인소송 등 다양한 소송유형을 내용으로 할 수 있다는 점에서 오히려 독일의 일반이행소송(allgemeine Leistungsklage)보다 더 광범위한 활용가능성을 지닌다고 할 수 있다. 이와 같은 당사자소송의 포괄소송 기능(Auffangfunktion)은 행정작용의 비중이 침해행정으로부터 급부, 계획, 조성행정으로 변화하고 있는 상황에서 '행위형식이 다양해지면 질수록 더욱 더 당사자소송의 비중도 증대될 것'이라는 점에서 더할 나위없는 가치를 증명한다.

> 물론 포괄소송이란 관념은 독일에 있어 기본법 제19조 제4항에서 확립되어 있는 포괄적인(공백없는) 권리보호의 요청(Gebot des umfassenden Rechtsschutzes) 및 이에 따른 행정법원법 제40조의 개괄주의에 따라, 특히 의무이행소송(Verpflichtungsklage)과의 관계에서 일반이행소송이 갖는 보충적 기능에 관하여 성립된 것이다. 즉 일반이행소송은, 행정행위의 성질을 갖지 않는 기타 행정의 활동형식들에 관하여는 특별법(lex specialis)으로서, 의무이행소송에 관한 규정들이 적용되지 않는 이상, 이들 행위형식에 대한 권리보호의 주장(Rechtsschutzbegehren)을 포착하는 일반법적 소송수단으로서 기능한다는 것이다.[7] 이러한 포괄소송으로서의 성격은 우리나라의 경우 일반이행소송 보다 더 포괄적으로 규정된 '공법상의 법률관계에 관한 소송'으로서 당사자소송에서 보다 현저하게 기대될 수 있을 것이다.

3.1.3. 당사자소송의 보충성

일설은 위에서 본 당사자소송의 포괄성으로부터 그 보충성의 원칙을 도출하고 있다. 즉 정형적 법률관계에 대하여서는 정형적 소송유형에 의할

---

6) 박윤흔, 월간고시, 1992/3, p.26; 鈴木庸夫, 現代行政法大系 5, p.80.

7) Schmitt Glaeser, Verwaltungsprozeßrecht, 11.Aufl.(1992), S.212 Rn.373; Joon Hyung, Hong, Die Klage zur Durchsetzung von Vornahmepflichten der Verwaltung, S.74, 124; Udo Steiner(Die allgemeine Leistungsklage im Verwaltungsprozeß, JuS 1984, 853)는 이를 '소송상의 다목적무기'(prozessuale Mehrzweckwaffe)라고 부르고 있다.

것이므로 당사자소송은 그러한 소송유형에 의하여 처리될 수 없는 경우에 한하여 보충적으로 적용된다고 한다.[8] 가령 과세처분의 위법을 다투는 경우 원칙적으로 취소소송만이 허용되며, 조세채무부존재확인소송이 허용되지 않는 것은 취소소송의 배타성 이외에 당사자소송의 보충성의 원칙에서 보아도 추론될 수 있다는 것이다. 이 견해는 처분성을 결여한 행정작용, 이른바 비처분적 행정결정(Nicht-Verwaltungsakt)에 대한 권리보호의 형식으로서 당사자소송이 갖는 기능을 정확히 인식하고 있다는 점에서는 타당하다고 할 수 있다. 그러나 처분 또는 행정행위 자체는 법률관계가 아니며, 행정소송법에 의하여 애당초부터 양자의 적용영역이 구별되었다는 점을 고려하면, 보충성의 원칙이란 규범적 실체를 갖는 것이라기보다는 단순히 '사실상의 보충성'에 불과하다고 보아야 할 것이다. 가령 위에서 든 과세처분의 위법을 취소소송에 의하여 다투지 않고 당사자소송의 형태로 조세채무부존재확인을 구하는 것이 허용되지 않는다면 그것은 취소소송의 배타성에서 비롯되는 것이라기보다는 이 경우 당사자소송이 구체화된 형태로서 조세채무부존재확인소송의 권리보호의 이익이 부정되기 때문이라고 보아야 할 것이다. 가령 조세를 납부한 후 그 과세처분의 무효 여부가 문제될 경우 처분의 상대방은 이에 대한 무효등확인소송을 제기하는 것과 곧바로 납부한 세액에 대한 부당이득반환청구소송을 당사자소송의 형태로 제기하는 것 중 선택의 자유를 가질 뿐만 아니라, 후자를 택할 경우에는 오히려 부수적으로 과세처분이 무효임을 선결문제로서 판단받을 수 있는 것이다. 이러한 결과가 정형적 법류관계에 관한 정형적 소송유형으로서 무효등확인소송의 배타성이나, 당사자소송의 보충성의 원칙으로부터 인정되는 것이라고는 볼 수 없다.[9]

---

8) 박윤흔, 앞의 글, p.26; 鈴木庸夫, 現代行政法大系 5, p.80.

9) 박윤흔 교수(같은 글, p.29)도 무효확인소송과 당사자소송간의 선택가능성을 인정하고 있다. 또한 위의 선례와 거꾸로 된 경우이지만, 무효확인소송의 보충성이 인정되고 있는 일본의 경우 최고재판소는 과세처분무효확인소송에 대하여 조세채무부존재확인소송(실질적 당사자소송)에 의하여 목적을 달성할 수 있다는 이유로 부적법하다는 원심판결을 파기하고, 과세처분

3.2. 당사자소송과 민사소송

당사자소송의 소송물은 대립하는 권리주체 사이의 공법상 법률관계 (권리관계) 또는 그 주장이라고 이해되고 있다.[10] 당사자소송은 그 내용상 이행소송이나 확인소송일 수도 있으므로 이를 일률적으로 말하기는 곤란하지만 '공법상 법률관계'라는 공통적 표지를 가지고 있다는 점에서 민사소송과 구별된다.

그러나 과연 무엇을 기준으로 공법상 법률관계와 사법상 법률관계를 구별할 것인가에 관하여는 견해의 대립이 있다. 하나는 소송물을 기준으로 하여 그것이 공법상의 권리이면 행정사건이고, 사법상의 권리이면 민사사건이라고 하는 견해이다. 가령 공무원의 지위확인소송이나 봉급지급청구소송은 행정사건이고, 소유권확인소송이나 민법상 부당이득반환청구소송은 민사사건이라는 것이다. 이에 대하여 다른 견해는 소송물의 전제가 되는 법률관계를 기준으로 양자를 구별하고자 하며, 가령 다 같은 소유권확인소송이라도 농지매수처분의 무효를 이유로 할 때에는 행정사건으로, 매매계약의 무효를 이유로 할 때에는 민사사건이라고 한다. 판례는 전설에 입각하고 있는 것으로 보인다.[11]

생각건대, 이것은 소송을 통하여 행사되는 권리가 공법에 의하여 발생한 것이냐의 여부에 따라 판단되어야 할 문제라고 본다. 소송상 보호의 대상이 된 권리가 공법상의 권리냐 사법상의 권리이냐는 결국 공·사법의 구별이라는 실체법상의 문제에 귀착되는 것이다. 가령 농지매수처분의 무효를 이유로 당사자가 갖는 권리란 바로 공법상의 권리라고 할 수 있는 것이므로, 양설은 모두 실체법상의 구별론으로 근본적인 차이를 갖는 것은 아니다.

에 뒤따르는 체납처분을 받을 수 있다고 판시함으로써 양자의 선택가능성을 인정했다고 한다.

10) 김도창, 일반행정법론(상), p.839; 김동희, 행정법 I, p.714.

11) 대법원 1992.12.24. 선고 92누3335 판결. 그러나 판례의 입장이 이론상 반드시 일관된 것은 아니다. 가령 이론상 당사자소송으로 다루어야 할 국가배상, 손실보상, 공법상 부당이득반환청구, 연금등 지급청구 등을 실무상 민사소송으로 다루어왔기 때문이다.

반면 일본의 경우 오사카공항소송에 대한 최고재판소의 판결12)을 계기로 이러한 공·사법 이원론에 의한 전통적 구별론을 부정하고 당사자소송활성화론의 입장에서 양 소송유형의 구별을 일종의 기능론적 견지에서 접근하는 견해가 새롭게 제기되고 있음을 주목할 필요가 있다. 즉 이러한 관점에서는 행정소송법이 당사자소송에 대하여 직권소송참가·직권증거조사·판결의 구속력 등의 규정을 준용하도록 한 것은 공법관계에서의 분쟁을 합리적으로 해결함으로써 행정운영의 적정과 국민의 권리보장을 달성하는 데 그 이유가 있는 것이므로, 당사자소송과 민사소송의 구별은 행정소송법의 그와 같은 규정을 준용하는 것이 당해 소송을 합리적으로 처리할 수 있는지 여부에 따라 결정해야 한다는 것이다.13)

당사자소송과 민사소송의 차이로는, 첫째, 당사자소송에는 관련 민사소송을 병합할 수 있으나, 민사소송에는 관련 당사자소송을 병합할 수 없고, 둘째, 심리중 당사자소송에서 항고소송으로 소변경은 가능하지만 민사소송에서 항고소송으로 소변경은 허용되지 않으며, 셋째, 당사자소송에만 행정청이 참가할 수 있고, 넷째, 당사자소송에는 직권심리주의가 적용된다는 점, 당사자소송의 판결의 기속력은 당해 행정주체에 속하는 행정청에게도 미친다는 점 등을 들 수 있다.14)

---

12) 최판 1981.12.16, 민집 35권 106호 1369. 이 판결의 내용과 그것이 촉발시킨 학계의 반향에 관하여 상세한 것은 ジュリスト No.761(특집호)와 高木 光, 公法上の當事者訴訟, ジュリスト 增刊 行政法の爭點, p.226 등을 참조.

13) 이에 관한 상세한 소개로는 박윤흔, 월간고시, 1992/3, p.33 이하 및 거기 인용된 문헌들과 高木 光, 앞의 글을 참조.

14) 김철용, 행정법 I, 13판, 2010, p.772.

Ⅱ. 당사자소송의 종류와 적용법규

1. 실질적 당사자소송

1.1. 개 념

실질적 당사자소송이란 공법상 법률관계에 관한 소송을 말한다. 당사자소송은 대등한 두 당사자 사이의 공법상 법률관계에 대한 다툼을 심판하는 쟁송절차로서 행정청의 처분등을 원인으로 하는 법률관계에 관한 소송과 그 밖에 공법상 법률관계에 관한 소송을 포함한다. 항고소송과 같이 행정청의 처분등과 같은 공권력행사를 소송의 대상으로 하는 것이 아니고, 공법상의 권리관계 내지 법률관계 그 자체를 대상으로 하는 소송이라는 점에서, 소송구조면에서나 실질적으로 민사소송과 많은 공통점을 지니고 있다. 물론 이 점은 당사자소송이 행정청의 처분등을 원인으로 하는 경우에는 완화될 것이나, 이때에도 처분의 적법 여부는 선결문제에 그치게 되므로 큰 차이는 없다. 실질적 당사자소송은 당사자소송의 대부분을 차지하는 소송유형으로서 ① 공법상 신분, 지위 등의 확인소송, ② 공법상 금전지급청구소송, ③ 공법상 계약에 관한 소송 등으로 유형화될 수 있다.

≪당사자소송의 적용례≫

구법 하에서 당사자소송으로 다루어진 드문 사례로는 서울고법 1979.7.31. 선고 78구205 판결(공법상 권리관계존부확인: 침사자격존재확인), 대법원 1970.10.30. 선고 70다833 판결(공무원연금법상의 유족부조금청구), 대법원 1977.2.22. 선고 76다2517 판결(수도료부과처분의 무효로 인한 채무부존재확인) 등이 있었다.[15] 현행법 하에서는 서울고법 1987.12.7. 선고 87구633 판결(지방전문직공무원 채용계약의 해지), 대법원 1990.10.23. 선고 90누4440 판결(훈장종류확인), 대법원 1991.1.25. 선고 90누3041 판

---

15) 그 밖에도 대법원 1961.9.28. 선고 92행상50 판결; 1961.12.21. 선고 94행상6 판결; 1962.5.24. 선고 62누4 판결; 1966.7.5. 선고 89민상147 판결; 1969.11.11. 선고 69누122 판결 등이 있다. 기타 상세한 것은 김도창, 일반행정법론(상), p.839, 각주 2를 참조.

결(영관생계보조기금권리자확인) 등 당사자소송을 인정한 판례를 들 수 있으나, 대다수가 당사자소송의 허용성만을 판단한 것이어서 당사자소송에 관한 본격적인 판례로 보는데에는 무리가 있었다. 반면 광주민주화운동관련자보상법에 관한 대법원의 판결(대법원 1992.12.24. 선고 92누3335 판결)은 이제까지 거의 서자취급을 받아 왔던 공법상 당사자소송에 대한 7년만의 친자확인을 가져 온 것으로서, 이행소송의 형태(금전지급청구소송)로 제기된 당사자소송에 대하여 이를 인용한, 그리고 그 대상, 공법소송으로서의 성격, 제기요건 등에 관하여 실질적이고 적극적인 판단을 내린 사실상 최초의 판결로서 주목을 끌었다.16) 대법원은 이후 서울특별시 시립무용단원해촉무효확인소송을 당사자소송으로 보았고,17) "석탄가격안정지원금은 석탄의 수요 감소와 열악한 사업환경 등으로 점차 경영이 어려워지고 있는 석탄광업의 안정 및 육성을 위하여 국가정책적 차원에서 지급하는 지원비의 성격을 갖는 것이고, 석탄광업자가 석탄산업합리화사업단에 대하여 가지는 이와 같은 지원금지급청구권은 석탄사업법령에 의하여 정책적으로 당연히 부여되는 공법상의 권리이므로, 석탄광업자가 석탄산업합리화사업단을 상대로 석탄산업법령 및 석탄가격안정지원금 지급요령에 의하여 지원금의 지급을 구하는 소송은 공법상의 법률관계에 관한 소송인 공법상의 당사자소송에 해당한다"고 판시한 바 있다.18)

▇█ 공무원연금관리공단의 퇴직연금 일부금액 지급거부와 공법상 당사자소송

공무원연금관리공단의 인정에 의하여 퇴직연금을 지급받아 오던 중 공무원연금법령의 개정 등으로 퇴직연금 중 일부 금액의 지급이 정지된 경우에는 당연히 개정된 법령에 따라 퇴직연금이 확정되는 것이지 구 공무원연금법(2000.12.30. 법률 제6328호로 개정되기 전의 것) 제26조 제1항에 정해진 공무원연금관리공단의 퇴직연금 결정과 통지에 의하여 비로소 그 금액이 확정되는 것이 아니므로, 공무원연금관리공단이 퇴직연금 중 일부 금액에 대하여 지급거부의 의사표시를 하였다고 하더라도 그 의사표시는 퇴직연금 청구권을 형성·확정하는 행정처분이 아니라 공법상의 법률관계의 한쪽

---

16) 이 판결은 당사자소송과 취소소송과의 관계, 광주보상법에 의한 보상의 법적 성질과 아울러 행정소송법상 관련청구의 병합, 소변경 등과 관련된 문제들을 판단함으로써 그 동안 불명확하게 남아 있던 문제들의 일단을 밝혀주고 있다는 점에서 기본적 판례로서 평가될 수 있다. 이에 대한 평석으로는 홍준형, "공법상 당사자소송의 대상", 사법행정, 1993/2, p.49 이하를 참조.

17) 대법원 1995.12.22. 선고 95누4636 판결(해촉처분취소등; 공1996.2.15.(4), 581). 원심판결: 서울고법 1995.2.21. 선고 94구4457 판결.

18) 대법원 1997.5.30. 선고 95다28960 판결(공97.7.15. [38], 1997); 참조 대법원 1993.10.12. 선고 93누13209 판결(공1993하, 3105).

당사자로서 그 지급의무의 존부 및 범위에 관하여 나름대로의 사실상·법률상 의견을 밝힌 것에 불과하다고 할 것이어서, 이를 행정처분이라고 볼 수는 없고, 그리고 이러한 미지급 퇴직연금에 대한 지급청구권은 공법상 권리로서 그 지급을 구하는 소송은 공법상의 법률관계에 관한 소송인 공법상 당사자소송에 해당한다.19)

■■■ 하천법등에 의한 손실보상금 지급청구소송/손실보상청구권 확인소송과 당사자소송

[1] 법률 제3782호 하천법 중 개정법률(이하 '개정 하천법'이라 한다)은 그 부칙 제2조 제1항에서 개정 하천법의 시행일인 1984.12.31. 전에 유수지에 해당되어 하천구역으로 된 토지 및 구 하천법(1971.1.19. 법률 제2292호로 전문 개정된 것)의 시행으로 국유로 된 제외지 안의 토지에 대하여는 관리청이 그 손실을 보상하도록 규정하였고, '법률 제3782호 하천법 중 개정법률 부칙 제2조의 규정에 의한 보상청구권의 소멸시효가 만료된 하천구역 편입토지 보상에 관한 특별조치법' 제2조는 개정 하천법 부칙 제2조 제1항에 해당하는 토지로서 개정 하천법 부칙 제2조 제2항에서 규정하고 있는 소멸시효의 만료로 보상청구권이 소멸되어 보상을 받지 못한 토지에 대하여는 시·도지사가 그 손실을 보상하도록 규정하고 있는바, 위 각 규정들에 의한 손실보상청구권은 모두 종전의 하천법 규정 자체에 의하여 하천구역으로 편입되어 국유로 되었으나 그에 대한 보상규정이 없었거나 보상청구권이 시효로 소멸되어 보상을 받지 못한 토지들에 대하여, 국가가 반성적 고려와 국민의 권리구제 차원에서 그 손실을 보상하기 위하여 규정한 것으로서, 그 법적 성질은 하천법 본칙(본칙)이 원래부터 규정하고 있던 하천구역에의 편입에 의한 손실보상청구권과 하등 다를 바가 없는 것이어서 공법상의 권리임이 분명하므로 그에 관한 쟁송도 행정소송절차에 의하여야 한다.

[2] 하천법 부칙(1984.12.31.) 제2조와 '법률 제3782호 하천법 중 개정법률 부칙 제2조의 규정에 의한 보상청구권의 소멸시효가 만료된 하천구역 편입토지 보상에 관한 특별조치법' 제2조, 제6조의 각 규정들을 종합하면, 위 규정들에 의한 손실보상청구권은 1984.12.31. 전에 토지가 하천구역으로 된 경우에는 당연히 발생되는 것이지, 관리청의 보상금지급결정에 의하여 비로소 발생하는 것은 아니므로, 위 규정들에 의한 손실보상금의 지급을 구하거나 손실보상청구권의 확인을 구하는 소송은 행정소송법 제3조 제2호 소정의 당사자소송에 의하여야 한다.20)

---

19) 대법원 2004.12.24. 선고 2003두15195 판결(퇴직연금지급청구거부처분취소 공2005.2.1.(219), 207).

20) 대법원 2006.5.18. 선고 2004다6207 전원합의체 판결(보상청구권확인 집54(1)민,

■■■ 고용·산재보험료 납부의무 부존재확인의 소는 공법상 당사자소송

고용보험 및 산업재해보상보험의 보험료징수 등에 관한 법률 제4조, 제16조의2, 제17조, 제19조, 제23조의 각 규정에 의하면, 사업주가 당연가입자가 되는 고용보험 및 산재보험에서 보험료 납부의무 부존재확인의 소는 공법상의 법률관계 자체를 다투는 소송으로서 공법상 당사자소송이다.21)

■■■ 지자체의 학교용지 소유권 원시취득 지위 확인소송은 행정소송법상 당사자소송

[1] 구 토지구획정리사업법(2000.1.28. 법률 제6252호로 폐지, 이하 '법'이라고 한다) 제2조 제1항 제1호, 제2호, 제63조에 의하면, 토지구획정리사업의 환지계획에서 초등학교 및 중고등학교 교육에 필요한 학교용지로 지정된 토지는 환지처분의 공고 다음 날에 법 제63조 본문에 따라 토지를 관리할 국가 또는 지방자치단체(이하 '국가 등'이라고 한다)에 귀속되어 국가 등이 소유권을 원시취득하고, 그 대신 국가 등은 법 제63조 단서에 따라 사업시행자에게 학교용지의 취득에 대한 대가를 지급할 의무를 부담하게 된다.

[2] 토지구획정리사업의 환지계획에서 공공시설용지로 지정된 토지라도 환지처분의 공고가 있기 전까지는 사업시행자가 구 토지구획정리사업법(2000.1.28. 법률 제6252호로 폐지) 제59조에 의하여 관리하는 공법상의 관리대상 토지일 뿐이므로, 환지계획에서 학교용지로 지정된 토지라고 하여 환지처분의 공고가 있기 전에 국가 또는 지방자치단체가 이에 대하여 물권 유사의 사용수익권이나 관리권을 가진다고 할 수 없다.

[3] 甲 토지구획정리조합이 환지계획을 인가받으면서 체비지 겸 학교용지로 인가받은 토지에 대하여 체비지대장에 甲 조합을 토지의 소유자로 등재한 후 소유자명의를 乙 주식회사 앞으로 이전하였는데, 환지처분이 이루어지지 않은 상태에서 丙 지방자치단체가 甲 조합을 상대로 환지처분의 공고 다음 날에 토지의 소유권을 원시취득할 지위에 있음의 확인을 구한 사안에서, 위 토지가 환지계획에서 초등학교 및 중고등학교 교육에 필요한 학교용지로 지정되어 있으면 장차 환지처분 및 공고가 있게 되면 丙 지방자치단체가 소유권을 원시취득하므로, **토지에 대한 丙 지방자치단체의 이익은 비록 불확정적이라도 보호할 가치 있는 법적 이익에 해당**하고, 구 토지구획정리사업법(2000.1.28. 법률 제6252호로 폐지) 제63조, 제80조 등의 취지는 학교교육이라는 중대한 공익의 실현에 필수적인 학교용지를 안정적이고 확실하게 확보할 수 있도록 하려는 것인데, **체비지대장상의 소유자명의대로 환지처분**

---

21) 대법원 2016.10.13. 선고 2016다221658 판결(보험료채무부존재확인).

이 되어 甲 조합이나 乙 회사 등 제3자 앞으로 토지의 소유권이 귀속된 것 같은 외관이 생기게 되면, 분쟁의 해결이 더욱 복잡해지고 학교용지의 확보에 차질을 빚게 될 수 있으므로, 확인소송을 통해 그러한 위험이나 불안을 제거할 이익과 필요가 있으며, 甲 조합이 토지를 체비지대장에 등재하는 등으로 丙 지방자치단체의 지위를 다투고 있는 반면, 丙 지방자치단체가 현재의 상태에서 토지에 대하여 물권 유사의 사용수익권이나 관리권 등을 행사할 수 없으므로, 사업시행자인 甲 조합을 상대로 확인판결을 받는 것은 丙 지방자치단체의 법률상 지위에 대한 위험이나 불안을 제거하기 위한 유효적절한 수단이므로, 확인의 이익이 있고, 나아가 토지구획정리사업에 따른 공공시설용지의 원시취득으로 형성되는 국가 또는 지방자치단체와 사업시행자 사이의 관계는 공법관계이므로, 위와 같은 지위의 확인을 구하는 것은 행정소송법상 당사자소송에 해당한다.[22]

1.2. 적용법규

1.2.1. 취소소송에 관한 규정이 준용되는 경우

취소소송에 관한 규정중 관련청구의 이송·병합, 피고경정, 공동소송, 소송참가, 소의 변경, 처분변경으로 인한 소의 변경, 행정심판기록제출명령, 직권심리주의, 판결의 기속력, 소송비용부담 등에 관한 것이 당사자소송에 준용되고 있다(§44①②).

1.2.2. 취소소송에 관한 규정이 준용되지 않는 경우

취소소송의 제소기간에 관한 규정이 당사자소송에 준용되지 않는 것은 당연한 것이지만, 행정소송법(§41)은 "당사자소송에 관하여 법령에 제소기간이 정하여져 있는 때에는 그 기간은 불변기간으로 한다"고 규정함으로써 개별 근거법에 의한 제소기간의 제한가능성을 예상하고 있다. 그 밖에 취소소송에 관한 규정중 선결문제, 원고적격, 피고적격, 행정심판전치주의, 소송대상, 집행정지, 재량취소, 사정판결, 취소판결의 효력, 처분의무, 제3자에 의한 재심, 간접강제 등 처분등을 전제로 한 것들은 당연히 준용되지

---

[22] 대법원 2016.12.15. 선고 2016다221566 판결(소유권확인).

아니한다(§44①②).

2. 형식적 당사자소송

2.1. 개   념

형식적 당사자소송이란 행정청의 처분등을 원인으로 하는 법률관계에 대한 소송으로서 그 법률관계의 한쪽 당사자를 피고로 하는 소송을 말한다. 예컨대, 토지수용위원회의 보상금액결정에 대한 이의재결에 대하여 불복이 있을 경우 재결취소소송을 제기하지 않고 막 바로 상대방 당사자(기업자)를 피고로 하여 보상금액의 증감을 청구하는 경우가 그 예이다. 이 경우 실질적으로는 행정청의 처분등을 다투는 소송이면서 형식적으로는 당해 처분이나 재결의 행정청을 피고로 하지 아니하고 그 법률관계의 한쪽 당사자를 피고로 하여 그 법률관계의 존부·내용 등을 다투는 소송이라 하여 이를 형식적 당사자소송이라고 한다.

≪관련판례≫

중앙토지수용위원회의 이의재결에 대한 손실보상금증감청구소송(제75조의2)에 관하여 이를 형식적 당사자소송으로 볼 것인가가 문제되었다. 종래 손실보상문제가 당사자간의 협의나 관할 행정청의 재결·결정절차를 통해 해결이 되지 않으면 종래에는 취소소송을 통해 간접적으로 손실보상액의 증감을 꾀하는 경우가 많았으나(따라서 청구가 인용되면 다시 중앙토지수용위원회의 판단을 받아야 하는 불편이 있었다), 구 토지수용법 제75조의 제2항에서 이의재결취소소송의 형태를 유지하면서 재결청 외에 기업자나 토지소유자 등이 반드시 공동피고가 되는 필요적 공동소송방식을 채택했던 것이다. 이에 관하여 대법원은 "토지수용법 제75조의2 제2항이 토지소유자 또는 관계인이 보상금의 증감에 관한 같은 조 제1항의 행정소송을 제기하는 경우에는 재결청 외에 기업자를 피고로 한다고 규정하는 것은 위와 같은 소송을 제기하는 경우에는 재결청 외에 기업자를 공동피고로 하여야 한다는 뜻이고, 이 소송은 필요적 공동소송이라고 볼 것"[23]이라고 판시한 바 있다. 이와 같이 구 토지수용법상의 보상

---

23) 대법원 1991.5.28. 선고 90누8787 판결; 동지: 1991.7.23. 선고 90누9124 판결.

금증감청구소송을 필요적 공동소송으로 본 대법원의 판결을 둘러싸고 찬반 양론이 전개되었다. 즉, 이를 확인·급부소송의 성질을 띤 형식적 당사자소송과 보상재결취소소송이 병합되어 있는 형태로 보는 입장(필요적 병합소송설)24)과 법률이 정한 특수한 형태의 소송으로서 필요적 공동소송으로 파악하는 입장(필요적 공동소송설)25)이 대립하고 있었다. 아무튼 필요적 병합소송설에 의하더라도 보상금증감청구소송에는 취소소송과 확인·급부소송이 병합되어 있다고 보므로, 이를 순수한 형태의 형식적 당사자소송으로 보는 것은 아니다. 2002년 2월 4일 제정된 토지보상법('공익사업을 위한 토지등의 취득 및 보상에 관한 법률')은 제85조 제1항에서 "사업시행자·토지소유자 또는 관계인은 제34조의 규정에 의한 재결에 대하여 불복이 있는 때에는 재결서를 받은 날부터 60일 이내에, 이의신청을 거친 때에는 이의신청에 대한 재결서를 받은 날부터 30일 이내에 각각 행정소송을 제기할 수 있다"고 규정하는 한편, 제2항에서 제34조의 규정에 의한 재결에 대하여 불복이 있는 때에 제기하는 '행정소송이 보상금의 증감에 관한 소송인 경우 당해 소송을 제기하는 자가 토지소유자 또는 관계인인 때에는 사업시행자를, 사업시행자인 때에는 토지소유자 또는 관계인을 각각 피고로 한다'는 규정을 두었다. 이 조항은 종래 구 토지수용법 제75조의2 제2항(토지보상법 §85②)에 의한 소송을 형식적 당사자소송으로 본 학설경향을 반영한 것으로 이해된다.26) 한편 특허법(§187 단서) 및 다른 단행법(디자인보호법 §75, 상표법 §86 등에서 준용; 전기통신기본법 §40의2 ⑤⑥)과 같이 형식적 당사자소송을 인정하는 개별 법률들이 생기고 있음을 주목해야 할 것이다.

최근 대법원은 같은 맥락에서 토지보상법 제72조에 의한 토지소유자의 토지수용청구를 받아들이지 않은 토지수용위원회의 재결에 대하여 토지소유자가 불복하여 제기하는 소송의 성질과 그 상대방에 대하여 다음과 같이 판시한 바 있다.

---

24) 박윤흔, 고시연구, 1991/3, pp.33, 46.

25) 윤형한, "토지수용법 제75조의2 제2항의 신설에 따른 몇가지 문제점", 인권과 정의, 1991/8, p.128; 김도창, 일반행정법론(상), p.842 및 같은쪽 쥐 2)를 참조.

26) 정하중, 행정법개론, 제7판, 2012, p.875.

▞▞ 판례

공익사업을 위한 토지 등의 취득 및 보상에 관한 법률(이하 '토지보상법'이라고 한다) 제72조의 문언, 연혁 및 취지 등에 비추어 보면, 위 규정이 정한 수용청구권은 토지보상법 제74조 제1항이 정한 잔여지 수용청구권과 같이 손실보상의 일환으로 토지소유자에게 부여되는 권리로서 그 청구에 의하여 수용효과가 생기는 형성권의 성질을 지니므로, 토지소유자의 토지수용청구를 받아들이지 아니한 토지수용위원회의 재결에 대하여 토지소유자가 불복하여 제기하는 소송은 토지보상법 제85조 제2항에 규정되어 있는 '보상금의 증감에 관한 소송'에 해당하고, 피고는 토지수용위원회가 아니라 사업시행자로 하여야 한다.[27]

2.2. 허용성

형식적 당사자소송은 분쟁의 실체를 직시하여 재산상의 분쟁이 쟁점인 경우처럼 처분청의 간여가 별반 의미가 없다고 판단될 경우에는, 이해당사자가 직접 분쟁을 해결하도록 하는 것이 바람직하다는 고려를 바탕으로 한 소송유형이다. 이러한 형식적 당사자소송이 현행법상 별도의 개별법상의 근거 없이도 행정소송법 제3조 제2호의 규정에 의하여 일반적으로 허용될 수 있는가는 논란되고 있다. 일부의 문헌은 행정소송법 제3조 제2호가 규정하는 당사자소송에 형식적 당사자소송이 포함된다고 본다.[28] 이 견해는 이러한 소송유형이 일본에서 유래된 것임을 고려하여, 우리 행정소송법이 일본 행정사건소송법 제4조처럼 '법령의 규정에 의하여'란 구절을 두고 있지 않다는 차이점을 강조한다. 반면 다수의 견해는 개별법의 규정이 없으면 소송요건등 적용법규상의 불명확성이 초래되고, 처분등의 효력을 그대로 두고 그 결과로 발생한 당사자의 권리의무만을 판결로써 변경시킬 수 있느냐 하는 점 등을 근거로 개별법적 근거 없이 형식적 당사자소송

---

27) 대법원 2015.4.9. 선고 2014두46669 판결(토지수용재결신청거부처분취소).
28) 이상규, 신행정법론(상), p.720.

이 허용될 수는 없다고 한다.[29] 생각건대, 형식적 당사자소송의 가장 결정적인 특징은 실질적으로 처분등의 위법 여부가 관련됨에도 불구하고 이를 그 결과 수준에서만 다투도록 한다는 실용주의적 고려에 있다. 그러나 가령 처분의 단순위법을 원인으로 한 법률관계 여하가 문제되는 경우에는 자칫 그러한 분쟁을 취소소송등 항고소송에 의해 처리하도록 한 법취지(이를테면 공정력이나 선결문제심판권의 문제 등)를 우회하는 것을 허용하는 결과가 될 수 있다는 이유에서 이를 개별법적 근거가 있을 경우에만 허용하는 부정설이 타당하다고 본다.

2.3. 적용법규

형식적 당사자소송에 대하여는 각각의 개별법률에 특별한 규정이 있는 경우를 제외하고는, 기본적으로 실질적 당사자소송의 적용법규들이 적용되어야 할 것이다(특히 §§10, 22, 25, 26, 30① 등: §44). 반면 형식적 당사자소송은 실질적으로는 항고소송적 측면을 가지므로 만일 실질적 당사자소송의 경우 같은 적용법규의 준용이 항고소송의 소송요건을 회피하는 결과가 된다면 오히려 항고소송에 관한 규정을 유추적용해야 할 경우도 있을 것이다.

Ⅲ. 당사자소송의 소송요건

1. 재판관할

행정소송법은 당사자소송의 재판관할에 대하여 취소소송에 관한 제9조의 규정을 준용하고 있다(§40). 따라서 당사자소송의 제1심 관할법원은

---

29) 변재옥, 월간고시, 1987/4, p.43 이하.

피고의 소재지를 관할하는 행정법원이 된다(§§40, 9①). 또한 토지의 수용 기타 부동산 또는 특정의 장소에 관계되는 처분등을 원인으로 하는 법률관계에 관한 소송으로서 그 법률관계의 한쪽 당사자를 피고로 하는 당사자소송은 그 부동산 또는 장소의 소재지를 관할하는 행정법원에 이를 제기할 수 있다(§§40, 9②). 다만, 국가 또는 공공단체가 피고인 경우에는 관계행정청의 소재지를 피고의 소재지로 본다(§40 단서). 당사자소송은 항고소송과는 달리 국가·공공단체 그 밖의 권리주체를 피고로 하는 것이므로, 국가나 공공단체가 피고인 경우에는 당해 소송과 구체적인 관계가 있는 관계행정청의 소재지를 피고의 소재지로 의제하여, 그 행정청의 소재지를 관할하는 행정법원이 당사자소송의 관할법원이 되도록 한 것이다.

2014년 5월 20일에 개정된 제9조 제2항도 당사자소송에 준용된다고 보아야 할 것이다. 즉 관계행정청이 중앙행정기관, 중앙행정기관의 부속기관과 합의제행정기관 또는 그 장이나 국가의 사무를 위임 또는 위탁받은 공공단체 또는 그 장인 경우에는 대법원소재지를 관할하는 행정법원에 제기할 수 있다.

▰▰ **관리처분계획안에 대한 조합 총회결의 효력 등을 다투는 소송의 관할**

[1] 도시 및 주거환경정비법상 행정주체인 주택재건축정비사업조합을 상대로 관리처분계획안에 대한 조합 총회결의의 효력 등을 다투는 소송은 행정처분에 이르는 절차적 요건의 존부나 효력 유무에 관한 소송으로서 그 소송결과에 따라 행정처분의 위법 여부에 직접 영향을 미치는 공법상 법률관계에 관한 것이므로, 이는 행정소송법상의 당사자소송에 해당한다.

[2] 도시 및 주거환경정비법상 주택재건축정비사업조합이 같은 법 제48조에 따라 수립한 관리처분계획에 대하여 관할 행정청의 인가·고시까지 있게 되면 관리처분계획은 행정처분으로서 효력이 발생하게 되므로, 총회결의의 하자를 이유로 하여 행정처분의 효력을 다투는 항고소송의 방법으로 관리처분계획의 취소 또는 무효확인을 구하여야 하고, 그와 별도로 행정처분에 이르는 절차적 요건 중 하나에 불과한 총회결의 부분만을 따로 떼어내어 효력 유무를 다투는 확인의 소를 제기하는 것은 특별한 사정이 없는 한 허용되지 않는다.

[3] 도시 및 주거환경정비법상의 주택재건축정비사업조합을 상대로 관리처분계획안에 대한 총회결의의 무효확인을 구하는 소를 민사소송으로 제기한 사안에서, 그 소는 행정소송법상 당사자소송에 해당하므로 전속관할이 행정법원에 있다고 한 사례.

[4] 주택재건축정비사업조합의 관리처분계획에 대하여 그 관리처분계획안에 대한 총회결의의 무효확인을 구하는 소가 관할을 위반하여 민사소송으로 제기된 후에 관할 행정청의 인가·고시가 있었던 경우 따로 총회결의의 무효확인만을 구할 수는 없게 되었으나, 이송 후 행정법원의 허가를 얻어 관리처분계획에 대한 취소소송 등으로 변경될 수 있음을 고려하면, 그와 같은 사정만으로 이송 후 그 소가 부적법하게 되어 각하될 것이 명백한 경우에 해당한다고 보기 어려우므로, 위 소는 관할법원인 행정법원으로 이송함이 상당하다고 한 사례.30)

▰▰ 고용·산재보험료 납부의무 부존재확인을 구하는 공법상 당사자소송과 관할법원 이송

甲에게서 주택 등 신축 공사를 수급한 乙이 사업주를 甲으로 기재한 甲 명의의 고용보험·산재보험관계성립신고서를 근로복지공단에 작성·제출하여 甲이 고용·산재보험료 일부를 납부하였고, 국민건강보험공단이 甲에게 나머지 보험료를 납부할 것을 독촉하였는데, 甲이 국민건강보험공단을 상대로 이미 납부한 보험료는 부당이득으로서 반환을 구하고 국민건강보험공단이 납부를 독촉하는 보험료채무는 부존재확인을 구하는 소를 제기한 사안에서, 이는 행정소송인 공법상 당사자소송과 행정소송법 제10조 제2항, 제44조 제2항에 규정된 관련청구소송으로서 부당이득반환을 구하는 민사소송이 병합하여 제기된 경우에 해당하므로, 원심법원인 인천지방법원 합의부는 항소심으로서 민사소송법 제34조 제1항, 법원조직법 제28조 제1호에 따라 사건을 관할법원인 서울고등법원에 이송했어야 옳다고 한 사례.31)

---

30) 대법원 2009.9.17. 선고 2007다2428 전원합의체 판결(총회결의무효확인 공2009하, 1648).
31) 대법원 2016.10.13. 선고 2016다221658 판결(보험료채무부존재확인).

2. 당사자소송의 당사자

2.1. 원고적격

당사자소송은 대등한 당사자간의 공법상 법률관계에 관한 소송이므로 항고소송에서와 같은 원고적격의 제한은 없으며, 따라서 민사소송법상의 원고적격에 관한 규정이 준용된다(§8②).

2.2. 피고적격

당사자소송의 피고는 국가 또는 공공단체 등 권리주체가 된다(§39). 국가를 당사자 또는 참가인으로 하는 소송("국가소송")에서는 법무부장관이 국가를 대표한다(국가를 당사자로 하는 소송에 관한 법률 §2). 피고를 잘못 지정하였을 경우, 청구기각판결을 하는 민사소송의 경우와는 달리 당사자소송에서는 원칙적으로 소각하판결을 한다.

> **▨ 판례**
>
> 광주보상법에 의한 보상금등의 지급에 관한 법률관계의 주체는 피고 대한민국이라고 해석되고 지방자치단체인 광주직할시나 또는 국가기관으로서 보상금등의 심의, 결정 및 지급등의 기능을 담당하는데 불과한 피고위원회 및 그 위원장등을 그 주체로 볼 수는 없다고 한 원심의 판단은 정당하고 위 법률에 있어서의 보상금 지급주체에 관한 법리나 당사자소송에 있어서의 피고적격에 관한 법리를 오해한 위법이 있다고 할 수 없다. 보상심의위원회가 소론이 주장하는 바와 같이 보상금등에 관련된 일체의 사무를 처리한다고 하여도 어디까지나 행정기관일 뿐 당사자소송에 있어서의 권리주체는 아니며 그 위원들을 국무총리가 임명 또는 위촉하도록 하고 있다는 점(동법 제4조 제3항)에 비추어 보더라도 광주직할시에 소속된 기관으로 볼 수도 없는 것이고, 논지가 들고 있는 동법시행령 제22조 소정의 보상금등 지급기관도 광주직할시장이 국가행정기관의 지위에서 행하는 것으로 해석된다.[32]

---

32) 대법원 1992.12.24. 선고 92누3335 판결. 같은 취지의 판결로는 공법상의 권리관계의 확인을 구하는 당사자소송은 그 권리주체인 국가 또는 공공단체등을 피고로 하여야 하므로 그 권리주체가 아닌 재향군인회장과 국방부장관을 피고로 하여 제기한 소는 부적법하다고 한 것(대법원 1991.1.25. 선고 90누3041 판결)과 훈장종류확인에 관한 판결(대법원 1990.10.23. 선

■■ 명예퇴직법관의 퇴직수당 지급 청구소송 공법상 당사자소송

명예퇴직수당 지급대상자의 결정과 수당액 산정 등에 관한 구 국가공무원법(2012.10.22. 법률 제11489호로 개정되기 전의 것) 제74조의2 제1항, 제4항, 구 법관 및 법원공무원 명예퇴직수당 등 지급규칙(2011.1.31. 대법원규칙 제2320호로 개정되기 전의 것, 이하 '명예퇴직수당규칙'이라 한다) 제3조 제1항, 제2항, 제7조, 제4조 [별표 1]의 내용과 취지 등에 비추어 보면, 명예퇴직수당은 명예퇴직수당 지급신청자 중에서 일정한 심사를 거쳐 피고가 명예퇴직수당 지급대상자로 결정한 경우에 비로소 지급될 수 있지만, 명예퇴직수당 지급대상자로 결정된 법관에 대하여 지급할 수당액은 명예퇴직수당규칙 제4조 [별표 1]에 산정 기준이 정해져 있으므로, 위 **법관은 위 규정에서 정한 정당한 산정 기준에 따라 산정된 명예퇴직수당액을 수령할 구체적인 권리를 가진다.** 따라서 위 법관이 이미 수령한 수당액이 위 규정에서 정한 정당한 명예퇴직수당액에 미치지 못한다고 주장하며 차액의 지급을 신청함에 대하여 법원행정처장이 거부하는 의사를 표시했더라도, 그 의사표시는 명예퇴직수당액을 형성·확정하는 행정처분이 아니라 공법상의 법률관계의 한쪽 당사자로서 지급의무의 존부 및 범위에 관하여 자신의 의견을 밝힌 것에 불과하므로 행정처분으로 볼 수 없다. 결국 **명예퇴직한 법관이 미지급 명예퇴직수당액에 대하여 가지는 권리는 명예퇴직수당 지급대상자 결정 절차를 거쳐 명예퇴직수당규칙에 의하여 확정된 공법상 법률관계에 관한 권리로서, 그 지급을 구하는 소송은 행정소송법의 당사자소송에 해당하며, 그 법률관계의 당사자인 국가를 상대로 제기하여야 한다.**[33)]

■■ 공법상 당사자소송에서 원고가 피고를 잘못 지정한 경우, 법원이 취하여야 할 조치

고용보험 및 산업재해보상보험의 보험료징수 등에 관한 법률 제4조는 고용보험법 및 산업재해보상보험법에 따른 보험사업에 관하여 이 법에서 정한 사항은 고용노동부장관으로부터 위탁을 받아 근로복지공단이 수행하되, 보험료의 체납관리 등의 징수업무는 국민건강보험공단이 고용노동부장관으로부터 위탁을 받아 수행한다고 규정하고 있다. 따라서 고용·산재보험료의 귀속주체, 즉 사업주가 각 보험료 납부의무를 부담하는 상대방은 근로복지공단이고, 국민건강보험공단은 단지 각 보험료의 징수업무를 수행하는 데에 불과하므로, 고용·산재보험료 납부의무 부존재확인의 소는 근로복지공단을 피고로 하여 제기하여야 한다. 그리고 행정소송법상 당사자소송에서 원고가

고 90누4440 판결)을 들 수 있다.

33) 대법원 2016.5.24. 선고 2013두14863 판결(명예퇴직수당지급거부처분취소).

> 피고를 잘못 지정한 때에는 법원은 원고의 신청에 의하여 결정으로써 피고
> 의 경정을 허가할 수 있으므로(행정소송법 제44조 제1항, 제14조), 원고
> 가 피고를 잘못 지정한 것으로 보이는 경우 법원으로서는 마땅히 석명권을
> 행사하여 원고로 하여금 정당한 피고로 경정하게 하여 소송을 진행하도록
> 하여야 한다.34)

당사자소송의 피고를 국가·공공단체 그 밖의 권리주체에 국한시키고 있는 행정소송법 제39조는 당사자소송의 개념규정에 따른다면 지극히 당연한 것이라 할 수 있다. 그러나 입법론상으로는 반드시 이와 같이 엄격한 '당사자'소송의 관념에 얽매일 것이 아니라 당사자소송이 국민의 권리구제의 공백을 막기 위한 포괄소송으로서 활용할 수 있도록 그 개념을 확대하는 것도 생각해 볼 수 있다. 이와 관련하여 사실 행정소송법이나 행정심판법에 있어서도 원래 권리주체인 국가나 공공단체등을 피고로 하는 것이 원칙이나 소송수행상의 편의나 사안에 대한 근접성(Sachnahe) 등을 감안하여 국가나 공공단체의 기관인 '행정청'을 피고로 한 것이라는 점을 고려할 필요가 있다.35)

3. 당사자소송의 대상

행정소송법상 당사자소송은 행정청의 처분등을 원인으로 하는 법률관계에 관한 소송과 그 밖에 공법상 법률관계에 관한 소송이라고 규정되고 있다. 따라서 당사자소송의 대상도 이와같이 단지 포괄적으로 행정청의 처분등을 원인으로 하는 법률관계와 그 밖에 공법상 법률관계에 관한 분쟁이라고 예정되어 있는 셈이다. 당사자소송이 확인소송의 형태를 띨 경우, 이러한 공법상의 법률관계가 그 자체로서 당사자소송의 대상이 된다는 데 대해서는 의문이 없으며 다만 무엇이 공법상의 법률관계인가를 획정하는 문

---

34) 대법원 2016.10.13. 선고 2016다221658 판결(보험료채무부존재확인).
35) 김도창, 일반행정법론(상), pp.701, 776.

제가 제기될 뿐이다.

반면 당사자소송이 이행소송의 형태를 띠는 경우에는 항고소송의 대상과의 경계설정이 필요하다. 이 경우에는 비처분적 행정작용(Nicht-Verwaltungsakt), 다시 말해서 금전의 지급이라든지 제해시설의 설치와 같은 비권력적 사실행위, 공법상 결과제거청구권의 내용으로서 원상회복 등이 당사자소송의 대상으로 고려되어야 할 것이다.

공법상 당사자소송의 활용이 기대될 수 있는 소송유형으로는 종래 당사자소송으로 생각되어 왔던 유형 내지 그 주변유형(손실보상, 국적관계, 공무원관계 등)과 그 밖에 종래 무명항고소송으로 검토되었던 예방적 소송의 경우를 비롯하여 행정지도를 다투는 경우, 금전 내지 행정서비스의 급부를 구하는 경우, 정보공개청구소송, 영조물의 이용자 내지 이른바 특별권력관계의 내부자에 대한 조치를 다투는 경우, 공공기관에 의한 명예·신용의 훼손의 회복을 구하는 경우, 공공사업의 중지를 구하는 경우, 공공기관의 실력행사를 다투는 경우, 법령·계획을 다투는 경우, 행정상의 의무이행을 법원의 재판을 통하여 확보하고자 하는 경우 등을 들 수 있는데 이렇듯 당사자소송의 대상 또한 항고소송의 처분등에 못지않게 대단히 다양함을 알 수 있다.[36]

4. 제소기간

당사자소송에 관하여는 원칙적으로 제소기간의 제한이 없으며(§44①), 다만 장기간 소를 제기하지 않은 경우에는 소송제기권의 실효가 문제될 수 있을 것이다. 이 경우는 물론 민사소송법상의 일반법리에 의해 판단해야 할 것이다. 그 밖에 각 개별법이 특별한 규정을 두는 경우 그에 따라야 함은 물론이다.

---

36) 高木 光, 公法上の當事者訴訟, ジュリスト 增刊 行政法の爭點, p.227.

5. 기타 소송요건

당사자소송에 대하여는 행정심판전치주의도 적용되지 아니한다. 다만 각각의 관계법이 규정하는 바에 따라 결정전치주의가 적용되는 경우가 있으나(가령 징발법 §24의2), 이는 원칙적으로 처분등 또는 부작위에 대한 불복절차인 행정심판전치주의와는 다른 별도의 행정절차라고 볼 것이다.[37]

Ⅳ. 관련청구 병합과 소 변경

법원은 당사자소송을 당해 처분등에 관계되는 사무가 귀속하는 국가 또는 공공단체에 대한 항고소송으로 변경하는 것이 상당하다고 인정할 때에는 청구의 기초의 변경이 없는 한, 사실심의 변론종결시까지 원고의 신청에 의하여 결정으로써 소의 변경을 허가할 수 있다(§§42, 21①). 나아가 처분등을 원인으로 하는 당사자소송의 경우 처분변경으로 인한 소의 변경도 인정된다(§§44①, 22).

> ■■■ 판례
>
> 공법상의 법률관계에 관한 당사자소송에서는 그 법률관계의 한쪽 당사자를 피고로 하여 소송을 제기하여야 한다(행정소송법 제3조 제2호, 제39조). 다만 원고가 고의 또는 중대한 과실 없이 당사자소송으로 제기하여야 할 것을 항고소송으로 잘못 제기한 경우에, 당사자소송으로서의 소송요건을 결하고 있음이 명백하여 당사자소송으로 제기되었더라도 어차피 부적법하게 되는 경우가 아닌 이상, 법원으로서는 원고가 당사자소송으로 소 변경을 하도록 하여 심리·판단하여야 한다.[38]

---

37) 이러한 경우 박윤흔 교수(고시연구 1991/3, p.37 이하)에 따르면, 보상결정은 처분이 아니라 손실보상청구권자에 대한 '보상견적액의 제시'에 불과한 일종의 중재재정적인 것으로 보아야 한다고 한다.

38) 대법원 2016.5.24. 선고 2013두14863 판결(명예퇴직수당지급거부처분취소).

또한 행정소송법 제10조가 당사자소송에 준용되어 당사자소송과 관련 청구소송이 각각 다른 법원에 계속되고 있는 경우에는 법원은 당사자의 신청 또는 직권에 의하여 이를 당사자소송이 계속된 법원으로 이송할 수 있고(§§44②, 10①), 사실심변론종결시까지 당사자소송에 관련청구소송을 병합하거나 피고 이외의 자를 상대로 한 관련청구소송을 당사자소송이 계속된 법원에 병합·제기할 수 있다(§§44②, 10②). 한편 본래의 당사자소송이 부적법하여 각하되는 경우, 행정소송법 제44조, 제10조에 따라 병합된 관련청구소송도 소송요건 흠결로 부적합하여 각하되어야 한다는 것이 대법원 판례이다.[39]

V. 당사자소송에 있어 가구제

행정소송법 제43조는 "국가를 상대로 하는 당사자소송의 경우에는 가집행선고를 할 수 없다"고 규정하고 있다. 그러나 같은 내용의 규정을 둔 소송촉진등에 관한 특례법 제6조 제1항 단서가 위헌으로 결정된 사실을 볼 때,[40] 이 조항 역시 위헌의 소지가 농후하다고 할 수 있다. 따라서 이러한 명문의 규정에도 불구하고 당사자소송이 기본적으로 대등한 당사자간의 분쟁을 해결하기 위한 소송이라는 점을 고려할 때 가처분 내지 가집행선고가 허용된다고 보아야 할 것이다. 대법원 역시 최근 동일한 방향으로 판시

---

39) 대법원 2011.9.29. 선고 2009두10963 판결(영업권보상 공2011하, 2238). 택지개발사업지구 내 비닐하우스에서 화훼소매업을 하던 甲과 乙이 재결절차를 거치지 않고 사업시행자를 상대로 주된 청구인 영업손실보상금 청구에 생활대책대상자 선정 관련청구소송을 병합하여 제기한 사안에서, 영업손실보상금청구의 소가 재결절차를 거치지 않아 부적법하여 각하되는 이상, 이에 병합된 생활대책대상자 선정 관련청구소송 역시 소송요건을 흠결하여 부적법하므로 각하되어야 한다고 한 사례.

40) 헌법재판소 1989.1.25. 선고 88헌가7 결정. 헌법재판소는 이 규정이 재산권과 신속한 재판을 받을 권리의 보장에 있어서 합리적 이유없이 소송당사자를 차별하여 국가를 우대하고 있는 것이므로 헌법 제11조 제1항에 위반된다고 판시함으로써, 국가가 민사소송의 당사자인 경우 가집행선고를 할 수 있도록 하였다.

한 바 있다.

> ■■■ 판례
>
> 도시 및 주거환경정비법(이하 '도시정비법'이라 한다)상 행정주체인 주택재건축정비사업조합을 상대로 관리처분계획안에 대한 조합 총회결의의 효력을 다투는 소송은 행정처분에 이르는 절차적 요건의 존부나 효력 유무에 관한 소송으로서 소송결과에 따라 행정처분의 위법 여부에 직접 영향을 미치는 공법상 법률관계에 관한 것이므로, 이는 행정소송법상 당사자소송에 해당한다. 그리고 이러한 **당사자소송에 대하여는 행정소송법 제23조 제2항의 집행정지에 관한 규정이 준용되지 아니하므로(행정소송법 제44조 제1항 참조), 이를 본안으로 하는 가처분에 대하여는 행정소송법 제8조 제2항에 따라 민사집행법상 가처분에 관한 규정이 준용되어야 한다.**[41)]

VI. 당사자소송의 심리와 판결

1. 당사자소송의 심리

당사자소송의 심리에 관하여는 취소소송에 관한 일부 규정이 준용되고 있다(§44). 즉, 행정심판기록의 제출명령이라든가 법원의 직권심리 등에 관한 규정이 당사자소송에 준용됨으로써 민사소송에 대한 특수성이 인정되고 있는 것이다. 입증책임 역시 이미 취소소송에 관하여 본 바와 같이 법률요건분류설에 입각하여 해결하여야 한다.

2. 당사자소송의 판결

당사자소송의 판결에 관하여도 일반적으로 취소소송의 판결에 관해 설명한 것이 그대로 타당하다. 그 다른 점만을 지적한다면 먼저 사정판결의 여지가 없으며, 처분등이나 부작위를 전제로 한 것들은 일반적으로 적

---

41) 대법원 2015.8.21.자 2015무26 결정(관리처분계획안에대한총회결의효력정지가처분).

용될 여지가 없다.

　당사자소송의 판결에 있어 특기할 것은 당사자소송이 이행소송이나 확인소송 등의 다양한 형태로 구체화될 수 있기 때문에 그 판결 역시 이행판결, 확인판결 등 다양한 형태를 취할 수 있다는 점이다. 당사자소송의 확정판결도 행정소송법 제44조 제1항에 의하여 판결의 기속력에 관한 제30조 제1항이 준용되므로, 당사자인 행정청과 관계행정청을 기속한다. 그러나 취소판결의 제3자효, 재처분의무나 간접강제에 관한 규정들은 당연히 당사자소송에 적용되지 않는다.

≪당사자소송에 관한 입법론≫

1985년부터 시행된 현행 행정소송법이, 戰前 독일의 제도를 모방한 일본 행정사건소송법의 예(§4)에 따라 항고소송과 구별되는 소송유형으로서 당사자소송을 명문으로 규정하는 입법적 개선을 달성한 것은 사실이다. 그러나 당사자소송에 관한 한 이러한 법개정은 여전히 입법적 불비를 남기고 있을 뿐만 아니라 그나마 실무계에 의하여 제대로 수용되지 않고 있었다. 그러던 차에 최근 당사자소송의 활용론과 더불어 당사자소송을 본격적으로 인정한 대법원의 판결(대법원 1992.12.24. 선고 92누3335 판결)이 나온 것은 향후 당사자소송을 통한 권리보호의 확충을 위하여 무척 다행스러운 일이라 하지 않을 수 없다. 당사자소송은 그 연혁에도 불구하고 현대행정의 발전동향에 따른 권리보호의 수요변화에 부응할 수 있는 가장 기대되는 수단이다. 이러한 견지에서 유능한 서자의 입적 이후의 발전이 자못 기대된다. 그 후견인은 무엇보다도 시대의 조류에 부응하려는 대법원의 사법적극주의적 의지이다. 그 후견인에 대한 성원과 질정은 재판을 통한 행정상 권리보호의 포괄성을 확보하기 위한 실무와 학계의 경합된 노력의 몫이다. 끝으로 당사자소송의 활용문제에 못지않게 중요한 입법론적 요청은 행정소송법개정을 통하여 당사자소송을 공백없는 포괄적 권리보호를 위한 수단으로 발전시켜 나가야 한다는 것이다. 그것은 행정소송의 메뉴를 현대행정의 비중 이동과 권리보호의 수요에 걸맞게 다양화하는 문제이다. 반면, 당사자소송을 이른바 포괄적 소송으로서 취소소송이나 무효등확인소송 이외에 모든 행정소송을 내용으로 할 수 있다고 보는 것은 바람직하지만, 이러한 무범주적 해결책이 자칫 권리보호의 공백을 초래하는 간접적 원인이 될 수 있다는 점은 이제까지 우리나라의 행정소송제도가 실증한 바라고 할 수 있다. 당사자소송에 관한 현행 행정소송법의 규정은 이러한 견지에서 보다 전향적으로 개선되어야 할 것이다. 이에 대하여는 물론 여기서 상론할 수는 없지만, 무엇보다도 이행소송·형성소송·확인소송 등 일반적 소송유형에 따른 당사자소송의 세분화 및 일반 민사소송에 대한 특수성을 고려한 소송법적 규정을 마련하는 문제가 우선적으로 검토되어야 할 것이라는 점만을 지적해 두기로 한다.

≪독일에 있어 당사자소송의 전말≫

오늘날 가장 완비된 행정소송체계를 자랑하고 있는 독일의 경우에도, 제2차 세계대전 이전까지는 '당사자소송과 취소소송'(Parteistreitigkeiten und Anfechtungssachen)의 체계를 취하고 있었고, 전후에도 행정법원법(Verwaltungsgerichtsordnung)이 제정되기 전까지는 행정소송에 관하여 취소소송과 기타 공법상의 쟁송을 구별하고 있었던 구법의 규정[42]에 따라 이러한 구별이 유지되었다. 울레(Ule)에 의하면 행정재판소법(VGG) 제85조가 '당사자소송'(Parteistreitigkeiten)이라 불려진 기타 공법상의 쟁송의 개념을, 대등한 지위를 지닌 권리주체(Rechtsträger)간의 쟁송에 국한시켰고 또 동법 제24조가 확인소송을 당사자소송의 방법에 의하도록 하고 있었기 때문에, 이러한 구별은 행정소송의 허용 여부가 특정의 소송종류에 의해 구속되는 듯한 인상을 불러일으켰다고 한다. 이를 해소한 것은 이와같은 '기타 공법상 쟁송'의 개념에 구애됨이 없이, 따라서 다른 법원의 관할에 속하는 헌법쟁송을 제외하고는 모든 공법상의 쟁송에 대하여 행정소송을 열어 놓고 있었던 군정명령 제165호 제22조 제1항이었고 이러한 해결책을 받아들여 행정법원법(VwGO) 제40조는 이와 같은 구법상의 구별을 취하지 않은 것이다.[43] 그러나 1960년이래 독일의 행정법원법은 그 입법취지상 허용되는 소송의 종류에 관하여 하등의 '정원'(定員) 개념(numerus clausus der Klagearten)을 알지 못한다. 다시 말해, 행정법원법은 소송의 종류에 관한 한 폐쇄적 체계를 취하지 않고 있다.[44] 원래 정부의 행정법원법 초안은 하나의 특별규정을 두어 (당시 정부안 제40조) 행정법원에 의한 권리보호는 형성소송, 확인소송 및 이행소송에 의하여 청구될 수 있다고 되어 있었다. 그러나 이 규정은 연방하원의 법사위원회의 권고에 따라 소송의 종류에 관한 경직된 규격을 피하고 소송의 허용 여부에 관한 판단에 관한 법발전의 길을 열어놓아야 한다는 취지에서 삭제되었다고 한다.[45] 이러한 법적 발전을 통하여

---

42) §22 Abs.1 VGG; §22 Abs.1 MRVO Nr.165; §15 Abs.1 VGG Rh.-Pf.
43) Ule, C.H., Verwaltungsprozeßrecht, 8.Aufl., 1983, S.32f.
44) G. Scholz, Die Kontrolle des Verwaltungshandelns, 2.Aufl., 1978, S.25.
45) BT-Drs. 3/1094, S.5; Schäfer, W., Die Klagearten nach der VwGO, DVBl. 1960,

독일은 포괄적 권리보호체계의 모범을 확립할 수 있었다. 이러한 독일의 행정소송제도의 완비에도 불구하고 여전히 권리보호의 공백이 지적되고 있는 실정임[46]을 볼 때, 우리의 경우 이러한 입법태도는 국민의 권리보호에 공백을 초래할 가능성이 있다는 점에서 재검토되어야 했을 것이다.

S.837; Schmitt Glaeser, Verwaltungsprozeßrecht, 11.Aufl., 1992, Rn.396, S.223; Joon Hyung, Hong, Die Klage zur Durchsetzung von Vornahmepflichten der Verwaltung, Schriften zum Prozeßrecht Bd.108, 1991, S.52 Fn.87.

46) Kopp, Verwaltungsgerichtsordnung, 8.Aufl. 1989, S.517f.

제4장

기타 특수한 행정소송

Ⅰ. 기관소송

1. 개 설

1.1. 개 념

　기관소송이란 국가 또는 공공단체의 기관 상호간에 권한의 존부 또는 그 행사에 관한 다툼이 있을 때에 이에 대하여 제기하는 소송이다(행정소송법 §3 iv). 행정기관 상호간의 권한쟁의는 행정권 내부의 통일성 확보에 관한 문제로 지휘감독권에 의하여 내부적으로 처리되는 것이 통례이나, 경우에 따라서는 기관쟁의의 적당한 해결기관이 없거나, 특히 공정한 제3자의 판단을 요하는 경우가 없지 않으므로 법률이 그러한 경우 법원에의 출소를 인정한 것이다.

1.2. 소송의 성질

　이는 원고 개인의 권리구제를 직접목적으로 하는 것이 아니라 행정조직내부의 권한배분에 관한 문제를 다투는 소송이기 때문에 객관적 소송에 속한다. 이러한 객관소송적 성질로 인해 각 개별법률에 의하여 특별히 인정되는 경우에만 허용되는 소송이다(§45).

2. 기관소송의 종류

기관소송은 법률이 특히 인정하는 경우에 한하여 허용되며(§45), 예컨대 지방자치법 제172조 제3항에 의하여 지방자치단체의 장이 지방의회의 의결의 법령위반을 이유로 지방의회를 피고로 하여 대법원에 소를 제기하는 경우라든가, '지방교육자치에 관한 법률' 제28조 제3항에 의거, 교육감이 시·도의회를 상대로 대법원에 소송을 제기하는 경우의 소송이 이에 해당한다.

3. 적용법규

기관소송에 적용될 법규는 기관소송을 허용하는 각개의 근거법령에 의하여 정해지는 것이 일반적이다. 만일 각 근거법규가 이를 정하지 않았을 경우에는 처분등의 취소를 구하는 소송의 경우에는 그 성질에 반하지 않는 한도 내에서 취소소송에 관한 규정이, 처분등의 효력 유무, 존재 여부 또는 부작위위법의 확인을 구하는 경우에는 무효등확인소송과 부작위위법확인소송에 관한 규정들이 각각 준용되며, 그 밖의 경우에는 그 성질에 반하지 않는 한 당사자소송에 관한 규정들이 준용된다(§46).

기관소송의 재판관할에 관하여는 각각 당해 소송의 개별적 근거법에서 정하고 있다. 가령 헌법상 기관소송의 경우에는 헌법재판소가 관할법원이 된다(헌법 §111①). 기관소송의 당사자에 관해서는, 각 개별법에서 정한 바에 따르되 가령, 지방자치단체의 장·교육위원회·교육장 등과 같은 지방자치단체의 기관들이 원고가 되는 것이 그 예라 할 수 있으며, 피고적격 역시 각 개별법이 정하는 바에 의한다. 기관소송의 제소기간도 각 개별법에서 정하는 바에 따를 것이므로 이를 일률적으로 말할 수는 없다.

4. 기관소송의 문제점

행정소송법은 제3조 제4호에서 기관소송을 정의하고 제5장에서 기관소송에 관한 규정을 두고 있다. 이와같이 행정소송법이 기관소송의 실재를 시인하고 그에 관한 법적 규율을 시도한 것은 실제적인 권리보호이익의 결여를 이유로 이에 관한 아무런 규정을 두고 있지 않은 독일의 행정법원법(行政法院法)에 비하면[1] 일견 진일보한 것처럼 보일 수도 있다. 그러나 이들 규정들을 검토해 볼 때 그러한 법적 규율의 의미는 사실상 공허한 것에 지나지 않는다는 사실이 드러난다. 행정소송법은 제45조에서 기관소송을 법률이 정한 경우에 법률에 정한 자에 한하여 제기할 수 있다고 규정함으로써 그 허용성과 제소가능성을 전적으로 개별 법률에 맡기고 있고 또 실제로 기관소송을 허용하는 법률이 극소수에 머무르고 있기 때문이다. 우리나라 행정소송법이 행정소송의 대상에 있어 개괄주의(Generalklausel)를 취하고 있다는 것(§1)은 주지의 사실이다. 이에 따르면 모든 공권력의 행사, 불행사, 공법상의 법률관계에 관한 다툼은 행정소송의 대상이 되며, 기관소송의 보호대상이 되는 기관의 법적 지위 또는 다른 기관에 대한 내부법적인 지위도 공법에 의해 결정되는 것이므로 이에 관한 다툼은 공법의 적용에 의해 해결되어야 할 문제이다. 따라서 공법인 내부에서의 법적 지위에 관한 분쟁도 행정소송의 대상이 된다고 해야 개괄주의의 원칙에 부합되는 결과가 된다. 그러나 행정소송법은 제45조에서 기관소송은 법률이 정한 경우에 한하여 제기할수 있다고 규정하여 같은 법 제1조의 규정에 의한 개괄주의의 원칙을 전도시킴으로써 가령 지방자치단체나 공공단체의 기관간에 발생할 수 있는 다양한 분쟁을 기관소송의 형태를 통해 사법적으로 해결할

---

1) Erichsen, Der Innenrechtsstreit, in: Festschrift für C.-F.Menger zum 70.Geb., 1985, S.211-213; Ehlers, NVwZ 1990, 105. 이러한 법의 공백을 메꾸기 위해서는 입법적 개선책이 강구되어야 한다는 주장으로는 Hoppe, NJW 1980, 1017; Papier, DÖV 1980, 292(294ff.); Schmidt-Jortzig, Kommunalrecht, 1982, Rn.268 m. Fn.96; Stettner, Grundfragen einer Kompetenzlehre, 1983, 64ff.를, 이에 대한 비판적 견해로는 Schenke, DÖV 1982, 709(722); Sendler, DVBl 1982, 812(817)을 각각 참조.

수 있는 길을 봉쇄하고 말았다. 그리하여 현행 행정소송법의 기관소송에 관한 법적 보장은 오히려 기관소송에 관한 별도의 규정을 두지 않고서도 행정법원법상 개괄주의의 원칙을 철저히 관철시키는 가운데 행정소송법의 해석을 통해 널리 기관소송의 길을 열어 놓고 있는 독일의 경우보다도 훨씬 못 미치는 수준에 있다고 해도 과언은 아니다.

　이는 현행 행정소송법이 모처럼 기관간의 법적 분쟁의 실재를 인정했으면서도 공법인 내부에서의 기관 상호간의 법률관계에 대한 쟁송을 법원의 고유한 관할사항인 법률적 쟁송[2]으로 보지 않았던 과거의 태도를 답습한 결과라고 할 수 있다. 기관소송법정주의로 말미암아 지방자치단체 내부에서의 법적 분쟁을 해결함에 있어 기관소송의 활용은 극히 저조한 수준에 머물러 있다. 즉 기관소송이 지방자치단체 내부에서의 분쟁해결수단으로 활용될 수 있기 위해서는 개개의 법률이 이를 명시해야 하는데, 실제로 지방자치법 등 관계법률에 의해 허용된 기관소송의 예는 이미 앞에서 본 바와 같이 극히 제한되어 있어 모처럼 제도화된 기관소송이 거의 활용되지 못하는 결과가 된 것이다. 이러한 기관소송법정주의는 행정내부관계에서도 법적으로 규율되어야 할 법률적 쟁송이 존재한다는 것을 정면에서 시인하고 있는 오늘날의 법관념에 부합되지 않는다. 오늘날 지방자치가 활성화되면 될수록 지방의회와 지방자치단체의 장 등 지방자치단체 기관간, 지방자치단체의 기관과 교육자치기관간, 지방의회와 상임위원회나 그 구성원간, 교육위원회와 그 구성원간에 법적 분쟁이 발생할 여지도 그만큼 커질 것이고 또 이들 분쟁은 궁극적으로는 소송을 통하여 해결되어야 하므로 결국 행정소송법상 기관소송에 대한 수요도 계속 확대될 것이다. 그럼에도 불구하고 행정소송법이 이처럼 기관소송법정주의를 취한 것은 모처럼 명문화된 기관소송제도를 유명무실한 것으로 만들뿐만 아니라 지방자치단체 기관간의 법적 분쟁의 해결에 장애요인을 초래함으로써 지방자치의 기능을

---

2) 법원조직법 제2조 제1항은 법원은 일체의 법률상의 쟁송을 심판한다고 규정하고 있다.

마비시키는 결과를 초래할 우려마저 있다. 따라서 법정기관소송만을 허용하고 있는 행정소송법 제45조는 폐지하되 그때그때 학설·판례의 발전수준을 고려하여 기관소송의 대상이나 당사자, 소송절차 등에 관한 법적 규율을 정비해 나가야 할 것이다.

그 밖에도 지방자치법이 지방자치단체 내부에서의 분쟁해결수단으로서 기관소송에 대하여 그 당사자가 누구인가를 묻지 아니하고 일률적으로 법률심인 대법원에 관할권을 한정함으로써 단심제를 채택하고 있는 것은 지방자치단체의 종류에 따라 분쟁해결의 심급이 적절히 배분되어야 하며, 다른 행정소송과 다름없이 기관소송에서도 사실심의 기회가 주어져야 한다는 점 등을 고려할 때 간과할 수 없는 문제점이라 할 수 있다.

II. 민중소송

1. 개 설

1.1. 개 념

민중소송이란 국가 또는 공공단체의 기관이 법률에 위반되는 행위를 한 때에 직접 자기의 법률상 이익과 관계없이 그 시정을 구하기 위하여 제기하는 소송이다(§3 iii).

1.2. 소송의 성질

이 역시 원고 개인의 권리구제를 직접목적으로 하는 것이 아니라 행정의 적법성 등 객관적 법익을 목적으로 하는 소송이므로 기관소송과 함께 객관적 소송에 속한다. 이 소송은 그 객관소송적 성질로 인해 각 개별법률에 의하여 특별히 인정되는 경우에만 허용된다(§45).[3]

---

3) 민중소송에 관하여 상세한 것은 조연홍, 한국행정법원론(상), 2000, 형설출판사,

2. 민중소송의 종류

민중소송은 특히 행정법규의 적정한 집행이 요구되는 분야에서 개별 법에 의하여 인정되는 데 그치는바, 그 예로는 국민투표에 관한 소송(국민 투표법 §72), 선거에 관한 소송(공직선거법 §§222, 224)이 있다.

> ### ▮▮ 공직선거법 제222조와 제224조 소정의 선거소송이 민중소송에 해당하는지 여부
>
> [1] 공직선거법 제222조와 제224조에서 규정하고 있는 선거소송은 집합적 행위로서의 선거에 관한 쟁송으로서 선거라는 일련의 과정에서 선거에 관한 규정을 위반한 사실이 있고, 그로써 선거의 결과에 영향을 미쳤다고 인정하는 때에 선거의 전부나 일부를 무효로 하는 소송이다. 이는 선거를 적법하게 시행하고 그 결과를 적정하게 결정하도록 함을 목적으로 하므로, 행정소송법 제3조 제3호에서 규정한 민중소송 즉 국가 또는 공공단체의 기관이 법률을 위반한 행위를 한 때에 직접 자기의 법률상 이익과 관계없이 그 시정을 구하기 위하여 제기하는 소송에 해당한다(대법원 1961.4.11. 선고 4293선14 판결, 대법원 2004.5.31. 선고 2003수26 판결 참조).
>
> [2] 재판청구권의 행사도 상대방의 보호 및 사법기능의 확보를 위하여 신의성실의 원칙에 의하여 제한될 수 있다. 선거관리위원회의 특정한 선거사무 집행 방식이 위법함을 들어 선거소송을 제기하는 경우, 이미 법원에서 특정한 선거사무 집행 방식이 위법하지 아니하다는 분명한 판단이 내려졌음에도 앞서 배척되어 법률상 받아들여질 수 없음이 명백한 이유를 들어 실질적으로 같은 내용의 선거소송을 거듭 제기하는 것은 상대방인 선거관리위원회의 업무를 방해하는 결과가 되고, 나아가 사법자원을 불필요하게 소모시키는 결과로도 되므로, 그러한 제소는 특별한 사정이 없는 한 신의성실의 원칙을 위반하여 소권을 남용하는 것으로서 허용될 수 없다.[4]

---

p.1143 이하를 참조.

4) 대법원 2016.11.24. 선고 2016수64 판결(국회의원선거무효): 공직선거법상 개표사무를 보조하기 위하여 투표지를 유·무효별 또는 후보자별로 구분하거나 계산에 필요한 기계장치 또는 전산조직을 이용하는 것이 적법한 개표 방식으로서 선거무효사유가 될 수 없다는 법리가 공직선거법에 동일한 내용이 규정된 2014.1.17. 이후에도 동일하게 적용된다고 본 사례.

3. 적용법규

민중소송에 적용될 법규는 민중소송을 허용하는 각개의 근거법령에 의하여 정해지는 것이 일반적이다. 만일 각 근거법규가 이를 정하지 않았을 경우에는 처분등의 취소를 구하는 소송의 경우에는 그 성질에 반하지 않는 한도 내에서 취소소송에 관한 규정이, 처분등의 효력 유무, 존재 여부 또는 부작위위법의 확인을 구하는 경우에는 무효등확인소송과 부작위위법확인소송에 관한 규정들이 각각 준용되며, 그 밖의 경우에는 그 성질에 반하지 않는 한 당사자소송에 관한 규정들이 준용된다(§46).

민중소송의 재판관할에 관하여는 각각 당해 소송의 개별적 근거법에서 정하고 있다. 가령 각종 선거소송의 경우 대법원·고등법원이 관할법원이 되는 것이 그 예이다(공직선거법 §222). 민중소송의 당사자에 관해서는, 각 개별법에서 정한 바에 따르되 가령, 지방자치단체의 주민·선거인 등이 원고적격을 갖는 것이 그 예라 할 수 있으며, 피고적격 역시 각 개별법이 정하는 바에 의한다. 민중소송의 제소기간도 각 개별법이 정하는 바에 따를 것이므로 이를 일률적으로 말할 수는 없다.

간추린 참고문헌

국내에서 발표된 참고문헌 중
단행본이 아닌 것은
본문에서 표기하는 것을 원칙으로 했다

[국내문헌]

姜求哲, 講義行政法 I, 學研社, 1993.

國會圖書館, 헌법제정회의록(제헌의회) 헌정사자료 제1집, 1967.

權寧星, 憲法學原論, 法文社, 1992.

金南辰, 行政法 I, 法文社, 2000.

――――, 행정법의 기본문제, 1992.

김남진·김연태, 行政法 I, 法文社, 2007.

金南辰외, 韓國法學의 回顧와 展望, 法文社, 1991.

金道昶, 一般行政法論(上), 靑雲社, 1993.

金東熙, 行政法 I, 博英社, 2008.

金重權, 행정법기본연구 I, 법문사, 2008.

――――, 행정법기본연구 II, 법문사, 2009.

金哲洙, 憲法學新論, 博英社, 2008.

金鐵容, 행정법 I, 박영사, 2010.

――――, 國家賠償法 제2조에 관한 연구, 건국대학교 박사학위논문, 1975.

김철용(편), 행정절차와 행정소송. 피앤씨미디어, 2017.

김철용·최광율(편), 주석행정소송법, 박영사, 2004.

柳明建, 實務行政訴訟法, 博英社, 1998.

柳至泰, 行政法新論, 新英社, 2005.

류지태·박종수, 행정법신론, 박영사, 2009.

박균성, 행정법강의, 박영사, 제3판, 2006.

박균성, 행정법론(상), 박영사, 제15판, 2016.

朴松圭, 行政審判法, 韓國法制硏究院, 1998.

朴鈗炘, 行政法講義(上·下), 博英社, 2000.

――――, 最新行政法講義(上·下), 國民書館, 1993, 2004.

박정훈, 행정법의 체계와 방법론(행정법연구 1), 박영사, 2005.

――――, 행정소송의 구조와 기능(행정법연구 2), 박영사, 2006.

卞在玉, 行政法講義 I, 博英社, 1990.

서울행정법원, 행정법원의 좌표와 진로, 1999.

徐元宇, 現代行政法論, 上, 博英社, 1987.

———, 轉換期의 行政法理論, 博英社, 1997.

石琮顯, 一般行政法(上), 三英社, 1993.

兪鎭午, 憲法憲法解義, 明世堂版, 檀紀4282.

尹世昌, 行政法論(上), 博英社, 1983.

李尙圭, 新行政法論(上), 法文社, 1991.

———, 新行政爭訟法, 法文社, 1988.

李時潤, 民事訴訟法, 博英社, 1990.

———, 訴訟物에 관한 硏究, 1977.

장태주, 행정법개론, 법문사, 2010.

鄭東潤, 民事訴訟法, 法文社, 1990.

정하중, 행정법개론, 법문사, 제7판, 2013.

趙淵泓, 韓國行政法原論(上), 형설출판사, 2000.

최선웅, 행정소송의 원리, 진원사, 2007.

최송화, 공익론, 서울대학교출판부, 2002.

———, 법치행정과 공익, 박영사, 2002.

최정일, 행정법의 정석 I, 박영사, 2009.

한국법제연구원, 현행공용침해법제의 현황과 개선방향, 1992.

한국행정판례연구회, 행정판례평선, 박영사, 2011.

許 營, 韓國憲法論, 博英社, 1995, 2008.

洪井善, 行政法原論(上·下), 博英社, 2000, 2005, 2009/2008.

———, 행정법특강, 제5판, 박영사, 2006.

洪準亨, '행정법', 법문사. 2011.

———, '행정구제법', 도서출판 오래, 2012.

———, '행정구제법'(제4판), 한울아카데미, 2001.

———, '행정법총론'(제4판), 한울아카데미, 2001.

———, '환경행정법', 한울아카데미, 1993.

———, '판례행정법', 두성사, 1999

———, '환경법', 박영사, 2005.

———, '행정과정의 법적 통제', 서울대학교출판문화원, 2010.

———, '환경법특강', 박영사, 2013.

[외국어문헌]

阿部泰隆, 國家賠償訴訟における違法と抗告訴訟における違法, 行政法の爭点(新版), ジュリスト, 176.

─────, 國家補償法, 有斐閣, 1988.

園部逸夫, 注解行政事件訴訟法, 有斐閣, 1989.

古崎慶長, 營造物の管理の瑕疵の意義, 行政法の爭点(新版), ジュリスト 增刊, 168.

塩野 宏, 行政法 I, 有斐閣, 1992.

─────, 日本行政法論(徐元宇・吳世卓共譯), 法文社, 1996.

芝池義一, 行政法總論講義, 第2版, 有斐閣, 1996.

─────, 行政救濟法講義, 有斐閣, 1996.

植村榮治, 米國公務員の不法行爲責任, 有斐閣, 1991.

─────, 行政法 I, 1986.

鈴木庸夫, 當事者訴訟, 現代行政法大系 5(行政爭訟 II), 1984, 77 이하.

杉村敏正, 行政救濟法 1, 1990, 有斐閣.

高木 光, 公法上の當事者訴訟, ジュリスト 增刊 行政法の爭點. 226.

田中二郎, 新版行政法, 上, 中, 下, 弘文堂, 1969-1987.

阿部泰隆, 義務づ"け訴訟論, 田中古稀『公法の理論下 II』, 有斐閣, 1977.

行政判例百選 II, 別冊ジュリスト 62號.

藤田宙靖, 新版行政法 I(總論), 1986.

南博方編, 注釋行政事件訴訟法, 有斐閣, 1972.

南 博方, 條解行政事件訴訟法, 弘文堂, 1987.

尹龍澤, 韓國行政審判制度の研究, 創價大學アジア研究所, 1996.

Aman, Jr. & Mayton, Administrative Law, West Publishing, 1993.

Bachof, Otto, Die verwaltungsgerichtliche Klage auf Vornahme einer Amts-handlung, Tübingen, 1951.

─────────, Die Dogmatik des Verwaltungsrechts vor den Gegenwartsaufga-ben der Verwaltung, in: VVDStRL 30(1972), S.193-244.

Barbey, Günther, Bemerkung zum Streitgegenstand im Verwaltungsprozeß, in: FS für C.F.Menger, 1985.

Bauer, H., Geschichtliche Grundlage der Lehre von subjektiven öffentlichen Recht, 1986, Augusburger Dissertation.

─────────, Schutznormtheorie im Wandel, Gegenwartsfragen des Öffentli-chen Rechts, 1988, S.115f.

Baumgärtel, G., Zur Lehre vom Streitgegenstand, JuS 1974, 69ff.

Bettermann, K. A., Staatsbürger und Staatsgewalt, Bd.II, 1963.

─────────, Über Klage- und Urteilsarten, in: Staatsrecht-Verfahrensrecht

Zivilrecht - Schriften aus vier Jahrzehnten(hrsg.v.D.Merten; H.-J.Papier; K.Schmidt; A.Zeuner), 1988.

Birke/Brechtken (Hrsg.), Kommunale Selbstverwaltung/Local Self-Government, 1996.

Böhm, F., Freiheit und Ordnung in der Marktwirtschaft, 1980.

Boujong, K.-H., Staatshaftung für legislatives und normatives Unrecht in den neueren Rechtsprechung des Bundesgerichtshofes, in: FS für Willi Geiger t. 80.Geb.

Braun, Die präjudizielle Wirkung bestandskräftiger Verwaltungsakte, 1982.

Bühler, Ottmar, Die subjektiven öffentlichen Rechte und ihr Schutz in der deutschen Verwaltungsrechtsprechung, 1914.

——————, Altes und neues über Begriff und Bedeutung der subjektiven öffentlichen Rechte, in: GS W.Jellinek, 1955, S.269ff.

Burgi, Martin. Verwaltungsorganisationsrecht, in: Allgemeines Verwaltungsrecht 12.Aufl., 2002, De Gruyter Recht, 791-868.

Detterbeck, S., Salvatorische Entschädigungsklauseln vor dem Hintergrund der Eigentumsdogmatik des Bundesverfassungsgerichts, DÖV 1994, 273.

Dicey, A.V., Introduction to the Study of the Constitution.

Efstration, Pavlos-Michael, Die Bestandskraft des öffentlich-rechtlichen Vertrages, 1988.

Ehlers, D., Rechtsstaatliche und prozessuale Probleme des Verwaltungsprivatrechts, DVBl 1983, 422.

Eifert, Umweltinformation als Regelungsinstrment, DÖV 1994, 550ff.

Ely, John Hart. (1980). Democracy and Distrust - A Theory of Judicial Review, Harvard University Press.

Erichsen(Hrsg), Allgemeines Verwaltungsrecht, 12.Aufl., 2002, Walter de Gruyter Recht.

Erichsen, Das Bundesverwaltungsgericht und die Verwaltungsrechtswissenschaft, DVBl 1978, 569ff.

——————, Der Innenrechtsstreit, in: Festschrift für C.-F.Menger zum 70.Geb., 1985, S.211-213.

Eucken, W., Grundsätze der Wirtschaftspolitik, 5.Aufl., 1975.

Eyermann/Fröhler(EF), Verwaltungsgerichtsordnung, 10.Aufl., 1998.

Fromont, M., Staatshaftungsrecht in Frankreich, DÖV 1982, 928.

Gellhorn, Byse, and Strauss, Administrative Law: Cases and Comments, 7th.ed.(Meniola, NY: Foundation Press, 1979).

George, Philipe, Droit Public, 1982, 4e éd.

Götz, Volkmar, Allgemeines Polizei- und Ordnungsrecht, 14. Aufl., Vandenhoeck & Ruprecht, 2008.

_____, Allgemeines Verwaltungsrecht, 4.Aufl., 1997, C.H. Beck.

Götz/Starck(Hrsg), Die öffentliche Verwaltung zwischen Gesetzgebung und richterlicher Kontrolle, 1985.

Grunewald, Mark H., Administrative Mechanisms for Resolving Freedom of Information Act Disputes, Final Report submitted to the Administrative Conference of the United States, 1986.

Grunsky, W., in: Münchener Kommentar zum BGB, Vorb. vor § 249 Rn.36-46.

Hänni, P., Die Klage auf Vornahme einer Verwaltungshandlung, 1988.

Hofmann-Riem, AK-GG. Art.5 I Rn.91.

Hoffmann-Riem/Schmidt-Aßmann/Voßkuhle(Hrsg.). 2006. Grundlagen des Verwaltungsrechts Bd. I – Methoden-Maßsäbe-Aufgaben-Organization (GVwR I). Verlag C.H.Beck.

Hong, Joon Hyung, Die Klage zur Durchsetzung von Vornahmepflichten der Verwaltung, Schriften zum Prozessrecht Bd.108, 1992, Duncker & Humblot, Berlin.

_____, Law, Policy and Institutions for Alternative Dispute Resolution in Korea, in: Comparative Studies in Public Conflict Resolution, 2005, KDI School of Public Policy and Management.

Hoppe, in: Festschrift für BVerfG 1976, S.666.

_____, in: Isensee/Kirchhof, HdbStR, Bd.III.

Huber, P.-M., Konkurrenzschutz im Verwaltungsrecht, J.C.B.Mohr(Paul Siebeck), 1991.

Hufen, F., Zur Systematik der Folgen von Verfahrensfehlern - eine Bestandsaufnahme nach zehn Jahren VwVfG, DVBl 1988, 77.

_____, Verwaltungsprozeßrecht, 6.Aufl., 2005, C.H.Beck.

Jaffe, L., 1965. Judicial Control of Administrative Action. Boston: Little, Brown.

Jakob/Blankenburg/Kritzer/Provine/Sanders. (1996). Courts, Law & Politics in Comparative Perspective, Yale University Press.

Jauernig, Zivilprozeßrecht, 22.Aufl., 1988.

Jellinek, W., Verwaltungsrecht, 3.Aufl., 1948.

Köckerbauer, H.P., Rechtsgrundlagen und Haftungsumfang des Folgenbeseitigungsanspruchs, JuS 1988, 784.

Kopp, F., Beteiligung, Rechts- und Rechtsschutzpositionen im Verwaltungsverfahren, in: FS BVerwG, S.390ff.

_____, Kommentar zum VwVfG, 9.Aufl., 2005, C.H.Beck.

_____, Kommentar zum VwGO, 11.Aufl., 1998, C.H.Beck.

_____, Der für die Beurteilung der Sach- und Rechtslage maßgebliche Zeitpunkt bei verwaltungsgerichtlichen Anfechtungs- und Verpflichtungsklage, in: FS für Menger, 1985.

Ladeur, P., Die Schutznormtheorie - Hindernis auf dem Weg zu einer modernen Dogmatik der plnaerischen Abwägung ?, Umwelt- und Planungsrecht(UPR) 1984(Heft 1), S.3f.

Laubinger, H.-W., Der Verwaltungsakt mit Doppelwirkung, 1967.

————, Grundrechtsschutz durch Gestaltung des Verwaltungsverfahrens, VerwArch. Bd.73, 1982, S.60ff.

Lorenz, Der Rechtsschutz des Bürgers und die Rechtsweggarantie, 1973.

Lüke, G., Streitgegenstand im Verwaltungsprozeß, JuS 1967, 3.

Martens, J., Die Praxis des Verwaltungsprozesses, 1975.

Maurer, H., Das Vertrauensschutzprinzip bei Rücknahme und Widerruf von Verwaltungsakten, in: Festschrift für Richard Boorberg Verlag, 1977.

————, Allgemeines Verwaltungsrecht, 17.Aufl., 2009, C.H. Beck, München.

Mayer, Otto, Deutsches Verwaltungsrecht, 3.Aufl., 1924(unveränderter Nachdruck 1969).

Menger, C.F., System des verwaltungsgerichtlichen Rechtsschutzes, Eine verwaltungsrechtliche und prozeßvergleichende Studie, 1954.

Ossenbühl, F., Staathaftungsrecht, 4.Aufl., 1991.

————, Gutachten B zum 50. DJT, S.49ff.

Pietzcker, J., Der Anspruch auf ermessensfehlerfreie Entscheidung, JuS 1982, S.108f.

Pietzner/Ronellenfitsch, Das Assessorexamen im Öffentlichen Recht, Widerspruchsverfahren und Verwaltungsprozeß, 9.Aufl., 1996.

Ramsauer, Ulrich, Die Assessorprüfung im Öffentlichen Recht, 1995, C.H.Beck.

Redeker/v.Oertzen, Verwaltungsgerichtsordnung, 12.Aufl., 1997.

Ress, G., Die Entscheidungsbefugnis in der Verwaltungsgerichtsbarkeit - eine rechtsvergleichende Studie zum österreichischen und deutschen Recht, 1968, Forschungen aus Staat und Recht, Bd.4, Springer Verlag.

Richter/Schuppert, Casebook Verwaltungsrecht, 1991.

Rivero, Jean, Droit administratif, 13e éd., 1990, Dalloz.

Rivero, Jean/Waline, Jean, Droit administratif, 15e édition, 1994, Dalloz.

Rosenberg/Schwab, Zivilprozeßrecht, 14.Aufl., 1986.

Rosenbloom, David H. (1994). Evolution of Administrative State, Transformations of Administrative Law, in: Handbook of Regulation and Administrative Law, Marcel Dekker.

Rosenbloom, David H./O'Leary, Rosemary. (1997). Public Administration and Law, 2nd. ed. Marcel Dekker, Inc.

Rösslein, T., Der Folgenbeseitigungsanspruch, 1968.

Rupp, H.H., Bemerkungen zum verfahrensfehlerhaften Verwaltungsakt, in:

FS für O. Bachof, 1984, S.151ff.

─────────, Grundfragen der heutigen Verwaltungsrechtslehre, 1965.

Schenke, W.-R., Verwaltungsprozessrecht, 12. Aufl. 2009.

─────────, Probleme der modernen Leistungsverwaltung, DÖV 1989, 370.

Schmalz, D., Allgemeines Verwaltungsrecht und Verwaltungsrechtsschutz, 1985.

Schmidt-Aßmann, Eberhard, Institute gestufter Verwaltungsverfahren: Vorbescheid und Teilgenehmigung, in: Verwaltungsrecht zwischen Freiheit, Teilhabe und Bindung, FS aus Anlaß des 25jährlichen Bestehens des BVerwG, 1978.

Schmidt-Jortzig, E., HdbStR § 141 Rn.31.

Schmitt Glaeser, Walter Verwaltungsprozeßrecht, 14.Aufl., 1997, Boorberg

Schoch/Schmidt-Aßmann/Pietzner, Verwaltungsgerichtsordnung, 2000, C.H. Beck.

Scholz, G., Die Kontrolle des Verwaltungshandelns, 2.Aufl., 1978.

Schultze-Fielitz, Helmuth, Grundmodi der Aufgabenwahrnehmung, in: Hoffmann-Riem/Schmidt-Aßmann/Voßkuhle(Hrsg.), GVwR I, 2006, 761-838.

Schwab-Gottwald, Verfassung und Zivilprozeß, 1984.

Schwarze, Der funktionale Zusammenhang von Verwaltungsverfahrensrecht und verwaltungsgerichtlichen Rechtsschutzes, 1974.

Skouris, Wassilios, Verletztenklagen und Interessenklagen im Verwaltungsprozeß, Hamburger Habilitation, 1978.

Steiner, U., Die allgemeine Leistungsklage im Verwaltungsprozeß, JuS 1984, 854.

Stern, K., Verwaltungsprozessuale Probleme in der öffentlichrechtlichen Arbeit, 7.Aufl., 1995.

Thomas, H./Putzo,H., Zivilprozeßordnung mit Gerichtsverfassungsgesetz, 16.Aufl., 1990.

Thomuschat, Christian, Gerichtlicher Rechtsschutz des Einzelnen gegen die Untätigkeit der vollziehenden Gewalt, in: Gerichtsschutz gegen die Exekutive, 1971, Bd.III, S.78ff.

Ule, C.H., Zur Anwendung unbestimmter Rechtsbegriffe im Verwaltungsrecht, Gedächtnisschrift für W. Jellinek, 1955.

─────────, VVDStRL 15, 1957, S.133ff.

─────────, Verwaltungsreform als Verfassungsvollzug, in: Recht im Wandel, 1965.

─────────, Rechtsstaat und Verwaltung, VerwArch. Bd.76(1985).

─────────, Verwaltungsprozeßrecht, 9.Aufl., 1987.

Vogel, K., Verwaltungsrechtsfall, 8.Aufl., 1980.

Wade, E.C.S./Bradley, A.W. (1985). Constitutional and Administrative Law (1 0th. ed.), Longman.

Wahl, R., Verwaltungsverfahren zwischen Verwaltungseffizienz und Rechtsschutzauftrag, VVDStRL 41, 1983, S.153.

Walter, Ch., Neuere Entwicklungen im franzöischen Staatshaftungsrecht - verschuldensunabhängige Haftung öffentlicher Krankenhäuser, ZaöRV Bd.54, 1994, S.899-904.

Weides, Peter, Verwaltungsverfahren und Widerspruchsverfahren, 3.Aufl., 1993.

Weyreuther, F., Die Rechtswidrigkeit eines Verwaltungsakts und die »dadurch« bewirkte Verletzung »in … Rechten«, in: FS Menger, S.681ff., 1985.

————, "Empfiehlt es sich, die Folgen rechtswidrigen hoheitlichen Verwaltungshandelns gesetzlich zu regeln", Gutachten B zum 47. DJT, 1968.

Wieslander, Bengt, The Parliamentarz Ombudsman in Sweden, 1994, The Bank of Sweden Tercentenary Foundation & Gidlunds Bokförlag.

Wise, Charles R., Regulatory Takings, Handbook of Regulation and Administrative Law(ed. D.H.Rosenbloom/R.D.Schwartz), 1994, pp.158ff.

Wolff, H. J./Bachof, O./Stober, R./Kluth,W., Verwaltungsrecht, Bd. 1, 12. Aufl. 2007.

————, Bd. 2, 6. Aufl. 2000.

————, Bd. 3, 5. Aufl. 2004.

Wolff, W., Allgemeines Verwaltungsrecht, 4. Aufl. 2004.

행정소송법
행정심판법

≪행정소송법≫

[시행 2014.11.19.] [법률 제12844호, 2014.11.19., 타법개정]
법무부(국가송무과) 02-2110-3202~3

제1장 총 칙

제1조(목적) 이 법은 행정소송절차를 통하여 행정청의 위법한 처분 그 밖에 공권력의 행사·불행사등으로 인한 국민의 권리 또는 이익의 침해를 구제하고, 공법상의 권리관계 또는 법적용에 관한 다툼을 적정하게 해결함을 목적으로 한다.

제2조(정의) ① 이 법에서 사용하는 용어의 정의는 다음과 같다.
  1. '처분등'이라 함은 행정청이 행하는 구체적 사실에 관한 법집행으로서의 공권력의 행사 또는 그 거부와 그 밖에 이에 준하는 행정작용(이하 '처분'이라 한다) 및 행정심판에 대한 재결을 말한다.
  2. '부작위'라 함은 행정청이 당사자의 신청에 대하여 상당한 기간내에 일정한 처분을 하여야 할 법률상 의무가 있음에도 불구하고 이를 하지 아니하는 것을 말한다.
  ② 이 법을 적용함에 있어서 행정청에는 법령에 의하여 행정권한의 위임 또는 위탁을 받은 행정기관, 공공단체 및 그 기관 또는 사인이 포함된다.

제3조(행정소송의 종류) 행정소송은 다음의 네가지로 구분한다. 〈개정 1988.8.5.〉
  1. 항고소송: 행정청의 처분등이나 부작위에 대하여 제기하는 소송
  2. 당사자소송: 행정청의 처분등을 원인으로 하는 법률관계에 관한 소송 그 밖에 공법상의 법률관계에 관한 소송으로서 그 법률관계의 한쪽 당사자를 피고로 하는 소송
  3. 민중소송: 국가 또는 공공단체의 기관이 법률에 위반되는 행위를 한 때에 직접 자기의 법률상 이익과 관계없이 그 시정을 구하기 위하여 제기하는 소송
  4. 기관소송: 국가 또는 공공단체의 기관상호간에 있어서의 권한의 존부 또는 그 행사에 관한 다툼이 있을 때에 이에 대하여 제기하는 소송. 다만, 헌법재판소법 제2조의 규정에 의하여 헌법재판소의 관장사항으로 되는 소송은 제외한다.

제4조(항고소송) 항고소송은 다음과 같이 구분한다.
  1. 취소소송: 행정청의 위법한 처분등을 취소 또는 변경하는 소송
  2. 무효등 확인소송: 행정청의 처분등의 효력 유무 또는 존재 여부를 확인하는 소송
  3. 부작위위법확인소송: 행정청의 부작위가 위법하다는 것을 확인하는 소송

제5조(국외에서의 기간) 이 법에 의한 기간의 계산에 있어서 국외에서의 소송행
위추완에 있어서는 그 기간을 14일에서 30일로, 제3자에 의한 재심청구
에 있어서는 그 기간을 30일에서 60일로, 소의 제기에 있어서는 그 기
간을 60일에서 90일로 한다.

제6조(명령·규칙의 위헌판결등 공고) ① 행정소송에 대한 대법원판결에 의하여
명령·규칙이 헌법 또는 법률에 위반된다는 것이 확정된 경우에는 대법
원은 지체없이 그 사유를 행정자치부장관에게 통보하여야 한다. 〈개정
2013.3.23., 2014.11.19.〉

　② 제1항의 규정에 의한 통보를 받은 행정자치부장관은 지체없이 이를 관보
에 게재하여야 한다. 〈개정 2013.3.23., 2014.11.19.〉

제7조(사건의 이송) 민사소송법 제34조제1항의 규정은 원고의 고의 또는 중대한
과실없이 행정소송이 심급을 달리하는 법원에 잘못 제기된 경우에도 적
용한다. 〈개정 2002.1.26.〉

제8조(법적용예) ① 행정소송에 대하여는 다른 법률에 특별한 규정이 있는 경우
를 제외하고는 이 법이 정하는 바에 의한다.

　② 행정소송에 관하여 이 법에 특별한 규정이 없는 사항에 대하여는 법원조
직법과 민사소송법 및 민사집행법의 규정을 준용한다. 〈개정 2002.1.26.〉

제2장 취소소송
제1절 재판관할

제9조(재판관할) ① 취소소송의 제1심관할법원은 피고의 소재지를 관할하는 행
정법원으로 한다. 〈개정 2014.5.20.〉

　② 제1항에도 불구하고 다음 각 호의 어느 하나에 해당하는 피고에 대하여
취소소송을 제기하는 경우에는 대법원소재지를 관할하는 행정법원에 제
기할 수 있다. 〈신설 2014.5.20.〉

　1. 중앙행정기관, 중앙행정기관의 부속기관과 합의제행정기관 또는 그 장

　2. 국가의 사무를 위임 또는 위탁받은 공공단체 또는 그 장

　③ 토지의 수용 기타 부동산 또는 특정의 장소에 관계되는 처분등에 대한
취소소송은 그 부동산 또는 장소의 소재지를 관할하는 행정법원에 이를
제기할 수 있다. 〈개정 2014.5.20.〉

[전문개정 1994.7.27.]

[제목개정 2014.5.20.]

제10조(관련청구소송의 이송 및 병합) ① 취소소송과 다음 각호의 1에 해당하는
소송(이하 '관련청구소송'이라 한다)이 각각 다른 법원에 계속되고 있는
경우에 관련청구소송이 계속된 법원이 상당하다고 인정하는 때에는 당
사자의 신청 또는 직권에 의하여 이를 취소소송이 계속된 법원으로 이
송할 수 있다.

　　1. 당해 처분등과 관련되는 손해배상·부당이득반환·원상회복등 청구소송

　　2. 당해 처분등과 관련되는 취소소송

② 취소소송에는 사실심의 변론종결시까지 관련청구소송을 병합하거나 피고외의 자를 상대로 한 관련청구소송을 취소소송이 계속된 법원에 병합하여 제기할 수 있다.

제11조(선결문제) ① 처분등의 효력 유무 또는 존재 여부가 민사소송의 선결문제로 되어 당해 민사소송의 수소법원이 이를 심리·판단하는 경우에는 제17조, 제25조, 제26조 및 제33조의 규정을 준용한다.

② 제1항의 경우 당해 수소법원은 그 처분등을 행한 행정청에게 그 선결문제로 된 사실을 통지하여야 한다.

제2절 당사자

제12조(원고적격) 취소소송은 처분등의 취소를 구할 법률상 이익이 있는 자가 제기할 수 있다. 처분등의 효과가 기간의 경과, 처분등의 집행 그 밖의 사유로 인하여 소멸된 뒤에도 그 처분등의 취소로 인하여 회복되는 법률상 이익이 있는 자의 경우에는 또한 같다.

제13조(피고적격) ① 취소소송은 다른 법률에 특별한 규정이 없는 한 그 처분등을 행한 행정청을 피고로 한다. 다만, 처분등이 있은 뒤에 그 처분등에 관계되는 권한이 다른 행정청에 승계된 때에는 이를 승계한 행정청을 피고로 한다.

② 제1항의 규정에 의한 행정청이 없게 된 때에는 그 처분등에 관한 사무가 귀속되는 국가 또는 공공단체를 피고로 한다.

제14조(피고경정) ①원고가 피고를 잘못 지정한 때에는 법원은 원고의 신청에 의하여 결정으로써 피고의 경정을 허가할 수 있다.

② 법원은 제1항의 규정에 의한 결정의 정본을 새로운 피고에게 송달하여야 한다.

③ 제1항의 규정에 의한 신청을 각하하는 결정에 대하여는 즉시항고할 수 있다.

④ 제1항의 규정에 의한 결정이 있은 때에는 새로운 피고에 대한 소송은 처음에 소를 제기한 때에 제기된 것으로 본다.

⑤ 제1항의 규정에 의한 결정이 있은 때에는 종전의 피고에 대한 소송은 취하된 것으로 본다.

⑥ 취소소송이 제기된 후에 제13조제1항 단서 또는 제13조제2항에 해당하는 사유가 생긴 때에는 법원은 당사자의 신청 또는 직권에 의하여 피고를 경정한다. 이 경우에는 제4항 및 제5항의 규정을 준용한다.

제15조(공동소송) 수인의 청구 또는 수인에 대한 청구가 처분등의 취소청구와 관련되는 청구인 경우에 한하여 그 수인은 공동소송인이 될 수 있다.

제16조(제3자의 소송참가) ① 법원은 소송의 결과에 따라 권리 또는 이익의 침해

를 받을 제3자가 있는 경우에는 당사자 또는 제3자의 신청 또는 직권에 의하여 결정으로써 그 제3자를 소송에 참가시킬 수 있다.

② 법원이 제1항의 규정에 의한 결정을 하고자 할 때에는 미리 당사자 및 제3자의 의견을 들어야 한다.

③ 제1항의 규정에 의한 신청을 한 제3자는 그 신청을 각하한 결정에 대하여 즉시항고할 수 있다.

④ 제1항의 규정에 의하여 소송에 참가한 제3자에 대하여는 민사소송법 제67조의 규정을 준용한다. 〈개정 2002.1.26.〉

제17조(행정청의 소송참가) ① 법원은 다른 행정청을 소송에 참가시킬 필요가 있다고 인정할 때에는 당사자 또는 당해 행정청의 신청 또는 직권에 의하여 결정으로써 그 행정청을 소송에 참가시킬 수 있다.

② 법원은 제1항의 규정에 의한 결정을 하고자 할 때에는 당사자 및 당해 행정청의 의견을 들어야 한다.

③ 제1항의 규정에 의하여 소송에 참가한 행정청에 대하여는 민사소송법 제76조의 규정을 준용한다. 〈개정 2002.1.26.〉

제3절 소의 제기

제18조(행정심판과의 관계) ① 취소소송은 법령의 규정에 의하여 당해 처분에 대한 행정심판을 제기할 수 있는 경우에도 이를 거치지 아니하고 제기할 수 있다. 다만, 다른 법률에 당해 처분에 대한 행정심판의 재결을 거치지 아니하면 취소소송을 제기할 수 없다는 규정이 있는 때에는 그러하지 아니하다. 〈개정 1994.7.27.〉

② 제1항 단서의 경우에도 다음 각호의 1에 해당하는 사유가 있는 때에는 행정심판의 재결을 거치지 아니하고 취소소송을 제기할 수 있다. 〈개정 1994.7.27.〉

1. 행정심판청구가 있은 날로부터 60일이 지나도 재결이 없는 때
2. 처분의 집행 또는 절차의 속행으로 생길 중대한 손해를 예방하여야 할 긴급한 필요가 있는 때
3. 법령의 규정에 의한 행정심판기관이 의결 또는 재결을 하지 못할 사유가 있는 때
4. 그 밖의 정당한 사유가 있는 때

③ 제1항 단서의 경우에 다음 각호의 1에 해당하는 사유가 있는 때에는 행정심판을 제기함이 없이 취소소송을 제기할 수 있다. 〈개정 1994.7.27.〉

1. 동종사건에 관하여 이미 행정심판의 기각재결이 있은 때
2. 서로 내용상 관련되는 처분 또는 같은 목적을 위하여 단계적으로 진행되는 처분중 어느 하나가 이미 행정심판의 재결을 거친 때
3. 행정청이 사실심의 변론종결후 소송의 대상인 처분을 변경하여 당해

변경된 처분에 관하여 소를 제기하는 때

　　　4. 처분을 행한 행정청이 행정심판을 거칠 필요가 없다고 잘못 알린 때

④ 제2항 및 제3항의 규정에 의한 사유는 이를 소명하여야 한다.

제19조(취소소송의 대상) 취소소송은 처분등을 대상으로 한다. 다만, 재결취소소송의 경우에는 재결 자체에 고유한 위법이 있음을 이유로 하는 경우에 한한다.

제20조(제소기간) ① 취소소송은 처분등이 있음을 안 날부터 90일 이내에 제기하여야 한다. 다만, 제18조제1항 단서에 규정한 경우와 그 밖에 행정심판청구를 할 수 있는 경우 또는 행정청이 행정심판청구를 할 수 있다고 잘못 알린 경우에 행정심판청구가 있은 때의 기간은 재결서의 정본을 송달받은 날부터 기산한다.

② 취소소송은 처분등이 있은 날부터 1년(제1항 단서의 경우는 재결이 있은 날부터 1년)을 경과하면 이를 제기하지 못한다. 다만, 정당한 사유가 있는 때에는 그러하지 아니하다.

③ 제1항의 규정에 의한 기간은 불변기간으로 한다.

[전문개정 1994.7.27.]

제21조(소의 변경) ① 법원은 취소소송을 당해 처분등에 관계되는 사무가 귀속하는 국가 또는 공공단체에 대한 당사자소송 또는 취소소송외의 항고소송으로 변경하는 것이 상당하다고 인정할 때에는 청구의 기초에 변경이 없는 한 사실심의 변론종결시까지 원고의 신청에 의하여 결정으로써 소의 변경을 허가할 수 있다.

② 제1항의 규정에 의한 허가를 하는 경우 피고를 달리하게 될 때에는 법원은 새로이 피고로 될 자의 의견을 들어야 한다.

③ 제1항의 규정에 의한 허가결정에 대하여는 즉시항고할 수 있다.

④ 제1항의 규정에 의한 허가결정에 대하여는 제14조제2항·제4항 및 제5항의 규정을 준용한다.

제22조(처분변경으로 인한 소의 변경) ① 법원은 행정청이 소송의 대상인 처분을 소가 제기된 후 변경한 때에는 원고의 신청에 의하여 결정으로써 청구의 취지 또는 원인의 변경을 허가할 수 있다.

② 제1항의 규정에 의한 신청은 처분의 변경이 있음을 안 날로부터 60일 이내에 하여야 한다.

③ 제1항의 규정에 의하여 변경되는 청구는 제18조제1항 단서의 규정에 의한 요건을 갖춘 것으로 본다. 〈개정 1994.7.27.〉

제23조(집행정지) ① 취소소송의 제기는 처분등의 효력이나 그 집행 또는 절차의 속행에 영향을 주지 아니한다.

② 취소소송이 제기된 경우에 처분등이나 그 집행 또는 절차의 속행으로 인하여 생길 회복하기 어려운 손해를 예방하기 위하여 긴급한 필요가 있다

고 인정할 때에는 본안이 계속되고 있는 법원은 당사자의 신청 또는 직권에 의하여 처분등의 효력이나 그 집행 또는 절차의 속행의 전부 또는 일부의 정지(이하 '집행정지'라 한다)를 결정할 수 있다. 다만, 처분의 효력정지는 처분등의 집행 또는 절차의 속행을 정지함으로써 목적을 달성할 수 있는 경우에는 허용되지 아니한다.

③ 집행정지는 공공복리에 중대한 영향을 미칠 우려가 있을 때에는 허용되지 아니한다.

④ 제2항의 규정에 의한 집행정지의 결정을 신청함에 있어서는 그 이유에 대한 소명이 있어야 한다.

⑤ 제2항의 규정에 의한 집행정지의 결정 또는 기각의 결정에 대하여는 즉시항고할 수 있다. 이 경우 집행정지의 결정에 대한 즉시항고에는 결정의 집행을 정지하는 효력이 없다.

⑥ 제30조제1항의 규정은 제2항의 규정에 의한 집행정지의 결정에 이를 준용한다.

제24조(집행정지의 취소) ① 집행정지의 결정이 확정된 후 집행정지가 공공복리에 중대한 영향을 미치거나 그 정지사유가 없어진 때에는 당사자의 신청 또는 직권에 의하여 결정으로써 집행정지의 결정을 취소할 수 있다.

② 제1항의 규정에 의한 집행정지결정의 취소결정과 이에 대한 불복의 경우에는 제23조제4항 및 제5항의 규정을 준용한다.

제4절 심　리

제25조(행정심판기록의 제출명령) ① 법원은 당사자의 신청이 있는 때에는 결정으로써 재결을 행한 행정청에 대하여 행정심판에 관한 기록의 제출을 명할 수 있다.

② 제1항의 규정에 의한 제출명령을 받은 행정청은 지체없이 당해 행정심판에 관한 기록을 법원에 제출하여야 한다.

제26조(직권심리) 법원은 필요하다고 인정할 때에는 직권으로 증거조사를 할 수 있고, 당사자가 주장하지 아니한 사실에 대하여도 판단할 수 있다.

제5절 재판

제27조(재량처분의 취소) 행정청의 재량에 속하는 처분이라도 재량권의 한계를 넘거나 그 남용이 있는 때에는 법원은 이를 취소할 수 있다.

제28조(사정판결) ① 원고의 청구가 이유있다고 인정하는 경우에도 처분등을 취소하는 것이 현저히 공공복리에 적합하지 아니하다고 인정하는 때에는 법원은 원고의 청구를 기각할 수 있다. 이 경우 법원은 그 판결의 주문에서 그 처분등이 위법함을 명시하여야 한다.

② 법원이 제1항의 규정에 의한 판결을 함에 있어서는 미리 원고가 그로 인

하여 입게 될 손해의 정도와 배상방법 그 밖의 사정을 조사하여야 한다.

③ 원고는 피고인 행정청이 속하는 국가 또는 공공단체를 상대로 손해배상, 제해시설의 설치 그 밖에 적당한 구제방법의 청구를 당해 취소소송등이 계속된 법원에 병합하여 제기할 수 있다.

제29조(취소판결등의 효력) ① 처분등을 취소하는 확정판결은 제3자에 대하여도 효력이 있다.

② 제1항의 규정은 제23조의 규정에 의한 집행정지의 결정 또는 제24조의 규정에 의한 그 집행정지결정의 취소결정에 준용한다.

제30조(취소판결등의 기속력) ①처분등을 취소하는 확정판결은 그 사건에 관하여 당사자인 행정청과 그 밖의 관계행정청을 기속한다.

② 판결에 의하여 취소되는 처분이 당사자의 신청을 거부하는 것을 내용으로 하는 경우에는 그 처분을 행한 행정청은 판결의 취지에 따라 다시 이전의 신청에 대한 처분을 하여야 한다.

③ 제2항의 규정은 신청에 따른 처분이 절차의 위법을 이유로 취소되는 경우에 준용한다.

제6절 보 칙

제31조(제3자에 의한 재심청구) ① 처분등을 취소하는 판결에 의하여 권리 또는 이익의 침해를 받은 제3자는 자기에게 책임없는 사유로 소송에 참가하지 못함으로써 판결의 결과에 영향을 미칠 공격 또는 방어방법을 제출하지 못한 때에는 이를 이유로 확정된 종국판결에 대하여 재심의 청구를 할 수 있다.

② 제1항의 규정에 의한 청구는 확정판결이 있음을 안 날로부터 30일 이내, 판결이 확정된 날로부터 1년 이내에 제기하여야 한다.

③ 제2항의 규정에 의한 기간은 불변기간으로 한다.

제32조(소송비용의 부담) 취소청구가 제28조의 규정에 의하여 기각되거나 행정청이 처분등을 취소 또는 변경함으로 인하여 청구가 각하 또는 기각된 경우에는 소송비용은 피고의 부담으로 한다.

제33조(소송비용에 관한 재판의 효력) 소송비용에 관한 재판이 확정된 때에는 피고 또는 참가인이었던 행정청이 소속하는 국가 또는 공공단체에 그 효력을 미친다.

제34조(거부처분취소판결의 간접강제) ① 행정청이 제30조제2항의 규정에 의한 처분을 하지 아니하는 때에는 제1심수소법원은 당사자의 신청에 의하여 결정으로써 상당한 기간을 정하고 행정청이 그 기간내에 이행하지 아니하는 때에는 그 지연기간에 따라 일정한 배상을 할 것을 명하거나 즉시 손해배상을 할 것을 명할 수 있다.

② 제33조와 민사집행법 제262조의 규정은 제1항의 경우에 준용한다. 〈개정 2002.1.26.〉

제3장 취소소송외의 항고소송

제35조(무효등 확인소송의 원고적격) 무효등 확인소송은 처분등의 효력 유무 또는 존재 여부의 확인을 구할 법률상 이익이 있는 자가 제기할 수 있다.

제36조(부작위위법확인소송의 원고적격) 부작위위법확인소송은 처분의 신청을 한 자로서 부작위의 위법의 확인을 구할 법률상 이익이 있는 자만이 제기할 수 있다.

제37조(소의 변경) 제21조의 규정은 무효등 확인소송이나 부작위위법확인소송을 취소소송 또는 당사자소송으로 변경하는 경우에 준용한다.

제38조(준용규정) ① 제9조, 제10조, 제13조 내지 제17조, 제19조, 제22조 내지 제26조, 제29조 내지 제31조 및 제33조의 규정은 무효등 확인소송의 경우에 준용한다.

② 제9조, 제10조, 제13조 내지 제19조, 제20조, 제25조 내지 제27조, 제29조 내지 제31조, 제33조 및 제34조의 규정은 부작위위법확인소송의 경우에 준용한다. 〈개정 1994.7.27.〉

제4장 당사자소송

제39조(피고적격) 당사자소송은 국가·공공단체 그 밖의 권리주체를 피고로 한다.

제40조(재판관할) 제9조의 규정은 당사자소송의 경우에 준용한다. 다만, 국가 또는 공공단체가 피고인 경우에는 관계행정청의 소재지를 피고의 소재지로 본다.

제41조(제소기간) 당사자소송에 관하여 법령에 제소기간이 정하여져 있는 때에는 그 기간은 불변기간으로 한다.

제42조(소의 변경) 제21조의 규정은 당사자소송을 항고소송으로 변경하는 경우에 준용한다.

제43조(가집행선고의 제한) 국가를 상대로 하는 당사자소송의 경우에는 가집행선고를 할 수 없다.

제44조(준용규정) ① 제14조 내지 제17조, 제22조, 제25조, 제26조, 제30조제1항, 제32조 및 제33조의 규정은 당사자소송의 경우에 준용한다.

② 제10조의 규정은 당사자소송과 관련청구소송이 각각 다른 법원에 계속되고 있는 경우의 이송과 이들 소송의 병합의 경우에 준용한다.

제5장 민중소송 및 기관소송

제45조(소의 제기) 민중소송 및 기관소송은 법률이 정한 경우에 법률에 정한 자에 한하여 제기할 수 있다.

제46조(준용규정) ① 민중소송 또는 기관소송으로써 처분등의 취소를 구하는 소송에는 그 성질에 반하지 아니하는 한 취소소송에 관한 규정을 준용한다.

② 민중소송 또는 기관소송으로써 처분등의 효력 유무 또는 존재 여부나 부

작위의 위법의 확인을 구하는 소송에는 그 성질에 반하지 아니하는 한 각
각 무효등 확인소송 또는 부작위위법확인소송에 관한 규정을 준용한다.
③ 민중소송 또는 기관소송으로서 제1항 및 제2항에 규정된 소송외의 소송
에는 그 성질에 반하지 아니하는 한 당사자소송에 관한 규정을 준용한다.

부칙 〈제12844호, 2014.11.19.〉 (정부조직법)

제1조(시행일) 이 법은 공포한 날부터 시행한다. 다만, 부칙 제6조에 따라 개정되
는 법률 중 이 법 시행 전에 공포되었으나 시행일이 도래하지 아니한
법률을 개정한 부분은 각각 해당 법률의 시행일부터 시행한다.
제2조부터 제5조까지 생략
제6조(다른 법률의 개정) ①부터 〈45〉까지 생략
〈46〉 행정소송법 일부를 다음과 같이 개정한다.
제6조제1항 및 제2항 중 '안전행정부장관'을 각각 '행정자치부장관'으로 한다.
〈47〉부터 〈258〉까지 생략
제7조 생략

≪행정심판법≫

[시행 2016.3.29.] [법률 제14146호, 2016.3.29., 일부개정]
국민권익위원회(행정심판총괄과) 044-200-7812

제1장 총 칙

제1조(목적) 이 법은 행정심판 절차를 통하여 행정청의 위법 또는 부당한 처분(處分)이나 부작위(不作爲)로 침해된 국민의 권리 또는 이익을 구제하고, 아울러 행정의 적정한 운영을 꾀함을 목적으로 한다.

제2조(정의) 이 법에서 사용하는 용어의 뜻은 다음과 같다.

1. '처분'이란 행정청이 행하는 구체적 사실에 관한 법집행으로서의 공권력의 행사 또는 그 거부, 그 밖에 이에 준하는 행정작용을 말한다.
2. '부작위'란 행정청이 당사자의 신청에 대하여 상당한 기간 내에 일정한 처분을 하여야 할 법률상 의무가 있는데도 처분을 하지 아니하는 것을 말한다.
3. '재결'(裁決)이란 행정심판의 청구에 대하여 제6조에 따른 행정심판위원회가 행하는 판단을 말한다.
4. '행정청'이란 행정에 관한 의사를 결정하여 표시하는 국가 또는 지방자치단체의 기관, 그 밖에 법령 또는 자치법규에 따라 행정권한을 가지고 있거나 위탁을 받은 공공단체나 그 기관 또는 사인(私人)을 말한다.

제3조(행정심판의 대상) ① 행정청의 처분 또는 부작위에 대하여는 다른 법률에 특별한 규정이 있는 경우 외에는 이 법에 따라 행정심판을 청구할 수 있다.

② 대통령의 처분 또는 부작위에 대하여는 다른 법률에서 행정심판을 청구할 수 있도록 정한 경우 외에는 행정심판을 청구할 수 없다.

제4조(특별행정심판 등) ① 사안(事案)의 전문성과 특수성을 살리기 위하여 특히 필요한 경우 외에는 이 법에 따른 행정심판을 갈음하는 특별한 행정불복절차(이하 '특별행정심판'이라 한다)나 이 법에 따른 행정심판 절차에 대한 특례를 다른 법률로 정할 수 없다.

② 다른 법률에서 특별행정심판이나 이 법에 따른 행정심판 절차에 대한 특례를 정한 경우에도 그 법률에서 규정하지 아니한 사항에 관하여는 이 법에서 정하는 바에 따른다.

③ 관계 행정기관의 장이 특별행정심판 또는 이 법에 따른 행정심판 절차에 대한 특례를 신설하거나 변경하는 법령을 제정·개정할 때에는 미리 중앙행정심판위원회와 협의하여야 한다.

제5조(행정심판의 종류) 행정심판의 종류는 다음 각 호와 같다.
    1. 취소심판: 행정청의 위법 또는 부당한 처분을 취소하거나 변경하는 행정심판
    2. 무효등확인심판: 행정청의 처분의 효력 유무 또는 존재 여부를 확인하는 행정심판
    3. 의무이행심판: 당사자의 신청에 대한 행정청의 위법 또는 부당한 거부처분이나 부작위에 대하여 일정한 처분을 하도록 하는 행정심판

제2장 심판기관

제6조(행정심판위원회의 설치) ① 다음 각 호의 행정청 또는 그 소속 행정청(행정기관의 계층구조와 관계없이 그 감독을 받거나 위탁을 받은 모든 행정청을 말하되, 위탁을 받은 행정청은 그 위탁받은 사무에 관하여는 위탁한 행정청의 소속 행정청으로 본다. 이하 같다)의 처분 또는 부작위에 대한 행정심판의 청구(이하 '심판청구'라 한다)에 대하여는 다음 각 호의 행정청에 두는 행정심판위원회에서 심리·재결한다. 〈개정 2016.3.29.〉
    1. 감사원, 국가정보원장, 그 밖에 대통령령으로 정하는 대통령 소속기관의 장
    2. 국회사무총장·법원행정처장·헌법재판소사무처장 및 중앙선거관리위원회사무총장
    3. 국가인권위원회, 그 밖에 지위·성격의 독립성과 특수성 등이 인정되어 대통령령으로 정하는 행정청
② 다음 각 호의 행정청의 처분 또는 부작위에 대한 심판청구에 대하여는 「부패방지 및 국민권익위원회의 설치와 운영에 관한 법률」에 따른 국민권익위원회(이하 '국민권익위원회'라 한다)에 두는 중앙행정심판위원회에서 심리·재결한다. 〈개정 2012.2.17.〉
    1. 제1항에 따른 행정청 외의 국가행정기관의 장 또는 그 소속 행정청
    2. 특별시장·광역시장·특별자치시장·도지사·특별자치도지사(특별시·광역시·특별자치시·도 또는 특별자치도의 교육감을 포함한다. 이하 '시·도지사'라 한다) 또는 특별시·광역시·특별자치시·도·특별자치도(이하 '시·도'라 한다)의 의회(의장, 위원회의 위원장, 사무처장 등 의회 소속 모든 행정청을 포함한다)
    3. 「지방자치법」에 따른 지방자치단체조합 등 관계 법률에 따라 국가·지방자치단체·공공법인 등이 공동으로 설립한 행정청. 다만, 제3항 제3호에 해당하는 행정청은 제외한다.
③ 다음 각 호의 행정청의 처분 또는 부작위에 대한 심판청구에 대하여는 시·도지사 소속으로 두는 행정심판위원회에서 심리·재결한다.
    1. 시·도 소속 행정청

2. 시·도의 관할구역에 있는 시·군·자치구의 장, 소속 행정청 또는 시·군·자치구의 의회(의장, 위원회의 위원장, 사무국장, 사무과장 등 의회 소속 모든 행정청을 포함한다)

3. 시·도의 관할구역에 있는 둘 이상의 지방자치단체(시·군·자치구를 말한다)·공공법인 등이 공동으로 설립한 행정청

④ 제2항제1호에도 불구하고 대통령령으로 정하는 국가행정기관 소속 특별지방행정기관의 장의 처분 또는 부작위에 대한 심판청구에 대하여는 해당 행정청의 직근 상급행정기관에 두는 행정심판위원회에서 심리·재결한다.

제7조(행정심판위원회의 구성) ① 행정심판위원회(중앙행정심판위원회는 제외한다. 이하 이 조에서 같다)는 위원장 1명을 포함하여 50명 이내의 위원으로 구성한다. 〈개정 2016.3.29.〉

② 행정심판위원회의 위원장은 그 행정심판위원회가 소속된 행정청이 되며, 위원장이 없거나 부득이한 사유로 직무를 수행할 수 없거나 위원장이 필요하다고 인정하는 경우에는 다음 각 호의 순서에 따라 위원이 위원장의 직무를 대행한다.

1. 위원장이 사전에 지명한 위원

2. 제4항에 따라 지명된 공무원인 위원(2명 이상인 경우에는 직급 또는 고위공무원단에 속하는 공무원의 직무등급이 높은 위원 순서로, 직급 또는 직무등급도 같은 경우에는 위원 재직기간이 긴 위원 순서로, 재직기간도 같은 경우에는 연장자 순서로 한다)

③ 제2항에도 불구하고 제6조제3항에 따라 시·도지사 소속으로 두는 행정심판위원회의 경우에는 해당 지방자치단체의 조례로 정하는 바에 따라 공무원이 아닌 위원을 위원장으로 정할 수 있다. 이 경우 위원장은 비상임으로 한다.

④ 행정심판위원회의 위원은 해당 행정심판위원회가 소속된 행정청이 다음 각 호의 어느 하나에 해당하는 사람 중에서 성별을 고려하여 위촉하거나 그 소속 공무원 중에서 지명한다. 〈개정 2016.3.29.〉

1. 변호사 자격을 취득한 후 5년 이상의 실무 경험이 있는 사람

2. 「고등교육법」 제2조제1호부터 제6호까지의 규정에 따른 학교에서 조교수 이상으로 재직하거나 재직하였던 사람

3. 행정기관의 4급 이상 공무원이었거나 고위공무원단에 속하는 공무원이었던 사람

4. 박사학위를 취득한 후 해당 분야에서 5년 이상 근무한 경험이 있는 사람

5. 그 밖에 행정심판과 관련된 분야의 지식과 경험이 풍부한 사람

⑤ 행정심판위원회의 회의는 위원장과 위원장이 회의마다 지정하는 8명의

위원(그중 제4항에 따른 위촉위원은 6명 이상으로 하되, 제3항에 따라 위원장이 공무원이 아닌 경우에는 5명 이상으로 한다)으로 구성한다. 다만, 국회규칙, 대법원규칙, 헌법재판소규칙, 중앙선거관리위원회규칙 또는 대통령령(제6조제3항에 따라 시·도지사 소속으로 두는 행정심판위원회의 경우에는 해당 지방자치단체의 조례)으로 정하는 바에 따라 위원장과 위원장이 회의마다 지정하는 6명의 위원(그중 제4항에 따른 위촉위원은 5명 이상으로 하되, 제3항에 따라 공무원이 아닌 위원이 위원장인 경우에는 4명 이상으로 한다)으로 구성할 수 있다.

⑥ 행정심판위원회는 제5항에 따른 구성원 과반수의 출석과 출석위원 과반수의 찬성으로 의결한다.

⑦ 행정심판위원회의 조직과 운영, 그 밖에 필요한 사항은 국회규칙, 대법원규칙, 헌법재판소규칙, 중앙선거관리위원회규칙 또는 대통령령으로 정한다.

제8조(중앙행정심판위원회의 구성) ① 중앙행정심판위원회는 위원장 1명을 포함하여 70명 이내의 위원으로 구성하되, 위원 중 상임위원은 4명 이내로 한다. 〈개정 2016.3.29.〉

② 중앙행정심판위원회의 위원장은 국민권익위원회의 부위원장 중 1명이 되며, 위원장이 없거나 부득이한 사유로 직무를 수행할 수 없거나 위원장이 필요하다고 인정하는 경우에는 상임위원(상임으로 재직한 기간이 긴 위원 순서로, 재직기간이 같은 경우에는 연장자 순서로 한다)이 위원장의 직무를 대행한다.

③ 중앙행정심판위원회의 상임위원은 일반직공무원으로서 「국가공무원법」 제26조의5에 따른 임기제공무원으로 임명하되, 3급 이상 공무원 또는 고위공무원단에 속하는 일반직공무원으로 3년 이상 근무한 사람이나 그 밖에 행정심판에 관한 지식과 경험이 풍부한 사람 중에서 중앙행정심판위원회 위원장의 제청으로 국무총리를 거쳐 대통령이 임명한다. 〈개정 2014.5.28.〉

④ 중앙행정심판위원회의 비상임위원은 제7조제4항 각 호의 어느 하나에 해당하는 사람 중에서 중앙행정심판위원회 위원장의 제청으로 국무총리가 성별을 고려하여 위촉한다. 〈개정 2016.3.29.〉

⑤ 중앙행정심판위원회의 회의(제6항에 따른 소위원회 회의는 제외한다)는 위원장, 상임위원 및 위원장이 회의마다 지정하는 비상임위원을 포함하여 총 9명으로 구성한다.

⑥ 중앙행정심판위원회는 심판청구사건(이하 '사건'이라 한다) 중 「도로교통법」에 따른 자동차운전면허 행정처분에 관한 사건(소위원회가 중앙행정심판위원회에서 심리·의결하도록 결정한 사건은 제외한다)을 심리·의결하게 하기 위하여 4명의 위원으로 구성하는 소위원회를 둘 수 있다.

⑦ 중앙행정심판위원회 및 소위원회는 각각 제5항 및 제6항에 따른 구성원

과반수의 출석과 출석위원 과반수의 찬성으로 의결한다.

⑧ 중앙행정심판위원회는 위원장이 지정하는 사건을 미리 검토하도록 필요한 경우에는 전문위원회를 둘 수 있다.

⑨ 중앙행정심판위원회, 소위원회 및 전문위원회의 조직과 운영 등에 필요한 사항은 대통령령으로 정한다.

제9조(위원의 임기 및 신분보장 등) ① 제7조제4항에 따라 지명된 위원은 그 직에 재직하는 동안 재임한다.

② 제8조제3항에 따라 임명된 중앙행정심판위원회 상임위원의 임기는 3년으로 하며, 1차에 한하여 연임할 수 있다.

③ 제7조제4항 및 제8조제4항에 따라 위촉된 위원의 임기는 2년으로 하되, 2차에 한하여 연임할 수 있다. 다만, 제6조제1항제2호에 규정된 기관에 두는 행정심판위원회의 위촉위원의 경우에는 각각 국회규칙, 대법원규칙, 헌법재판소규칙 또는 중앙선거관리위원회규칙으로 정하는 바에 따른다.

④ 다음 각 호의 어느 하나에 해당하는 사람은 제6조에 따른 행정심판위원회(이하 '위원회'라 한다)의 위원이 될 수 없으며, 위원이 이에 해당하게 된 때에는 당연히 퇴직한다.

1. 대한민국 국민이 아닌 사람
2.「국가공무원법」 제33조 각 호의 어느 하나에 해당하는 사람

⑤ 제7조제4항 및 제8조제4항에 따라 위촉된 위원은 금고(禁錮) 이상의 형을 선고받거나 부득이한 사유로 장기간 직무를 수행할 수 없게 되는 경우 외에는 임기 중 그의 의사와 다르게 해촉(解囑)되지 아니한다.

제10조(위원의 제척·기피·회피) ① 위원회의 위원은 다음 각 호의 어느 하나에 해당하는 경우에는 그 사건의 심리·의결에서 제척(除斥)된다. 이 경우 제척결정은 위원회의 위원장(이하 '위원장'이라 한다)이 직권으로 또는 당사자의 신청에 의하여 한다.

1. 위원 또는 그 배우자나 배우자이었던 사람이 사건의 당사자이거나 사건에 관하여 공동 권리자 또는 의무자인 경우
2. 위원이 사건의 당사자와 친족이거나 친족이었던 경우
3. 위원이 사건에 관하여 증언이나 감정(鑑定)을 한 경우
4. 위원이 당사자의 대리인으로서 사건에 관여하거나 관여하였던 경우
5. 위원이 사건의 대상이 된 처분 또는 부작위에 관여한 경우

② 당사자는 위원에게 공정한 심리·의결을 기대하기 어려운 사정이 있으면 위원장에게 기피신청을 할 수 있다.

③ 위원에 대한 제척신청이나 기피신청은 그 사유를 소명(疏明)한 문서로 하여야 한다. 다만, 불가피한 경우에는 신청한 날부터 3일 이내에 신청 사유를 소명할 수 있는 자료를 제출하여야 한다. 〈개정 2016.3.29.〉

④ 제척신청이나 기피신청이 제3항을 위반하였을 때에는 위원장은 결정으로 이를 각하한다. 〈신설 2016.3.29.〉

⑤ 위원장은 제척신청이나 기피신청의 대상이 된 위원에게서 그에 대한 의견을 받을 수 있다. 〈개정 2016.3.29.〉

⑥ 위원장은 제척신청이나 기피신청을 받으면 제척 또는 기피 여부에 대한 결정을 하고, 지체없이 신청인에게 결정서 정본(正本)을 송달하여야 한다. 〈개정 2016.3.29.〉

⑦ 위원회의 회의에 참석하는 위원이 제척사유 또는 기피사유에 해당되는 것을 알게 되었을 때에는 스스로 그 사건의 심리·의결에서 회피할 수 있다. 이 경우 회피하고자 하는 위원은 위원장에게 그 사유를 소명하여야 한다. 〈개정 2016.3.29.〉

⑧ 사건의 심리·의결에 관한 사무에 관여하는 위원 아닌 직원에게도 제1항부터 제7항까지의 규정을 준용한다. 〈개정 2016.3.29.〉

제11조(벌칙 적용 시의 공무원 의제) 위원 중 공무원이 아닌 위원은 「형법」과 그 밖의 법률에 따른 벌칙을 적용할 때에는 공무원으로 본다.

제12조(위원회의 권한 승계) ① 당사자의 심판청구 후 위원회가 법령의 개정·폐지 또는 제17조제5항에 따른 피청구인의 경정 결정에 따라 그 심판청구에 대하여 재결할 권한을 잃게 된 경우에는 해당 위원회는 심판청구서와 관계 서류, 그 밖의 자료를 새로 재결할 권한을 갖게 된 위원회에 보내야 한다.

② 제1항의 경우 송부를 받은 위원회는 지체없이 그 사실을 다음 각 호의 자에게 알려야 한다.

1. 행정심판 청구인(이하 '청구인'이라 한다)
2. 행정심판 피청구인(이하 '피청구인'이라 한다)
3. 제20조 또는 제21조에 따라 심판참가를 하는 자(이하 '참가인'이라 한다)

제3장 당사자와 관계인

제13조(청구인 적격) ① 취소심판은 처분의 취소 또는 변경을 구할 법률상 이익이 있는 자가 청구할 수 있다. 처분의 효과가 기간의 경과, 처분의 집행, 그 밖의 사유로 소멸된 뒤에도 그 처분의 취소로 회복되는 법률상 이익이 있는 자의 경우에도 또한 같다.

② 무효등확인심판은 처분의 효력 유무 또는 존재 여부의 확인을 구할 법률상 이익이 있는 자가 청구할 수 있다.

③ 의무이행심판은 처분을 신청한 자로서 행정청의 거부처분 또는 부작위에 대하여 일정한 처분을 구할 법률상 이익이 있는 자가 청구할 수 있다.

제14조(법인이 아닌 사단 또는 재단의 청구인 능력) 법인이 아닌 사단 또는 재단

으로서 대표자나 관리인이 정하여져 있는 경우에는 그 사단이나 재단의 이름으로 심판청구를 할 수 있다.

제15조(선정대표자) ① 여러 명의 청구인이 공동으로 심판청구를 할 때에는 청구인들 중에서 3명 이하의 선정대표자를 선정할 수 있다.

② 청구인들이 제1항에 따라 선정대표자를 선정하지 아니한 경우에 위원회는 필요하다고 인정하면 청구인들에게 선정대표자를 선정할 것을 권고할 수 있다.

③ 선정대표자는 다른 청구인들을 위하여 그 사건에 관한 모든 행위를 할 수 있다. 다만, 심판청구를 취하하려면 다른 청구인들의 동의를 받아야 하며, 이 경우 동의받은 사실을 서면으로 소명하여야 한다.

④ 선정대표자가 선정되면 다른 청구인들은 그 선정대표자를 통해서만 그 사건에 관한 행위를 할 수 있다.

⑤ 선정대표자를 선정한 청구인들은 필요하다고 인정하면 선정대표자를 해임하거나 변경할 수 있다. 이 경우 청구인들은 그 사실을 지체없이 위원회에 서면으로 알려야 한다.

제16조(청구인의 지위 승계) ① 청구인이 사망한 경우에는 상속인이나 그 밖에 법령에 따라 심판청구의 대상에 관계되는 권리나 이익을 승계한 자가 청구인의 지위를 승계한다.

② 법인인 청구인이 합병(合併)에 따라 소멸하였을 때에는 합병 후 존속하는 법인이나 합병에 따라 설립된 법인이 청구인의 지위를 승계한다.

③ 제1항과 제2항에 따라 청구인의 지위를 승계한 자는 위원회에 서면으로 그 사유를 신고하여야 한다. 이 경우 신고서에는 사망 등에 의한 권리·이익의 승계 또는 합병 사실을 증명하는 서면을 함께 제출하여야 한다.

④ 제1항 또는 제2항의 경우에 제3항에 따른 신고가 있을 때까지 사망자나 합병 전의 법인에 대하여 한 통지 또는 그 밖의 행위가 청구인의 지위를 승계한 자에게 도달하면 지위를 승계한 자에 대한 통지 또는 그 밖의 행위로서의 효력이 있다.

⑤ 심판청구의 대상과 관계되는 권리나 이익을 양수한 자는 위원회의 허가를 받아 청구인의 지위를 승계할 수 있다.

⑥ 위원회는 제5항의 지위 승계 신청을 받으면 기간을 정하여 당사자와 참가인에게 의견을 제출하도록 할 수 있으며, 당사자와 참가인이 그 기간에 의견을 제출하지 아니하면 의견이 없는 것으로 본다.

⑦ 위원회는 제5항의 지위 승계 신청에 대하여 허가 여부를 결정하고, 지체없이 신청인에게는 결정서 정본을, 당사자와 참가인에게는 결정서 등본을 송달하여야 한다.

⑧ 신청인은 위원회가 제5항의 지위 승계를 허가하지 아니하면 결정서 정본을 받은 날부터 7일 이내에 위원회에 이의신청을 할 수 있다.

제17조(피청구인의 적격 및 경정) ① 행정심판은 처분을 한 행정청(의무이행심판의 경우에는 청구인의 신청을 받은 행정청)을 피청구인으로 하여 청구하여야 한다. 다만, 심판청구의 대상과 관계되는 권한이 다른 행정청에 승계된 경우에는 권한을 승계한 행정청을 피청구인으로 하여야 한다.

② 청구인이 피청구인을 잘못 지정한 경우에는 위원회는 직권으로 또는 당사자의 신청에 의하여 결정으로써 피청구인을 경정(更正)할 수 있다.

③ 위원회는 제2항에 따라 피청구인을 경정하는 결정을 하면 결정서 정본을 당사자(종전의 피청구인과 새로운 피청구인을 포함한다. 이하 제6항에서 같다)에게 송달하여야 한다.

④ 제2항에 따른 결정이 있으면 종전의 피청구인에 대한 심판청구는 취하되고 종전의 피청구인에 대한 행정심판이 청구된 때에 새로운 피청구인에 대한 행정심판이 청구된 것으로 본다.

⑤ 위원회는 행정심판이 청구된 후에 제1항 단서의 사유가 발생하면 직권으로 또는 당사자의 신청에 의하여 결정으로써 피청구인을 경정한다. 이 경우에는 제3항과 제4항을 준용한다.

⑥ 당사자는 제2항 또는 제5항에 따른 위원회의 결정에 대하여 결정서 정본을 받은 날부터 7일 이내에 위원회에 이의신청을 할 수 있다.

제18조(대리인의 선임) ① 청구인은 법정대리인 외에 다음 각 호의 어느 하나에 해당하는 자를 대리인으로 선임할 수 있다.

1. 청구인의 배우자, 청구인 또는 배우자의 사촌 이내의 혈족
2. 청구인이 법인이거나 제14조에 따른 청구인 능력이 있는 법인이 아닌 사단 또는 재단인 경우 그 소속 임직원
3. 변호사
4. 다른 법률에 따라 심판청구를 대리할 수 있는 자
5. 그 밖에 위원회의 허가를 받은 자

② 피청구인은 그 소속 직원 또는 제1항제3호부터 제5호까지의 어느 하나에 해당하는 자를 대리인으로 선임할 수 있다.

③ 제1항과 제2항에 따른 대리인에 관하여는 제15조제3항 및 제5항을 준용한다.

제19조(대표자 등의 자격) ① 대표자·관리인·선정대표자 또는 대리인의 자격은 서면으로 소명하여야 한다.

② 청구인이나 피청구인은 대표자·관리인·선정대표자 또는 대리인이 그 자격을 잃으면 그 사실을 서면으로 위원회에 신고하여야 한다. 이 경우 소명 자료를 함께 제출하여야 한다.

제20조(심판참가) ① 행정심판의 결과에 이해관계가 있는 제3자나 행정청은 해당 심판청구에 대한 제7조제6항 또는 제8조제7항에 따른 위원회나 소위원회의 의결이 있기 전까지 그 사건에 대하여 심판참가를 할 수 있다.

② 제1항에 따른 심판참가를 하려는 자는 참가의 취지와 이유를 적은 참가신청서를 위원회에 제출하여야 한다. 이 경우 당사자의 수만큼 참가신청서 부본을 함께 제출하여야 한다.

③ 위원회는 제2항에 따라 참가신청서를 받으면 참가신청서 부본을 당사자에게 송달하여야 한다.

④ 제3항의 경우 위원회는 기간을 정하여 당사자와 다른 참가인에게 제3자의 참가신청에 대한 의견을 제출하도록 할 수 있으며, 당사자와 다른 참가인이 그 기간에 의견을 제출하지 아니하면 의견이 없는 것으로 본다.

⑤ 위원회는 제2항에 따라 참가신청을 받으면 허가 여부를 결정하고, 지체 없이 신청인에게는 결정서 정본을, 당사자와 다른 참가인에게는 결정서 등본을 송달하여야 한다.

⑥ 신청인은 제5항에 따라 송달을 받은 날부터 7일 이내에 위원회에 이의신청을 할 수 있다.

제21조(심판참가의 요구) ① 위원회는 필요하다고 인정하면 그 행정심판 결과에 이해관계가 있는 제3자나 행정청에 그 사건 심판에 참가할 것을 요구할 수 있다.

② 제1항의 요구를 받은 제3자나 행정청은 지체없이 그 사건 심판에 참가할 것인지 여부를 위원회에 통지하여야 한다.

제22조(참가인의 지위) ① 참가인은 행정심판 절차에서 당사자가 할 수 있는 심판절차상의 행위를 할 수 있다.

② 이 법에 따라 당사자가 위원회에 서류를 제출할 때에는 참가인의 수만큼 부본을 제출하여야 하고, 위원회가 당사자에게 통지를 하거나 서류를 송달할 때에는 참가인에게도 통지하거나 송달하여야 한다.

③ 참가인의 대리인 선임과 대표자 자격 및 서류 제출에 관하여는 제18조, 제19조 및 이 조 제2항을 준용한다.

제4장 행정심판 청구

제23조(심판청구서의 제출) ① 행정심판을 청구하려는 자는 제28조에 따라 심판청구서를 작성하여 피청구인이나 위원회에 제출하여야 한다. 이 경우 피청구인의 수만큼 심판청구서 부본을 함께 제출하여야 한다.

② 행정청이 제58조에 따른 고지를 하지 아니하거나 잘못 고지하여 청구인이 심판청구서를 다른 행정기관에 제출한 경우에는 그 행정기관은 그 심판청구서를 지체없이 정당한 권한이 있는 피청구인에게 보내야 한다.

③ 제2항에 따라 심판청구서를 보낸 행정기관은 지체없이 그 사실을 청구인에게 알려야 한다.

④ 제27조에 따른 심판청구 기간을 계산할 때에는 제1항에 따른 피청구인이나 위원회 또는 제2항에 따른 행정기관에 심판청구서가 제출되었을

때에 행정심판이 청구된 것으로 본다.

제24조(피청구인의 심판청구서 등의 접수·처리) ① 피청구인이 제23조제1항·제2항 또는 제26조제1항에 따라 심판청구서를 접수하거나 송부받으면 10일 이내에 심판청구서(제23조제1항·제2항의 경우만 해당된다)와 답변서를 위원회에 보내야 한다. 다만, 청구인이 심판청구를 취하한 경우에는 그러하지 아니하다.

② 피청구인은 처분의 상대방이 아닌 제3자가 심판청구를 한 경우에는 지체없이 처분의 상대방에게 그 사실을 알려야 한다. 이 경우 심판청구서 사본을 함께 송달하여야 한다.

③ 피청구인이 제1항 본문에 따라 심판청구서를 보낼 때에는 심판청구서에 위원회가 표시되지 아니하였거나 잘못 표시된 경우에도 정당한 권한이 있는 위원회에 보내야 한다.

④ 피청구인은 제1항 본문에 따라 답변서를 보낼 때에는 청구인의 수만큼 답변서 부본을 함께 보내되, 답변서에는 다음 각 호의 사항을 명확하게 적어야 한다.

　1. 처분이나 부작위의 근거와 이유

　2. 심판청구의 취지와 이유에 대응하는 답변

　3. 제2항에 해당하는 경우에는 처분의 상대방의 이름·주소·연락처와 제2항의 의무 이행 여부

⑤ 제2항과 제3항의 경우에 피청구인은 송부 사실을 지체없이 청구인에게 알려야 한다.

⑥ 중앙행정심판위원회에서 심리·재결하는 사건인 경우 피청구인은 제1항에 따라 위원회에 심판청구서 또는 답변서를 보낼 때에는 소관 중앙행정기관의 장에게도 그 심판청구·답변의 내용을 알려야 한다.

제25조(피청구인의 직권취소등) ① 제23조제1항·제2항 또는 제26조제1항에 따라 심판청구서를 받은 피청구인은 그 심판청구가 이유 있다고 인정하면 심판청구의 취지에 따라 직권으로 처분을 취소·변경하거나 확인을 하거나 신청에 따른 처분(이하 이 조에서 '직권취소등'이라 한다)을 할 수 있다. 이 경우 서면으로 청구인에게 알려야 한다.

② 피청구인은 제1항에 따라 직권취소등을 하였을 때에는 청구인이 심판청구를 취하한 경우가 아니면 제24조제1항 본문에 따라 심판청구서·답변서를 보낼 때 직권취소등의 사실을 증명하는 서류를 위원회에 함께 제출하여야 한다.

제26조(위원회의 심판청구서 등의 접수·처리) ① 위원회는 제23조제1항에 따라 심판청구서를 받으면 지체없이 피청구인에게 심판청구서 부본을 보내야 한다.

② 위원회는 제24조제1항 본문에 따라 피청구인으로부터 답변서가 제출되

면 답변서 부본을 청구인에게 송달하여야 한다.

제27조(심판청구의 기간) ① 행정심판은 처분이 있음을 알게 된 날부터 90일 이내에 청구하여야 한다.

② 청구인이 천재지변, 전쟁, 사변(事變), 그 밖의 불가항력으로 인하여 제1항에서 정한 기간에 심판청구를 할 수 없었을 때에는 그 사유가 소멸한 날부터 14일 이내에 행정심판을 청구할 수 있다. 다만, 국외에서 행정심판을 청구하는 경우에는 그 기간을 30일로 한다.

③ 행정심판은 처분이 있었던 날부터 180일이 지나면 청구하지 못한다. 다만, 정당한 사유가 있는 경우에는 그러하지 아니하다.

④ 제1항과 제2항의 기간은 불변기간(不變期間)으로 한다.

⑤ 행정청이 심판청구 기간을 제1항에 규정된 기간보다 긴 기간으로 잘못 알린 경우 그 잘못 알린 기간에 심판청구가 있으면 그 행정심판은 제1항에 규정된 기간에 청구된 것으로 본다.

⑥ 행정청이 심판청구 기간을 알리지 아니한 경우에는 제3항에 규정된 기간에 심판청구를 할 수 있다.

⑦ 제1항부터 제6항까지의 규정은 무효등확인심판청구와 부작위에 대한 의무이행심판청구에는 적용하지 아니한다.

제28조(심판청구의 방식) ① 심판청구는 서면으로 하여야 한다.

② 처분에 대한 심판청구의 경우에는 심판청구서에 다음 각 호의 사항이 포함되어야 한다.

　　1. 청구인의 이름과 주소 또는 사무소(주소 또는 사무소 외의 장소에서 송달받기를 원하면 송달장소를 추가로 적어야 한다)

　　2. 피청구인과 위원회

　　3. 심판청구의 대상이 되는 처분의 내용

　　4. 처분이 있음을 알게 된 날

　　5. 심판청구의 취지와 이유

　　6. 피청구인의 행정심판 고지 유무와 그 내용

③ 부작위에 대한 심판청구의 경우에는 제2항제1호·제2호·제5호의 사항과 그 부작위의 전제가 되는 신청의 내용과 날짜를 적어야 한다.

④ 청구인이 법인이거나 제14조에 따른 청구인 능력이 있는 법인이 아닌 사단 또는 재단이거나 행정심판이 선정대표자나 대리인에 의하여 청구되는 것일 때에는 제2항 또는 제3항의 사항과 함께 그 대표자·관리인·선정대표자 또는 대리인의 이름과 주소를 적어야 한다.

⑤ 심판청구서에는 청구인·대표자·관리인·선정대표자 또는 대리인이 서명하거나 날인하여야 한다.

제29조(청구의 변경) ① 청구인은 청구의 기초에 변경이 없는 범위에서 청구의 취지나 이유를 변경할 수 있다.

② 행정심판이 청구된 후에 피청구인이 새로운 처분을 하거나 심판청구의 대상인 처분을 변경한 경우에는 청구인은 새로운 처분이나 변경된 처분에 맞추어 청구의 취지나 이유를 변경할 수 있다.

③ 제1항 또는 제2항에 따른 청구의 변경은 서면으로 신청하여야 한다. 이 경우 피청구인과 참가인의 수만큼 청구변경신청서 부본을 함께 제출하여야 한다.

④ 위원회는 제3항에 따른 청구변경신청서 부본을 피청구인과 참가인에게 송달하여야 한다.

⑤ 제4항의 경우 위원회는 기간을 정하여 피청구인과 참가인에게 청구변경신청에 대한 의견을 제출하도록 할 수 있으며, 피청구인과 참가인이 그 기간에 의견을 제출하지 아니하면 의견이 없는 것으로 본다.

⑥ 위원회는 제1항 또는 제2항의 청구변경 신청에 대하여 허가할 것인지 여부를 결정하고, 지체없이 신청인에게는 결정서 정본을, 당사자 및 참가인에게는 결정서 등본을 송달하여야 한다.

⑦ 신청인은 제6항에 따라 송달을 받은 날부터 7일 이내에 위원회에 이의신청을 할 수 있다.

⑧ 청구의 변경결정이 있으면 처음 행정심판이 청구되었을 때부터 변경된 청구의 취지나 이유로 행정심판이 청구된 것으로 본다.

제30조(집행정지) ① 심판청구는 처분의 효력이나 그 집행 또는 절차의 속행(續行)에 영향을 주지 아니한다.

② 위원회는 처분, 처분의 집행 또는 절차의 속행 때문에 중대한 손해가 생기는 것을 예방할 필요성이 긴급하다고 인정할 때에는 직권으로 또는 당사자의 신청에 의하여 처분의 효력, 처분의 집행 또는 절차의 속행의 전부 또는 일부의 정지(이하 '집행정지'라 한다)를 결정할 수 있다. 다만, 처분의 효력정지는 처분의 집행 또는 절차의 속행을 정지함으로써 그 목적을 달성할 수 있을 때에는 허용되지 아니한다.

③ 집행정지는 공공복리에 중대한 영향을 미칠 우려가 있을 때에는 허용되지 아니한다.

④ 위원회는 집행정지를 결정한 후에 집행정지가 공공복리에 중대한 영향을 미치거나 그 정지사유가 없어진 경우에는 직권으로 또는 당사자의 신청에 의하여 집행정지 결정을 취소할 수 있다.

⑤ 집행정지 신청은 심판청구와 동시에 또는 심판청구에 대한 제7조제6항 또는 제8조제7항에 따른 위원회나 소위원회의 의결이 있기 전까지, 집행정지 결정의 취소신청은 심판청구에 대한 제7조제6항 또는 제8조제7항에 따른 위원회나 소위원회의 의결이 있기 전까지 신청의 취지와 원인을 적은 서면을 위원회에 제출하여야 한다. 다만, 심판청구서를 피청구인에게 제출한 경우로서 심판청구와 동시에 집행정지 신청을 할 때에는 심판

청구서 사본과 접수증명서를 함께 제출하여야 한다.

⑥ 제2항과 제4항에도 불구하고 위원회의 심리·결정을 기다릴 경우 중대한 손해가 생길 우려가 있다고 인정되면 위원장은 직권으로 위원회의 심리·결정을 갈음하는 결정을 할 수 있다. 이 경우 위원장은 지체없이 위원회에 그 사실을 보고하고 추인(追認)을 받아야 하며, 위원회의 추인을 받지 못하면 위원장은 집행정지 또는 집행정지 취소에 관한 결정을 취소하여야 한다.

⑦ 위원회는 집행정지 또는 집행정지의 취소에 관하여 심리·결정하면 지체없이 당사자에게 결정서 정본을 송달하여야 한다.

제31조(임시처분) ① 위원회는 처분 또는 부작위가 위법·부당하다고 상당히 의심되는 경우로서 처분 또는 부작위 때문에 당사자가 받을 우려가 있는 중대한 불이익이나 당사자에게 생길 급박한 위험을 막기 위하여 임시지위를 정하여야 할 필요가 있는 경우에는 직권으로 또는 당사자의 신청에 의하여 임시처분을 결정할 수 있다.

② 제1항에 따른 임시처분에 관하여는 제30조제3항부터 제7항까지를 준용한다. 이 경우 같은 조 제6항 전단 중 '중대한 손해가 생길 우려'는 '중대한 불이익이나 급박한 위험이 생길 우려'로 본다.

③ 제1항에 따른 임시처분은 제30조제2항에 따른 집행정지로 목적을 달성할 수 있는 경우에는 허용되지 아니한다.

제5장 심 리

제32조(보정) ① 위원회는 심판청구가 적법하지 아니하나 보정(補正)할 수 있다고 인정하면 기간을 정하여 청구인에게 보정할 것을 요구할 수 있다. 다만, 경미한 사항은 직권으로 보정할 수 있다.

② 청구인은 제1항의 요구를 받으면 서면으로 보정하여야 한다. 이 경우 다른 당사자의 수만큼 보정서 부본을 함께 제출하여야 한다.

③ 위원회는 제2항에 따라 제출된 보정서 부본을 지체없이 다른 당사자에게 송달하여야 한다.

④ 제1항에 따른 보정을 한 경우에는 처음부터 적법하게 행정심판이 청구된 것으로 본다.

⑤ 제1항에 따른 보정기간은 제45조에 따른 재결 기간에 산입하지 아니한다.

제33조(주장의 보충) ① 당사자는 심판청구서·보정서·답변서·참가신청서 등에서 주장한 사실을 보충하고 다른 당사자의 주장을 다시 반박하기 위하여 필요하면 위원회에 보충서면을 제출할 수 있다. 이 경우 다른 당사자의 수만큼 보충서면 부본을 함께 제출하여야 한다.

② 위원회는 필요하다고 인정하면 보충서면의 제출기한을 정할 수 있다.

③ 위원회는 제1항에 따라 보충서면을 받으면 지체없이 다른 당사자에게 그

부본을 송달하여야 한다.

제34조(증거서류 등의 제출) ① 당사자는 심판청구서·보정서·답변서·참가신청서·보충서면 등에 덧붙여 그 주장을 뒷받침하는 증거서류나 증거물을 제출할 수 있다.

② 제1항의 증거서류에는 다른 당사자의 수만큼 증거서류 부본을 함께 제출하여야 한다.

③ 위원회는 당사자가 제출한 증거서류의 부본을 지체없이 다른 당사자에게 송달하여야 한다.

제35조(자료의 제출 요구 등) ① 위원회는 사건 심리에 필요하면 관계 행정기관이 보관 중인 관련 문서, 장부, 그 밖에 필요한 자료를 제출할 것을 요구할 수 있다.

② 위원회는 필요하다고 인정하면 사건과 관련된 법령을 주관하는 행정기관이나 그 밖의 관계 행정기관의 장 또는 그 소속 공무원에게 위원회 회의에 참석하여 의견을 진술할 것을 요구하거나 의견서를 제출할 것을 요구할 수 있다.

③ 관계 행정기관의 장은 특별한 사정이 없으면 제1항과 제2항에 따른 위원회의 요구에 따라야 한다.

④ 중앙행정심판위원회에서 심리·재결하는 심판청구의 경우 소관 중앙행정기관의 장은 의견서를 제출하거나 위원회에 출석하여 의견을 진술할 수 있다.

제36조(증거조사) ① 위원회는 사건을 심리하기 위하여 필요하면 직권으로 또는 당사자의 신청에 의하여 다음 각 호의 방법에 따라 증거조사를 할 수 있다.

1. 당사자나 관계인(관계 행정기관 소속 공무원을 포함한다. 이하 같다)을 위원회의 회의에 출석하게 하여 신문(訊問)하는 방법

2. 당사자나 관계인이 가지고 있는 문서·장부·물건 또는 그 밖의 증거자료의 제출을 요구하고 영치(領置)하는 방법

3. 특별한 학식과 경험을 가진 제3자에게 감정을 요구하는 방법

4. 당사자 또는 관계인의 주소·거소·사업장이나 그 밖의 필요한 장소에 출입하여 당사자 또는 관계인에게 질문하거나 서류·물건 등을 조사·검증하는 방법

② 위원회는 필요하면 위원회가 소속된 행정청의 직원이나 다른 행정기관에 촉탁하여 제1항의 증거조사를 하게 할 수 있다.

③ 제1항에 따른 증거조사를 수행하는 사람은 그 신분을 나타내는 증표를 지니고 이를 당사자나 관계인에게 내보여야 한다.

④ 제1항에 따른 당사자 등은 위원회의 조사나 요구 등에 성실하게 협조하여야 한다.

제37조(절차의 병합 또는 분리) 위원회는 필요하면 관련되는 심판청구를 병합하여 심리하거나 병합된 관련 청구를 분리하여 심리할 수 있다.

제38조(심리기일의 지정과 변경) ① 심리기일은 위원회가 직권으로 지정한다.

② 심리기일의 변경은 직권으로 또는 당사자의 신청에 의하여 한다.

③ 위원회는 심리기일이 변경되면 지체없이 그 사실과 사유를 당사자에게 알려야 한다.

④ 심리기일의 통지나 심리기일 변경의 통지는 서면으로 하거나 심판청구서에 적힌 전화, 휴대전화를 이용한 문자전송, 팩시밀리 또는 전자우편 등 간편한 통지 방법(이하 '간이통지방법'이라 한다)으로 할 수 있다.

제39조(직권심리) 위원회는 필요하면 당사자가 주장하지 아니한 사실에 대하여도 심리할 수 있다.

제40조(심리의 방식) ① 행정심판의 심리는 구술심리나 서면심리로 한다. 다만, 당사자가 구술심리를 신청한 경우에는 서면심리만으로 결정할 수 있다고 인정되는 경우 외에는 구술심리를 하여야 한다.

② 위원회는 제1항 단서에 따라 구술심리 신청을 받으면 그 허가 여부를 결정하여 신청인에게 알려야 한다.

③ 제2항의 통지는 간이통지방법으로 할 수 있다.

제41조(발언 내용 등의 비공개) 위원회에서 위원이 발언한 내용이나 그 밖에 공개되면 위원회의 심리·재결의 공정성을 해칠 우려가 있는 사항으로서 대통령령으로 정하는 사항은 공개하지 아니한다.

제42조(심판청구 등의 취하) ① 청구인은 심판청구에 대하여 제7조제6항 또는 제8조제7항에 따른 의결이 있을 때까지 서면으로 심판청구를 취하할 수 있다.

② 참가인은 심판청구에 대하여 제7조제6항 또는 제8조제7항에 따른 의결이 있을 때까지 서면으로 참가신청을 취하할 수 있다.

③ 제1항 또는 제2항에 따른 취하서에는 청구인이나 참가인이 서명하거나 날인하여야 한다.

④ 청구인 또는 참가인은 취하서를 피청구인 또는 위원회에 제출하여야 한다. 이 경우 제23조제2항부터 제4항까지의 규정을 준용한다.

⑤ 피청구인 또는 위원회는 계속 중인 사건에 대하여 제1항 또는 제2항에 따른 취하서를 받으면 지체없이 다른 관계 기관, 청구인, 참가인에게 취하 사실을 알려야 한다.

제6장 재 결

제43조(재결의 구분) ① 위원회는 심판청구가 적법하지 아니하면 그 심판청구를 각하(却下)한다.

② 위원회는 심판청구가 이유가 없다고 인정하면 그 심판청구를 기각(棄却)한다.

③ 위원회는 취소심판의 청구가 이유가 있다고 인정하면 처분을 취소 또는 다른 처분으로 변경하거나 처분을 다른 처분으로 변경할 것을 피청구인에게 명한다.

④ 위원회는 무효등확인심판의 청구가 이유가 있다고 인정하면 처분의 효력 유무 또는 처분의 존재 여부를 확인한다.

⑤ 위원회는 의무이행심판의 청구가 이유가 있다고 인정하면 지체없이 신청에 따른 처분을 하거나 처분을 할 것을 피청구인에게 명한다.

제44조(사정재결) ① 위원회는 심판청구가 이유가 있다고 인정하는 경우에도 이를 인용(認容)하는 것이 공공복리에 크게 위배된다고 인정하면 그 심판청구를 기각하는 재결을 할 수 있다. 이 경우 위원회는 재결의 주문(主文)에서 그 처분 또는 부작위가 위법하거나 부당하다는 것을 구체적으로 밝혀야 한다.

② 위원회는 제1항에 따른 재결을 할 때에는 청구인에 대하여 상당한 구제방법을 취하거나 상당한 구제방법을 취할 것을 피청구인에게 명할 수 있다.

③ 제1항과 제2항은 무효등확인심판에는 적용하지 아니한다.

제45조(재결 기간) ① 재결은 제23조에 따라 피청구인 또는 위원회가 심판청구서를 받은 날부터 60일 이내에 하여야 한다. 다만, 부득이한 사정이 있는 경우에는 위원장이 직권으로 30일을 연장할 수 있다.

② 위원장은 제1항 단서에 따라 재결 기간을 연장할 경우에는 재결 기간이 끝나기 7일 전까지 당사자에게 알려야 한다.

제46조(재결의 방식) ① 재결은 서면으로 한다.

② 제1항에 따른 재결서에는 다음 각 호의 사항이 포함되어야 한다.

1. 사건번호와 사건명
2. 당사자·대표자 또는 대리인의 이름과 주소
3. 주문
4. 청구의 취지
5. 이유
6. 재결한 날짜

③ 재결서에 적는 이유에는 주문 내용이 정당하다는 것을 인정할 수 있는 정도의 판단을 표시하여야 한다.

제47조(재결의 범위) ① 위원회는 심판청구의 대상이 되는 처분 또는 부작위 외의 사항에 대하여는 재결하지 못한다.

② 위원회는 심판청구의 대상이 되는 처분보다 청구인에게 불리한 재결을 하지 못한다.

제48조(재결의 송달과 효력 발생) ① 위원회는 지체없이 당사자에게 재결서의 정본을 송달하여야 한다. 이 경우 중앙행정심판위원회는 재결 결과를 소관 중앙행정기관의 장에게도 알려야 한다.

② 재결은 청구인에게 제1항 전단에 따라 송달되었을 때에 그 효력이 생긴다.

③ 위원회는 재결서의 등본을 지체없이 참가인에게 송달하여야 한다.

④ 처분의 상대방이 아닌 제3자가 심판청구를 한 경우 위원회는 재결서의 등본을 지체없이 피청구인을 거쳐 처분의 상대방에게 송달하여야 한다.

제49조(재결의 기속력 등) ① 심판청구를 인용하는 재결은 피청구인과 그 밖의 관계 행정청을 기속(羈束)한다.

② 당사자의 신청을 거부하거나 부작위로 방치한 처분의 이행을 명하는 재결이 있으면 행정청은 지체없이 이전의 신청에 대하여 재결의 취지에 따라 처분을 하여야 한다.

③ 신청에 따른 처분이 절차의 위법 또는 부당을 이유로 재결로써 취소된 경우에는 제2항을 준용한다.

④ 법령의 규정에 따라 공고하거나 고시한 처분이 재결로써 취소되거나 변경되면 처분을 한 행정청은 지체없이 그 처분이 취소 또는 변경되었다는 것을 공고하거나 고시하여야 한다.

⑤ 법령의 규정에 따라 처분의 상대방 외의 이해관계인에게 통지된 처분이 재결로써 취소되거나 변경되면 처분을 한 행정청은 지체없이 그 이해관계인에게 그 처분이 취소 또는 변경되었다는 것을 알려야 한다.

제50조(위원회의 직접 처분) ① 위원회는 피청구인이 제49조제2항에도 불구하고 처분을 하지 아니하는 경우에는 당사자가 신청하면 기간을 정하여 서면으로 시정을 명하고 그 기간에 이행하지 아니하면 직접 처분을 할 수 있다. 다만, 그 처분의 성질이나 그 밖의 불가피한 사유로 위원회가 직접 처분을 할 수 없는 경우에는 그러하지 아니하다.

② 위원회는 제1항 본문에 따라 직접 처분을 하였을 때에는 그 사실을 해당 행정청에 통보하여야 하며, 그 통보를 받은 행정청은 위원회가 한 처분을 자기가 한 처분으로 보아 관계 법령에 따라 관리·감독 등 필요한 조치를 하여야 한다.

제51조(행정심판 재청구의 금지) 심판청구에 대한 재결이 있으면 그 재결 및 같은 처분 또는 부작위에 대하여 다시 행정심판을 청구할 수 없다.

제7장 전자정보처리조직을 통한 행정심판 절차의 수행

제52조(전자정보처리조직을 통한 심판청구 등) ① 이 법에 따른 행정심판 절차를 밟는 자는 심판청구서와 그 밖의 서류를 전자문서화하고 이를 정보통신망을 이용하여 위원회에서 지정·운영하는 전자정보처리조직(행정심판 절차에 필요한 전자문서를 작성·제출·송달할 수 있도록 하는 하드웨어, 소프트웨어, 데이터베이스, 네트워크, 보안요소 등을 결합하여 구축한 정보처리능력을 갖춘 전자적 장치를 말한다. 이하 같다)을 통하여 제출할 수 있다.

② 제1항에 따라 제출된 전자문서는 이 법에 따라 제출된 것으로 보며, 부본을 제출할 의무는 면제된다.

③ 제1항에 따라 제출된 전자문서는 그 문서를 제출한 사람이 정보통신망을 통하여 전자정보처리조직에서 제공하는 접수번호를 확인하였을 때에 전자정보처리조직에 기록된 내용으로 접수된 것으로 본다.

④ 전자정보처리조직을 통하여 접수된 심판청구의 경우 제27조에 따른 심판청구 기간을 계산할 때에는 제3항에 따른 접수가 되었을 때 행정심판이 청구된 것으로 본다.

⑤ 전자정보처리조직의 지정내용, 전자정보처리조직을 이용한 심판청구서 등의 접수와 처리 등에 관하여 필요한 사항은 국회규칙, 대법원규칙, 헌법재판소규칙, 중앙선거관리위원회규칙 또는 대통령령으로 정한다.

제53조(전자서명등) ① 위원회는 전자정보처리조직을 통하여 행정심판 절차를 밟으려는 자에게 본인(本人)임을 확인할 수 있는 「전자서명법」 제2조제3호에 따른 공인전자서명이나 그 밖의 인증(이하 이 조에서 '전자서명등'이라 한다)을 요구할 수 있다.

② 제1항에 따라 전자서명등을 한 자는 이 법에 따른 서명 또는 날인을 한 것으로 본다.

③ 전자서명등에 필요한 사항은 국회규칙, 대법원규칙, 헌법재판소규칙, 중앙선거관리위원회규칙 또는 대통령령으로 정한다.

제54조(전자정보처리조직을 이용한 송달 등) ① 피청구인 또는 위원회는 제52조제1항에 따라 행정심판을 청구하거나 심판참가를 한 자에게 전자정보처리조직과 그와 연계된 정보통신망을 이용하여 재결서나 이 법에 따른 각종 서류를 송달할 수 있다. 다만, 청구인이나 참가인이 동의하지 아니하는 경우에는 그러하지 아니하다.

② 제1항 본문의 경우 위원회는 송달하여야 하는 재결서 등 서류를 전자정보처리조직에 입력하여 등재한 다음 그 등재 사실을 국회규칙, 대법원규칙, 헌법재판소규칙, 중앙선거관리위원회규칙 또는 대통령령으로 정하는 방법에 따라 전자우편 등으로 알려야 한다.

③ 제1항에 따른 전자정보처리조직을 이용한 서류 송달은 서면으로 한 것과 같은 효력을 가진다.

④ 제1항에 따른 서류의 송달은 청구인이 제2항에 따라 등재된 전자문서를 확인한 때에 전자정보처리조직에 기록된 내용으로 도달한 것으로 본다. 다만, 제2항에 따라 그 등재사실을 통지한 날부터 2주 이내(재결서 외의 서류는 7일 이내)에 확인하지 아니하였을 때에는 등재사실을 통지한 날부터 2주가 지난 날(재결서 외의 서류는 7일이 지난 날)에 도달한 것으로 본다.

⑤ 서면으로 심판청구 또는 심판참가를 한 자가 전자정보처리조직의 이용

을 신청한 경우에는 제52조·제53조 및 이 조를 준용한다.

⑥ 위원회, 피청구인, 그 밖의 관계 행정기관 간의 서류의 송달 등에 관하여는 제52조·제53조 및 이 조를 준용한다.

⑦ 제1항 본문에 따른 송달의 방법이나 그 밖에 필요한 사항은 국회규칙, 대법원규칙, 헌법재판소규칙, 중앙선거관리위원회규칙 또는 대통령령으로 정한다.

제8장 보 칙

제55조(증거서류 등의 반환) 위원회는 재결을 한 후 증거서류 등의 반환 신청을 받으면 신청인이 제출한 문서·장부·물건이나 그 밖의 증거자료의 원본(原本)을 지체없이 제출자에게 반환하여야 한다.

제56조(주소 등 송달장소 변경의 신고의무) 당사자, 대리인, 참가인 등은 주소나 사무소 또는 송달장소를 바꾸면 그 사실을 바로 위원회에 서면으로 또는 전자정보처리조직을 통하여 신고하여야 한다. 제54조제2항에 따른 전자우편주소 등을 바꾼 경우에도 또한 같다.

제57조(서류의 송달) 이 법에 따른 서류의 송달에 관하여는 「민사소송법」 중 송달에 관한 규정을 준용한다.

제58조(행정심판의 고지) ① 행정청이 처분을 할 때에는 처분의 상대방에게 다음 각 호의 사항을 알려야 한다.
1. 해당 처분에 대하여 행정심판을 청구할 수 있는지
2. 행정심판을 청구하는 경우의 심판청구 절차 및 심판청구 기간

② 행정청은 이해관계인이 요구하면 다음 각 호의 사항을 지체없이 알려 주어야 한다. 이 경우 서면으로 알려 줄 것을 요구받으면 서면으로 알려 주어야 한다.
1. 해당 처분이 행정심판의 대상이 되는 처분인지
2. 행정심판의 대상이 되는 경우 소관 위원회 및 심판청구 기간

제59조(불합리한 법령 등의 개선) ① 중앙행정심판위원회는 심판청구를 심리·재결할 때에 처분 또는 부작위의 근거가 되는 명령 등(대통령령·총리령·부령·훈령·예규·고시·조례·규칙 등을 말한다. 이하 같다)이 법령에 근거가 없거나 상위 법령에 위배되거나 국민에게 과도한 부담을 주는 등 크게 불합리하면 관계 행정기관에 그 명령 등의 개정·폐지 등 적절한 시정조치를 요청할 수 있다. 이 경우 중앙행정심판위원회는 시정조치를 요청한 사실을 법제처장에게 통보하여야 한다. 〈개정 2016.3.29.〉

② 제1항에 따른 요청을 받은 관계 행정기관은 정당한 사유가 없으면 이에 따라야 한다.

제60조(조사·지도 등) ① 중앙행정심판위원회는 행정청에 대하여 다음 각 호의 사항 등을 조사하고, 필요한 지도를 할 수 있다.

  1. 위원회 운영 실태
  2. 재결 이행 상황
  3. 행정심판의 운영 현황
② 행정청은 이 법에 따른 행정심판을 거쳐 「행정소송법」에 따른 항고소송
  이 제기된 사건에 대하여 그 내용이나 결과 등 대통령령으로 정하는 사
  항을 반기마다 그 다음 달 15일까지 해당 심판청구에 대한 재결을 한 중
  앙행정심판위원회 또는 제6조제3항에 따라 시·도지사 소속으로 두는 행
  정심판위원회에 알려야 한다.
③ 제6조제3항에 따라 시·도지사 소속으로 두는 행정심판위원회는 중앙행
  정심판위원회가 요청하면 제2항에 따라 수집한 자료를 제출하여야 한다.
제61조(권한의 위임) 이 법에 따른 위원회의 권한 중 일부를 국회규칙, 대법원규
  칙, 헌법재판소규칙, 중앙선거관리위원회규칙 또는 대통령령으로 정하
  는 바에 따라 위원장에게 위임할 수 있다.

부칙 <제14146호, 2016.3.29.>

이 법은 공포한 날부터 시행한다.

찾아보기

홍 준 형 洪準亨

현재 서울대학교 행정대학원 교수
서울대학교 법과대학 및 대학원 법학과졸
독일 Göttingen대학교 법학박사(Dr.iur.)
정보보호산업분쟁조정위원회 위원장(2016.6.29.-현재); 서울특별시행정심판위원회 위원(2016-
현재); 서울특별시교육청 행정심판위원회 위원(2013-현재); 국무총리행정심판위원회 위원(1999-2005);
법제처 자체평가위원회 위원장(2012-현재); 국토교통부 댐 사전검토협의회 위원장(2013-현재);
베를린자유대 한국학과 초빙교수·한국학연구소장(2001.10-2003.2); 한국학술단체총연합회 이
사상/한국공법학회/한국환경법학회/한국행정법이론실무학회 회장 역임; 개인정보분쟁조정위원
회 위원장/중앙환경분쟁조정위원회 위원/환경정의 정책기획위원장 역임

주요저서

Die Klage zur Durchsetzung von Vornahmepflichten der Verwaltung, 1992, Schriften
　　zum Prozeßrecht Bd.108, Duncker & Humblot Verlag, Berlin
행정법. 2011, 법문사
행정구제법. 2001, 제4판, 한울아카데미
환경법. 2005, 박영사
판례행정법. 1999, 두성사
법정책의 이론과 실제. 2008, 법문사
공공갈등의 관리, 과제와 해법(공저). 2008, 법문사
행정구제법. 2012, 도서출판 오래
환경법특강. 2013, 박영사

행정쟁송법

초판인쇄　2017. 2. 15
초판발행　2017. 2. 20

저　자　홍 준 형
발행인　황 인 욱
발행처　도서출판 **오 래**
　　　　서울특별시마포구 토정로 222 406호
　　　　전화: 02-797-8786,8787; 070-4109-9966
　　　　Fax: 02-797-9911
　　　　신고:제302-2010-000029호(2010.3.17)

ISBN 979-11-5829-026-9　93360

http://www.orebook.com
email orebook@naver.com

정가 32,000원

파본은 바꿔드립니다. 이 책의 무단복제행위를 금합니다.